太中银铁路培训丛书

铁路车辆技术

杨绍清　主　编
王启铭　副主编

中国铁道出版社

2011年·北京

内容简介

本书共十四章分安全监控与车号识别、货车部分、客车部分三篇，着重介绍了太中银铁路5T设备的分布、设备情况、使用维护，太中银铁路主型客、货车及新型零部件的用途、结构特点、使用维护以及常见故障应急处置和事故调查处理等内容。

本书可用于太中银铁路职工培训，也可供相关技术人员、管理干部以及其他读者学习参考。

图书在版编目(CIP)数据

铁路车辆技术/杨绍清主编．—北京：中国铁道出版社，2011.5

(太中银铁路培训丛书)

ISBN 978-7-113-12914-9

Ⅰ.①铁…　Ⅱ.①杨…　Ⅲ.①铁路车辆—技术培训—教材　Ⅳ.①U270.9

中国版本图书馆CIP数据核字(2011)第074320号

书　　名：**铁路车辆技术**

作　　者：杨绍清　主编

责任编辑：程东海　**电话**：010－51873135　**电子信箱**：whm_haiming@163.com

封面设计：郑春鹏

责任校对：孙　玫

责任印制：陆　宁

出版发行：中国铁道出版社(100054，北京市宣武区右安门西街8号)

网　　址：http://www.tdpress.com

印　　刷：三河市华业印装厂

版　　次：2011年5月第1版　2011年5月第1次印刷

开　　本：789 mm×1 092 mm　1/16　印张：26.75　字数：672千

书　　号：ISBN 978-7-113-12914-9

定　　价：53.00元

编委会名单

序

太原至中卫(银川)铁路，简称“太中银铁路”，包括太中线和银川联络线，太原至中卫正线748 km，银川联络线(定边至银川)194 km。太中银线是位于京包铁路以南、陇海铁路以北的一条东西向铁路干线，是连接西北、华北的一条大能力、便捷的铁路运输通道，是我国“十一五”规划的重点工程项目，是我局第一条高等级铁路，线路东起山西太原，西端分别至宁夏中卫和银川，途经3省7市22县，2006年5月开工，2010年11月底竣工，2011年1月11日开通运营。太中银铁路设计货运能力8 000万吨/年(双线)。

太中银铁路充分运用现代技术，采用了一系列新设备、新技术、新方法。典型代表是采用了先进的分散自律调度集中系统(CTC)，极大地提高了运输效率，提高了保障安全生产的能力。为进一步提高职工队伍素质，把太中银铁路建成安全、标准、示范线，路局决定编写太中银铁路职工培训系列丛书，作为职工培训教材。

本套《太中银铁路培训丛书》，以“符合现场实际、解决实际问题、职工作业实用”为原则，在路局杨绍清局长、张义平书记和总工程师王启铭的亲自组织安排下，由职教处组织，业务处室牵头，相关站段和职工培训基地参与，在现场调研的基础上，分专业集体研究编制了编写大纲，按照大纲确定编写内容，并由业务处室把关审稿。

《太中银铁路培训丛书》详细讲述了太中银线先进的技术设备和作业，突出了先进性、针对性、实用性、可操作性，用于太中银铁路职工培训，亦可供技术人员、管理干部以及其他读者参考。

本套丛书共八册，分为《铁路行车技术》、《铁路货运技术》、《铁路客运技术》、《铁路机务技术》、《铁路供电技术》、《铁路工务技术》、《铁路车辆技术》、《铁路通信技术》。在编写过程中得到路局领导、相关业务处室和站段的大力支持与帮助，在此一并表示衷心的感谢。

由于编写时间较紧，本书可能存在一些不足，请读者批评指正。

太原铁路局

2011年3月

前　言

“太中银铁路”是位于京包铁路以南、陇海线以北的一条东西向铁路干线，是连接西北、华北的一条大能力、便捷的铁路运输通道，是我国“十一五”规划的重点工程项目，也是太原铁路局第一条高等级铁路。“太中银铁路”于2011年1月1日开通运营，采用了大量新技术，其中铁道车辆也采用了一系列新车型、新技术、新工艺，给车辆运用工作提出了更高的要求。为提高车辆运用部门各级管理、技术和作业人员素质，提高车辆运用质量，太原铁路局组织编写了《铁路车辆技术》一书，作为职工培训教材。

车辆运用维修工作是铁路运输的重要组成部分，做好运用维修工作是保证运输安全的基础。为此，本书的编写以“符合现场实际、解决实际问题、职工作业实用”为原则，内容的选编力求做到理论联系实际、通俗易懂、学以致用。本书内容分安全监控与车号识别、货车部分、客车部分三篇。第一篇安全监控与车号识别部分介绍了“太中银铁路”“5T”设备的分布、使用、维护情况，主要对车辆轴温智能探测系统（THDS）、铁路车号自动识别系统（ATIS）、货车故障轨边图像检测系统（TFDS）三大系统的结构组成、软件安装使用、常见故障及处理作了重点介绍；第二篇货车部分重点介绍“太中银铁路”主型70 t级新型货车及其新型零部件的结构组成、特点、使用维护，以及行包快运专列技术检查作业方式，并以故障案例的形式对货车常见故障做了较全面的介绍，对10类常见货车车辆事故的检查内容及应急处置方法作了简要介绍。第三篇客车部分针对“太中银铁路”电气化牵引200 km/h线路的特点，重点介绍了25K型、25T型客车及其转向架的结构特点、200 km/h铁路特点及运行要求、客车运行安全监控系统（TCDS）、客车电气化区段作业安全及故障应急处置四方面知识，并对CRH3、CRH5型动车组作了简要介绍。本书可作为“太中银铁路”职工的培训教材，也可供技术人员、管理干部以及关心太中银铁路的其他读者参考。

《铁路车辆技术》在曹润国、张岳黄主持下，由刘瑞宏统稿，刘利峰编写第一至四章；郝建华编写第五至九章；马文斌编写第十、十一、十三章；王宁编写第十二章；李忠喜编写第十四章；由高辉主审。

本教材在编写过程中得到太原铁路局车辆处、太原北车辆段和太原车辆段的大力支持与帮助，在此一并表示衷心的感谢。

由于编写时间较紧，编者水平有限，难免出现一些疏漏，恳请广大读者批评指正。

编　者

2011年3月

目　录

第一篇　安全监控与车号识别

第二篇　货　车　部　分

第三篇 客 车 部 分

第一篇　安全监控与车号识别

第一章　车辆运行安全监控系统(5T 系统)

第一节　5T 系统概述

铁路系统内,员工通常对红外线轴温探测系统(THDS)的认识,都比较深刻,一提到货车安全防范系统,就立刻想到红外线。因为货车安全防范系统中,红外线轴温探测系统发展最早,应用最广。

至 2005 年,铁道部开始正式在全国六大干线大力推进 TPDS、TADS、TFDS 系统的建设。自此以后,TPDS、TADS、TFDS 系统在货车安全防范方面发挥了越来越重要的作用,原先单纯意义上的红外线轴温探测系统已被更广泛意义上的地对车安全监控体系所替代。地对车安全监控技术,已经从单一的红外轴温探测,发展为 THDS、TPDS、TADS、TFDS 的综合运用。从最早的红外线一代机人工判别发展为计算机自动判别、全路联网判别、5T 综合判别。

一般意义上的铁路车辆地对车安全监控体系,简称 5T 系统,指的就是车辆轴温智能探测系统(THDS)、车辆滚动轴承故障轨边声学诊断系统(TADS)、货车故障轨边图像检测系统(TFDS)、车辆运行品质轨边动态检测系统(TPDS)、与客车运行安全监控系统(TCDS)组成的地对车安全监控体系。其中 THDS、TPDS、TADS、TFDS 主要运用于货车安全防范,也可准确地称为货车安全防范预警系统(4T)。

一、THDS—车辆轴温智能探测系统(Trace Hotbox Detection System)

利用轨边红外线探头,对通过车辆的轴承温度实时检测,并将检测信息实时上传到路局车辆安全监测站,进行实时报警。通过配套车号识别装置,实现车次、车号跟踪,热轴货车车号的精确预报。THDS 重点探测车辆轴承温度,对热轴车辆进行跟踪报警,重点防范热切轴事故。THDS 实现了联网运行,每个探测站过车和轴温探测信息直观显示,实现跟踪报警。

二、TPDS—车辆运行品质轨边动态监测系统(Truck Performance Detection System)

利用轨道测试平台,对车辆安全指标进行动态监测,重点检测货车运行安全指标脱轨系数、轮重减载率、车轮踏面擦伤、剥离以及货物超载、偏载等危及行车安全的情况。TPDS 重点防范货车脱轨事故,防范车轮踏面擦伤、剥离,防范货物超载、偏载等安全隐患。

三、TADS—车辆滚动轴承故障轨边声学诊断系统(Trackside Acoustic Detection System)

采用声学技术,利用轨边噪声采集阵列,实时采集运行货车滚动轴承噪声,通过数据分析,及早发现轴承早期故障。TADS 重点检测货车滚动轴承内外圈滚道、滚子等故障。TADS 安全防范关口前移,在发生热轴故障之前,对轴承故障进行早期预报。与红外线轴温监测系统互补，防止切轴事故发生，确保行车安全。

四、TFDS—货车故障轨边图像检测系统（Trouble of Moving Freightcar Detection System ）

辅助列检作业的在线图像检测系统。利用轨边高速摄像头，对运行货车进行动态检测，及时发现货车运行故障，重点检测货车走行部、制动梁、悬吊件、枕簧、大部件、钩缓等安全关键部位。TFDS 重点防范制动梁脱落事故，防范摇枕、侧架、钩缓大部件裂损、折断、防范枕簧丢失和窜出等危及行车安全隐患。

五、TCDS—客车运行监控系统（Train Coach Running Detection System）

通过车载系统对客车运行关键部件进行实时监测和诊断，通过无线、有线网络，将监控信息向地面传输、汇总，形成实时的客车安全监控运行图，使各级车辆管理部门及时掌握客车运行及安全情况。TCDS 重点检测时速 160 km 及以上客车轴温、制动系统、转向架安全指标、火灾报警、客车供电、电器及空调系统运行安全状况，防范客车热轴事故，防范火灾事故，防范走行部、制动部、供电、电器及空调故障。

第二节　太中银线 5T 系统设备布置情况

一、5T 系统布点原则

《铁路货车运用维修规程》中要求的货车安全防范系统布点基本原则如下：

1. THDS 探测站沿铁路线路平均距离 30 km 设置，特殊情况不超过 35 km。列检作业场所在车站，进站信号机外均须安装。

2. TFDS 探测站根据列车技术作业的需要设置，布点平均距离为 300 km，须设在列检作业场所在车站的进站信号机外，避开曲线、长大坡道和调速停车等区段，确保探测和动态检查时间的需要。

3. TPDS 探测站在列检到达作业或有调中转作业量较大或终到站的有到达作业的列检作业场所在车站的前方设置，优先在有站修作业场的列检作业场前方设置，布点平均距离为 400 km，避开曲线、长大坡道、调速停车和电气化分相点等区段，确保系统正常探测。

4. TADS 探测站以每条线安装 1 处及以上为原则，布点平均距离为 500 km。

5. 特级列检作业场须同时设置 THDS、TFDS、TPDS 和 TADS 等系统，一级、二级列检作业场根据需要设置，但二级列检作业场必须设置 TFDS。

6. 铁路局交接口列检作业场 TFDS 设置由铁道部统一规划。

二、太中银线 5T 系统设备布置情况

太中银铁路线太原铁路局 5T 设备分布区段为榆次编组场至吴堡段，共配置了 15 台红外线轴温探测设备（THDS）、2 台铁路车号自动识别系统（AEI）、1 台货车故障轨边图象检测系统（TFDS），共 17 处探测站，其中柳林南上下行两台 THDS 设备安装在一处探测站，具体分布情况如下：

THDS：榆次上行、北六堡下行、北六堡上行、清徐下行、清徐上行、文水下行、文水上行、褚家沟下行、褚家沟上行、吴城下行、吴城上行、吕梁下行、吕梁上行、柳林南上下行；

AEI：榆次上行、榆次下行；

TFDS:榆次上行。

太中银铁路线 5T 设备分布见图 1－1。

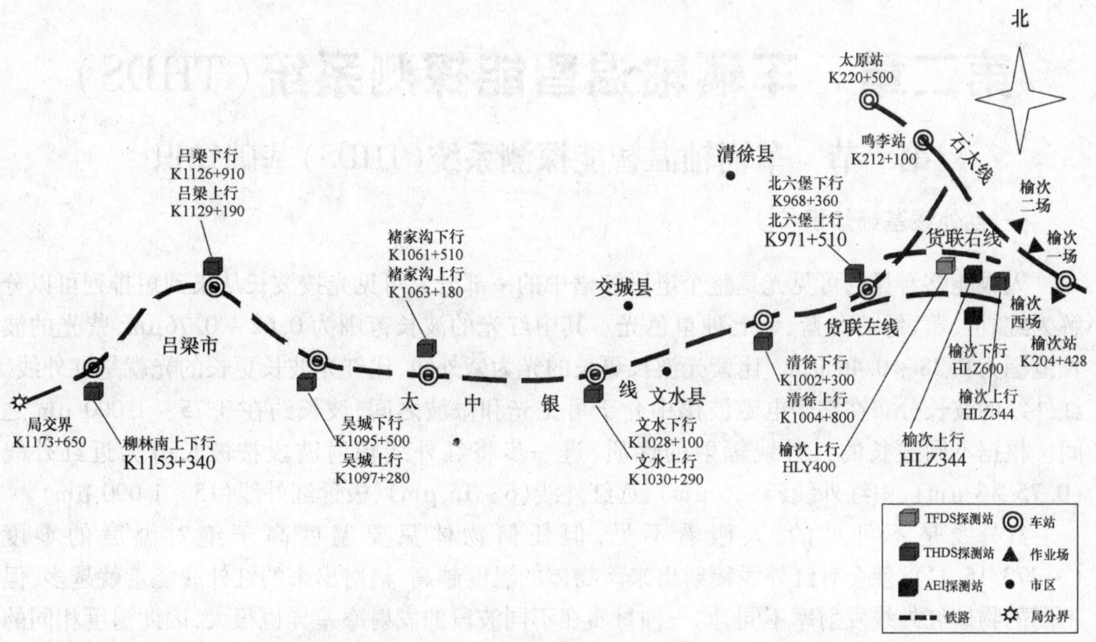

图 1－1　太中银铁路线 5T 设备分布图

太中银铁路线 THDS 数据信号传输路径见图 1－2。

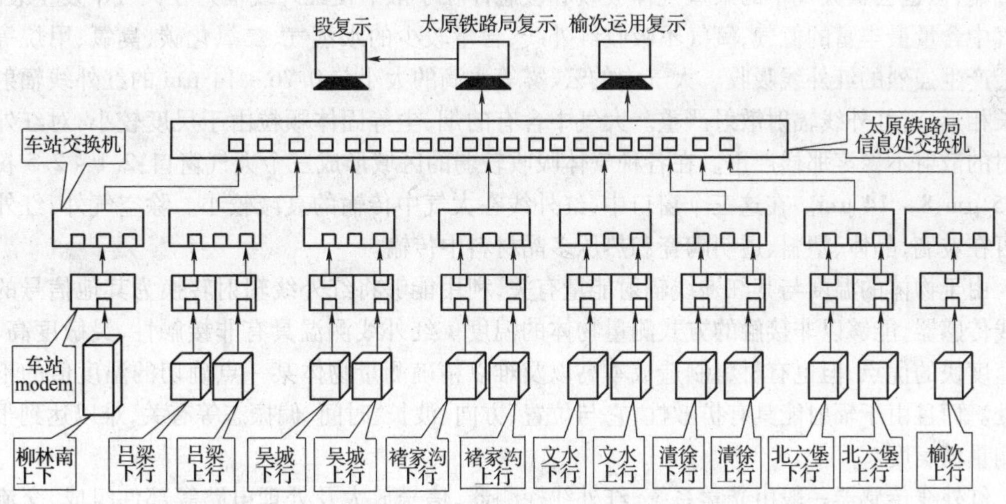

图 1－2　太中银铁路线 THDS 数据信号传输路径图

第二章　车辆轴温智能探测系统(THDS)

第一节　车辆轴温智能探测系统(THDS)基础知识

一、红外线基础知识

人眼能够看见的可见光是整个电磁波谱中的一部分。可见光按波长从长到短排列可以分解为红、橙、黄、绿、青、蓝、紫七种单色光。其中红光的波长范围为0.62～0.76μm,紫光的波长范围为0.38～0.46 μm。比紫光波长更长的光为紫外线,比红光波长更长的光就是红外线。红外线的波长分布在整个电磁波谱中介于可见光和微波之间,波长约在0.75～1 000 μm之间。根据不同波长的红外线辐射的性质,进一步将红外线辐射波段按波长分为近红外线(0.75～3 μm)、中红外线(3～6 μm)、远红外线(6～15 μm)、极远红外线(15～1 000 μm)。

红外线是不可见的,人眼看不见,但任何物体只要温度高于绝对温度的零度(－273.15 ℃),就会有红外线辐射出来。物体的温度越高,辐射出来的红外线能量就越多,但不同的物体红外线发射率不同,同一种材质在不同波段的发射率差异也很大,因此温度相同的物体红外线辐射能量不一定相同,同一物体在不同波段的红外线辐射能量也不同。

绝大多数材料对红外线不透明,即红外线在绝大多数材料中不能传输。红外线能在大气中传输,但也会被大气中的某些气体吸收和被悬浮粒子散射使红外线辐射在大气中发生衰减。大气中含量最丰富的氮气、氧气不吸收红外线,含量较少的水蒸气、二氧化碳、臭氧、甲烷等气体会产生强烈的红外线吸收。大气中的云、雾等水滴的大小与0.76～14 μm的红外线辐射的波长相近,对红外线辐射散射严重。大气中含有的烟、尘等固体颗粒由于尺度较小,对红外线辐射的散射不像雾那样严重。在各种气体吸收较弱的区域形成三个大气窗口:2.1～2.5 μm、3～5 μm、8～14 μm。在这三个窗口中,红外线在大气中传输的衰减较小。除空气外,红外线也可在玻璃、晶体、塑料、透明陶瓷和热压多晶材料中传输。

由于物体的温度与其红外线辐射能量有关,利用能够将红外线辐射转换为其他信号的红外线传感器,能够以非接触的方式测量物体的温度。红外线测温具有非接触性、灵敏度高、检测速度快的优点,但也有材料制造成本高以及难以精确测量物体某一点确切的温度值的不足之处。而且由于辐射能具有扩散性,它与位置、方向、波长、时间、偏振态等有关,难以达到很高的测量精确度。

红外线传感器一般由光学系统、红外线探测器、信号放大及处理电路等部件组成,交流放大传感器还有调制盘及电机,某些探测器需要在低温条件下工作,因此有的红外线传感器还包括探测器的制冷装置。红外线传感器基本上是一个光学—电子系统,将接收到的红外线辐射转换成电信号,再通过后续其他系统对该电信号的采集、处理、计算,达到测量温度的目的。

红外线探测器是红外线传感器的核心,利用红外线辐射与物质相互作用所呈现的物理效应来探测红外线辐射。根据对红外线辐射响应方式的不同,红外线探测器分为热探测器和光子探测器两大类。

热探测器的工作原理是入射的红外线能量使探测器温度升高,而导致探测器的某些物理性质发生变化,并进而转换成可测量的信号,就可确定入射红外线能量的大小。热探测器主要有四类:热释电型、热敏电阻型、热电阻型和气体型。热敏电阻是热探测器的一种,是利用某些金属或半导体材料的电阻率随温度有较大变化而制成的探测器。当热敏电阻吸收红外线辐射而温度变化时,其电阻率发生变化。将热敏电阻串联在恒流电路中,电阻率的变化可转换为电压的变化,则红外线辐射可转换为电压输出。由于热探测器温度变化后才会导致其物理性质变化,因此热探测器的响应速度较慢。热敏电阻的响应时间常数为毫秒量级。

光子探测器是利用入射的红外线光子流与探测器材料中的电子直接相互作用,使探测器的电子能量状态发生变化,导致各种电学现象,称为光子效应。根据光所激发的电子或载流子在材料内部还是在材料表面分为内光电和外光电探测器两种。由于没有热探测器中的温度变化过程,所以光子探测器的响应速度比热探测器快很多,响应时间常数为微妙量级。光子探测器需要在低温下工作,以降低噪声,提高探测器的灵敏度。

在红外线轴温探测系统中,红外线传感器称为探头,是将车辆轴承的红外线辐射转换为电压输出的传感器。探头输出的电压被后续系统采集、处理、转换后,系统根据电压值计算轴承温度。由于货车车辆没有电源,无法在行进中进行接触式测温,红外线轴温探测系统在地面采用非接触式测温测量轴承温度,解决了测量行进中列车各轴承温度的问题,并根据轴承温度判断是否存在热轴故障。为了测量列车各个轴承的温度并发现热轴故障,红外线轴温探测系统要准确定位各轴承经过探头的时刻,分辨不同车辆的类型,借助不同标定方法准确计算轴承温度,并按照一定算法计算、判断热轴故障及其等级。由于探头安装在轨边,还要保证在强震动、强电气干扰、潮湿、粉尘、高低温等各种露天环境下能够持续地正常工作。同时系统在计算轴温时还要识别、排除各种异常热源、光源的干扰信号。

二、轴承的运转热

铁道车辆轴承在运转的过程中会因内部的摩擦产生热量,这一运转过程中产生的热量,就是运转热,通常的运转热是指车辆轴承在平稳运行后稳定的热量,用此时的轴承温度或温升来表示,也就是轴承的运转热温度或温升,每一个运行速度都会对应一个稳定的温度,也就是运转热。轴承运转过程中其内部温度要比表面温度高得多,而红外线轴温探测系统探测的是轴承表面的温度,所以这里的运转热就是轴承表面的温度或温升。

轴承的运转热与载重、车速、外界环境温度都有关系;车辆进出隧道前后、下雨、大风都会对运转热造成影响;车辆的超载、偏载、轮对擦伤等异常运行状态也会影响到轴承的运转热。

载重越大,摩擦力越大,运转热越高。车速越高,单位时间内摩擦的次数越多,因此运转热越高。外界环境温度高,也就是轴承运转的工作环境温度高,相应的轴承温度也较高,另外轴承的润滑脂随着工作环境温度的升高而使黏稠度降低,当黏稠度降低到一定程度时,轴承表面就会油膜不够,油脂的润滑作用会减弱,当润滑作用失效时,就会造成轴承破坏。车辆的超载、偏载、轮对擦伤等异常运行状态也会破坏油膜;当载重、车速、外界温度达到临界值时,也会破坏油膜,造成轴承结构发生变化。

轴承的温度会因季节,外界的环境温度变化而有较大的变化。如在哈尔滨铁路局夏天最高的环境温度可以达到 35 ℃,冬天的环境温度可以达到 -40 ℃。环境温度差可以达到 75 ℃。同样轴承的温度夏天最热和冬天最冷时也可能相差 75 ℃以上。所以在红外线轴温探测中,我们通常采用温升来表示轴承的运转热温度。温升是指轴承的表面温度减去其所在的环境温度。温升受环境温度的影响较小,不会随着环境温度的变化而发生大的变化,所以在红外线轴温探测系统中,我们通常采用温升来表示轴承的运转热,也用温升来判别是否有热轴发生。当然,也会在某些特定的情况下,采用温度来判断热轴。

三、故 障 热

滚动轴承在运转过程中可能会由于各种原因引起损坏,如装配不当、润滑不良、水分和异物侵入、腐蚀和过载等都可能会导致轴承过早损坏。即使在安装、润滑和使用维护都正常的情况下,经过一段时间运转,轴承也会出现疲劳剥落和磨损而不能正常工作。总之,滚动轴承的故障原因是十分复杂的。滚动轴承的主要故障形式与原因如下:

1. 疲劳剥落

滚动轴承的内外滚道和滚动体表面承受载荷又相对滚动,由于交变载荷的作用,首先在表面下一定深度外(最大剪应力处)形成裂纹,继而扩展到接触表面使表层发生剥落坑,最后发展到大片剥落,这种现象就是疲劳剥落。

疲劳剥落会造成运转时的冲击载荷、振动和噪声加剧。通常情况下,疲劳剥落往往是滚动轴承失效的主要原因,一般所说的轴承寿命就是指轴承的疲劳寿命,轴承的寿命试验就是疲劳试验。

试验规程规定,在滚道或滚动体上出现面积为 $0.5\ mm^2$ 的疲劳剥落坑就认为轴承寿命终结。滚动轴承的疲劳寿命分散性很大,同一批轴承中,其最高寿命与最低寿命可以相差几十倍乃至上百倍,这从另一角度说明了滚动轴承故障监测的重要性。

2. 磨损

由于尘埃、异物的侵入,滚道和滚动体相对运动时会引起表面磨损,润滑不良也会加剧磨损,磨损的结果使轴承游隙增大,表面粗糙度增加,降低了轴承运转精度,因而也降低了车辆轮对的运动精度,振动及噪声也随之增大。

此外,还有一种微振磨损。在轴承不旋转的情况下,由于振动的作用,滚动体和滚道接触面间有微小的、反复的相对滑动而产生磨损,在滚道表面上形成振纹状的磨痕。

3. 塑性变形

当轴承受到过大的冲击载荷或静载荷时,或因热变形引起额外的载荷,或有硬度很高的异物侵入时都会在滚道表面上形成凹痕或划痕。这将使轴承在运转过程中产生剧烈的振动和噪声。而且一旦有了压痕,压痕引起的冲击载荷会进一步引起附近表面的剥落。

4. 锈蚀

锈蚀是滚动轴承最严重的问题之一,高精度轴承可能会由于表面锈蚀导致精度丧失而不能继续工作。水分或酸、碱性物质直接侵入会引起轴承锈蚀。当轴承停止工作后,轴承温度下降达到露点,空气中水分凝结成水滴附在轴承表面上也会引起锈蚀。此外,当轴承内部有电流通过时,电流有可能通过滚道和滚动体上的接触点处,很薄的油膜引起电火花而产生电蚀,在表面上形成搓板状的凹凸不平。

5. 断裂

过高的载荷可能引起轴承零件断裂。磨削、热处理和装配不当都会引起残余应力,工作时热应力过大也会引起轴承零件断裂。另外,装配方法、装配工艺不当,也可能造成轴承套圈挡边和滚子倒角处掉块。

6. 胶合

在润滑不良、高速重载情况下工作时,由于摩擦发热,轴承零件可以在极短时间内达到很高的温度,导致表面烧伤及胶合。所谓胶合是指一个零部件表面上的金属黏附到另一个零部件表面上的现象。由于装配或使用不当可能会引起保持架发生变形,增加它与滚动体之间的摩擦,甚至使某些滚动体卡死不能滚动,也有可能造成保持架与内外圈发生摩擦等。这一损伤会进一步使振动、噪声与发热加剧,导致轴承损坏。轴承的密封罩脱出,会造成甩油,轴承润滑不良,最终也会造成轴承损坏。

故障热就是轴承在发生故障后,由于轴承润滑不良,产生比正常运转热要高得多的热量,反映在轴承的温升或温度上是通常运转热的数倍,所以称为故障热。车辆轴承出现故障热时,我们称之为热轴。发生热轴的轴承可能存在轴承故障,但是不能说一定就是轴承发生了故障。因为轴承油脂过多或者轴承装配时发生过盈配合都可能使得轴承产生过热。这是轴承的温升确实达到了故障热的程度,也就是符合了热轴预报的标准。但是轴承是否有故障还要看轴承的分解结果。车辆轴承在运行过程中因轴承故障发热,在外观上表现为油脂燃烧、冒烟、轴承变色称之为燃轴。滚动轴承燃轴后,随着保持架、滚子的断裂、破碎而逐步溶化,导致轴承内圈、保持架、滚子、外圈完全黏着在一起,使轴承失去滚动作用,从而使轮对无法正常转动,这种现象称为轴承卡死。轴承卡死后,将导致车轴与轴承内圈装配处的温度急速升高,达到一定温度后,导致车轴强度下降、变形、缩颈、拉长,最终切断车轴。这种现象称为热切轴。

轴承运转过程中,其轴温会受到很多因素的影响。主要包括:车速、载重、环境温度、迎风面、顺风面、阳光面、背光面等。轴承运转热也受到车辆运行状态的影响,如超载、偏载等。

第二节 车辆轴温智能探测系统(THDS)发展历程

一、一 代 机

建国以后,我国进入了一个振兴发展阶段,当时没有任何仪器设备可以用来检查和测量轴承温度,更没有提前预报热轴,只能通过列检人员眼看和手摸来确定燃轴和热轴。严寒、酷暑、雨雪、风雹,只要火车不停,列检人员就必须通过眼看和手摸来完成轴温检查作业。1958 年科研人员开始研究利用红外线技术探测铁路货车轴承温度。经过 15 年的艰苦努力,1973 年成功研制出了第一台样机,1977 年 HZT－1A 型描笔式红外线轴温探测器通过了技术鉴定,1978 年在全路各编组站、区段站推广运用。HZT－1A 型描笔式红外线轴温探测器由一对探头、发送端机和接收端机三大部分组成。探头和发送端机安装在进站咽喉处区间一侧,接收端机安装在列检所内。接收端机的描笔式记录仪绘出与轴温信号成正比的轴温等高线,值班员查看轴温等高线,通过计算某一轴与该辆均值比大于规定的数值,确认其是疑似热轴,立即通知列检人员检查处理。当时以探测滑动轴承为主,适应列车速度 5～70 km/h。一代机没有数据处理、储存记忆、显示打印和报警的功能。

二、二 代 机

随着铁路运输的发展和铁道车辆技术结构的变化,全路客、货车辆逐步实现了滚动轴承化,一代机已不能适应新形势的要求。铁路的发展迫切需要与其相适应的新型红外线设备,在 1985 年研制出第一台样机,经过现场运用不断改进提高,于 1987 年通过科技鉴定并进行推广使用。

二代机是当时对红外线设备的简称,主要由探测站设备、中央处理机设备、传输通道等组成,适应列车速度为 5 ~ 120 km/h,探头测得的轴温数据由探测站主机储存、处理后,经专用通道传输至中央处理机,对热轴进行跟踪预报,实时通知有关部门拦停列车并对热轴进行检查处理。二代机具有探测点无需人员值守、可实施网络布点、热轴跟踪、人机对话便捷等特点,能自动测速、自动计轴计辆、自动探测轴温、自动识别客货车辆、自动识别滚动和滑动轴承,可实时进行热轴报警,连续跟踪,预报热轴分为微热、强热、激热等三个等级,可长期保存探测列车的数据和信息。热轴判别按照温升的辆倍比、列倍比和温度定量确定。

三、三 代 机

为适应铁路提速战略的实施,科研人员适时研制了满足 120 km/h 的高速热敏元件直流探头、满足 240 km/h 的交流调制探头和适应 360 km/h 的光子探头,后者采用了自适应测量技术,研制相关硬件和相应控制软件,实现了高速度和高精度探测轴温。由于敏感元器件采用半导体制冷和密封充氮技术使得探头的可靠性和使用寿命大幅度提高。为了实现故障热轴的精确跟踪,红外线轴温探测系统加装了车号自动识别装置,避免了误拦和误甩情况的发生,做到了热轴跟踪的无差错,实现了全路范围内全线联网、全程跟踪。热轴判别增加微热温升跃升的跟踪判别;并且开始处理环境温度、速度和车型等因素带来的影响;增加用模式识别技术判断热轴波形。这样的红外线设备称为三代机,在 2002 年通过科技鉴定,并大量推广。

三代机还有一个显著特点是实现了数据传输通道的突破,将专用音频话路通道提升为数字通道,传输速率由 1. 2 kbit/s 提高到 2 Mbit/s。

四、四 代 机

随着铁路高速、重载、长交路直通列车的开行,通过历次铁路提速的实践和考验,红外线设备取得了又一次的突破,通过双探头技术和全息采集技术,能够自动剔除阳光干扰和轴承密封罩摩擦热造成的设备误报。2005 年安排在大秦线和其他线路进行双角度探测试验,获得了全路各种类型车辆的宝贵技术数据。2006 年按照统一的标准、统一制式的要求,基于数据库和网络智能化,研制出了新一代的红外线设备,并通过了科学技术鉴定,简称四代机或统型机。

四代机具有如下四项突出特点:

1. 统一技术标准,关键零部件实现了互换,便于维护,并为下一步统一热轴判别标准奠定了基础,使铁路局间跟踪数据更有可比性。

2. 采用双探头技术和全息采集技术,从轴承的中隔圈和密封罩两个位置采集温度,既能避免部分车型结构性漏探,又能避免阳光干扰和接触式密封装置摩擦热造成的误报,进一步提高了热轴预报的准确性、可靠性。

3. 能够与 5T 信息进行对接,为实现综合预报奠定了基础。

4. 利用数据库和网络智能化技术,完善了数据统计分析功能、设备故障的自检功能。

第三节 车辆轴温智能探测系统(THDS - A)硬件部分

THDS - A 型探测站系统主要由轨边设备、室内硬件和探测站软件三部分组成。轨边设备主要完成轴承辐射热量的接收和靶温的采集;室内硬件设备在系统信号流中处于轨边设备与探测站软件之间,接收探测站软件的下发的指令,控制轨边设备并且处理轨边设备采集进来的信号,接轨边信号处理后上传给探测站软件;探测站软件根据当前的工作状态下发控制指令,并且接收室内硬件上来的信号,处理信号,并且进行磁头波形识别、计轴、判辆、热轴判别、自检等操作,最终把结果上传到路局中心。三者之间的信号流程如图 2－1 所示。

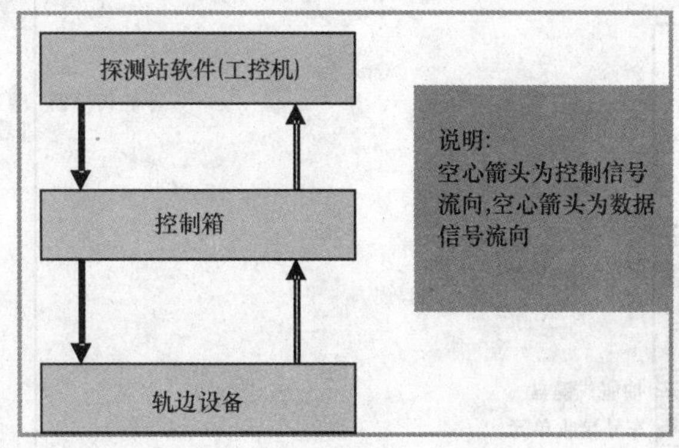

图 2－1　THDS－A 信号流程图

一、THDS－A 系统构成

THDS－A 型红外线轴温探测系统探测站设备由轨边设备和机房内设备组成。轨边设备包括红外轴箱扫描器(也叫做探头箱,内装探头)、卡轨器、钢编管、车轮传感器(又称磁头,磁钢)及支架、环境温度传感器及环温箱、分线箱;机房内设备安装在机柜中,包括工业计算机(IPC)、显示器、键盘鼠标、控制箱、车号智能跟踪装置、远程管理机、电源箱、防雷设备。轨边设备和机房内设备之间由电缆连接。

探测站硬件设备总体技术指标:

1. 探测站主机:工控机,CPU P4 3.0 G,内存 1 G,硬盘 80 /160 GB。PCI 总线插槽 7 个,ISA 总线插槽 2 个,USB2.0 接口 4 个,配置 100 M 网卡,配备显示器、键盘和鼠标。平均无故障间隔时间(MTBF)50 000 h 以上。

2. 采集卡:32 通道,采样速率 200 kHz。

3. 防雷装置:采用 CITEL 防雷设备。

4. 地线设置:防雷和设备共用一个地线,地线接地电阻小于 4 Ω。

5. 远程管理机:音频拨号接口。

6. 交流电:探测站提供交流电电源需满足电压 220 V(－20% ～＋15%),频率 50～60 Hz,单向设备额定功率 600 W,双向设备额定功率 1 000 W。

7. 车轮传感器:采用具有高灵敏度和高抗电气化干扰能力的高信噪比的、经过铁道部评审认可的产品。

探测站设备构成如图 2－2 所示。

二、THDS－A 技术指标

1. 探测站采用光子探头与热敏探头相结合的双下探方式,自动探测客、货车辆的热轴。

2. 自动识别机车、客车、货车。

3. 自动测速;适应车速:光子探头 5～360 km/h;热敏探头 5～160 km/h。

4. 系统测温精度:静态标定在温升 40 ℃时,误差为－2 ℃～＋2 ℃,温升 70 ℃时,误差为

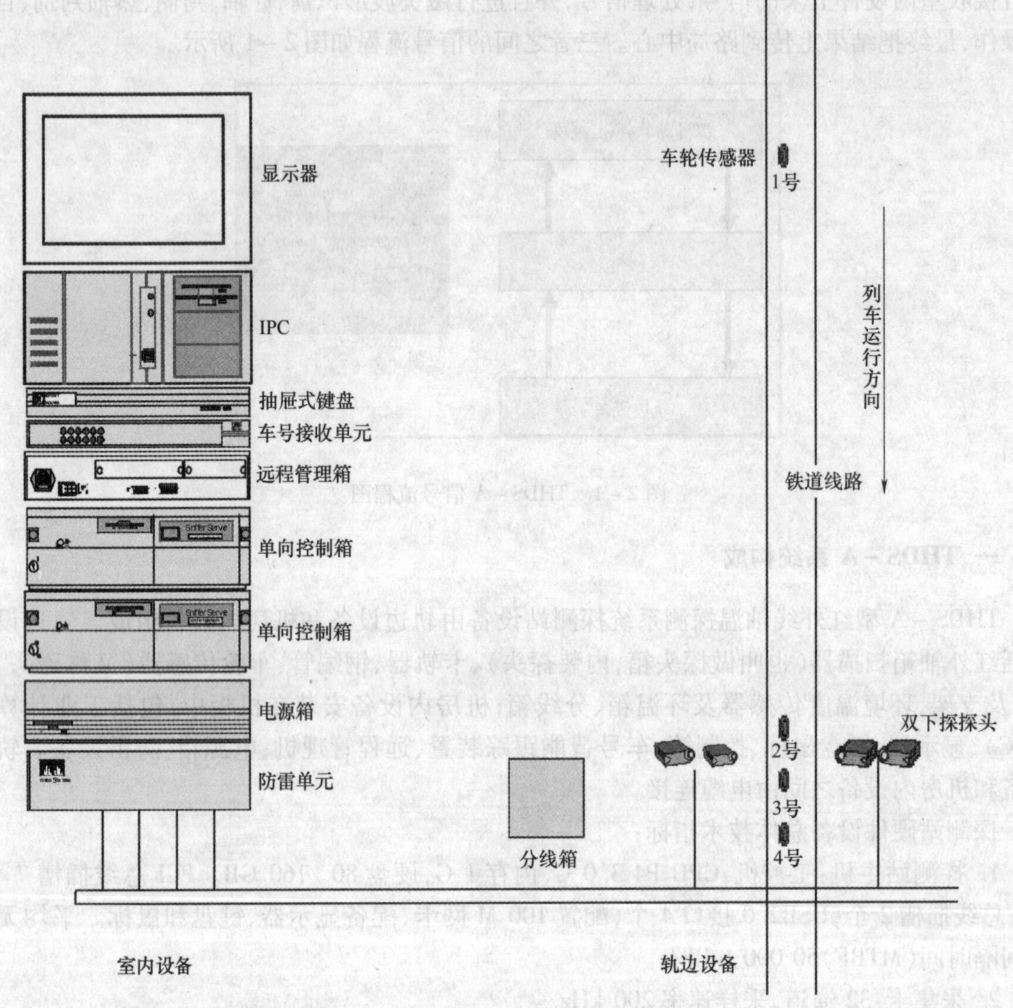

图 2－2 THDS－A 探测站设备构成示意图

－3 ℃～＋3 ℃；动态检测中低温区误差为－3 ℃～3 ℃，中高温区误差为－4 ℃～＋4 ℃。

5. 计轴计辆精度：计轴误差 $< 2\times10^{-6}$；计辆误差 $< 2\times10^{-5}$。

6. 具有双向同时接车的功能，可探测最大编组为 400 辆的列车。

7. 探测站主机存储容量：保存不少于 30 d 的原始列车数据；保存不少于 30 d 的设备自检故障信息。

8. 自动采集车号信息，准确跟踪列车，对热轴进行智能跟踪和预报。

9. 具有音频专线、音频拨号、宽带网络及无线传输通信接口。

10. 探测站设备可维护性：机械部分 <10 min；电气部分 <3 min。

11. 探测站设备可靠性：平均无故障时间，机械部分 $>1\times10^4$ h；电气部分 $>5\times10^4$ h。

12. 探测站工作环境：室外温度：－40 ～ ＋60 ℃；室内温度：0 ～ ＋40 ℃；室外相对湿度：< 95%；室内相对湿度：< 85%。

13. 适应电源条件：交流电电源为电压 220 V（－20% ～＋15%），频率 50～60 Hz。

各种电压和温度的正常值范围见表 2－1。

表2-1　各种电压和温度的正常值范围

名　称	范　围	备　　注
直流+15 V	(+15±1.5)V	
直流-15 V	(-15±1.5)V	
直流 G30 V	(+30±1.5)V	
直流15 V(T)	(+15±1.5)V	
直流+6.5 V	(+6.5±0.5)V	
直流+5 V	(+5±0.5)V	
环　温	(-50~+50)℃	
盘　温	(-50~+60)℃	盘温比环温高0~+20 ℃左右
板　温	(-50~+60)℃	板温比环温高0~+20 ℃左右
器件温度	(环温-50 ℃)±15 ℃	
热靶温度	(-50~+150)℃	不加热时与盘温接近
光子探头静态轴温	(-5±1)V	
热敏探头静态轴温	(0±0.3)V	
光子探头调制盘频率	(3 255±20)Hz 或 (3 215±20)Hz	有两种光子探头,频率有点差异

THDS-A 设备信号流程见图2-3。

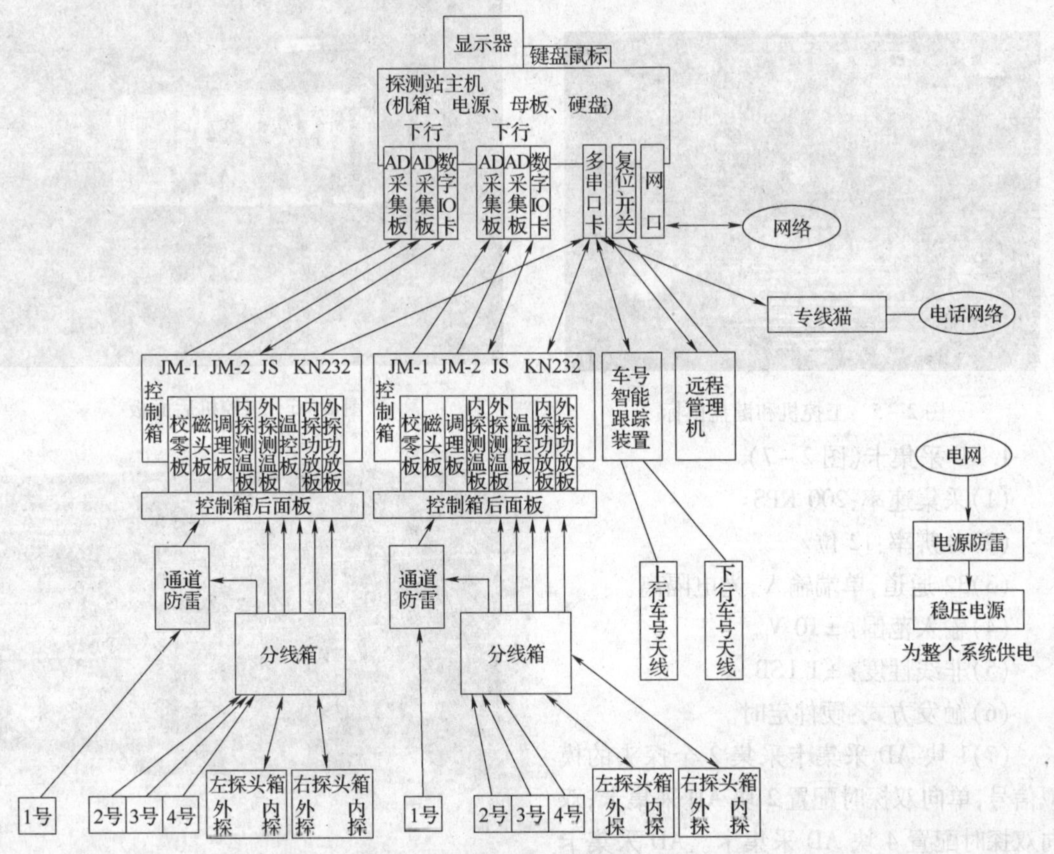

图2-3　THDS-A 设备信号流程

三、探测站机房内设备

室内设备包括探测站机柜、电源防雷箱、通道防雷箱、UPS不间断电源等。探测站机柜中配置有探测站主机、键盘、鼠标、显示器、控制箱、远程管理箱、智能跟踪装置、电源箱、通信单元等。

图2-4　机柜

（一）机　　柜

机柜外形尺寸（宽×深×高）：600 mm×650 mm×1 800 mm；符合19英寸插箱的安装要求，如图2-4所示，并具有以下功能：

1. 机柜加热：北方寒冷地区配置机柜加热装置。

2. 机柜散热：机柜顶部设有风机，强制通风散热。机柜底部设有通风孔。

（二）探测站主机

THDS-A采用工控机作为探测站主机，主机标准配置为CPU：P4 3.0G Hz，内存：1 GB，硬盘：80/160 GB。满足双向双探8个探头、两套智能跟踪装置的控制和实时采集同时工作的要求，如图2-5、图2-6所示。

图2-5　工控机和键盘鼠标

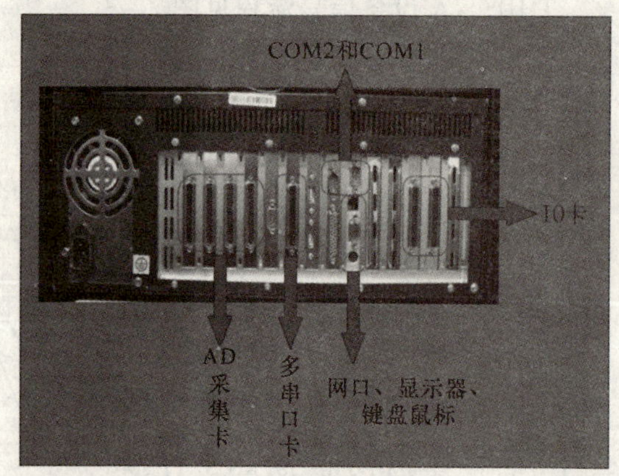

图2-6　工控机后面板

1. AD采集卡（图2-7）

（1）采集速率：200 KPS。

（2）分辨率：12位。

（3）32通道，单端输入，光电隔离。

（4）输入范围：±10 V。

（5）非线性度：±1 LSB。

（6）触发方式：硬件定时。

（7）1块AD采集卡采集2个探头的模拟信号，单向双探时配置2块AD采集卡；双向双探时配置4块AD采集卡。AD采集卡的插座（DB37/F）定义见表2-2。

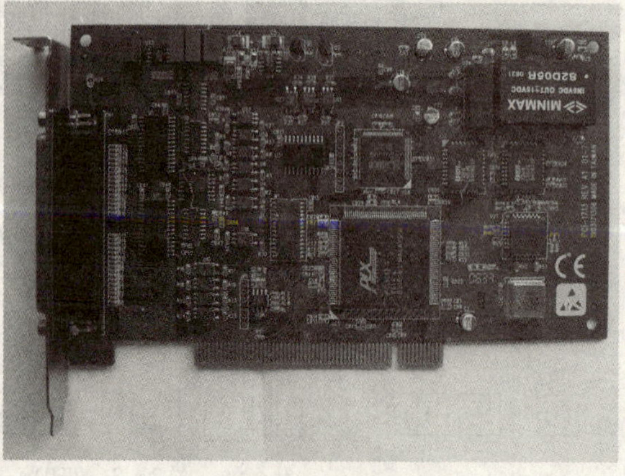

图2-7　AD采集卡

表 2-2　AD 采集卡的插座(模拟信号)(DB37/F)定义

序　号	代　号	名　称	序　号	代　号	名　称
1	CL5V	逻辑电源	20	CL+15	
2	CL-15	-15 测量	21	CL30V	30 V 测量
3	CL6V	6V 测量	22	CL15V	调制 15 V 测量
4	Vdw	电网电压	23	Vgz	工作电压
5	Vgw	柜温	24	Vhw	环温
6	Vzpw/Vzdbw	左盘温/左板温	25	Vypw/Vydbw	右盘温/右挡板温
7	Vzqw	左器温	26	Vyqw	右器温
8	IzzL	左制冷电流	27	IyzL	右制冷电流
9	AGND	模拟地	28	AGND	模拟地
10	AGND	模拟地	29	AGND	模拟地
11	Vm1	1 号磁头电压	30	Vm2	2 号磁头电压
12	Vm3	3 号磁头电压	31	Vm4	4 号磁头电压
13	Vzzw	左轴温	32	Vyzw	右轴温
14	Vztz/Vzdb	左调制信号/左挡板状态	33	Vytz/Vydb	右调制信号/右挡板状态
15	Vzbw	左靶温	34	Vybw	右靶温
16			35		
17			36		
18			37		
19					

2. 数字 IO 卡性能指标

(1)16 路出,16 路入,光电隔离。

(2)1 块数字 IO 卡采集(图 2-8)和控制 1 个探测方向的数字 IO 信号。单向双探时配置 1 块数字 IO 卡;双向双探时,配置 2 块数字 IO 卡。

数字 IO 卡的插座(DB37/F)定义见表 2-3。

图 2-8　数字 IO 卡

表2-3 数字IO卡的插座(DB37/F)定义

序号	代号	名称	序号	代号	名称
1	Lm1	1号磁头逻辑	19	Lm2	2号磁头逻辑
2	Lm3	3号磁头逻辑	20	Lm4	4号磁头逻辑
3			21	IDI5	输入通道5
4	IDI6	输入通道6	22	IDI7	输入通道7
5	Lzdm1	左大门状态1	23	Lydm1	右大门状态1
6			24		
7			25		
8			26		
9	GND	地线	27	GND	地线
10	GND	地线	28	GND	地线
11	Lzj	主机状态	29	IDO1	输出通道1
12	Kjr		30	KxL	校零控制
13	IDO4	输出通道4	31	IDO5	输出通道5
14	Kdm	大门控制	32	Krb1	热靶加热控制1
15	Ksd	上电控制	33	Ktz	调制控制
16	Kdby	挡板电源控制	34	Kcx	除雪控制
17	Krb2	热靶加热控制2	35	Kdbx	挡板开关控制
18	IDO14	输出通道14	36	IDO15	输出通道15

3. 多串口卡(图2-9)

工控机主板自带两个串口COM1、COM2,扩展1个8串口卡。

(1)串行接口分别连接智能跟踪装置、控制箱通信接口、UPS通信接口、远程通信modem等设备。

(2)无线数传通信:无线数传通信兼容现有通信协议。

(三)控 制 箱

1. 控制箱接收轨边信号,包括探头信号、磁头信号和各种温度信号,在控制箱内处理后传输到工业计算机。控制箱还接收工业计算机传输过来的控制信号,控制轨边设备,控制探头箱大门开闭、调制盘电机运转、器件致冷、热靶加热、挡板开闭、校零。控制箱前面板如图2-10所示。

控制箱机箱采用19英寸4U机箱,总线式结构,从机箱前插拔电路板。采用信号、功率双总线结构。功能强大,结构简洁,可靠性高,便于生产调试和现场维修测试。

2. 控制箱后面板(图2-11)

控制箱后面板装有与轨边设备连接的电缆插座,以及与工业计算机连接的电缆插座和与电源箱连接的电缆插座,分别是扫描器控制插座、扫描器信号插座、辅助信号插座、电源插座、探头信号插座、通信、模拟信号和数字信号

图2-9 多串口卡

图 2－10　控制箱前面板

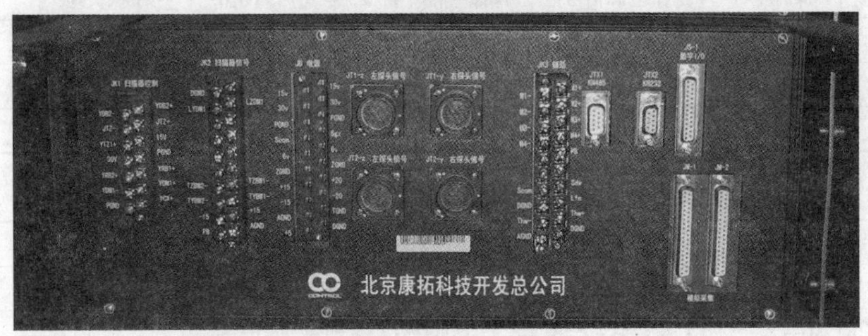

图 2－11　控制箱后面板

等插座,各插座定义见表 2－4～表 2－11。

表 2－4　扫描器控制插座(JK1)(采用 14 端子双排)

序号	代　号	名　　称	序号	代号	名　　称
1			8	30V	功率电源 30 V
2			9	Yrb1 +	热靶电源
3	Jtz +	调制控制 +	10	Yrb2 +	热靶电源
4	Jtz －	调制控制 －	11	Ydm1 +	大门电源 +
5	15v	调制逻辑电源	12	Ydm1 －	大门电源 －
6	Ytz1 +	调制功率电源	13	Ycx +	除雪控 +
7	PGND	功率地	14	PB	

表 2－5　扫描器信号插座(JK2)(采用 20 端子双排)

序号	代　号	名　　称	序号	代号	名　　称
1			11		
2	Dgnd	逻辑地	12		
3	Jzdm1 +	左大门状态 1 +	13	Tzbw1 －	左靶温 1 －
4	Jydm1 +	右大门状态 1 +	14	Tzbw2 －	左靶温 2 －
5			15	Tybw1 －	右靶温 1 －
6			16	Tybw2 －	右靶温 2 －
7			17	+15	模拟电源 +
8			18	－15	模拟电源 －
9			19	Agnd	模拟地
10			20	PB	

表 2-6 电源插座(JD)(采用 20 端子双排)

序号	代 号	名 称	序号	代号	名 称
1	15V	调制电源	11	ZGND	致冷地
2	15 V	调制电源	12	ZGND	致冷地
3	30 V	功率电源	13	+20	探头电源 +
4	30 V	功率电源	14	+15	模拟电源 +
5	PGND	功率地	15	-20	探头电源 -
6	PGND	功率地	16	-15	模拟电源 -
7	Sgz	工作电源信号	17	TGND	探头地
8	Scom	信号公共点	18	AGND	模拟地
9	6.5 V	致冷电源	19	DGND	逻辑地
10	6.5 V	致冷电源	20	+5	逻辑电源

表 2-7 辅助信号插座(JK3)(采用 20 端子双排)

序号	代 号	名 称	序号	代号	名 称
1	M1 +	1 号磁头 +	11		
2	M1 -	1 号磁头 -	12		
3	M2 +	2 号磁头 +	13	Sdw	电网电压检测
4	M2 -	2 号磁头 -	14	Scom	检测信号公共点
5	M3 +	3 号磁头 +	15		
6	M3 -	3 号磁头 -	16	DGND	数字地
7	M4 +	4 号磁头 +	17	Thw +	环温 +
8	M4 -	4 号磁头 -	18	Thw -	环温 -
9	PB		19		
10	PB		20	AGND	模拟地

表 2-8 探头信号插座(4 个)(探头插座采用 14 芯航空插座,参考型号 YZM-142J)

插座点号	代 号	名 称	插座点号	代号	名 称
1	+15/+20	模拟电源 +	8	Tqw -/Vxl	器件温度 -/校零电压
2	AGND	模拟地	9	Wtz/Jdb	调制波/挡板状态
3	-15/-20	模拟电源 -	10	Ydb +	挡板电源 +
4	ZW_GND	轴温地	11	DGND	逻辑电源
5	Vzw +	轴温电压 +	12	YzL -	制冷电源 -
6	Ydb -	挡板电源 -	13	+5	逻辑电源
7	Tpw -/Tdbw -	盘温 -/挡板温 -	14	6.5 V	制冷电源 +

表 2-9 通信插座(KN232)(连接控制箱和主计算机,采用 DB9/F 插座)

序号	代 号	名 称	序号	代号	名 称
1	TXL	发送	3	RTSL	请求发送
2	RXL	接收	4	GND	地

表 2－10　模拟信号插座(采用 DB37/F 插座)

序号	代 号	名　称	序号	代号	名　称
1	CL5V	逻辑电源测量	20	CL＋15	＋15 测量
2	CL－15	－15 测量	21	CL30 V	30 V 测量
3	CL6.5V	6.5 V 测量	22	CL15 V	调制 15 V 测量
4	Vdw	电网电压	23	Vgz	工作电压
5	Vgw	柜温	24	Vhw	环温
6	Vzpw/Vzdbw	左盘温/左挡板温	25	Vypw/Vydbw	右盘温/右挡板温
7	Vzqw	左器温	26	Vyqw	右器温
8	IzzL	左制冷电流	27	IyzL	右制冷电流
9	AGND	模拟地	28	AGND	模拟地
10	AGND	模拟地	29	AGND	模拟地
11	Vm1	1 号磁头电压	30	Vm2	2 号磁头电压
12	Vm3	3 号磁头电压	31	Vm4	4 号磁头电压
13	Vzzw	左轴温	32	Vyzw	右轴温
14	Vztz/Vzdb	左调制信号/左挡板状态电压	33	Vytz/Vydb	右调制信号/右挡板状态电压
15	Vzbw	左靶温	34	Vybw	右靶温
16	CL＋20V	探头电源测量	35	CL－20V	探头电源测量
17			36		
18			37		
19	PB	屏蔽网			

表 2－11　数字信号插座(采用 DB25/F)

序号	代 号	名　称	序号	代号	名　称
1	DGND	数字地	14		
2	LM1	1 号磁头逻辑	15	Ksd	上电控制
3	LM2	2 号磁头逻辑	16	Kdm	大门控制
4	LM3	3 号磁头逻辑	17	Ktz	调制控制
5	LM4	4 号磁头逻辑	18	Kdb(KxL)	挡板控制(校零控)
6	Lzdm	左大门状态	19	Krb1	热靶加热控制 1
7	Lydm1	右大门状态	20	Krb2	热靶加热控制 2
8			21	Kcx	除雪控制
9			22		
10			23		
11			24		
12			25		
13	PB	屏蔽网			

3. 控制箱电路板

控制箱由机箱、母板、转接板、后面板、电子线路板组成。电子线路板包括磁头板(1块)、测温板(内探1块、外探1块)、模拟信号调理板(1块)、温控板(1块)、校零板(1块)和功放板(内探1块、外探1块)。每块线路板都有一个小面板,包括电源指示、工作状态、测试端子。

(1)磁头板

当列车车轴压过磁头时产生交流信号,其幅度与车速有关。磁头信号经电缆送到控制箱,经过磁头信号处理板的处理送到工业计算机,进行车速、轴距、车辆数等计算。磁头信号处理板完成一个方向4路磁头信号的滤波、整形;面板上有门槛电压测试端、门槛电压调整电位计、磁头信号指示灯,如图2－12所示。

图2－12　磁头板

(2)测温板(图2－13)

测温板处理温度传感器输出的信号,处理后送至工业计算机。温度传感器包括盘温(板温)传感器、热靶温度传感器、制冷器件温度传感器、环温传感器、柜温传感器。温度传感器均采用铂电阻,型号是Pt100。测温板完成8路测温传感器信号调理,包括零点调整、信号放大等功能,输出电压0 V对应+25 ℃,80 mV/℃,电压输出范围是－10～+10 V;测温范围－100～+150 ℃。温度计算公式是$T=\frac{U}{0.08}+25$,其中T为温度,单位是℃,U为测温板输出电压,单位是V。电路板上的调零和调增益电位计出厂时已调好,不要随意调整。

图2－13　测温板

① 测试端子

面板上有温度信号测试端子,包括左盘温(左挡板温)、右盘温(右挡板温)、左器件温、右器件温、左靶温、右靶温、环温、柜温、AGND。

② 跳线设置

电路板上的J1、J2、J3、J4、J5、J6、J7、J8、J9、J10、J11、J12是内外探选择跳线。插在“1”的位置是内探,插在“2”的位置是外探,注意,外探时J5、J6、J7、J8悬空不插。J24、J25、J26、J27是内探选择,外探时拔掉。J22、J23已设置好,不要调整。

(3)模拟信号调理板(图2－14)

实现4路轴温信号的滤波、4路调制信号的整形,以及电网电压信号、工作电压信号的调理。面板上有轴温信号、调制信号、挡板信号测试端子,包括内探左轴温信号(Vzzw1)、内探右轴温信号(Vyzw1)、外探左轴温信号(Vzzw2)、外探右轴温信号(Vyzw2)、内探左调制信号、内探右调制信号、外探左挡板信号、外探右挡板信号。

(4)温控板(图2－15)

温控板是控制碲镉汞光子器件温度的电路板,实现对左右两个光子探头的制冷温度控制。具有自动恒温控制、恒流控制两种模式。面板设置有状态指示灯和测试端子。

图2－14　模拟信号调理板　　　图2－15　温控板

① 指示灯

+15 V、－15 V 电源指示灯常亮,如果工作在自动模式,则自动指示灯常亮,AD、DA 指示灯交替闪烁;如果工作在手动模式,则手动指示灯常亮,DA 指示灯常亮。

② 测试端子

左制冷电流测试端子,右制冷电流测试端子,ZGND。

③ 拨码开关

制冷温度控制板可由板上的四位拨码开关 JK 设置控制模式,如表2－12所示。其中,JK－3 为自动手动转换,ON 为手动设置,OFF 为自动设置。手动设置分为4挡恒流控制。制冷温度控制板也可以通过485总线接收工业计算机发来的命令,进入恒温控制或恒流控制模式。

表2－12　四位拨码开关 JK 设置控制模式

分级	JK－1	JK－2	JK－3	JK－4	对应电流
1	OFF	OFF	ON	未用	恒流 700 mA
2	OFF	ON	ON	未用	恒流 600 mA
3	ON	OFF	ON	未用	恒流 500 mA
4	ON	ON	ON	未用	恒流 400 mA
0	OFF	OFF	OFF	未用	自动控制
0	ON	OFF	OFF	未用	自动控制
0	OFF	ON	OFF	未用	自动控制
0	ON	ON	OFF	未用	自动控制

(5)校零板(图2-16)

实现对两个直流热敏探头的校零。面板设置有+15 V、-15 V、校零、保持指示灯。+15 V、-15 V电源指示灯常亮,在探头进行校零时,校零指示灯亮,过车时保持指示灯亮。

图2-16　校零板

图2-17　内探功放板

(6)功放板(图2-17、图2-18)

工业计算机通过功放板,实现对大门电机、挡板电机、调制盘电机、热靶、除雪装置等部件的电源控制。功放板包括内探和外探两种,前面板设有手动控制按钮和控制状态指示灯。

图2-18　外探功放板

① 指示灯

15 V和5 V常亮,当上电控制打开时,30 V指示灯亮;热靶控制打开时,热靶指示灯亮;调制、挡板控制打开时,调制、挡板指示灯亮;大门控制打开时,大门指示灯亮。当发生短路时,会启动相应的保护电路,防止电源烧毁,并且会点亮相应的保护指示灯。

② 手动控制按钮

手动控制按钮在系统测试时会带来很大方便,上电按钮按下后,会持续1 min上电时间,然后自动下电,热靶、调制、挡板、大门控制按下后,各持续20 s的动作时间,然后恢复初始状态。

③ 跳线设置

内探功放制板需要将跳线J1、J2、J5、J6插在左侧,J8、J9、J10插在上侧;外探功放板需要将跳线J1、J3、J4、J5、J6插在右侧,J8、J9、J10插在下侧。

(7)485总线地址设置

在每个电路板的左下角都有一个拨码开关,用来设置485总线地址,每个板卡都有一个唯一的地址,定义如表2-13所示。

表2－13　485总线地址设置

地址	K－1	K－2	K－3	K－4	K－5	对应板卡
01H	OFF	OFF	OFF	OFF	ON	内探测温板
02H	OFF	OFF	OFF	ON	OFF	外探测温板
03H	OFF	OFF	OFF	ON	ON	模拟信号调理板
04H	OFF	OFF	ON	OFF	OFF	磁头信号处理板
05H	OFF	OFF	ON	OFF	ON	内探功放板
06H	OFF	OFF	ON	ON	OFF	外探功放板
07H	OFF	OFF	ON	ON	ON	内探温控板
08H	OFF	ON	OFF	OFF	OFF	外探温控板
09H	OFF	ON	OFF	OFF	ON	内探校零板
0AH	OFF	ON	OFF	ON	OFF	外探校零板

(四)远程管理机(图2－19、图2－20)

远程管理机是探测站主机的辅助设备,通过监测探测站主机的运行状态和探测站的电源供电情况,自主对主机进行复位、断电、重新通电操作。能自主排除主机软件或操作系统死机等故障,同时也具备远程通信能力。

图2－19　远程管理机前面板

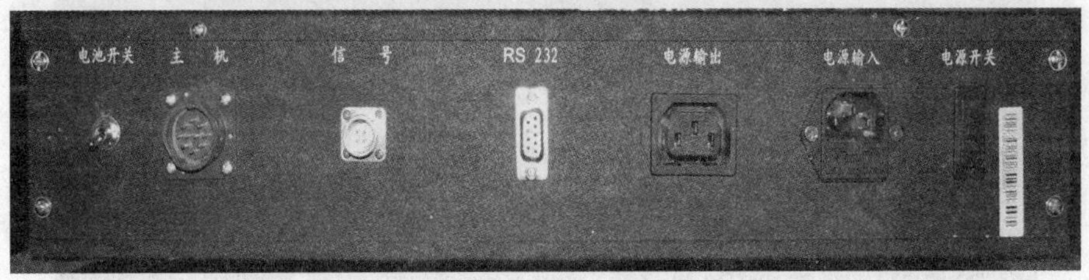

图2－20　远程管理机后面板

远程管理机后面板有电源开关、电池开关、主机插座、信号插座、RS232插座、电源输出和电源输入。电源开关是交流电开关,电池开关是设备的工作开关。电源输入接交流电,电源输出有两组线:一组接工控机的电源,另一组接专线猫。如果是网络传输的话,就只有一组电源输出线。主机插座另一端与主机DB9孔连接,用来控制工控机开机和复位。还有一个电话线接口,需要把探测站电话接上。信号插座是接收工控机发出来的心跳信号,心跳信号是通过数字IO卡产生的。RS232插座连接多串口卡扩展的串口,远程通信时使用。

远程管理箱具有以下功能:

1. 记录探测站通信、电源状态的历史数据;监测探测站主机的运行状态,当探测站工机软件运行发生故障时复位探测站主机。

2. 内置后备充电电池,工作时间2 h以上。

3. 具备远程通信能力。通过音频拨号网与远端连接。执行远端操作命令,实现探测站主机的远程启动、复位、关停等操作。

(五)电源箱(图 2－21、图 2－22)

电源箱为一个 19 英寸 4U 机箱,为上、下行控制箱和轨边设备提供电源,电源箱由前面板、后面板、箱体、电源组成。包括如下电源:

1. 逻辑电源:+5 V,1.2 A,纹波 <200 mV。

2. 制冷电源:+6 V,1.5 A,纹波 <60 mV。

3. 信号电源:+15 V,1.5 A,纹波 <30 mV;－15 V,1.0 A,纹波 <30 mV。

4. 探头电源:±20 V,1A,纹波 <50 mV。

5. 调制电源:+15 V,1.2A,纹波 <200 mV。

6. 功率电源:+30 V,8A,纹波 <200 mV。

7. 交流电监测信号:输出交流信号为 0.0～1 V 对应输入交流 0～440 V。输入 AC100 V～AC500 V 范围时,输出信号精度 2%。

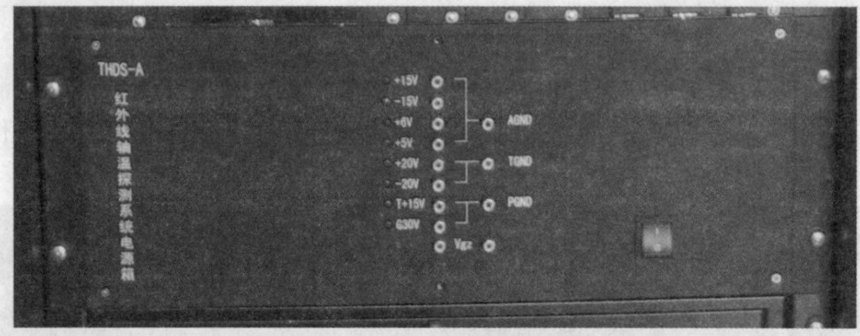

图 2－21　单向电源箱

图 2－22　双向电源箱后面板

(1)电源箱前面板

前面板设有:

① 直流电源指示灯:30 V、15 V、6 V、5 V、+15 V、－15 V、+20 V、－20 V;

② 电源测试端子:30 V、15 V、6 V、5 V、PGND、DGND、+15 V、－15 V、+20 V、－20 V、AGND;

③ 交流电源开关:分设上行、下行开关。

(2)电源箱后面板

后面板设有接线端子:

① 端子规格:16 路端子,端子间距 7.5 mm。型号为 KT16 - 1.5/16。

② 端子定义:提供上行、下行两套电源的输出端子,定义如表 2 - 14 所示。

表 2 - 14　后面板接线端子定义

序号	定　义	备　注	序号	定　义	备　注
1	AGND	模拟电源地	9	-20 V	探头电源
2	ZGND	制冷电源地	10	TGND	探头电源地
3	+15	模拟电源 +	11	T15	调制电源 15 V
4	-15	模拟电源 -	12	G30	功率电源 30 V
5	+6 V	致冷电源	13	PGND	功率电源地
6	+5 V	逻辑电源	14	PGND	功率电源地
7	DGND	数字地	15	Vgz +	交流工作电压检测
8	+20 V	探头电源	16	Vgz -	

(六)防雷设备配置

系统采用 CITEL 防雷设备,性能可靠。系统配置通道防雷箱、电源防雷箱各一台。

1. 防雷地线

防雷采用等电位防雷方式,防雷地线和设备地线都接到等电位地上,要求接地电阻小于 4 Ω。

2. 电源防雷箱

壁挂式安装,按《车辆轴温智能操测系统(THDS)设备检修维护管理规程》(以下简称《红规》),符合GB 50057—94(2000 版)和 TB/T 2311—2002 技术标准:

最大冲击电流(10/350):15 kA;

最大放电电流(8/20):140 kA;

标准放电电流(8/20):>70 kA;

电压保护水平:<1.5 kV。

3. 通道防雷箱(图 2 - 23)

采用 19 英寸标准机柜插箱式安装,对单向探测站,提供四路磁钢和 2 路通信线路的保护;对双向探测站,提供 8 路磁钢和 2 路通信线路的保护。防雷出入接线采用端子形式。

通道防雷箱按《红规》要求符合 GB 50057 - 94(2000 版)和 TB/T 2311—2002 技术标准,标称放电电流(8/20)为 10 kA。

图 2 - 23　通道防雷

(七) 车号智能跟踪装置(图 2 - 24)

系统配置智能跟踪装置一套。车号智能跟踪装置前面板有 5 组灯,分别是正常、发送、错码、接收和发射。平时在侦听的时候,正常灯常亮,发送灯微微闪烁;接车的时候或者通过 IPC 软件点击了车号控制按钮,这时发射灯常亮,表示有微波信号发出,无标签时,错码灯亮,接收灭,有标签时,错码灯灭,接收灯亮。所以过车时,错码灯和接收灯是交替闪烁的。

图 2－24　车号智能跟踪装置

四、探测站轨边设备

探测站轨边设备包括红外轴箱扫描器(内装探头)、卡轨器、过轨管组件、车轮传感器(又称磁头)、环境温度传感器、分线箱、车号天线,如图 2－25 所示。

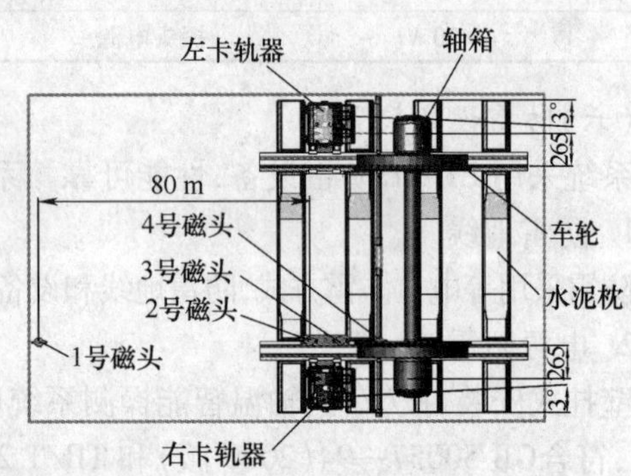

图 2－25　轨边设备结构示意图

(一)车轮传感器

车轮传感器以下简称为磁头。开机车轮传感器定义为 1 号磁头,位置传感器按行车方向分别定义为 2 号磁头、3 号磁头、4 号磁头。

磁头技术指标:

1. 最大输出幅值:用磁钢参数检测仪"模拟轮电磁铁"触发磁钢顶部测量,最大输出幅值为(14 ± 1) V 峰峰值(空载)。
2. 静态噪声:小于 20 mV 峰峰值(示波器示值,空载)。
3. 适应车速:5 ~ 360 km/h。
4. 绝缘电阻:大于 200 MΩ。
5. 抗冲击噪声:小于 50 mV 峰峰值(示波器示值,空载)。
6. 表面剩磁磁场强度:>0.33 T。
7. 磁极性:磁钢顶部极性为 N 极。
8. 运用退磁特性:大于 2 年。

(二)轴温探头

1. 轴温探头的分类:轴温探头是轴温探测的核心部件,按测温元件不同划分为:

(1)热敏探头——敏感元件采用双浸没热敏电阻;

(2)光子探头——敏感元件采用碲镉汞光子器件。

按工作方式,划分为调制探头和直流探头两种。光子探头是调制探头,热敏探头是直流探头。

轴温探头插座、轴温探头调制电机插座定义见表 2-15、表 2-16。

表 2-15　轴温探头信号插座定义

插座点号 Y50EX-1415TK	名称/定义	代　号	备　注
A	探头电源+	+15/+20	
B	探头电源地	AGND	
C	探头电源-	-15/-20	
L	轴温电压	Vzw	
M	轴温地	ZW_GND	
N	调制信号/挡板状态信号	Wtz/Vdb	
D	屏蔽网		
K	器件温-/校零电压/	Tqw-/Vxl	
R	盘温-/挡板温-	Tpw-/Tdbw-	
J	挡板电源-/校零控-	Ydb-/Kxl-	
H	挡板电源+/校零控+	Ydb+/Kxl+	
P	致冷电源+	6.5V	
G	致冷电源-	YzL-	
E	逻辑电源	+5	
F	逻辑地	DGND	

表 2-16　轴温探头调制电机插座定义

插座点号 XS12J7	名称/定义	代　号	备　注
1	调制控制+	Jtz+	
2	调制控制-	Jtz-	
3	调制电源 30 V	Ytz+	
4	调制电源 15 V	15V	
5	调制电源地	PGND	
6	空		
7	空		

2. 轴温探头的性能指标

热敏探头、光子探头主要技术指标应符合表 2-17、表 2-18 的要求。

表 2-17　热敏探头主要技术指标

序　号	项　目	指标与偏差
1	适应车速	5~160 km/h
2	轴温信号输出范围	-10~+10 V
3	小信号 Δ5 ℃信噪比	≥20 dB(有效值)
4	静态输出噪声	≤20 mV(有效值)
5	动态输出噪声	≤30 mV(有效值)
6	直流漂移	≤150 mV/5 min
7	系统建立时间	<1 s
8	适应工作温度	-40~+60 ℃
9	视场集中度	40 mm×40 mm(距离为 1 000 mm 时≥0.5)

表 2－18 光子探头主要技术指标

序 号	项 目	指标与偏差
1	适应车速	5～360 km/h
2	轴温信号输出范围	－10～＋10 V
3	小信号 Δ5 ℃信噪比	≥20 dB(有效值)
4	静态输出噪声	≤20 mV(有效值)
5	动态输出噪声	≤30 mV(有效值)
6	直流漂移	≤150 mV/5 min
7	系统建立时间	<1 s
8	适应工作温度	－40～＋60 ℃
9	视场集中度	40 mm×40 mm

（三）轴箱扫描器

本系统每个方向有两个轴箱扫描器，分别安装在探测站的轨道两侧。轴箱扫描器由扫描器下箱体、上盖组成，下箱体由壳体、第二级减震器、探头安装架组成；上盖由壳体、隔热保护罩、排风扇、热靶大门组件、大门电机、除雪装置（选配）组成。轴箱扫描器上盖电缆插座定义见表 2－19。

表 2－19 上盖电缆插座定义

插座点号	名称/定义	代 号	插座点号	名称/定义	代 号
1	热靶 1 加热＋	Yrb1＋	8		
2	热靶 2 加热＋	Yrb2＋	9	靶温 1－	Tbw1－
3	功率地	PGND	10	逻辑地	DGND
4			11	风扇＋	Yfc＋
5	靶温公共点	Tcom	12	靶温 2－	Tbw2－
6	大门状态＋	Jdm＋	13	大门控＋	Ydm＋
7	除雪＋	Ycx＋	14	大门控－	Ydm－

1. 探测方位

探测方位的确定是红外轴箱扫描器设计的关键问题。经对多种车辆车型轴箱位置的分析和现场试验论证，结合各种车辆特点，经过多次现场试验，最终确定了轴箱扫描器的最佳安装方位：采用“双下探”的探测方式。外探探测角度是仰角为 45°，偏角为 3°，在高于轨顶面 535 mm位置扫描器光轴中心通过距轨内侧 375 mm。内探探测角度是扫描器光轴中心通过距轨内侧 265 mm，仰角为 45°，偏角为 0°即平行于钢轨。由此可实现用一套扫描器完成客车和货车的兼探，如图 2－26 所示。

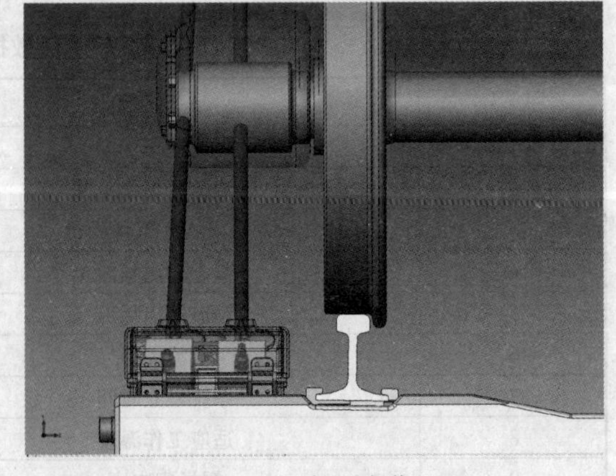
图 2－26 探测方位

2. 热靶大门组件（图 2－27）

本系统采用热靶标定的自适应温度标定方

法，实时获得轴温计算标准，使系统能够自动适应探头工作状态的变化，轴温计算准确。根据环境温度的不同，热靶标定需要 1.5 ~ 2 min。

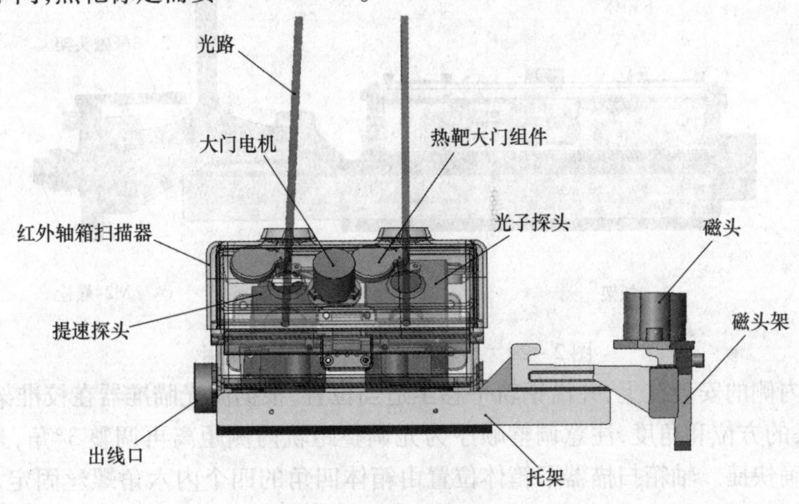

图 2－27　热靶大门组件

热靶大门组合件除为轴温计算提供温度基准外，还要在列车到达前、后将红外轴箱扫描器封闭，保护内部的清洁，并避免某些外界因素损坏内部部件。热靶大门组合件由力矩转角电机驱动，一个电机驱动两个热靶，结构简单可靠，易于维护，且在掉电状态下能够保持自锁状态，有效避免人为破坏。

3. 箱体结构(图 2－28)

扫描器箱体结构在设计时充分考虑到现场操作方便，上箱体可轻松旋转、扣紧，也可在合页轴垂直状态下脱离取出，拿到室内进行维修。不使用螺钉固定箱体结构，开关上箱体仅需要一把专用钥匙，方便快捷。

图 2－28　箱体结构

(四)卡 轨 器

卡轨器为轴箱扫描器提供了安装基面，为保证其探测方位还设计有调节机构。在安装后，探头能够在沿钢轨方向，垂直钢轨方向进行直线移动。此外，卡轨器还为车轮传感器提供了安装基面，能够满足在 50 轨、60 轨、75 轨等不同轨型上安装的需要。由于软件功能增强，车轮传感器不需做起采位置调整，再一次缩短了轨边的操作时间。

卡轨器由铁轨卡具、托架、第一级减震器和车轮传感器安装架组成。

五、轨边设备的安装

(一)卡轨器、轴箱扫描器和探头的安装

1. 先将卡轨器托架用 M24 螺栓固定在钢轨上，然后把轴箱扫描器下箱体用四个内六角螺钉固定在卡轨器托架上，注意要拆下轴箱扫描器上箱体，以后再进行操作，如图 2－29 所示。

2. 将热敏探头固定在外探 45°固定架上，锁紧磁力吸盘开关，安装激光器。

3. 将校准架在钢轨上放好，将短校准靶装在校准架近端外侧的安装柱上，长校准靶装在

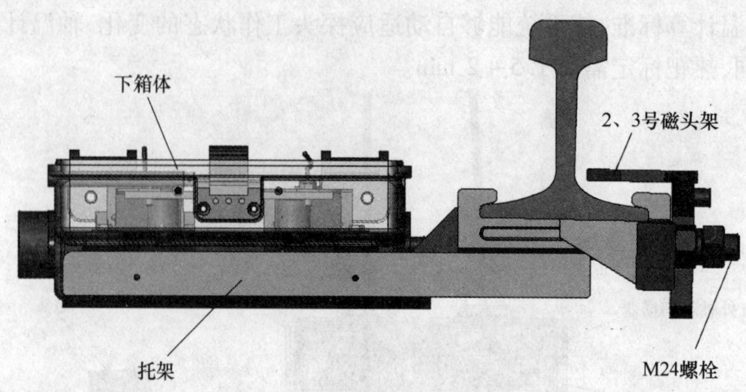

图 2 – 29 卡轨器及轴箱扫描器的使用

校准架远端内侧的安装柱上，并沿钢轨平移至适当位置，根据激光瞄准器在校准架上的光点位置，调整探头的方位和角度，注意调整顺序为先调整距轨内侧距离再调整 3°角，最后调整 45°角以确保准确快捷。轴箱扫描器下箱体位置由箱体四角的四个内六角螺丝固定，松动这四个螺丝就可以移动下箱体相对于钢轨的横向位置；3°角是由探头固定架前后的两个内六角螺钉固定，松动这两个螺钉即可以调整固定架的 3°角方位；45°角的调整方法是松动探头固定架侧面的六角螺钉，上下提拉探头即可调整 45°角，如图 2 – 30 所示。

通过以上调整，应使激光瞄准器所发出的激光通过校准架前靶光孔的中心点，打在后靶的中心点上，这样外探探头即调整好。通过此步骤确定扫描器箱体距轨内侧距离，在以后调整中不可改变。

4. 将光子探头固定在内探 45°固定架上，锁紧磁力吸盘开关，安装激光器，如图 2 – 31 所示。

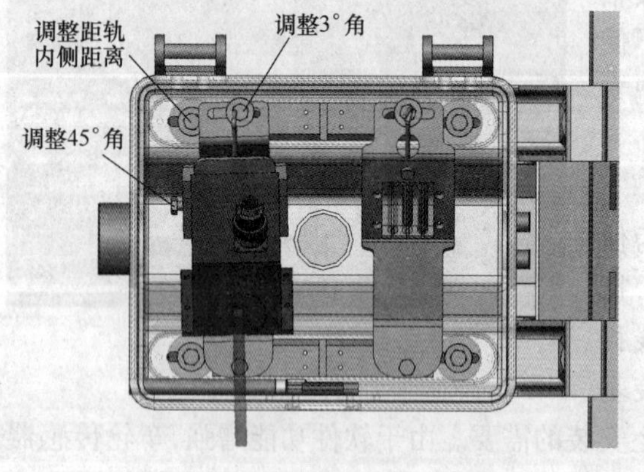

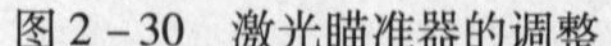

图 2 – 30 激光瞄准器的调整

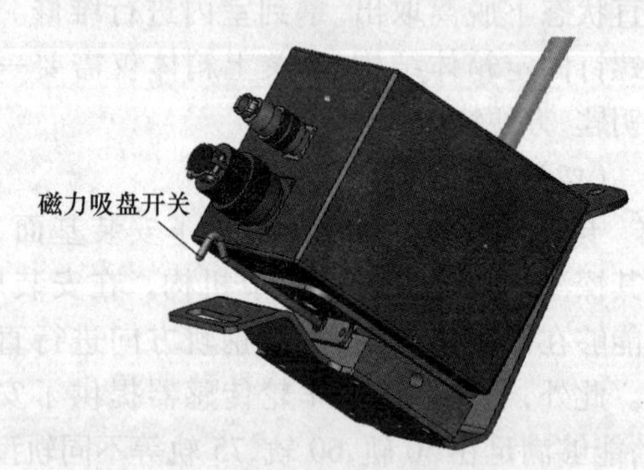

图 2 – 31 激光器的安装

5. 将校准架在钢轨上放好，并沿钢轨平移至适当位置，将短校准靶装在校准架近端单独的安装柱上，长校准靶装在校准架远端单独的安装柱上，调整探头的 0°偏航角，如图 2 – 32 所示。

通过以上调整，应使激光瞄准器所发出的激光通过前靶打在后靶的纵向中心线上，这样内探头即调整好。调整方法与外探类似，如图 2 – 33 所示。

6. 在调整另一侧探头时，具体操作同前。

7. 连接扫描器箱体内各个电缆插头，包括上盖插头、外探热敏探头插头、内探光子探头插头，内探光子探头调制盘插头，检查电缆连接是否可靠，扣紧上箱体，如图 2 – 34 所示。

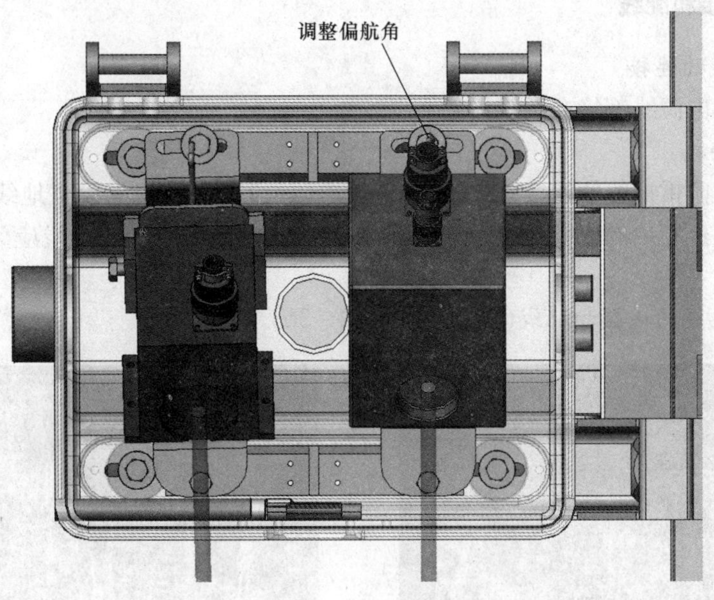

图2-32　调整偏航角

图2-33　激光瞄准器的调整

图2-34　连接扫描器各电缆插头

(二)磁头的安装

1. 1号磁头距2号磁头80 m。

2. 磁头的其他安装尺寸按《红规》中关于ZR磁钢安装的有关规定执行。

注:4号磁头安装在3号磁头后方350~550 mm;磁头一般安装在靠近机房一侧,在电气化区段必须装在非电网回路一侧的钢轨上。磁头的两极(红线为正)与已检查过的磁头电缆对应相焊,不要接反极性。2号、3号、4号三个磁头电缆应通过扫描器侧面预留的圆孔经扫描器箱体进入分线箱,同时需要注意圆孔的密封。

(三)环温箱的安装

环温箱为能挡雨、隔热、通风的百页箱。环温箱安装在轨边机房阴面的墙上,箱体下部距地面2 000 mm,靠墙一侧距墙面50~80 mm。环温电缆穿进环温箱,插上环温传感器。

六、电缆连接和配线

(一)电源线的连接

把所有交流电源线都接在插线板上。

(二)地线连接

采用等电位防雷地线的连接方式,要求地线电阻 <4 Ω。将机柜设备地线、UPS 电源地线和信号地线都通过专用的地线连接线连接到等电位地线上。地线连接线应为 6 mm^2 以上的铜线。

(三)其他电缆的连接和配线(图 2-35、图 2-36)

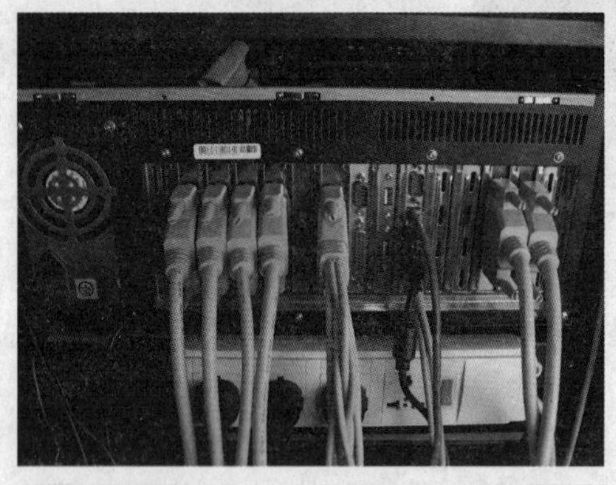

图 2-35 工控机后面板

图 2-36 双向控制箱后面板

首先把室外电缆连接到探测站室内设备的各个端子上。

1. 16 芯探头电缆分别按照内探左、内探右、外探左、外探右连接到控制箱 14 芯航空插座 JT1_Z、JT1_Y、JT2_Z、JT2_Y。
2. 16 芯控制电缆连接到控制箱 JK1 插座上。
3. 16 芯信号电缆连接到控制箱 JK2 插座上。
4. 电源箱通过 16 芯电源电缆连接到控制箱 JD 插座上。
5. 两根模拟主控电缆连接工控机 AD 卡到控制箱 JM_1、JM_2。
6. 数字主控电缆连接工控机 IO 卡到控制箱 JS。
7. 232 串口电缆连接工控机串口和控制箱 JTX2。
8. 车号专用串口电缆连接主机和车号机顶盒。
9. 车号天线电缆与车号机顶盒连接。
10. 磁头电缆接到控制箱 JK3 插座上。
11. 环温传感器电缆接到控制箱 JK3 插座上。
12. 电网电压传感器电缆到控制箱 JK3 插座上。

第四节 车辆轴温智能探测系统(THDS-A)软件部分

康拓红外技术有限公司 THDS-A 型红外线探测站软件主要由两个软件模块组成,分别是工作模块和通信模块。工作模块(可执行文件名:IPC Work. exe)的主要功能有:接车、热靶标定、系统标定、设备调试、温度计算、热轴预报、系统自检等;通信模块(可执行文件名:

netrans. exe)负责与中心的数据通信,支持网络传输、专线话路和拨号话路传输。

一、软件安装

(一)运行环境

探测站软件的设计运行环境最小配置如下:CPU 主频 3.0G Hz、内存 1 GB、硬盘 80 GB、主板具有至少 5 个 PCI 插槽和 2 个 ISA 插槽、Windows XP 操作系统。

(二)安装与配置

探测站软件工作模块(IPC Work. exe)运行,需要硬件设备 AD 模拟采集卡和 IO 数字卡的支持,因此在运行 IPC Work. exe 程序之前,必须首先安装好 AD 模拟采集卡和 IO 数字卡及其相应的驱动程序,并做好相应的配置。特别是对于双向探测设备,工控机中的 AD 板卡插放位置是有规定的,如图 2 - 37 所示。

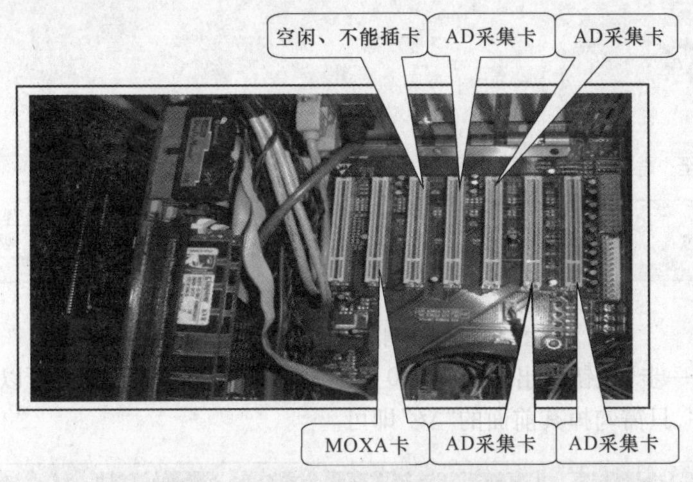

图 2 - 37　双向设备工控机 PCI 板卡插放位置示意图

探测站软件需要使用"thds_setup. exe"安装包进行安装,其安装过程如下:

1. 双击"thds_setup"图标,弹出一个名为"安装程序 - 北京康拓红外技术有限公司 THDS - A探测站软件"的对话框,如图 2 - 38 所示。

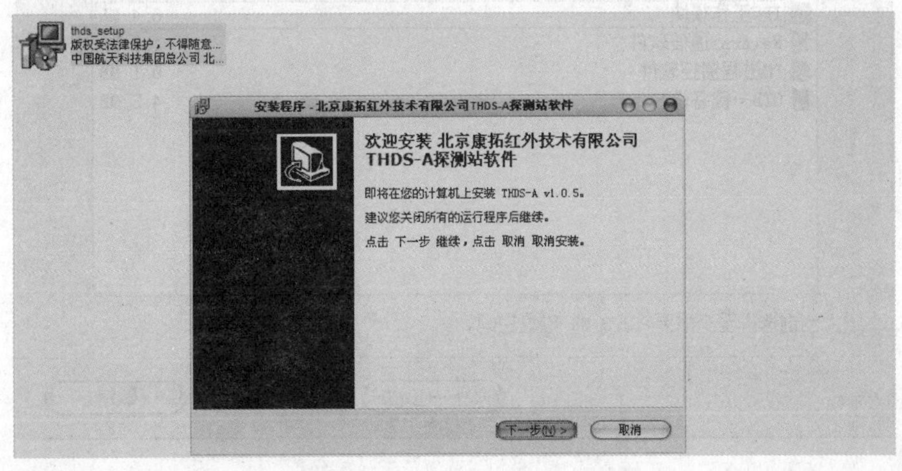

图 2 - 38　探测站软件安装示意图步骤 1

2. 点击“下一步”按钮弹出如图 2－39 所示的对话框，在该对话框中可以点击“浏览”按钮选择程序安装路径。

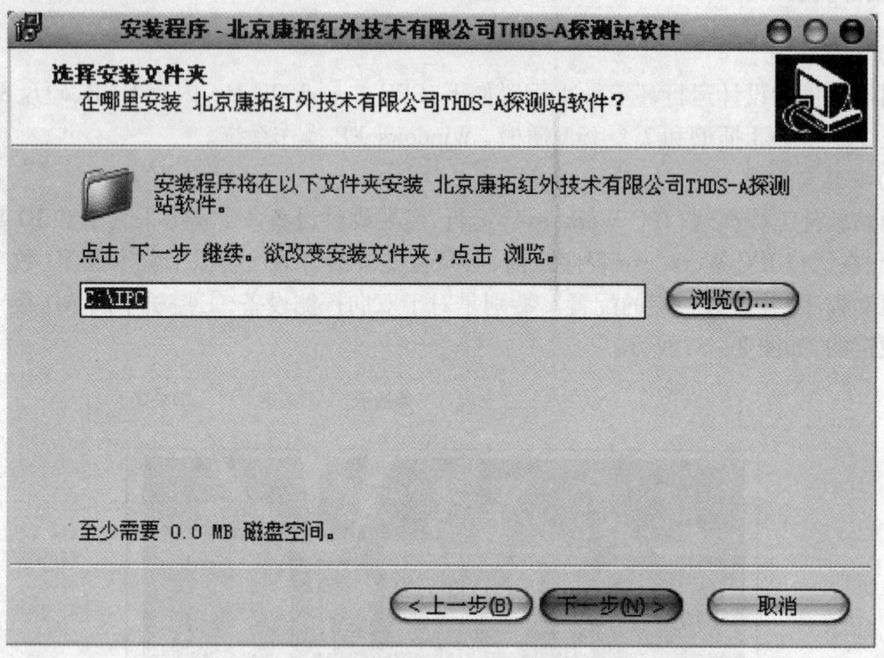

图 2－39　探测站软件安装示意图步骤 2

3. 点击“下一步”按钮弹出如图 2－40 所示的对话框。本安装程序可以灵活配置，对于不需要安装的组件，只需勾掉其前面的“√”即可。

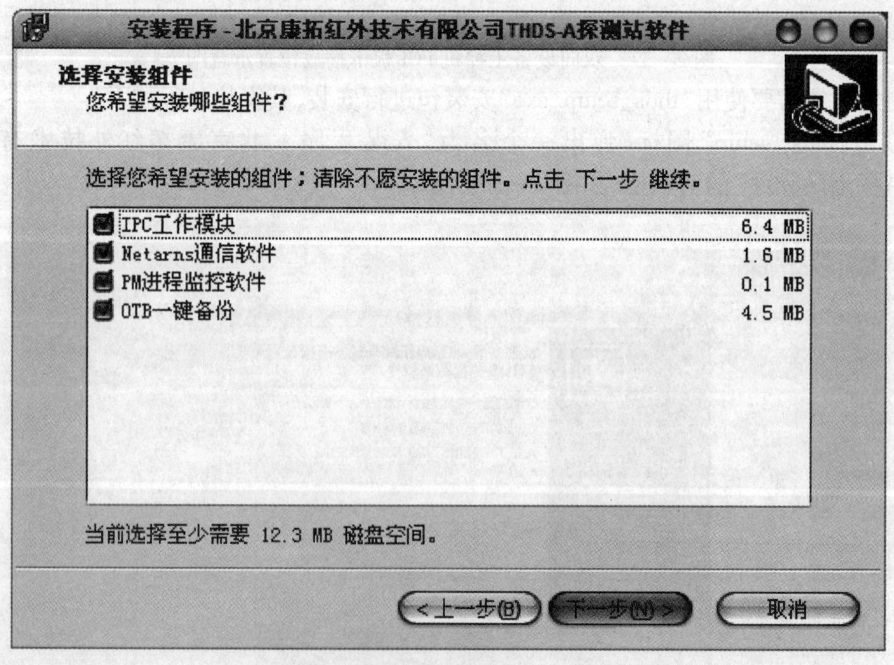

图 2－40　探测站软件安装示意图步骤 3

4. 点击“下一步”按钮弹出如图 2－41 所示对话框。

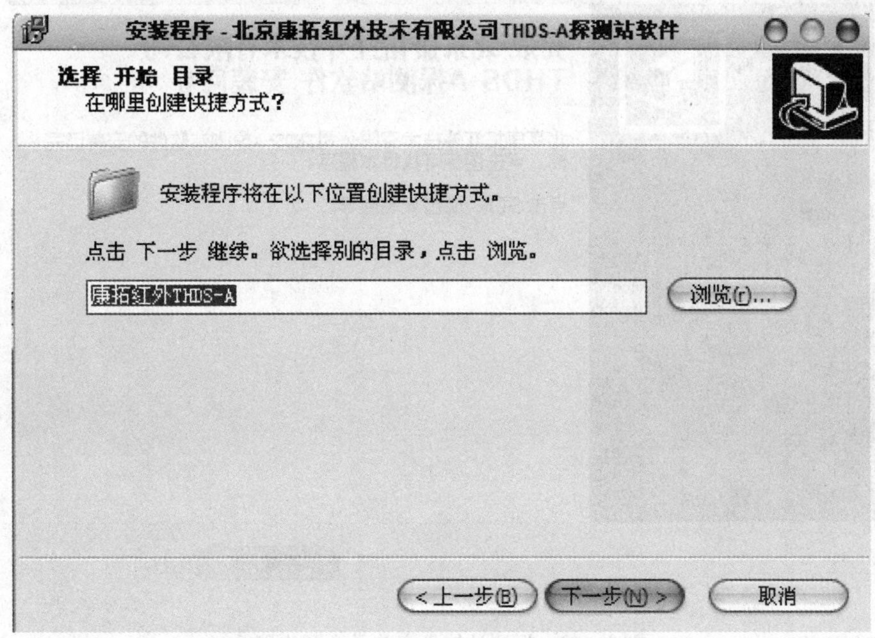

图 2－41　探测站软件安装示意图步骤 4

5. 点击“下一步”按钮弹出如图 2－42 所示对话框。

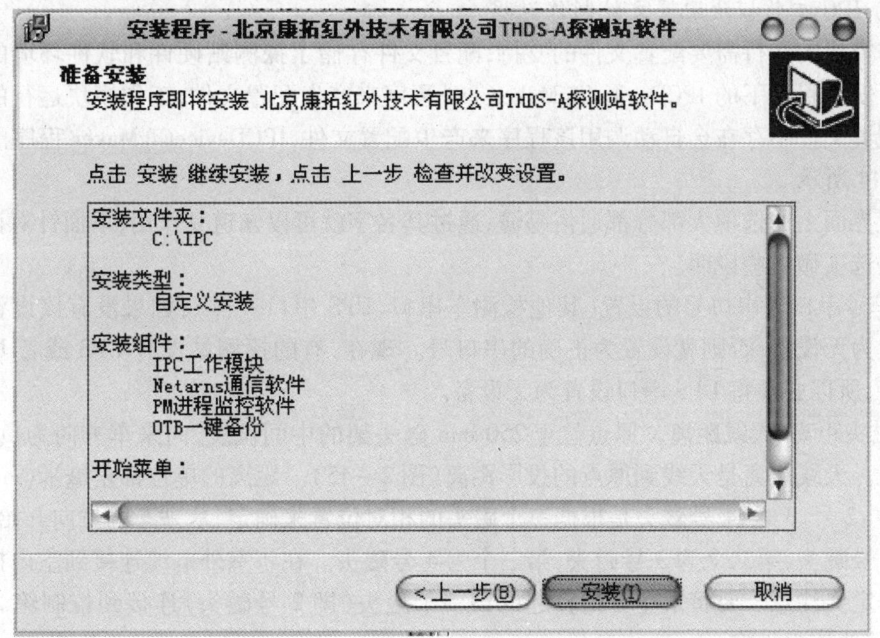

图 2－42　探测站软件安装示意图步骤 5

6. 点击“安装”按钮弹出如图 2－43 所示对话框。

7. 点击“完成”按钮完成探测站软件安装。

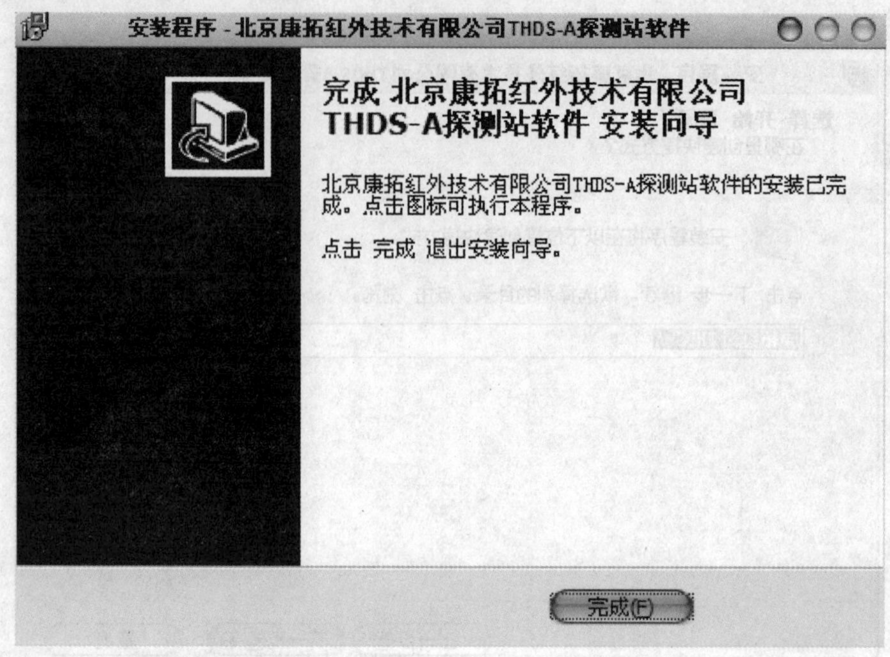

图 2-43　探测站软件安装示意图步骤 6

二、IPC 工作模块(IPC Work)

(一) IPC 工作模块配置文件制作说明

工作模块的运行需要配置文件的支持,配置文件存储了探测站硬件和软件环境的一些信息。运行安装目录下的 IPCDeviceCfgMaker. exe 程序来产生配置文件,工作模块运行的时候如果发现配置文件不存在会自动调用该程序来产生配置文件,IPCDeviceCfgMaker 程序的主界面如图 2-44 所示。

配置界面上的选项大部分都通俗易懂,通过其名字就可以知道其作用,下面针对比较难理解的一些选项做一些说明。

1. 车号串口等串口号的设置(其他检测车串口、UPS 串口一样),如果没有该设备就将串口号设置为无设备,否则就设置为正确的串口号。现在,有的探测站没有 UPS 或者 UPS 没有串口支持,所以必须将 UPS 串口设置为无设备。

2. 磁头距离、天线距离。原点位于 250 mm 磁头架的中间位置,向来车方向为负,向去车方向为正。天线距离是天线到原点的投影距离(图 2-45)。距离的单位都是毫米(mm)。

3. 注:2 号、3 号、4 号磁头是根据三个磁头的相对位置来确定,从来车的方向开始算起,第一个为 2 号磁头,第二个为 3 号磁头,第三个为 4 号磁头。在将室外电缆连接到室内控制箱上的时候一定要注意。要将来车方向算起的第一个磁头(即 2 号磁头)连接到控制箱 2 号磁头的位置,其他依次类推。

4. 模拟板卡序号和数字板卡序号。数据通过电缆在控制箱与工控机之间进行传递。每种探测方式每一侧需要一块模拟板卡,每一个探测方向需要一块数字板卡。因此对于双向双探需要 4 块模拟板卡和 2 块数字板卡。从控制箱出来的模拟数据电缆插在模拟板卡上,数字信号电缆插在数字板卡上。

5. 每一块模拟板卡和数字板卡插入工控机的插槽后都有一个序号与其对应,软件根据这

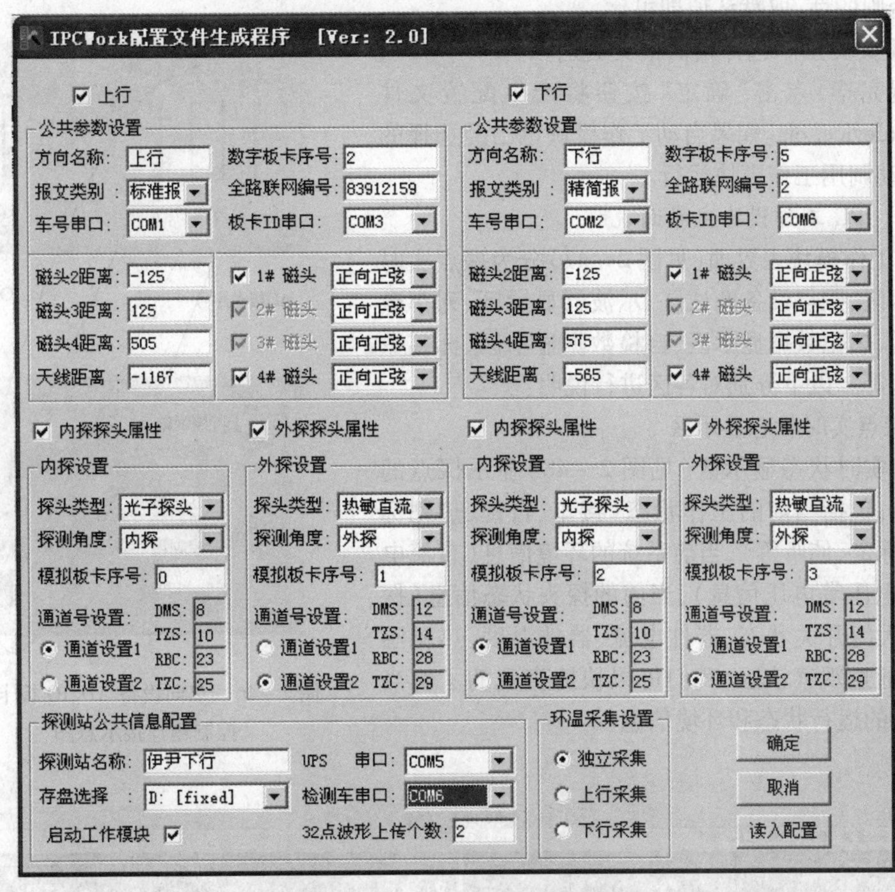

图 2－44　配置文件产生界面

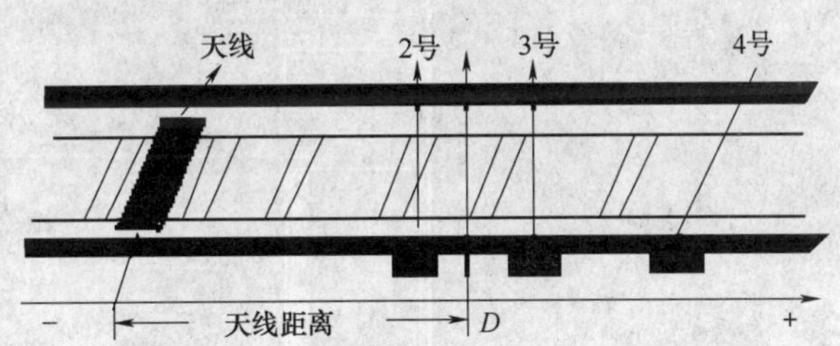

图 2－45　磁头距离和天线距离示意图

个序号来采集数据和控制相应的设备。该序号需要人工在配置界面上输入，即在模拟板卡序号和数字板卡序号的输入框中输入相应的板卡序号。例如将上行内探的电缆插入了序号为 1 的板卡中，就在上行内探的模拟板卡序号中填入 1 就可以了。板卡序号的定义如下：面向工控机背面，从显示器插槽开始算起，向左数，第一个模拟板卡序号为 0，第二个为 1，依次类推，直到把所有的模拟板卡都标记完，如最后一个模拟板卡的序号为 n，从最右边开始算起，向左数，第一数字板卡序号为 $n+1$，第二个为 $n+2$，依次类推。将获取的序号输入配置界面即可，如图 2－46 所示。

6. 存盘选择。工控机一般带有几个逻辑盘，选择磁盘容量最大的逻辑盘符。

7. 32 点波形上传个数。如果有网络的话，可以填入 －1，这样所有的 32 点波形都传入了中心。否则的话，取默认值即可。

8. 报文类别。选择精简报文类别。

配置完毕，点击“确定”按钮将产生配置文件 IPC Workdevice. cfg。如果启动工作模块也已经选择的话，会自动调用工作模块运行。

(二) IPC 工作模块主界面说明

IPC 工作模块主界面(见图 2－47)分为探点实时状态显示区、探点设备调试区、示波器显示区、列车数据显示区、热靶数据显示区、自检数据显示区、标签数据显示区等。以下分别对各区进行说明：

1. 探点实时状态显示区

探点实时状态显示区(见图 2－48)显示探点的实时状态，包括当前的工作状态(接车、自检、热靶标定、系统标定、侦听等)，当前系统的环境信息(直流电压、交流电压等电压信息)、当前的探头状态信息(探头类型、大门开关状态、器件电流、器件温度、热靶温度等)。通过观察该区，我们可以快捷直观的了解当前探测站的运行状态和环境信息。

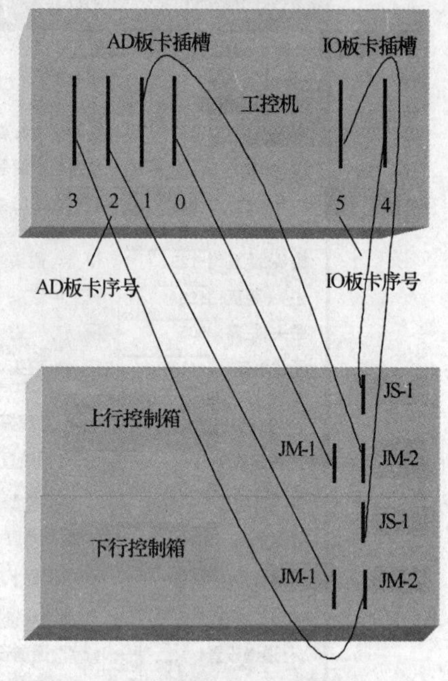

图 2－46　双向设备 AD、IO 板卡与控制箱连接示意图

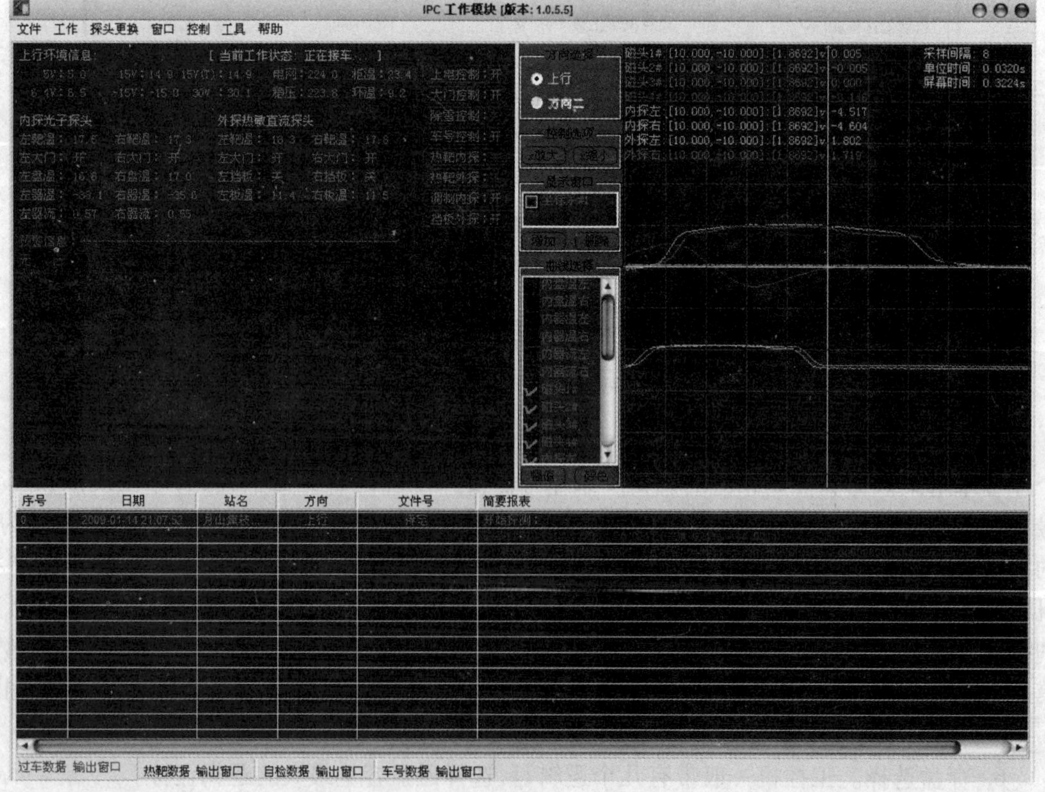

图 2－47　IPCWork 程序主界面

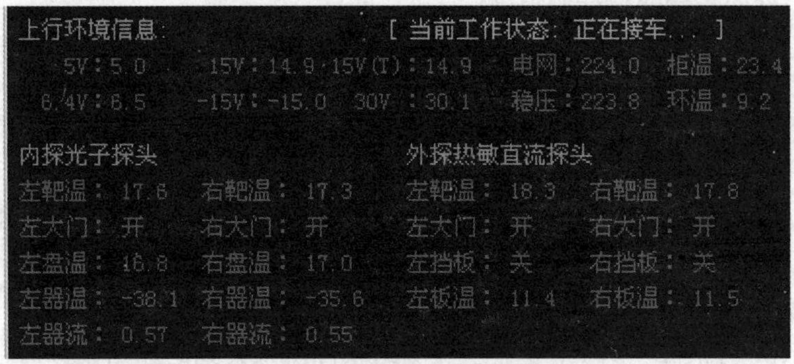

上行环境信息:　[当前工作状态: 正在接车...]
5V:5.0　15V:14.9 15V(T):14.9　电网:224.0　柜温:23.4
6.4V:6.5　-15V:-15.0　30V:30.1　稳压:223.8　环温:9.2
内探光子探头　外探热敏直流探头
左靶温: 17.6　右靶温: 17.3　左靶温: 18.3　右靶温: 17.8
左大门: 开　右大门: 开　左大门: 开　右大门: 开
左盘温: 16.8　右盘温: 17.0　左挡板: 关　右挡板: 关
左器温: -38.1　右器温: -35.6　左板温: 11.4　右板温: 11.5
左器流: 0.57　右器流: 0.55

图 2－48　探点实时状态显示区

鼠标右键单击该区,弹出探点实时状态显示区颜色配置菜单(图 2－49),我们可以配置显示区中各个状态的显示颜色。

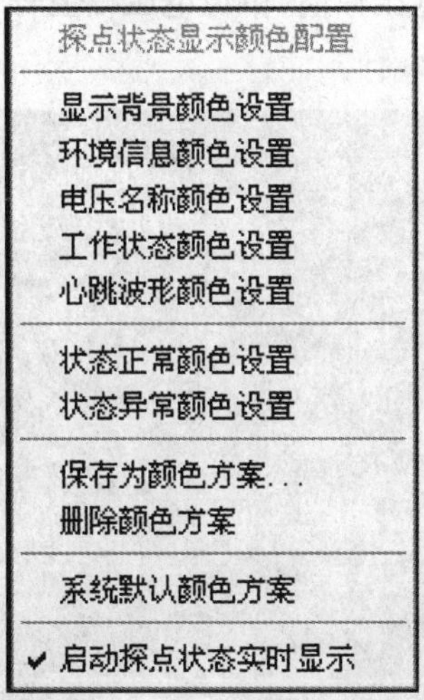

探点状态显示颜色配置
显示背景颜色设置
环境信息颜色设置
电压名称颜色设置
工作状态颜色设置
心跳波形颜色设置
状态正常颜色设置
状态异常颜色设置
保存为颜色方案...
册除颜色方案
系统默认颜色方案
✔ 启动探点状态实时显示

图 2－49　探点实时状态显示颜色配置菜单

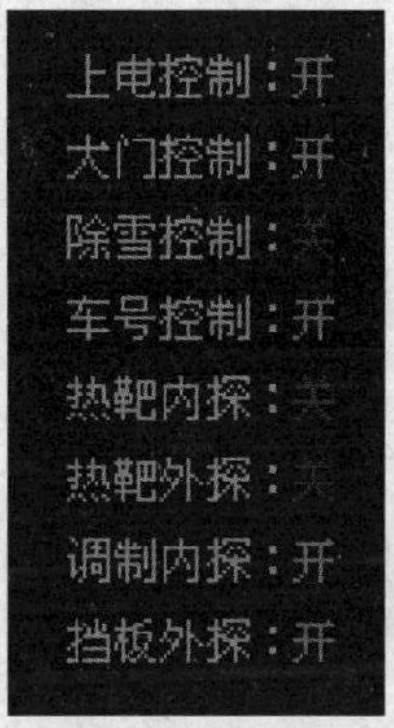

上电控制:开
大门控制:开
除雪控制:关
车号控制:开
热靶内探:关
热靶外探:关
调制内探:开
挡板外探:开

图 2－50　探点状态调试区

2. 探点设备调试显示区

探点设备调试区(见图 2－50)提供一些按钮以用来操作硬件,目前提供的硬件操作有以下几个:

上电控制;
大门控制;
车号控制;
除雪控制;
热靶内探控制;
热靶外探控制;
调制内探控制;
调制外探控制。

如图 2－50 所示,上电控制的当前状态为"开",代表当前设备的控制状态为已经上电,即已经发送了上电的控制信号,热靶内探的当前状态为"关",代表当前大门的控制状态为关,即没有发送启动内探热靶加热的控制信号。

说明：探点设备调试区中的“大门控制”的状态和探头实时状态显示区中的“左/右大门”状态不同，探点实时状态显示区中的显示的大门状态为大门的实际开关状态，而探点设备调试区中显示的为大门控制的状态，即是否发送了开大门的信号，发送了即为开，没有发送开大门的信号即为关，一般来讲，如果大门控制显示开，那么探点实时状态显示区中的大门状态也应该为开，否则说明大门控制或者大门状态的获取有问题，有问题可以根据具体情况来确定。

3. 示波器显示区

示波器显示区（见图 2－51）主要显示探测站软件所采集到的原始模拟信号。通过查看原始模拟信号，我们可以观察探头的噪声幅度、磁头信号的有无正反，调制盘信号，热靶信号等，结合探点设备调试区，我们可以简单直观的确定各个器件的工作状态，非常易于探测站的维护和维修。

示波器显示区的左上角显示曲线的名称，颜色，屏幕电压幅值，单位电压幅值等，其显示原则如下：曲线名称：[屏幕电压]：[单位电压]V 瞬时电压值。

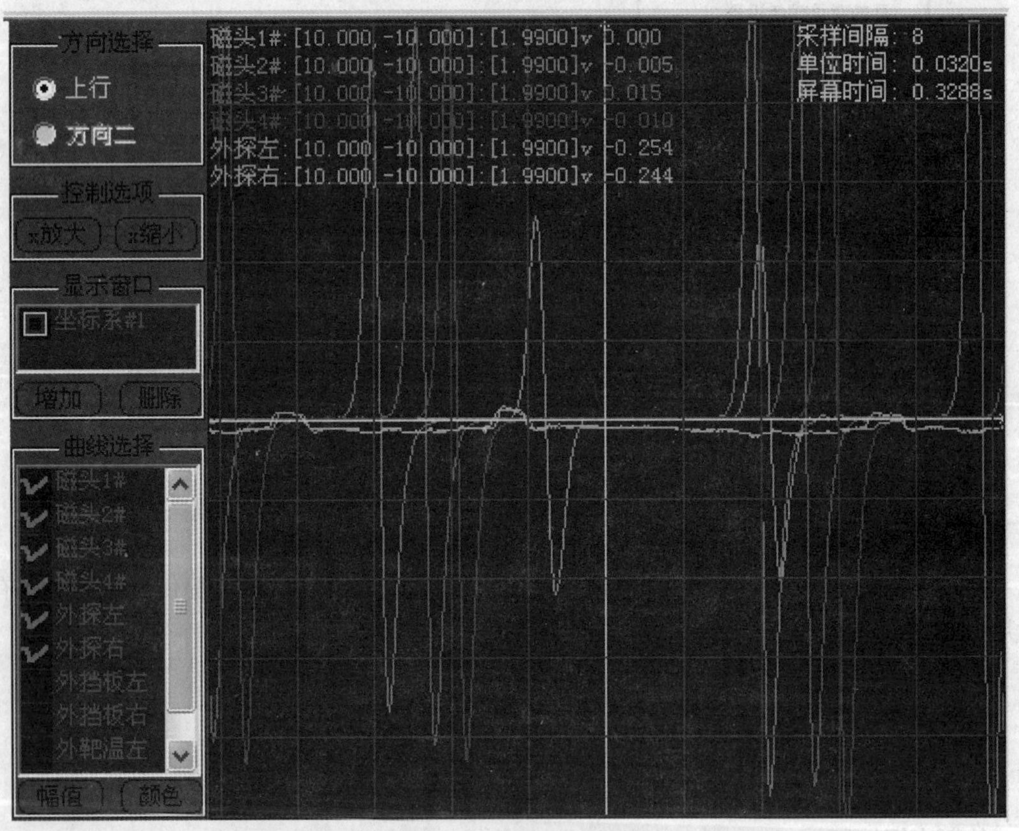

图 2－51 示波器显示区

例如：磁头 2 号：[10.000，－10.000]：[1.9900]V－0.005（见图 2－51）。

解释：[10.000，－10.000]指，示波器 Y 轴最大量程为－10 V 至 10 V。

[1.9900]指，示波器 Y 轴每格量程为 1.990 0 V。

－0.005 指，2 号磁头波形最后瞬时值为－0.005 V。

根据单位电压可以观察某条曲线的电压幅度信息。字体的颜色即为曲线的颜色。

示波器显示区的右上角显示了采样间隔、单位时间和屏幕时间,根据单位时间我们就可以观察某条曲线的频率信息。

示波器显示区还提供了以下的功能以方便我们操作示波器显示的方式。

曲线选择:我们可以选择我们感兴趣的曲线来显示,例如选择磁头来查看磁头原始信号。

颜色选择:我们可以为不同的曲线选择不同的颜色以方便于我们的视觉观察。

幅值选择:我们可以为不同的曲线选择不同的幅值大小以方便于我们的视觉观察。

上下行选择;我们可以选择不同的显示方向。

示波器底色、控制面板底色等控制选项选择,通过在示波器界面上右键点击弹出,如图 2－52 所示。

另外,鼠标左键单击示波器显示区,可以暂停示波器的流动显示,有利于我们分析曲线的幅值和频率等信息。

鼠标双击示波器显示区,可以显示或者隐藏示波器控制面板。

示波器显示颜色配置
窗口背景颜色设置
控件背景颜色设置
控件字体颜色设置
列表框背景色设置
列表框文字色设置
保存为颜色方案...
删除颜色方案
系统默认颜色方案
✔ 启动示波器

图 2－52　示波器右键弹出菜单

4. 过车数据显示区

过车数据显示区(图 2－53)显示系统接车的历史数据,并且当系统处于接车状态时,实时显示当前的接车过程,即实时显示当前已经计出的轴数,已经计出的车辆数,当前接收的车号等信息。

过车数据显示与热靶数据显示区、自检数据显示区、标签数据显示区占据同一显示器显示区域,通过“控制标签”(图 2－53)选择当前显示区。

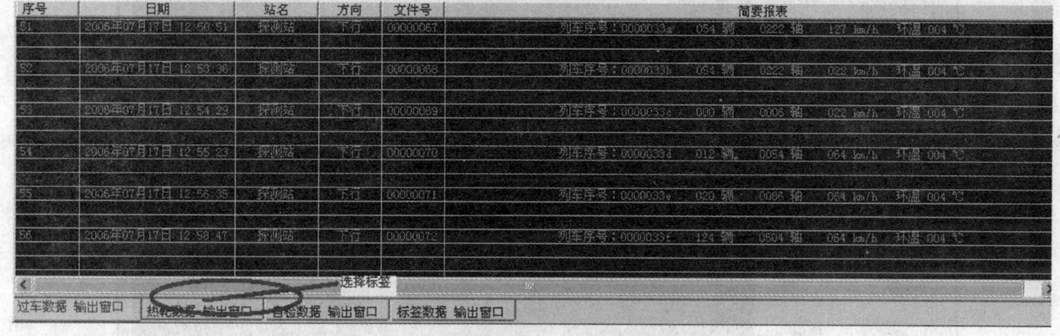

序号	日期	站名	方向	文件号	简要报表
51	2006年07月17日 12:50:51	探测站	下行	00000067	列车序号:0000033a　054 辆　0222 轴　127 km/h　环温 004 ℃
52	2006年07月17日 12:53:36	探测站	下行	00000068	列车序号:0000033b　054 辆　0222 轴　022 km/h　环温 004 ℃
53	2006年07月17日 12:54:23	探测站	下行	00000069	列车序号:0000033c　000 辆　0006 轴　022 km/h　环温 004 ℃
54	2006年07月17日 12:55:23	探测站	下行	00000070	列车序号:0000033d　012 辆　0054 轴　064 km/h　环温 004 ℃
55	2006年07月17日 12:56:35	探测站	下行	00000071	列车序号:0000033e　020 辆　0086 轴　064 km/h　环温 004 ℃
56	2006年07月17日 12:58:47	探测站	下行	00000072	列车序号:0000033f　124 辆　0504 轴　064 km/h　环温 004 ℃

图 2－53　过车数据显示区

鼠标左键双击一行数据,可以打开数据分析(IPCAnalyze)模块来查看该过车数据。

鼠标右键单击一行数据,弹出“过车数据操作菜单”(图 2－54),在弹出的菜单中选择“IPC 数据分析”也可以打开数据分析模块来查看该过车数据。

鼠标右键单击一行数据,弹出“过车数据操作菜单”(图 2－54),在弹出的菜单中选择“32 点偏移量设置”,可以打开“32 点偏移量设置”模块。

过车数据操作菜单
IPC数据分析
32点偏移量设置

图 2－54　过车数据操作菜单

5. 热靶数据显示区

热靶数据显示区显示系统进行热靶标定的历史数据,并且当系统处于热靶标定状态时实时显示当前标定的过程信息。

点击“选择标签”(图 2－53)中的“热靶数据－>输出窗口”标签,激活该显示区。

双击一行数据，可以打开数据分析（IPCAnalyze）程序来显示该热靶数据。

6. 自检数据显示区

自检数据显示区显示系统进行自检的历史数据。

点击“选择标签”（图 2－53）中的“自检数据－>输出窗口”标签，激活该显示区。

双击一行数据，可以打开数据分析（IPCAnalyze）程序来显示该自检数据。

7. 标签数据显示区

标签数据显示区显示系统接收到的所有车号信息。

点击“选择标签”（图 2－53）中的“标签数据－>输出窗口”标签，激活该显示区。

（三）IPC 工作模块轴温波形采集偏移量设置说明

45°角的调整是为了能够准确合理的采集到轴温波形数据，角度的调整工作繁琐，劳动强度大。THDS－A 探测站软件提供了“32 点偏移量设置”模块（模块界面见图 2－55），利用该模块可以快速直观准确的设定轴温波形采集的偏移量。物理角度的调整相当于粗调，软件的调整相当于微调。

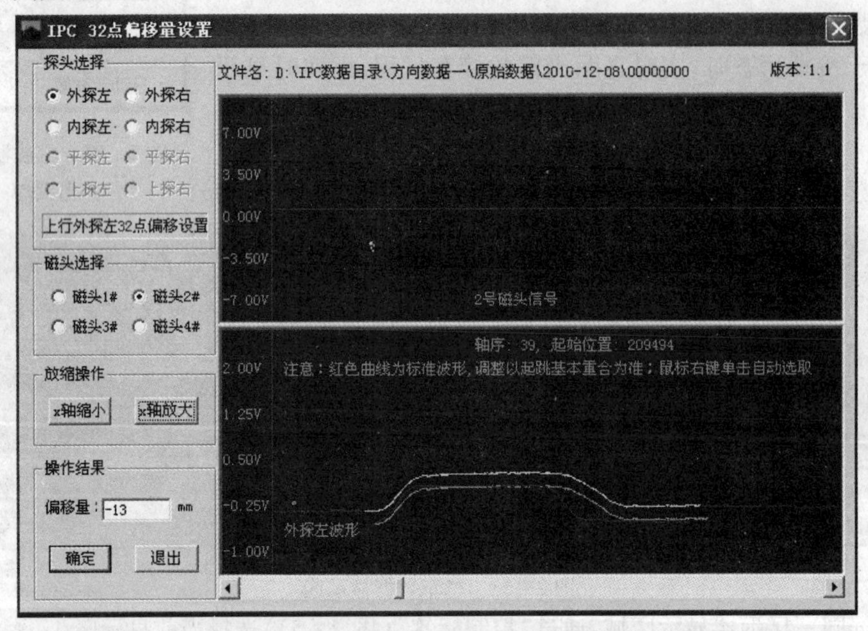

图 2－55 轴温波形采集开始偏移量设置

应该注意的是，软件的调整不能够代替物理角度的调整。45°角和 3°角的物理调整还是必须的，只不过不用调整的特别精确。如果物理角度调整的误差过大的话，将影响在轴承上采集轴温波形的位置。

在过车数据操作菜单（图 2－54）中选择“32 点偏移量设置”，就会打开该模块，同时该模块打开传入的过车原始数据。

在该模块的打开过程中，系统会弹出“注意”对话框（图 2－56），点击是继续操作，点击否该模块退出，不打开（注：我们必须使用最新的过车数据文件来确定轴温波形采集偏移量的大小）。

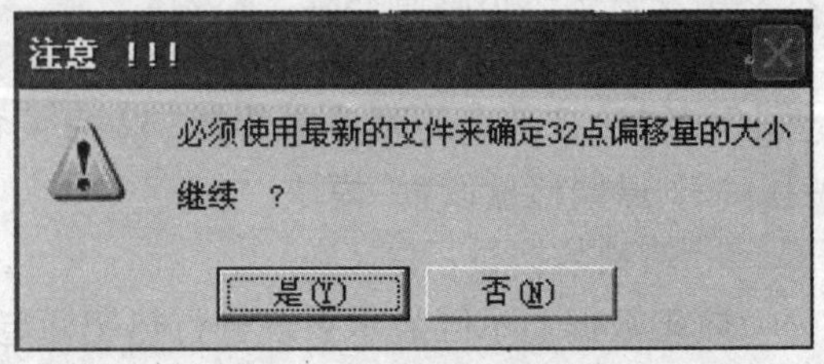

图 2－56 32 点偏移量设置模块注意对话框

"探头选择"界面:选择进行操作的探测角度。

"磁头选择"界面:选择所要显示的磁头信号。

"放缩操作"界面:操作波形 X 轴方向放大和缩小。

"操作结果"界面:实时显示当前操作的偏移量的校正量的大小,注意,该值不能够手动输入,必须让程序自动产生。

"确定"按钮:点击该按钮通知系统按照"操作结果"中的校正量的大小校正轴温波形采集偏移量。"取消"按钮:点击该按钮退出该模块,操作结果无效。

在探头波形显示区中(图 2 – 55),绿色的波形代表采集到的原始探头数据,黄色代表当前计算轴温所采用的波形数据,青色代表系统校正后采集到的计算轴温波形所采用的波形数据。

在探头波形显示区中,鼠标单击某个位置,将以该位置为起始,画出一条青色的线。操作结果中实时显示校正量。当我们选择了一条理想的曲线(青色的线)后,点击"确定"按钮,该校正量在下次接车时生效。

在探头波形显示区选择偏移量的时候,探头波形显示区只能显示一条 32 点波形数据,即只能存在一条连续的黄色线段,如果存在两条或者大于两条的黄色线段存在,就不能进行偏移量选取操作,图 2 – 57 中就不能进行偏移量的选取操作。

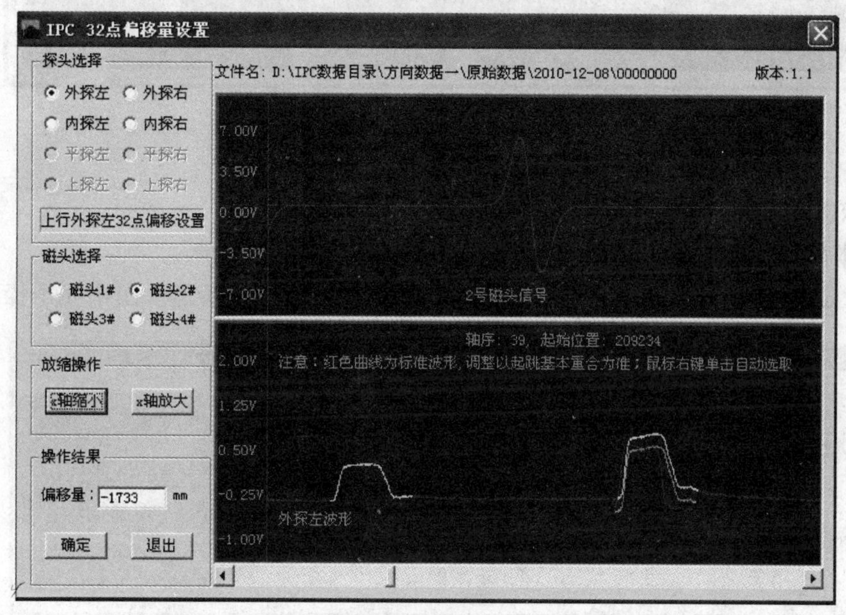

图 2 – 57　不能进行偏移量选取的情况

(四) IPC 工作模块手动热靶标定使用说明

点击"工作"菜单,选择手动热靶标定,就打开了热靶标定对话框,如图 2 – 58 所示。

在"控制方向选择"中选择上行或者下行。

在"控制操作选择"中选择是内探标定还是外探标定。

在"运行状态信息"中显示当前运行的状态信息,包括出错信息等。

在"标定结果显示"中以文本和图形的方式实时显示当前标定的结果数据。

对于一个新的探点,需要手动对内外探都进行标定。

在进行热靶标定的过程中,如果有车到来,则系统自动转到接车状态。

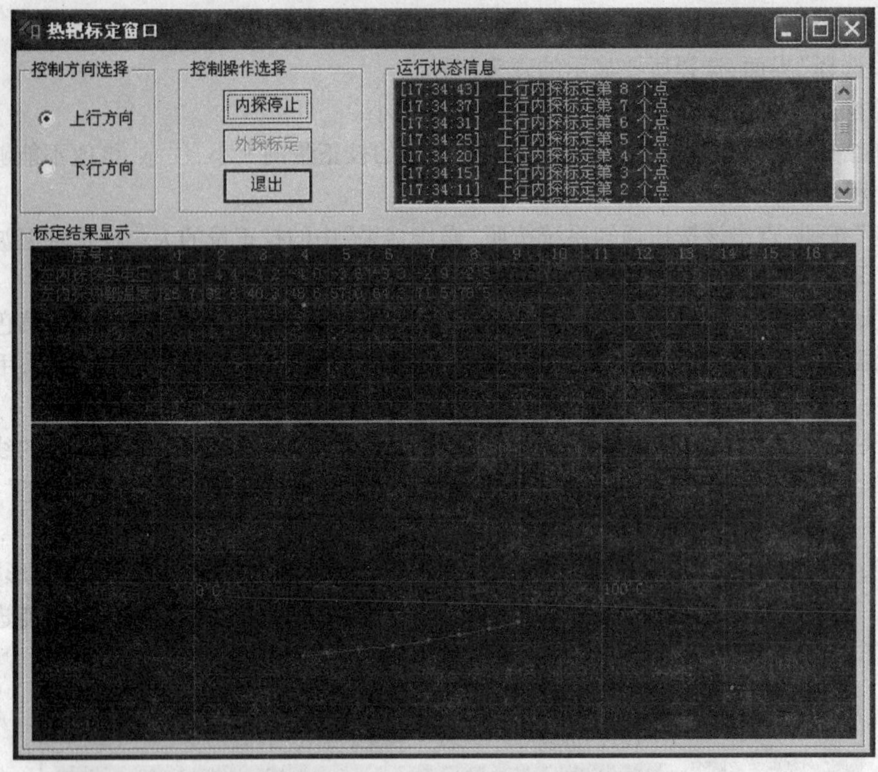

图 2－58　热靶标定界面

(五)IPC 工作模块系统标定使用说明

系统标定之前内外探都要做一次热靶标定。

1. 黑体背面板温度设定方法

黑体设定温度推荐使用标定程序默认显示温度，如图 2－59 所示。图中光子探头设定温

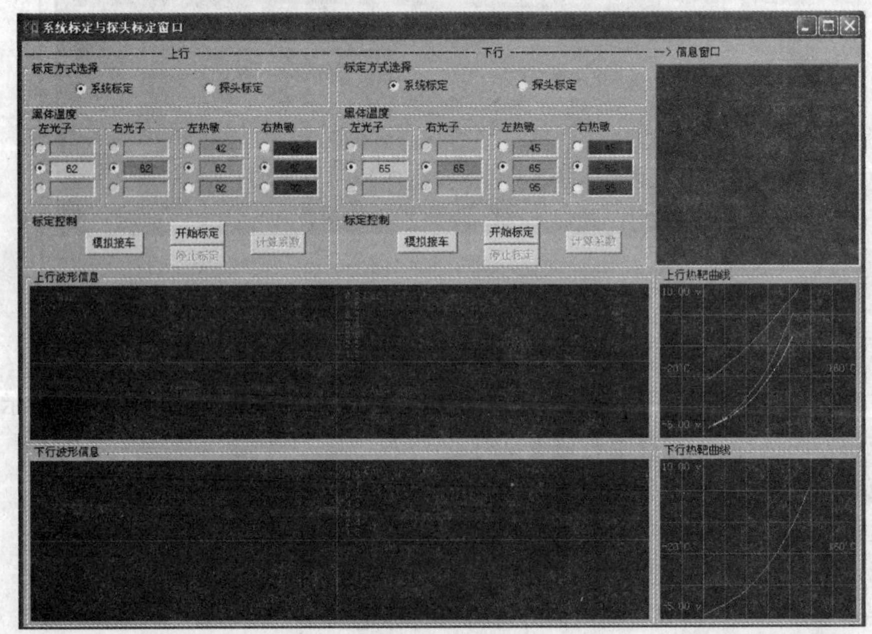

图 2－59　系统标定初始界面

度为当时盘温与板温均值 +40 ℃;热敏探头第一点标定温度为当时板温 +20 ℃,第二点标定温度为当时盘温与板温均值 +40 ℃,第三点标定温度为当时板温 +70 ℃。为操作简单起见,左右侧内外探中温段设定温度一致。

注:若需要更改设定温度,每一点温度变化请不要超过 10 ℃范围。热敏探头 3 点中的任何 2 点温度差值请不要小于 20 ℃。

2. 标定过程

(1)热敏探头第一点(低温段)系统标定。用鼠标点击左右热敏探头的低温编辑框,点击后结果如图 2-60 所示。然后可点击"开始标定"按钮,"停止标定"按钮,最后点击"计算系数"按钮。当点击完"计算系数"按钮后会自动弹出系数存盘确认框,如图 2-61 所示,选择标定结果正常的系数进行存盘。

注:默认是将两个探头的系数都存盘,请用户根据实际情况进行选择存盘。

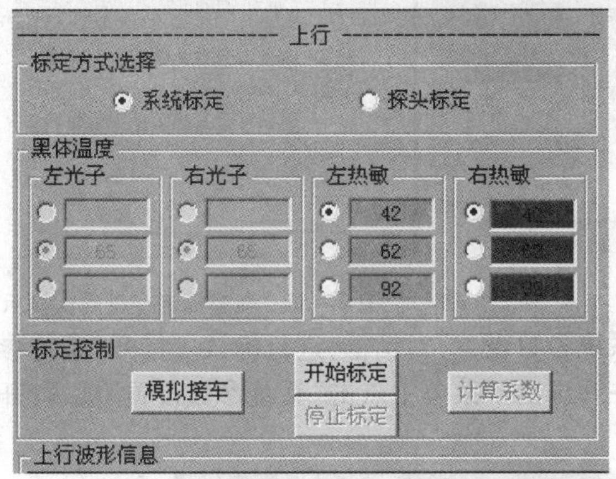

图 2-60　低温标定显示

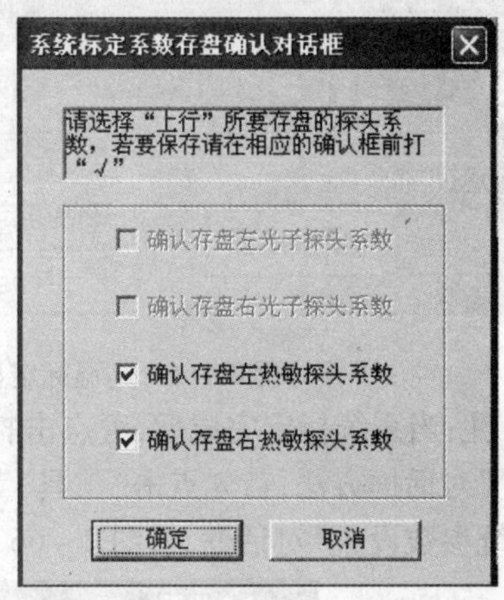

图 2-61　低温标定存盘确认显示

(2)热敏探头第二点(中温段)系统标定,光子探头系统标定。用鼠标点击左右热敏探头中温编辑框中的任何一个,都可以点亮光子探头温度编辑框,点击后结果如图 2-62 所示。然后点击"开始标定"按钮,"停止标定"按钮,最后点击"计算系数"按钮。当点击完"计算系数"按钮后会自动弹出系数存盘确认框,如图 2-63 所示,选择标定结果正常的系数进行存盘。

注:默认是将四个探头的系数都存盘,请用户根据实际情况进行选择存盘。

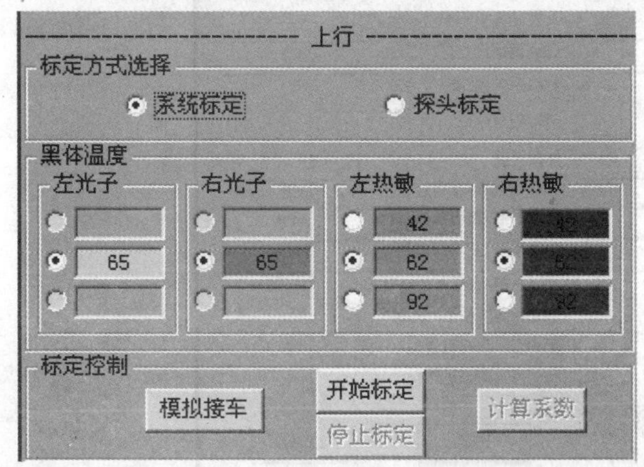

图 2-62　中温标定显示

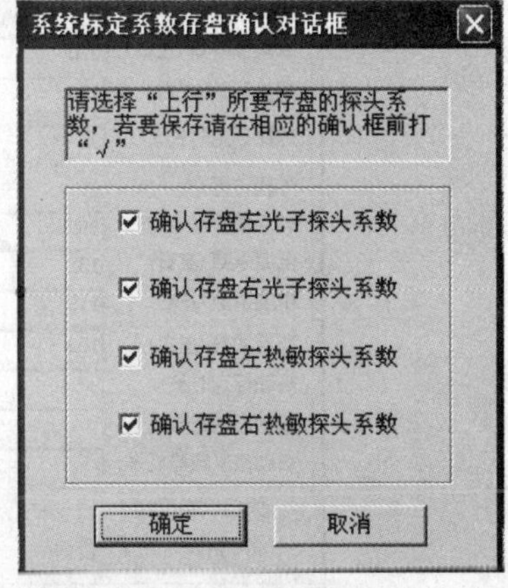

图 2-63　中温标定存盘确认显示

(3)热敏探头第三点(高温段)系统标定。用鼠标点击左右热敏探头的低温编辑框,点击后结果如图2-64所示。然后可点击“开始标定”按钮,“停止标定”按钮,最后点击“计算系数”按钮。当点击完“计算系数”按钮后会自动弹出系数存盘确认框,如图2-65所示,选择标定结果正常的系数进行存盘。

注:默认是将两个探头的系数都存盘,请用户根据实际情况进行选择存盘。

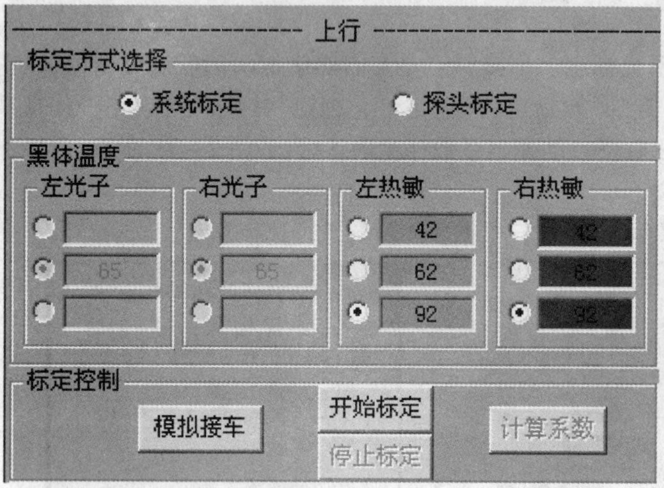

图2-64　高温标定显示

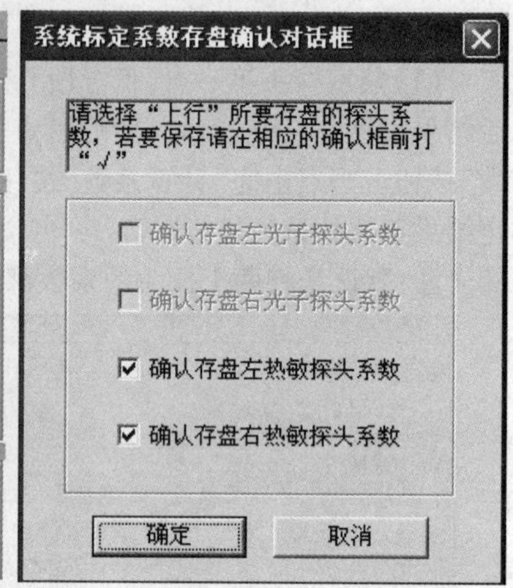

图2-65　高温标定存盘确认显示

注:当系统标定完成后,可点击打开“系统参数设置”对话框,进行确认。打开“系统参数设置”对话框方法,首先点击“工具”菜单,在弹出的子菜单中点击“系统参数设置”项,打开的“系统参数设置”对话框,如图2-66所示。

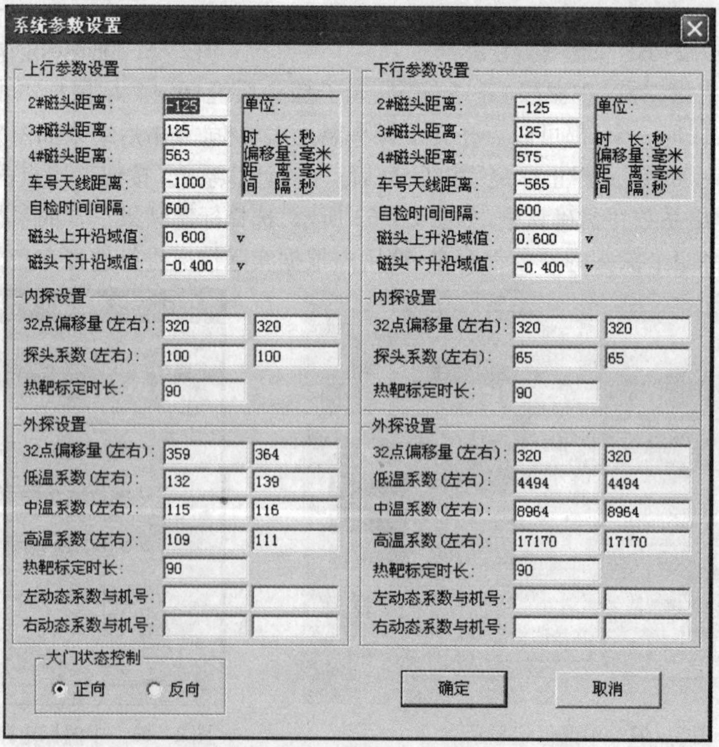

图2-66　系统参数设置对话框

3. 探头标定

系统标定完成后进行探头标定,探头标定内外探可以一起标定。选取三个设定温度,高中低温各一个。在 IPC 程序系统标定界面中选择探头标定,在所要标定的探头编辑框内输入黑体相应温度,如图 2－67 所示。然后点击“开始标定”按钮,“停止标定”按钮,最后点击“计算温度”按钮,此时已将标定数据自动存盘,用户无需手动存盘。

注:观察实际测得温度与黑体温度的差值。

光子探头:探头标定温度与黑体相应温度高误差范围在－1 ℃~ 1.5 ℃以内。

热敏探头:探头标定温度与黑体相应温度误差范围在－1 ℃~ 1.5 ℃之间。

如果差值在允许的范围内则此次标定系数可以采用。如果某一个温度差值比较大则需要重新进行系统标定。

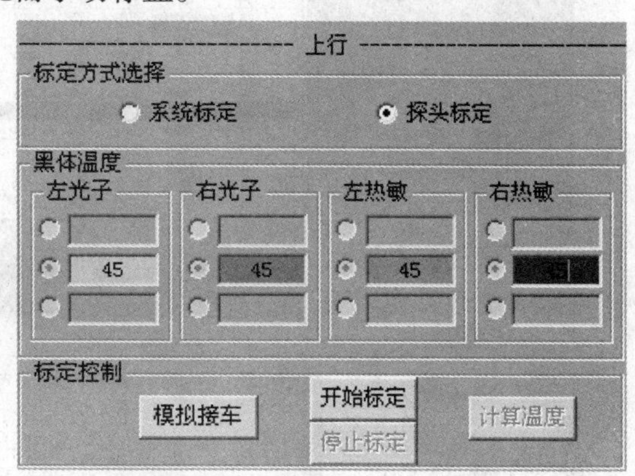

图 2－67　探头标定设置显示

4. 注意事项

(1)光子探头系统标定建议在早晨和傍晚环温变化较小的时候进行。

(2)系统标定前必须对内外探都做热靶标定,在系统标定过程中如果发现系统重新做了热靶标定则系统标定需要重新进行。在热靶标定结束后至系统标定结束前,如果发现内探盘温变化 2 度以上则需重新做内探热靶标定。

(3)标定时可能会有左右盘板温不一致的情况,可以继续进行,不影响标定。

(4)无线数传机发射频率拧到 2 频道(一般调好后不再动),音量调到最大。把对讲机拧到 1 频道,选择 IPC 程序中检测车测试,无线数传机上红灯亮,对讲机有电磁声表明无线数传机正常,开机即可。

(六)IPC 工作模块数据分析使用说明

1. 过车数据显示

双击“过车数据 输出窗口”中的一行列车数据,就会打开数据分析模块,同时显示过车数据界面(图 2－68)。

过车数据显示界面主要显示过车数据的列车信息、静态信息、车辆信息、轴承信息、32 点波形信息、32 点原始波形信息等。

鼠标移动到某个项目上时,所在项目的边框变成紫色(图 2－68 绿色圆圈所示),表示该项目可以激活,鼠标单击该项目可以打开过车数据独立项目显示对话框(图 2－69),该对话框可以独立显示速度表、轴距表、标签表等。

2. 热靶数据显示

数据分析热靶数据显示界面(图 2－70)显示热靶标定的数据。

双击“热靶数据－>输出窗口”中的一行数据,自动打开数据分析软件,并且自动显示热靶数据。

3. 自检数据显示

数据分析自检数据显示界面(图 2－71)显示系统自检数据。

总辆数	65	总轴数	272	最低速度	65	平均速度	66	最高速度	70
热级	正常	环温	15.6	客货	货车	探头数量	2	探测时间	2007年09月05日 01:26:36

辆位	轴数	轴型	方向	客货	内左频	内右频	外左频	外右频	热级	标签
0	6	机车	正向	机车	3255	3254	0	0	正常	未探测到
0	6	机车	正向	机车	3254	3254	0	0	正常	未探测到
1	4	滚动	正向	货车	3254	3254	0	0	正常	未探测到
2	4	滚动	正向	货车	3254	3254	0	0	正常	未探测到
3	4	滚动	正向	货车	3255	3254	0	0	正常	未探测到
4	4	滚动	正向	货车	3254	3254	0	0	正常	未探测到
5	4	滚动	正向	货车	3254	3254	0	0	正常	未探测到
6	4	滚动	正向	货车	3254	3254	0	0	正常	未探测到
7	4	滚动	正向	货车	3254	3254	0	0	正常	未探测到
8	4	滚动	正向	货车	3254	3254	0	0	正常	未探测到
9	4	滚动	正向	货车	3255	3255	0	0	正常	未探测到
10	4	滚动	正向	货车	3254	3254	0	0	正常	未探测到
11	4	滚动	正向	货车	3255	3254	0	0	正常	未探测到
12	4	滚动	正向	货车	325[illegible]	3255	0	0	正常	未探测到

内探	外探	原始	全列
运行结果	探测时长	2# 多计	2# 少计
正常	74	0	0
3# 多计	3# 少计	4# 多计	4# 少计
0	[illegible]	[illegible]	0
探位探角	静态轴温	天空信号	盘/板 温
左内探	-4.975	-5.045	28.3
探位探角	静态轴温	天空信号	盘/板 温
右内探	-5.000	-5.112	29.1
探位探角	静态轴温	天空信号	盘/板 温
左外探	0.016	-2.123	23.5
探位探角	静态轴温	天空信号	盘/板 温
右外探	0.005	-2.145	23.8
项目:	速度	温度	温升
单位:	Km/h	℃	℃
项目:	时长	轴距	调频
单位:	s	m	Hz

辆序	轴序-全列	补轴	轴距	速度	左轴类	[内|外]左轴温	[内|外]左温升	左热级	右轴类	[内|外]右轴温	[内|外]右温升	右热级
7	1 - 37	否	2.995	66	滚动	44.5 | 38.1	[illegible] | 22.5	正常|正常	滚动	39.8 | 30.9	24.2 | 15.3	正常|正常
	2 - 38	否	1.744	65	滚动	32.8 | 25.7	17.2 | 10.1	正常|正常	滚动	43.9 | 31.2	28.3 | 15.6	正常|正常
	3 - 39	否	6.911	66	滚动	33.7 | 21.2	18.1 | 5.6	正常|正常	滚动	47.3 | 39.3	31.7 | 23.7	正常|正常
	4 - 40	否	1.745	66	滚动	50.4 | 51.2	34.8 | 35.6	正常|正常	滚动	44.9 | 47.8	29.3 | 32.2	正常|正常
8	1 - 41	否	2.983	66	滚动	33.1 | 29.0	17.5 | 13.4	正常|正常	滚动	29.2 | 22.2	13.6 | 6.6	正常|正常
	2 - 4[illegible]	[illegible]	[illegible].738	66	滚动	43.4 | 49.2	27.8 | 33.6	正常|正常	滚动	44.7 | 42.3	29.1 | 26.7	正常|正常
	3 - 43	否	6.916	66	滚动	39.8 | 26.0	24.2 | 10.4	正常|正常	滚动	39.4 | 26.4	23.8 | 10.8	正常|正常
	4 - 44	否	1.740	66	滚动	31.5 | 23.1	15.9 | 7.5	正常|正常	滚动	38.7 | 24.9	23.1 | 9.3	正常|正常
9	1 - 45	否	2.982	66	滚动	33.2 | 23.7	17.6 | 8.1	正常|正常	滚动	33.6 | 22.8	18.0 | 7.2	正常|正常
	2 - 46	否	1.742	66	滚动	38.1 | 24.9	22.5 | 9.3	正常|正常	滚动	40.9 | 29.5	25.3 | 13.9	正常|正常
	3 - 47	否	6.923	67	滚动	35.0 | 25.0	19.4 | 9.4	正常|正常	滚动	33.6 | 24.3	18.0 | 8.7	正常|正常
	4 - 48	否	1.744	66	滚动	36.7 | 26.0	21.1 | 10.4	正常|正常	滚动	44.5 | 31.9	28.9 | 16.3	正常|正常
10	1 - 49	否	2.999	67	滚动	33.6 | 23.2	18.0 | 7.6	正常|正常	滚动	50.9 | 38.6	35.3 | 23.0	正常|正常
	2 - 50	否	1.753	67	滚动	44.9 | 27.8	29.3 | 12.2	正常|正常	滚动	51.1 | 33.1	35.5 | 17.5	正常|正常
	3 - 51	否	9.926	67	滚动	42.7 | 26.1	27.1 | 10.5	正常|正常	滚动	33.6 | 23.7	18.0 | 8.1	正常|正常
	4 - 52	否	1.753	67	滚动	41.2 | 26.0	25.6 | 10.4	正常|正常	滚动	28.9 | 22.8	13.3 | 7.2	正常|正常
11	1 - 53	否	2.954	66	滚动	41.4 | 25.0	25.8 | 9.4	正常|正常	滚动	33.3 | 37.7	17.7 | 22.1	正常|正常
	2 - 54	否	1.735	66	滚动	40.7 | 27.8	25.1 | 12.2	正常|正常	滚动	34.0 | 25.8	18.4 | 10.2	正常|正常
	3 - 55	否	6.909	67	滚动	39.2 | 36.1	23.6 | 20.5	正常|正常	滚动	50.4 | 45.4	34.8 | 29.8	正常|正常
	4 - 56	否	1.749	67	滚动	41.2 | 28.8	25.6 | 13.2	正常|正常	滚动	37.9 | 25.5	22.3 | 9.9	正常|正常
12	1 - 57	否	2.995	67	滚动	41.3 | 38.2	25.7 | 22.6	正常|正常	滚动	41.1 | 37.6	25.5 | 22.0	正常|正常

图 2-68　数据分析列车数据显示界面

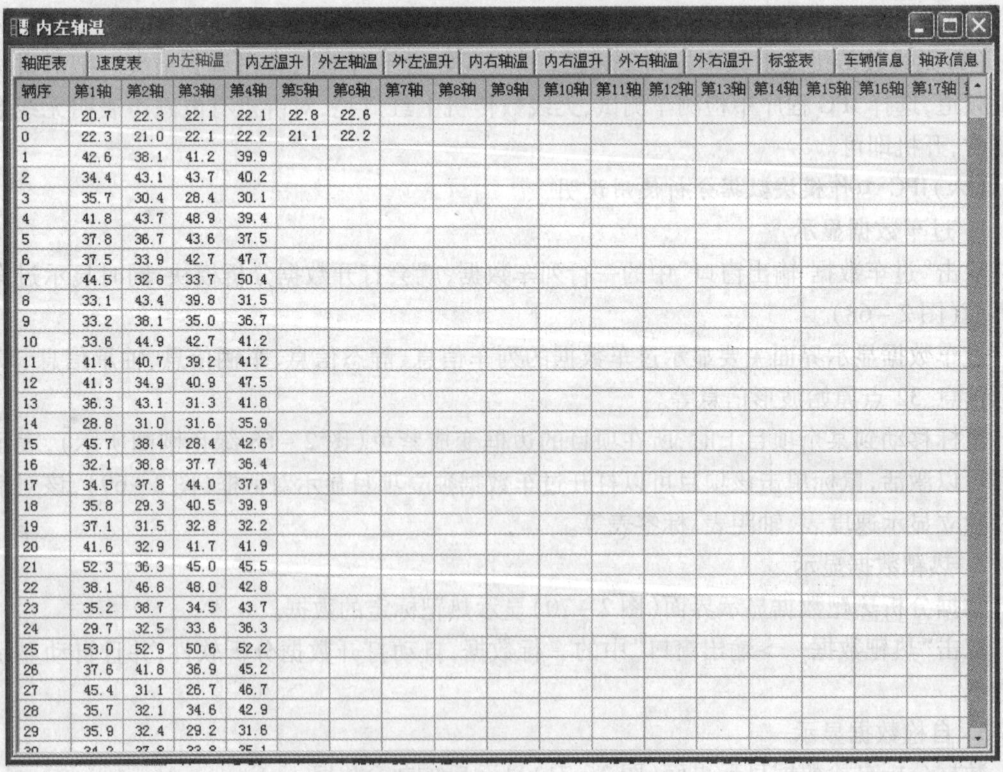

辆序	第1轴	第2轴	第3轴	第4轴	第5轴	第6轴	第7轴	第8轴	第9轴	第10轴	第11轴	第12轴	第13轴	第14轴	第15轴	第16轴	第17轴
0	20.7	22.3	22.1	22.1	22.8	22.6											
0	22.3	21.0	22.1	22.2	21.1	22.2											
1	42.6	38.1	41.2	39.9													
2	34.4	43.1	43.7	40.2													
3	35.7	30.4	28.4	30.1													
4	41.8	43.7	48.9	39.4													
5	37.8	36.7	43.6	37.5													
6	37.5	33.9	42.7	47.7													
7	44.5	32.8	33.7	50.4													
8	33.1	43.4	39.8	31.5													
9	33.2	38.1	35.0	36.7													
10	33.6	44.9	42.7	41.2													
11	41.4	40.7	39.2	41.2													
12	41.3	34.9	40.9	47.5													
13	36.3	43.1	31.3	41.8													
14	28.8	31.0	31.6	35.9													
15	45.7	38.4	28.4	42.6													
16	32.1	38.8	37.7	36.4													
17	34.5	37.8	44.0	37.9													
18	35.8	29.3	40.5	39.9													
19	37.1	31.5	32.8	32.2													
20	41.6	32.9	41.7	41.9													
21	52.3	36.3	45.0	45.5													
22	38.1	46.8	48.0	42.8													
23	35.2	38.7	34.5	43.7													
24	29.7	32.5	33.6	36.3													
25	53.0	52.9	50.6	52.2													
26	37.6	41.8	36.9	45.2													
27	45.4	31.1	26.7	46.7													
28	35.7	32.1	34.6	42.9													
29	35.9	32.4	29.2	31.6													
30	[illegible]	[illegible]	[illegible]	[illegible]													

图 2-69　过车数据独立项目查看对话框

IPC 数据分析 [070913] ---- [热靶标定数据显示]

文件　显示　帮助

打开文件　热靶数据　原始数据　文件名：上行　00000016.TRGT　上行　下行　上一个　下一个

项目	1	2	3	4	5	6	7	8	9	10	11	12	13	14	15	16
内探左靶温	33.3	39.7	48.1	56.8	65.7	73.7	81.7	89.5	96.7	103.6	110.0	115.8	121.8	126.6	131.4	136.1
内探左电压	-5.0	-4.8	-4.6	-4.4	-4.1	-3.7	-3.3	-2.9	-2.4	-1.9	-1.4	-0.8	-0.2	0.4	0.9	1.5

项目	1	2	3	4	5	6	7	8	9	10	11	12	13	14	15	16
内探右靶温	32.3	37.0	44.7	52.7	60.8	68.0	75.4	82.4	89.2	95.4	101.2	106.9	112.2	116.8	121.6	126.0
内探右电压	-5.0	-4.9	-4.7	-4.5	-4.2	-4.0	-3.6	-3.2	-2.8	-2.4	-1.9	-1.4	-0.9	-0.4	0.1	0.7

项目	探头类型	探头系数	平均盘温	器件温度
内探左系统参数	光子探头	95	40.5	-17.9
内探右系统参数	光子探头	96	40.9	-17.0

环境温度	25.9 'C
标定时长	1分30秒
标定时刻	2007年07月27日 21:01

开始　12:37

图 2－70　数据分析热靶数据显示界面

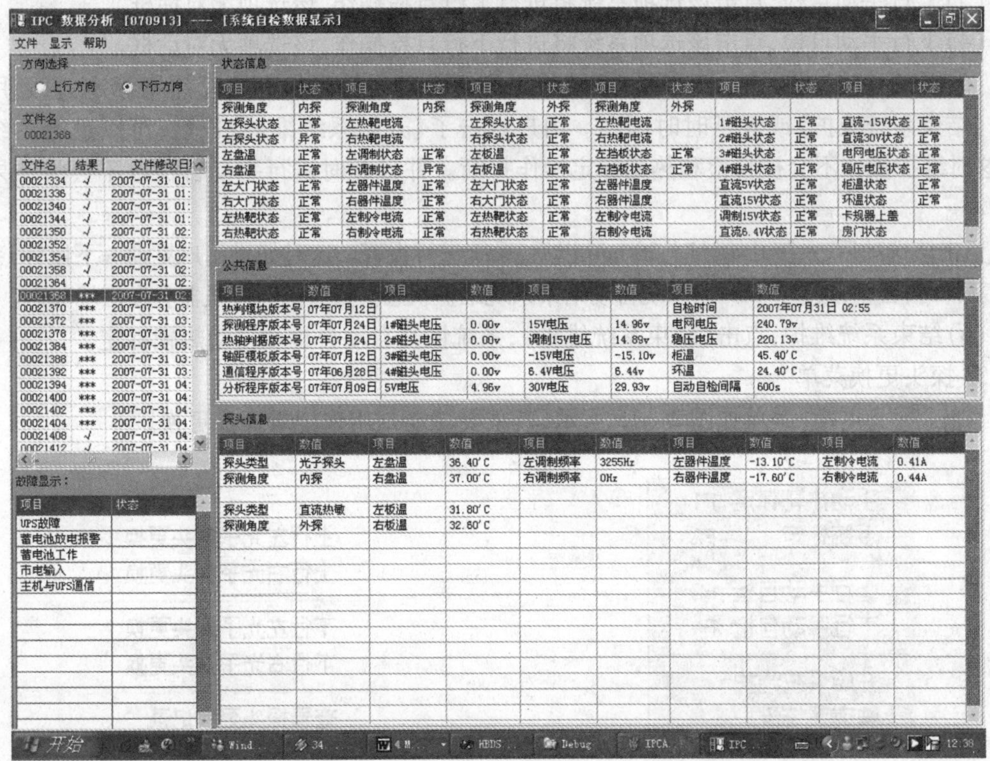

图 2－71　数据分析自检数据显示界面

双击“自检数据 - >输出窗口”中的一行自检数据，自动打开数据分析软件并且自动显示该自检数据。

在文件显示区域中，“结果”列中，“√”代表该自检结果正常，“＊＊＊”代表该自检结果异常。

(七)IPC 工作模块菜单功能使用说明

IPC Work 系统菜单如图 2 - 72 所示，共分为“文件”、“工作”、“窗口”、“控制”、“工具”和“帮助”等 6 部分，以下将逐个进行说明。

1. 文件菜单

“文件”菜单如图 2 - 73 所示，只包括了“退出”功能。

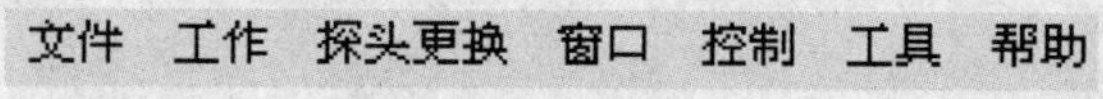

文件　工作　探头更换　窗口　控制　工具　帮助

图 2 - 72　系统菜单

退出程序

图 2 - 73　“文件”菜单

该项功能是退出 IPC 工作模块的唯一方法。当选则该项功能时会弹出对话框要求用户输入退出密码。用户点击“是”即可退出，点击“否”即可回到程序中。

2. 工作菜单

系统“工作”菜单如图 2 - 74 所示，包括“手动热靶标定”、“系统标定”、“上行手动自检”、“下行手动自检”、“开始系统维护”、“结束系统维护”等 6 部分。

(1)手动热靶标定。

(2)系统标定。

(3)上行手动自检，点击该选项系统将进行上行自检操作，该选项无对话框。

(4)下行手动自检，点击该选项系统将进行下行自检操作，该选项无对话框。

(5)开始系统维护，点击该选项，系统将不进行自动系统自检和自动热靶标定，直到用户点击《结束系统维护》或者延时时刻到。用户点击了《开始系统维护》以后，可以进行系统维护，这时维护操作不会被自检和热靶标定操作打断。并且此时进行手动自检也不会将结果上传中心。

点击该选项后，系统开始计时，30 min 以后，系统进行报警。这时如果用户晃动一下鼠标，系统将重新计时，否则，报警 1 min 后系统自动结束系统维护状态。报警的时候机器会发出峰鸣声。

(6)结束系统维护，点击《结束系统维护》，系统恢复自动自检和自动热靶标定。

3. 探头更换菜单

系统“探头更换”菜单如图 2 - 75 所示，其主要功能是用来记录探头更换。

手动热靶标定　F1
系统标定　F2
上行手动自检　F3
下行手动自检　F4
开始系统维护
结束系统维护

图 2 - 74　“工作”菜单

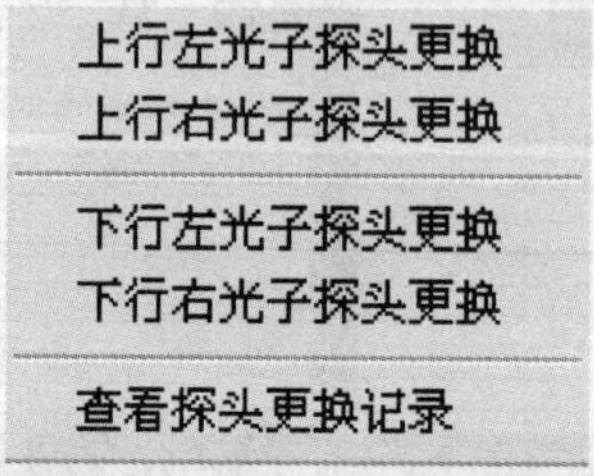

上行左光子探头更换
上行右光子探头更换
下行左光子探头更换
下行右光子探头更换
查看探头更换记录

图 2 - 75　“探头更换”菜单

4. 窗口菜单

系统“窗口”菜单如图2－76所示,包括“显示文本窗口”、“显示输出窗口”等功能选项。

(1)显示文本窗口,去掉“显示文本窗口”左边的√,系统主界面上将不显示“示波器”左边的区域。反之,显示该区域。

(2)显示输出窗口,去掉“显示输出窗口”左边的√,系统主界面上将不显示“示波器”下边的区域。反之,显示该区域。

5. 控制菜单

系统“控制”菜单如图2－77所示,包括“上行自动热靶标定”、“下行自动热靶标定”、“上行自动系统自检”、“下行自动系统自检”等功能选项。

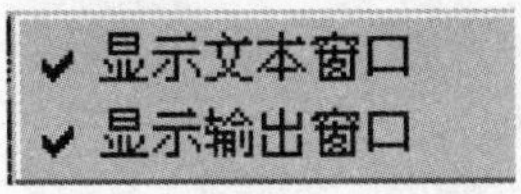

图2－76　“窗口”菜单

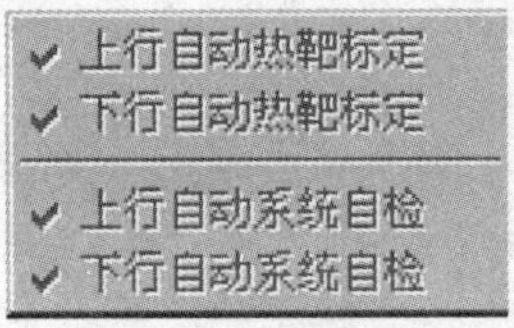

图2－77　“控制”菜单

(1)上行自动热靶标定,该菜单是一个复选菜单,选中该菜单(菜单名称左边有个√),系统上行将自动的进行热靶标定操作。否则,系统上行不自动的进行热靶标定操作。

(2)下行自动热靶标定,该菜单是一个复选菜单,选中该菜单(菜单名称左边有个√),系统下行将自动的进行热靶标定操作。否则,系统下行不自动的进行热靶标定操作。

(3)上行自动系统自检,该菜单是一个复选菜单,选中该菜单(菜单名称左边有个√),系统上行将自动的进行系统自检操作。否则,系统上行不自动的进行系统自检操作。

(4)下行自动系统自检,该菜单是一个复选菜单,选中该菜单(菜单名称边有个√),系统下行将自动的进行系统自检操作。否则,系统下行不自动的进行系统自检操作。

6. 工具菜单

系统“工具”菜单如图2－78所示,包括“数据分析”、“车辆模板管理”、“配置文件设置”、“系统参数设置”、“自检手动复位”、“配置日志打包”、“检测车测试”、“系统状态查看”等功能选项。

(1)数据分析,点击此菜单选项将调用“IPC数据分析”模块(IPCAnalyze),具有使用说明见“6 IPC工作模块数据分析使用说明”。

(2)车辆模板管理,点击此菜单选项将调用“车辆模板管理”模块(图2－79),车辆模板管理模块可以查看、编辑车辆模板。

① 配置文件设置,点击此菜单选项将调用“配置文件设置”模块,具体的使用说明见“1 IPC工作模块配置文件制作说明”。

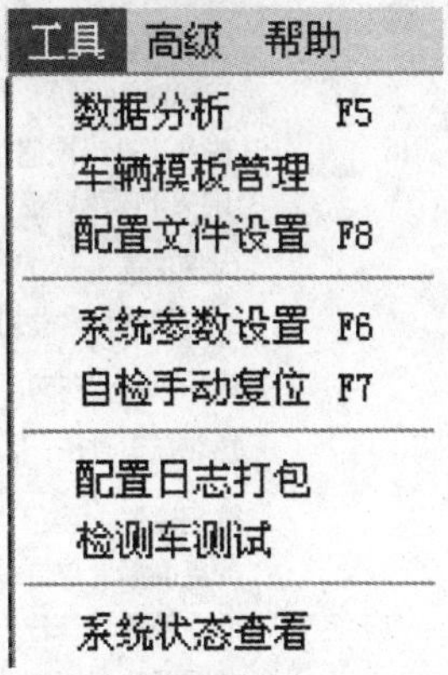

图2－78　系统“工具”菜单

② 系统参数设置,点击此选项将会打开“系统参数设置”对话框(图2－80),利于此对话框,用户可以配置系统的一些动态参数,例如磁头距离、自动自检时间间隔、探头系数、32点偏移量等。

在相应的位置填入相应的参数后,点击“确定”按钮,系统将保存更改后的参数,并且采用新的参数进行操作,然后退出对话框。点击“取消”按钮,系统将不采用更改后的参数,直接退出对话框。不建议用户随意更改系统参数。

IPC 车辆模板管理

新建　打开　保存　另存为　添加　删除　编辑　标准模板

	类型	数目	轴距1	轴距2	轴距3	轴距4	轴距5	轴距6	轴距7	轴距8	轴距9	轴距10	轴距11	轴距12	轴距13	轴距14	轴距15
0	货车	4	1680 R	5220 K	1680 R	1361 L											
1	货车	4	1700 R	7500 K	1700 R	1504 L											
2	货车	4	1720 R	6280 K	1720 R	2094 L											
3	货车	4	1720 R	6930 K	1720 R	1559 L											
4	货车	4	1700 R	6950 K	1700 R	1569 L											
5	货车	4	1750 R	5450 K	1750 R	1494 L											
6	货车	5	1750 R	3475 K	3475 K	1750 R	1494 L										
7	货车	4	1750 R	5920 K	1750 R	1283 L											
8	货车	4	1820 R	6680 K	1820 R	1559 L											
9	货车	4	1650 R	5050 K	1650 R	1206 L											
10	货车	4	1680 R	8220 K	1680 R	1214 L											
11	货车	4	1750 R	9750 K	1750 R	1594 L											
12	货车	4	1600 R	6800 K	1600 R	1434 L											
13	货车	4	1680 R	5440 K	1680 R	1454 L											
14	货车	4	1750 R	5050 K	1750 R	1529 L											
15	货车	4	1720 R	5780 K	1720 R	1294 L											
16	货车	4	1750 R	7870 K	1750 R	1356 L											
17	货车	4	1750	8350	1750	1346											

图 2-79　车辆模板管理模块界面

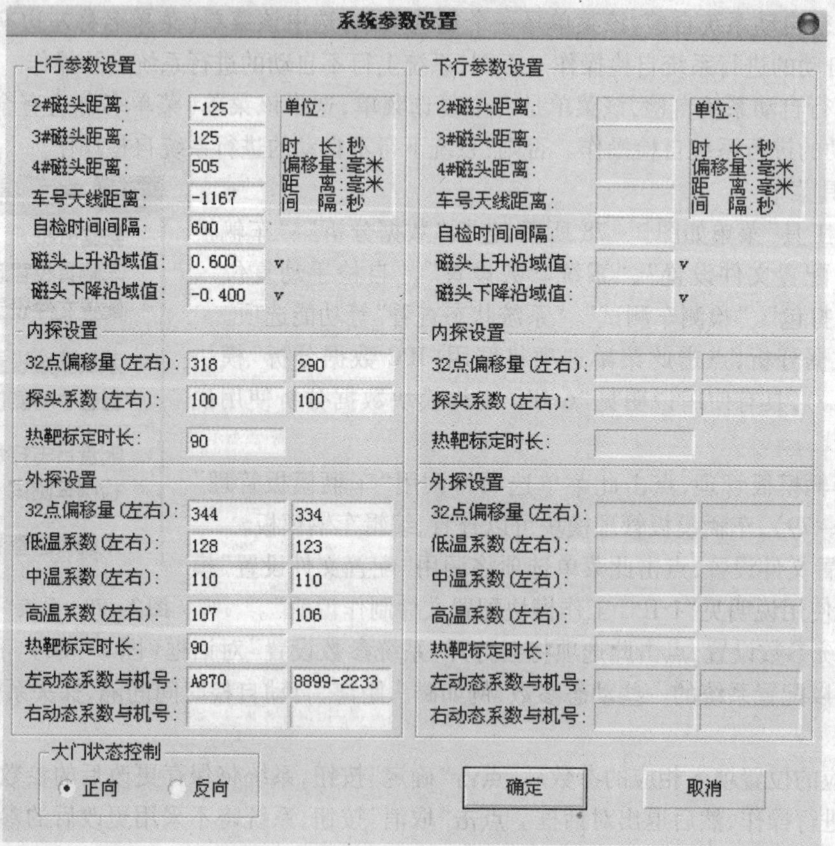

图 2-80　“系统参数设置”对话框

注意:热敏探头若有动态系数,必须要把系数填写到该编辑框的相应位置处。

热敏探头动态系数一般记录在探头侧面的贴纸上且已"A"开头,例如"A870"。

③ 自检手动复位点击此菜单选项将打开"自检人工复位"对话框(图2-81),用户可以人工复位磁头等故障,没有列出的故障用户只要做一次系统自检操作即可。

④ 配置日志打包,选择此菜单用来对于配置文件和日志进行打包操作。

⑤ 检测车测试,点击此菜单选项会打开检测车通信测试对话框。用户可以手动测试检测车报文发送情况,如图2-82所示。

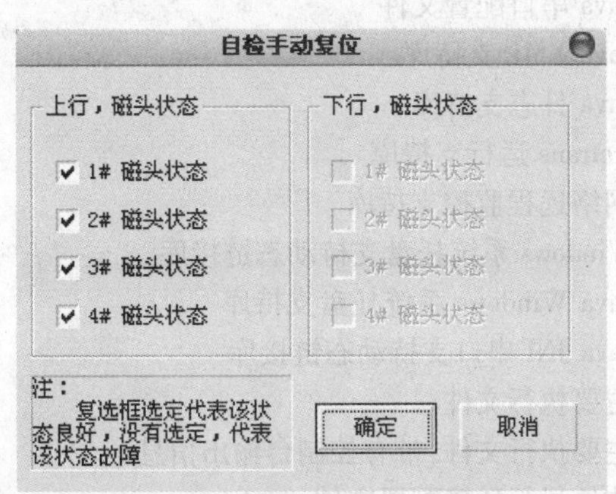

图2-81　自检人工复位对话框

图2-82　检测车测试对话框

(八)IPC工作模块数据存储格式说明

IPC工作模块的数据存储为本地存储,存储结构如下:

F:\IPC数据目录\

```
    本地命令\                ;存储本地命令数据
    转发数据目录\            ;存储上传数据
    接收数据目录\            ;存储中心命令数据
    日志目录\                ;存储中心命令日志和其他日志
    方向数据一\              ;存储上行数据
        探点数据\日期\       ;存储过车数据
        原始数据\日期\       ;存储列车原始数据
        热靶数据\日期\       ;存储热靶标定数据
        热靶采集\日期\       ;存储热靶标定原始数据
        标定数据\日期\       ;存储系统标定数据
        标定采集\日期\       ;存储系统标定原始数据
中心数据\日期\;存储中心报文数据
            自检数据\        ;存储系统自检数据
            日志数据\        ;存储程序日志信息
    方向数据二\              ;存储下行数据
```

说明:方向数据二和方向数据一目录一样,也具有和方向数据一目录一样的子目录内容。

三、通信软件(Netrans)

(一)软件概述

Netrans 是用于 TCP/IP 网络和串行通信数据传输的工具。支持 THDS - A 型报文的上传和中心命令的下发,也支持一般的基于目录的文件传输。Netrans 支持多源目录多目的地数据传输,需要手工配置好源目录和目的地 IP 地址和端口或者串口以及波特率。

软件包括的目录和文件说明:

lib	软件运行支持库
comm. jar	Java 串口支持库
javax. comm. properties	Java 串口配置文件
jdom. jar	Java XML 支持库
log4j - *. jar	Java 日志支持库
netrans. jar	Netrans 运行支持库
remote. jar	网络远程监控支持库
tray. dll	Windows 系统托盘支持动态链接库
tray. jar	Java Windows 系统托盘支持库
win32com. dll	Java JNI 串口支持动态链接库
netrans. exe	主要执行文件
netransw. exe	主要执行文件,带有控制台输出信息
netrans. config	软件运行环境配置文件
jdk. config	Java 运行环境配置文件
netrans. xml	软件参数配置文件
log4j. properties	log4j 日志配置文件
readme. txt	文本说明文件

对于软件的使用需要操作的文件有:

netrans. exe	软件运行主程序。
netrans. xml	软件运行的参数配置文件,主要配置传输的源目录和目的地 IP 或者串口等。
jdk. config	JRE 运行环境路径配置。一般不需要修改该文件。

(二)软件安装

1. 安装 Java 虚拟机(JAVA 运行环境)

使用 Java 1. 5 版本的运行包安装 Java 虚拟机,例如:

j2re - 1_5_0_11 - windows - i586 - p. exe,点击安装文件进行缺省安装,缺省安装目录为 C:\Program Files\Java\jre1. 5. 0_11\,此目录定义为% JAVA_HOME% ,即 Java 的安装主目录。

2. 安装 netrans 软件

绿色软件不提供安装包,在磁盘上建立一个 netrans 的安装目录,注意不要使用中文名称。将上述文件和目录拷贝到安装目录中。

3. 软件配置

用记事本编辑配置文件 netrans. xml 示例文件如下,详情请参照 readme. txt 文档。

4. 启动界面(图 2－83)

```
<?xml version="1.0" encoding="gb2312"?>
<!-- Netrans系统配置文件 -->
<configure>
<port>20505</port>
<maxconnections>20</maxconnections>
<checkinterval>2</checkinterval>
<sources>
    <source>
        <id>SOURCE</id>
        <sourcepath>F:\IPC数据目录\转发数据目录</sourcepath>
        <backuppath>F:\netrans\backup</backuppath>
        <keephours>240</keephours>
        <enabled>true</enabled>
        <dests>
            <dest>监测中心</dest>
            <dest>复示站</dest>
        </dests>
    </source>
</sources>
<dests>
    <dest>
        <!--使用网络-->
        <id>监测中心</id>
        <ip>10.1.1.1</ip>
        <port>20505</port>
        <proxy></proxy>
        <protocol>XLINK</protocol>
        <zip>FALSE</zip>
        <zipthreshold>10240</zipthreshold>
        <filter></filter>
        <sendFilename>FALSE</sendFilename>
        <enabled>TRUE</enabled>
        <receivepath>F:\IPC数据目录\接收数据目录</receivepath>
        <sendpath>F:\netrans\send1</sendpath>
    </dest>
    <dest>
        <!--使用网络-->
        <id>复示站</id>
        <ip>10.1.1.2</ip>
        <port>20505</port>
        <proxy></proxy>
        <protocol>XLINK</protocol>
        <zip>FALSE</zip>
        <zipthreshold>10240</zipthreshold>
        <filter></filter>
        <sendFilename>FALSE</sendFilename>
        <enabled>FALSE</enabled>
        <receivepath>F:\IPC数据目录\接收数据目录</receivepath>
        <sendpath>F:\netrans\send2</sendpath>
    </dest>
        <dest>
        <!--使用串口-->
        <id>复示站2</id>
        <ip>COM1:9600</ip>
        <port>4096</port>
        <checkcd>true</checkcd>
        <delay>0</delay>
        <checkrepeat>0</checkrepeat>
        <zip>false</zip>
        <zipthreshold>10240</zipthreshold>
        <filter></filter>
```

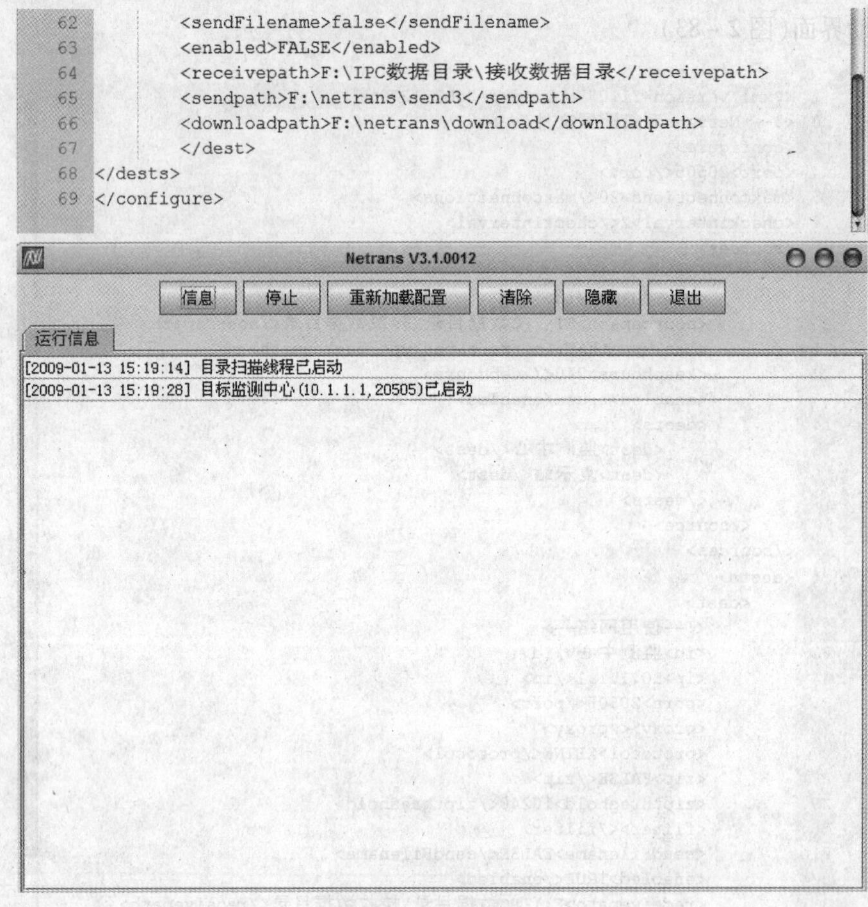

图 2－83　启动界面

(三)注意事项

1. 设定多个目标时,不要设置为相同的 IP 地址。

2. 支持串行口传输,IP 的指定格式为“端口:波特率”,例如:COM1:9 600。

3. PORT 参数指定串口的分帧大小,缺省为 4 096 字节。

4. 当用在 THDS－A 型数据传输时,目标的 sendFilename 必须设置为 FALSE,当两端都使用 netrans 进行数据传输时,可以设置为 TRUE,传输源文件的文件名,设置为 FALSE 时不传输源文件的文件名。

5. 除了源目录需要手工指定,并且必须存在,其他的目录都不需要手工建立。

6. 串口传输支持远程监控功能,模拟 Telnet 方式,必须设置目标的 downloadpath 参数。

7. 注意,源(source)与目标(dest)的标识(id)不要设置为 DOS 的保留字,包括:“CON、AUX、COMx、LPTx、PRNx、NUL”,最好使用有意义的名称表示。

8. 最大传输文件大小限制 5MB。

9. config. bat 用于图形化方式设置 netrans. xml。

四、PM 软件说明

“PM”进程监控软件启动后,在“任务管理器中”可看到一个名为“PM”的进程正在运行。“PM”程序可以定期检查所要监视的软件是否能够正常运行,若软件没有正常运行,则将该被

“PM”重新启动。“PM”程序完全安装后，会在C盘下创建一个名为PM的目录。该目录中，installService. bat是安装服务的批处理文件；pm. ini是服务程序的配置文件，该配置文件记录了哪些程序可以被监视，其具体配置如图2－84所示。图中[Process1]以下的内容显示的所要监视的通讯程序(Netrans)的信息，[Process2]以下的内容显示的是所要监视的探测站程序(IPC Work)的信息。PM. exe是该服务程序的可执行文件，双击该文件即可启动PM监控服务程序。removeService. bat批处理文件可将该服务从系统中删除。

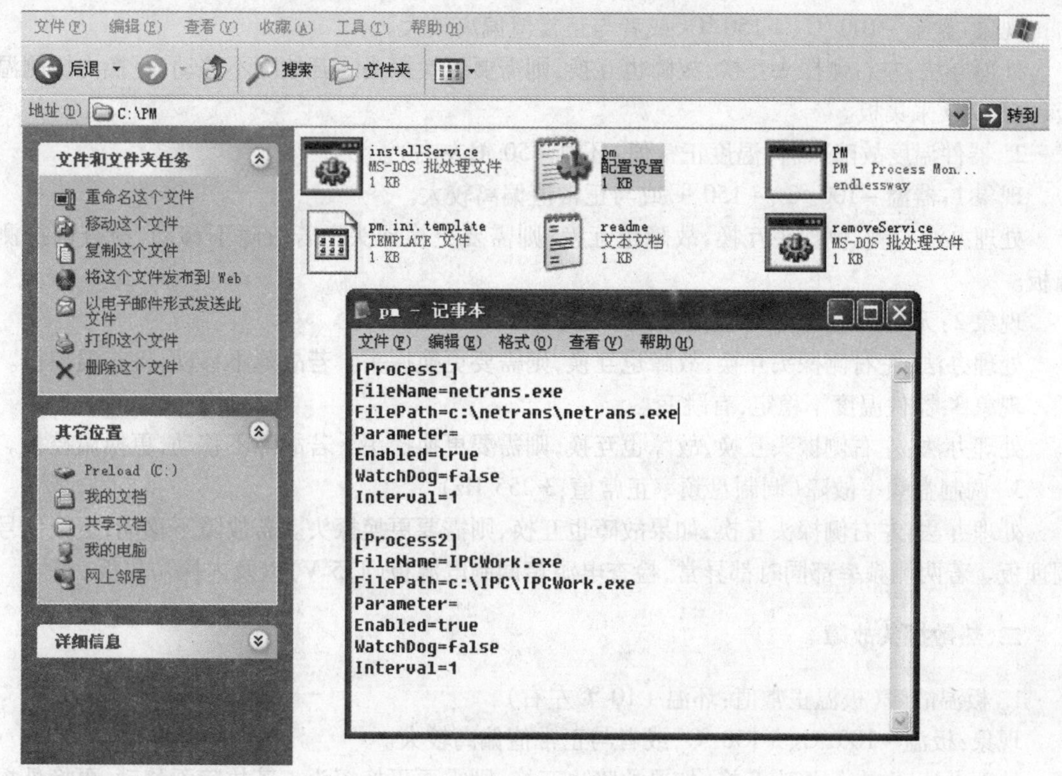

图2－84　PM软件监控服务程序配置文件

五、电子盘基础

现场使用的工控机的C盘为DOM盘。该盘具有写保护的功能。一般的情况下，该盘是写保护的，在写保护的情况下对C盘的写入是无效的，机器重启后会恢复原来的状态，因此在更新程序或者写DOM盘之前，我们必须首先解锁，待更新完毕后或者写DOM盘完毕后，再锁定DOM盘。DOM盘的写保护对于防止病毒的侵害有很重要的作用，所以现场维护完毕后，一定要将DOM盘置于写保护状态。DOM盘的控制命令如下(点击“开始”－>“运行”，输入cmd，回车，在出现的DOS窗口中输入命令)：

当前的DOM盘状态查看：　ewfmgr　c：回车

对DOM盘加锁：　ewfmgr　c：－enable　回车，重启计算机后生效。

对DOM盘解锁：　ewfmgr　c：－disable　回车，重启计算机后生效。

加锁状态下提交命令：　ewfmgr　c：－commit　回车。该命令是为了方便操作而设立，不过现在有的工控机还不支持该命令，所以在使用该命令之前需要测试一下机器是否支持该命令。测试的方法很简单：随便向DOM盘写入一点东西，运行该命令，然后重启工控机，重启后如果 DOM 盘上还存在刚才写入的东西，那么该机器支持该命令，否则不支持该命令。

第五节 车辆轴温智能探测系统（THDS－A）常见故障

一、光子探头故障

1. 盘温故障（盘温正常值：环温＋10 ℃左右）

现象：盘温－100 ℃、＋150 ℃，或者与正常值偏离较大。

处理办法：左右侧探头互换，故障也互换，则需要更换探头。若故障不移动，更换内探测温板，内探 AD 采集板。

2. 器件温度故障（器件温度正常值：环温－50 ℃左右）。

现象 1：器温－100 ℃、＋150 ℃或与正常值偏离较大。

处理办法：左右侧探头互换，故障也互换，则需要更换探头。若故障不移动，检查内探测温板。

现象 2：无制冷电流，器件温度接近环温。

处理办法：左右侧探头互换，故障也互换，则需要更换探头。若故障不移动，检查温控板。

现象 3：器件温度不稳定，有跳变。

处理办法：左右侧探头互换，故障也互换，则需要更换探头。若故障不移动，更换温控板。

3. 调制盘频率故障（调制盘频率正常值：3 255 Hz）

处理办法：左右侧探头互换，如果故障也互换，则需要更换探头。若故障不移动，更换信号调理板。若两侧频率都同时都异常，检查电源箱调制电源板（T15 V）以及内探功放板。

二、热敏探头故障

1. 板温故障（板温正常值：环温＋10 ℃左右）

现象：板温－100 ℃、＋150 ℃，或者与正常值偏离较大。

处理办法：左右侧探头互换，如果故障也互换，则需要更换探头。若故障不移动，更换外探测温板。

2. 校零状态时，探头输出不为零

处理办法：左右侧探头互换，如果故障也互换，则需要更换探头。若故障不移动，更换校零板。

3. 挡板状态故障

处理办法：左右侧探头互换，如果故障也互换，则需要更换探头。若故障不移动，检查电缆插头、更换信号调理板。若左右侧挡板同时故障，更换外探功放板。

三、探头箱故障

1. 大门状态故障

故障现象：大门状态始终为“开”或始终为“关”。

处理办法：在 IPC 软件点击“上电控制”，在点击“大门控制”，让“大门控制”分别处于“开”和“关”在轨边观察大门是否打开和关闭，如果能，说明大门状态传感器有故障。再采取左右侧互换的办法，如果故障移动，则是探头箱上盖内干璜管故障，若故障不移动，有可能是数字 I/O 板有问题，或者是电缆接触不好。如果大门有一侧始终处于开或关的状态，说明大门电机或者连杆机构有故障,如果两侧都不能打开,说明内探功放板有故障。

2. 靶温故障

故障现象:靶温 -100 ℃、+150 ℃,或在热靶不加热的情况下,与环温值偏离较大。

处理办法:左右侧探头箱互换(互换后探头箱扣不上,注意安全),如果故障不移动,则需更换测温板。内探故障更换内探测温板,外探故障更换外探测温板,内、外探测温板可根据跳线转换。如果故障移动,则需检查探头箱上盖,首先测量有故障一侧的铂电阻,其阻值应在 100~114 Ω 之间(环温在 0~40 ℃之间),如果阻值偏离较大,说明铂电阻有故障,如果阻值正常,说明温度变送器模块有故障。

四、电源故障

1. 电网电压异常:电网电压传感器损坏,或者是交流电源偏低或偏高。

2. 稳压电压异常:稳压电压传感器损坏,或者是交流电源偏低或偏高。

3. 直流电源故障:用万用表测量电源箱前面板测试端子,若电压值与标称值相同,说明模拟主控电缆接触不良,或者 AD 采集卡有故障。若电压值与标称值不同,说明电源箱内电源模块有故障。

五、磁头故障

1. 1 号磁头故障:在控制箱 JK3 插座上,用万用表交流档(20 V)在过车的时候测量 1 号 +、1 号 -,如果有电压,说明磁头板有故障,如果没有电压,说明磁头有故障或者电缆有断开的地方。

2. 2 号磁头故障:在控制箱 JK3 插座上,用万用表交流档(20 V)在过车的时候测量 2 号 +、2 号 -,如果有电压,说明磁头板有故障,如果没有电压,说明磁头有故障或者电缆有断开的地方。

3. 3 号磁头故障:在控制箱 JK3 插座上,用万用表交流档(20 V)在过车的时候测量 3 号 +、3 号 -,如果有电压,说明磁头板有故障,如果没有电压,说明磁头有故障或者电缆有断开的地方。

4. 4 号磁头故障:在控制箱 JK3 插座上,用万用表交流档(20 V)在过车的时候测量 4 号 +、4 号 -,如果有电压,说明磁头板有故障,如果没有电压,说明磁头有故障或者电缆有断开的地方。

六、通信故障

使用 ping 命令检测网络状态,如果与局监测中心不通,首先 ping 本地网关,不通表示问题出在探测站到车站机械室之间,如果通,继续 ping 中心网关,如果不通,表示问题出在车站机械室到路局通信机房之间,如果通,继续 ping 中心主机地址,如果不通,表示问题出在路局通信机房到路局中心主机之间,如果通,表示通道没有问题,需要检查探测站通信软件 netrans 是否退出或异常。

第三章　铁路车号自动识别系统(ATIS)

铁路车号自动识别系统，简称为 ATIS(Automatic Train Identification System)，系统的基本功能是在列车运行过程中，自动采集列车车号的基本信息，如车辆的属性、车号、车种、车型、换长、制造厂、制造日期等。系统设备分为车上标签和车下地面识别设备 AEI(Automatic Equipment Identification)，即在每辆货车及机车的车体底部安装电子标签，在局分界口、编组站、大货运站、小站安装地面识别设备 AEI。当列车经过地面识别设备 AEI 时，AEI 采用微波射频技术，自动识别车辆电子标签信息，通过 CPS 及网络通道将采集的列车信息传到段、铁路局、铁道部，为铁路运输指挥和货车管理提供实时、准确的列车车号信息。

铁路车号自动识别系统自 1999 年 10 月正式启动建设，2001 年 3 月 1 日开始试运行，2001 年 7 月 1 日正式投入运行。系统投入运行之初，主要用于货车现有车的管理和使用费的计算。随着系统的稳定运行，作为一项基础信息工程，由其带来的附加作用及辐射作用正日益显现出来。

第一节　车号地面识别设备(AEI)

太中银铁路采用 HTK－07A 型车号自动识别系统，本节以 HTK－07A 型为例介绍车号地面识别设备。

一、系统构成、工作过程及工作模式

(一)系统构成

HTK－07A 型车号自动识别系统地面设备由天线、车轮传感器、环路线圈、AEI 主机、AEI 前置设备、KVM(或键盘、鼠标和显示器)、低速探测装置、信号防雷单元、温控箱、UPS 电源等部分组成。

其中，车轮传感器、环路线圈和天线等安装在室外线路上，图 3－1 是室外设备结构示意图。

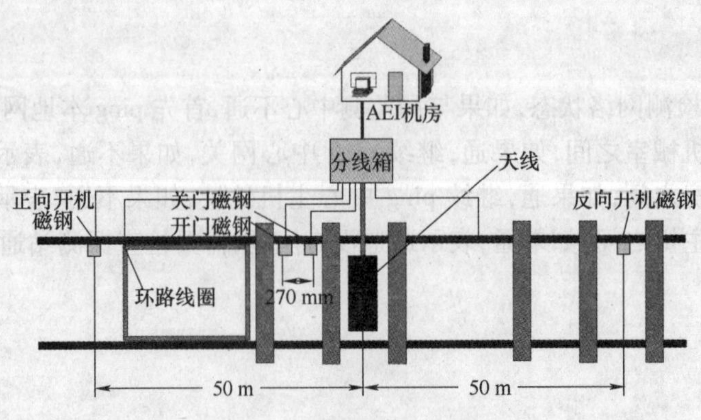

图 3－1　室外设备结构示意图

AEI 主机、KVM、低速探测装置、信号防雷单元、温控箱和 UPS 电源等设备放置在室内的机柜中，RF 射频模块安装在 AEI 前置设备中，Reader 卡和磁钢板安装在工业控制计算机中，图 3-2 是室内设备结构示意图。

(二)系统工作过程

1. 通信过程

AEI 设备与集中管理机程序(CPS)实时保持通信联络，CPS 计算机向地面 AEI 设备发查询信息，地面 AEI 设备收到后，经确认是查询本设备，立刻发送应答信息，如果此时 AEI 设备有过车报文需要传送，则向 CPS 计算机发送过车报文。

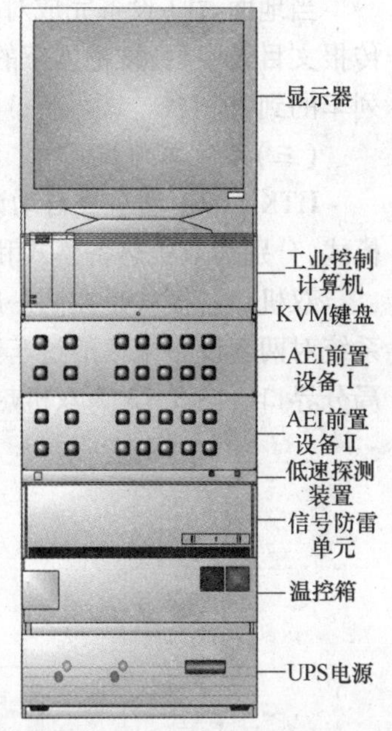

图 3-2 室内设备结构示意图

2. 采集过车信息工作流程

(1)检测列车到来

当列车到来时，首先经过距离天线约 50 m 处的开机磁钢，车轮压过开机磁钢时，开机磁钢产生复位信号，通过电缆传送到 AEI 主机，AEI 主机立刻进入接车状态，进入接车状态时主要完成以下工作：

① 将系统初始化，设置定时器，初始化变量、参数等。

② 启动 RF 射频模块，将上传信息加载到微波信号，通过天线发射出去。

(2)接收标签反射的信号、识别标签

当安装有标签的车辆或机车经过天线作用范围内时，标签依据内存数据对微波信号进行反射调制，天线接收到经标签调制的信息后，传送给 AEI 前置设备中的 RF 射频模块，RF 射频模块对已调制的标签信号进行解调、放大等处理后，送给 AEI 主机中的标签 Reader 卡，进行译码和数据处理，最后形成 16 个字节(128bits)的标签数据放置到数据缓冲区，从而完成对标签的识别。

(3)计轴、计辆、测速，标签定位

在进行标签数据读取的同时，AEI 设备通过开、关门磁钢对列车车轮信号进行采集，完成计轴、计辆、测速，从而完成标签定位。

(4)关闭 RF 射频装置停止发射微波信号

当整列车通过后，系统根据车速快慢，控制设备延时时间，关闭 RF 射频模块，停止发射微波信号。

(5)形成过车报文并传至集中管理机(CPS)

系统对过车信息和标签信息进一步进行处理，形成最终包括基本信息、列车轴距信息和标签信息的过车报文，信息处理及设备监控程序对过车报文进行解析，将过车信息加入数据库中保存，方便日后的查询，同时将过车报文放入上传报文目录(Interface\SendData 文件夹)，等待上传。

当 CPS 查询该 AEI 设备时，AEI 报文转发程序将过车报文发送至 CPS，并等待 CPS 计算机的确认，如 CPS 因某些原因未能正确接收到该报文，就需要重新发送。

(6)设备自检报文上传至集中管理机(CPS)

系统提供 AEI 设备自检功能，AEI 设备在整点时对磁钢性能、射频模块、磁钢电路、射频电路及 UPS 电源进行功能性检测，并形成自检报文放入上传报文目录(Interface\SendData 文件夹)中,当 CPS 查询该 AEI 设备时,AEI 报文转发程序将过车报文发送至 CPS,设备自检也可通过手动点击信息处理及设备监控程序中的"设备手动自检"按钮来完成。

(7)准备接下一趟列车

当地面 AEI 设备完成对过车信息的采集、显示、加入数据库等操作,并将过车报文放入上传报文目录中后,该趟列车的采集处理过程全部结束,恢复到正常的等待接车状态,等待下一列车的到来。

(三)系统工作模式

HTK-07A 型车号自动识别系统根据设备安装的不同地点和不同要求,设计了两种工作模式,分别为双机热备模式和复线上下行模式。

双机热备模式是在同一股道分别安装两套 AEI 地面识别设备,经各自分线箱引入室内,系统对两套设备采集的过车数据进行综合处理,最终形成一个过车信息报文,该模式多用于路局分界口。图 3-3 为双机热备模式下的室外设备结构图。

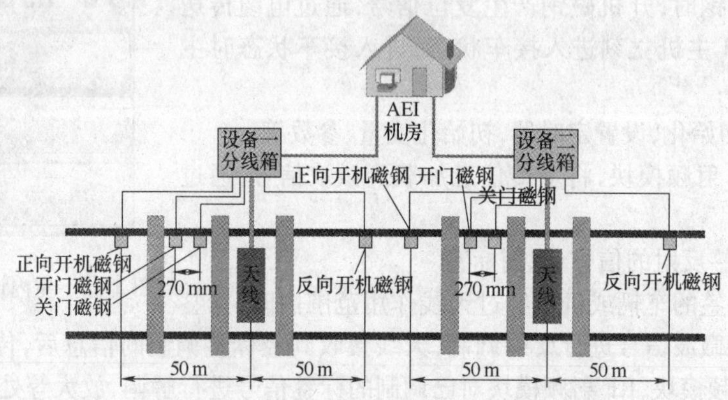

图 3-3　双机热备模式下的室外设备结构图

复线上下行模式是在上下行(图 3-4)的两个股道分别安装一套 AEI 地面识别设备,经各自分线箱引入室内,实现由一台主机同时处理上行过车和下行过车信息,该模式适应环境比较广。

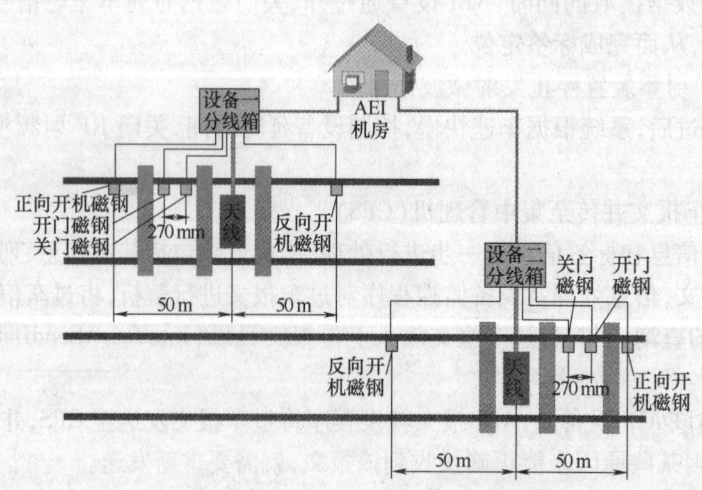

图 3-4　复线上下行模式下的室外设备结构图

二、设备各部分功能及原理

(一)室外设备

1. 天线(图 3－5)

天线是用来发射微波信号和接收标签反射回来标签数据信号的设备,它安装在两枕木之间,通过专用安装架固定在枕木上,天线上面安装有天线护罩对其进行保护。天线通过同轴电缆与 AEI 前置设备之间进行微波信号传输,同轴电缆外用高压胶管来保护。

2. 车轮传感器(图 3－6)

车轮传感器又称磁钢,是用来采集车轮信号的传感器,当车轮从磁钢上经过时,产生先正后负的脉冲信号,脉冲信号通过电缆被引入到机房内的信号防雷单元,最终磁钢信号送入主机内的磁钢板进行处理。

图 3－5　天线

图 3－6　车轮传感器

3. 环路线圈(图 3－7)

低速探测装置的环路线圈安装在两根钢轨中间,用专用卡具固定,引线不分正负极。

环路线圈的安装位置选取应考虑以下条件:

(1) 建议尽量选取水平直线区域,如不满足也应选取曲线半径不小于 1 000 m 的区段;环路线圈距离信号机应大于 20 m。

(2) 环路线圈的安装地点应尽量靠近设备机房。

图 3－7　环路线圈

(二)室内设备

室内设备由:工业控制计算机、Reader 卡、磁钢板、AEI 前置设备、KVM 装置、低速探测装置、信号防雷单元、温控箱和 UPS 电源组成。设备连接图见图 3－8。

1. Reader 卡

Reader 卡的硬件按功能划分主要包括:标签采集解码部分、自检部分和接口部分。Reader 卡照片如图 3－9 所示。

标签采集及解码部分负责接收射频模块的模拟信号,对模拟信号进行放大、整形、解码,提取标签信息,并把解码出的标签信息存储在 FIFO 中,供系统调用。Reader 卡对目前路内运行的两种编码的电子标签(FSK 编码的货车标签、FSK 编码的机车标签及 FMO 编码的机车标

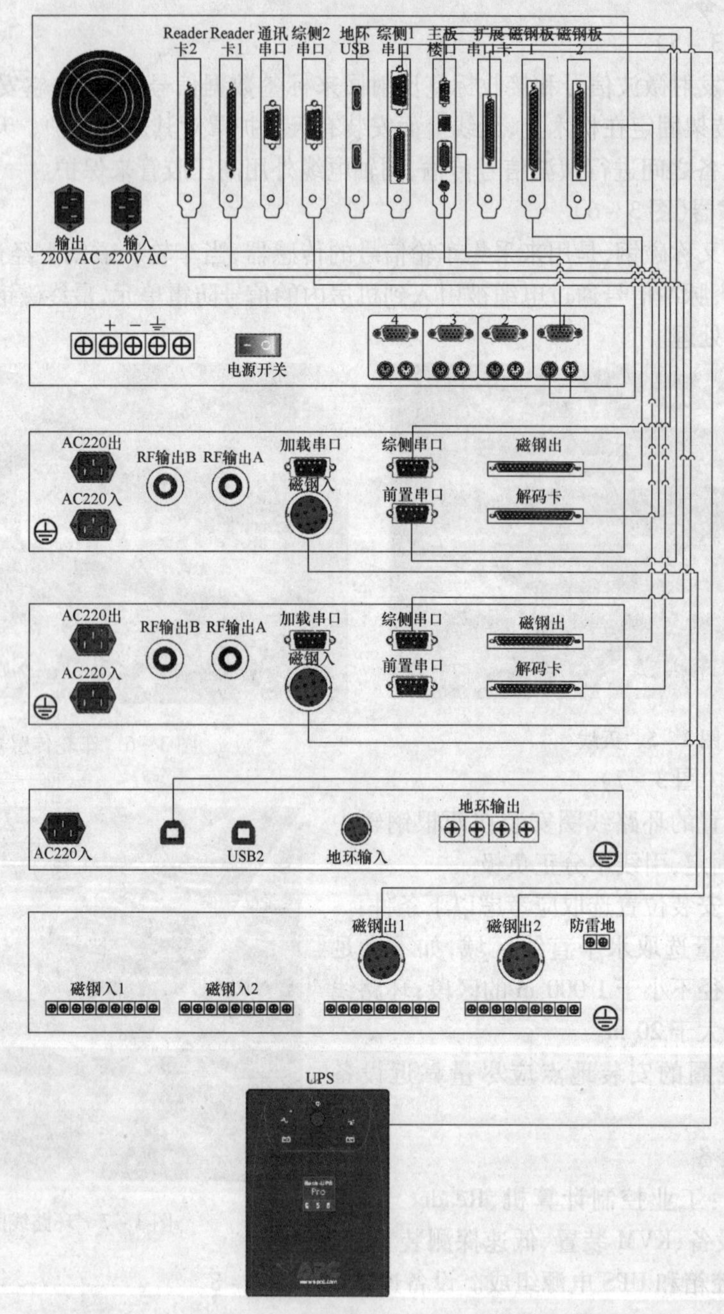

图 3－8　HTK－07A 型车号自动识别系统室内设备连接图

签）都可识别处理。自检部分模拟射频单元的信号，通过模拟标签信号的 MCU，依次产生 FMO 编码和 FSK 编码的标签信号，引入到标签解码部分，通过对处理后信息的判别，检测标签解码部分能否正确的处理这两种编码的标签，实现 Reader 卡的自检目的。接口部分采用 ISA 总线

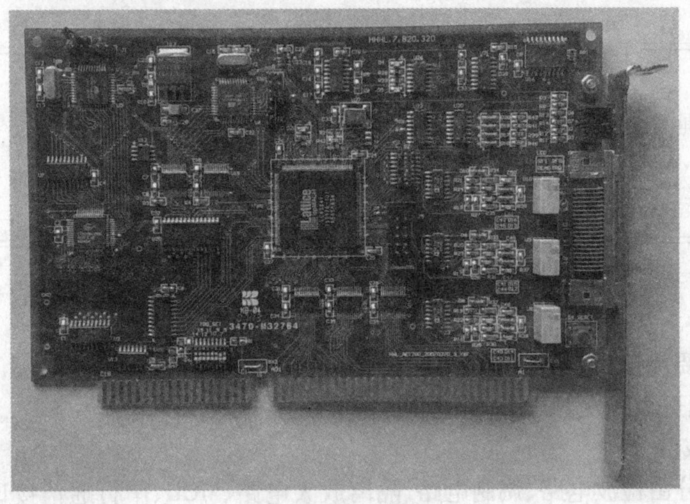

图 3-9　Reader 卡

接口与工控机交换数据。

2. 磁钢板

为提高系统对车轮传感器信号的判别及抗干扰能力,磁钢板选用了以 DSP(数字信号处理)芯片为核心,前端采用 A/D 采样,完成磁钢信号的输入。利用 DSP 运算速度快的特点,完成对磁钢信号采集、处理、判断、识别等。

磁钢板电路主要包括以下几个部分:磁钢信号的前端放大电路、前级滤波电路、A/D 转换电路、DSP 基本系统、PCI 主机接口电路、模拟磁钢信号电路和磁钢电阻测量电路等部分。磁钢板如图 3-10 所示。

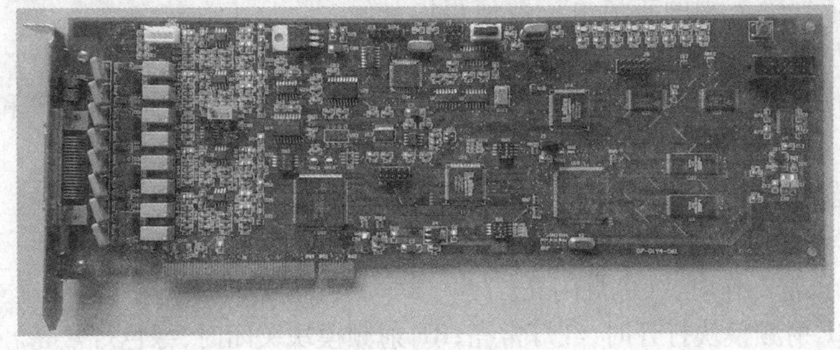

图 3-10　磁钢板

磁钢内阻测量电路实现磁钢内阻的在线检测。磁钢内阻测量电路采用串联电路电阻分压原理,将一高精度固定阻值电阻与磁钢串联,在串联电路两端施加固定的电压,通过对磁钢两端电压的采用,计算出磁钢内阻阻值。

模拟磁钢电路用来模拟实际过车时产生的磁钢信号,模拟磁钢信号被引入到磁钢板的输入端,DSP 处理器对磁钢信号进行采集处理,形成列车信息。通过该信息可以判断磁钢板采集电路的工作好坏,从而达到检测电路的目的。

3. AEI 前置设备(图 3-11)

AEI 前置设备是一个密封的腔体,按功能分为四个部分:射频模块、微波加载部分、综测部分和通信接口控制等部分。

(1)射频模块

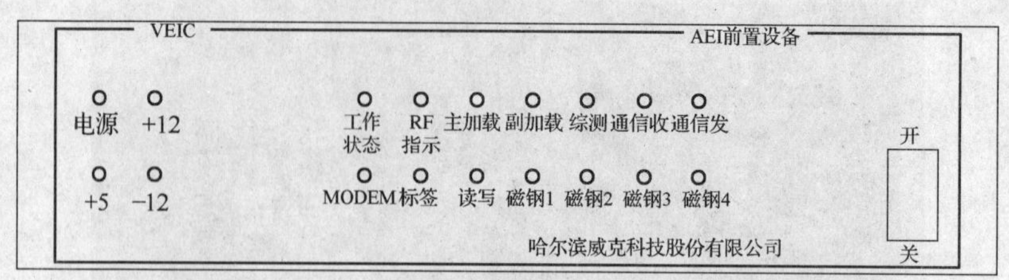

图 3－11　AEI 前置设备

射频模块主要由锁相环电路、功放电路、滤波电路和检波整形电路组成，射频模块形成标准的微波信号，通过天线发射出去。

（2）微波加载部分

微波加载部分由检波电路、调制电路、隔离放大电路、MCU、串行通信接口组成，微波加载信息经过两次调制（调频、调幅）将信号调制到 910.10（或 912.10、914.10）MHz 的信号上，并通过天线发射出去。

（3）综测部分

综测部分由耦合电路、检波电路、分频电路、A/D 转换电路、MCU 组成，综测部分的原理框图如图 3－12 所示。

RF 输出功率经耦合电路后，对信号进行检波放大处理，最终形成直流电压信号，这一直流电压信号经 A/D 芯片转化为数字信号后送入单片机（MCU）进行处理，通过程序计算并修正得到不同负载情况下的驻波比。同时依据输入端的直流电压数值可以计算出 RF 的输出功率。

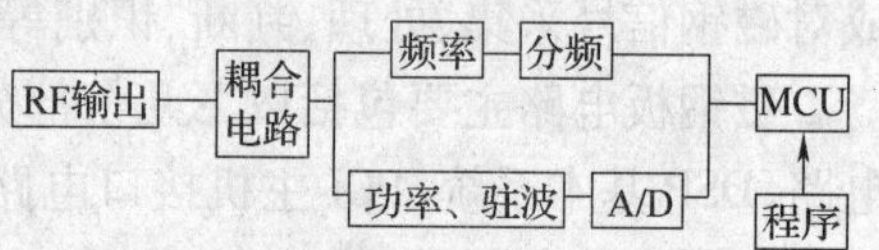

图 3－12　综测部分的原理框图

RF 输出的频率经过分频电路分频后送入单片机，经单片机的计数器处理和计算得到 RF 的输出频率。

指示灯状态说明：

电源、+12 V、+5 V、－12 V：上电后，红色灯常亮。

工作状态：正常工作时，红色灯闪亮。

主加载：RF 射频模块打开时，红灯常亮；RF 射频模块关闭时，绿色灯常亮。

副加载：正常时为绿色灯常亮；RF 射频模块故障时为红色灯常亮。

综测：正常工作时，红灯闪亮。

通信收：接收到自检命令时，红灯亮。

通信发：发送自检信息时，红灯亮。

MODEM：重新启动 MODEM 时，红灯亮。

标签：收到标签数据时，红灯亮。

读写：对 Reader 卡进行读写操作时，红灯亮。

磁钢 1、磁钢 2、磁钢 3、磁钢 4：有磁钢信号时，红灯亮。

（4）通信接口控制

通信接口控制部分用于接收管理软件的控制命令，完成特定的操作，在通信故障时，控制电路重新启动 Modem 电源，使 Modem 重新建立通信连接，保证通信正常。

4. KVM 装置

KVM 装置是将鼠标、键盘和显示器集成在一起的设备,一台 KVM 装置可带多套鼠标、键盘和显示器,使用比较方便,节省空间,如图 3－13 所示。

图 3－13 KVM 装置

5. 低速探测装置

低速探测装置利用电涡流效应原理,根据环路线圈电感变化,检测列车的存在与否。低速探测装置通过 USB 接口与主机通信。增加了谐振自动调节电路,实现自动调节功能,如图 3－14 所示。

指示灯状态说明如下:

电源灯:上电后,红色灯常亮。

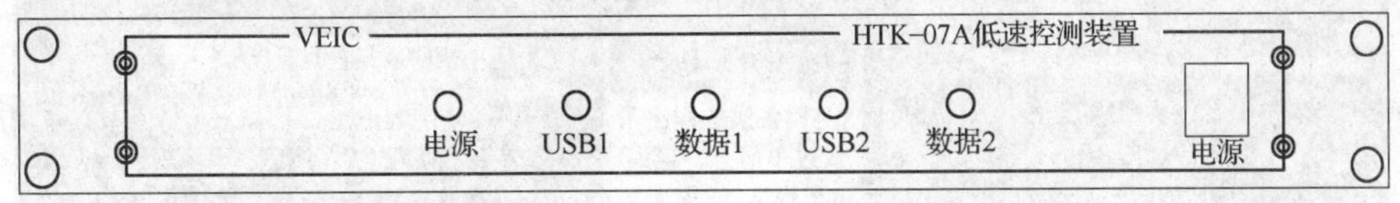

图 3－14 低速探测装置

USB 灯:连接 AEI 主机后,绿色灯常亮。

数据灯:设备在通信时,绿色灯闪亮。

6. 信号防雷单元

AEI 地面设备的防雷单元应有良好的接地,制作地线时应注意防雷地线和系统地线要分别制作,相隔一定距离,并严格按照地线制作要求进行施工。信号防雷单元如图 3－15 所示。

使用和维修:

(1)使用前应进行外观检查,对防雷元器件进行检测保证电器元件良好投入使用。

(2)产品使用中经常检查接线是否良好,保持产品清洁,无灰尘污垢。

(3)定期进行元件测试,发现不合格元件及时更换。

7. 温控箱(图 3－16)

图 3－15 信号防雷单元

图 3－16 温控箱

温控箱的作用是当机柜温度降到－20 ℃时自动加温,同时启动箱底的风扇将热风向上吹,使整个机柜的温度均匀上升,加热到 0 ℃左右停止加热。

8. UPS 电源

UPS 电源采用美国 APC 公司的 Smart 系列 1000 UX 型号的电源。

三、系统软件介绍及使用

HTK－07A 型车号自动识别系统软件由地面 AEI 设备程序、车站集中管理机程序(CPS)、铁路局 AEI 监控系统和列检所复示程序组成。其中，地面 AEI 设备程序包括：AEI 服务程序、信息处理及设备监控程序、AEI 报文转发程序和远程信息查询程序组成；铁路局 AEI 监控系统包括：AEI 监控软件和 AEI 监控管理网站。

HTK－07A 型车号自动识别系统数据处理流程如图 3－17 所示(假设工作目录中 R 报文路径为：D：\VEIC\；通信接口路径为：D：\Interface\)。

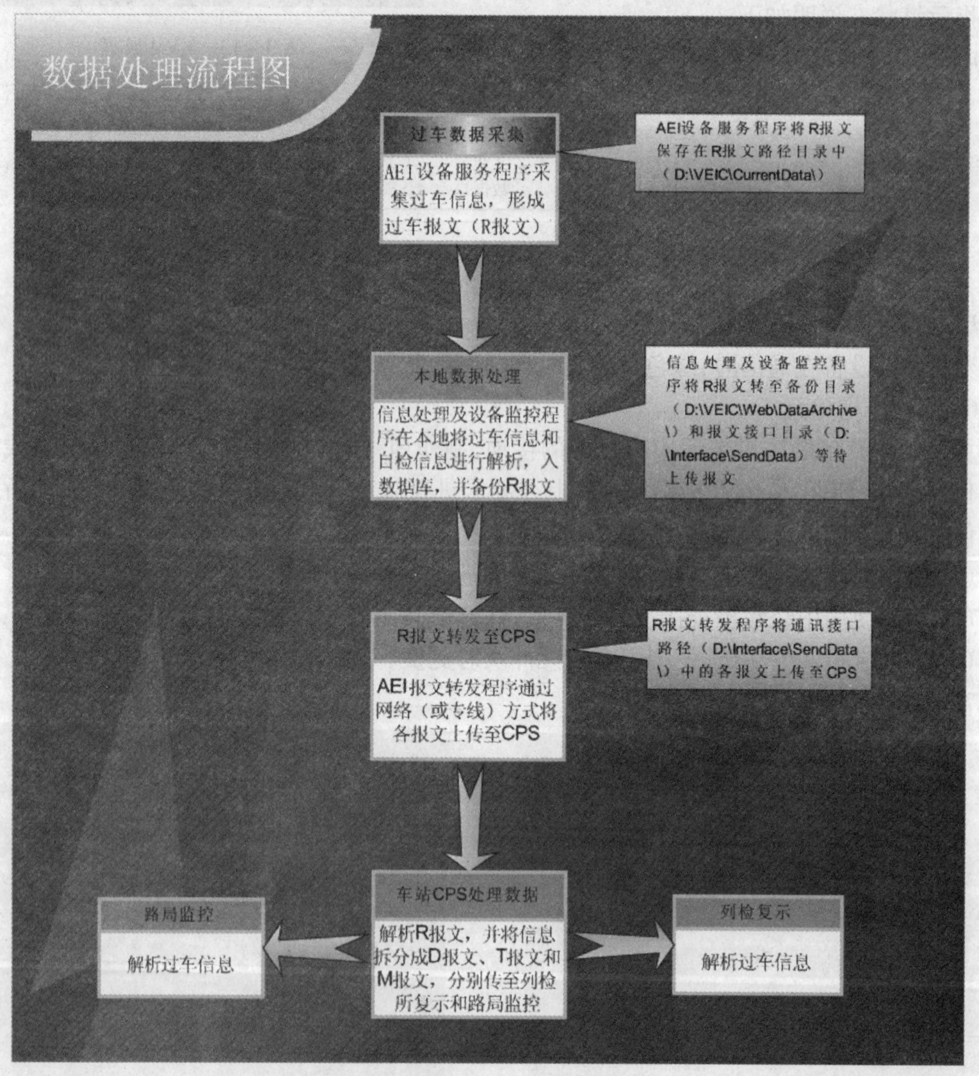

图 3－17 数据处理流程

(一) AEI 地面识别设备文件及文件夹说明

AEI 地面识别设备工作目录是 AEI 应用程序文件夹所在位置(如：D：\veic\)。

工作目录中包括的软件有：信息处理及设备监控程序、看门狗程序、AEI 报文转发程序和远程信息查询程序。下面详细介绍工作目录中的文件及文件夹。

1. 工作目录中文件夹说明

(1)CurrentData:AEI 设备服务程序形成 R 报文的位置;信息处理及设备监控程序在此目录得到 R 报文。

(2)HotArchive:系统工作在热备模式下,每套地面 AEI 设备形成的 R 报文保存在此目录。

(3)Web:该目录保存远程信息查询程序的所有文件。

(4)DataArchive:该目录作为 R 报文的备份目录,热备模式下,信息处理及设备监控程序将两套地面 AEI 设备形成的数据进行整合,将最终的 R 报文保存在此目录。

(5)UploadFiles:在利用远程信息查询程序远程更新信息处理及设备监控程序时,新程序将保存在此目录。

(6)res:该目录保存信息处理及设备监控程序的资源文件。

(7)SendDataArchive:AEI 报文转发程序的数据备份目录。

(8)Logs:AEI 报文转发程序的程序日志。

(9)File:AEI 报文转发程序临时存放数据报文的目录。

2. 工作目录中文件说明

(1)Raclient. exe:信息处理及设备监控程序。

(2)Config. ini:信息处理及设备监控程序配置文件。

(3)Aei. mdb:机车型号及配属段数据库。

(4)WatchDog. exe:看门狗程序。

(5)AeiSend. exe:AEI 报文转发程序。

(6)SkinPPWTL. dll:AEI 报文转发程序的动态连接库。

(7)HtkAei. ini:AEI 报文转发程序的配置文件。

(8)Phenom. ssk:AEI 报文转发程序的应用控件。

(9)Sensor. ini:远程信息查询程序的配置文件,内容主要是四路磁钢的标准内阻值及噪声范围。

(二)服务程序

AEI 服务程序由 AEI 设备服务程序、Reader 卡驱动程序和磁钢板驱动程序组成。

1. AEI 设备服务程序

AEI 设备服务程序将过车信息、轴距信息和标签信息整理成标准的过车报文(R 报文),保存在 R 报文接口路径中,等待后续的处理。AEI 设备服务程序在 Windows XP 系统→控制面板→管理工具→服务(本地)中,名称分别为 AEI 和 AEI1(单套设备工作时,服务中不包含 AEI1),如图 3－18 所示。

AEI 设备服务程序在接收到信息处理及设备监控程序下达的自检命令,对射频模块参数(功率、频率和驻波比)、Reader 卡电路、磁钢参数(内阻和噪声)以及磁钢板电路等进行功能性检测,并将检测结果发送给信息处理及设备监控程序。

2. Reader 卡驱动程序

Reader 卡驱动程序负责解码标签信息,并实现与硬件 ISA 接口通信任务。

(1)Reader 卡驱动程序安装过程

Reader 卡插入 AEI 主机箱的 ISA 插槽后,需要安装驱动程序才会被系统识别使用,下面

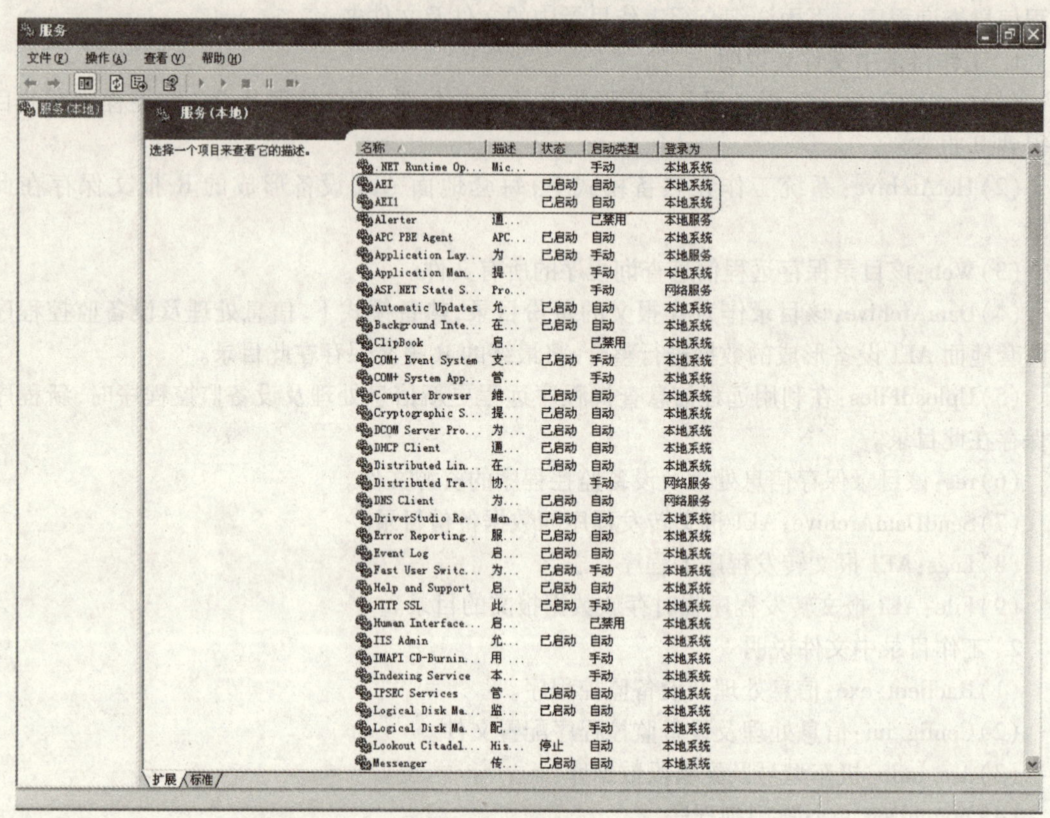

图 3 - 18　AEI 设备服务程序

介绍一下 Reader 卡驱动程序的安装步骤如下：

① 进入 开始→设置→控制面板，点击“添加硬件”，进入添加硬件向导界面（图 3 - 19）。

② 点击“下一步”搜索新硬件，选中“是，我已经连接了此硬件”点击“下一步”（图 3 - 20）。

③ 选中“添加新的硬件设备”，点击“下一步”（图 3 - 21）。

④ 选中“安装我手动从列表选择的硬件（高级）”，点击“下一步”（图 3 - 22）。

⑤ 选中“显示所有设备”，点击“下一步”后，用户需要等待 1 min 左右（图 3 - 23）。

⑥ 点击“从磁盘安装”按钮，选中第一块 Reader 卡的驱动程序文件 Reader. inf（图 3 - 24）。

⑦ 选择对应的 Reader 卡型号，点击下一步完成 Reader 卡的驱动安装（图 3 - 25）。

⑧ 右键点击桌面上的我的电脑图标，左键点击“属性”，选中“硬件”选项卡，点击“设备管理器”按钮，打开“READER CARD”设备，查看“资源”选项卡“资源设置”中的“中断请求”是否是 05（第一块 Reader 卡的中断号是 05，第二块 Reader 卡的中断号是 07）（图 3 - 26）。

⑨ 重复步骤① ~ ⑧，完成第二块 Reader 卡的驱动安装。需要注意的是在步骤⑥时，选择的驱动程序文件是 Readerint7. inf；在步骤⑦时，Reader 卡型号选择 READER CARDint7；最后在“硬件”→“设备管理器”中，包含两个 RF DEVICE 设备（图 3 - 27）。

（2）Reader 卡驱动程序更新过程

Reader 卡驱动程序的更新省去了添加新硬件的过程。具体操作步骤如下：

控制面板
文件(F)　编辑(E)　查看(V)　收藏(A)　工具(T)　帮助(H)
后退　搜索　文件夹
地址(D)
转到
添加硬件向导
欢迎使用添加硬件向导
这个向导帮助您:
• 安装软件来支持添加到计算机的硬件。
• 解决您的硬件问题。
如果硬件带安装 CD，建议您单击"取消"，关闭这个向导，用制造商的 CD 来安装这个硬件。
要继续，请单击"下一步"。
< 上一步(B)　下一步(N) >　取消
电话和调制解调器选项
电源选项
任务栏和「开始」菜单
日期和时间
网络安装向导
网络连接
游戏控制器
语音

开始
控制面板
15:34

图　3－19

控制面板
文件(F)　编辑(E)　查看(V)　收藏(A)　工具(T)　帮助(H)
后退　搜索　文件夹
地址(D)
转到
添加硬件向导
硬件连接好了吗?
您已经将此硬件连接到计算机了吗?
是，我已经连接了此硬件(Y)
否，我尚未添加此硬件(N)
< 上一步(B)　下一步(N) >　取消
电话和调制解调器选项
电源选项
任务栏和「开始」菜单
日期和时间
网络安装向导
网络连接
游戏控制器
语音
开始
控制面板
15:34

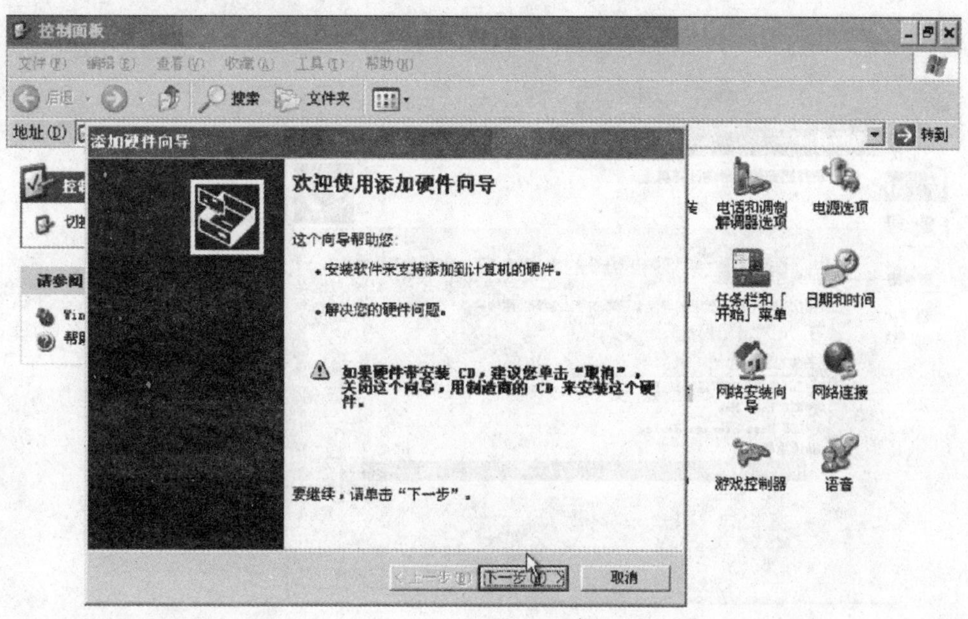

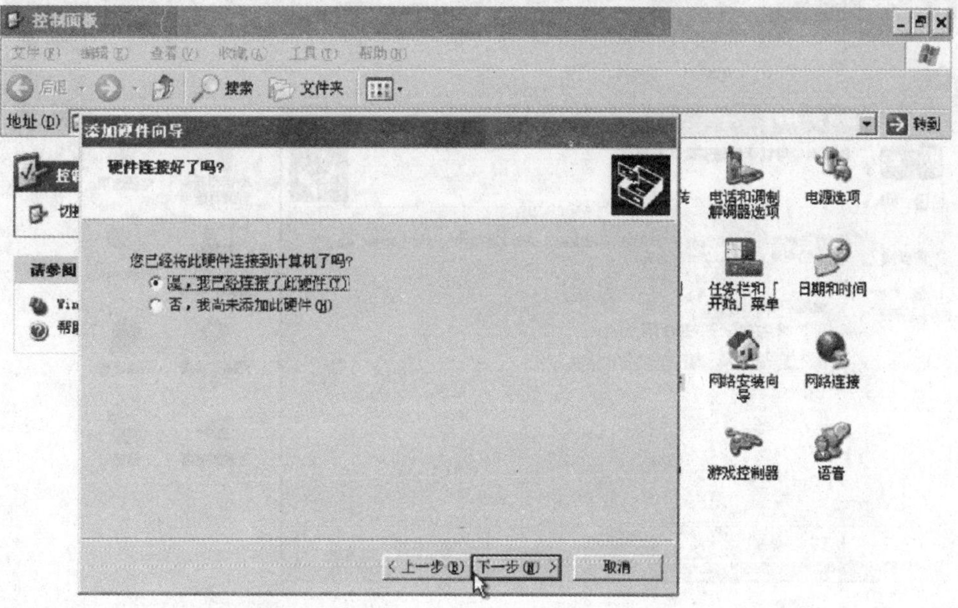

图　3－20

控制面板
文件(F) 编辑(E) 查看(V) 收藏(A) 工具(T) 帮助(H)
后退
搜索
文件夹
地址(D)
转到
添加硬件向导
以下硬件已安装在您的计算机上
从以下列表，选择一个已安装的硬件设备，然后单击“下一步”，检查属性或解决您遇到的问题。
要添加列表中没有显示的硬件，请单击“添加新的硬件设备”。
已安装的硬件(N):
Intel(R) 82371AB/EB PCI to USB Universal Host Controller
USB Root Hub
USB Mass Storage Device
通用卷
添加新的硬件设备
< 上一步(B)
下一步(N) >
取消
电话和调制解调器选项
电源选项
任务栏和「开始」菜单
日期和时间
网络安装向导
网络连接
游戏控制器
语音
请参阅

开始
控制面板
15:34

图　3－21

控制面板
文件(F) 编辑(E) 查看(V) 收藏(A) 工具(T) 帮助(H)
后退
搜索
文件夹
地址(D)
转到
添加硬件向导
这个向导可以帮助您安装其他硬件
这个向导可以搜索其他硬件并为您自动安装。或者，如果您知道要安装哪个型号的硬件，您可以从列表选择。
您期望向导做什么?
搜索并自动安装硬件(推荐)(S)
安装我手动从列表选择的硬件(高级)(M)
< 上一步(B)
下一步(N) >
取消
电话和调制解调器选项
电源选项
任务栏和「开始」菜单
日期和时间
网络安装向导
网络连接
游戏控制器
语音
请参阅
开始
控制面板
15:34

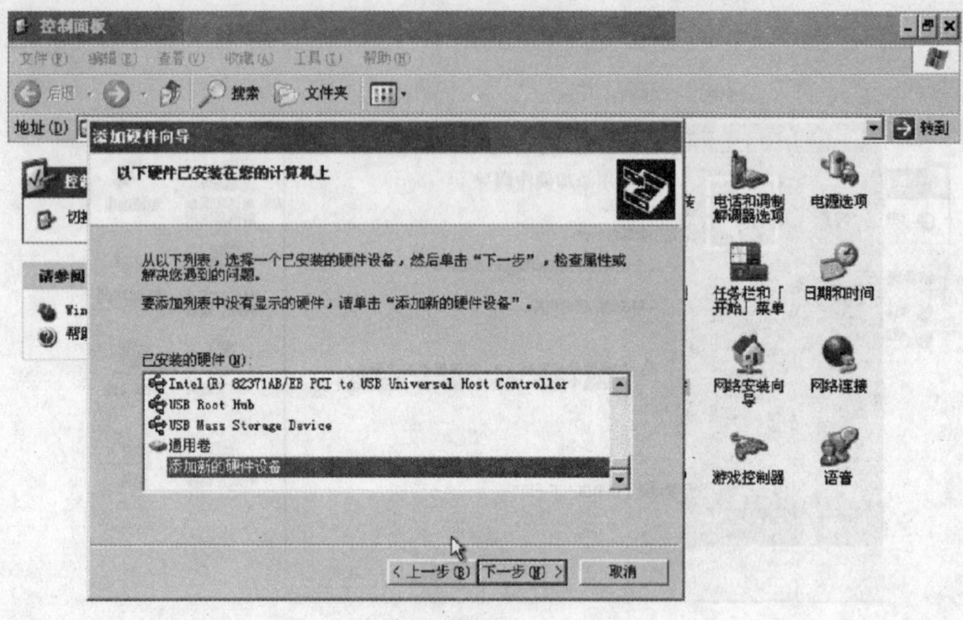

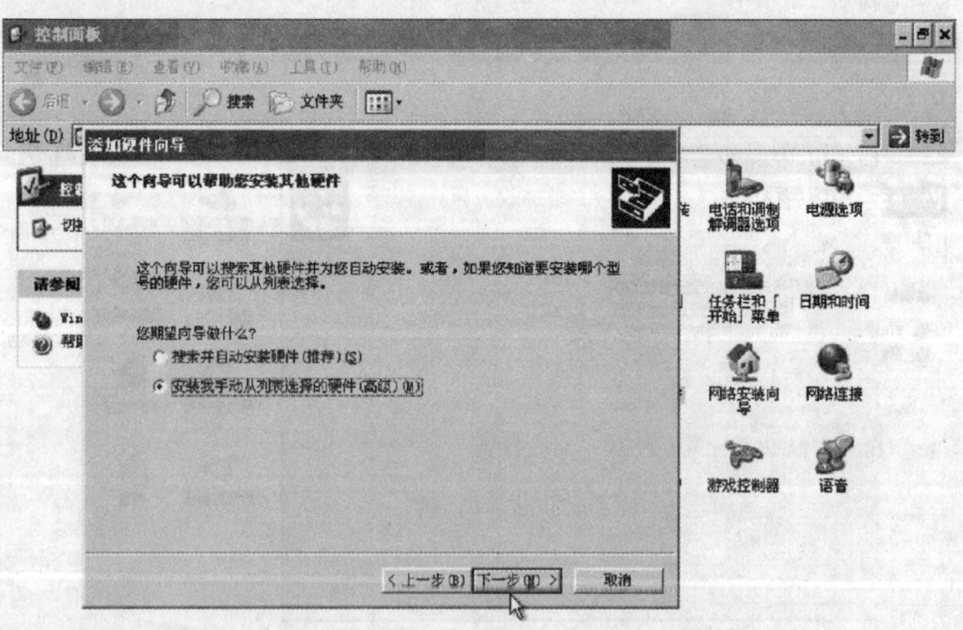

图　3－22

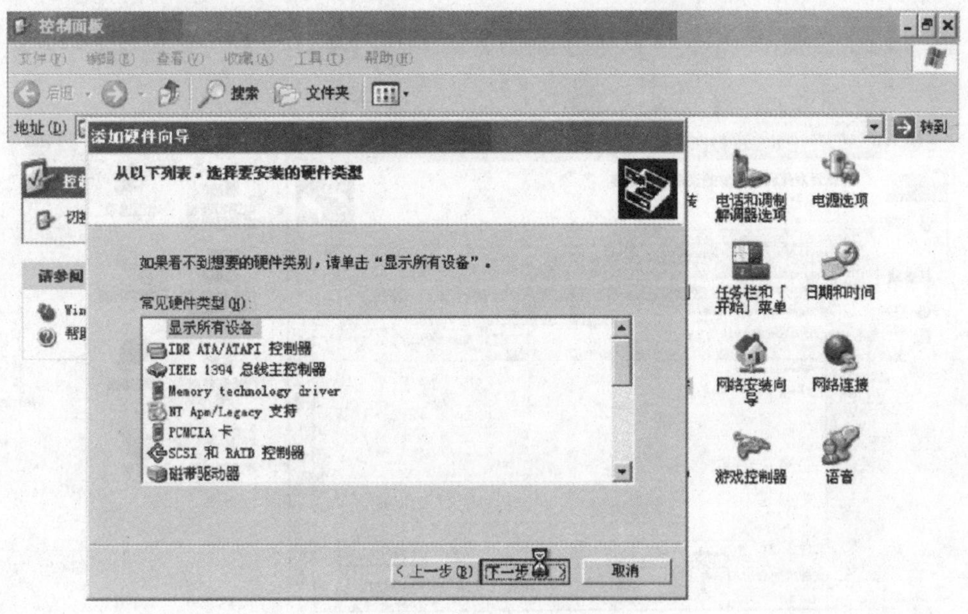

图 3-23

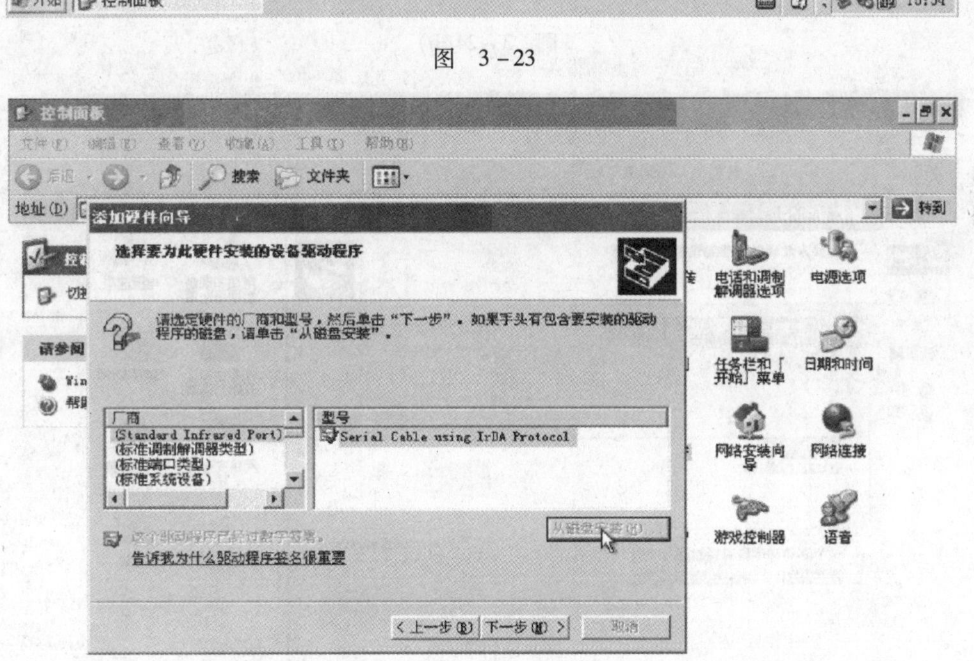

图 3-24(a)

① 进入“硬件”→“设备管理器”右键选中“READER CARD”，左键点击“更新驱动程序”(图 3-28)。

② 进入硬件更新向导后，选中“否，暂时不(T)”，点击“下一步”(图 3-29)。

③ 选择 “从列表或指定位置安装(高级)(S)”，点击“下一步”(图 3-30)。

控制面板
添加硬件向导
选择要为此硬件安装的设备驱动程序
从磁盘安装
查找文件
查找范围(I):
Reader.inf
Readerint7.inf
文件名(N):
文件类型(T):
打开(O)
取消
电话和调制解调器选项
电源选项
任务栏和「开始」菜单
日期和时间
网络安装向导
网络连接
游戏控制器
语音

开始
控制面板
15:36

图　3－24(b)

控制面板
添加硬件向导
选择要为此硬件安装的设备驱动程序
请选定硬件的厂商和型号，然后单击“下一步”。如果手头有包含要安装的驱动程序的磁盘，请单击“从磁盘安装”。
型号
READER CARD
READER CARDint7
这个驱动程序没有经过数字签署！
告诉我为什么驱动程序签名很重要
从磁盘安装(H)...
＜上一步(B)
下一步(N)＞
取消
开始
控制面板
15:36

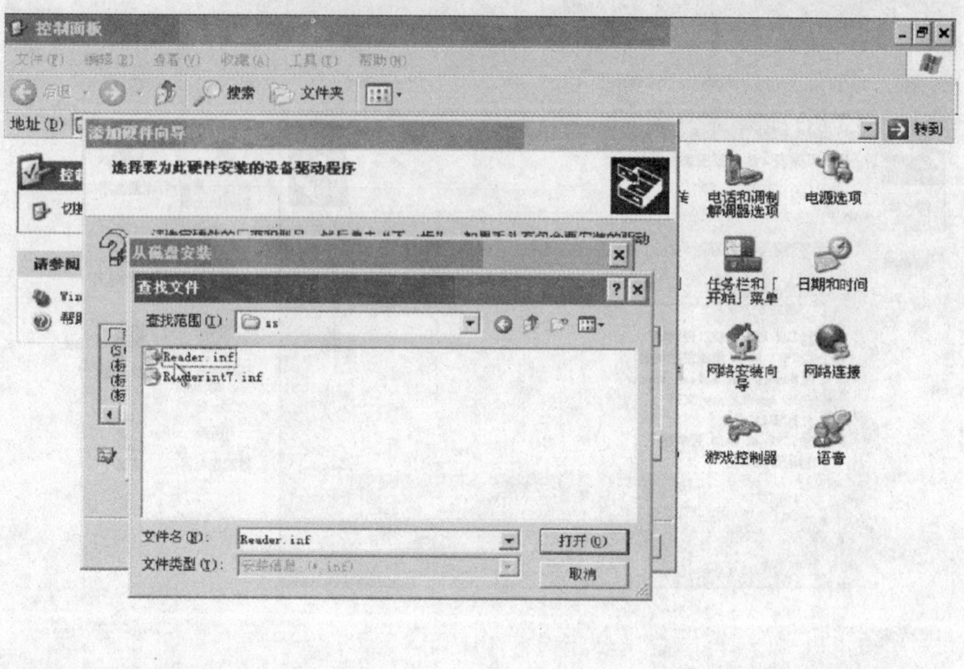

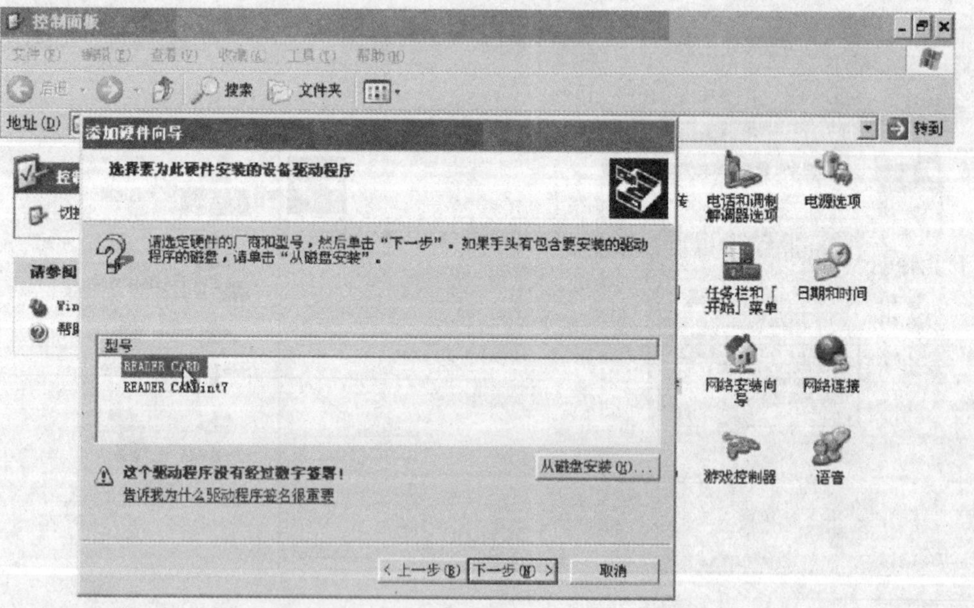

图　3－25

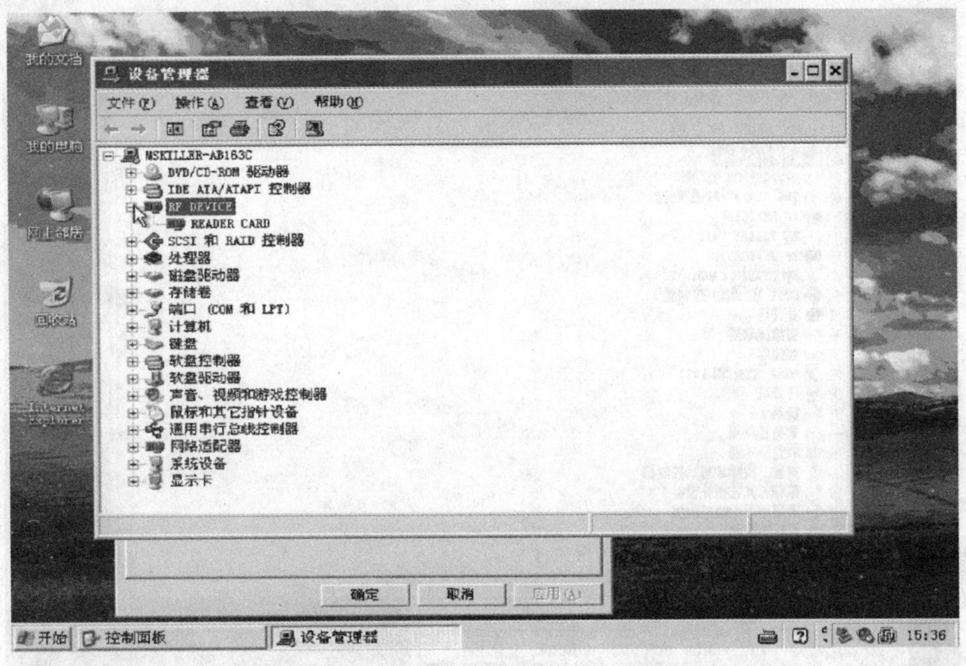

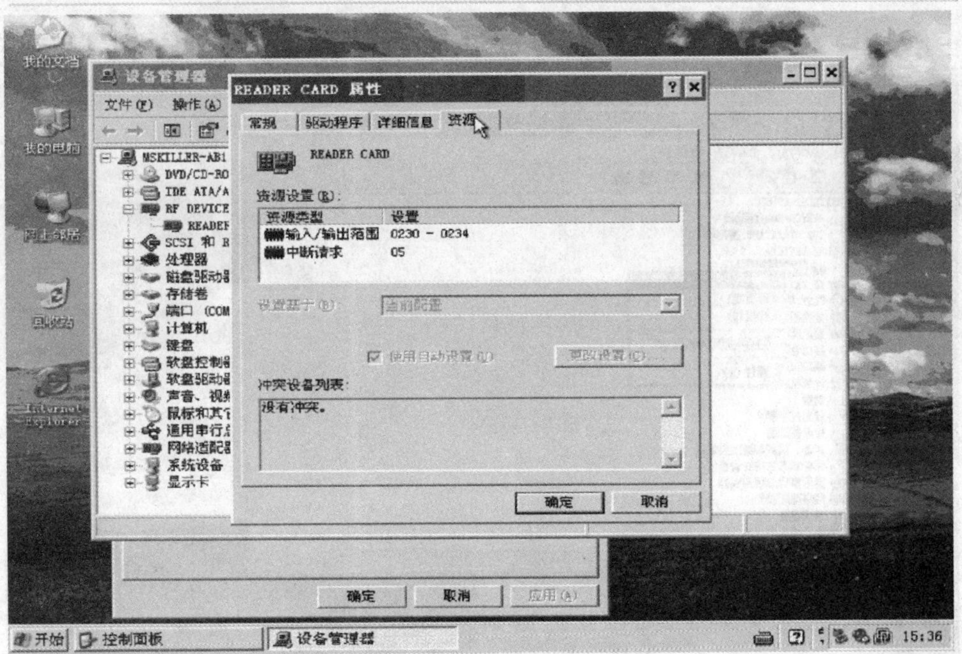

图　3－26

④ 选择“不要搜索。我要自己选择要安装的驱动程序(D)”,点击“下一步”(图 3－31)。

⑤ 更新驱动程序文件的过程同 Reader 卡安装过程的步骤⑥～⑧。

⑥ 重复更新过程步骤①～⑤,完成第二块 Reader 卡驱动程序的更新。

3. 磁钢板驱动程序

我的文档
设备管理器
文件(F) 操作(A) 查看(V) 帮助(H)
MSKILLER-AB163C
DVD/CD-ROM 驱动器
IDE ATA/ATAPI 控制器
RF DEVICE
READER CARD
RF DEVICE
处理器
磁盘驱动器
存储卷
端口 (COM 和 LPT)
计算机
键盘
软盘控制器
软盘驱动器
声音、视频和游戏控制器
鼠标和其它指针设备
通用串行总线控制器
网络适配器
系统设备
确定
取消
应用(A)
开始
设备管理器
15:37

图　3－27

我的文档
我的电脑
网上邻居
回收站
设备管理器
文件(F) 操作(A) 查看(V) 帮助(H)
MSKILLER-AB163C
DVD/CD-ROM 驱动器
IDE ATA/ATAPI 控制器
RF DEVICE
停用(D)
卸载(U)
扫描检测硬件改动(A)
属性(R)
键盘
软盘控制器
软盘驱动器
声音、视频和游戏控制器
鼠标和其它指针设备
通用串行总线控制器
网络适配器
系统设备
显示卡
为所选设备启用硬件更新向导。
确定
取消
应用(A)
开始
E:\ytj\ABS
SOFTUNE Workben...
设备管理器
12:01

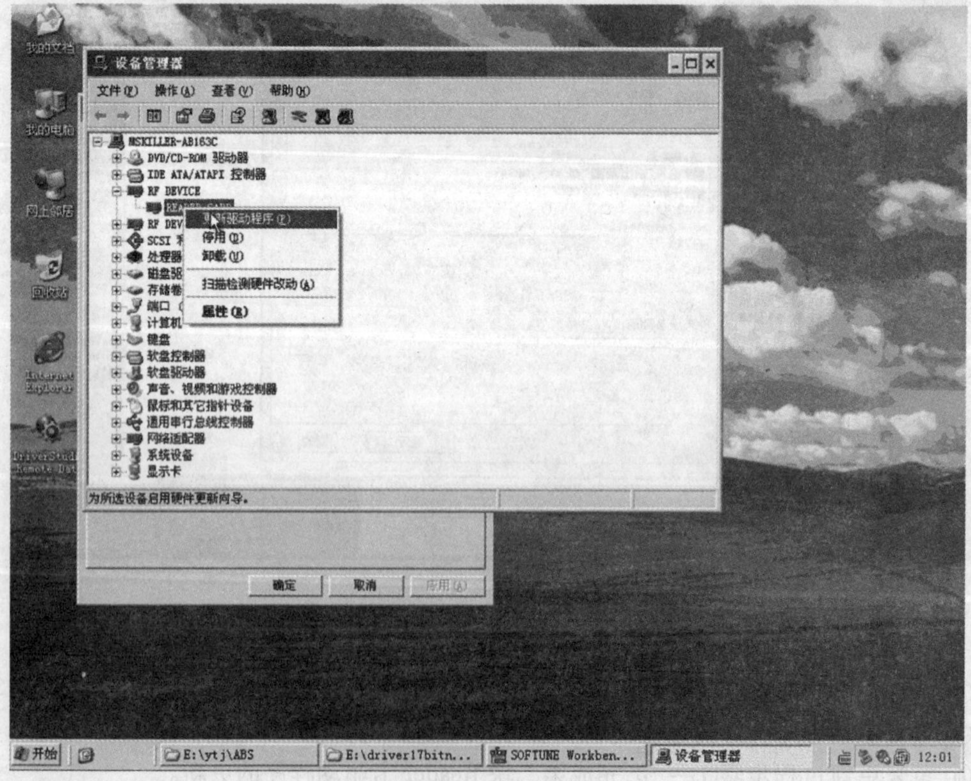

图　3－28

图　3－29

图　3－30

图 3－31

磁钢板驱动程序负责采集和处理磁钢信息，并实现与硬件 PCI 接口通信任务。

安装磁钢板驱动程序前，应将磁钢板插入 AEI 主机箱中的 PCI 插槽，准备进行磁钢板驱动的安装。

(1)在“硬件”→“设备管理器”中，右键点击电脑图标，左键点击“扫描检测硬件改动(A)”(图 3－32)。

(2)在“找到新硬件向导”中，选中“是，仅这一次(Y)”，点击“下一步”(图 3－33)。

(3)选择“从列表或指定位置安装(高级)(S)”，点击“下一步”(图 3－34)。

(4)选择磁钢板驱动程序所在目录，点击“下一步”(图 3－35)。

(5)等待系统安装磁钢板的驱动程序后，点击“完成”，至此第一块磁钢板的驱动安装完成(图 3－36)。

(6)重复磁钢板安装步骤(1)～(5)，完成第二块磁钢板的驱动安装(图 3－37)。

(三)信息处理及设备监控程序

1. 软件功能及使用

信息处理及设备监控程序安装在 AEI 地面识别设备的工业控制计算机中，对过车信息报文(R 报文)进行分析处理并显示通过车的详细信息；另外，该程序对 AEI 地面设备的运行状态进行监控，定时检测设备工作参数和电路状态，检测的参数有：射频模块的输出功率和频率、天线驻波比、车轮传感器(磁钢)的内阻及噪声，以及 UPS 电源的主要参数，同时对磁钢传感器电路和射频模块电路的性能进行在线测试，并将故障信息及时上报。信息处理及设备监控程序对通过车信息和设备自检信息进行及时汇总，添加至本地数据库，实现历史过车信息查询及远程网络监控等功能。

0:27/2:55
设备管理器
文件(F)　操作(A)　查看(V)　帮助(H)
扫描检测硬件改动(A)
DVD/CD-
IDE ATA/ATAPI 控制器
RF DEVICE
SCSI 和 RAID 控制器
处理器
磁盘驱动器
端口 (COM 和 LPT)
计算机
监视器
键盘
人体学输入设备
软盘控制器
软盘驱动器
声音、视频和游戏控制器
鼠标和其它指针设备
通用串行总线控制器
系统设备
显示卡
扫描经过改动的或新的即插即用设备。
我的文档
我的电脑
回收站
开始
设备管理器

图　3-32

0:37/2:55
设备管理器
文件(F)　操作(A)　查看(V)　帮助(H)
找到新的硬件向导
欢迎使用找到新硬件向导
Windows 将通过在计算机、硬件安装 CD 或 Windows Update 网站(在您允许的情况下)上查找来搜索当前和更新的软件。
阅读隐私策略
Windows 可以连接到 Windows Update 以搜索软件吗?
是，仅这一次(Y)
是，这一次和每次连接设备时(E)
否，暂时不(T)
单击"下一步"继续。
< 上一步(B)　下一步(N) >　取消
我的文档
我的电脑
回收站
开始

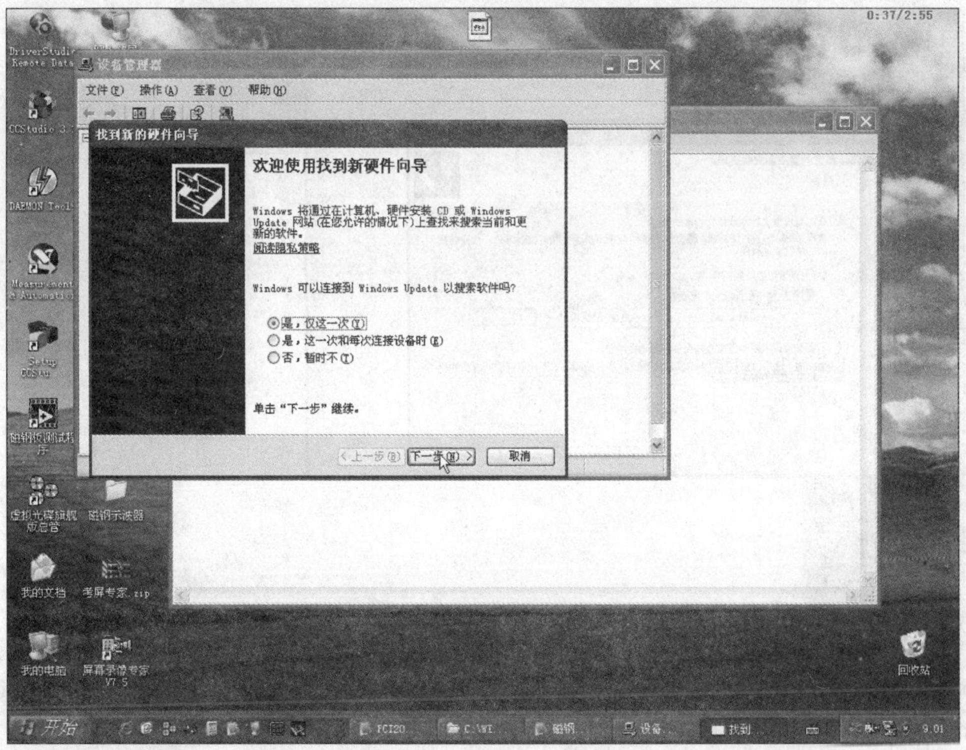

图　3-33

0:41/2:55
设备管理器
文件(F)　操作(A)　查看(V)　帮助(H)
找到新的硬件向导
这个向导帮助您安装软件:
其他 PCI 桥设备
如果您的硬件带有安装 CD 或软盘，请现在将其插入。
您期望向导做什么?
自动安装软件(推荐)(I)
从列表或指定位置安装(高级)(S)
要继续，请单击"下一步"。
< 上一步(B)　下一步(N) >　取消
我的文档
我的电脑
回收站
开始

图　3－34

0:50/2:55
设备管理器
文件(F)　操作(A)　查看(V)　帮助(H)
找到新的硬件向导
请选择您的搜索和安装选项。
在这些位置上搜索最佳驱动程序(S)。
使用下列的复选框限制或扩展默认搜索，包括本机路径和可移动媒体。会安装找到的最佳驱动程序。
搜索可移动媒体(软盘、CD-ROM...)(M)
在搜索中包括这个位置(O):
C:\Documents and Settings\gzy\桌面\磁钢板
浏览(R)
不要搜索。我要自己选择要安装的驱动程序(D)。
选择这个选项以便从列表中选择设备驱动程序。Windows 不能保证您所选择的驱动程序与您的硬件最匹配。
< 上一步(B)　下一步(N) >　取消
我的文档
我的电脑
回收站
开始

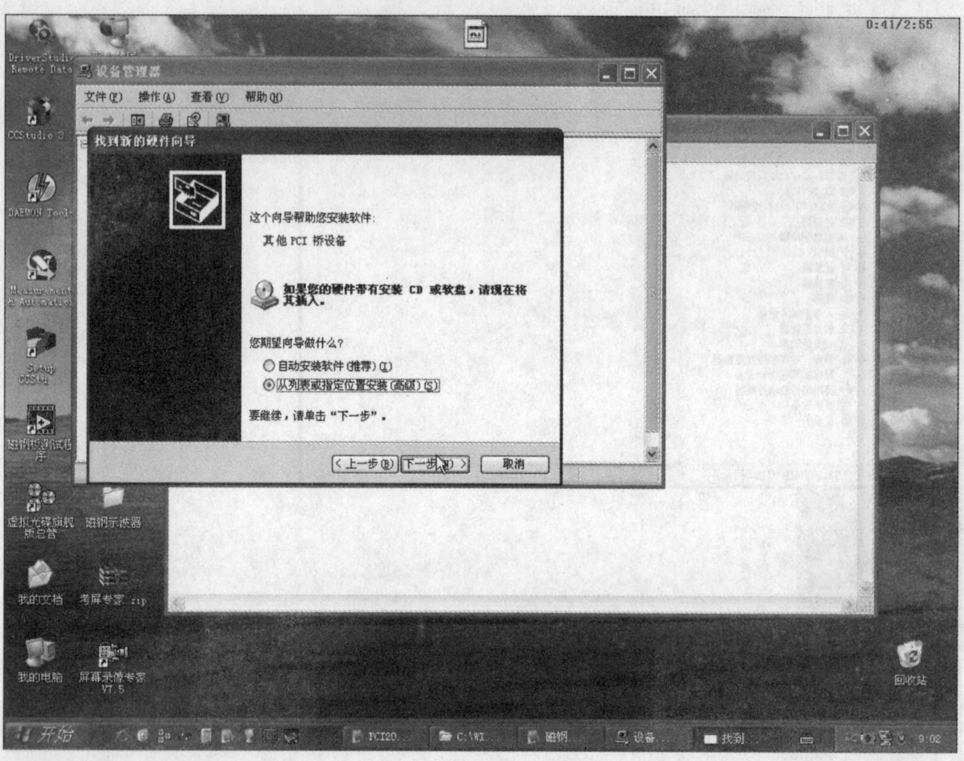

图　3－35

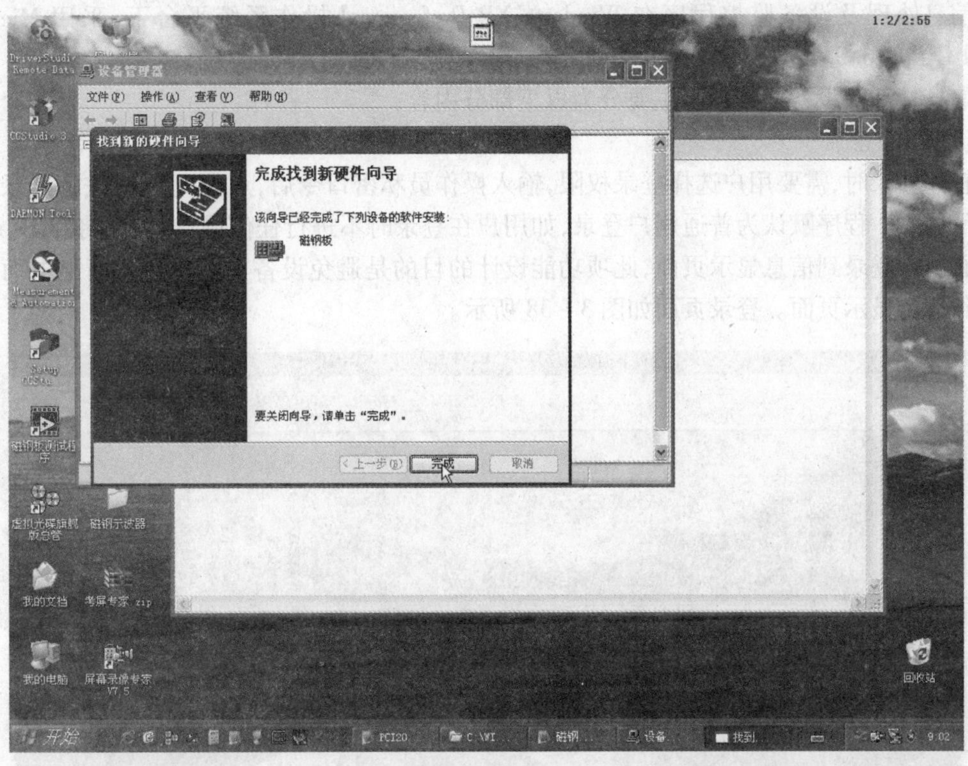

图　3－36

图　3－37

信息处理及设备监控程序在 Windows XP Professional 操作系统平台下，采用 Microsoft Visual C++ 6.0 语言和 Microsoft Access 数据库联合开发。

信息处理及设备监控程序主要分为以下部分内容：

(1)软件登录

软件登录时，需要用户选择登录权限，输入操作员私密口令后，点击“登录”按钮登录到信息显示页面。程序默认为普通用户登录，如用户在登录时不进行任何操作，程序将在 10 s 后，以普通用户登录到信息显示页面，此项功能设计的目的是避免设备在断电后重新上电而无法登录到信息显示页面。登录页面如图 3-38 所示。

图 3-38

(2)过车信息显示

列车经过 AEI 地面设备后，列车的基本信息将显示在过车信息栏中，其内容包括：过车序号、运行方向、车次、车速、总辆数、地环判辆数、标签数、开门数、关门数、未匹配轴数和采集时间等。过车信息显示界面如图 3-39 所示。

双击某条过车记录将弹出详细信息对话框，在对话框中显示每辆车的标签和轴距信息，并对该车信息进行初步诊断，给出合理的设备维修意见，如图 3-40 所示。

(3)设备状态信息显示

状态栏显示系统当前的状态信息，内容包括：工作状态、通信状态、磁钢及电路状态、射频及电路状态以及 UPS 状态信息等，设备状态信息显示界面如图 3-41 所示。

① 工作状态分两种：

a. 正在过车：列车经过 AEI 设备时，绿灯亮并显示“正在过车…”。

b. 等待过车：列车离开 AEI 设备后，黄灯亮并显示“等待过车…”。

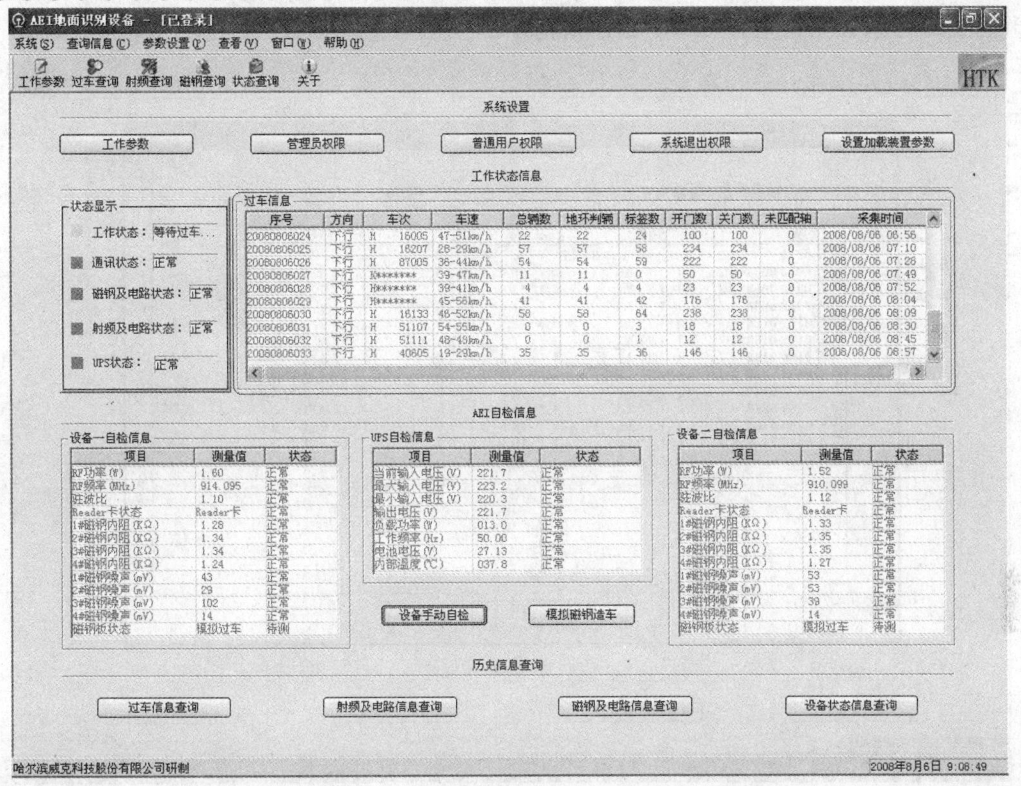

图　3－39

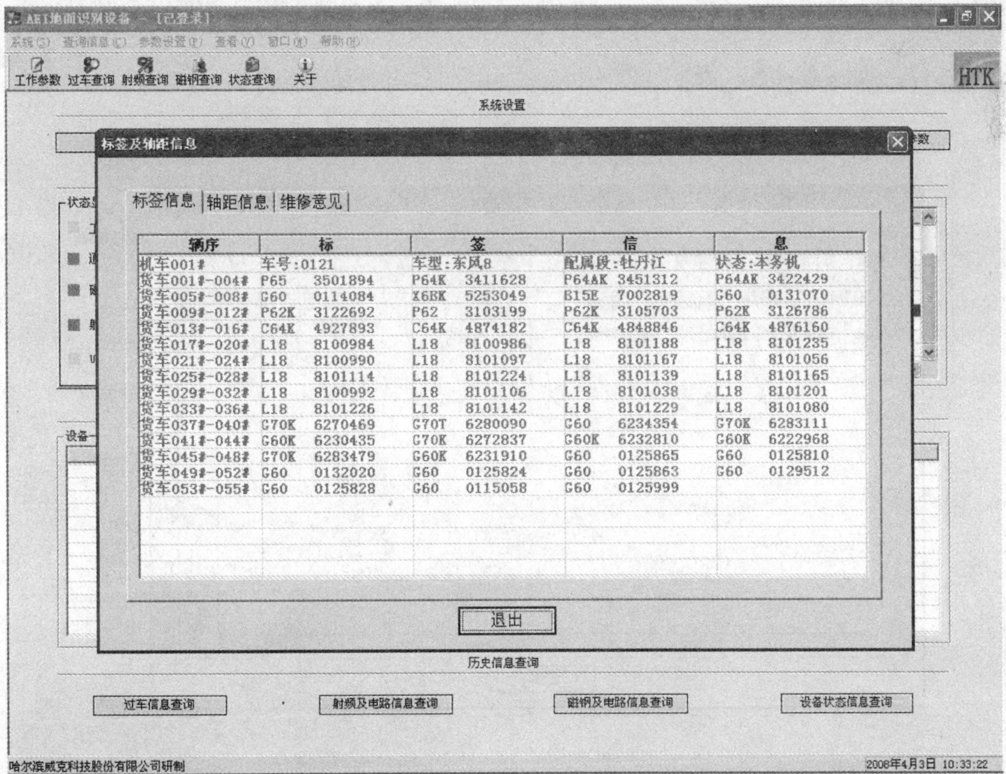

图 3－40(a)　通过车标签信息

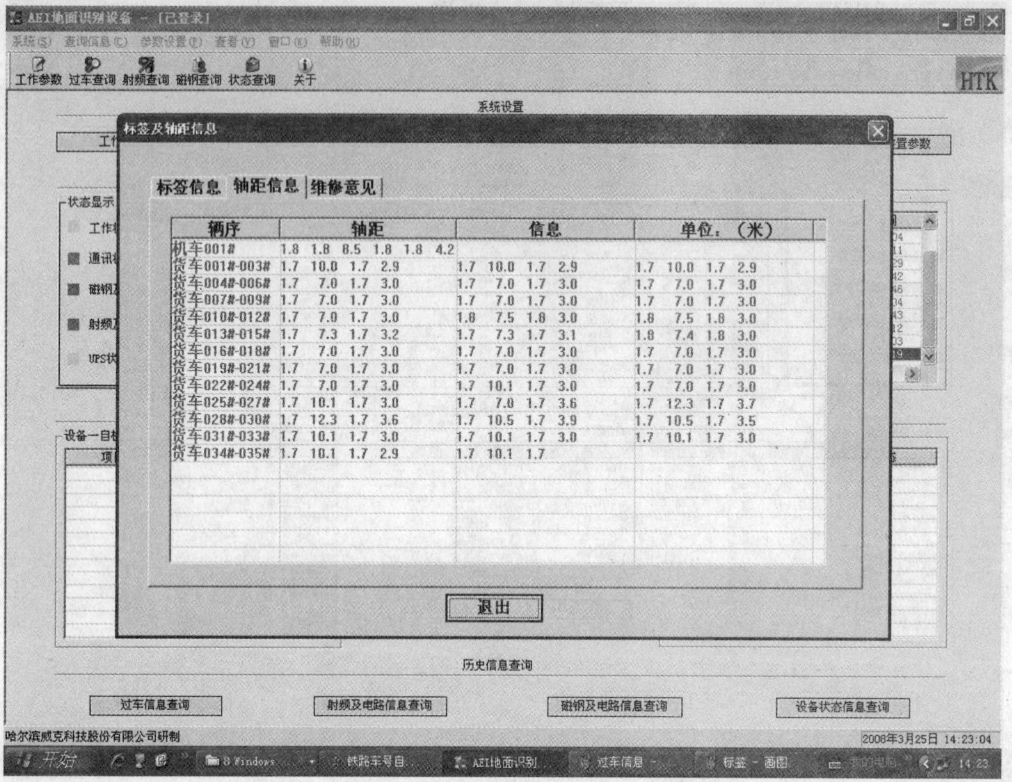

图 3－40(b)　通过车轴距信息

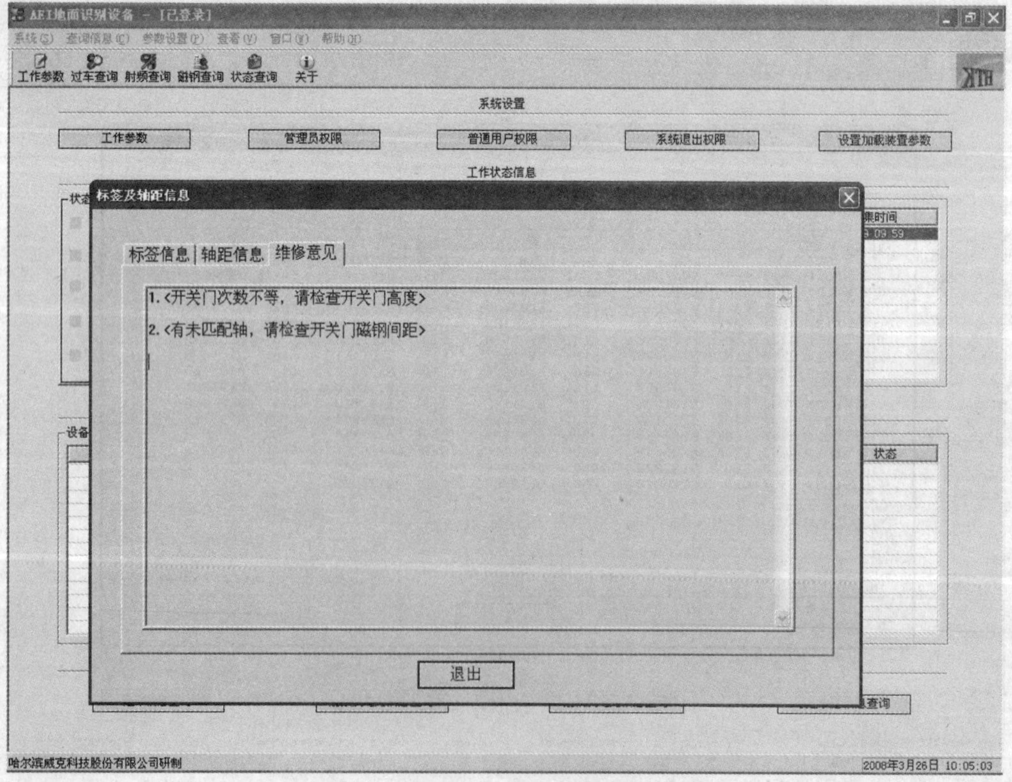

图 3－40(c)　设备维修意见

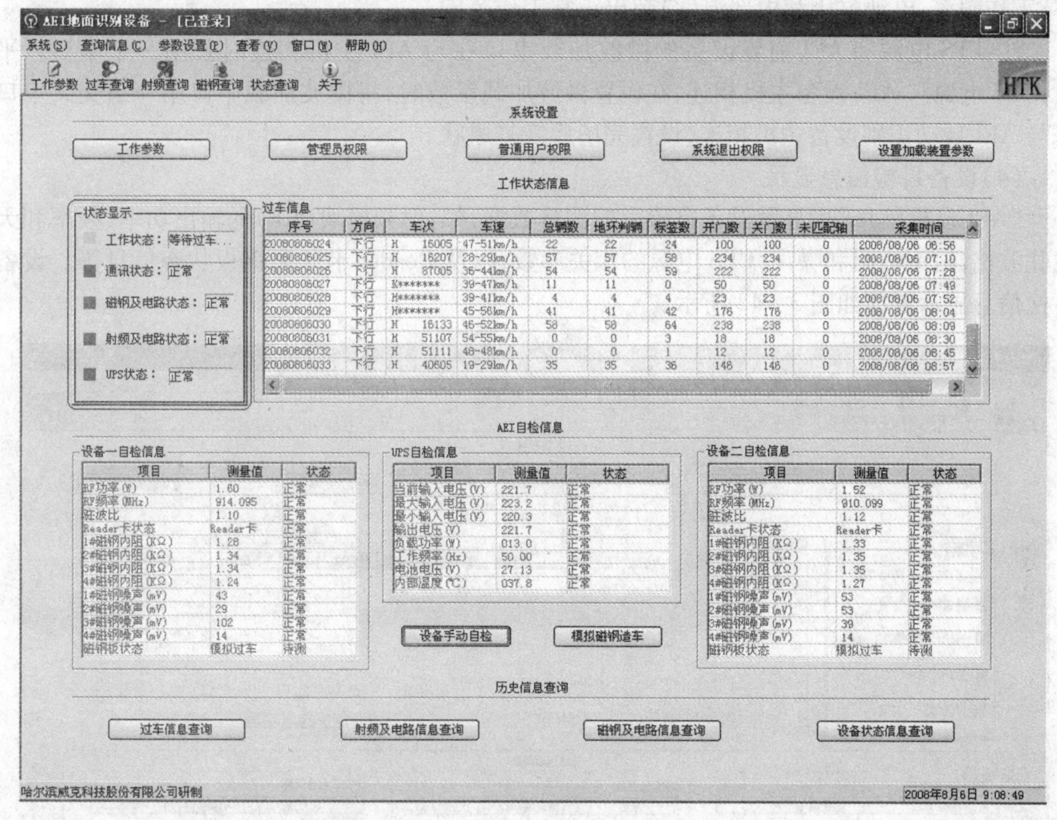

图 3-41

② 通信状态分三种：

a. 软件首次执行时黄灯亮，显示“正在连接…”。

b. 正常：待与 CPS 通信连接建立成功后，绿灯亮。

c. 故障：与 CPS 通信中断时红灯亮，显示“故障”，等待通信恢复。

③ 磁钢及电路状态分两种：

a. 正常：各磁钢参数（内阻和噪声）在正常工作范围内，以及磁钢板电路正常，此时绿灯亮。

b. 故障：各磁钢参数（内阻和噪声）超出正常工作范围，或磁钢板电路异常，此时红灯亮。

④ 射频及电路状态分两种：

a. 正常：射频模块参数（功率、频率和驻波比）在正常工作范围内，以及 Reader 卡电路正常，此时绿灯亮。

b. 故障：射频模块参数（功率、频率和驻波比）超出正常工作范围，或 Reader 卡电路异常，此时红灯亮。

⑤ UPS 状态分三种：

a. 软件首次执行时黄灯亮，显示“正在连接…”，此时系统正在与 UPS 电源建立连接，连接成功后，显示“连接成功…”。

b. 正常：UPS 电源参数（当前输入电压、最大输入电压、最小输入电压、输出电压、负载功率、工作频率、电池电压和内部温度）在正常工作范围内。

c. 故障：UPS 电源参数（当前输入电压、最大输入电压、最小输入电压、输出电压、负载功率、工作频率、电池电压和内部温度）超出正常工作范围。

注：UPS 电源和 AEI 前置设备的微波加载串口在与 AEI 主机相连时公用一个串口。平时，UPS 电源与 AEI 设备主机相连，在设置微波加载参数时，将微波加载串口用一条交叉串口线与 AEI 自动识别设备主机相连，设置完毕后恢复原状。

（4）设备自检信息显示

“AEI 自检信息”栏显示设备自检后的测量数据，如：射频模块（RF）的输出功率、频率和天线驻波比，磁钢内阻和噪声，UPS 电源的相关参数，以及 Reader 卡和磁钢板状态信息等。设备自检信息显示界面如图 3 – 42 所示。

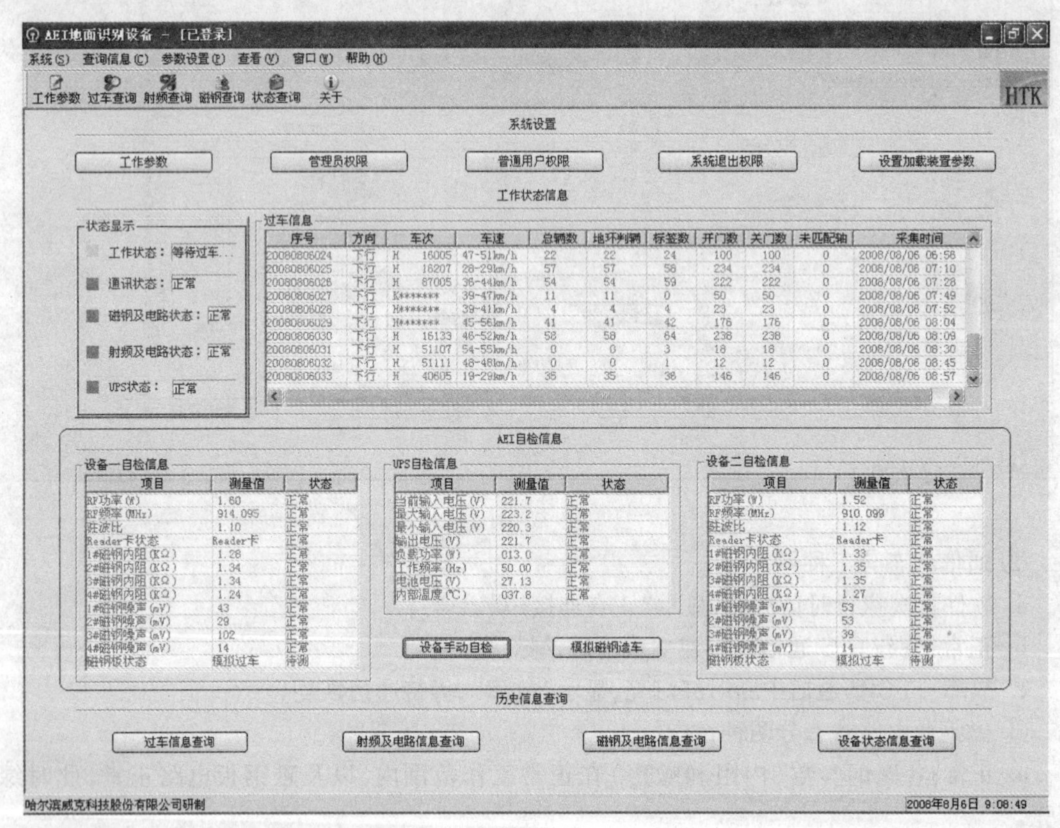

图 3 – 42　设备自检信息显示界面

（5）设备自检功能

设备自检必须在无过车的条件下完成，否则会造成列车丢签或断列等情况。设备自检主要有两种方式：定时自检和手动自检。

①定时自检

信息处理及设备监控程序定时发出自检命令，在列车经过 AEI 设备后，系统对 AEI 设备进行自检测试，并对自检数据进行分析处理，显示检测参数的测量值，对超出工作范围的参数进行特殊提示，并给出与正常范围的偏差值。

②手动自检

通过点击界面上的“设备手动自检”按钮，发送自检命令，完成设备的自检过程。

通过点击界面上的“模拟磁钢造车”按钮，发送模拟过车命令，磁钢板模拟实际过车的磁钢信号，Reader 卡发出标签信号，共同模拟实际过车，最终形成模拟过车报文。软件通过对模拟过车报文的判别,确定磁钢电路和标签电路的状态是否正常。

注意:手动自检需要在没有列车经过的情况下完成。

(6)工作参数设置

图3-43　系统工作参数设置界面

① 基本设置

“基本设置”决定系统工作的基本信息:

a. 系统设备设置:系统设备设置决定工作设备的数量,如单套设备工作或双套设备工作。

b. 设备工作模式:在双套设备工作的基础上决定系统工作模式,如热备模式或复线模式。

c. 车站电报略号:车站电报略号应输入设备所属车站的电报略号,便于车站集中管理机程序(CPS)的统一管理。

② 自检测试间隔

“自检测试间隔”决定设备自检的间隔时间,单位为小时。

③ 车轮传感器型号

“车轮传感器型号”决定设备所用车轮传感器的型号,软件根据不同型号的车轮传感器确定其内阻和噪声参数的范围。

④ UPS 串口设置

“UPS 串口号”用来设置信息处理及设备监控程序与 UPS 电源通信的端口号。在 AEI 设备与 CPS 通信采用网络通信时,UPS 串口号设置成 COM4;在 AEI 设备与 CPS 采用串口通信时,COM4 用来与 CPS 通信的端口,此时,UPS 串口号应设置为 COM5。

注意:COM5 是系统采用多串口卡或其他设备扩展的串行端口。

⑤ 设备一设置和设备二设置

“设备一设置”和“设备二设置”两栏用来设置设备的基本信息,如:设备站号、Reader 卡中断号及磁钢板号。用户需要设置相应设备的站号,Reader 卡中断号和磁钢板号采用系统默认设置。

⑥ 工作目录设置

“工作目录设置”包括:“R 报文路径”和“通信接口路径”:

a. “R 报文路径”:确定过车报文所处位置,信息处理及设备监控程序将该位置的过车报文进行分析处理后,形成最终的过车报文放于“通信接口路径”(Interface\SendData)中。

b. “通信接口路径”:通信接口路径中有两个目录(CommData 和 SendData)。CommData 目录保存通讯状态信息(正常/故障)和过车状态信息(列车到达/列车离开);SendData 目录保存过车报文和自检报文,AEI 报文转发程序将报文上传至 CPS。

注意:参数设置输入完毕后,点击“设置工作参数”按钮,待提示设置成功后退出程序,重新执行,系统将按新参数设置工作。

⑦ 管理员权限设置(图 3 – 44)

为保证系统安全可靠运行,软件设置了管理员权限。管理员具有设置系统工作参数、微波上传加载装置参数、普通用户密码及软件退出密码等权限。管理员可任意修改密码。

⑧ 普通用户权限设置(图 3 – 45)

软件登陆时,默认用户为普通用户,输入普通用户密码进入设备工作界面。普通用户不能设置系统工作参数和其他密码,但可以查询历史数据信息,完成系统自检以及模拟磁钢过车等操作。

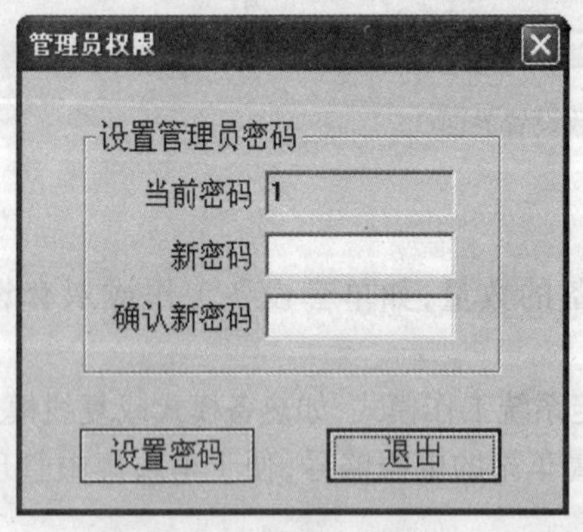

图 3 – 44 管理员权限设置

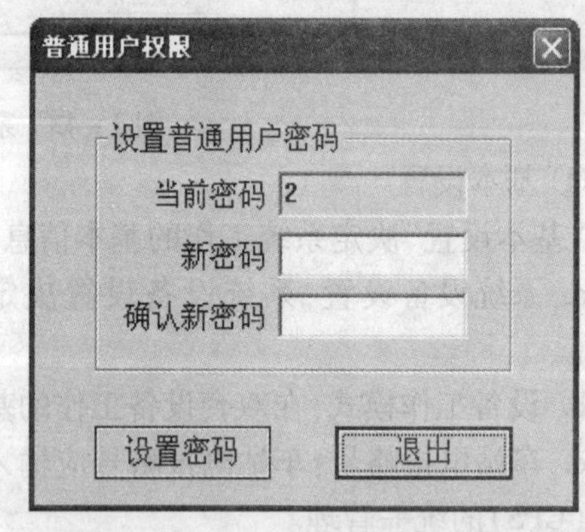

图 3 – 45 普通用户权限设置

⑨ 系统退出权限设置(图 3 – 46)

为防止用户操作不当导致软件退出,该软件在退出时要求用户输入退出验证,软件在确保退出验证成功后安全退出。

⑩ 设置加载装置参数

微波加载装置集成在 AEI 前置设备中,为配合双向机车标签系统的使用,在地面的 AEI 前置设备中需要设定相应的定位信息,该项功能需要具有管理员权限的用户才能操作完成。加载器编号范围:1 ~ 1022,上行为双数,下行为单数。程序版本号为日期信息,如 20080818(即 2008 年 08 月 18 日)。

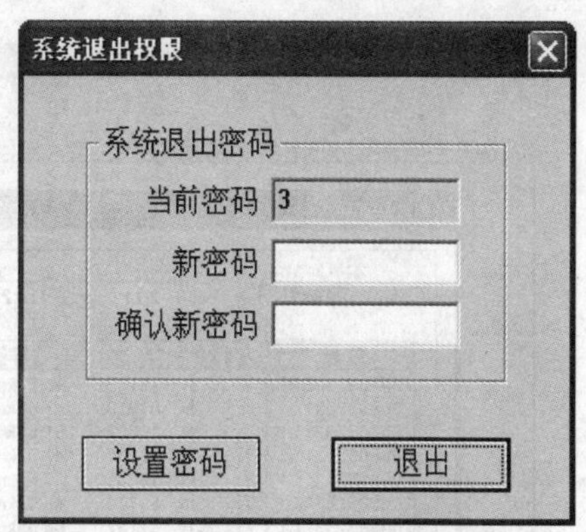

图3-46　系统退出权限设置

操作前，用户将 UPS 串口断开，用交叉串口线将 COM4(或 COM5)与 AEI 前置设备中的加载串口连接紧固。

点击“设置加载装置参数”按钮，进入设置界面。设置参数前需要点击“检查连接”按钮，确认主机与微波加载端口连接成功，输入信息后，点击“写信息”按钮，将信息写入微波加载装置中，写入成功后，需要点击“读信息”确认写入信息正确无误。加载参数设置界面如图3-47所示。

⑪历史信息查询

信息处理及设备监控程序对历史信息进行保存，方便日后的查询。历史信息查询主要包括“过车信息查询”、“射频及电路信息查询”、“磁钢及电路信息查询”以及“设备状态信息查询”等四项内容。

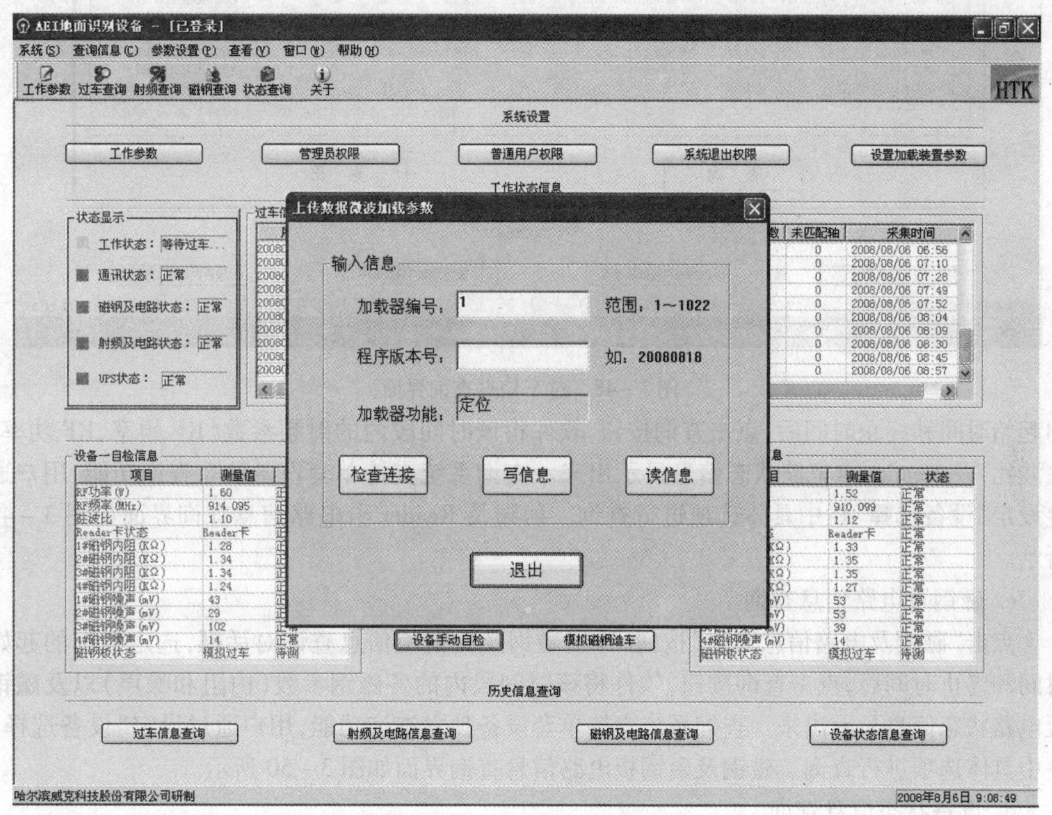

图3-47　加载参数设置界面

a. 过车信息查询

点击“过车信息查询”按钮，弹出过车信息查询对话框，选定查询的起始时间和终止时间后，点击查询按钮，软件将该时间段内的过车信息全部显示出来，便于查看分析。过车信息查询界面如图3-48所示。

b. 射频及电路信息查询

点击“射频及电路信息查询”按钮，弹出射频及 Reader 卡电路信息查询对话框，选定查询

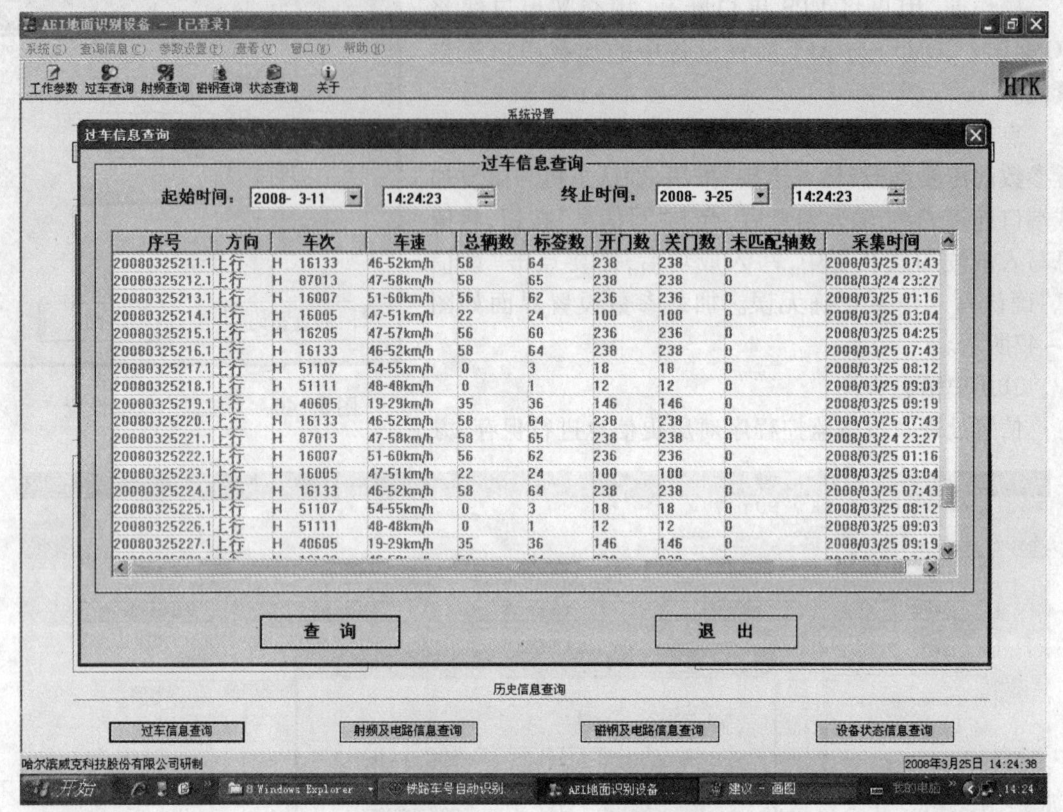

图3－48　过车信息查询界面

的起始时间和终止时间后，点击查询按钮，软件将该时间段内的射频参数（RF频率、RF功率、驻波比）及Reader卡电路状态信息显示出来。查询系统支持单套设备独立查询功能，用户通过设定“设备选择”栏中具体选项进行查询。射频及Reader卡电路信息查询界面如图3－49所示。

c. 磁钢及电路信息查询

点击“磁钢及电路信息查询”按钮，弹出磁钢及磁钢板信息查询对话框，选定查询的起始时间和终止时间后，点击查询按钮，软件将该时间段内的各磁钢参数（内阻和噪声）以及磁钢板电路状态信息显示出来。查询系统支持单套设备独立查询功能，用户通过设定“设备选择”栏中具体选项进行查询。磁钢及磁钢板电路信息查询界面如图3－50所示。

d. 设备状态信息查询

点击“设备状态信息查询”按钮，弹出设备状态信息查询对话框，选定查询的起始时间和终止时间后，点击查询按钮，软件将该时间段内的磁钢参数信息和射频参数信息，还有设备的历史状态信息一同显示出来，此项功能便于用户掌握设备历史工作状态，为设备维修提供参考。设备状态信息查询界面如图3－51所示。

⑫ 数据库维护

为保证系统稳定可靠运行，避免历史数据过多，造成磁盘空间耗尽和死机等情况的发生，信息处理及设备监控程序在每月一日零时对数据库及备份数据进行维护，清除过旧信息，保存两个月内的过车及测量信息，便于日后查询。

⑬ 远程程序更新

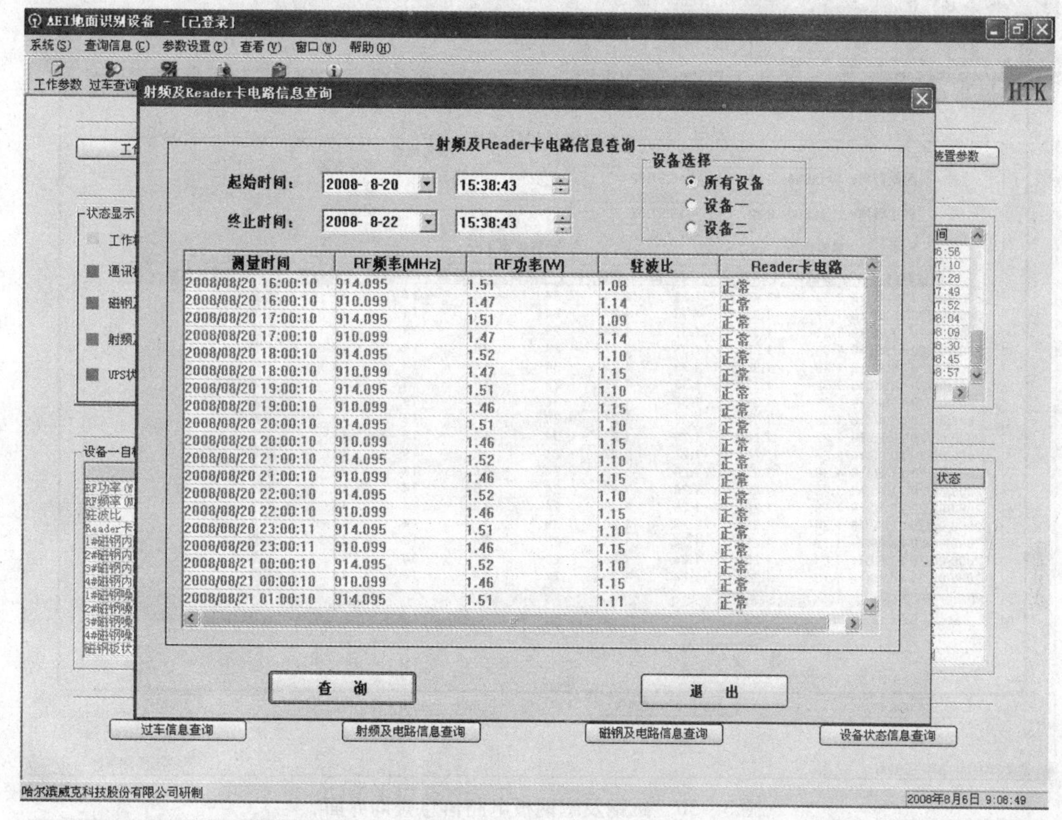

测量时间	RF频率(MHz)	RF功率(W)	驻波比	Reader卡电路
2008/08/20 16:00:10	914.095	1.51	1.08	正常
2008/08/20 16:00:10	910.099	1.47	1.14	正常
2008/08/20 17:00:10	914.095	1.51	1.09	正常
2008/08/20 17:00:10	910.099	1.47	1.14	正常
2008/08/20 18:00:10	914.095	1.52	1.10	正常
2008/08/20 18:00:10	910.099	1.47	1.15	正常
2008/08/20 19:00:10	914.095	1.51	1.10	正常
2008/08/20 19:00:10	910.099	1.46	1.15	正常
2008/08/20 20:00:10	914.095	1.51	1.10	正常
2008/08/20 20:00:10	910.099	1.46	1.15	正常
2008/08/20 21:00:10	914.095	1.52	1.10	正常
2008/08/20 21:00:10	910.099	1.46	1.15	正常
2008/08/20 22:00:10	914.095	1.52	1.10	正常
2008/08/20 22:00:10	910.099	1.46	1.15	正常
2008/08/20 23:00:11	914.095	1.51	1.10	正常
2008/08/20 23:00:11	910.099	1.46	1.15	正常
2008/08/21 00:00:10	914.095	1.52	1.10	正常
2008/08/21 00:00:10	910.099	1.46	1.15	正常
2008/08/21 01:00:10	914.095	1.51	1.11	正常

图 3－49　射频及 Reader 卡电路信息查询界面

信息处理及设备监控程序定时检查更新程序文件夹(\Web\UploadFiles)是否有新程序存在,如发现有新程序,将在五分钟后自动退出。定时五分钟目的是为远程上传应用程序操作提供充裕时间,更新程序及重新启动程序任务由看门狗程序完成。

2. 看门狗程序

定时监控"信息处理及设备监控程序"和"AEI 报文转发程序"的运行情况,看门狗程序启动后以最小化方式转入后台运行,并将程序图标放入系统托盘中。鼠标点击托盘中的看门狗程序图标,将弹出看门狗程序界面,如图 3－52 所示。

(1)看门狗程序内容

看门狗程序主要提供监控时间间隔(单位:min)和看门狗程序状态(启动时间及事件)信息。

① 监控时间间隔

设定看门狗程序定时监控的频率,以 min 为单位,建议时间不宜太长,默认时间为 3 min。

② 看门狗程序状态信息

看门狗程序将自身启动的时间以及启动"信息处理及设备监控程序"和"AEI 报文转发程序"的时间记录下来,便于维修人员了解设备运用状况。

(2)看门狗程序功能设计

看门狗程序主要面向以下两个功能进行设计:

① 定时监控程序的运行情况

定时监控"信息处理及设备监控程序" 和"AEI 报文转发程序"的运行情况,当发现其退出

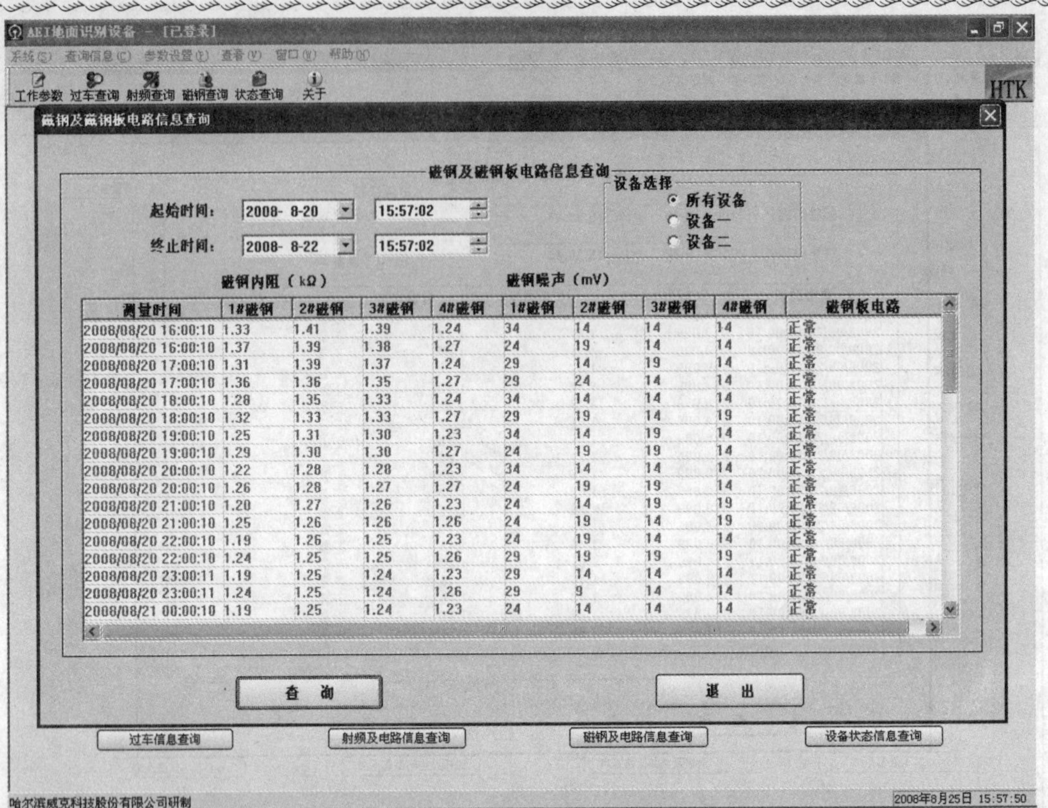

测量时间	磁钢内阻（kΩ）1#磁钢	2#磁钢	3#磁钢	4#磁钢	磁钢噪声（mV）1#磁钢	2#磁钢	3#磁钢	4#磁钢	磁钢板电路
2008/08/20 16:00:10	1.33	1.41	1.39	1.24	34	14	14	14	正常
2008/08/20 16:00:10	1.37	1.39	1.38	1.27	24	19	14	14	正常
2008/08/20 17:00:10	1.31	1.39	1.37	1.24	29	14	19	14	正常
2008/08/20 17:00:10	1.36	1.36	1.35	1.27	29	24	14	14	正常
2008/08/20 18:00:10	1.28	1.35	1.33	1.24	34	14	14	14	正常
2008/08/20 18:00:10	1.32	1.33	1.33	1.27	29	19	14	19	正常
2008/08/20 19:00:10	1.25	1.31	1.30	1.23	34	14	19	14	正常
2008/08/20 19:00:10	1.29	1.30	1.30	1.27	24	19	19	14	正常
2008/08/20 20:00:10	1.22	1.28	1.28	1.23	34	14	14	14	正常
2008/08/20 20:00:10	1.26	1.28	1.27	1.27	24	19	19	14	正常
2008/08/20 21:00:10	1.20	1.27	1.26	1.23	24	14	19	19	正常
2008/08/20 21:00:10	1.25	1.26	1.26	1.26	24	19	14	19	正常
2008/08/20 22:00:10	1.19	1.26	1.25	1.23	24	19	14	14	正常
2008/08/20 22:00:10	1.24	1.25	1.25	1.26	29	19	19	19	正常
2008/08/20 23:00:11	1.19	1.25	1.24	1.23	29	14	14	14	正常
2008/08/20 23:00:11	1.24	1.25	1.24	1.26	29	9	14	14	正常
2008/08/21 00:00:10	1.19	1.25	1.24	1.23	24	14	14	14	正常

图3－50 磁钢及磁钢板电路信息查询界面

AEI地面识别设备 -［已登录］

系统(S) 查询信息(C) 参数设置(P) 查看(V) 窗口(W) 帮助(H)

工作参数

设备状态信息查询

设备状态信息查询

起始时间： 2008- 8-20 15:40:30

终止时间： 2008- 8-22 15:40:30

设备选择：所有设备 设备一 设备二

测试时间	磁钢内阻（KΩ）1#	2#	3#	4#	磁钢噪声（mV）1#	2#	3#	4#	RF频率(MHZ)	RF功率(W)	驻波比
2008/08/21 03:00:11	1.21	1.23	1.22	1.26	19	19	14	14	910.099	1.46	1.14
2008/08/21 04:00:11	1.17	1.23	1.22	1.23	24	14	14	14	914.095	1.51	1.11
2008/08/21 04:00:11	1.21	1.22	1.22	1.26	19	19	14	19	910.099	1.46	1.14
2008/08/21 05:00:10	1.16	1.23	1.22	1.23	29	14	14	14	914.095	1.51	1.11
2008/08/21 05:00:10	1.21	1.22	1.22	1.26	24	19	14	19	910.099	1.46	1.14
2008/08/21 06:00:10	1.17	1.23	1.23	1.23	29	14	19	14	914.095	1.51	1.10
2008/08/21 06:00:10	1.22	1.23	1.22	1.26	43	19	14	14	910.099	1.47	1.14
2008/08/21 07:00:10	1.20	1.26	1.25	1.23	29	14	14	14	914.095	1.51	1.09
2008/08/21 07:00:10	1.25	1.25	1.25	1.26	24	19	19	14	910.099	1.46	1.14
2008/08/21 08:00:10	1.24	1.30	1.30	1.23	29	14	19	14	914.095	1.51	1.10

测试时间	通讯状态	磁钢及电路状态	射频及电路状态	UPS状态
2008/08/21 03:00:10	正常	正常	正常	正常
2008/08/21 03:00:11	正常	正常	正常	正常
2008/08/21 04:00:11	正常	正常	正常	正常
2008/08/21 04:00:11	正常	正常	正常	正常
2008/08/21 05:00:10	正常	正常	正常	正常
2008/08/21 05:00:10	正常	正常	正常	正常
2008/08/21 06:00:10	正常	正常	正常	正常
2008/08/21 06:00:10	正常	正常	正常	正常
2008/08/21 07:00:10	正常	正常	正常	正常
2008/08/21 07:00:10	正常	正常	正常	正常

状态查询 退出

哈尔滨威克科技股份有限公司研制 2008年8月25日 15:41:02

图 3－51

时,及时执行“信息处理及设备监控程序”和“AEI 报文转发程序”,保证设备的连续稳定的运行。

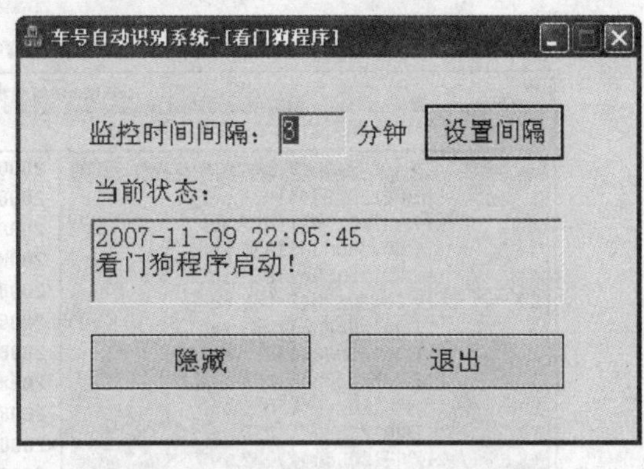

图　3 - 52

②“信息处理及设备监控程序”的更新

看门狗程序在重新启动“信息处理及设备监控程序”和“AEI 报文转发程序”之前,要检查更新程序文件夹(veic\Web\UploadFiles)中是否有新程序,如果发现有新程序存在,则将新程序拷贝到当前工作目录,覆盖原程序,从而实现了程序的远程更新,更新后执行“信息处理及设备监控程序”和“AEI 报文转发程序”。

3. AEI 报文转发程序

(1)软件功能

AEI 报文转发程序主要负责地面 AEI 设备与集中管理机软件(CPS)之间的通信监控和数据传输,同时显示通信状态和数据传输情况。根据现场实际情况,通信可以采用网络传输或专线 Modem 两种方式,方式选择可以通过软件来设定。

为确保报文能够及时上传,软件增加自动连接功能,当系统工作在网络通信方式下,长时间通讯中断,程序会自动重新建立连接;当系统工作在专线 Modem 通信方式下,程序会重新初始化通信串口,并给 Modem 重新上电。

(2)程序界面介绍

软件界面分为左右两部分,左边显示需要发送的数据报文,如果显示为空,表示所有数据发送完毕,右边部分显示通信状态和数据发送状态。用户通过状态信息了解通信和数据传输情况是否正常。网络通信方式界面如图 3 - 53、图 3 - 54 所示。

下面介绍一下右边显示的详细状态:

① 专线方式(图 3 - 53)

a. 文件发送是否成功;

b. 文件的确认信息;

c. 通信串口是否打开;

d. 通信是否中断。

② 网络方式(图 3 - 54)

a. 网络连接状态;

b. 发送文件信息;

c. 文件发送是否成功开。

(3)软件使用

① 程序启动和退出

启动:双击桌面上应用程序图标,可以启动应用程序。

退出:点击【工具选项】菜单下【退出】子菜单,可以退出应用程序,点击右上角的关闭也可以退出,退出需要密码,如图 3 - 55 所示,输入密码后点击确定退出应用程序。

②【工具选项】菜单

点击【工具选项】(快捷键 Alt + S)将弹出下拉菜单,其选项包括系统参数设置、隐藏和退

图　3－53

AEISend - [专线传输]
工具选项(S) 清除报文(D) 日志查看(R) 帮助(H)
序号 待发送文件
1 LLB00120080411026.aei
2 LLB00120080411027.aei
3 LLB00120080411028.aei
4 LLB00120080411037.aei
5 LLB00120080411032.aei
6 LLB00120080411033.aei
7 LLB00120080411034.aei
8 LLB00120080411035.aei
9 LLB00120080411036.aei
10 LLB00120080411038.aei
11 LLB00120080411042.aei
12 LLB00120080411043.aei
13 LLB00120080411044.aei
14 LLB00120080411045.aei
15 LLB00120080411046.aei
16 LLB00120080411047.aei
17 LLB00120080411048.aei
18 LLB00120080411013.aei
19 LLB00120080411014.aei
20 LLB00120080411015.aei
21 LLB00120080411016.aei
22 LLB00120080411017.aei
23 LLB00120080411018.aei
2008-04-14 15:30:59 : 收到查询信息
2008-04-14 15:30:59 : 发送无信息应答...
2008-04-14 15:31:03 : 收到查询信息
2008-04-14 15:31:03 : 发送无信息应答...
2008-04-14 15:31:06 : 收到查询信息
2008-04-14 15:31:07 : 正在发送LLB00120080411012.aei...
2008-04-14 15:31:09 : 收到确认信息
2008-04-14 15:31:10 : 发送成功!
2008-04-14 15:31:14 : 收到查询信息
2008-04-14 15:31:14 : 正在发送LLB00120080411022.aei...
2008-04-14 15:31:15 : 收到确认信息
2008-04-14 15:31:16 : 发送成功!
2008-04-14 15:31:21 : 收到查询信息
2008-04-14 15:31:21 : 正在发送LLB00120080411023.aei...
2008-04-14 15:31:22 : 收到确认信息
2008-04-14 15:31:22 : 发送成功!
2008-04-14 15:31:27 : 收到查询信息
2008-04-14 15:31:27 : 正在发送LLB00120080411024.aei...
2008-04-14 15:31:30 : 收到确认信息
2008-04-14 15:31:30 : 发送成功!
2008-04-14 15:31:32 : 收到查询信息
2008-04-14 15:31:32 : 正在发送LLB00120080411025.aei...
2008-04-14 15:31:34 : 收到确认信息
2008-04-14 15:31:35 : 发送成功!
哈尔滨铁路局科研所—哈尔滨威克科技股份有限公司研制
通信状态:已连接 已发送:34
启动时间:2008-04-14 12:54:34

AEI报文转发程序 - [网络传输]
工具选项(S) 清除报文(D) 日志查看(R) 帮助(H)
序号 待发送文件
1 LLB00120080314118.aei
2 LLB00120080314119.aei
3 LLB00120080314120.aei
4 LLB00120080314121.aei
5 LLB00120080314122.aei
6 LLB00120080314123.aei
7 LLB00120080314124.aei
8 LLB00120080314112.aei
9 LLB00120080314113.aei
08-04-14 15:15:05 : 正在连接CPS服务器....
08-04-14 15:15:26 : 成功连接CPS服务器!
08-04-14 15:15:26 : 正在发送LLB00120080408081504.aei...
08-04-14 15:15:26 : 发送成功!
08-04-14 15:15:34 : 正在发送LLB00120080408083114.aei...
08-04-14 15:15:34 : 发送成功!
08-04-14 15:15:44 : 正在发送LLB00120080314117.aei...
08-04-14 15:15:44 : 发送成功!
08-04-14 15:15:54 : 正在发送LLB00120080314118.aei...
08-04-14 15:15:54 : 发送成功!
哈尔滨铁路局科研所—哈尔滨威克科技股份有限公司研制
通信状态:已连接 已发送:4
启动时间:2008-04-14 15:15:04

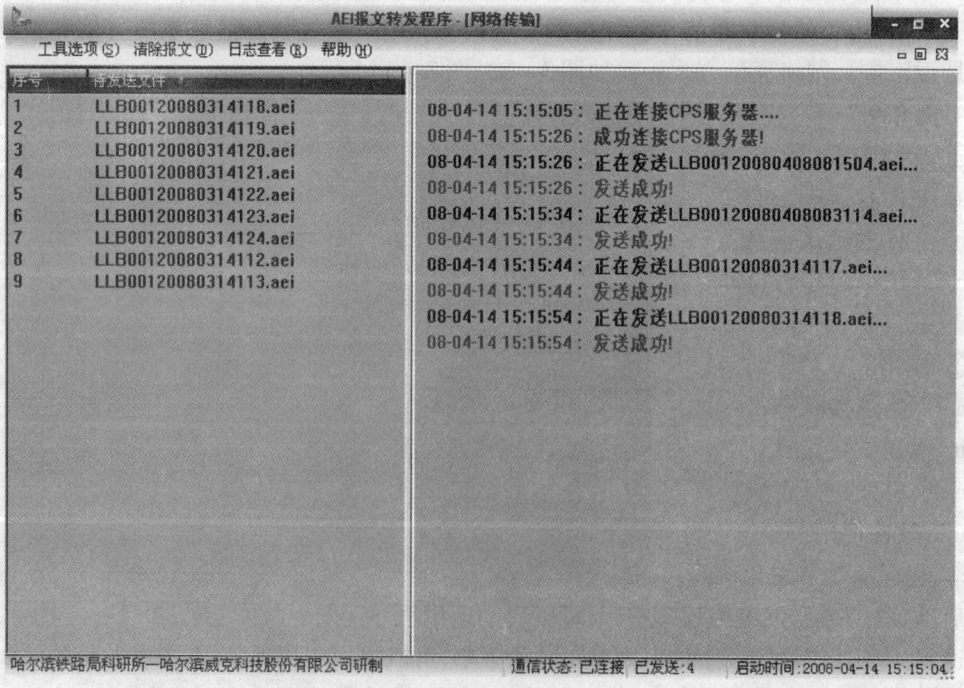

图　3－54

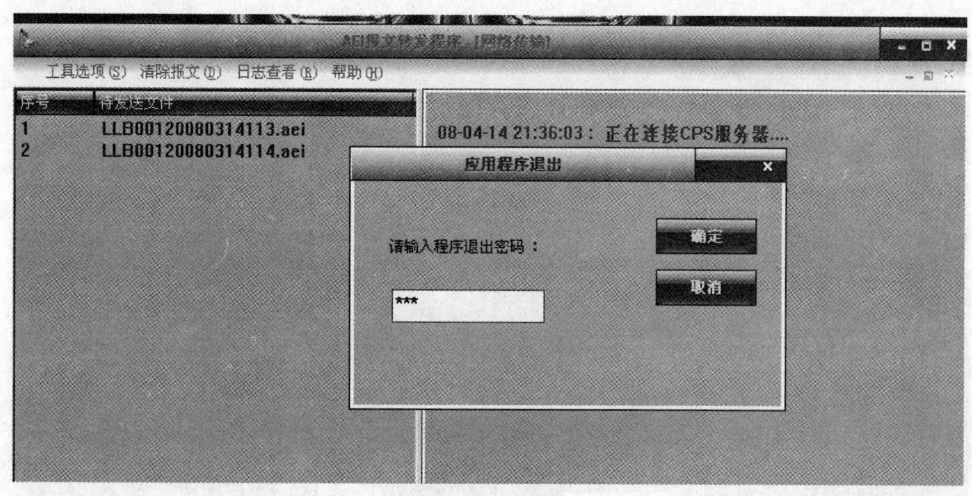

图　3－55

出应用程序。

a. 系统参数设置

点击图中的【系统参数 T】就会弹出密码输入对话框，参数配置需要指定人员修改，如果参数设置错误，将影响系统运行，因此设置密码，输入正确密码会弹出系统参数配置对话框。

(a)通信设置

通信设置部分包括发送文件目录和通信方式的设置，发送文件目录可以直接输入，也可以点击浏览按钮来配置目录。通信方式有两种，包括网络传输和专线方式，根据现场实际情况来选择。

(b)网络设置

如果选择网络传输方式，则需要进行网络设置，输入 CPS 的 IP 地址和端口，一般端口不需要配置，使用默认端口。

(c)串口设置

前置串口是软件与 AEI 前置设备进行通信的端口，其功能是控制 Modem 的电源通断。前置串口只需设置串口端，其他不需设置。

采用专线通信方式需要进行串口设置，通信串口是与 CPS 进行数据通信的端口，该端口的波特率、校验位、数据位以及停止位按实际要求进行设置，通常采用默认值。

(d)其他设置

“其他设置”主要包括报文保存时间和本机站号两项设置。

设置完成后用鼠标点击“应用”按钮即可完成参数配置，最后重新启动应用程序，执行新的配置，如图 3－56 所示。

b. 隐藏

点击“隐藏”选项，程序以最小化方式运行，程序窗口隐藏。双击任务栏中的程序图标，可以显示应用程序窗口。

c. 退出

点击“退出”选项，程序自动关闭。

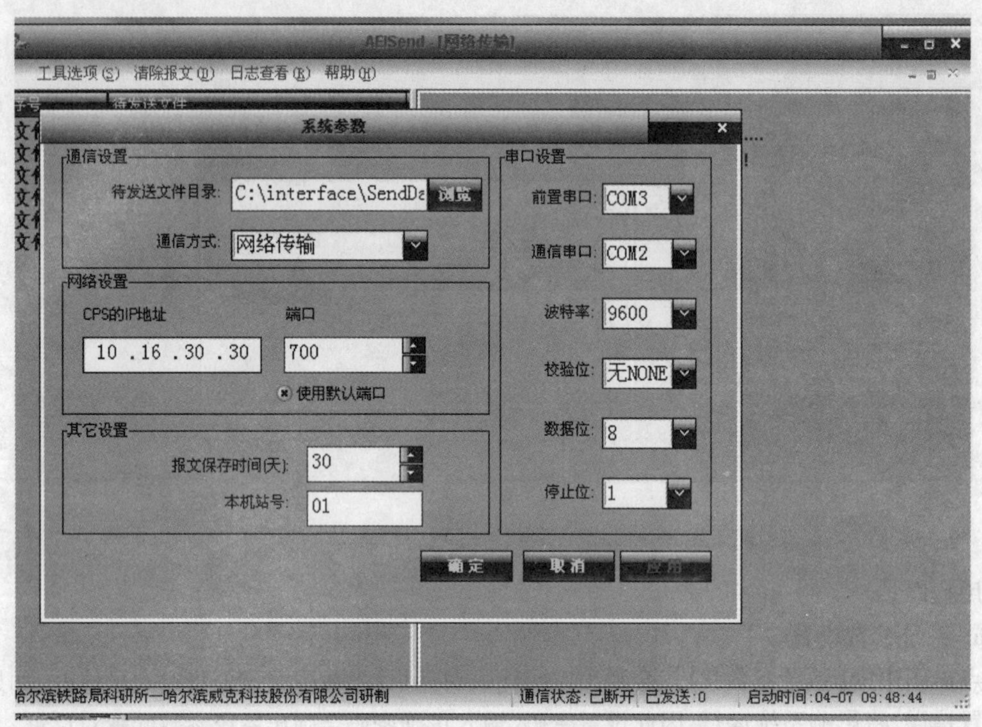

图 3-56

③【清除报文】菜单

点击【清除报文】菜单，弹出“报文清理”对话框，选择要清除的存档报文(可多选)，然后点击“删除”按钮可以删除存档报文。历史报文按每天一个文件夹保存，如果需要删除某一时间的数据，可以在要删除的文件夹前划勾，然后选择删除，这样被选中的文件夹以及文件夹里的历史报文将一同被删除。另外也可以在系统参数中设置历史报文保存时间，程序将自动删除历史数据，保存最近的一段时间数据，以便用户查阅，如图 3-57 所示。

④【日志查看】菜单

可以查阅程序启动和退出时间以及通信状态记录，方便工作人员查找通信异常的原因。日志查看界面如图 3-58 所示。

4. 集中管理机程序(CPS)

集中管理机程序(CPS)安装在车站计算机中，集中管理辖区的所有 AEI 地面识别设备。

(1)网络构成及状态报告

① 界面介绍

程序启动后自动进入【网络构成及状态报告】窗口，如图 3-59 所示。

上半部分为网络构成图。图中集中管理机于 AEI 之间连线为通信通道，根据线条的颜色识别通道状态。蓝色表示未知，绿色表示正常，红色表示故障。程序刚启动时线条为蓝色，如果六分钟内集中管理机与 AEI 之间无通信，判定为通信中断，线条变为红色，一旦集中管理机与 AEI 之间无通信恢复，线条变为绿色。

下半部分为通信状态和设备状态。列出各个 AEI 最近的状态信息，包括工作状态、通信状态等。

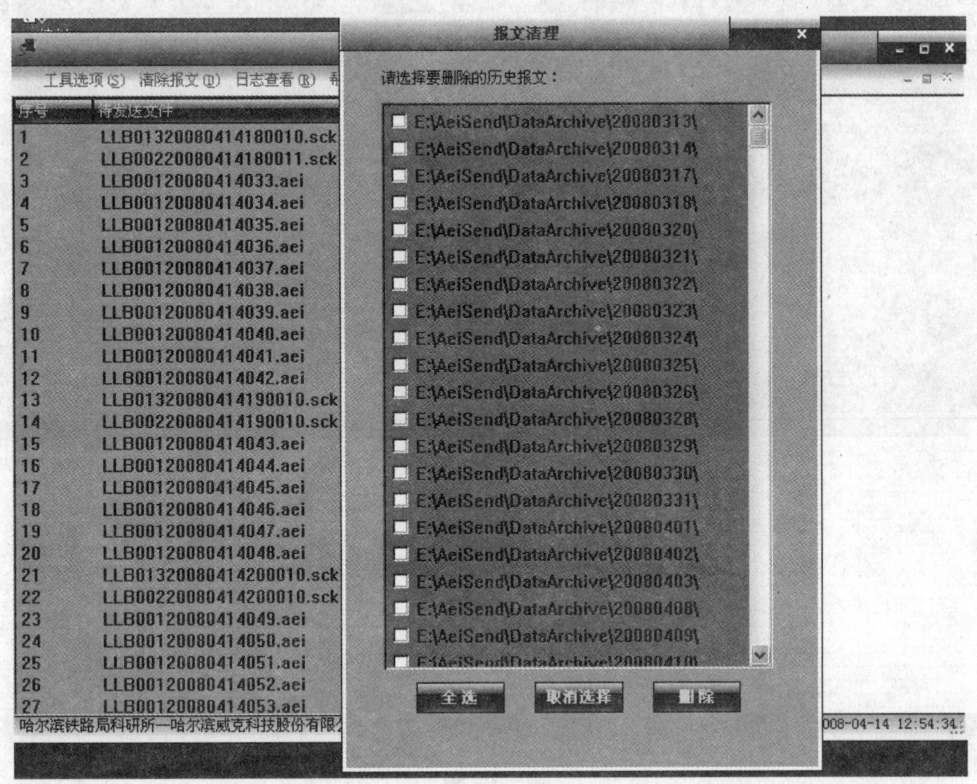

工具选项(S)　清除报文(D)　日志查看(R)
序号　待发送文件
1 LLB01320080414180010.sck
2 LLB00220080414180011.sck
3 LLB0012008041 4033.aei
4 LLB0012008041 4034.aei
5 LLB0012008041 4035.aei
6 LLB0012008041 4036.aei
7 LLB0012008041 4037.aei
8 LLB0012008041 4038.aei
9 LLB0012008041 4039.aei
10 LLB0012008041 4040.aei
11 LLB0012008041 4041.aei
12 LLB0012008041 4042.aei
13 LLB01320080414190010.sck
14 LLB00220080414190010.sck
15 LLB0012008041 4043.aei
16 LLB0012008041 4044.aei
17 LLB0012008041 4045.aei
18 LLB0012008041 4046.aei
19 LLB0012008041 4047.aei
20 LLB0012008041 4048.aei
21 LLB01320080414200010.sck
22 LLB00220080414200010.sck
23 LLB0012008041 4049.aei
24 LLB0012008041 4050.aei
25 LLB0012008041 4051.aei
26 LLB0012008041 4052.aei
27 LLB0012008041 4053.aei
哈尔滨铁路局科研所—哈尔滨威克科技股份有限公
2008-04-14 12:54:34
报文清理
请选择要删除的历史报文：
E:\AeiSend\DataArchive\20080313\
E:\AeiSend\DataArchive\20080314\
E:\AeiSend\DataArchive\20080317\
E:\AeiSend\DataArchive\20080318\
E:\AeiSend\DataArchive\20080320\
E:\AeiSend\DataArchive\20080321\
E:\AeiSend\DataArchive\20080322\
E:\AeiSend\DataArchive\20080323\
E:\AeiSend\DataArchive\20080324\
E:\AeiSend\DataArchive\20080325\
E:\AeiSend\DataArchive\20080326\
E:\AeiSend\DataArchive\20080328\
E:\AeiSend\DataArchive\20080329\
E:\AeiSend\DataArchive\20080330\
E:\AeiSend\DataArchive\20080331\
E:\AeiSend\DataArchive\20080401\
E:\AeiSend\DataArchive\20080402\
E:\AeiSend\DataArchive\20080403\
E:\AeiSend\DataArchive\20080408\
E:\AeiSend\DataArchive\20080409\
全选
取消选择
删除

AEISend - [网络传输]
工具选项(S)　清除报文(D)　日志查看(R)　帮助(H)
序号
文件
日志查看
程序日志:
通信状态:
日志详情
[04/09/08,11:37:11] 启动
[04/09/08,11:36:35] 退出
[04/09/08,11:36:03] 启动
[04/08/08,13:52:28] 启动
[04/08/08,13:45:46] 退出
[04/07/08,12:15:13] 启动
[04/07/08,12:03:34] 退出
[04/06/08,11:46:13] 启动
[04/06/08,10:52:20] 退出
[04/05/08,10:24:46] 启动
[04/05/08,09:47:43] 退出
[04/04/08,09:47:16] 启动
[04/04/08,09:27:47] 退出
[04/03/08,14:53:21] 启动
[04/03/08,14:53:03] 退出
日志详情
[04/09/08,11:37:32] 连接服务器失败
[04/09/08,11:36:24] 连接服务器失败
[04/08/08,15:43:41] 成功连接服务器
[04/08/08,15:42:20] 连接服务器失败
[04/07/08,12:43:41] 成功连接服务器
[04/07/08,09:12:20] 连接服务器失败
[04/06/08,19:56:50] 成功连接服务器
[04/06/08,19:56:20] 连接服务器失败
[04/06/08,15:43:41] 成功连接服务器
[04/05/08,15:43:41] 成功连接服务器
[04/04/08,16:42:20] 连接服务器失败
[04/04/08,15:43:41] 成功连接服务器
[04/04/08,05:32:20] 连接服务器失败
[04/03/08,17:43:41] 成功连接服务器
退出

图　3－57

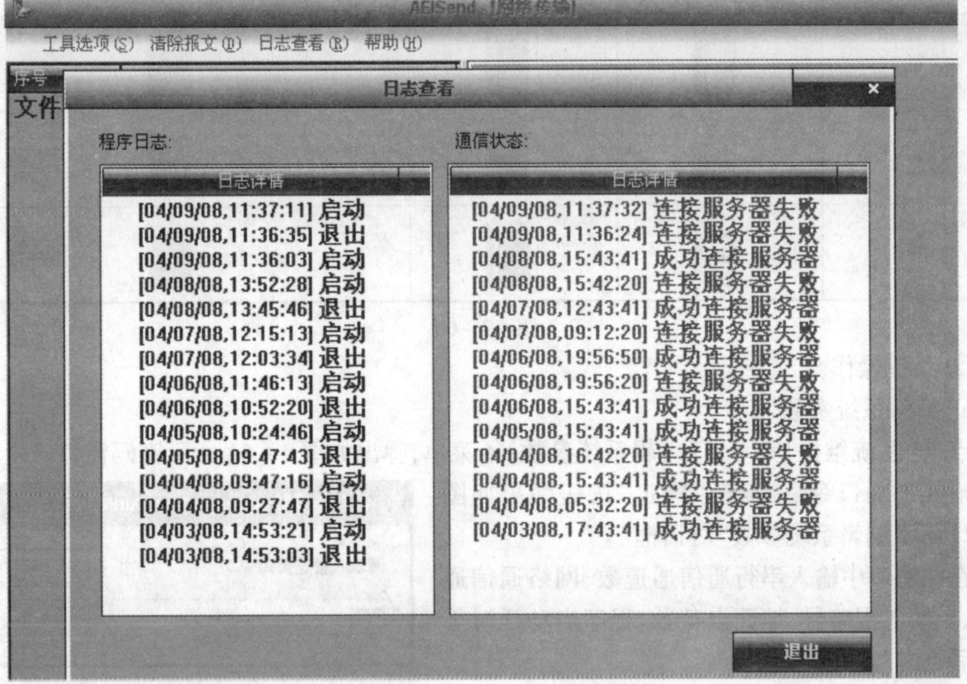

图　3－58

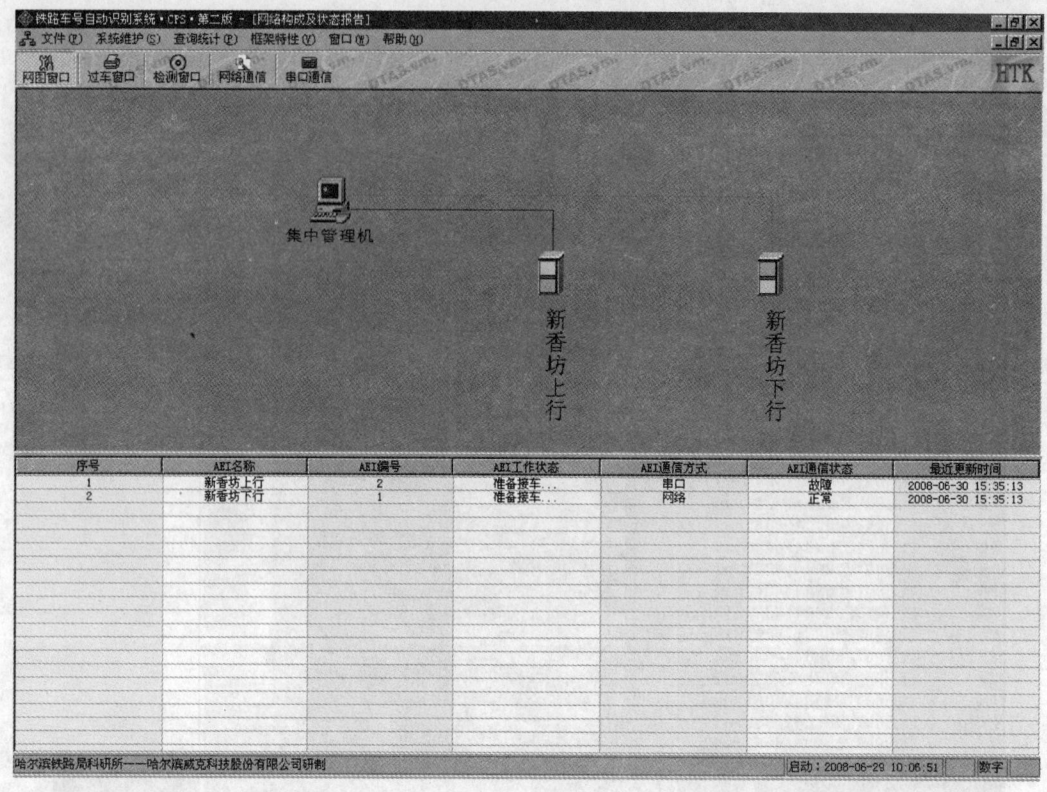

图　3－59

图例如图 3－60 所示。

	正常	故障	正在过车
上行			
下行			
上下行			

图　3－60

② 菜单操作

a. 编辑系统参数

点击【系统维护】菜单下【编辑系统参数】子菜单，弹出如图 3－61 所示密码窗口。

输入正确口令后，点击“确定”按钮弹出如图 3－62所示“编辑系统参数“对话框”。

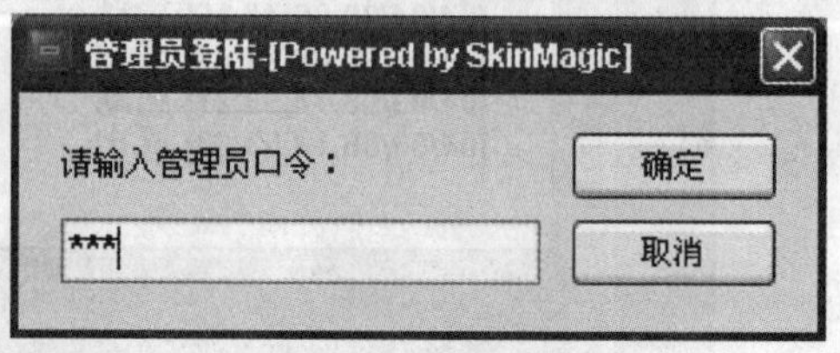

图　3－61

在此窗口中输入串行通信通道数、网络通信通道数、车站电报略号、地面设备数、程序启动延时等信息后点击“应用”按钮。

点击“通信通道配置”，切换到如图 3－63 所示窗口。

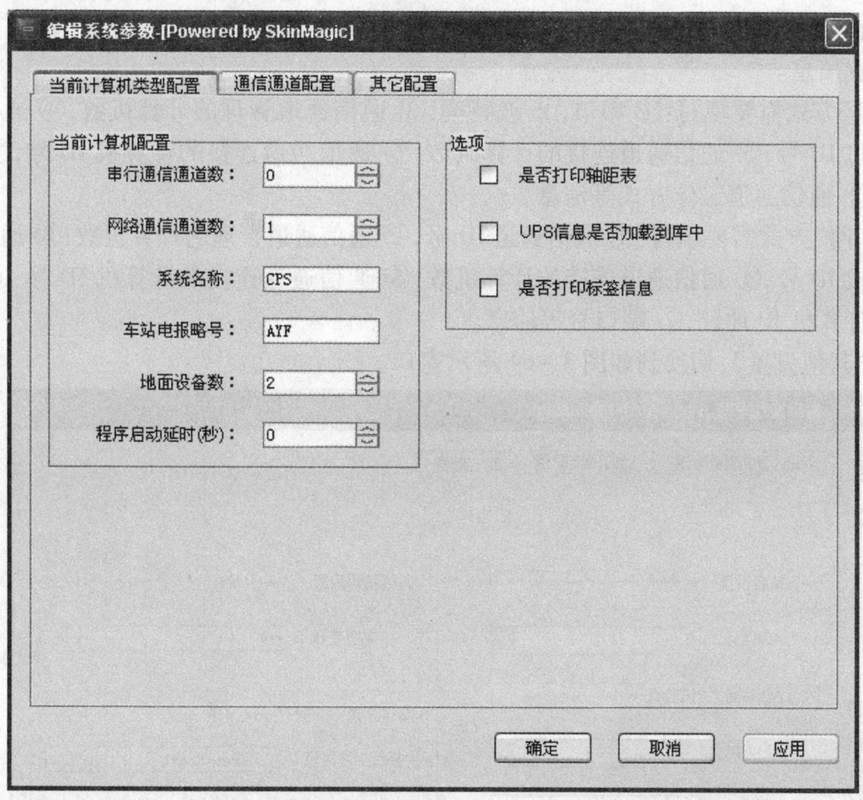

编辑系统参数-[Powered by SkinMagic]
当前计算机类型配置
通信通道配置
其它配置
当前计算机配置
串行通信通道数：0
网络通信通道数：1
系统名称：CPS
车站电报略号：AYF
地面设备数：2
程序启动延时(秒)：0
选项
是否打印轴距表
UPS信息是否加载到库中
是否打印标签信息
确定
取消
应用

编辑系统参数-[Powered by SkinMagic]
当前计算机类型配置
通信通道配置
其它配置
通道选择
通信通道:
1
串口设置
串口：
波特率：
校验位：
数据位：
停止位：
工作方式
通信通道ID号：1
通信通道工作方式：
通信方式
串口
以太网
通信通道发送缓冲区数：
通信通道校验时钟标志：
通信通道管理的计算机数：1
通信通道连接的计算机数：1
通信通道管理的计算机ID号：1
通信通道连接的计算机ID号：1
通信通道管理的计算机IP地址：192 168 3 1
端口号：6789
确定
取消
应用

图　3－62

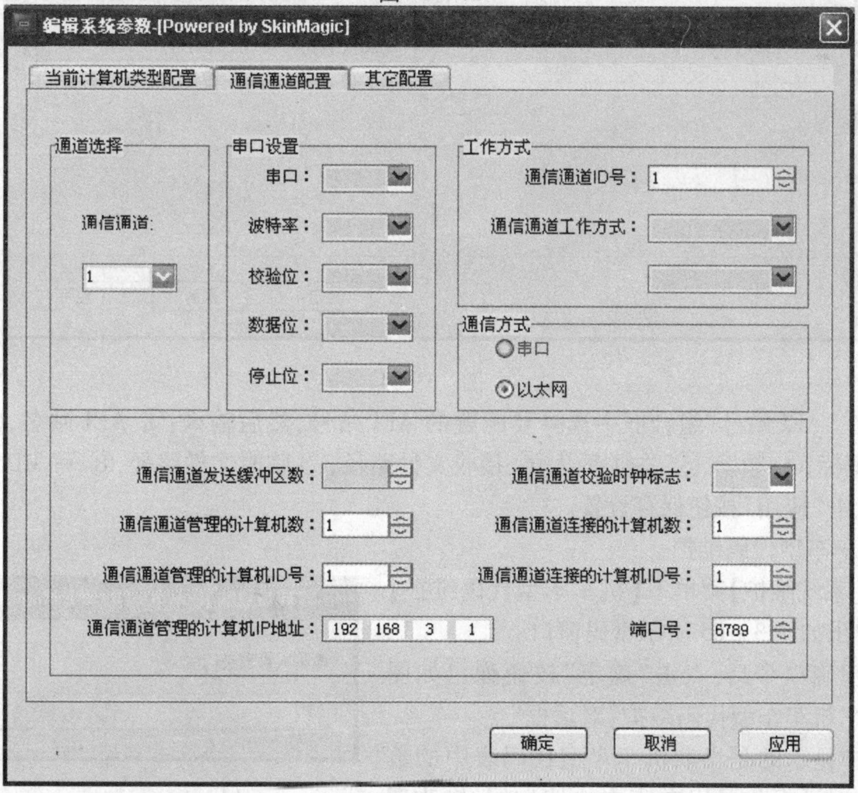

图　3－63

首先在通信通道组合框中选择通道号,然后根据通信方式是“串口”还是“以太网”,填写不同的配置信息。

“串口”方式需要填写:① 串口,② 波特率,③ 通信通道管理的计算机数,④ 通信通道管理的计算机 ID 号,⑤ 通信通道连接的计算机数,⑥ 通信通道连接的计算机 ID 号,⑦ 通信通道 ID 号,⑧ 通信通道工作方式等信息。

“以太网”方式需要填写:① 通信通道 ID 号,② 通信通道管理的计算机数,③ 通信通道管理的计算机 ID 号,④ 通信通道连接的计算机数,⑤ 通信通道连接的计算机 ID 号,⑥ 通信通道管理的计算机 IP 地址,⑦ 端口号等信息。

点击“其他设置”,切换到如图 3－64 所示窗口。

编辑系统参数-[Powered by SkinMagic]
当前计算机类型配置 通信通道配置 其它配置
AEI站名设置
AEI站号： 1
AEI站名： 试验机一
AEI方向： 下行
公里标： 1087
频率： 910.10
关机密码设置
关机密码： ***
路径设置
接收文件路径： C:\Tran\Recv\
临时文件路径： C:\Tran\Temp\
写MD报文路径： C:\Tran\Prep\
确定 取消 应用

图 3－64

首先在“AEI 站号”组合框中选择要配置的 AEI 站号,然后输入:① AEI 站名,② AEI 方向,③ 公理标,④ 频率,⑤ 关机密码,⑥ 接收文件路径,⑦ 临时文件路径,⑧ 写 MD 报文路径等信息,点击“应用”按钮保存设置。

b. 机车车型代码维护

点击【系统维护】菜单下【机车车型代码维护】子菜单,弹出如图 3－65 所示密码窗口。

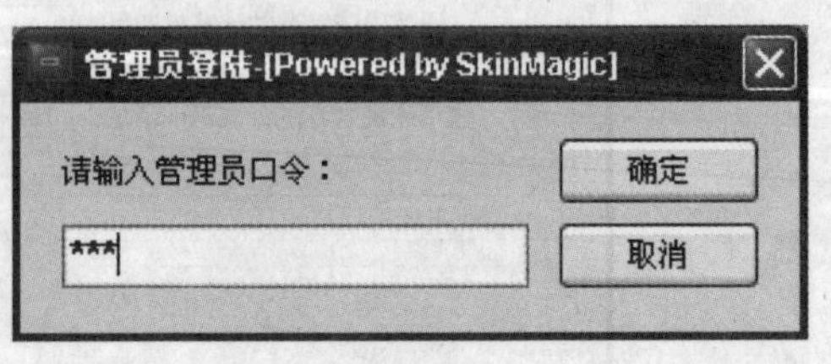

图 3－65

输入正确口令后,点击“确定”按钮弹出如图 3－66所示“机车车型代码维护”对话框”。

列表中显示的是当前机车车型代码表中的数据,通过该对话框你可以向表中追加数据、修改现

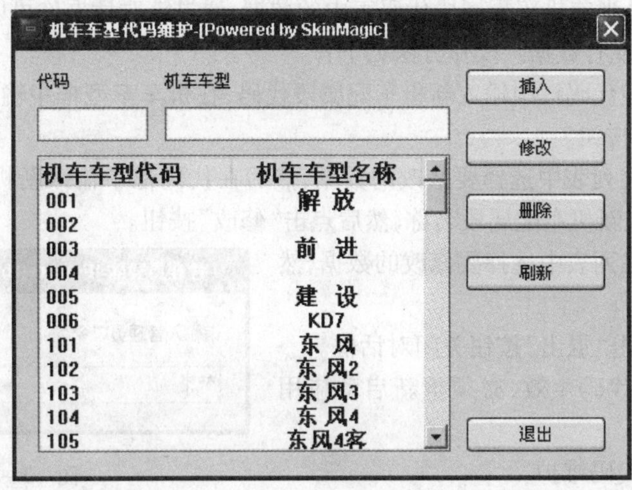

图　3－66

有数据、删除现有数据。操作方法如下：

(a)追加数据:在代码框中输入新机车车型代码,在机车车型框中输入新机车车型名称,然后点击“插入”按钮。

(b)修改数据:在列表中选择要修改的数据,然后在代码框中输入新机车车型代码、在机车车型框中输入新机车车型名称,然后点击“修改”按钮。

(c)删除数据:在列表中选择要修改的数据,然后点击“删除”按钮。

操作完成后,点击“退出”按钮关闭对话框。

注意:要使新的代码生效,必须重新启动应用程序。

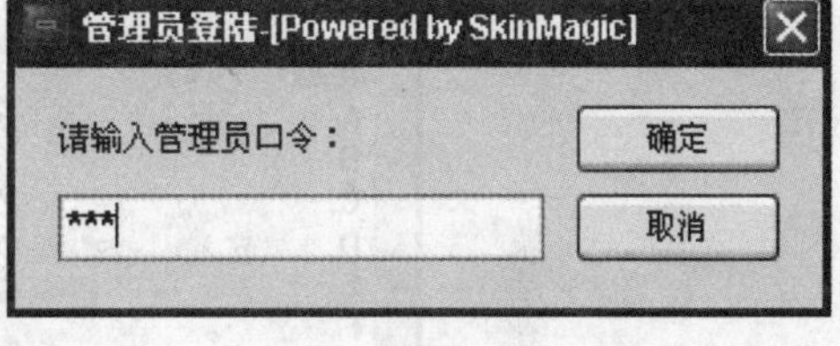

图　3－67

c. 机车配属段代码维护

点击【系统维护】菜单下【机车配属段代码维护】子菜单,弹出如图3－67所示密码窗口。

输入正确口令后,点击“确定”按钮弹出如图3－68所示“机车配属段代码维护”对话框”。

机车配属段代码维护-[Powered by SkinMagic]

代码　机车配属段

插入　修改　删除　刷新　退出

机车配属段代码	机车配属段名称
0101	哈尔滨
0102	三棵树
0103	绥化
0104	北安
0105	南岔
0106	佳木斯
0107	鹤岗
0108	牡丹江
0109	林口
0110	一面坡
0111	绥芬河

图　3－68

列表中显示的是当前机车配属段代码表中的数据,通过该对话框你可以向表中追加数据、修改现有数据、删除现有数据。操作方法如下:

(a)追加数据:在代码框中输入新机车配属段代码,在机车车型框中输入新机车配属段名称,然后点击“插入”按钮。

(b)修改数据:在列表中选择要修改的数据,然后在代码框中输入新机车配属段代码、在机车配属段框中输入新机车配属段名称,然后点击“修改”按钮。

(c)删除数据:在列表中选择要修改的数据,然后点击“删除”按钮。

操作完成后,点击“退出”按钮关闭对话框。

注意:要使新的代码生效,必须重新启动应用程序。

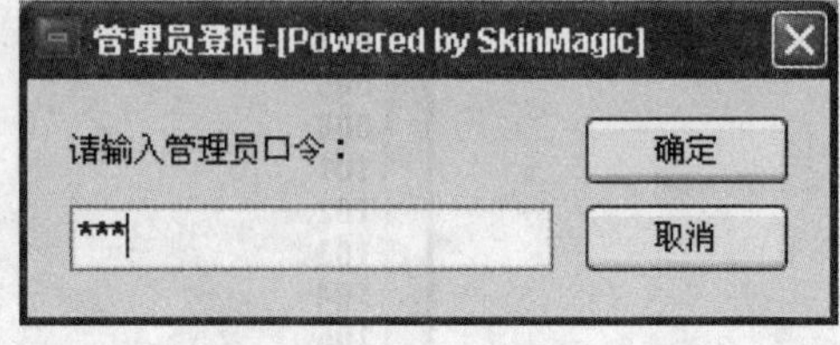

图 3-69

d. 车辆制造厂代码维护

点击【系统维护】菜单下【车辆制造厂代码维护】子菜单,弹出如图3-69所示密码窗口。

输入正确口令后,点击“确定”按钮弹出如图3-70所示“车辆制造厂代码维护”对话框”。

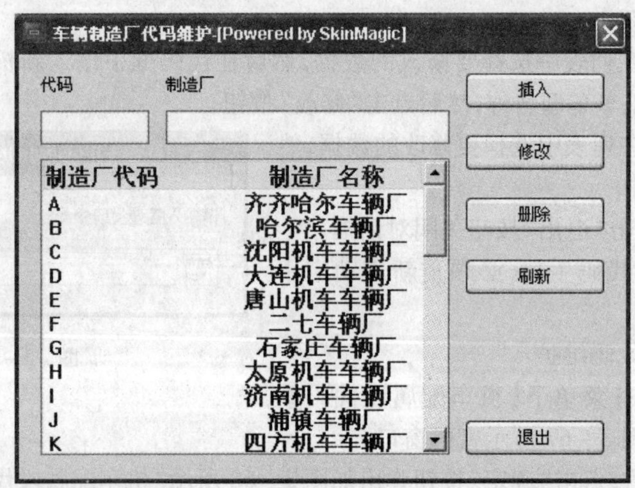

图 3-70

列表中显示的是当前车辆制造厂代码表中的数据,通过该对话框你可以向表中追加数据、修改现有数据、删除现有数据。操作方法如下:

(a)追加数据:在代码框中输入新制造厂代码,在机车车型框中输入新制造厂名称,然后点击“插入”按钮。

(b)修改数据:在列表中选择要修改的数据,然后在代码框中输入新制造厂代码、在制造厂框中输入新制造厂名称,然后点击“修改”按钮。

(c)删除数据:在列表中选择要修改的数据,然后点击“删除”按钮。

操作完成后,点击“退出”按钮关闭对话框。

注意:要使新的代码生效,必须重新启动应用程序。

e. AEI信息查询

依次点击【查询统计】、【AEI信息】、【AEI信息查询】菜单,弹出如图3-71所示查询AEI基本信息窗口。

在 AEI 名称下拉列表中选择 AEI,然后点击“查询”按钮,查询结果如图 3-72 所示。

查询AEI基本信息-[Powered by SkinMagic]
请选择要查询的AEI名称：
查询
试验机一
取消
参数名称
参数数值

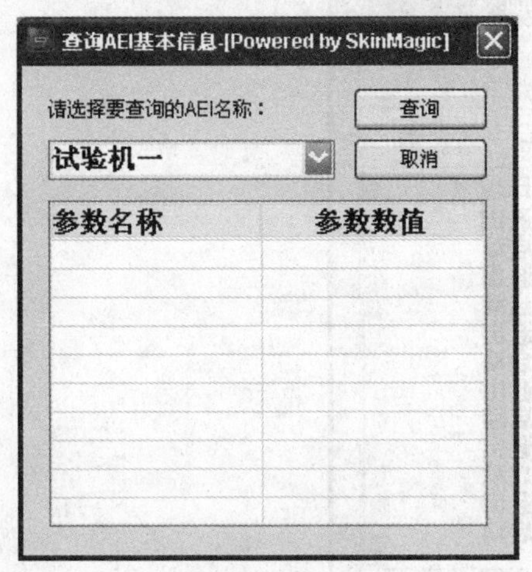

图 3-71

查询AEI基本信息-[Powered by SkinMagic]
请选择要查询的AEI名称：
查询
试验机一
取消
参数名称
参数数值
名称
试验机一
编号
1
过车方向
下行
公里标
1087
频率
910.10

图 3-72

f. AEI 信息统计

依次点击【查询统计】、【AEI 信息】、【AEI 信息统计】菜单,弹出如下图 3-73 所示 AEI 信息统计窗口。

统计信息包括 AEI 总数、串口通信通道数和网络通信通道数。

g. 查看系统日志

依次点击【查询统计】、【CPS 信息】、【查看系统日志】菜单,弹出如图 3-74 所示查看系统日志窗口。

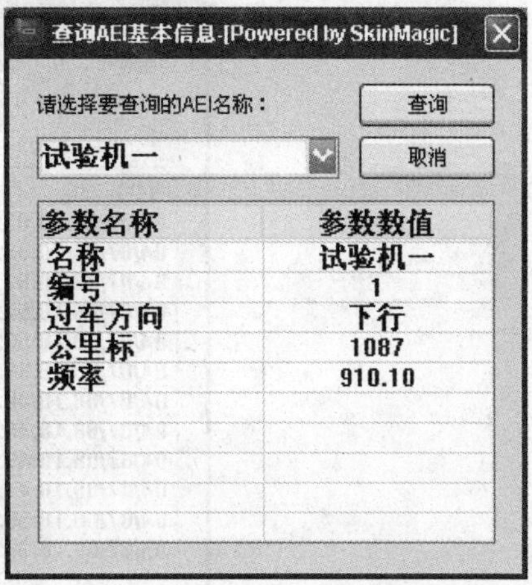

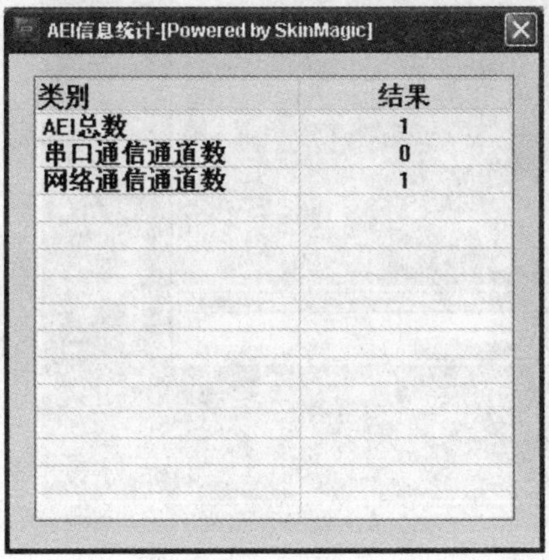

AEI信息统计-[Powered by SkinMagic]
类别
结果
AEI总数
1
串口通信通道数
0
网络通信通道数
1

图 3-73

查看系统日志-[Powered by SkinMagic]
起始时间：
2008- 4- 6
查询
结束时间：
2008- 4- 7
取消
时间
日志

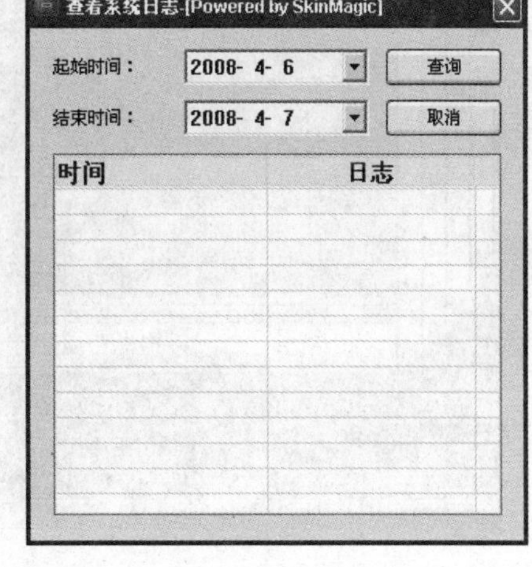

图 3-74

选择起始时间和结束时间,然后点击“查询”按钮,查询结果如图 3-75 所示。

从对话框中可以看出程序启动时间和退出时间。

h. 层叠窗口

点击【窗口】菜单下【层叠窗口】子菜单,弹出如图 3-76 所示层叠窗口。

从该窗口中可以看出共有“串口通信状态窗口”、“地面 AEI 及 UPS 状态报告”、“通过车及标签报告”和“网络构成及状态报告”等四个子窗口,点击每个字窗口上面的标题栏可以切换到该子窗口。

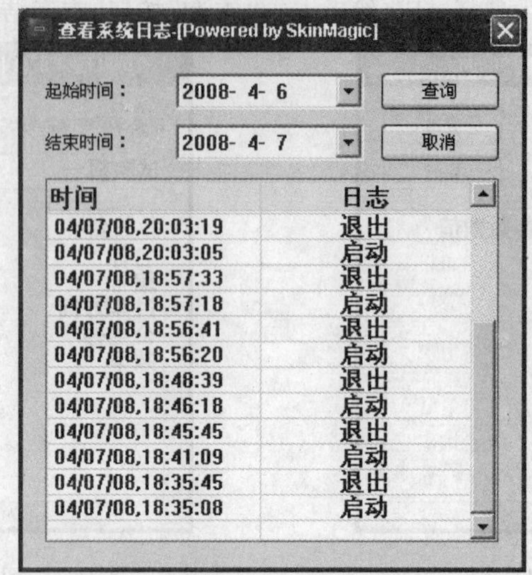

图　3－75

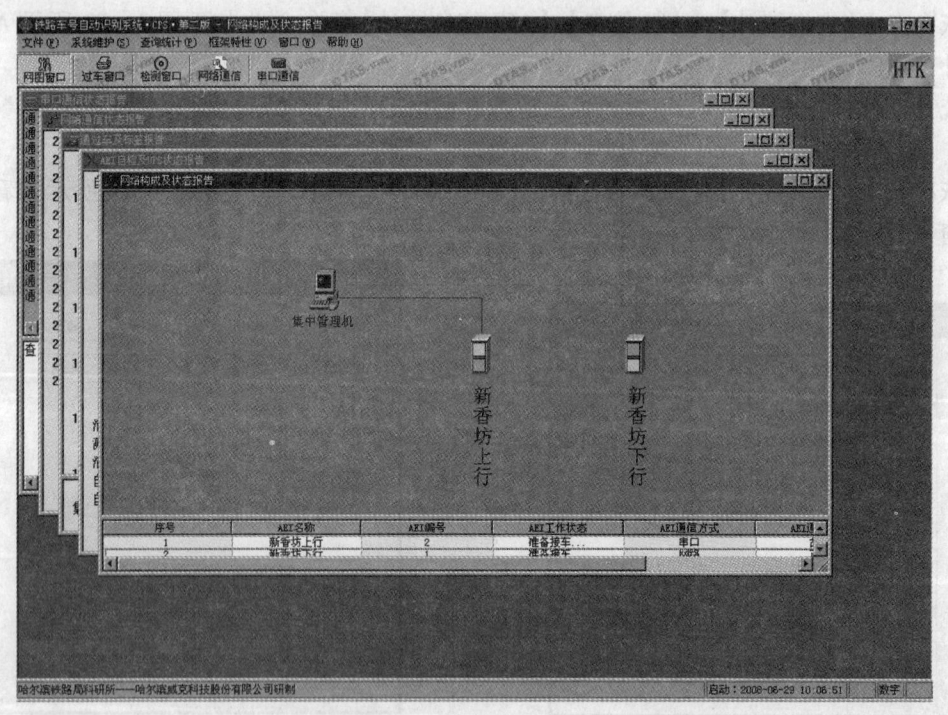

图　3－76

i. 并列窗口

点击【窗口】菜单下【并列窗口】子菜单，弹出如图 3－77 所示并列窗口。

在该窗口中可以看到各个子窗口的完整信息，不必再切换窗口进行浏览。

j. 排列图标

此功能暂时不可用。

k. 串口通信状态报告

点击【窗口】菜单下【串口通信状态报告】子菜单，切换到“串口通信状态报告”子窗口。

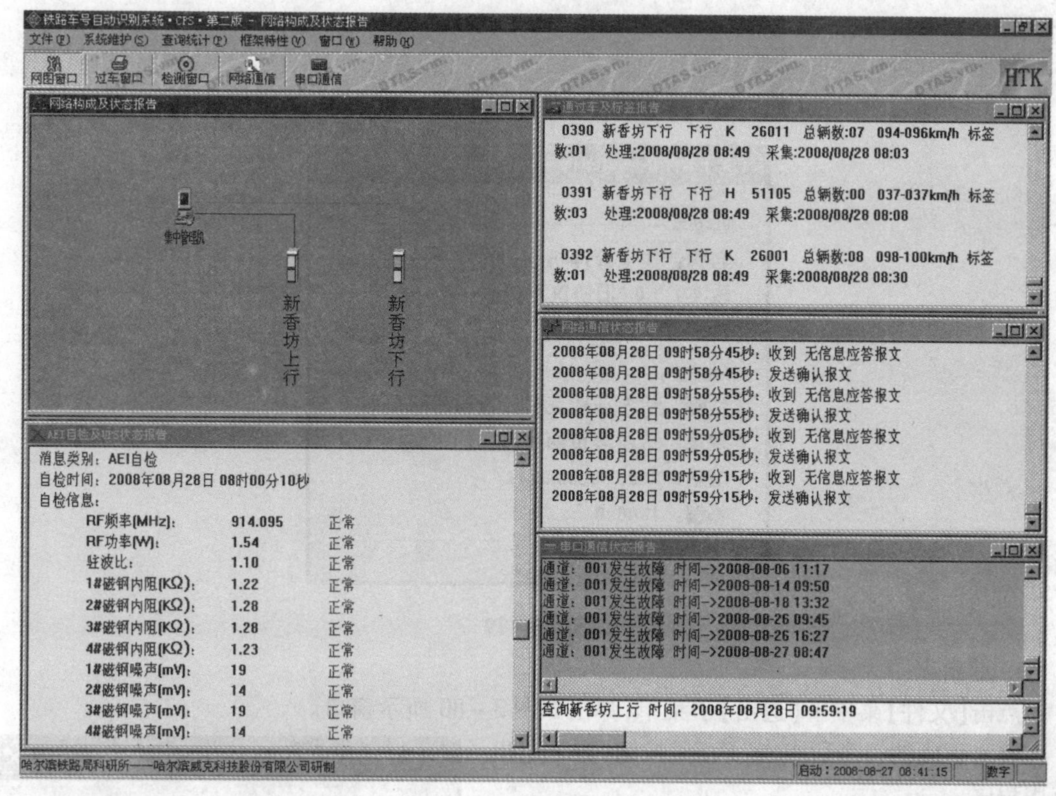

图 3－77

l. 网络通信状态报告

点击【窗口】菜单下【网络通信状态报告】子菜单，切换到“网络通信状态报告”子窗口。

m. 地面 AEI 及 UPS 状态报告

点击【窗口】菜单下【地面 AEI 及 UPS 状态报告】子菜单，切换到“地面 AEI 及 UPS 状态报告”子窗口。

n. 通过车及标签报告

点击【窗口】菜单下【通过车及标签报告】子菜单，切换到“通过车及标签报告”子窗口。

o. 网络构成及状态报告

点击【窗口】菜单下【网络构成及状态报告】子菜单，切换到“网络构成及状态报告”子窗口。

p. 资源监测

点击【帮助】菜单下【资源监测】子菜单，弹出如下图所示“资源监测”窗口，如图 3－78 所示。

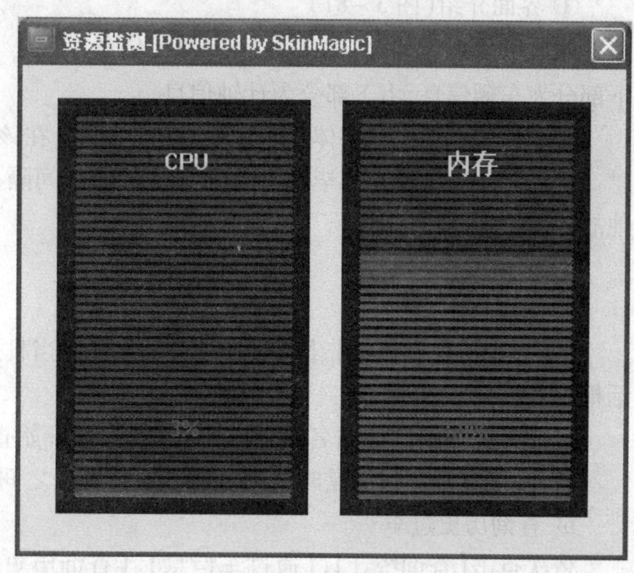

图 3－78

从图中可以直观的看出系统 CPU 和内存使用情况，当内存过小时 CPS 程序将无法正常运行。

q. 关于软件

点击【帮助】菜单下【关于软件】子菜单，弹出如图 3－79 所示“关于软件”窗口。

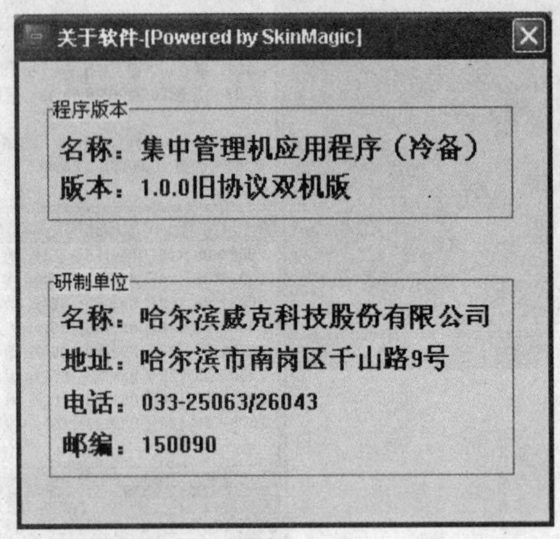

图 3－79

r. 退出程序

点击【文件】菜单下【退出】子菜单，弹出如图 3－80 所示窗口。

输入正确的口令后点击“确定”按钮，方可退出应用程序。

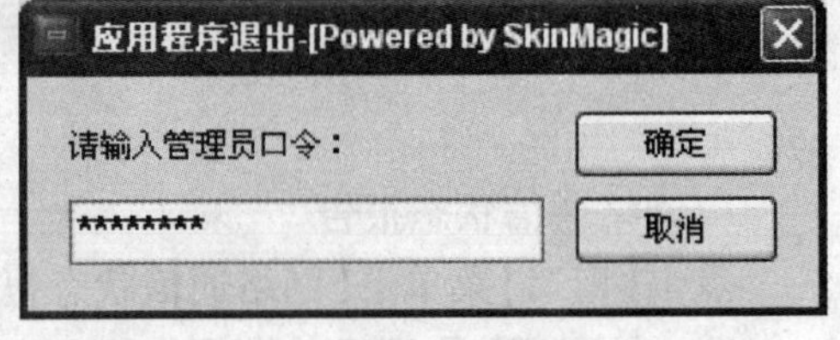

图 3－80

注意：此口令只有管理员知道，不可以散布给其他人等，防止软件被人恶意退出。

(2)通过车及标签报告

① 界面介绍(图 3－81)

此窗口分为三部分，上半部分为列车信息，左下部分为车辆信息，由下部分为计轴信息。

过车信息中用红色字体显示的是有未匹配的，在该列车上双击可以查看该列车的详细信息。延迟时间表示过车完毕到上传到 CPS 的时间间隔，如果超过 10 min 说明网络中断或有其他故障发生。

② 菜单操作

a. 查询当日过车

依次点击【查询统计】、【通过车信息】、【查询当日过车】子菜单，弹出“查询当日过车”对话框(图 3－82)。

选择要查询的 AEI 站名，后点击“查询”按钮开始查询。

备注：当日过车指的是昨日 18 点到今日 18 点之间的过车信息，以采集时间为准。

b. 查询历史过车

依次点击【查询统计】、【通过车信息】、【查询历史过车】子菜单，弹出“查询历史过车”对话框(图 3－83)。

定制好查询条件后点击“确定”按钮开始查询。

c. 统计历史过车

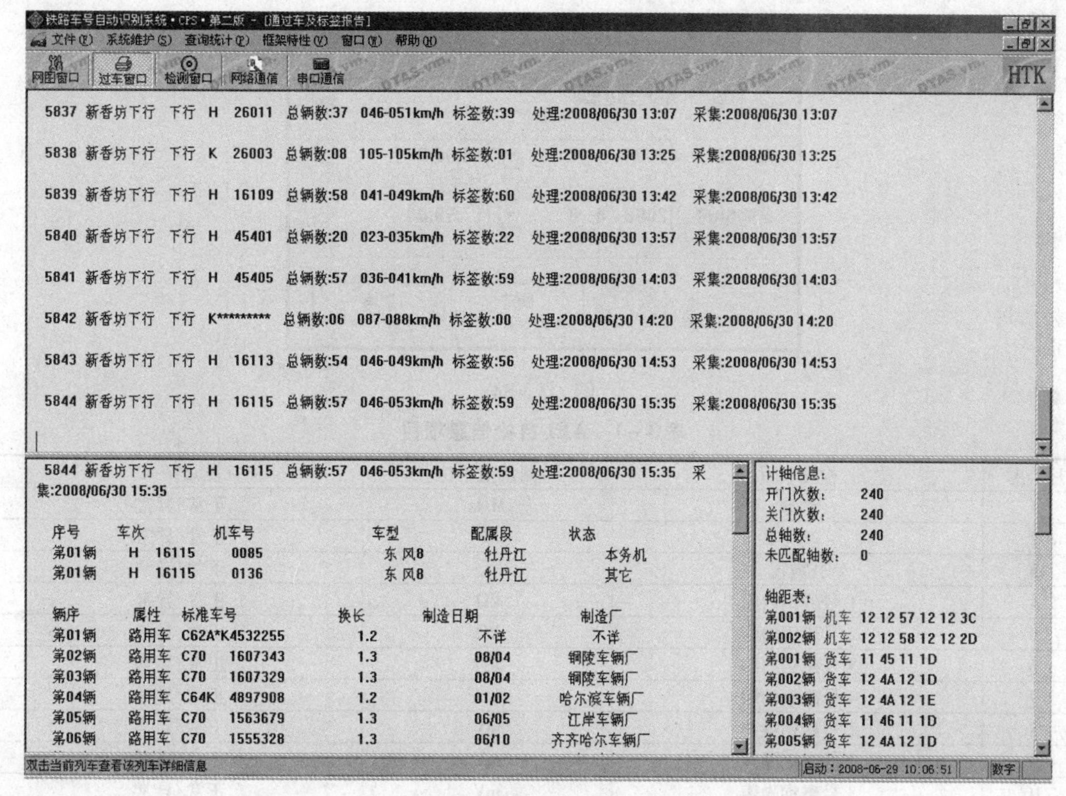

图 3-81

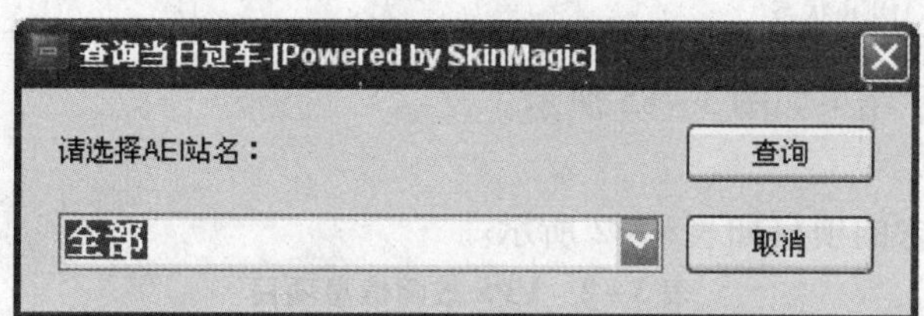

图 3-82

依次点击【查询统计】、【通过车信息】、【统计历史过车】子菜单,弹出"统计历史过车"对话框(图3-84)。

定制好统计条件后点击"确定"按钮开始统计。

(3)地面 AEI 及 UPS 状态报告

① 界面介绍

"地面 AEI 及 UPS 状态报告"窗口显示的信息包括:AEI 自检信息和 UPS 故障信息。

a. AEI 自检信息

AEI 自检信息包含的项目如表 3-1 所示。

查询通过列车-[Powered by SkinMagic]
序号 起始序号: 1 结束序号: 2
站名 试验机一
时间 起始时间: 2008- 4- 7 20:24:25
结束时间: 2008- 4- 8 20:24:25
确定 取消

图 3-83

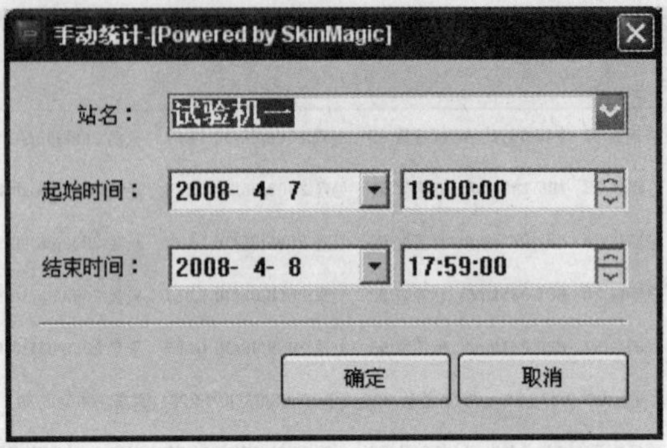

图 3－84

表 3－1 AEI 自检信息项目

序 号	检测项目	测量值单位	测量结果
1	频率	MHz	正常/异常
2	功率	W	正常/异常
3	驻波比	无	正常/异常
4	1 号磁钢内阻	kΩ	正常/异常
5	2 号磁钢内阻	kΩ	正常/异常
6	3 号磁钢内阻	kΩ	正常/异常
7	4 号磁钢内阻	kΩ	正常/异常
8	1 号磁钢噪声	mV	正常/异常
9	2 号磁钢噪声	mV	正常/异常
10	3 号磁钢噪声	mV	正常/异常
11	4 号磁钢噪声	mV	正常/异常
12	READER 状态	无	正常/异常

AEI 自检信息显示结果如图 3－85 所示。

b. UPS 故障信息

UPS 故障信息包含的项目如表 3－2 所示。

表 3－2 UPS 故障信息项目

序 号	检测项目	测量值单位	测量结果
1	当前输入电压	V	正常/异常
2	最大输入电压	V	正常/异常
3	最小输入电压	V	正常/异常
4	输出电压	V	正常/异常
5	负载功率	W	正常/异常
6	工作频率	Hz	正常/异常
7	电池电压	V	正常/异常
8	内部温度	℃	正常/异常

UPS 故障信息显示结果如图 3－86 所示。

② 菜单操作

a. 打印

(a)页面设置

点击【文件】菜单中【页面设置】子菜单，弹出“页面设置”对话框(图 3－87)。设置好参数后，点击“确定”按钮。

(b)打印预览

铁路车号自动识别系统·CPS·第二版 - [AEI自检及UPS状态报告]

文件(F)　系统维护(S)　查询统计(P)　框架特性(V)　窗口(W)　帮助(H)

网图窗口　过车窗口　检测窗口　网络通信　串口通信　HTK

自检信息:

RF频率(MHz):	910.099	正常
RF功率(W):	1.46	正常
驻波比:	1.15	正常
1#磁钢内阻(KΩ):	1.22	正常
2#磁钢内阻(KΩ):	1.32	正常
3#磁钢内阻(KΩ):	1.31	正常
4#磁钢内阻(KΩ):	1.29	正常
1#磁钢噪声(mV):	92	正常
2#磁钢噪声(mV):	24	正常
3#磁钢噪声(mV):	19	正常
4#磁钢噪声(mV):	14	正常
Reader卡状态:		正常

消息序号：0070

测点名称：未知

消息类别：AEI自检

自检时间：2008年04月14日 17时00分10秒

自检信息:

RF频率(MHz):	910.100	正常
RF功率(W):	1.51	正常
驻波比:	1.14	正常
1#磁钢内阻(KΩ):	1.21	正常
2#磁钢内阻(KΩ):	1.28	正常
3#磁钢内阻(KΩ):	1.27	正常
4#磁钢内阻(KΩ):	1.32	正常
1#磁钢噪声(mV):	29	正常
2#磁钢噪声(mV):	19	正常
3#磁钢噪声(mV):	19	正常
4#磁钢噪声(mV):	14	正常
Reader卡状态:		正常

哈尔滨铁路局科研所——哈尔滨威克科技股份有限公司研制　启动：2008-08-26 14:01:42　大写　数字

图　3－85

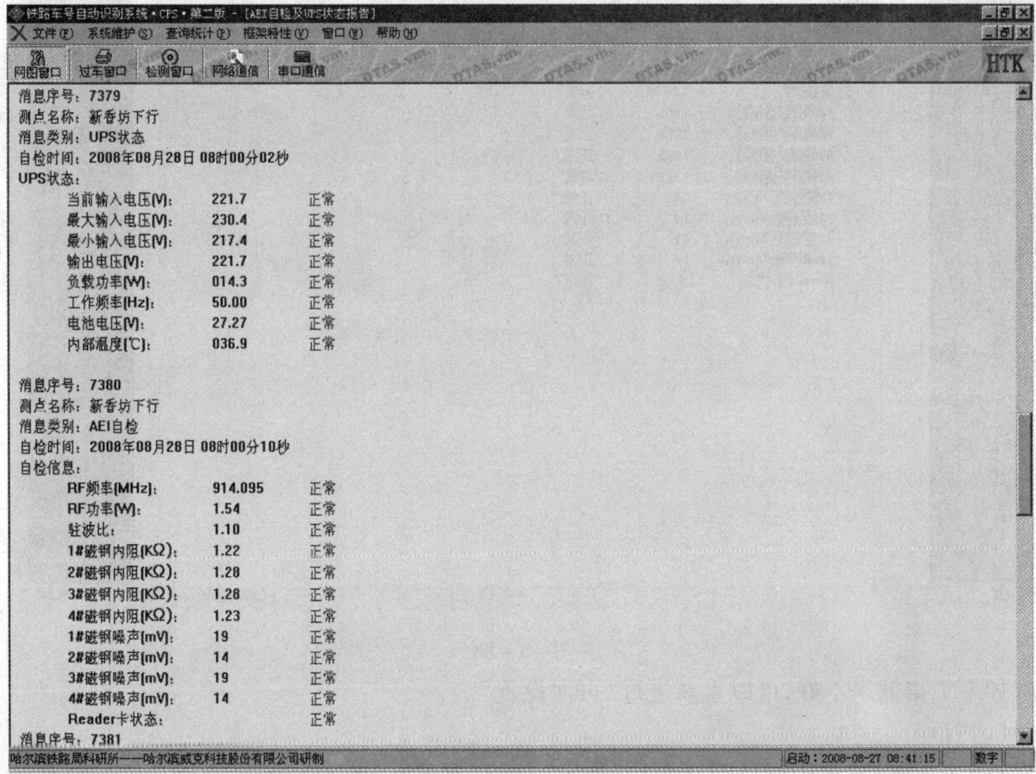

铁路车号自动识别系统·CPS·第二版 - [AEI自检及UPS状态报告]

文件(F)　系统维护(S)　查询统计(P)　框架特性(V)　窗口(W)　帮助(H)

网图窗口　过车窗口　检测窗口　网络通信　串口通信　HTK

消息序号：7379

测点名称：新香坊下行

消息类别：UPS状态

自检时间：2008年08月28日 08时00分02秒

UPS状态:

当前输入电压(V):	221.7	正常
最大输入电压(V):	230.4	正常
最小输入电压(V):	217.4	正常
输出电压(V):	221.7	正常
负载功率(W):	014.3	正常
工作频率(Hz):	50.00	正常
电池电压(V):	27.27	正常
内部温度(℃):	036.9	正常

消息序号：7380

测点名称：新香坊下行

消息类别：AEI自检

自检时间：2008年08月28日 08时00分10秒

自检信息:

RF频率(MHz):	914.095	正常
RF功率(W):	1.54	正常
驻波比:	1.10	正常
1#磁钢内阻(KΩ):	1.22	正常
2#磁钢内阻(KΩ):	1.28	正常
3#磁钢内阻(KΩ):	1.28	正常
4#磁钢内阻(KΩ):	1.23	正常
1#磁钢噪声(mV):	19	正常
2#磁钢噪声(mV):	14	正常
3#磁钢噪声(mV):	19	正常
4#磁钢噪声(mV):	14	正常
Reader卡状态:		正常

消息序号：7381

哈尔滨铁路局科研所——哈尔滨威克科技股份有限公司研制　启动：2008-08-27 08:41:15　数字

图　3－86

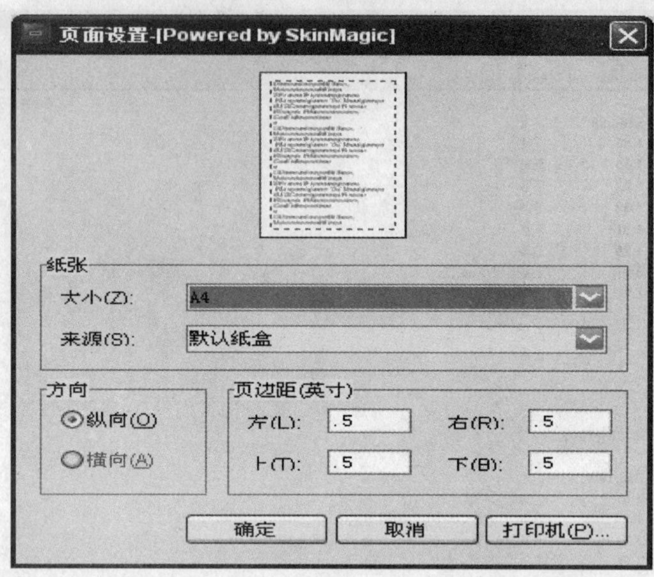

图 3-87

点击【文件】菜单中【打印预览】子菜单,弹出“打印预览”对话框(图3-88)。

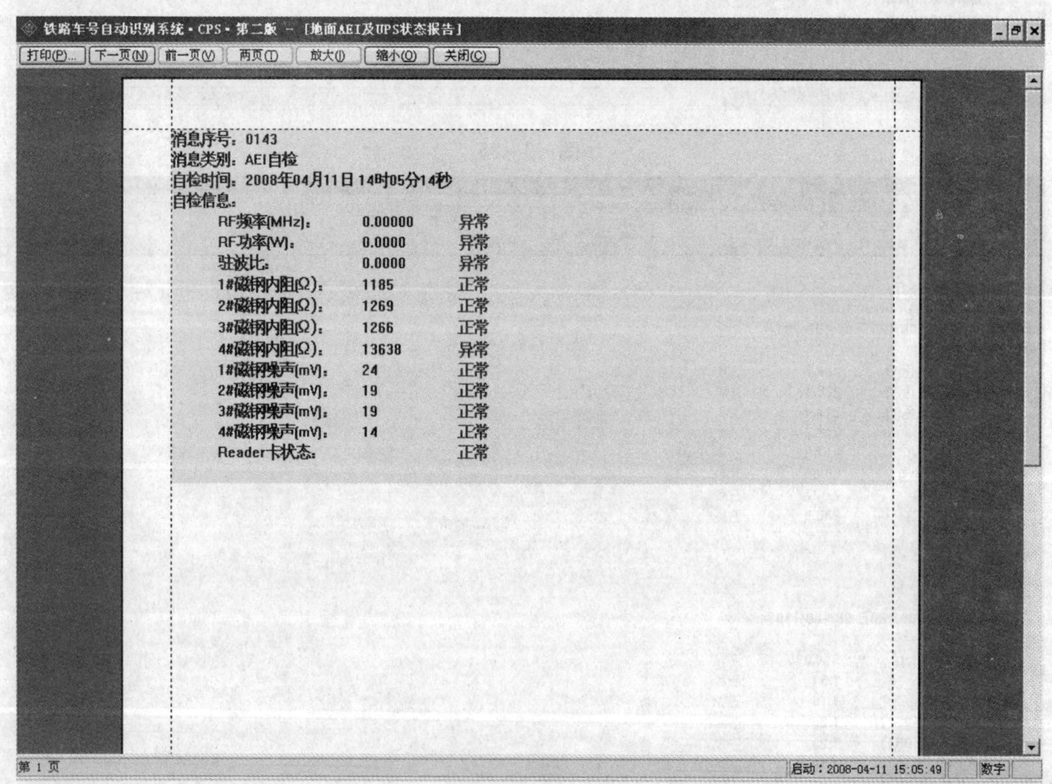

图 3-88

如果觉得效果不好,可以重新进行“页面设置”。

(c)打印

点击【文件】菜单中【打印】子菜单,弹出“打印”对话框(图3-89)。

选择“打印机”和“份数”后点击“打印”按钮开始打印。

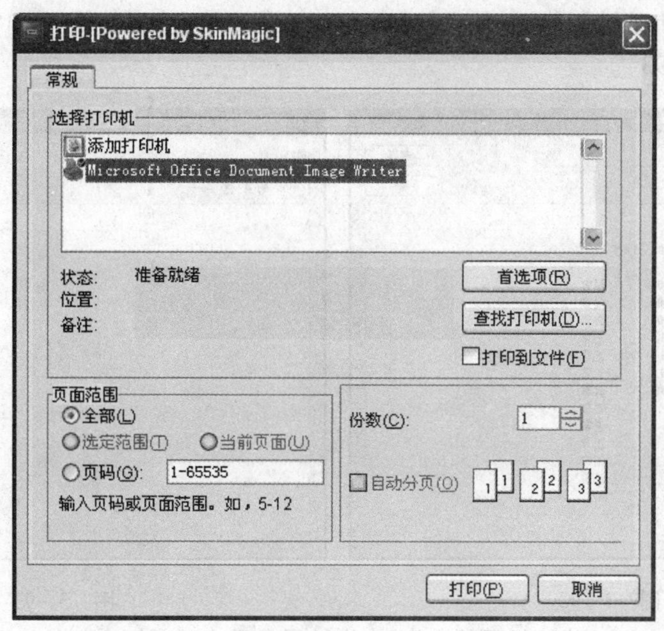

图 3-89

b. 查询

(a)查询设备故障信息

依次点击【查询统计】、【故障信息】、【查询设备故障信息】菜单,弹出“查询设备故障信息”对话框(图3-90)。

选择日期后点击“查询”按钮开始查询,查询结果显示在对话框底部的编辑框中。

(b)查询设备自检信息

依次点击【查询统计】、【自检信息】、【查询设备自检信息】菜单,弹出“查询设备自检信息”对话框(图3-91)。

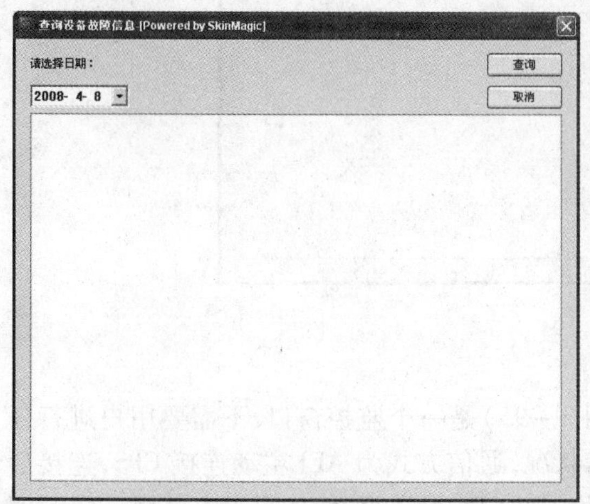

图 3-90

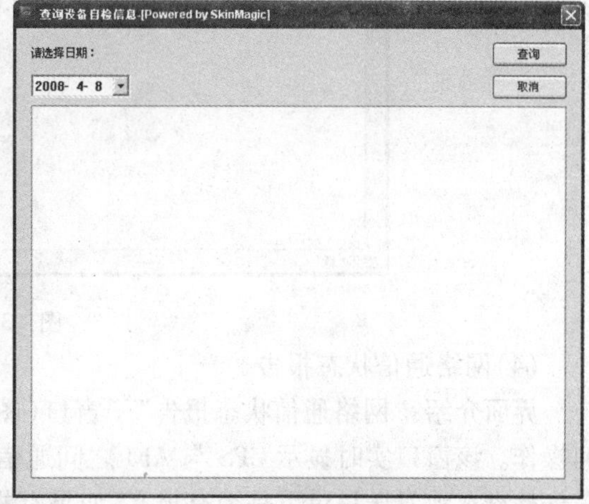

图 3-91

选择日期后点击“查询”按钮开始查询,查询结果显示在对话框底部的编辑框中,如图3-92所示。

(c)查询UPS故障信息

依次点击【查询统计】、【UPS 信息】、【查询 UPS 故障信息】子菜单，弹出“查询 UPS 故障信息”对话框(图 3－93)。

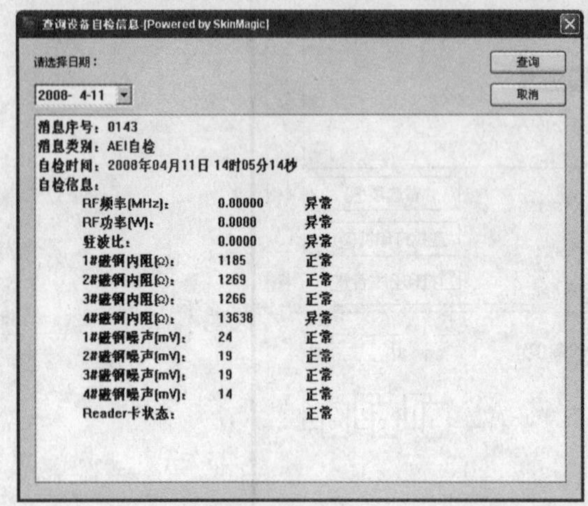

图 3－92

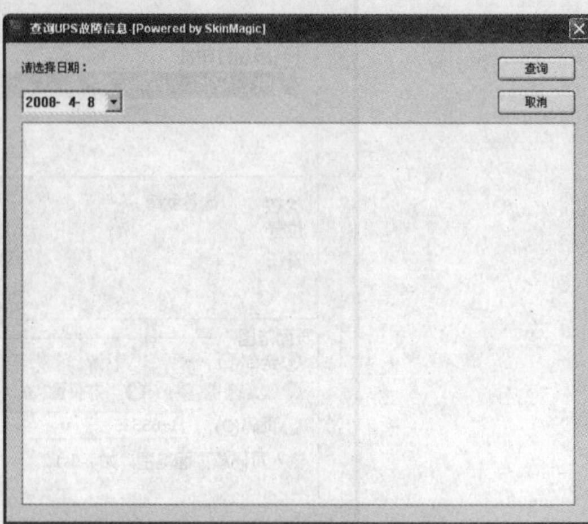

图 3－93

选择日期后点击“查询”按钮开始查询，查询结果显示在对话框底部的编辑框中(图 3－94)。

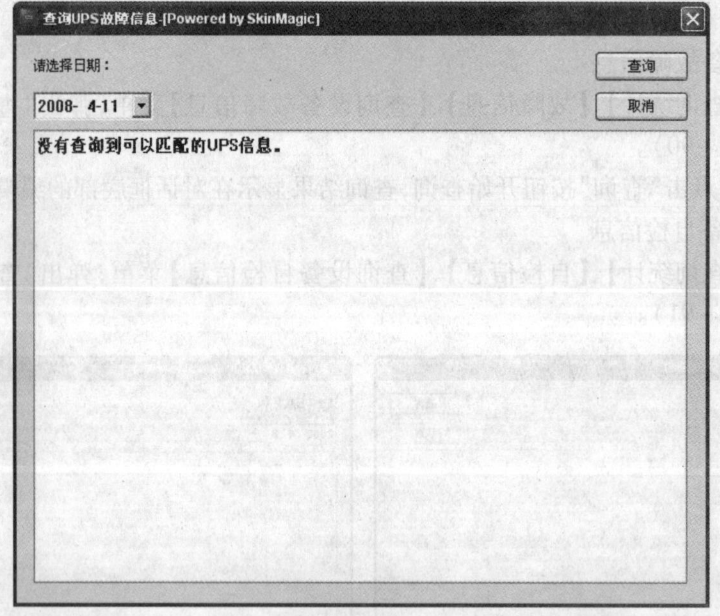

图 3－94

(4)网络通信状态报告

界面介绍：“网络通信状态报告”子窗口(图 3－95)是一个监控窗口，不需要用户进行任何操作。该窗口实时显示 CPS 与 AEI 之间通信状况，通信方式为 AEI 主动连接 CPS，连接后首先检查本地发送目录下是否有报文，如果有报文向 CPS 发送报文，如果没有每隔一定时间向 CPS 发送一个通信状态自检测报文，信息按照时间顺序从上往下依次排列。

(5)串口通信状态报告

界面介绍：“串口通信状态报告”子窗口(图 3－96)是一个监控窗口，不需要用户进行任何操作。该窗口实时显示 CPS 与 AEI 之间通信状况，通信方式为 CPS 主动查询 AEI，时间间

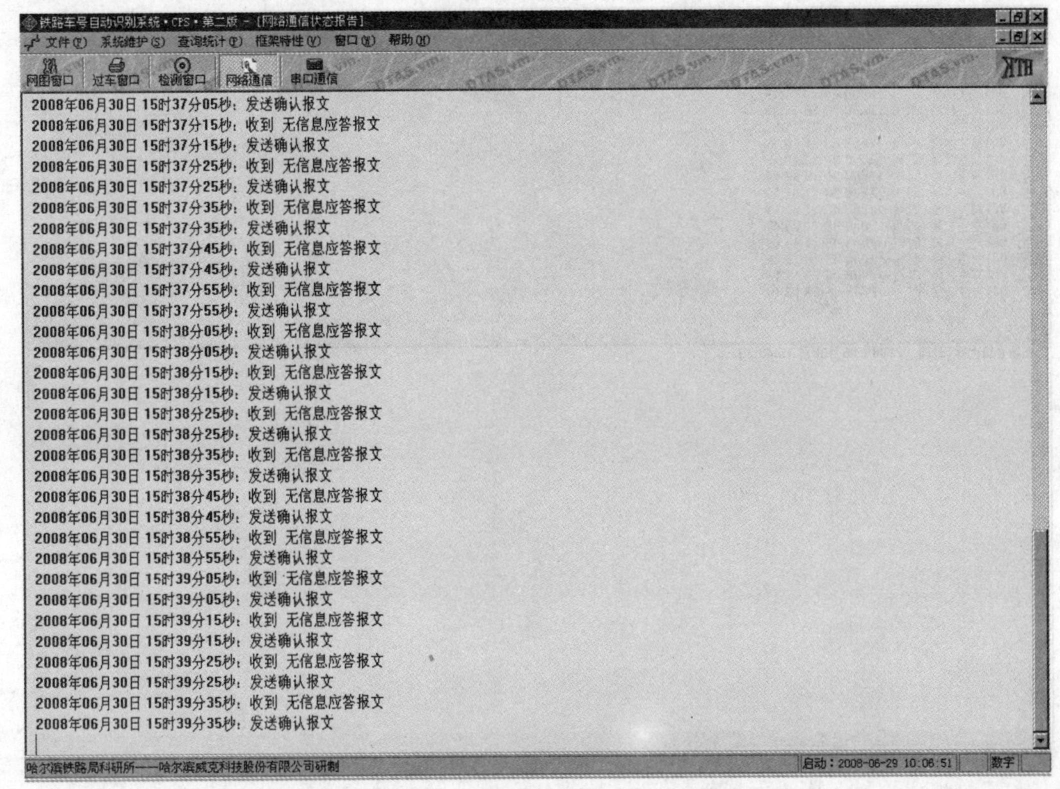

图 3－95　网络通信状态报告窗口

隔大约为 4 s，每个通道通信包括两行信息，上一行显示显示的是查询信息，下一行显示的是 AEI 的应答信息。可能的应答信息包括：

① 未收到应答显示空白，可能通道质量不好或中断。

② 收到无信息应答，表示 AEI 无过车、自检和故障信息。

③ 收到过车报文，表示收到一个过车报文。

④ 发送确认报文，表示收到有信息后通知 AEI 已成功接收。

⑤ 收到有信息报文但异或校验错误，表示信息报文中异或校验错误。

⑥ 收到有信息报文但第一校验和错误，表示过车报文中第一校验和错误。

⑦ 收到有信息报文但第二校验和错误，表示过车报文中第二校验和错误。

如果长时间都收不到 AEI 应答信息，可能通信中断，需要检查通信通道和 AEI 工作情况。

5. 铁路局 AEI 监控系统

(1) AEI 监控软件

① 启动与退出

通过双击桌面的本程序快捷方式图标即可启动监控软件。由于本程序需要连接 ORACLE 数据库，所以在程序启动过程中需要有一定的时间，请稍作等待。

启动后的软件主界面如图 3－97 所示。

点击工具栏中的【退出】按钮即可退出监控软件。

② 分布图使用

a. 显示内容和方式

以铁道部运输局编制、原铁道部专业设计院航遥处 2002 年 7 月绘制的《全国铁路线路示

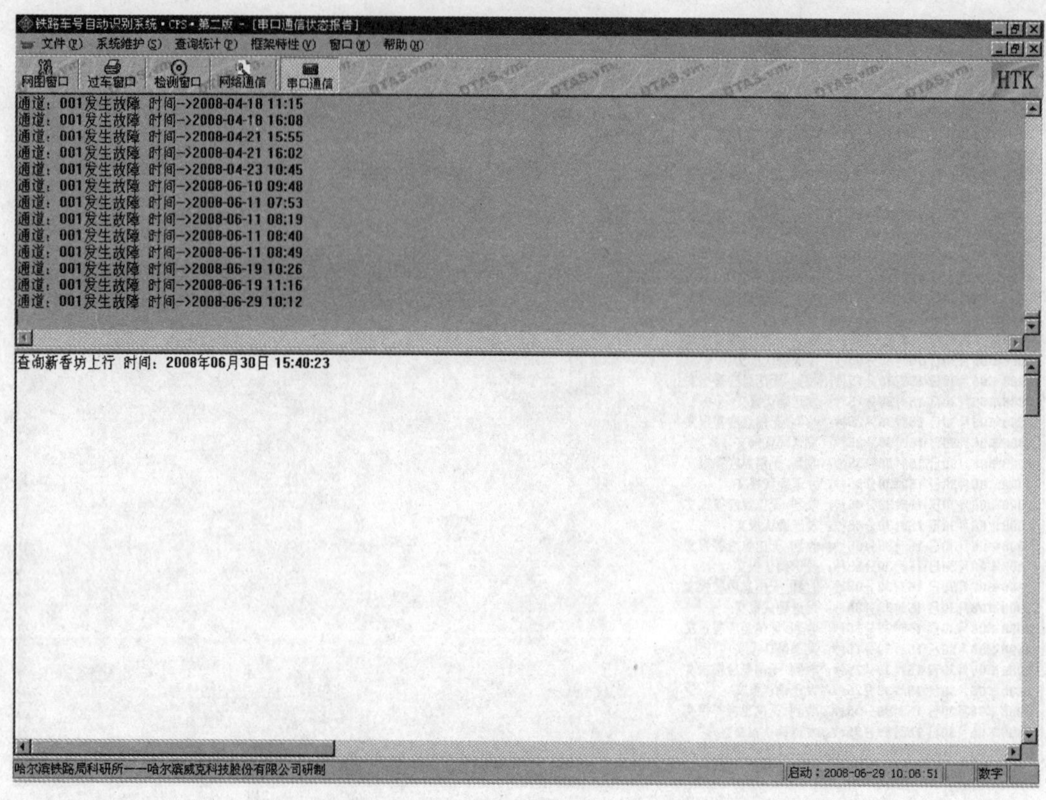

图 3－96　串口通信状态报告

图 3－97　监控软件主界面

意图》为标准绘制“铁路局车号自动识别设备分布图”。根据实际情况、按比例显示线路的走向、车站的地理位置，真实地反映整个铁路局的路网结构。真实地标定 AEI、CPS、列检复示等车号设备在全路的分布情况。线路以实际走向、实际曲线按比例显示;单线、复线以不同的方式显示;AEI、车站、CPS、列检复示设备以不同的图标显示在图中。所有铁路线路均以矢量方式显示,保证在任何比例下显示不失真。

“铁路局车号自动识别设备分布图”以现有行政区划为背景,显示所有相关线路、有关车站,在其上标注显示车号自动识别设备图标。为了便于查找和方便观察,分布图分为若干个图层,根据需要可以显示部分或全部信息。

分布图分为三种显示方式:全图方式、详图方式和自定比例方式,根据用户需要可以自行设定显示比例,按用户需求显示指定区域的车号识别设备的具体分布。除第一种全图方式外,其余三种方式均可实现显示窗口在分布图上的移动。通过移动窗口,可以浏览分布图的任意部分。

b. 调整显示比例

(a)全图方式显示

程序在启动后默认就是以全图方式显示的,全面概括地显示整个铁路局车号识别设备的分布情况。在其他显示模式下,也可以点击工具条上的【全图】按钮或者点击菜单中【查看】→【显示全图】切换到全图显示方式。

(b)详图方式显示

按最大比例详尽细致地显示车号识别设备的具体分布情况,可以完全显示每一台设备的安装位置。可以点击工具条上的【详图】按钮或者点击菜单中【查看】→【显示详图】切换到详图显示方式。

(c)自定比例方式显示

根据用户需要可以自行设定显示比例,按用户需求显示指定区域的车号识别设备的具体分布。显示比例的设定是由放大/缩小视图功能来进行调整的。

ⓐ 放大:通过点击工具条上的【放大】按钮或者点击菜单中【查看】→【放大网图】以当前显示屏幕区域的中央为基准对分布图进行放大显示;也可以通过鼠标滚轮向下滚动方式以当前鼠标位置为中心对分布图进行放大显示。

ⓑ 缩小:通过点击工具条上的【缩小】按钮或者点击菜单中【查看】→【缩小网图】以当前显示屏幕区域的中央为基准对分布图进行缩小显示;也可以通过鼠标滚轮向上滚动方式以当前鼠标位置为中心对分布图进行放大显示。

c. 选择显示图层

分布图是分图层方式进行显示的,可以根据需要选择要显示的一个或多个图层,也可以全部显示,程序默认的显示方式就是显示全部图层。可选图层有车站、AEI、CPS、列检复示和标签编程点等无个,可以通过点击菜单【图层】下的【车站】、【AEI】、【CPS】、【列检复示】进行选择,子菜单项左侧有“√”标志的表示当前已经选中的显示图层。

d. 详细信息查看

(a)车站的基本信息

当鼠标移动到车站图标上时,该图标会以加亮方式显示,同时在屏幕下方的状态条中会显示出该车站的基本信息,如图3-98所示,显示内容包括:车站名称及该车站的电报略号等。

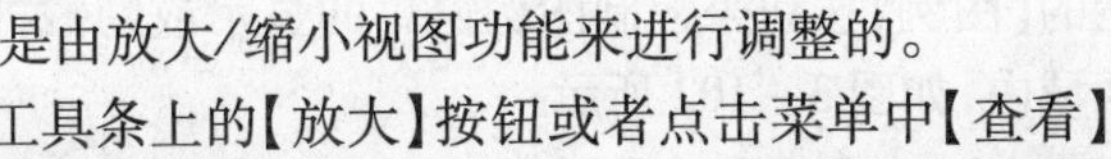

兰棱车站　隶属于:哈尔滨铁路局　电报略号:LLB

图3-98　车站信息显示

(b)AEI 设备的基本信息

当鼠标移动到 AEI 设备图标上时，该图标会以加亮方式显示，同时在屏幕下方的状态条中会显示出该 AEI 设备的基本信息，如图 3－99 所示，显示内容包括：AEI 设备名称、安装位置(安装车站和线路名称)、接车方向、进出站属性和隶属车辆段名称等。

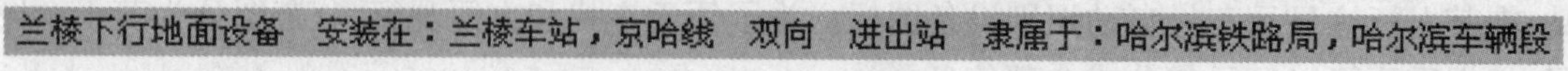

兰棱下行地面设备　安装在：兰棱车站，京哈线　双向　进出站　隶属于：哈尔滨铁路局，哈尔滨车辆段

图 3－99　AEI 设备信息显示

(c)CPS 的基本信息

当鼠标移动到 CPS 图标上时，该图标会以加亮方式显示，同时在屏幕下方的状态条中会显示出该 CPS 的基本信息，如图 3－100 所示，显示内容包括：CPS 名称、安装位置(安装车站名称)、CPS 属性(局口、编组站和中间站等)等。

五常CPS　安装在：五常车站　CPS属性：局口　隶属于：哈尔滨铁路局

图 3－100　CPS 信息显示

(d)列检复示的基本信息

当鼠标移动到列检复示图标上时，该图标会以加亮方式显示，同时在屏幕下方的状态条中会显示出该列检复示的基本信息，如图 3－101 所示，显示内容包括：列检复示名称、安装位置(安装车站名称)、隶属车辆段名称等。

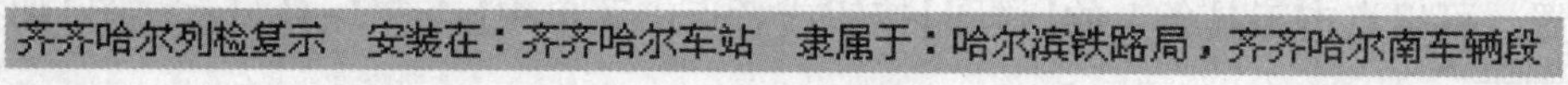

齐齐哈尔列检复示　安装在：齐齐哈尔车站　隶属于：哈尔滨铁路局，齐齐哈尔南车辆段

图 3－101　列检复示信息显示

(e)显示图例

可以点击工具条上的【图例】按钮来控制图例窗口的显示或隐藏，图例窗口显示在屏幕上方工具条右侧的空白区域内，如图 3－102 所示。

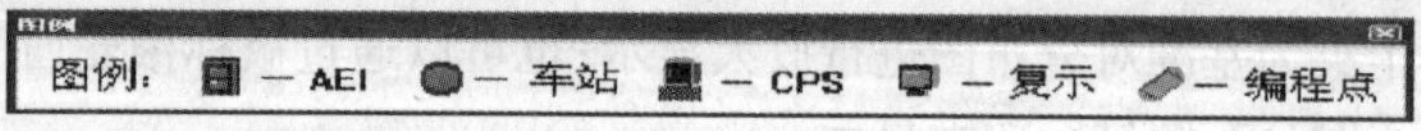

图例：— AEI　— 车站　— CPS　— 复示　— 编程点

图 3－102　图例示意图

e. AEI 设备状态查看

当某个 AEI 设备出现异常情况时，分布图上相关的 CPS 图标会变成红色状态，鼠标左键点击该 CPS 图标，可以弹出告警 AEI 设备对话框，如图 3－103 所示。

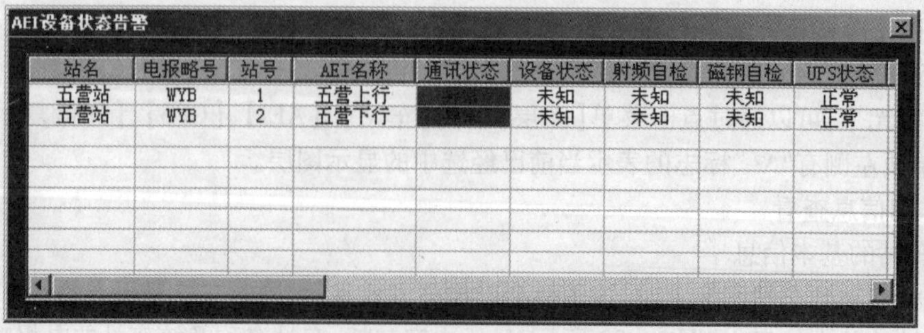

AEI设备状态告警

站名	电报略号	站号	AEI名称	通讯状态	设备状态	射频自检	磁钢自检	UPS状态
五营站	WYB	1	五营上行	[illegible]	未知	未知	未知	正常
五营站	WYB	2	五营下行	[illegible]	未知	未知	未知	正常

图 3－103　告警 AEI 设备列表

鼠标左键双击某个告警 AEI 设备，可以打开系统状态监控详细页，如图 3－104 所示。

③ 日常监控

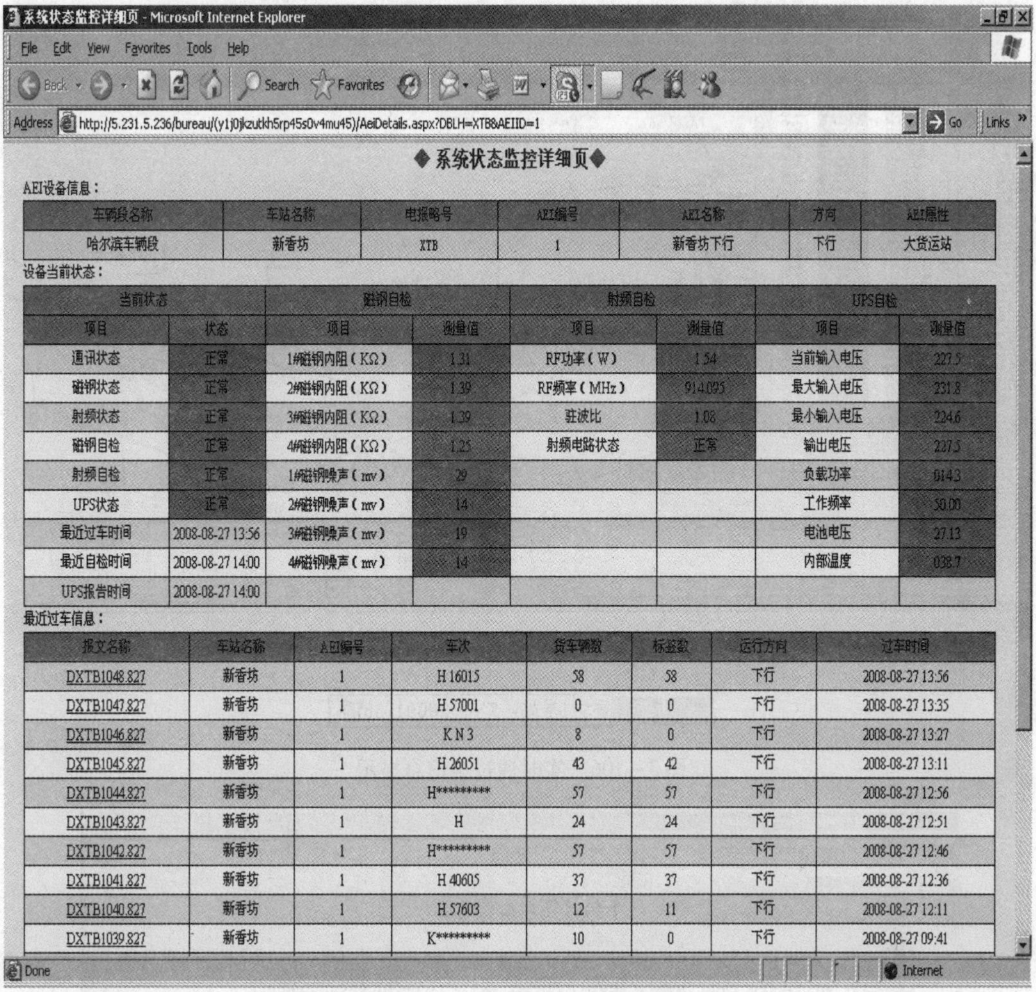

系统状态监控详细页 - Microsoft Internet Explorer

File Edit View Favorites Tools Help

Address http://5.231.5.236/bureau/(y1j0jkzutkh5rp45s0v4mu45)/AeiDetails.aspx?DBLH=XTB&AEIID=1

◆系统状态监控详细页◆

AEI设备信息：

车辆段名称	车站名称	电报略号	AEI编号	AEI名称	方向	AEI属性
哈尔滨车辆段	新香坊	XTB	1	新香坊下行	下行	大货运站

设备当前状态：

当前状态		磁钢自检		射频自检		UPS自检	
项目	状态	项目	测量值	项目	测量值	项目	测量值
通讯状态	正常	1#磁钢内阻（KΩ）	1.31	RF功率（W）	1.54	当前输入电压	227.5
磁钢状态	正常	2#磁钢内阻（KΩ）	1.39	RF频率（MHz）	914.095	最大输入电压	231.8
射频状态	正常	3#磁钢内阻（KΩ）	1.39	驻波比	1.08	最小输入电压	224.6
磁钢自检	正常	4#磁钢内阻（KΩ）	1.25	射频电路状态	正常	输出电压	227.5
射频自检	正常	1#磁钢噪声（mv）	29			负载功率	014.3
UPS状态	正常	2#磁钢噪声（mv）	14			工作频率	50.00
最近过车时间	2008-08-27 13:56	3#磁钢噪声（mv）	19			电池电压	27.13
最近自检时间	2008-08-27 14:00	4#磁钢噪声（mv）	14			内部温度	038.7
UPS报告时间	2008-08-27 14:00						

最近过车信息：

报文名称	车站名称	AEI编号	车次	货车辆数	标签数	运行方向	过车时间
DXTB1048.827	新香坊	1	H 16015	58	58	下行	2008-08-27 13:56
DXTB1047.827	新香坊	1	H 57001	0	0	下行	2008-08-27 13:35
DXTB1046.827	新香坊	1	K N 3	8	0	下行	2008-08-27 13:27
DXTB1045.827	新香坊	1	H 26051	43	42	下行	2008-08-27 13:11
DXTB1044.827	新香坊	1	H*********	57	57	下行	2008-08-27 12:56
DXTB1043.827	新香坊	1	H	24	24	下行	2008-08-27 12:51
DXTB1042.827	新香坊	1	H*********	57	57	下行	2008-08-27 12:46
DXTB1041.827	新香坊	1	H 40605	37	37	下行	2008-08-27 12:36
DXTB1040.827	新香坊	1	H 57603	12	11	下行	2008-08-27 12:11
DXTB1039.827	新香坊	1	K*********	10	0	下行	2008-08-27 09:41

Done Internet

图 3－104 系统状态监控详细页

a. 监控界面

综合监控窗口由分布图主窗口和四个监控子窗口组成，如图 3－105 所示。

b. 实时过车显示

在分布图上可以实时显示铁路局 AEI 设备的接车状态，在网图对应车站的位置滚动显示过车信息摘要，在屏幕上停留几秒钟后自动消失。显示内容包括：通过车站名称、AEI 设备编号、列车车次、总辆数、标签数、通过车时间等信息，如图 3－106 所示。

c. 过车信息

点击工具条上的【过车】按钮，或在分布图中点击鼠标右建菜单中的【过车信息】项，在屏幕下方就可以显示/隐藏通过车信息窗口，可以按列显示铁路局内各个 AEI 设备最后通过的二十列过车信息，显示内容包括：通过车序号、通过车站名称、AEI 设备编号、列车运行方向、列车车次、总辆数、标签数、通过车时间和报文名称等信息。

在过车信息窗口中，鼠标双击某一列车，可以查看该列车的详细信息，如图 3－107 所示。

点击【查看轴距信息】按钮，可以查看该列车的轴距表、通过速度、轴数等信息，如图 3 108 所示。

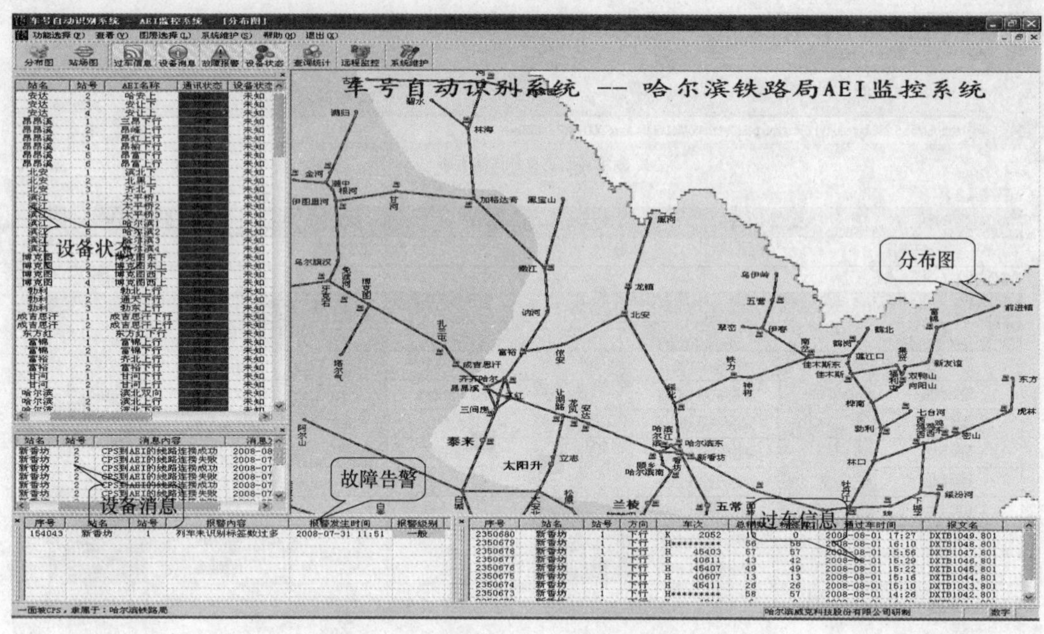

图 3－105　综合监控窗口

▇▇▇▇▇香坊1号站，K　26001，8辆，

图 3－106　实时通过车信息显示

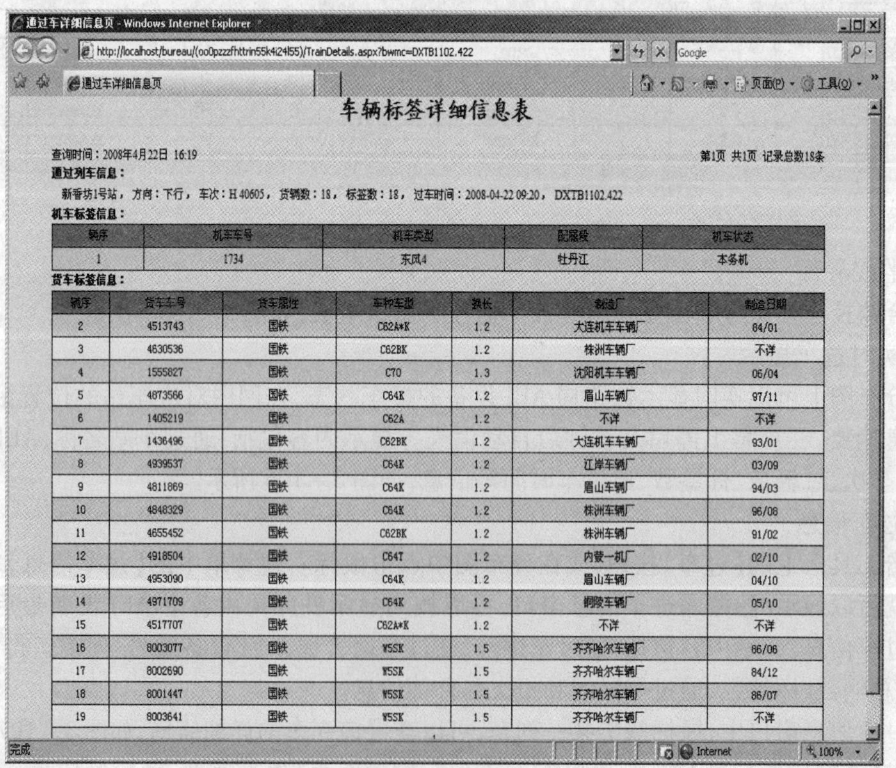

通过车详细信息页 - Windows Internet Explorer

http://localhost/bureau/(oo0pzzzfhttrin55k4i24l55)/TrainDetails.aspx?bwmc=DXTB1102.422

车辆标签详细信息表

查询时间：2008年4月22日 16:19　　第1页 共1页 记录总数18条

通过列车信息：

新香坊1号站，方向：下行，车次：H 40605，货辆数：18，标签数：18，过车时间：2008-04-22 09:20，DXTB1102.422

机车标签信息：

辆序	机车车号	机车类型	配属段	机车状态
1	1734	东风4	牡丹江	本务机

货车标签信息：

辆序	货车车号	货车属性	车种车型	换长	制造厂	制造日期
2	4513743	国铁	C62A*K	1.2	大连机车车辆厂	84/01
3	4630536	国铁	C62BK	1.2	株洲车辆厂	不详
4	1555827	国铁	C70	1.3	沈阳机车车辆厂	06/04
5	4873566	国铁	C64K	1.2	眉山车辆厂	97/11
6	1405219	国铁	C62A	1.2	不详	不详
7	1436496	国铁	C62BK	1.2	大连机车车辆厂	93/01
8	4939537	国铁	C64K	1.2	江岸车辆厂	03/09
9	4811869	国铁	C64K	1.2	眉山车辆厂	94/03
10	4848329	国铁	C64K	1.2	株洲车辆厂	96/08
11	4655452	国铁	C62BK	1.2	株洲车辆厂	91/02
12	4918504	国铁	C64T	1.2	内蒙一机厂	02/10
13	4953090	国铁	C64K	1.2	眉山车辆厂	04/10
14	4971709	国铁	C64K	1.2	铜陵车辆厂	05/10
15	4517707	国铁	C62A*K	1.2	不详	不详
16	8003077	国铁	W5SK	1.5	齐齐哈尔车辆厂	86/06
17	8002690	国铁	W5SK	1.5	齐齐哈尔车辆厂	84/12
18	8001447	国铁	W5SK	1.5	齐齐哈尔车辆厂	86/07
19	8003641	国铁	W5SK	1.5	齐齐哈尔车辆厂	不详

完成　Internet　100%

图 3－107　列车详细信息窗口

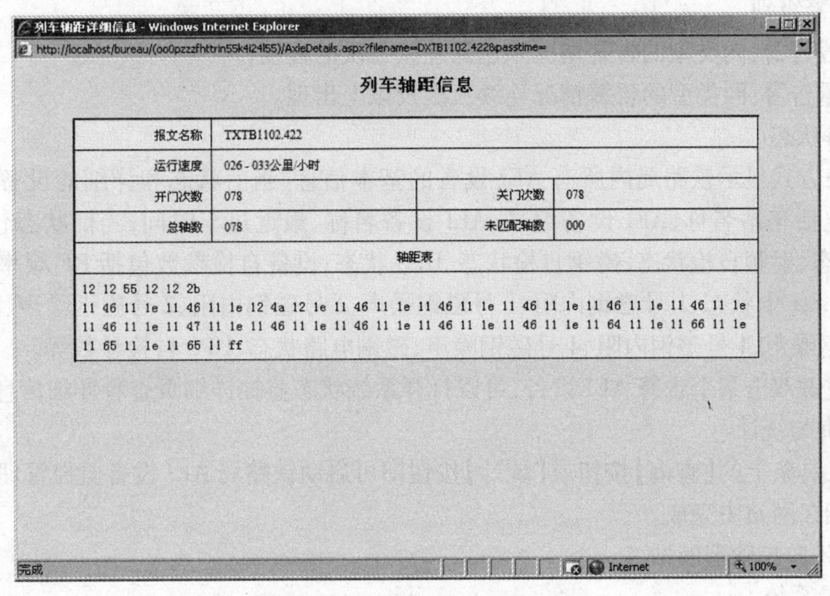

图3-108 轴距详细信息窗口

d. 设备消息

在分布图中点击鼠标右建菜单中的【设备消息】项,可以显示/隐藏设备消息窗口,可以显示铁路局内各个车号设备最后产生的二十条设备消息,显示内容包括:消息序号、车站名称、AEI设备编号、消息内容、消息发生时间等信息。

e. 故障告警

在分布图中点击鼠标右建菜单中的【故障告警】项,可以显示/隐藏故障告警窗口,可以显示根据铁路局内各个AEI设备最后产生的列车报文信息判断得到的设备告警信息,显示内容包括:序号、车站名称、AEI设备编号、告警内容、告警发生时间、告警级别等信息。

(a)告警内容及原因

ⓐ上行(下行)开机磁钢发生故障

产生原因:开机磁钢性能下降、磁钢线被损坏造成断路或开机磁钢高度过低,也有可能是工控机机箱内磁钢板的开机信号部分有故障。

故障现象:轴距表表头没有机车轴距或机车轴距不全。

ⓑ上行(下行)开门(或关门)磁钢发生故障

产生原因:开、关门磁钢性能下降、磁钢线被损坏造成断路或开、关门磁钢高度过低,也有可能是工控机机箱内磁钢板的开、关门信号部分有故障。

故障现象:轴距信息中开关门次数不等(大于8次)、有未匹配轴数、丢轴和丢辆等。

ⓒ上行(下行)列车有未匹配轴数

产生原因:参见开关门磁钢故障。

故障现象:轴距信息中有未匹配轴数。

ⓓ本列车未识别标签数过多

产生原因:RF射频装置、天线、Read卡工作不正常或同轴电缆连接不好,也有可能是天线没有打开。

故障现象:一列货车中超过10辆没有标签信息。

(b)告警级别

ⓐ 一般告警:同类型的告警情况未达到连续三次的程度;

ⓑ 严重告警:同类型的告警情况连续三次及以上出现。

f. 设备状态

以列表方式显示铁路局内所有 AEI 设备的基本信息、当前状态和详细的设备自检参数,基本信息包括车站名称、AEI 设备编号、AEI 设备名称、最近过车时间;当前状态包括通讯状态、设备状态、射频自检状态、磁钢自检状态、UPS 状态;设备自检参数包括 RF 频率、RF 功率、驻波比、Reader 卡状态、1 号磁钢内阻、1 号磁钢噪声、2 号磁钢内阻、2 号磁钢噪声、3 号磁钢内阻、3 号磁钢噪声、4 号磁钢内阻、4 号磁钢噪声、磁钢电路状态、UPS 自检参数等。

鼠标左键双击某个告警 AEI 设备,可以打开系统状态监控详细页查看详细信息。

④ 查询与统计

点击工具条上的【查询】按钮或【统计】按钮即可启动铁路局 AEI 设备监控管理网站,查询和统计功能在网站中完成。

(2)AEI 监控管理网站

① 登录系统

车号路局监控中心网站主要实现对过车数据及消息的查询和统计功能,点击监控软件工具条上的【查询】按钮或【统计】按钮可以启动查询统计网站。您也可以通过点击桌面上或开始菜单中的 IE 图标,打开 IE 浏览器,在地址栏“http://”后输入本铁路局车号服务器的 IP 地址即可,假设该服务器的 IP 地址为 192. 168. 3. 123,则输入“http:// 192. 168. 3. 123”然后按“回车”键。如果服务器端已安装好,并且网络已联通,则进入系统登录页面,如图 3 – 109 所示。

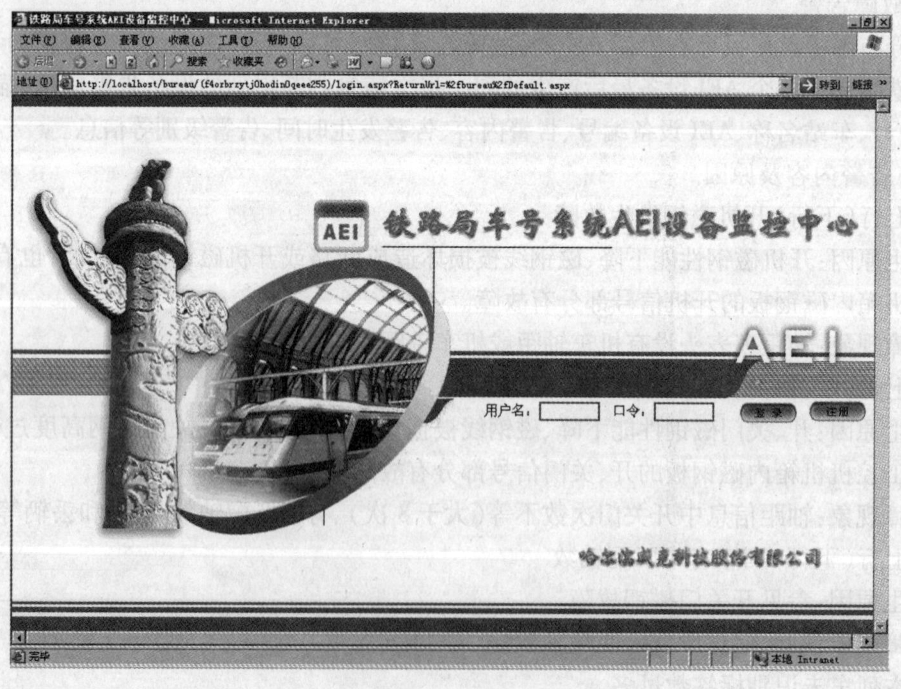

图 3 – 109 登录系统

输入已注册的用户名和口令后,点击【登录】按钮即可进入本系统,主界面如图 3 – 110 所示。为了达到最佳的显示效果,请将显示分辨率设为 1 024 × 768。

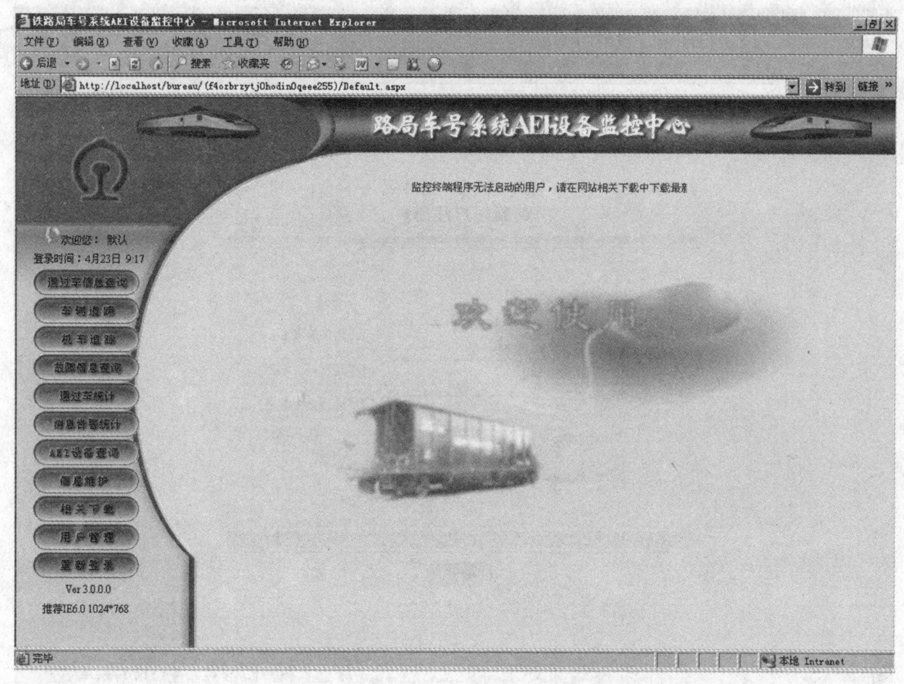

图 3－110　系统主页面

② 用户注册与管理

如果您是第一次使用本系统,请先进行用户注册,注册成功后需要管理员进行授权后,才可以使用该注册用户登录本系统。

a. 用户注册

在系统登录页面中点击【注册】按钮,即可进入新用户注册页面,如图 3－111 所示。

依次填写各项内容后,点击【提交】按钮,如果所填内容都符合系统要求,就会弹出注册成功的提示,如图 3－112 所示。

点击【确定】按钮后,再点击注册页面上的【返回】按钮即可回到登录页面。注册成功后,新用户必须通过管理员进行授权后,才可以进行系统登录。

b. 用户管理

用户管理员负责管理在网站中注册的所有用户,可以为每个已经注册的用户授予访问权限,也可以删除某个用户使其无法登录网站。默认的用户管理员为“GUANLI”,口令是“1111”,为保证信息的安全性,也可以新注册一个用户,并为其分配“管理员”权限,然后用新注册的管理员用户登录系统后,将原有的默认管理员“GUANLI”删除。

使用管理员身份登录网站后,点击【用户管理】按钮即可进入用户管理功能页面,如图 3－113 所示。

如果需要为某位新注册的用户授予“普通用户”/“管理员”权限或删除某位用户,则点击该条记录左侧的【编辑】按钮,在“用户属性”一栏中可以选择相应的权限分配给该用户,如图 3－114 所示,选择完毕后可以点击“更新”按钮正式修改该记录,也可以在点击【编辑】按钮后再点击【删除】按钮删除该用户。

可以为用户分配的权限说明如下:

(a)普通用户:一般的浏览用户。

新用户注册 - Microsoft Internet Explorer

地址(D) http://localhost/bureau/(f4ozbrzytj0hodin0qeee255)/zhuce.aspx

◆新用户注册◆

真实姓名：		[请用你的真名]
登录姓名：		[不超过15个字母]
登录密码：		[不超过15个字母]
单位名称：		

提交

图 3－111　新用户注册

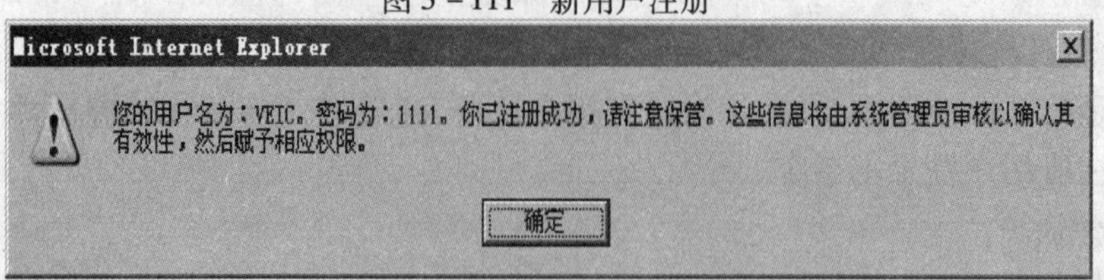

图 3－112　注册成功

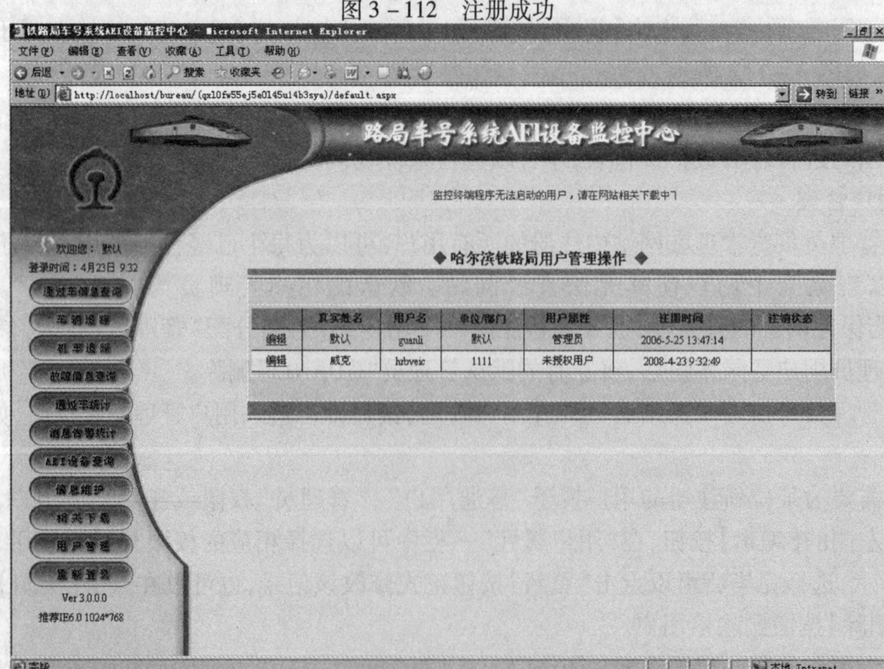

图 3－113　用户管理

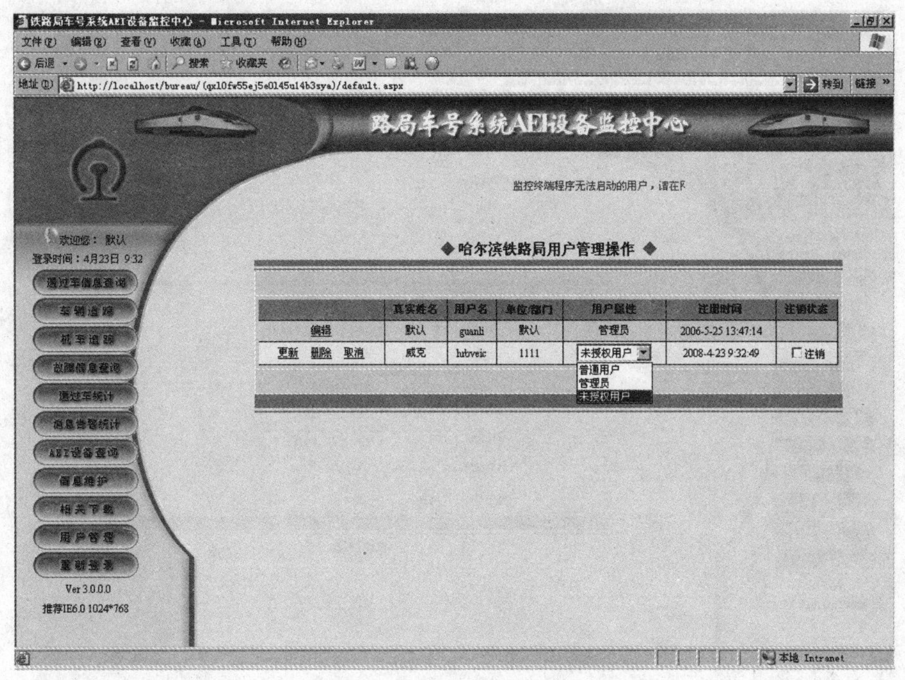

图 3－114 用户权限授予

(b)管理员:网站用户管理员。

(c)未授权用户:不具有登录网站的权限。

③ 通过车信息查询

a. 功能概述

提供铁路局管内 AEI 设备通过列车相关信息的查询功能。

b. 软件操作

在主页面中点击【通过车信息查询】按钮,可以进入通过车信息查询页,如图 3－115 所示。

选择车站、AEI 编号、列车车次、通过车时间范围、结果排序方式等条件后,点击【查询】按钮,即可显示符合条件的通过列车信息,如图 3－116 所示。

点击某列车的【报文名称】列,将弹出该列车详细的标签信息(如图 3－107 所示),在该页面上点击【查看轴距信息】按钮,可以查看该列车的轴距表、通过速度、轴数等信息(如图 3－108 所示)。

④ 车辆追踪

a. 功能概述

提供对某车辆在铁路局管内各个 AEI 设备通过情况的追踪。

b. 软件操作

在主页面中点击【车辆追踪】按钮,可以进入车辆追踪页,如图 3－117 所示。

输入所要追踪的货车车号,选择追踪的 AEI 设备范围及通过车时间范围后,点击【查询】按钮,即可显示出该车辆在某段时间范围内通过 AEI 设备的基本情况,如图 3－118 所示。

点击某列车的【报文名称】列,将弹出该列车详细的标签信息(如图 3－107 所示)。

⑤ 机车追踪

a. 功能概述

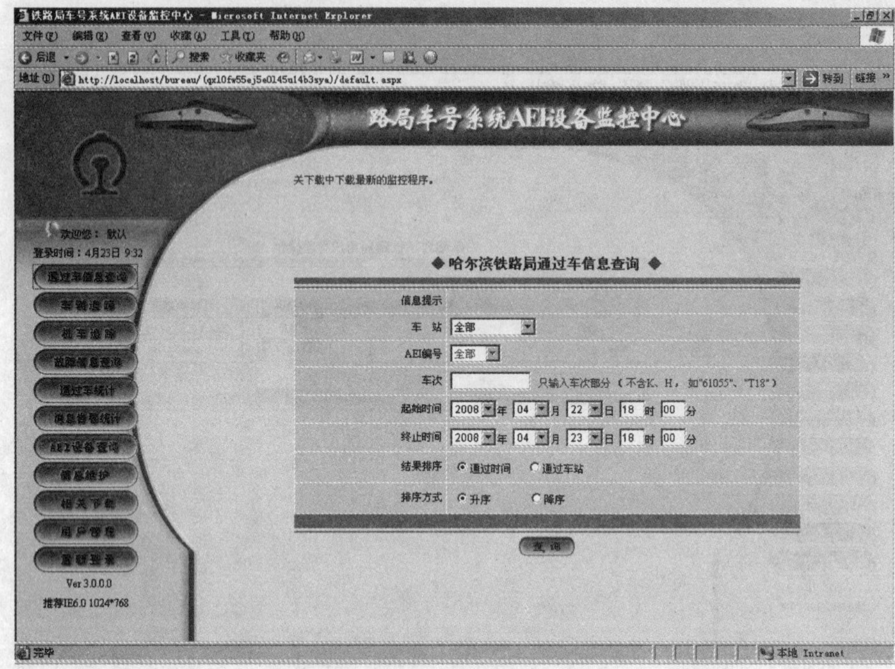

图 3-115　通过车信息查询页

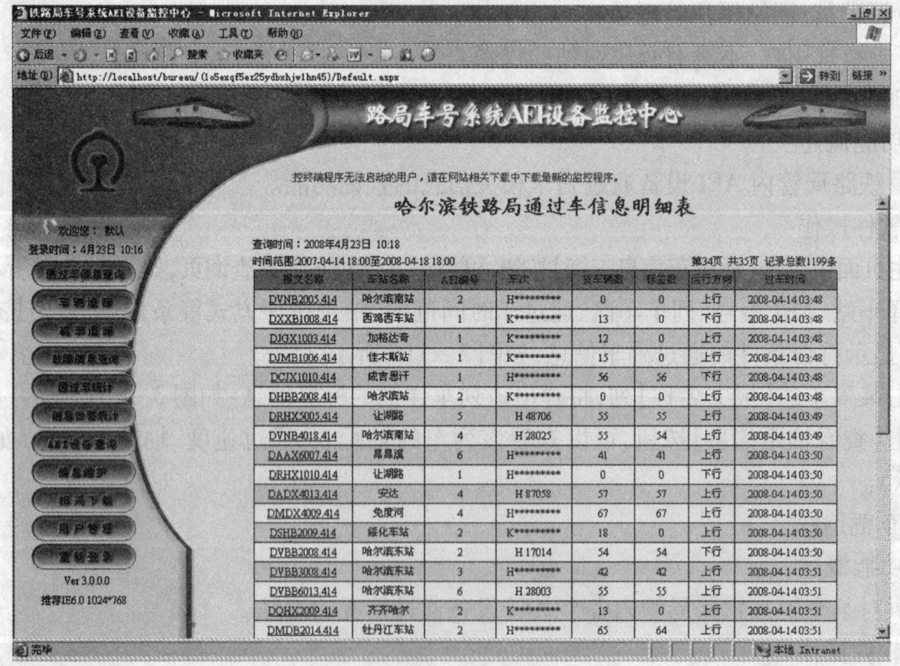

图 3-116　通过车信息明细页

提供对某机车在铁路局管内各个 AEI 设备通过情况的追踪。

b. 软件操作

在主页面中点击【机车追踪】按钮，可以进入机车追踪页，如图 3-119 所示。

输入所要追踪的机车车号，选择追踪的 AEI 设备范围及通过车时间范围后，点击【查询】按钮，即可显示出该机车在某段时间范围内通过 AEI 设备的基本情况，如图 3-120 所示。

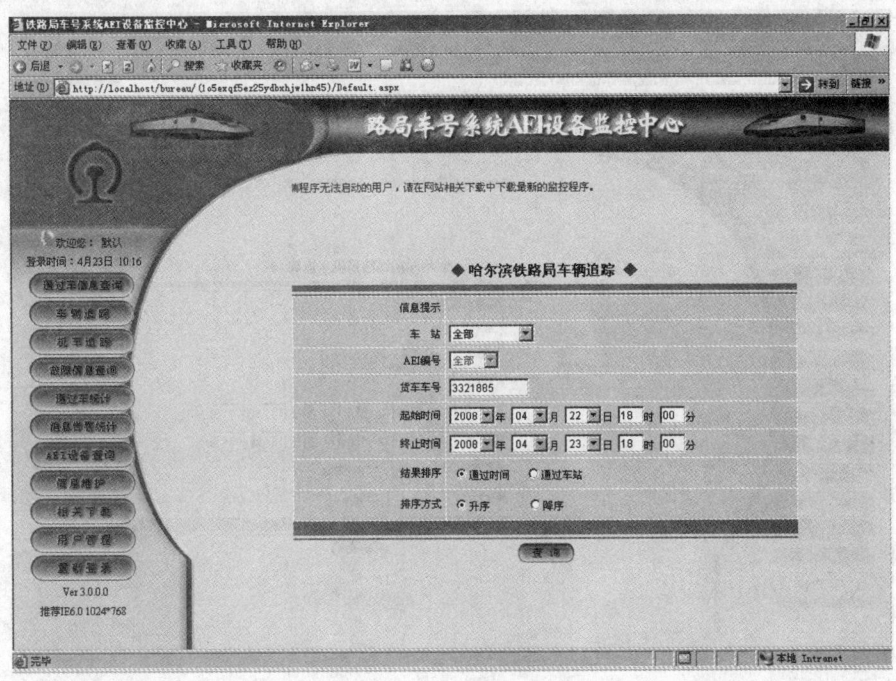

图3-117　车辆追踪页

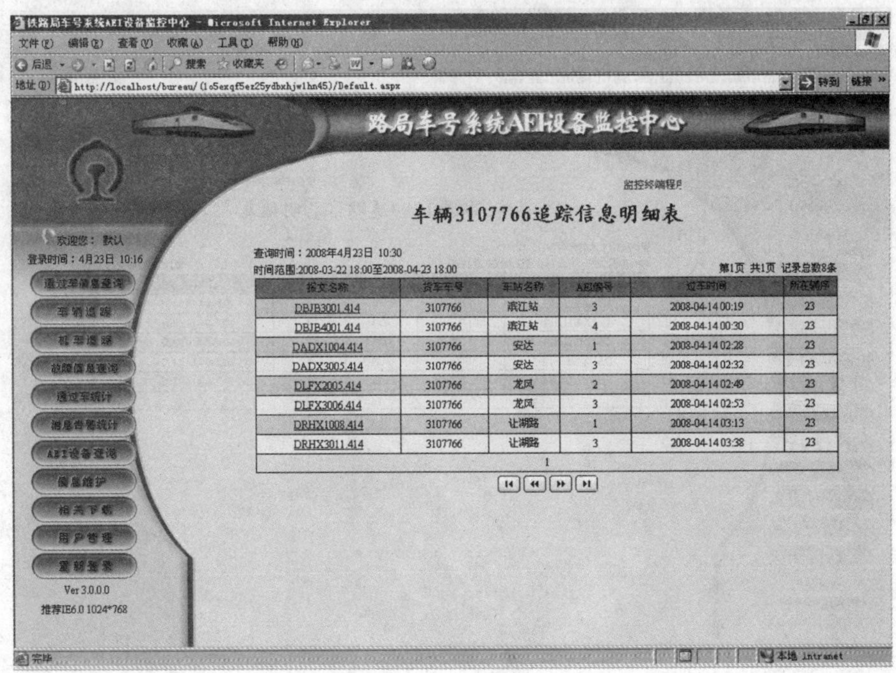

报文名称	货车车号	车站名称	AEI编号	过车时间	所在辆序
DBJB3001.414	3107766	滨江站	3	2008-04-14 00:19	23
DBJB4001.414	3107766	滨江站	4	2008-04-14 00:30	23
DADX1004.414	3107766	安达	1	2008-04-14 02:28	23
DADX3005.414	3107766	安达	3	2008-04-14 02:32	23
DLFX2005.414	3107766	龙凤	2	2008-04-14 02:49	23
DLFX3006.414	3107766	龙凤	3	2008-04-14 02:53	23
DRHX1008.414	3107766	让湖路	1	2008-04-14 03:13	23
DRHX3011.414	3107766	让湖路	3	2008-04-14 03:38	23

图3-118　车辆追踪信息明细页

点击某列车的【报文名称】列，将弹出该列车详细的标签信息(如图3-107所示)。

⑥ 故障信息查询

a. 功能概述

提供对铁路局管内AEI设备故障消息及自检异常信息的查询功能。

b. 软件操作

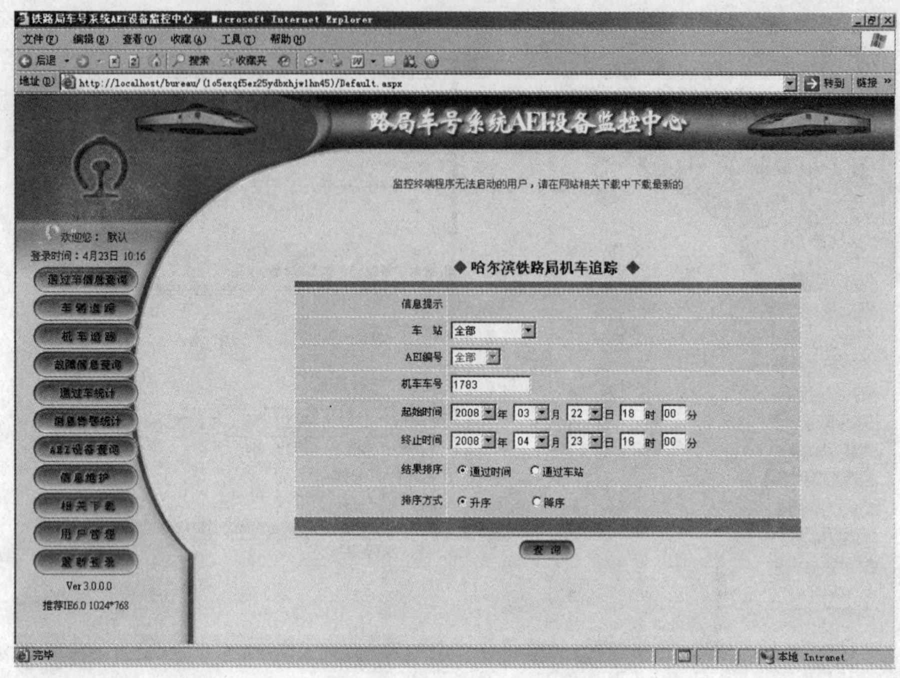

图 3－119　机车追踪页

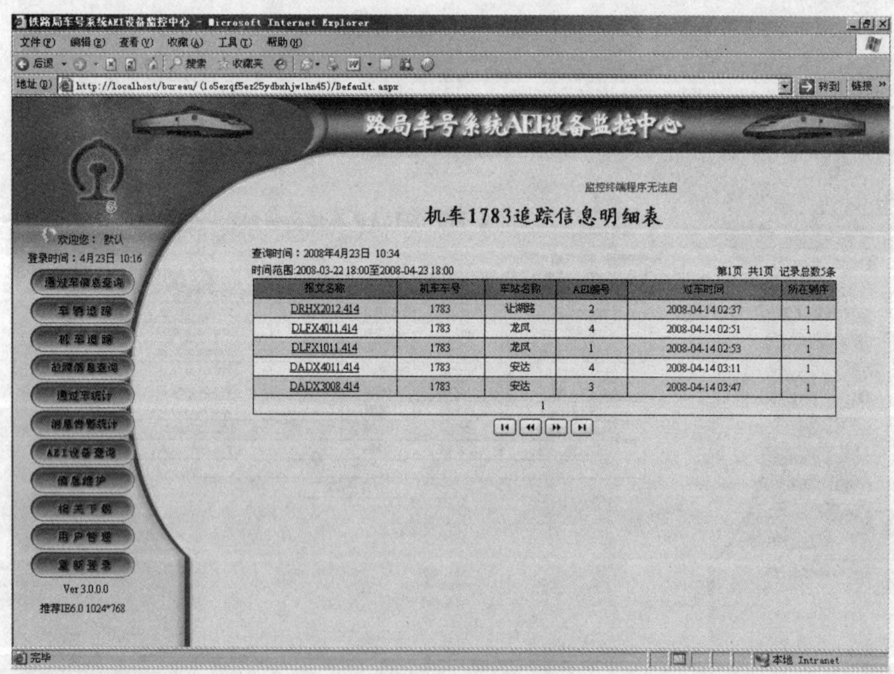

报文名称	机车车号	车站名称	AEI编号	过车时间	所在辆序
DRHX2012.414	1783	让湖路	2	2008-04-14 02:37	1
DLFX4011.414	1783	龙凤	4	2008-04-14 02:51	1
DLFX1011.414	1783	龙凤	1	2008-04-14 02:53	1
DADX4011.414	1783	安达	4	2008-04-14 03:11	1
DADX3008.414	1783	安达	3	2008-04-14 03:47	1

图 3－120　机车追踪信息明细页

在主页面中点击【故障信息查询】按钮，可以进入故障信息查询页，如图 3－121 所示。

选择所要查询的车站/AEI 设备及信息产生的时间范围后，再选择您要查询的消息类型（消息告警或自检异常信息），点击【查询】按钮，即可显示符合查询条件的 AEI 设备故障告警消息或设备自检异常信息，如图 3－122 所示。

如果该信息是通过列车信息中的异常信息（如开关门次数不等或未识别标签数过多等），

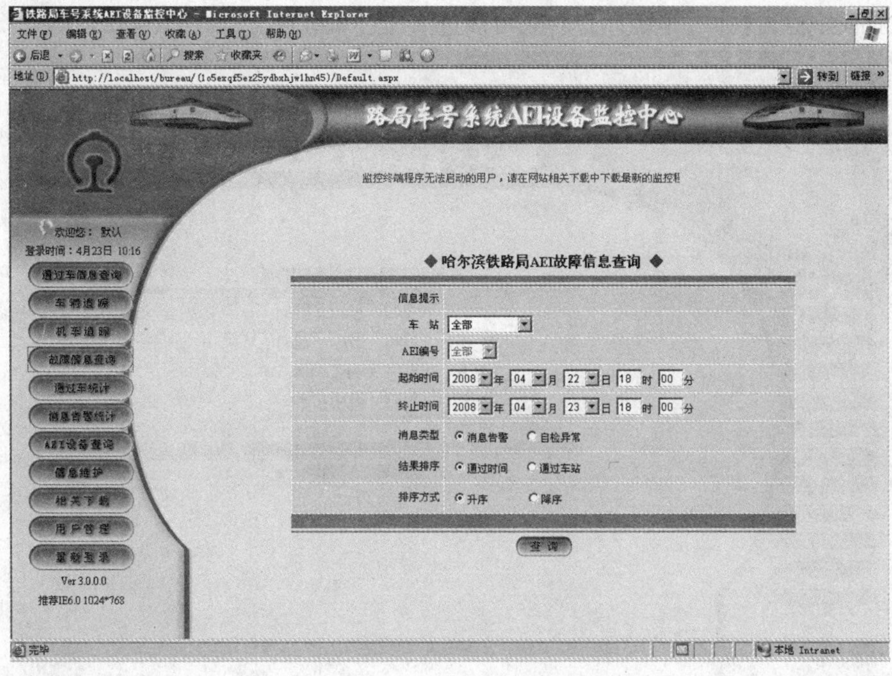

图 3－121　故障信息查询页

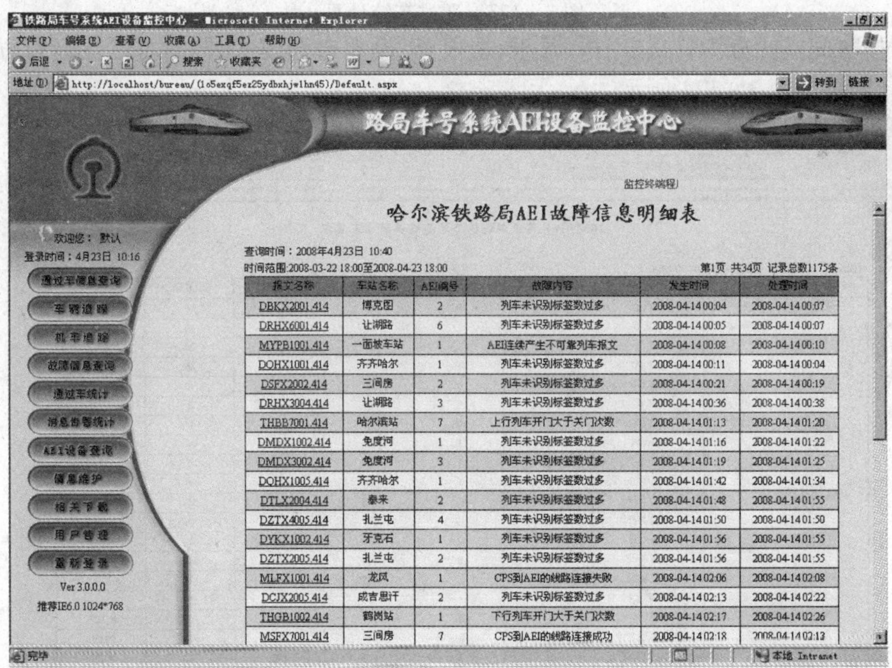

哈尔滨铁路局AEI故障信息明细表

查询时间：2008年4月23日 10:40
时间范围:2008-03-22 18:00至2008-04-23 18:00　　第1页 共34页 记录总数1175条

报文名称	车站名称	AEI编号	故障内容	发生时间	处理时间
DBKX2001.414	博克图	2	列车未识别标签数过多	2008-04-14 00:04	2008-04-14 00:07
DRHX6001.414	让湖路	6	列车未识别标签数过多	2008-04-14 00:05	2008-04-14 00:07
MYPB1001.414	一面坡车站	1	AEI连续产生不可靠列车报文	2008-04-14 00:08	2008-04-14 00:10
DQHX1001.414	齐齐哈尔	1	列车未识别标签数过多	2008-04-14 00:11	2008-04-14 00:04
DSFX2002.414	三间房	2	列车未识别标签数过多	2008-04-14 00:21	2008-04-14 00:19
DRHX3004.414	让湖路	3	列车未识别标签数过多	2008-04-14 00:36	2008-04-14 00:38
THBB7001.414	哈尔滨站	7	上行列车开门大于关门次数	2008-04-14 01:13	2008-04-14 01:20
DMDX1002.414	免度河	1	列车未识别标签数过多	2008-04-14 01:16	2008-04-14 01:22
DMDX3002.414	免度河	3	列车未识别标签数过多	2008-04-14 01:19	2008-04-14 01:25
DQHX1005.414	齐齐哈尔	1	列车未识别标签数过多	2008-04-14 01:42	2008-04-14 01:34
DTLX2004.414	泰来	2	列车未识别标签数过多	2008-04-14 01:48	2008-04-14 01:55
DZTX4005.414	扎兰屯	4	列车未识别标签数过多	2008-04-14 01:50	2008-04-14 01:50
DYKX1002.414	牙克石	1	列车未识别标签数过多	2008-04-14 01:56	2008-04-14 01:55
DZTX2005.414	扎兰屯	2	列车未识别标签数过多	2008-04-14 01:56	2008-04-14 01:55
MLFX1001.414	龙凤	1	CPS到AEI的线路连接失败	2008-04-14 02:06	2008-04-14 02:08
DCJX2005.414	成吉思汗	2	列车未识别标签数过多	2008-04-14 02:13	2008-04-14 02:22
THGB1002.414	鹤岗站	1	下行列车开门大于关门次数	2008-04-14 02:17	2008-04-14 02:26
MSFX7001.414	三间房	7	CPS到AEI的线路连接成功	2008-04-14 02:18	2008-04-14 02:13

图 3－122　故障信息明细页

则可以点击该记录的【报文名称】列,查看该列车的详细信息。

⑦ 通过车统计

a. 功能概述

提供对铁路局管内各个 AEI 探测点车辆通过与标签识别情况的统计功能。

b. 软件操作

在主页面中点击【通过车统计】按钮，可以进入通过车统计页，如图3－123所示。

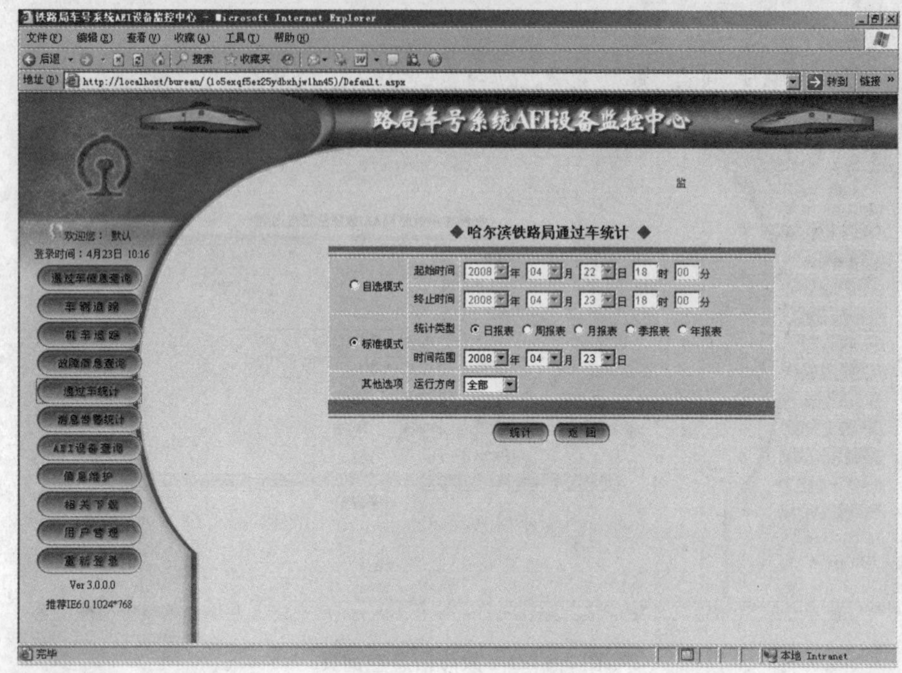

图3－123　通过车统计页

报表按时间模式分为日报、周报、月报、季报、年报和自选模式，同时可以按运行方向分别统计，统计结果如图3－124所示。

2008年4月份哈尔滨铁路局通过车统计汇总表

时间范围：2008-03-31 18:00 — 2008-04-30 18:00

车辆段	车站	AEI	总列数	贵列数	总辆数	贵辆数	标签数	识别率
	北安车站	北黑上	5	1	66	17	16	94.1%
		滨北下	4	1	61	23	23	100.0%
		齐北下	1	1	24	24	24	100.0%
	滨江站	哈尔滨1	1	1	47	47	46	97.9%
		哈尔滨2	0	0	0	0	0	
		哈尔滨3	1	1	0	0	0	
		哈尔滨4	0	0	0	0	0	
		太平桥1	1	1	33	33	33	100.0%
		太平桥2	1	1	0	0	0	
		太平桥3	1	1	47	47	46	97.9%
	哈尔滨东站	东门上行	13	13	565	565	563	99.6%
		东门下行	12	12	577	577	576	99.8%
		江南上行	8	8	412	412	411	99.8%
		江南下行	8	8	354	354	352	99.4%
		三机单线	7	6	135	135	135	100.0%
		太平桥上行	7	1	5	0	0	
	哈尔滨南站	二场下行	20	20	925	925	925	100.0%
		哈南六场上行	18	18	938	938	936	99.8%
		哈南六场下行	3	3	102	102	100	98.0%
		哈南五场上行	3	3	72	72	71	98.6%
		哈南五场下行	22	22	957	957	951	99.4%
		哈南一场上行	5	5	59	59	58	98.3%
		哈南一场下行	15	15	838	838	836	99.8%

图3－124　通过车统计汇总表

⑧ 消息告警统计

a. 功能概述

提供对铁路局管内各个AEI探测点消息警告情况的统计功能。

b. 软件操作

在主页面中点击【消息告警统计】按钮,可以进入消息告警统计页,如图 3－125 所示。

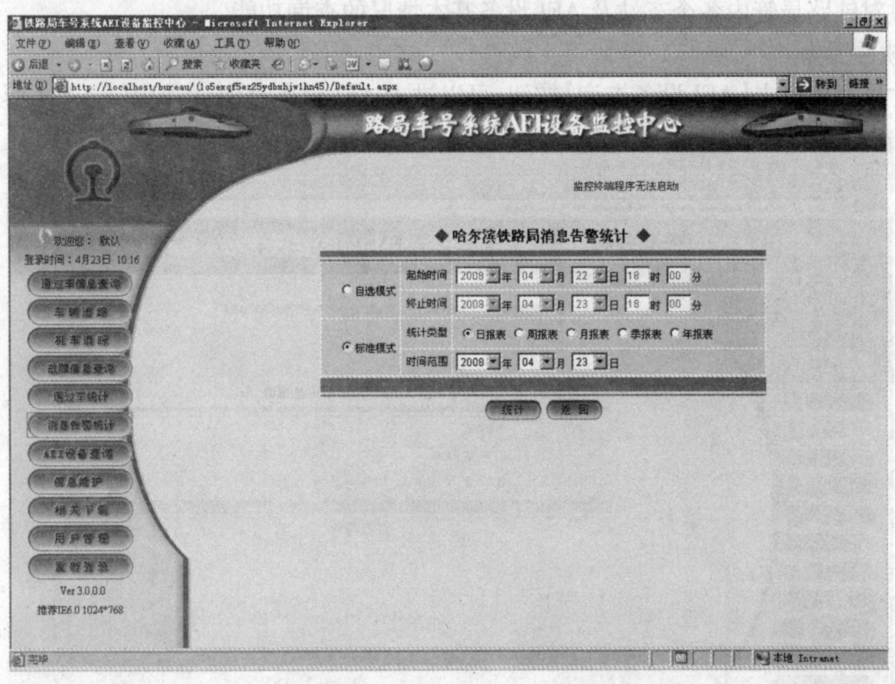

图 3－125　消息告警统计页

报表按时间模式分为日报、周报、月报、季报、年报和自选模式,统计结果如图 3－126 所示。

消息告警统计结果 - Microsoft Internet Explorer

http://localhost/bureau/(1o5exqf5ez25ydbxhjwlhn45)/gztjjieguo.aspx?StartTime=200803311800&EndTime=200804301800&Mode=%e6%9c%88%e6%8a%a5%e(

2008年4月份哈尔滨铁路局消息告警统计汇总表

时间范围：2008-03-31 18:00 — 2008-04-30 18:00

车辆段	车站	AEI	告警数	磁钢告警	标签告警	消息数
	北安车站	北黑上	0	0	0	0
		滨北下	0	0	0	0
		齐北下	0	0	0	0
	滨江站	哈尔滨1	0	0	0	0
		哈尔滨2	0	0	0	0
		哈尔滨3	0	0	0	0
		哈尔滨4	0	0	0	0
		太平桥1	0	0	0	0
		太平桥2	0	0	0	0
		太平桥3	0	0	0	0
	哈尔滨东站	东门上行	0	0	0	0
		东门下行	0	0	0	0
		江南上行	0	0	0	0
		江南下行	0	0	0	0
		三机单线	0	0	0	0
		太平桥上行	0	0	0	0
	哈尔滨南站	二场下行	0	0	0	0
		哈南六场上行	1	1	0	2
		哈南六场下行	0	0	0	0
		哈南五场上行	0	0	0	0
		哈南五场下行	0	0	0	0
		哈南一场上行	0	0	0	0
		哈南一场下行	0	0	0	0

完毕　本地 Intranet

图 3－126　消息告警统计汇总表

⑨ AEI 设备查询

a. 功能概述

提供对铁路局管内各个车站及 AEI 设备基本情况的查询功能。

b. 软件操作

在主页面中点击【AEI 设备查询】按钮,可以进入 AEI 设备查询页,如图 3－127 所示。

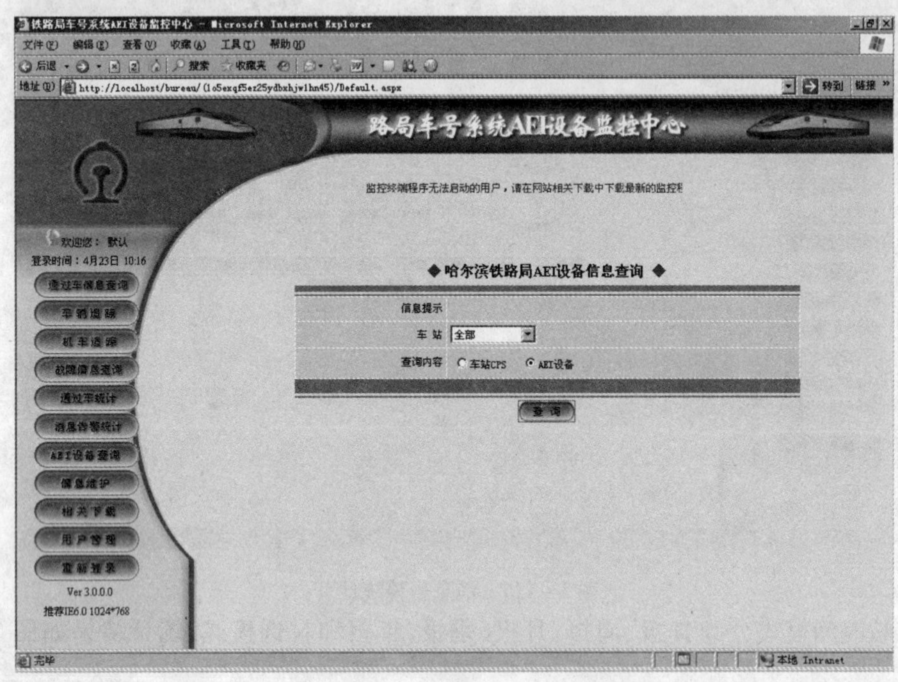

图 3－127　AEI 设备信息查询页

(a)可以选择查询整个铁路局或只查询一个车站,在查询内容中如果选择“车站 CPS”则可以查询符合条件的车站 CPS 基本信息及所连接的 AEI 设备数量,如图 3－128 所示。

点击【AEI 数量】链接列,可以查看该车站所连接的所有 AEI 设备的基本情况,如图 3－129 所示。

在该页面中除了可以显示出 AEI 设备的基本信息外,还可以显示出设备的通讯状态(根据设置的无车告警时间进行判断)、磁钢状态(根据列车采集中的轴距信息判断)、射频状态(根据列车采集中标签读取情况判断)、最近过车时间等信息。点击【AEI 名称】链接列可以打开系统状态监控详细页(如图 3－104 所示)查看详细信息。

(b) 在查询内容中如果选择“AEI 设备”则可以查询符合条件所有的 AEI 设备的基本信息,如图 3－130 所示。

显示内容和图 3－129 相同,点击【AEI 名称】链接列可以打开系统状态监控详细页查看详细信息。

6. 列检复示程序

(1)主界面简介

直接双击桌面上的快捷方式图标即可进入列检复示系统的主界面——网络构成及过车信息报告窗口,此窗口不可关闭。此窗口结构上主要由上下两个视窗组成,各部分在界面上的分布如图 3－131 所示。

监控终端程序无法启动的用户，请在

哈尔滨铁路局AEI设备信息明细表

查询时间：2008年4月23日 10:56　　第1页 共2页 记录总数53条

序号	车辆段名称	车站名称	电报略号	AEI数量
1	让湖路	安达	ADX	4
2	齐齐哈尔	昂昂溪	AAX	6
3	哈尔滨	北安车站	BAB	3
4	哈尔滨	滨江站	BJB	7
5	满洲里	博克图	BKX	4
6	西鸡西	勃利车站	BLB	3
7	满洲里	成吉思汗	CJX	2
8	西鸡西	东方红车站	DFB	1
9	佳木斯东	富锦站	FJB	2
10	齐齐哈尔	富裕	FYX	2
11	齐齐哈尔	甘河	GAX	2
12	哈尔滨	哈尔滨东站	VBB	6
13	哈尔滨	哈尔滨南站	VNB	7
14	哈尔滨	哈尔滨站	HBB	9
15	满洲里	海拉尔	HRX	4
16	佳木斯东	鹤岗站	HGB	2
17	西鸡西	虎林车站	VLB	2
18	西鸡西	鸡东车站	JOB	2
19	佳木斯东	佳木斯站	JMB	4

图 3－128　车站 CPS 信息明细页

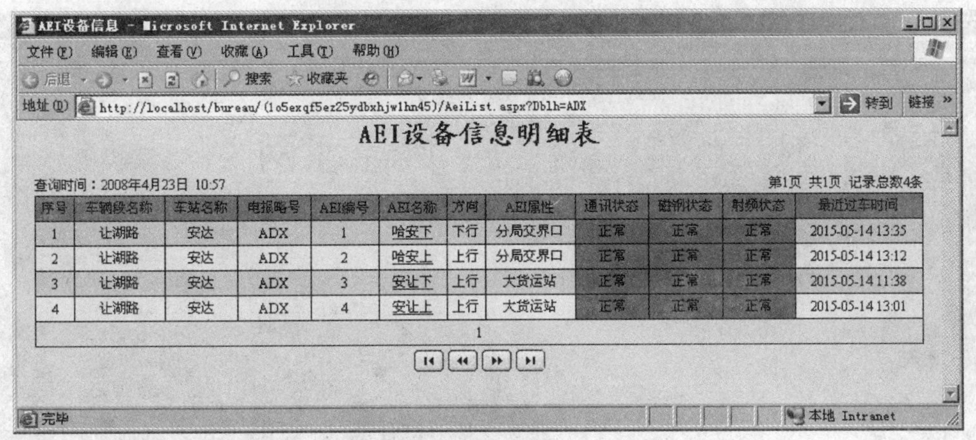

AEI设备信息明细表

查询时间：2008年4月23日 10:57　　第1页 共1页 记录总数4条

序号	车辆段名称	车站名称	电报略号	AEI编号	AEI名称	方向	AEI属性	通讯状态	磁钢状态	射频状态	最近过车时间
1	让湖路	安达	ADX	1	哈安下	下行	分局交界口	正常	正常	正常	2015-05-14 13:35
2	让湖路	安达	ADX	2	哈安上	上行	分局交界口	正常	正常	正常	2015-05-14 13:12
3	让湖路	安达	ADX	3	安让下	上行	大货运站	正常	正常	正常	2015-05-14 11:38
4	让湖路	安达	ADX	4	安让上	上行	大货运站	正常	正常	正常	2015-05-14 13:01

1

图 3－129　车站 CPS 相关 AEI 设备信息明细页

窗口上半部分显示的是网络构成及状态，网图会显示监测中心所在地的名称，双击网图上的设备图标，会显示相应设备的详细工作状态，包括自检信息和未识别标签以及未匹配轴的列车。

下半部分显示过车信息，想查看某一列车的详细信息，我们把鼠标移动到此列车上，然后双击鼠标左键，使其变蓝，这时会弹出一个列车信息窗口，如图 3－132 所示，所显示的信息包括列车的基本信息、轴距信息和标签信息。

(2)菜单栏及工具条使用说明

①【网络构成及状态】模板的使用说明

a.【功能选项 F】的使用说明

点击【文件 F】(快捷键 Alt＋F)将弹出下拉菜单，其主要功能是更改系统设置和退出应用程序。

监控终端程序无法启动的用户，请在网站相关下载中下载最新的监控程序。

哈尔滨铁路局AEI设备信息明细表

查询时间：2008年4月23日 11:22　　第1页 共6页 记录总数178条

序号	车辆段名称	车站名称	电报略号	AEI编号	AEI名称	方向	AEI属性	通讯状态	磁钢状态	射频状态	最近过车时间
1	让湖路	安达	ADX	1	哈安下	下行	分局交界口	正常	正常	正常	2015-05-14 13:35
2	让湖路	安达	ADX	2	哈安上	上行	分局交界口	正常	正常	正常	2015-05-14 13:12
3	让湖路	安达	ADX	3	安让下	上行	大货运站	正常	正常	正常	2015-05-14 11:38
4	让湖路	安达	ADX	4	安让上	上行	大货运站	正常	正常	正常	2015-05-14 13:01
5	齐齐哈尔	昂昂溪	AAX	1	三昂下行	下行	编组站	正常	正常	正常	2008-05-14 13:48
6	齐齐哈尔	昂昂溪	AAX	2	昂峰上行	上行	编组站	正常	正常	正常	2008-05-14 13:42
7	齐齐哈尔	昂昂溪	AAX	3	昂红上行	上行	编组站	正常	正常	正常	2008-05-14 11:51
8	齐齐哈尔	昂昂溪	AAX	4	昂榆下行	下行	编组站	正常	正常	正常	2008-05-14 13:41
9	齐齐哈尔	昂昂溪	AAX	5	昂富下行	下行	编组站	正常	正常	正常	2008-05-14 13:57
10	齐齐哈尔	昂昂溪	AAX	6	昂富上行	上行	编组站	正常	正常	正常	2008-05-14 14:04
11	哈尔滨	北安车站	BAB	1	滨北下	下行	大货运站	正常	正常	正常	2008-05-14 11:47
12	哈尔滨	北安车站	BAB	2	北黑上	上行	大货运站	正常	正常	正常	2008-05-14 12:09
13	哈尔滨	北安车站	BAB	3	齐北下	下行	大货运站	正常	正常	正常	2008-05-14 12:54
14	哈尔滨	滨江站	BJB	1	太平桥1	下行	编组站	正常	正常	正常	2008-05-14 14:00
15	哈尔滨	滨江站	BJB	2	太平桥2	上行	编组站	正常	正常	正常	2008-05-14 13:29
16	哈尔滨	滨江站	BJB	3	太平桥3	双向	编组站	正常	正常	正常	2008-05-14 13:06
17	哈尔滨	滨江站	BJB	4	哈尔滨1	双向	编组站	正常	正常	正常	2008-05-14 13:21
18	哈尔滨	滨江站	BJB	5	哈尔滨2	双向	编组站	正常	正常	正常	2008-05-14 13:36
19	哈尔滨	滨江站	BJB	6	哈尔滨3	上行	编组站	正常	正常	正常	2008-05-14 13:26

图 3 – 130　AEI 设备信息明细页

序号	AEI名称	方向	车次	总辆数	标签数	总轴数	过车时间	处理时间
00878	新香坊下	下行	K*********	18	00	074	2008-04-19 01:38:53	2008-04-19 01:38:59
00879	新香坊下	下行	K*********	18	00	074	2008-04-19 01:38:53	2008-04-19 01:38:59
00880	新香坊下	下行	H 16003	58	58	234	2008-04-19 01:28:20	2008-04-19 01:28:59
00881	新香坊下	下行	H*********	58	57	234	2008-04-19 01:28:20	2008-04-19 01:28:59
00882	新香坊下	下行	H 45401	44	43	180	2008-04-19 01:09:26	2008-04-19 01:09:59
00883	新香坊下	下行	H 45701	01	01	006	2008-04-19 01:00:59	2008-04-19 01:00:59
00884	新香坊下	下行	H*********	01	00	006	2008-04-19 01:00:59	2008-04-19 01:00:59
00885	新香坊下	下行	H 26003	57	56	232	2008-04-19 00:53:17	2008-04-19 00:53:59
00886	新香坊下	下行	K*********	14	00	058	2008-04-18 21:18:56	2008-04-18 21:18:59
00887	新香坊下	下行	K 4193	17	01	070	2008-04-18 20:58:53	2008-04-18 20:58:59
00888	新香坊下	下行	K*********	17	00	070	2008-04-18 20:58:53	2008-04-18 20:58:59
00889	新香坊下	下行	H 16001	58	57*	234	2008-04-18 19:25:23	2008-04-18 19:25:59
00890	新香坊下	下行	H	31	31	126	2008-04-18 18:24:34	2008-04-18 18:24:58
00891	新香坊下	下行	H 26013	53	52	216	2008-04-18 17:04:20	2008-04-18 17:04:59
00892	新香坊下	下行	H 45621	26	26	106	2008-04-18 16:04:34	2008-04-18 16:04:58

图 3 – 131　网络构成及状态窗口

【退出 X】的使用说明：点击【退出 X】（快捷键 Alt + X）就会弹出“退出应用程序”对话框（图 3 – 133）。

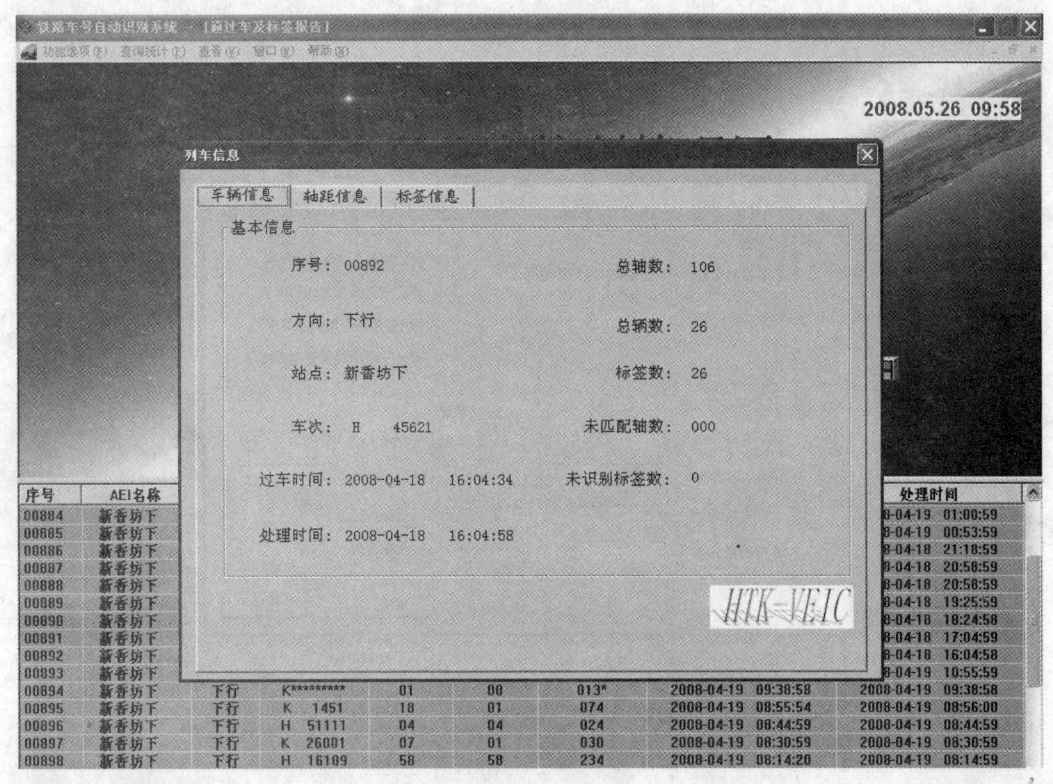

图　3－132

按提示在编辑框中输入密码后，点击【OK】按钮便可退出应用程序，如果输入的密码不正确，将弹出如图3－134所示的消息框，提示用户密码不正确，需要重新输入。用户只须点击【确定】按钮关闭此对话框后重新输入正确密码即可；如果不想退出应用程序点击【Cancel】按钮取消即可。

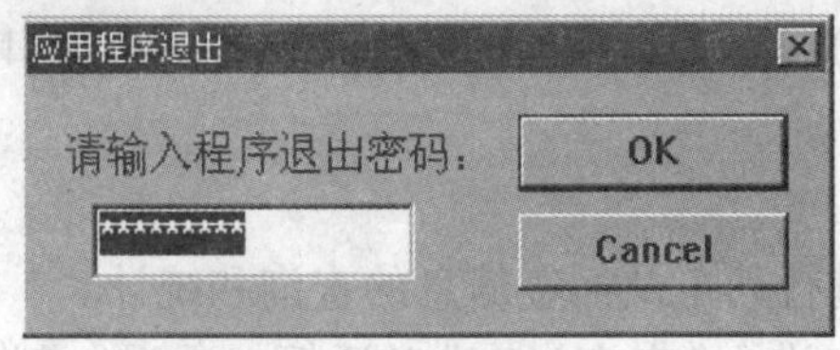

图　3－133

图　3－134

【编辑系统参数M】的使用说明：在上一版软件中系统参数的修改是在配置文件中完成的，考虑到使用者的操作方便，增加了软件中的参数配置部分，更加简洁方便。

点击【编辑系统参数M】(快捷键Alt＋X)就会弹出“系统配置”对话框。按提示在编辑框中输入密码后，点击【OK】按钮便可进入配置应用程序，如图3－135所示。

复示系统设置：输入复示系统的名称和系统管理的设备数。

CPS设置：在“CPS系统ID号”组合框中选择要配置的某一车站的CPS，然后输入：① CPS系统名称，② CPS电报略号，③ CPS管理的设备数，点击“确定”按钮保存设置。

AEI设置：首先在“管理AEI的CPS系统”组合框中选择要配置的AEI的设备所在的CPS系统，然后选择AEI设备ID号，最后输入①AEI设备名称、②AEI设备方向，点击“确定”按钮保存设置。

图 3-135

b.【查看 V】的使用说明

点击【查看 V】(快捷键 Alt+V)将根据用户需要选择是否查看工具条和状态条。

c.【窗口 W】的使用说明

点击【窗口 W】(快捷键 Alt+W)将弹出下拉菜单,此菜单中上面两个选项是用来设置三个窗口的排列方式。点击【层叠窗口 C】(快捷键 F5)或者工具条上的图标来选择层叠窗口。

注意:选中此项时,其前面应当有√标志。

d.【查询统计 P】的使用说明

点击【查询 P】则出现下拉菜单,其主要功能是进行列车及标签信息的查询和统计。

【通过车(T)】的使用说明:点击【通过车(T)】将进入“查询过车”对话框。通过“查询过车”对话框我们可以查询到想要知道的通过车信息。我们可以分别通过“序号”、“车次”、“时间”三种方式进行查询,下面分别举例说明。

例如:我们通过“序号”进行查询,查询序号为 878 到 892 的列车信息,如图 3-136 所示对话框我们在“开始序号”后的编辑框中添入 878,然后在“结束序号”后的编辑框中添入 892,并选中“序号”前的复选框(方框内打√,即被选中),然后点击“查询”按钮,几秒钟之后将会出现如图 3-136 所示的界面。如果想查询某一列车的详细信息,可以在这列车的过车信息行双击,在下面的区域会显示这列车的完整信息。

我们通过“车次”进行查询,我们在“车次”后的编辑框中添入车次,并选中“车次”前的复选框(方框内打√,即被选中),然后点击“查询”按钮,几秒钟之后将会出现查询结果。

我们通过“时间”进行查询,时间是 2000 年 9 月 2 日 12 时 49 分至 2000 年 9 月 21 日 12 时 49 分。我们选中“时间”前的复选框,然后添好时间,并可以在站名和方向两个选项中选择

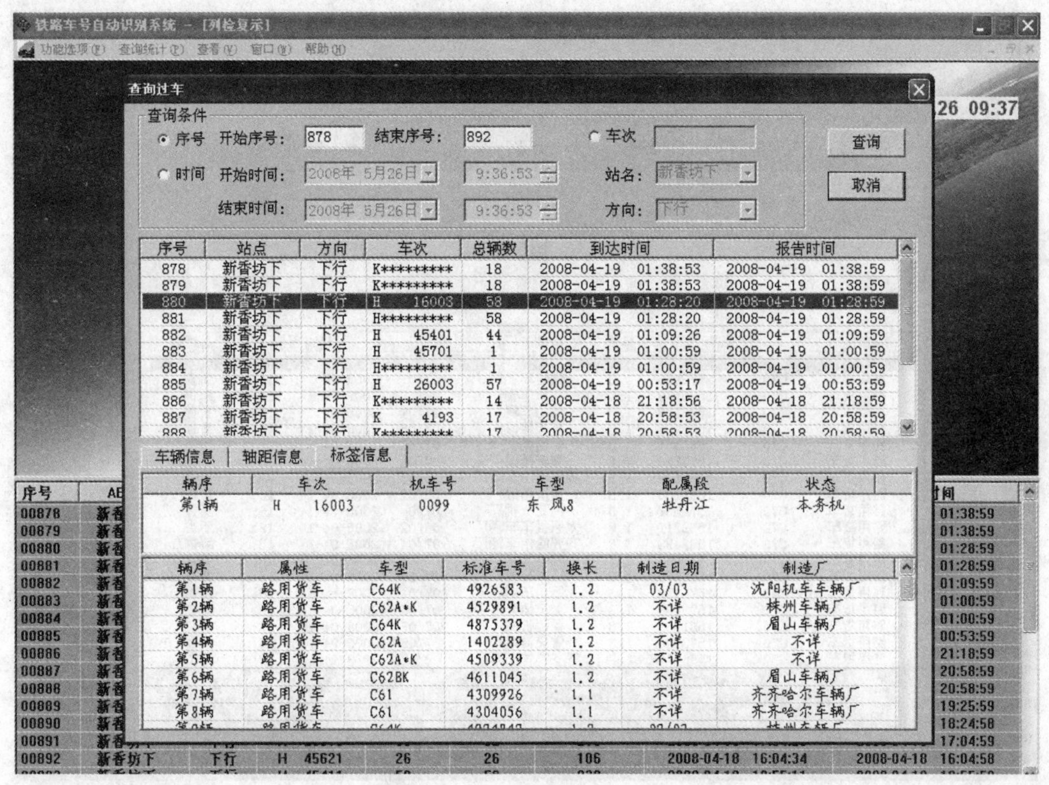

图 3-136

相应条件,最后点击【确定】即可,几秒钟之后将会出现查询结果。

【标签(L)】的使用说明:点击[标签(L)]则出现“查询标签”对话框。

我们要以“车型”为条件查询,选中“属性”前的点选框,并将属性添入,点击“确定”即可,几秒钟之后将会出现如图3-137所示。

注意:在以车号为查询条件查询标签时,前后两个编辑框添入的必须是7位数字,并且前面的车号必须小于后面的车号。如果要查询某一辆车,只须在两个编辑框中输入相同的车号。

【统计(S)】的使用说明:统计内容包括总量数、总列数、货列数、货辆数。在下拉列表框中选择统计的站名和方向,在第二项中填写统计的时间段(第一项为起始时间,第二项为终止时间),然后点击【确定】就会显示出统计的结果。下面举例说明(图3-138)。如果要统计新香坊下行从2008年4月19日9时03分到2000年6月2日9时03分所过的车辆信息。点击菜单上的【查询统计】钮,将会出现所示统计对话框,在下拉列表框中选择新香坊下行,并在第二项中填写相应的时间段,然后点击【确定】按钮,将会出现界面如图所示统计结果界面。如果点击【取消】,将退出手动统计。

②【自检信息报告】模板的使用说明

如果应用程序当前所显示的窗口不是【自检信息报告】窗口,用鼠标点击菜单栏上的【窗口】项,在弹出的下拉菜单中选择【自检信息报告】,切换到此窗口,如图3-139所示。

a. 显示功能

此窗口主要显示以下内容:

(a)射频模块(RF)的输出功率、频率和天线驻波比;

(b)磁钢内阻和噪声;

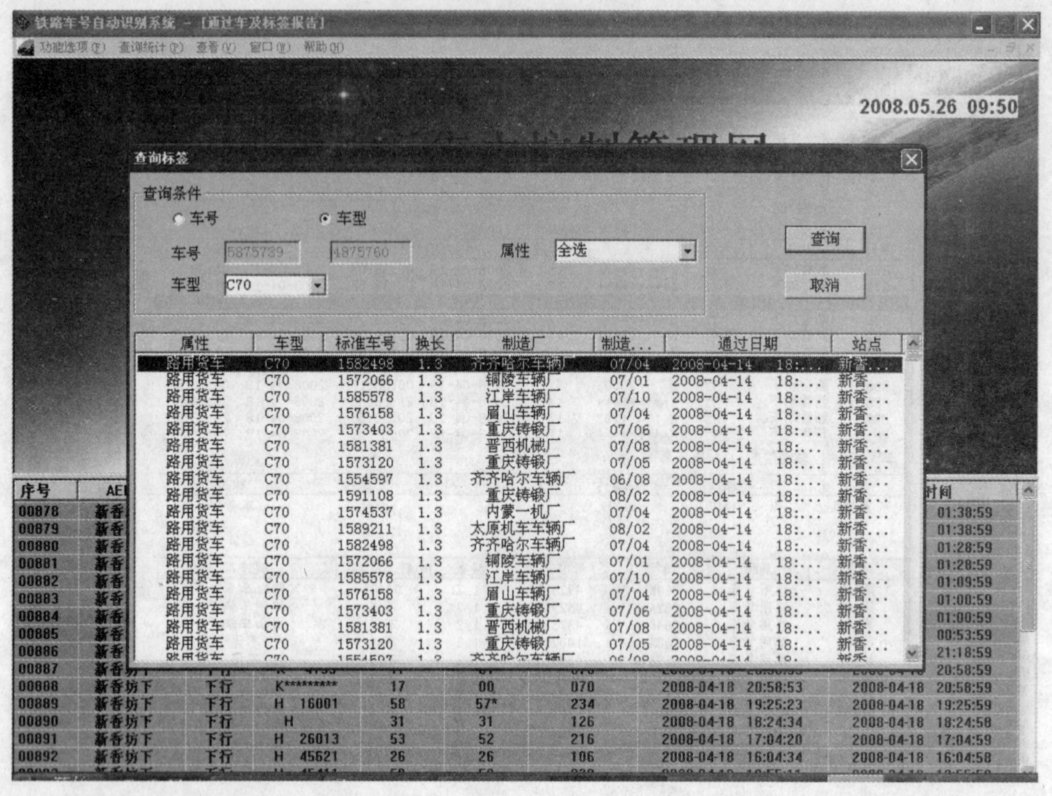

图　3－137

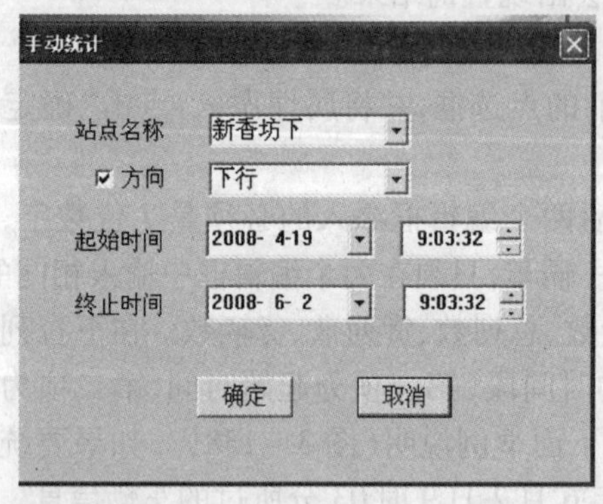

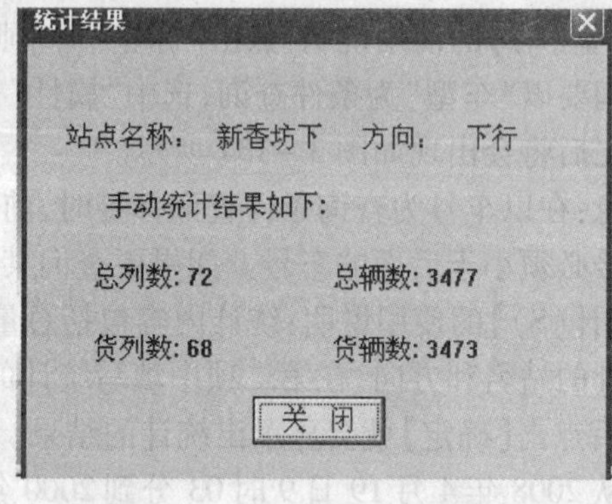

图　3－138

(c) Reader 卡状态；

(d) UPS 电源的相关参数。

③【故障信息报告】模板的使用说明

如果应用程序当前所显示的窗口不是【故障信息报告】窗口，用鼠标点击菜单栏上的【窗口】项，在弹出的下拉菜单中选择【故障信息报告】，切换到此窗口，如图 3－140 所示。

此窗口主要方便用户对 AEI 设备工作情况的监控，窗口会显示 AEI 系统状态详情，系统状态包括对通信的监控和工作状态，工作状态包括自检信息、UPS 信息、未匹配轴和未识别标签。

在系统监控的区域中，我们把鼠标移动到某一行上，然后双击鼠标左键，使其变蓝，这时会弹出该套设备的状态信息窗口，所显示的信息就是自检信息、未识别标签和未匹配轴的列车信

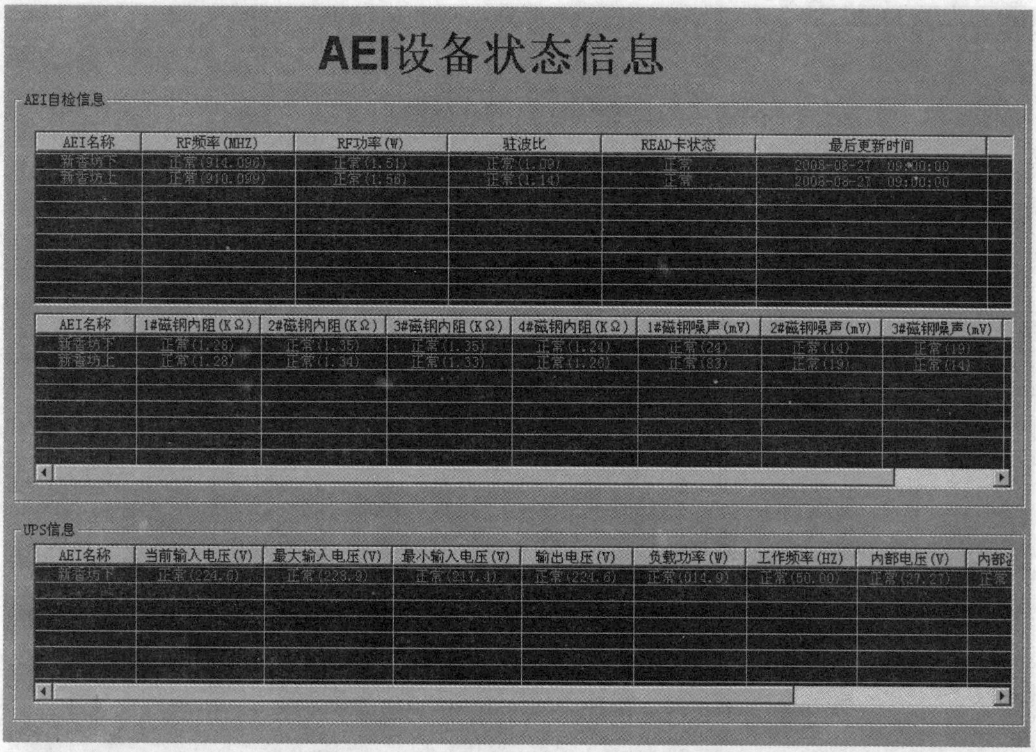

AEI设备状态信息

AEI自检信息

AEI名称	RF频率(MHZ)	RF功率(W)	驻波比	READ卡状态	最后更新时间
新香坊下	正常(914.090)	正常(1.51)	正常(1.09)	正常	2008-08-27 09:00:00
新香坊上	正常(910.099)	正常(1.56)	正常(1.14)	正常	2008-08-27 09:00:00

AEI名称	1#磁钢内阻(KΩ)	2#磁钢内阻(KΩ)	3#磁钢内阻(KΩ)	4#磁钢内阻(KΩ)	1#磁钢噪声(mV)	2#磁钢噪声(mV)	3#磁钢噪声(mV)
新香坊下	正常(1.28)	正常(1.35)	正常(1.35)	正常(1.24)	正常(24)	正常(14)	正常(19)
新香坊上	正常(1.28)	正常(1.34)	正常(1.33)	正常(1.26)	正常(83)	正常(19)	正常(14)

UPS信息

AEI名称	当前输入电压(V)	最大输入电压(V)	最小输入电压(V)	输出电压(V)	负载功率(W)	工作频率(HZ)	内部电压(V)	内部
新香坊下	正常(224.6)	正常(228.9)	正常(217.4)	正常(224.6)	正常(014.9)	正常(50.00)	正常(27.27)	正常

图　3－139

息。显示的信息与网图上设备图标点击得到的信息窗口相同,如图 3－141 所示。

a. 显示功能

此窗口主要显示以下内容:

(a)AEI 设备状态监控。

(b)未识别标签的列车信息。

(c)未匹配轴的列车信息。

7. 远程信息查询程序

远程信息查询程序采用网页式设计,浏览器/服务器结构(B/S 结构),在 Windows XP Professional 操作系统平台下,用 Microsoft Visual C # 语言和 ACESS 数据库联合设计开发。该程序采用浏览器/服务器结构(B/S 结构)设计的思路是:操作人员在局域网内的任何地方,通过 Windows 操作系统提供的 Internet Explorer 浏览器进行远程操作而不用安装任何专门的软件,只要在一台联网的电脑上就能操作,客户端零维护,用户需要由系统管理员分配不同权限的用户名和密码,就可以登录到 AEI 地面设备计算机,登录成功后,系统将用户和登录时间记录在网络日志(\veic\Web\log. txt)中。远程信息查询程序需要在网络通信的基础上才能实现。

远程信息查询程序可实现对 AEI 设备远程监控功能,监控内容主要有:过车信息、设备状态信息、AEI 自检信息、历史数据查询;另外,远程信息查询程序还具有远程更新"信息处理及设备监控程序"功能。远程信息查询程序功能设计如图 3－142 所示。

远程信息查询程序方便 AEI 设备维修管理人员对设备运行状态的了解,减少维修人员对设备的定期维护,提高工作效率。

(1)网页登录界面

铁路车号自动识别系统 - [故障信息报告]

功能选项(F) 查询统计(P) 查看(V) 窗口(W) 帮助(H)

AEI设备故障信息

系统监控

AEI名称	通信状态	工作状态	故障类型	最近更新时间	状态标志
新香坊下	正常	正常	无	2008-06-27 12:26:57	
新香坊上	正常	正常	无	2008-06-27 12:00:00	

AEI故障信息

AEI名称	未识别标签数	未匹配轴数	车次	过车时间
新香坊下		000	H 16181	2008-06-27 06:01:59
新香坊下		000	H 26043	2008-06-27 06:59:58
新香坊下	0		H 40605	2008-06-27 10:38:58

图 3-140

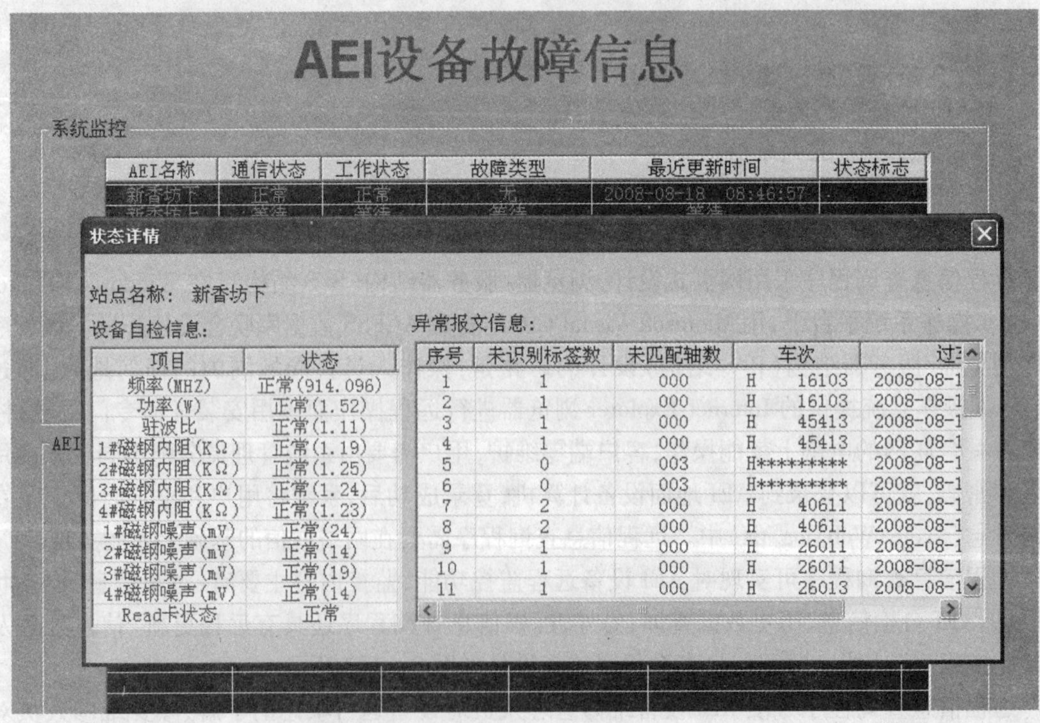

项目	状态
频率(MHZ)	正常(914.096)
功率(W)	正常(1.52)
驻波比	正常(1.11)
1#磁钢内阻(KΩ)	正常(1.19)
2#磁钢内阻(KΩ)	正常(1.25)
3#磁钢内阻(KΩ)	正常(1.24)
4#磁钢内阻(KΩ)	正常(1.23)
1#磁钢噪声(mV)	正常(24)
2#磁钢噪声(mV)	正常(14)
3#磁钢噪声(mV)	正常(19)
4#磁钢噪声(mV)	正常(14)
Read卡状态	正常

序号	未识别标签数	未匹配轴数	车次	过车时间
1	1	000	H 16103	2008-08-1
2	1	000	H 16103	2008-08-1
3	1	000	H 45413	2008-08-1
4	1	000	H 45413	2008-08-1
5	0	003	H*********	2008-08-1
6	0	003	H*********	2008-08-1
7	2	000	H 40611	2008-08-1
8	2	000	H 40611	2008-08-1
9	1	000	H 26011	2008-08-1
10	1	000	H 26011	2008-08-1
11	1	000	H 26013	2008-08-1

图 3-141

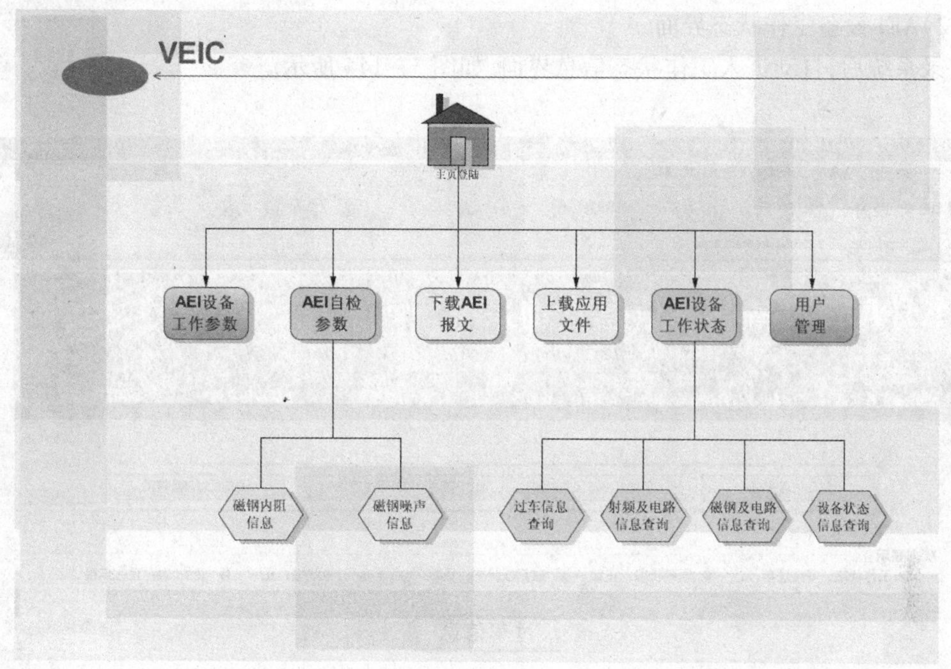

图　3-142

在浏览器的地址栏处输入目标 IP 地址,并输入用户名和密码进行登录,如图 3-143 所示。

图　3-143

(2) AEI 设备工作状态界面

登录系统后，自动进入工作状态信息界面，如图 3 – 144 所示。

图　3 – 144

过车信息出现错误时，相应信息用红色进行提示，鼠标移至错误项时，自动弹出维修意见。点击表格右侧“下载”按钮，将对应报文下载到本地计算机。

当磁钢、射频模块和 UPS 数据信息超出正常工作范围时，将用红字作为提示，如图 3 – 145 所示。

(3) AEI 设备查询界面

① 过车信息查询

设定查询时间段对过车信息进行查询，点击表格右侧“下载”按钮将对应报文下载到本地计算机。过车信息查询界面如图 3 – 146 所示。

② 射频及电路信息查询

设定查询时间段并选择相应设备进行射频及 Reader 卡状态信息查询，如图 3 – 147 所示。

③ 磁钢及电路信息查询

设定查询时间段并选择相应设备进行磁钢及磁钢板状态信息查询，如图 3 – 148 所示。

④ 设备状态信息查询

设定查询时间段并选择相应设备进行设备状态信息查询，如图 3 – 149 所示。

(4) AEI 设备自检信息一览表(图 3 – 150)。

AEI设备工作状态 - Microsoft Internet Explorer
文件(F) 编辑(E) 查看(V) 收藏(A) 工具(T) 帮助(H)
地址(D) http://192.168.3.228/DeviceState.aspx
设备一自检信息
项　目 | 测量值 | 状态
RF 频率(MHz) | 914.096 | 正常
RF 功率(W) | 1.53 | 正常
驻 波 比 | 1.10 | 正常
Reader卡状态 | Reader卡 | 正常
1#磁钢内阻(KΩ) | 1.31 | 正常
2#磁钢内阻(KΩ) | 1.39 | 正常
3#磁钢内阻(KΩ) | 1.39 | 正常
4#磁钢内阻(KΩ) | 1.23 | 正常
1#磁钢噪声(mV) | 209 | 偏高9
2#磁钢噪声(mV) | 43 | 正常
3#磁钢噪声(mV) | 43 | 正常
4#磁钢噪声(mV) | 14 | 正常
磁钢电路状态 | 模拟过车 | 待测
错误变色
设备二自检信息
项　目 | 测量值 | 状态
RF 频率(MHz) | 910.099 | 正常
RF 功率(W) | 1.42 | 正常
驻 波 比 | 1.11 | 正常
Reader卡状态 | Reader卡 | 正常
1#磁钢内阻(KΩ) | 1.31 | 正常
2#磁钢内阻(KΩ) | 1.38 | 正常
3#磁钢内阻(KΩ) | 1.36 | 正常
4#磁钢内阻(KΩ) | 1.27 | 正常
1#磁钢噪声(mV) | 126 | 正常
2#磁钢噪声(mV) | 48 | 正常
3#磁钢噪声(mV) | 43 | 正常
4#磁钢噪声(mV) | 19 | 正常
磁钢电路状态 | 模拟过车 | 待测
UPS信息
当前输入电压(V) | 最大输入电压(V) | 最小输入电压(V) | 输　出电压(V) | 负　载功率(W) | 工　作频率(Hz) | 电　池电压(W) | 内　部温度(℃)
完毕
Internet

图　3－145

过车信息查询 - Microsoft Internet Explorer
文件(F) 编辑(E) 查看(V) 收藏(A) 工具(T) 帮助(H)
地址(D) http://192.168.3.228/TrainInfoSearch.aspx
车号AEI设备状态信息查询系统
过车信息查询
日期时间：2008/08/26 02:55:15 至
查询
八月 2008
日 一 二 三 四 五 六
时间 15:56:8
清空 今天 确定
当前日期 | 方向 | 车次 | 车速 | 未匹配辆数 | 采集时间 | 下载
20080826017 | 下行 | K265 | 95-99km/h | 0 | 2008/08/26 03:57 | 下载
20080826018 | 下行 | H 16007 | 35-36km/h | 0 | 2008/08/26 04:02 | 下载
20080826019 | 下行 | H 16203 | 45-52km/h | 0 | 2008/08/26 04:20 | 下载
20080826020 | 下行 | H 16103 | 50-58km/h | 0 | 2008/08/26 04:37 | 下载
20080826021 | 下行 | H 16205 | 31-44km/h | 57 | 57 | 234 | 234 | 0 | 2008/08/26 05:18 | 下载
20080826022 | 下行 | H 16105 | 38-43km/h | 58 | 60 | 244 | 244 | 0 | 2008/08/26 05:35 | 下载
20080826023 | 下行 | H F????? | 40-46km/h | 24 | 25 | 102 | 102 | 0 | 2008/08/26 05:54 | 下载
20080826024 | 下行 | H 16107 | 38-42km/h | 57 | 58 | 234 | 234 | 0 | 2008/08/26 06:05 | 下载
20080826025 | 下行 | H 16131 | 43-43km/h | 55 | 55 | 226 | 226 | 0 | 2008/08/26 06:11 | 下载
完毕
Internet

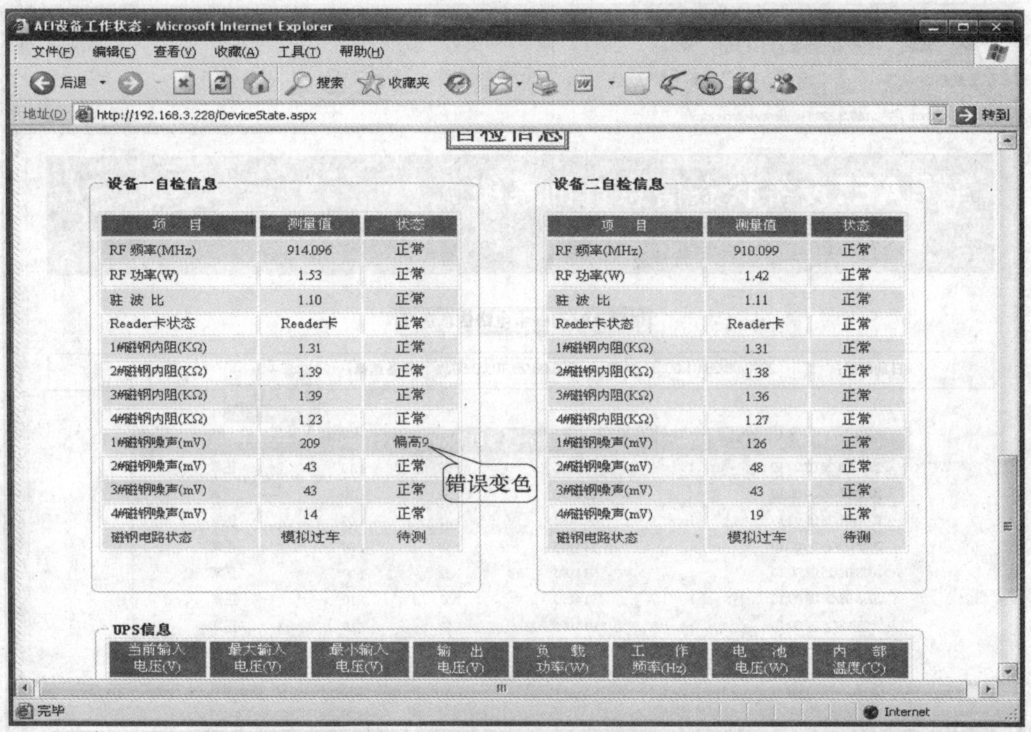

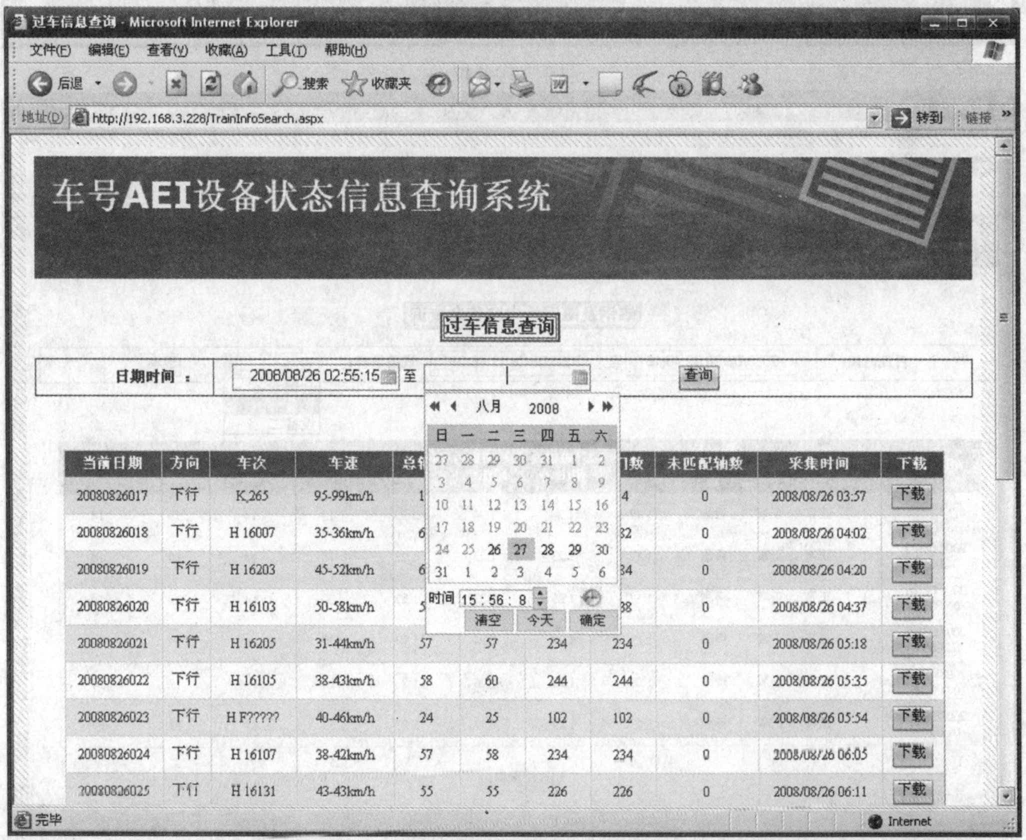

图　3－146

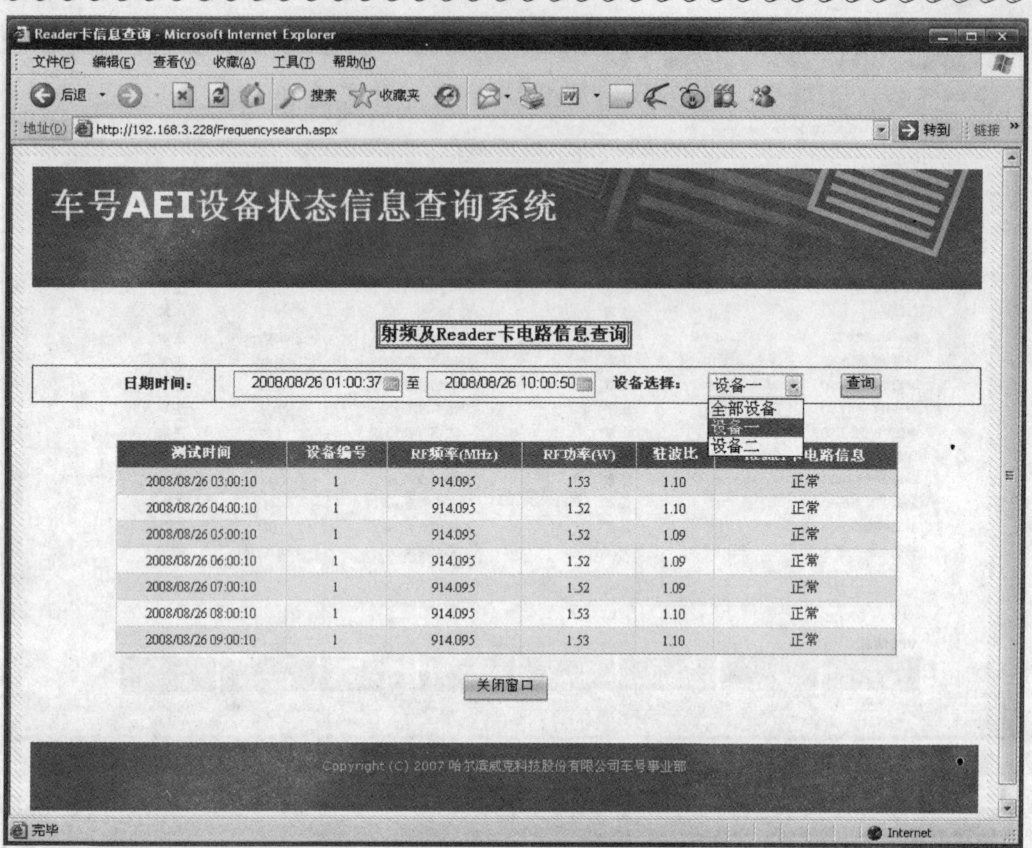

测试时间	设备编号	RF频率(MHz)	RF功率(W)	驻波比	Reader卡电路信息
2008/08/26 03:00:10	1	914.095	1.53	1.10	正常
2008/08/26 04:00:10	1	914.095	1.52	1.10	正常
2008/08/26 05:00:10	1	914.095	1.52	1.09	正常
2008/08/26 06:00:10	1	914.095	1.52	1.09	正常
2008/08/26 07:00:10	1	914.095	1.52	1.09	正常
2008/08/26 08:00:10	1	914.095	1.53	1.10	正常
2008/08/26 09:00:10	1	914.095	1.53	1.10	正常

图　3－147

磁钢板信息查询 - Microsoft Internet Explorer

文件(F) 编辑(E) 查看(V) 收藏(A) 工具(T) 帮助(H)

地址(D) http://192.168.3.228/cigangsearch.aspx

磁钢及磁钢板电路信息查询

日期时间： 2008/08/26 02:46:15 至 2008/08/26 11:46:21 设备选择： 设备一 查询

全部设备
设备一
设备二

测试时间	设备编号	磁钢内阻	磁钢噪声	磁钢板电路状态	1号磁钢内阻(KΩ)	2号磁钢内阻(KΩ)	3号磁钢内阻(KΩ)	4号磁钢内阻(KΩ)	1号磁钢噪声(mV)	2号磁钢噪声(mV)	3号磁钢噪声(mV)	4号磁钢噪声(mV)
2008/08/26 03:00:10	1	正常	正常	待测	1.17	1.24	1.24	1.23	19	14	19	14
2008/08/26 04:00:10	1	正常	正常	待测	1.17	1.23	1.23	1.23	78	14	19	14
2008/08/26 05:00:10	1	正常	正常	待测	1.17	1.23	1.23	1.23	39	14	19	14
2008/08/26 06:00:10	1	正常	正常	待测	1.17	1.24	1.24	1.23	29	14	14	14
2008/08/26 07:00:10	1	正常	正常	待测	1.23	1.26	1.26	1.23	24	14	19	14
2008/08/26 08:00:10	1	正常	正常	待测	1.23	1.29	1.29	1.23	53	14	19	19

关闭窗口

完毕　Internet

图　3－148

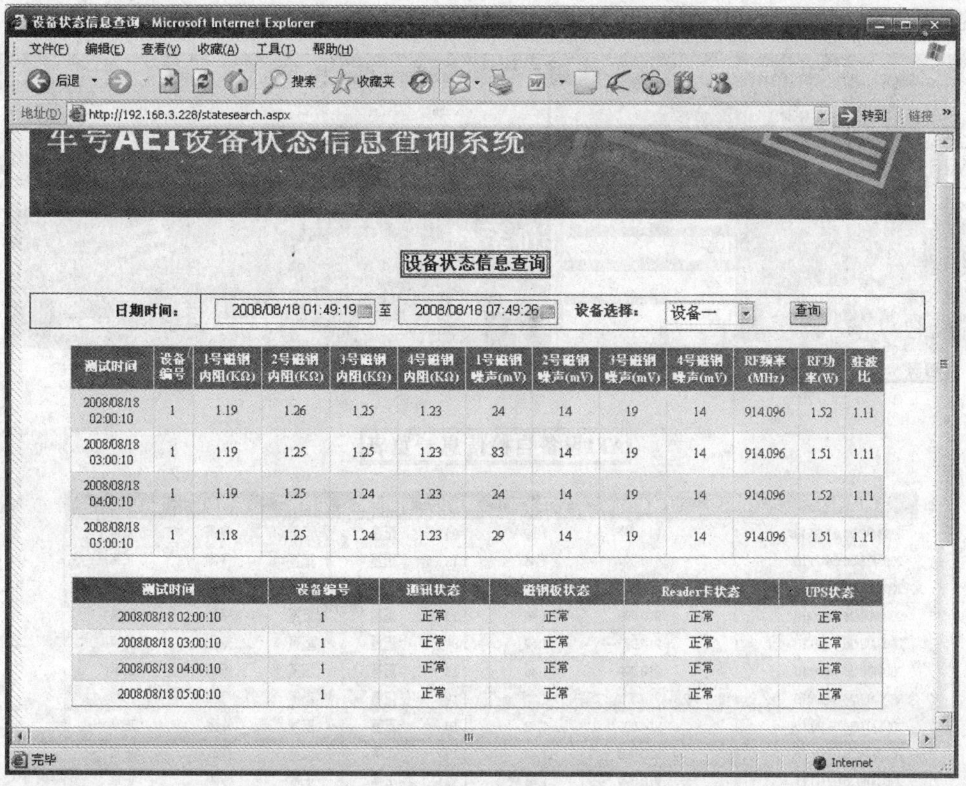

测试时间	设备编号	1号磁钢内阻(KΩ)	2号磁钢内阻(KΩ)	3号磁钢内阻(KΩ)	4号磁钢内阻(KΩ)	1号磁钢噪声(mV)	2号磁钢噪声(mV)	3号磁钢噪声(mV)	4号磁钢噪声(mV)	RF频率(MHz)	RF功率(W)	驻波比
2008/08/18 02:00:10	1	1.19	1.26	1.25	1.23	24	14	19	14	914.096	1.52	1.11
2008/08/18 03:00:10	1	1.19	1.25	1.25	1.23	83	14	19	14	914.096	1.51	1.11
2008/08/18 04:00:10	1	1.19	1.25	1.24	1.23	24	14	19	14	914.096	1.52	1.11
2008/08/18 05:00:10	1	1.18	1.25	1.24	1.23	29	14	19	14	914.096	1.51	1.11

测试时间	设备编号	通讯状态	磁钢板状态	Reader卡状态	UPS状态
2008/08/18 02:00:10	1	正常	正常	正常	正常
2008/08/18 03:00:10	1	正常	正常	正常	正常
2008/08/18 04:00:10	1	正常	正常	正常	正常
2008/08/18 05:00:10	1	正常	正常	正常	正常

图　3－149

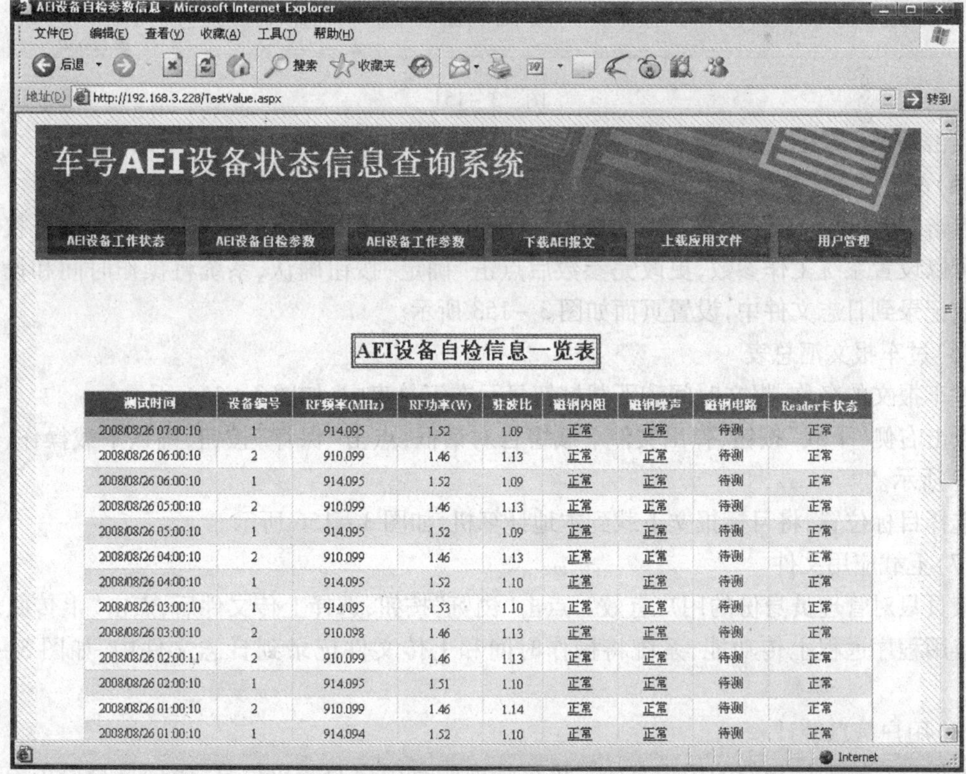

测试时间	设备编号	RF频率(MHz)	RF功率(W)	驻波比	磁钢内阻	磁钢噪声	磁钢电路	Reader卡状态
2008/08/26 07:00:10	1	914.095	1.52	1.09	正常	正常	待测	正常
2008/08/26 06:00:10	2	910.099	1.46	1.13	正常	正常	待测	正常
2008/08/26 06:00:10	1	914.095	1.52	1.09	正常	正常	待测	正常
2008/08/26 05:00:10	2	910.099	1.46	1.13	正常	正常	待测	正常
2008/08/26 05:00:10	1	914.095	1.52	1.09	正常	正常	待测	正常
2008/08/26 04:00:10	2	910.099	1.46	1.13	正常	正常	待测	正常
2008/08/26 04:00:10	1	914.095	1.52	1.10	正常	正常	待测	正常
2008/08/26 03:00:10	1	914.095	1.53	1.10	正常	正常	待测	正常
2008/08/26 03:00:10	2	910.098	1.46	1.13	正常	正常	待测	正常
2008/08/26 02:00:11	2	910.099	1.46	1.13	正常	正常	待测	正常
2008/08/26 02:00:10	1	914.095	1.51	1.10	正常	正常	待测	正常
2008/08/26 01:00:10	2	910.099	1.46	1.14	正常	正常	待测	正常
2008/08/26 01:00:10	1	914.094	1.52	1.10	正常	正常	待测	正常

图 3－150　AEI 设备自检信息界面

点击某条记录的"磁钢内阻"链接后,弹出磁钢内阻的详细信息,如图 3－151 所示。

图 3－151

点击某条记录的"磁钢噪声"链接后,弹出磁钢噪声的详细信息,如图 3－152 所示。

(5) AEI 设备工作参数设置界面

点击"AEI 设备工作参数"按钮,进入"AEI 设备工作参数设置"页面,具有管理员权限的用户可以设置系统工作参数,更改完参数后点击"确定"按钮确认,系统将操作时间和设置后的参数记录到日志文件中,设置页面如图 3－153 所示。

(6) 过车报文汇总表

过车报文的名称、报文时间和下载按钮显示在汇总表中,如图 3－154 所示。

点击右侧"下载"按钮,弹出文件下载警告对话框,点击"保存"按钮,确认下载操作,如图 3－155 所示。

选择目标位置,将目标报文下载到本地计算机,如图 3－156 所示。

(7) 上载应用文件

该页只对管理员身份的用户有效。点击"浏览"按钮,选择上传文件后,点击"上传文件",实现应用程序远程上传功能,系统将操作时间和上传文件记录到日志文件中,如图 3－157 所示。

(8) 用户信息统计

该页只对管理员身份的用户有效。该页管理所有用户及密码信息,管理员身份用户可点击"添加用户"按钮来添加新用户,如图 3－158 所示。

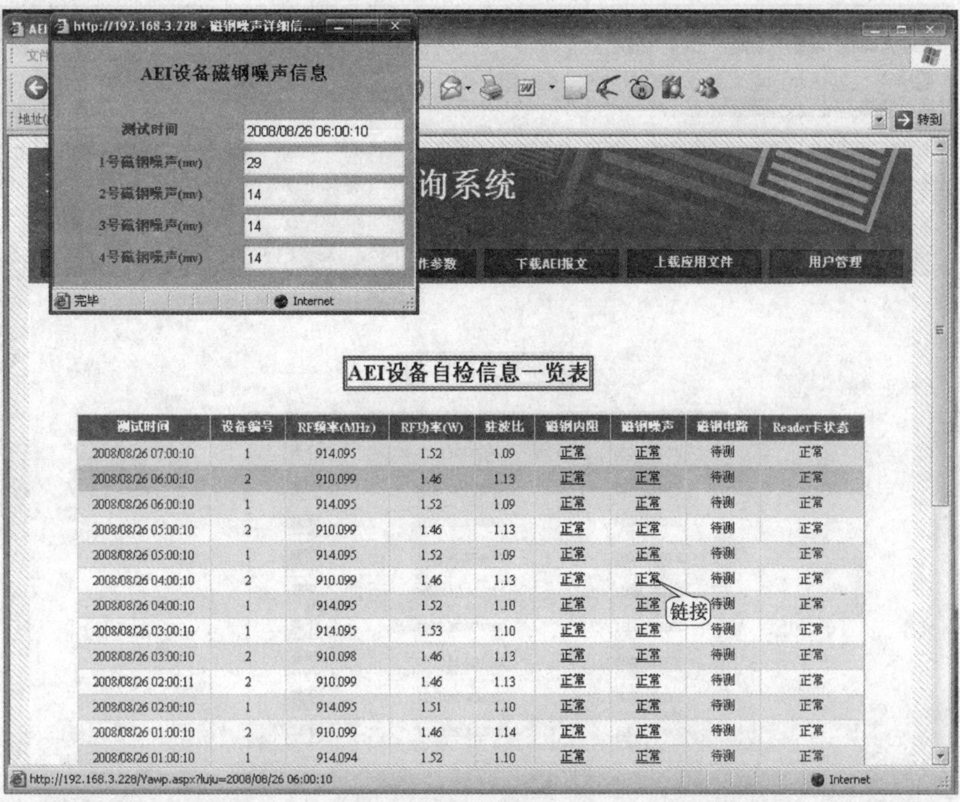

AEI设备自检信息一览表

测试时间	设备编号	RF频率(MHz)	RF功率(W)	驻波比	磁钢内阻	磁钢噪声	磁钢电路	Reader卡状态
2008/08/26 07:00:10	1	914.095	1.52	1.09	正常	正常	待测	正常
2008/08/26 06:00:10	2	910.099	1.46	1.13	正常	正常	待测	正常
2008/08/26 06:00:10	1	914.095	1.52	1.09	正常	正常	待测	正常
2008/08/26 05:00:10	2	910.099	1.46	1.13	正常	正常	待测	正常
2008/08/26 05:00:10	1	914.095	1.52	1.09	正常	正常	待测	正常
2008/08/26 04:00:10	2	910.099	1.46	1.13	正常	正常	待测	正常
2008/08/26 04:00:10	1	914.095	1.52	1.10	正常	正常	待测	正常
2008/08/26 03:00:10	1	914.095	1.53	1.10	正常	正常	待测	正常
2008/08/26 03:00:10	2	910.098	1.46	1.13	正常	正常	待测	正常
2008/08/26 02:00:11	2	910.099	1.46	1.13	正常	正常	待测	正常
2008/08/26 02:00:10	1	914.095	1.51	1.10	正常	正常	待测	正常
2008/08/26 01:00:10	2	910.099	1.46	1.14	正常	正常	待测	正常
2008/08/26 01:00:10	1	914.094	1.52	1.10	正常	正常	待测	正常

图　3－152

AEI设备工作参数 - Microsoft Internet Explorer

文件(F)　编辑(E)　查看(V)　收藏(A)　工具(T)　帮助(H)

后退　搜索　收藏夹

地址(D) http://192.168.3.228/Parameter.aspx　转到

AEI设备工作参数设置

当前年月	过车序号	系统状态	工作模式	电报略号	测试间隔	设备1站号	设备1中断号	设备1磁钢板号	设备2站号	设备2中断号	设备2磁钢板号
20080410	56	单套	复线	LLB	1	13	0	0	2	1	1

当前年月 20080410
过车序号 56
系统状态 单套
工作模式 复线
电报略号 LLB
测试间隔 1
设备1站号 13
设备1中断号 0
设备1磁钢板号 0
设备2站号 2
设备2中断号 1
设备2磁钢板号 1

参数设置　确定

完毕　Internet

图　3－153

下载AEI报文 - Microsoft Internet Explorer
文件(F) 编辑(E) 查看(V) 收藏(A) 工具(T) 帮助(H)
后退 搜索 收藏夹
地址(D) http://192.168.3.228/RepDownLoad.aspx
转到
车号AEI设备状态信息查询系统
AEI设备工作状态
AEI设备自检参数
AEI设备工作参数
下载AEI报文
上载应用文件
用户管理
过车报文汇总表
报文名称 报文形成时间 下载
20080826036 2008/08/26 09:08 下载
20080826035 2008/08/26 08:59 下载
20080826034 2008/08/26 08:37 下载
20080826033 2008/08/26 08:31 下载
20080826032 2008/08/26 08:06 下载
20080826031 2008/08/26 08:03 下载
20080826030 2008/08/26 07:37 下载
20080826029 2008/08/26 07:25 下载
20080826028 2008/08/26 07:07 下载
完毕
Internet

图 3-154

下载AEI报文 - Microsoft Internet Explorer
文件(F) 编辑(E) 查看(V) 收藏(A) 工具(T) 帮助(H)
后退 搜索 收藏夹
地址(D) http://192.168.3.228/RepDownLoad.aspx
转到
车号AEI设备状态信息查询系统
AEI设备工作状态
AEI设备自检参数
AEI设备工作参数
下载AEI报文
上载应用文件
用户管理
过车报文汇总表
报文名称
20080826036
20080826035
20080826034
20080826033
20080826032
20080826031
20080826030
20080826029 2008/08/26 07:25 下载
文件下载 - 安全警告
您想保存此文件吗?
名称: 20080826035
类型: 未知文件类型
发送者: 192.168.3.228
保存(S) 取消
来自 Internet 的文件可能对您有所帮助，但此文件类型可能危害您的计算机。如果您不信任其来源，请不要保存该软件。有何风险?
完毕
Internet

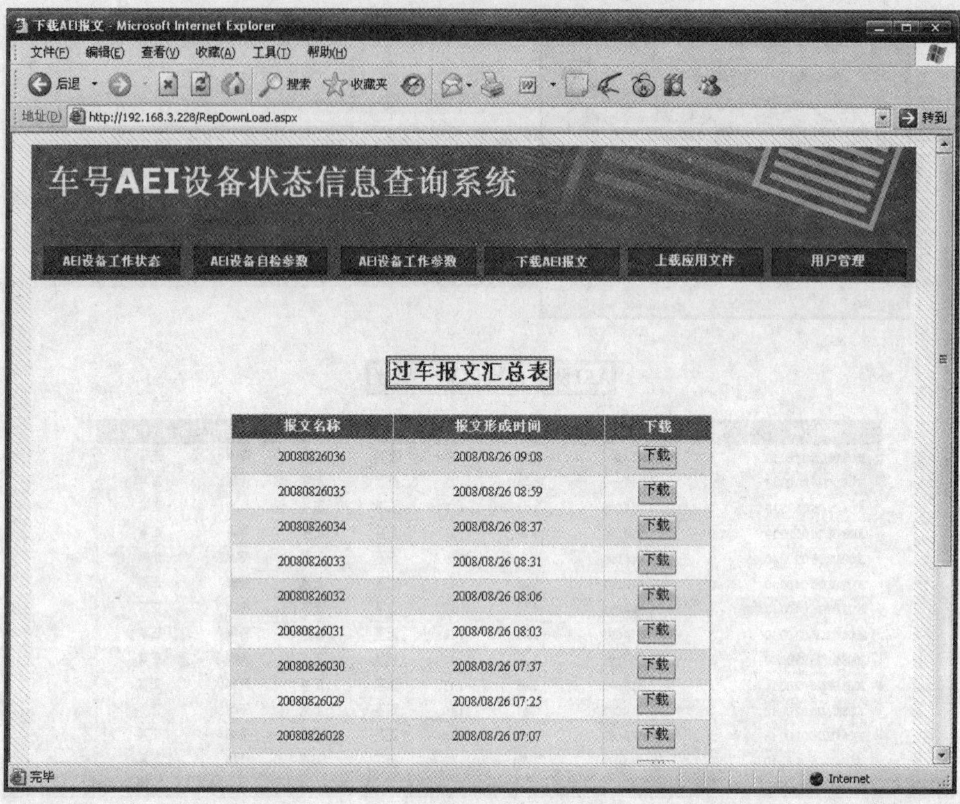

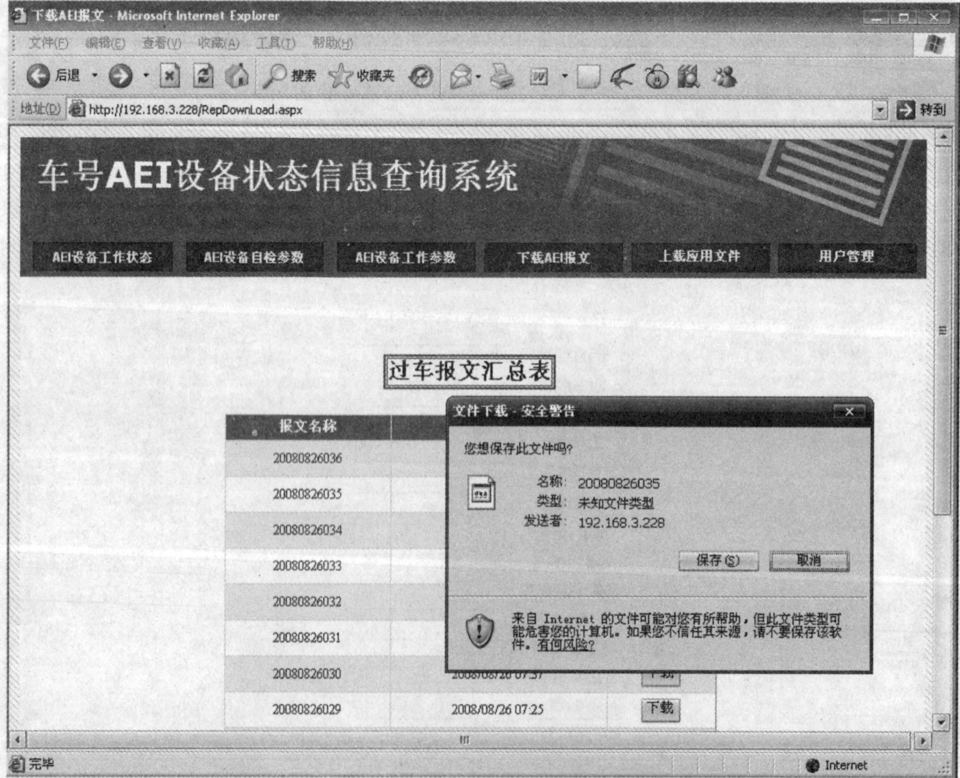

图 3-155

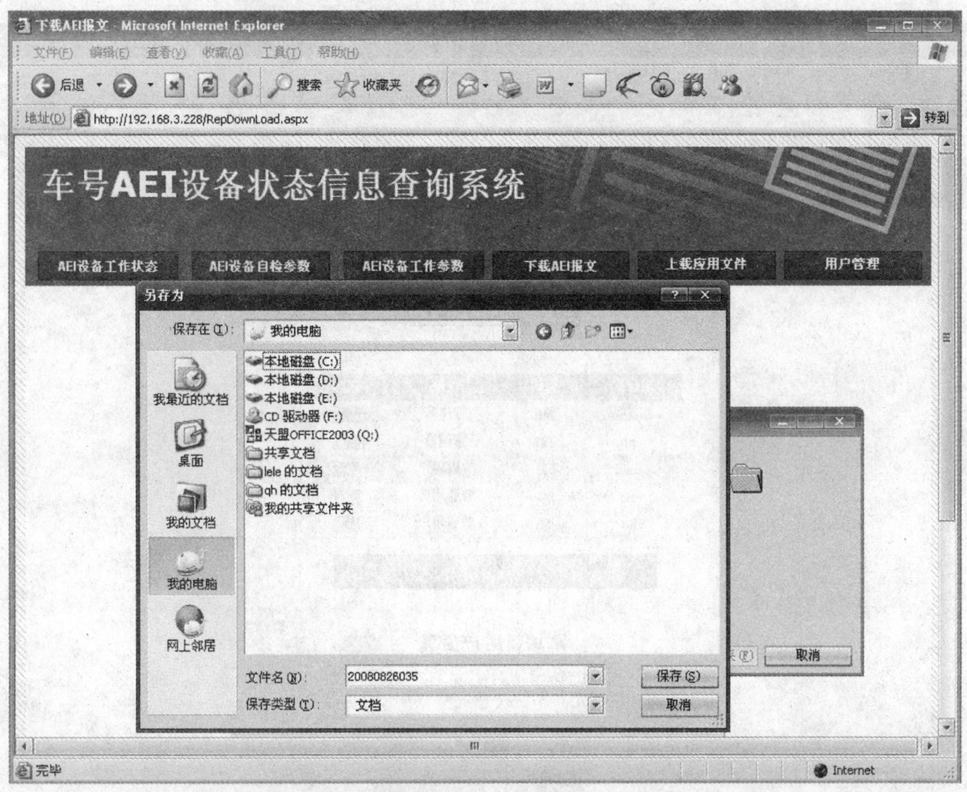

图　3－156

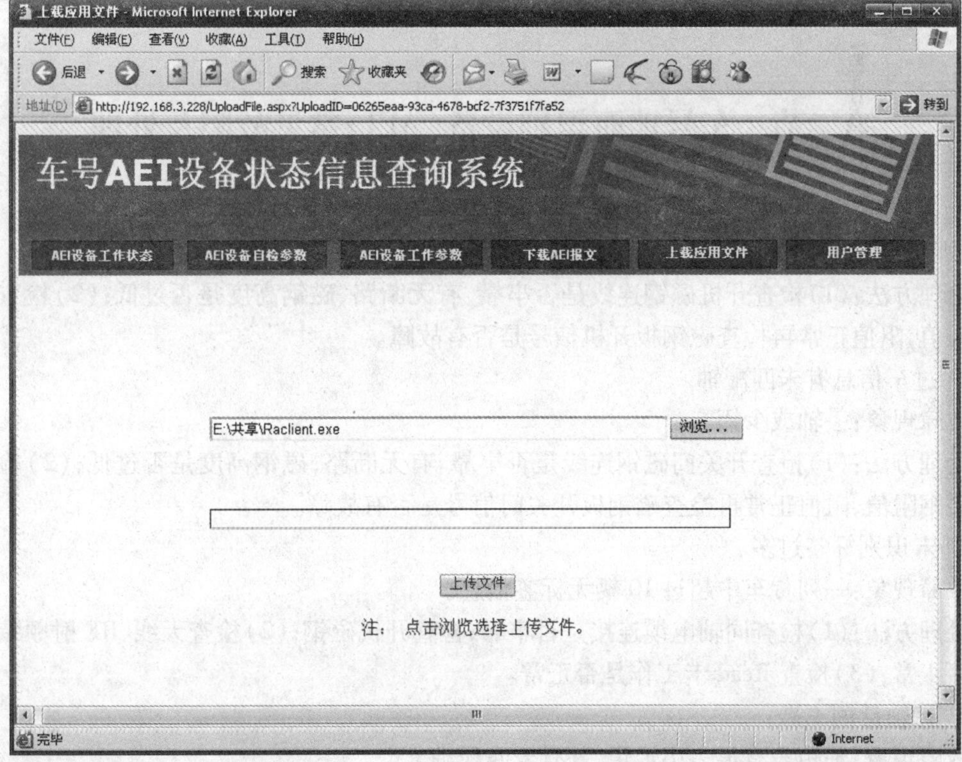

图　3－157

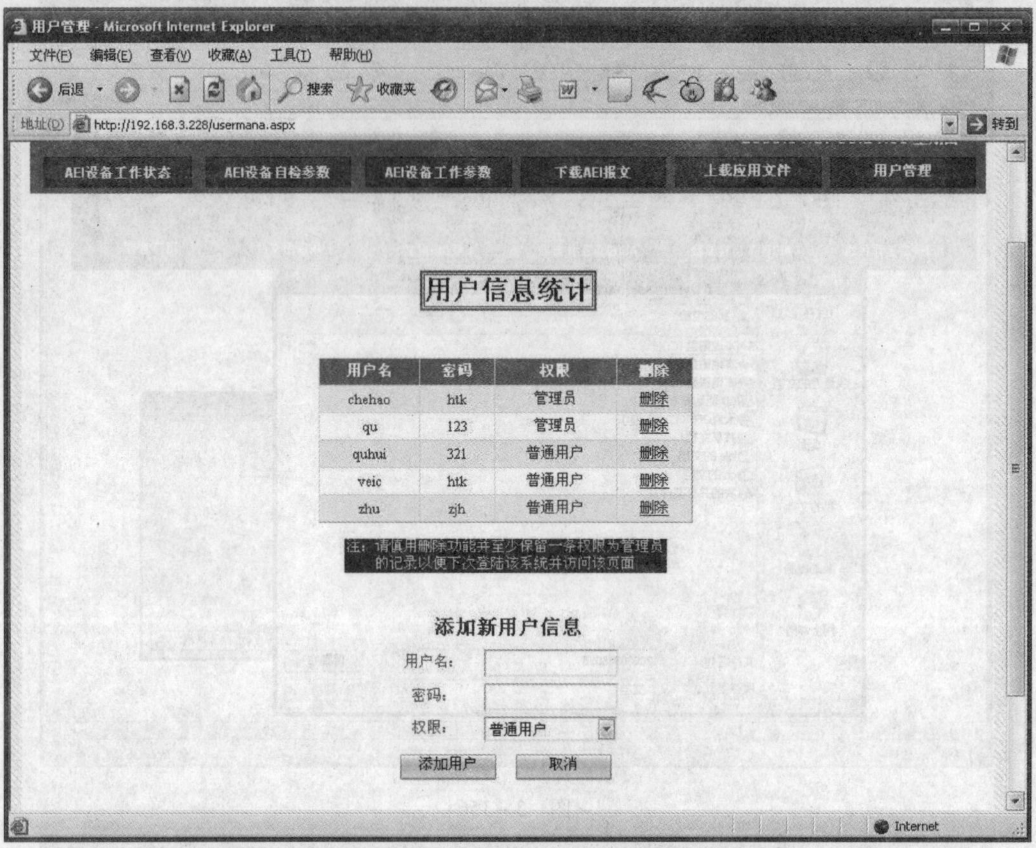

图　3－158

第二节　车号地面识别设备(AEI)常见故障及处理

1. 开机磁钢故障

故障现象:轴距表表头没有机车轴距或机车轴距不全。

处理方法:(1)检查开机磁钢连线是否牢靠,有无断路,磁钢高度是否过低;(2)检查开机磁钢阻值,阻值正常再检查磁钢板开机信号是否有故障。

2. 过车信息有未匹配轴

故障现象:丢轴或少辆。

处理方法:(1)检查开关门磁钢连线是否牢靠,有无断路,磁钢高度是否过低;(2)检查开关门磁钢阻值,阻值正常再检查磁钢板开关门信号是否有故障。

3. 未识别标签过多

故障现象:一列货车中超过 10 辆无标签信息。

处理方法:(1)检查同轴电缆连接是否牢靠,检查开机磁钢;(2)检查天线、RF 射频装置工作是否正常;(3)检查 Read 卡工作是否正常。

4. 计轴计辆不准

故障现象:轴距表有很多小轴距,并有未匹配轴。

处理方法:(1)检查开关门磁钢连线是否牢靠,有无断路,磁钢高度是否过低;(2)检查开关门磁钢接线极性是否接反;(3)开关门磁钢加电阻,屏蔽干扰信号,设备接地是否良好。

5. 工控机开机无反应

故障现象:开机无任何反应。

处理方法:(1)查看电源指示灯是否正常;(2)查看电源风扇是否运转,检查电源输入是否正常,插头是否接触良好;(3)检查工控机电源输出是否正常。

6. KVM 无显示

故障现象:屏幕无任何显示。

处理方法:(1)检查 KVM 各个联线及接线是否牢靠;(2)检查 KVM 电源输入是否正常,电源开关是否打开;(3)检查工控机工作是否正常。

第四章　货车故障轨边图像检测系统(TFDS)

货车故障轨边图像检测系统(TFDS)是应用计算机、网络通信、自动控制和图像采集处理技术,并采用科学的管理方法和系统化的手段,为铁路货车运行故障检测提供故障图片信息动态采集、存储、传输及预警服务,改变了列检作业方式和生产组织布局,实现了不停车技术检查,提高了列检作业质量、效率和车辆安全防范的水平。TFDS经过几年的发展,不断总结使用经验,不断进行技术改造,已经由最初的旧型TFDS升级为性能更加稳定的TFDS－1型、具备抗阳光干扰的TFDS－2型以及现在采用线阵扫描、采用激光作为补偿光源的更加稳定的TFDS－3型机。

第一节　货车故障轨边图像检测系统(TFDS－3)

一、系统简介

TFDS－3型货车故障轨边图像检测系统是采用高速线阵扫描摄像机对运行的列车进行图像采集,由控制系统进行分析与处理,计算出列车运行速度、判断出列车车种车型,取出系统所需要的车辆关键部位图像进行存储,以一车一档的方式在窗口计算机中显示,并能按要求打印、传输。通过人机结合的方式判别出车辆车体、转向架、制动装置、车钩缓冲装置等部件及其零配件有无缺损、断裂、丢失等故障,从而达到动态检测车辆故障的目的。

二、系统组成

TFDS－3型货车故障轨边图像检测系统由轨边图像采集站、列检检测中心两部分组成。其中轨边图像采集站由智能磁钢系统(磁钢组、智能磁钢板)、车号采集系统、车辆信息采集计算机、高速图像采集设备、红外补偿光源、轨边设备防护装置和网络传输设备组成。列检检测中心由网络传输设备、服务器、图像浏览终端组成,如图4－1所示。

为了实现对运行车辆在线检测,本系统实时采集被检车辆的运行速度,以此来精确控制摄像系统在拍摄不同位置时的线扫描频率、同步图像采集和图像定位;利用多台高速线阵扫描摄像机清晰拍摄预定的整列通过列车,然后利用时间轴来精确截取图片,无需定点拍摄,同时摄像系统配以红外补偿光源、窄带滤光片来保证其能在全天候均能获得车辆关键检测部位的清晰图像;获得的原始图像经计算机处理后,中转处理计算机对所采集的图像根据轮轴测量信号对车辆检测部位的图像进行定位提取和图像匹配处理;由图像处理计算机得到的车辆关键部位的图像,经光端机进行远程光纤传输,并由安装在检车室内的光端机接解调,由网络管理服务器分配给检车员终端计算机;检车员无需到达现场即可通过安装在室内的检车员终端计算机上所显示的车辆关键检测部位的清晰图像对车辆故障进行准确、方便、快速的判断。

(一)轨边图像采集站

轨边图像采集站具有图像数据采集、压缩、传输、处理、备份等功能,它主要由轨边设备和

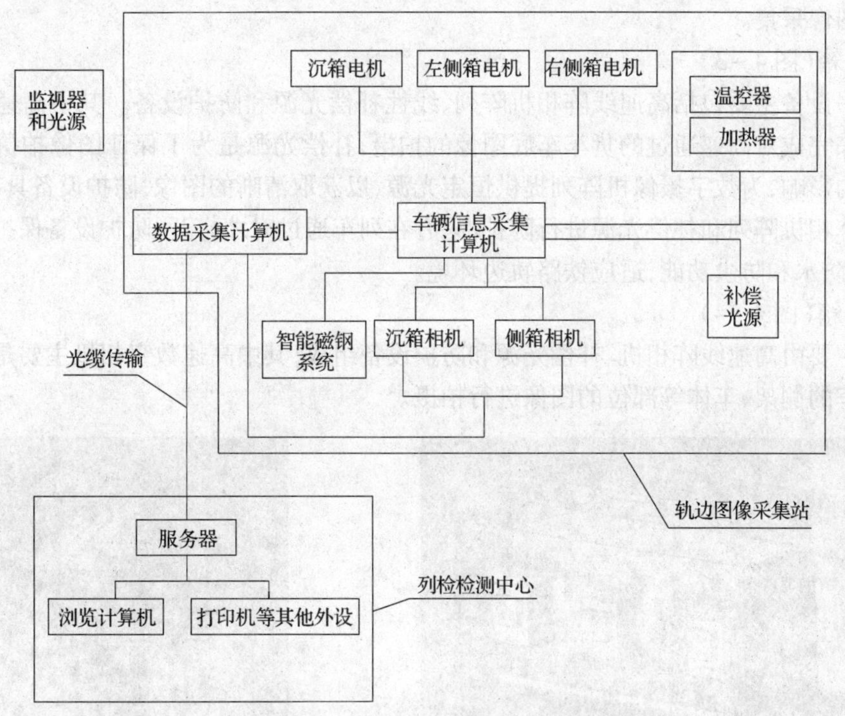

图4－1　TFDS－3型货车故障轨边图像检测系统框图

轨边探测站两部分组成,如图4－2所示。

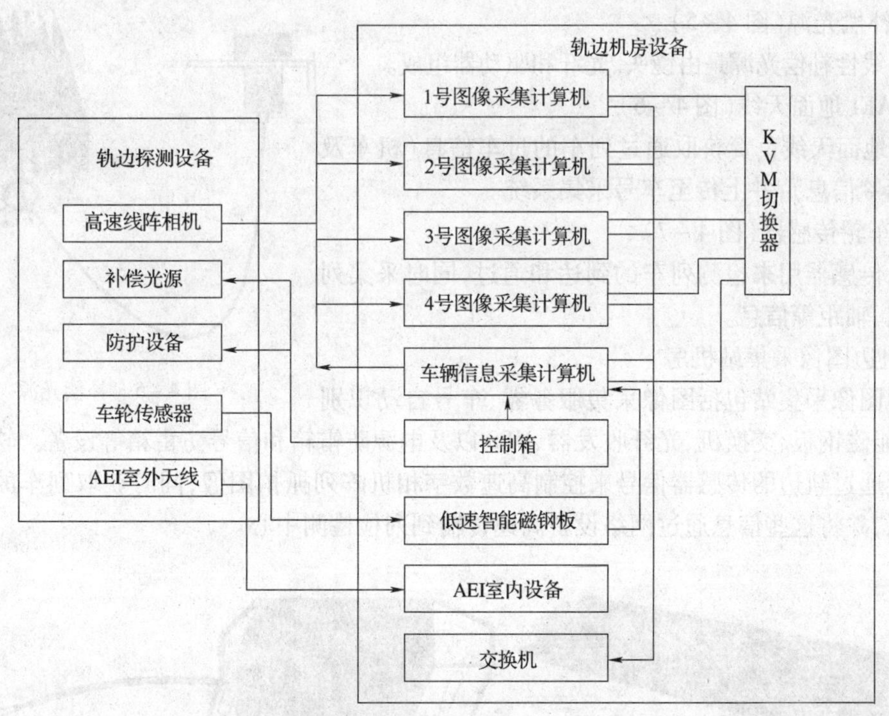

图4－2　轨边设备结构图

1. 轨边设备

轨边设备包括沉箱、侧箱、车轮传感器组、AEI地面天线,主要完成开机检测、光源补偿、车号读取和图像采集。

(1)沉箱(图4－3)

沉箱中设备主要包括高速线阵相机阵列、线性补偿光源和防护设备。其中高速线阵相机阵列是用来完成对高速通过的货车车底图像的拍摄;补偿光源是为了保证图像拍摄不受外界光线变化的影响,为数字摄像机阵列提供恒定光源,以获取清晰的图像;防护设备具有保护门,对高速线阵相机阵列和补偿光源进行防护,只有在列车通过时才打开,防护设备保护箱具有抗震性,具有防水和防尘功能,适应铁路轨边环境。

(2)侧箱(图4－4)

侧箱主要由高速线阵相机、补偿光源和防护设备组成,其中高速数字相机主要是用来完成对通过货车的侧架、车体等部位的图像进行拍摄。

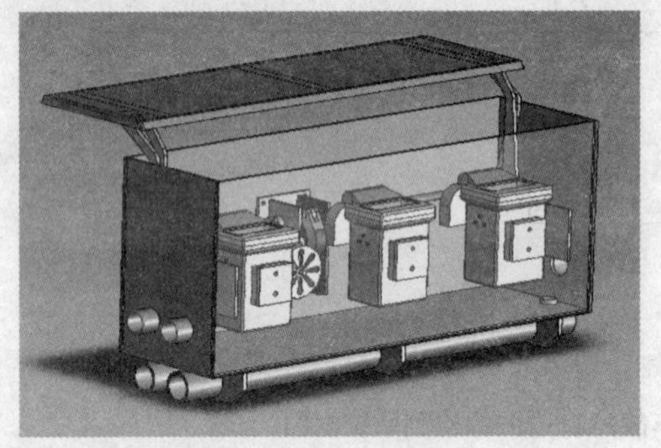

图4－3　沉箱

图4－4　侧箱

(3)补偿光源(图4－5)

红外线性补偿光源是由镜头、光纤和驱动器组成。

(4)AEI地面天线(图4－6)

AEI地面天线负责获取通过列车的过车信息(机车及车辆的标签信息),并上传至车号采集系统。

(5)车轮传感器(图4－7)

车轮传感器用来检测列车的到达和通过,同时采集列车的车速、轴距等信息。

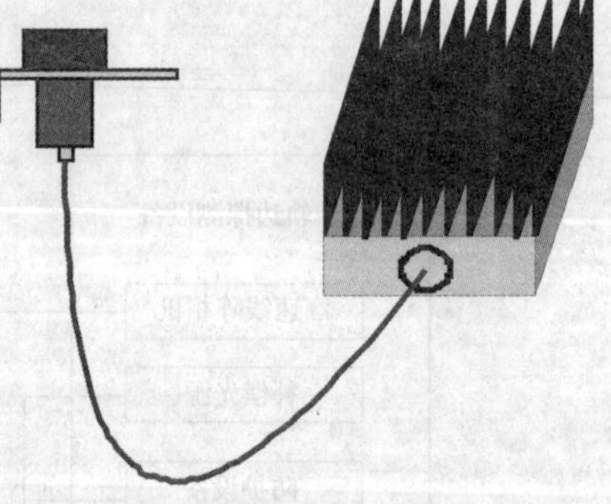

图4－5　补偿光源

2. 轨边图像采集站机房

轨边图像采集站包括图像采集服务器、车号自动识别系统、智能磁钢板、交换机、光纤收发器、UPS以及电源防雷箱和信号防雷箱等设备。轨边机房主要负责通过轨边的传感器信号来控制高速数字相机阵列抓拍图像,同时获取列车的车号等过车信息,并将这些信息通过网络设备高速传输到列检检测中心。

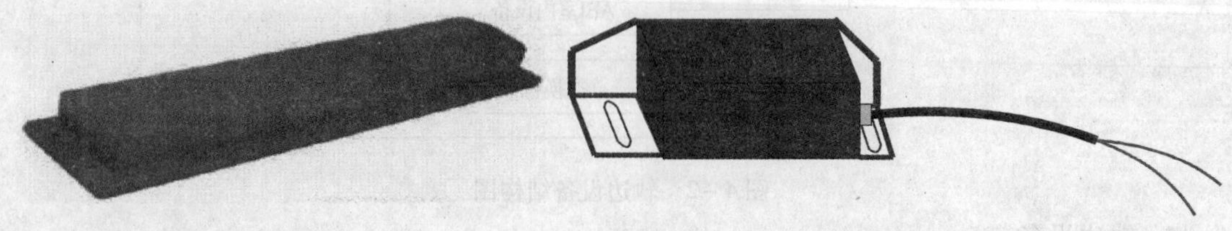

图4－6　AEI地面天线

图4－7　ZR车轮传感器

(1)图像信息采集设备

图像采集计算机(工控机)采集摄像机传输过来的图片,再经过压缩处理后将图像上传到列检图像检测中心。轨边探测站机柜如图4-8所示。

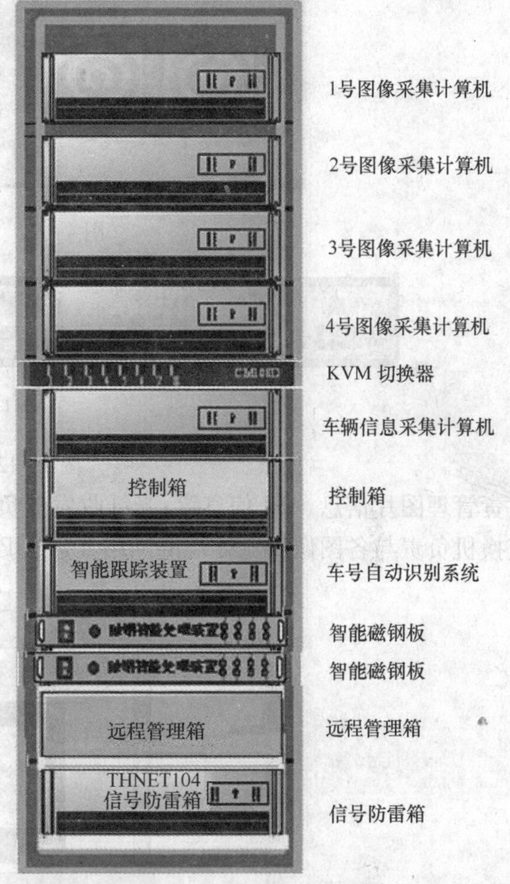

图4-8　轨边探测站机柜

(2)车号自动识别系统(图4-9)

车号自动识别系统(AEI-T1)对过车标签信息进行采集,并将标签信息上传至网络服务器。

(3)智能磁钢板(图4-10)

全面协调、智能处理磁钢信号,达到不多轴不漏轴的效果,有效降低设备故障率。

(4)光纤收发器(图4-11)

光纤收发器负责将图像数据传输到列检检测中心。

(5)交换机(图4-12)

交换机负责轨边机房设备和列检检测中心的网络通信。

(6)UPS

为轨边机房提供稳定可靠的电源。

(7)电源防雷箱

防止轨边设备和机房设备工作受到雷电的干扰。

(二)列检检测中心设备组成

列检检测中心设备由网络服务器机柜和图像浏览终端组成。网络服务器主要完成抓拍图像的接收、存储和管理。列检图像浏览终端主要完成图像信息的显示、故障信息的收集以及列检员工作信息的记录等工作。

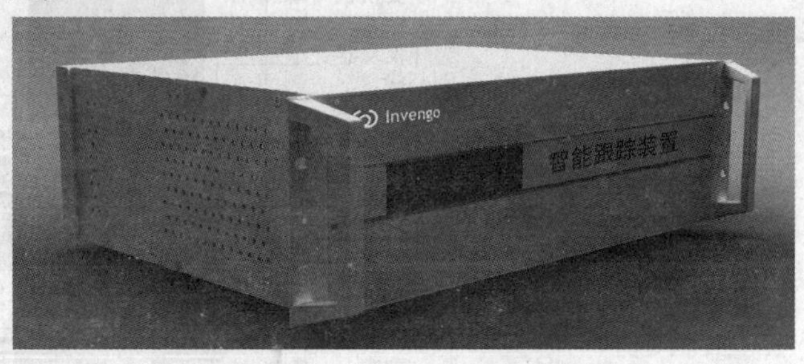

图4-9　车号自动识别系统

1. 网络服务器机柜(图4-13)

网络服务器机柜由服务器、光纤收发器、交换机和UPS组成。服务器

图4-10　SCR-S6车轮传感器智能处理装置

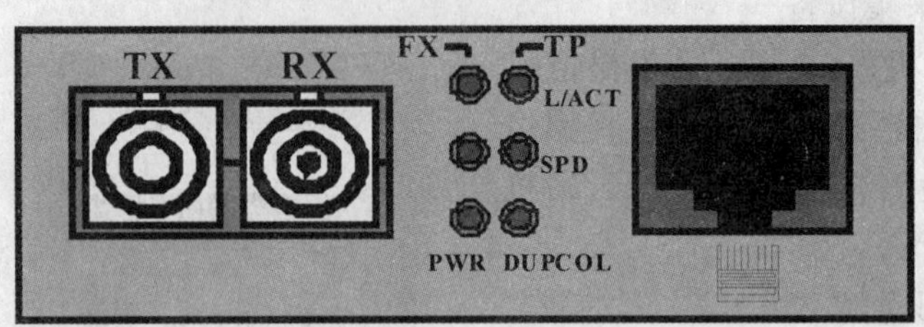

图 4－11　光纤收发器

图 4－12　交换机

负责管理图片信息、AEI 信息等；光纤收发器负责接收轨边机房传输的图片信息和 AEI 信息；交换机负责与各图像浏览终端的网络互连；UPS 提供稳定可靠的电源。

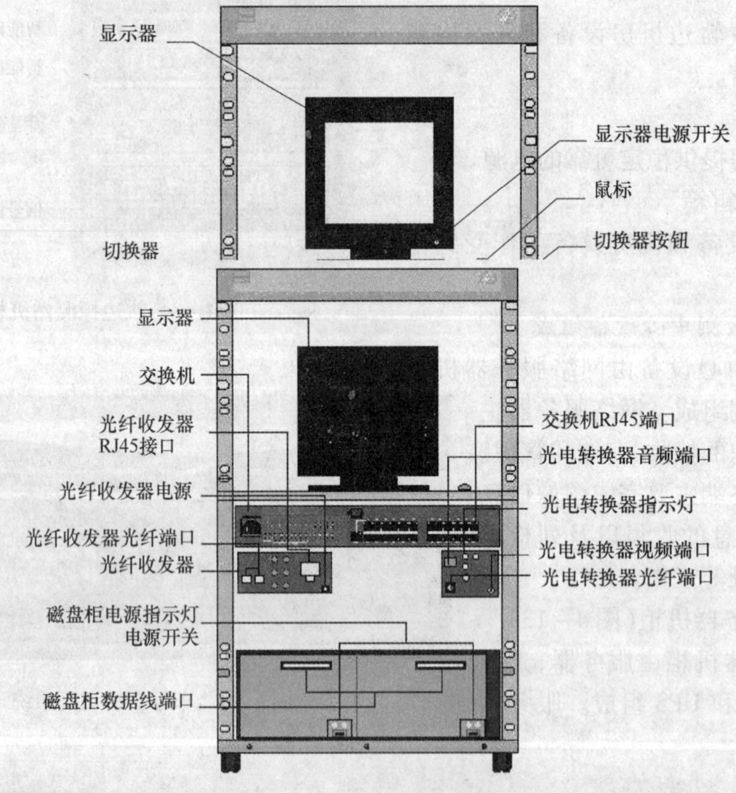

图 4－13　网络服务器机柜

2. 图像检测中心

图像检测中心由图像浏览终端组成。图像浏览终端数量可根据用户需要进行配置，图像浏览终端主要用来显示车辆图片，进行故障信息的存储、查询、统计、打印，自动生成列检常用的工作报表和台账。

三、系统主要特点及技术参数

1. 系统的主要特点

(1)使用线阵扫描摄像机。

(2)采用红外线性光源作为拍照的补偿光源。

(3)通过线阵扫描拍摄整列通过列车,然后利用时间轴切片来精确截取图片,无需定点拍摄。

(4)每个相机均为线扫描连续拍摄,在图片截取和拼接效果上具有天然的优势,使拼接质量和效果达到最佳。

(5)具有车体部位和侧面悬吊件拍摄功能。

(6)系统采用8个磁钢配合智能磁钢板处理装置采集车轮位置和速度信息,保证系统能准确的拍摄需要检测的部位。

(7)图像采集系统采用了专用防护装置,低温适用性强。

(8)系统能区分机车、客车、货车、特种车,实现了对不同车型图像采集的精确定位。

(9)系统对拍摄的图片进行实时拍摄,保证各种光照条件下拍摄的图像清晰。

(10)系统具有实时传车的功能,每节列车通过探测站后,列检室终端即可实时浏览图片。

2. 系统性能指标

(1)适应列车运行速度:0～150 km/h。

(2)自动识别货车车号。

(3)自动计轴计辆。

(4)信息传输:图像采集服务器,串行传输,38 400 bit/s;图形处理采集站至检测分析中心,光纤通信,1 000 Mbit/s。

(5)适应环境工作条件:室外设备,温度:－40～70 ℃;湿度:≤95%。室内设备,温度:－20～60 ℃;湿度:≤95%;日温差:≤40 ℃。

(6)系统电源:AC220(1±20%),50 Hz;摄像机电源:DC(12±0.5)V;红外补偿电源:DC(12±0.5)V。

(7)采用清网华防雷模块。标称放电电流(8/20 μs):70 kA,冲击电流(10/350 μs):15 kA,保护水平:≤2.5 kV。

(8)探测站地线设置:设防雷地和设备地两点,防雷接地电阻小于4 Ω,设备地小于10 Ω。

3. 图像采集站技术参数

(1)摄像机:采用DALSA SG－15－01k80－50－R线阵扫描摄像机,分辨率1 024像素/线,数量:7个。

(2)补偿光源:红外线性光源。

(3)AEI－T1车号自动识别系统。

4. 图像处理参数

(1)最高抓拍速度:68 000线/s,分辨率1 024像素/线。

(2)图像处理速度:68 000线/s,分辨率1 024像素/线。

(3)图像传输速率:列车机车通过探测设备之后,图像数据即可同步在部件信息浏览终端上显示。

5. 网络数据

(1)图像采集服务器:CPU 双核 2.5 G、内存 2 G、硬盘 160 G。

(2)网络服务器:IBM 服务器。

(3)浏览终端计算机:双核 2.5 G、内存 1 G、硬盘 160 G。

6. 系统可检查的故障

(1)侧架有无裂损。

(2)前端、前盖、承载鞍前端有无破损,轴端螺栓有无丢失、滑动轴承箱及配件是否齐全。

(3)一体式构架侧梁外侧、摇枕底部两侧架镶入部之间有无裂损,侧架立柱磨耗板有无窜出、丢失,交叉支撑装置盖板下平面有无变形、破损,交叉杆、交叉杆支撑座、轴箱及摇枕弹簧有无窜出、丢失,转 K4 型转向架弹簧托板底部有无破损、斜楔主摩擦板有无丢失,手制动机配件齐全、有无破损。

(4)钩尾框底部有无裂损,钩尾框托板有无裂损、螺栓螺母有无丢失,从板、从板座、缓冲器底部有无破损,钩尾扁销螺栓螺母、开口销有无丢失。

(5)闸瓦托吊、制动梁支柱、槽钢、弓型杆有无弯曲、变形、裂损、折断;制动梁吊的圆销、开口销、U 形插销(螺栓)有无丢失,闸瓦、闸瓦插销有无折断、丢失,下拉杆有无变形、折断、丢失,安全吊有无脱落、丢失、制动梁支柱、下拉杆、固定杠杆支点、移动杠杆、上拉杆的圆销、开口销中无折断、丢失。

(6)车号自动识别标签有无破损,丢失及识别情况。

(7)互钩差是否超限,平车端板折页、圆销、开口销有无丢失。

(8)可观测关门车。

(9)制动梁脱落、摇枕及侧架可视部位裂损、枕簧丢失、安全链脱落、制动梁支柱圆销丢失自动识别。

(10)车体部位、定检标志等有无破损。

第二节　货车故障轨边图像检测系统(TFDS-3)线序说明

机柜的整体布局及配线如图 4-14 所示。

一、图像采集设备

图像采集计算机一共 4 台,接线方式如图 4-15 所示,下面分别说明每台计算机的线序。

1. 1 号图像采集计算机

(1)接至机柜最上方的交换机;

(2)用网线连接至 1 号相机网口;

(3)用网线连接至 2 号相机网口;

(4)接至液晶 KVM 切换器的 PC1;

(5)接至液晶 KVM 切换器的 PC1。

2. 2 号图像采集计算机

(1)接至机柜最上方的交换机;

(2)用网线连接至 6 号相机网口;

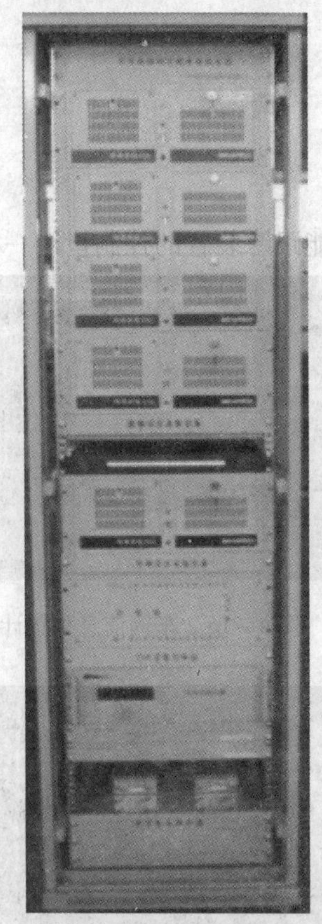

(a)控制机柜正面

(b)控制机柜后面

图 4－14　控制机柜

图 4－15　图像采集计算机

(3)用网线连接至 7 号相机网口；

(4)接至液晶 KVM 切换器的 PC2；

(5)接至液晶 KVM 切换器的 PC2。

3. 3 号图像采集计算机

(1)接至机柜最上方的交换机；

(2)用网线连接至 3 号相机网口；

(3)用网线连接至 5 号相机网口；

(4)接至液晶 KVM 切换器的 PC3；

(5)接至液晶 KVM 切换器的 PC3。

4. 4 号图像采集计算机

(1)接至机柜最上方的交换机；

(2)用网线连接至 4 号相机网口；

(3)接至液晶 KVM 切换器的 PC4；

(4)接至液晶 KVM 切换器的 PC4。

注:4 号图像采集计算机的并口、串口与车号智能跟踪装置的控制口用一根电缆线相连。

二、车辆信息采集设备(图 4－16、图 4－17)

车辆信息采集设备线序说明如下：

(1)25 针并口接至机柜下方的端子排每芯对应表见表 4－1。

(2)20 芯电缆接至机柜下方的端子排每芯对应表见表 4－2。

(3) 37 针并口线接至控制箱 2。

(4)接至液晶 KVM 切换器的 PC5。

图 4－16　车辆信息采集计算机(前面)

图 4－17　车辆信息采集计算机(后面)

(5)接至液晶 KVM 切换器的 PC5。

(6)接至机柜最上方的交换机。

表 4－1　25 针并口接至机柜下方的端子排每芯对应表

1	XJ－1	14	XJ－1GND	8	空	21	空
2	XJ－2	15	XJ－2GND	9	空	22	XJ－3GND
3	XJ－6	16	XJ－6GND	10	XJ－3	23	XJ－4GND
4	XJ－7	17	XJ－7GND	11	XJ－4	24	XJ－5GND
5	空	18	空	12	XJ－5	25	XJ－8GND
6	空	19	空	13	XJ－8		
7	空	20	空				

(7)37 芯电缆,1 号、2 号磁钢接至智能磁钢板一输出见表 4－3。

表 4－2　20 芯电缆接至机柜下方的端子排每芯对应表

1	JDK(激光灯开)	18	GND
17	GND	其他	空

表 4－3　1 号、2 号磁钢接至智能磁钢板一输出

1	CG01	9	CG01GND/CG02GND
5	CG02	其他	空

(8)37 芯电缆:3 号、4 磁钢接至智能磁钢板一输出见表 4－4。

(9)37 芯电缆:5 号、6 号磁钢接至智能磁钢板二输出见表 4－5。

表 4－4　3 号、4 号磁钢接至智能磁钢板一输出

1	CG03	9	CG03GND/G04GND
5	CG04	其他	空

表 4－5　5 号、6 号磁钢接至智能磁钢板二输出

1	CG05	9	CG05GND/CG06GND
5	CG06	其他	空

(10)37 芯电缆:7 号、8 号磁钢接至智能磁钢板二输出见表 4－6。

表 4－6　7 号、8 号磁钢接至智能磁钢板二输出

1	CG07	9	CG07GND/CG08GND
5	CG08	其他	空

三、控 制 箱

控制箱面板如图 4－18、图 4－19 所示。

控制箱线序说明如下:

(1)电源线。

(2)37 针并口线接至车辆信息采集计算机 3。

(3)电机电源输出:4 芯航插接至机柜下方的端子排每芯对应表见表 4－7。

(4)摄像机控制:10 芯航插接至机柜下方的端子排每芯对应表见表 4－8。

图 4－18　控制箱(前面板)

图 4－19　控制箱(后面板)

表 4－7　4 芯航插接至机柜下方的端子排每芯对应表

电机电源输出	接线端子排	功　能	电机电源输出	接线端子排	功　能
1	DMDJ +	底门电机正	3	CMDJ +	侧门电机正
2	DMDJ −	底门电机负	4	CMDJ −	侧门电机负

表 4－8　10 芯航插接至机柜下方的端子排每芯对应表

摄像机控制	接线端子排	功　能	摄像机控制	接线端子排	功　能
1	DBKMO −	底部相机快门负	6	NC	空
2	DBKMO +	底部相机快门正	7	YKMO +	右侧相机快门正
3	ZKMO +	左侧相机快门正	8	XJDY	相机电源
4	ZKMO −	左侧相机快门负	9	XJGND	相机地
5	NC	空	10	NC	空

(5)备用:门状态输入。

(6)风机:4 芯航插接至机柜下方的端子排每芯对应表见表 4－9。

表 4 - 9　4 芯航插接至机柜下方的端子排每芯对应表

风机	接线端子排	功能	风机	接线端子排	功能
1	FJ/D +	底部风机正	3	FJ/C +	侧部风机正
2	FJ/D -	底部风机负	4	FJ/C -	侧部风机负

四、智能磁钢板(图 4 - 20、图 4 - 21)

图 4 - 20　智能磁钢板(前面板)

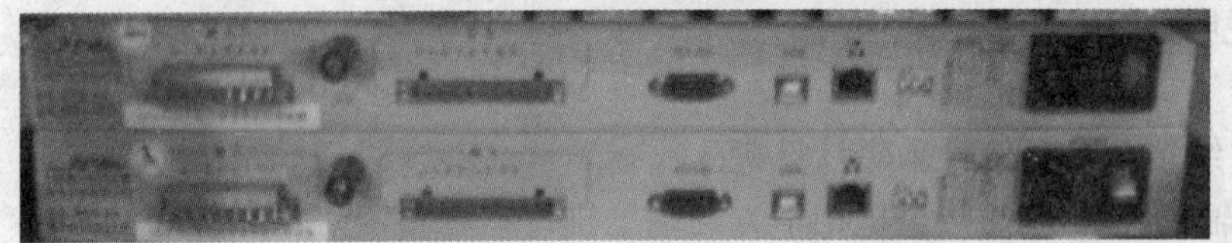

图 4 - 21　智能磁钢板(后面板)

智能磁钢板线序说明如下:

(1)智能磁钢板一输入,接轨边磁钢 1、2、3、4。

(2)智能磁钢板二输入,接轨边磁钢 5、6、7、8。

(3)智能磁钢板一输出,接车辆采集计算机 7(37 芯电缆)和 8(37 芯电缆)。

(4)智能磁钢板二输出,接车辆采集计算机 9(37 芯电缆)和 10(37 芯电缆)。

五、车号智能跟踪装置(图 4 - 22、图 4 - 23)

图 4 - 22　车号智能跟踪装置

车号智能跟踪装置线序说明如下:

(1)电源线;

(2)接轨边车号天线同轴电缆;

(3)通过一根电缆连接至 4 号图像采集计算机的并口和串口。

六、接线端子排

机柜接线端子排如图 4 - 24 所示。

图 4－23　车号智能跟踪装置(后面板)

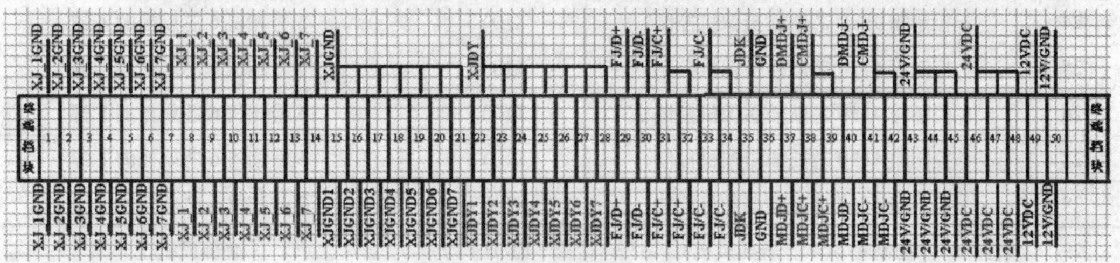

图 4－24　机柜接线端子排

(1)控制机柜电源开关;

(2)视频监控电源开关;

(3)加热器电源开关;

(4)分线箱电源开关。

接线端子排线序说明见表 4－10。

表 4－10　接线端子排线序说明

序号	接机柜内部	线管号	接轨边设备
1	车辆信息采集计算机 1(25 针并口)	XJ_1CND	1 号相机 DB15 连接器的 5 脚
2	车辆信息采集计算机 1(25 针并口)	XJ_2GND	2 号相机 DB15 连接器的 5 脚
3	车辆信息采集计算机 1(25 针并口)	XJ_3GND	3 号相机 DB15 连接器的 5 脚
4	车辆信息采集计算机 1(25 针并口)	XJ_4GND	4 号相机 DB15 连接器的 5 脚
5	车辆信息采集计算机 1(25 针并口)	XJ_5GND	5 号相机 DB15 连接器的 5 脚
6	车辆信息采集计算机 1(25 针并口)	XJ_6GND	6 号相机 DB15 连接器的 5 脚
7	车辆信息采集计算机 1(25 针并口)	XJ_7GND	7 号相机 DB15 连接器的 5 脚

续上表

序号	接机柜内部	线管号	接轨边设备
8	车辆信息采集计算机 1(25 针并口)	XJ_1	1 号相机 DB15 连接器的 1 脚
9	车辆信息采集计算机 1(25 针并口)	XJ_2	2 号相机 DB15 连接器的 1 脚
10	车辆信息采集计算机 1(25 针并口)	XJ_3	3 号相机 DB15 连接器的 1 脚
11	车辆信息采集计算机 1(25 针并口)	XJ_4	4 号相机 DB15 连接器的 1 脚
12	车辆信息采集计算机 1(25 针并口)	XJ_5	5 号相机 DB15 连接器的 1 脚
13	车辆信息采集计算机 1(25 针并口)	XJ_6	6 号相机 DB15 连接器的 1 脚
14	车辆信息采集计算机 1(25 针并口)	XJ_7	7 号相机 DB15 连接器的 1 脚
15	控制箱 4(10 芯航插摄像机控制)	XJGND1	1 号相机 6 芯航插的 4 脚
16	控制箱 4(10 芯航插摄像机控制)	XJGND2	2 号相机 6 芯航插的 4 脚
17	控制箱 4(10 芯航插摄像机控制)	XJGND3	3 号相机 6 芯航插的 4 脚
18	控制箱 4(10 芯航插摄像机控制)	XJGND4	4 号相机 6 芯航插的 4 脚
19	控制箱 4(10 芯航插摄像机控制)	XJGND5	5 号相机 6 芯航插的 4 脚
20	控制箱 4(10 芯航插摄像机控制)	XJGND6	6 号相机 6 芯航插的 4 脚
21	控制箱 4(10 芯航插摄像机控制)	XJGND7	7 号相机 6 芯航插的 4 脚
22	控制箱 4(10 芯航插摄像机控制)	XJDY1	1 号相机 6 芯航插的 1 脚
23	控制箱 4(10 芯航插摄像机控制)	XJDY2	2 号相机 6 芯航插的 1 脚
24	控制箱 4(10 芯航插摄像机控制)	XJDY3	3 号相机 6 芯航插的 1 脚
25	控制箱 4(10 芯航插摄像机控制)	XJDY4	4 号相机 6 芯航插的 1 脚
26	控制箱 4(10 芯航插摄像机控制)	XJDY5	5 号相机 6 芯航插的 1 脚
27	控制箱 4(10 芯航插摄像机控制)	XJDY6	6 号相机 6 芯航插的 1 脚
28	控制箱 4(10 芯航插摄像机控制)	XJDY7	7 号相机 6 芯航插的 1 脚
29	控制箱 6(4 芯航插风机)	FJ/D +	底部风机正
30	控制箱 6(4 芯航插风机)	FJ/D −	底部风机负
31	控制箱 6(4 芯航插风机)	FJ/C +	左侧风机正
32	控制箱 6(4 芯航插风机)	FJ/C +	右侧风机正
33	控制箱 6(4 芯航插风机)	FJ/C −	左侧风机负
34	控制箱 6(4 芯航插风机)	FJ/C −	右侧风机负
35	车辆信息采集计算机 2(20 芯电缆)	JDK	激光器控制
36	车辆信息采集计算机 2(20 芯电缆)	GND	激光器控制地
37	控制箱 3(10 芯航插电机电源输出)	MDJD +	底箱门电机正
38	控制箱 3(10 芯航插电机电源输出)	MDJC +	左侧门电机正
39	控制箱 3(10 芯航插电机电源输出)	MDJC +	右侧门电机正
40	控制箱 3(10 芯航插电机电源输出)	MDJD −	底箱门电机负
41	控制箱 3(10 芯航插电机电源输出)	MDJC −	左侧门电机负
42	控制箱 3(10 芯航插电机电源输出)	MDJC −	右侧门电机负
43	加热器电源	24V/GND	底箱相机加热器负
44	加热器电源	24V/GND	左侧箱相机加热器负

续上表

序号	接机柜内部	线管号	接轨边设备
45	加热器电源	24V/GND	右侧箱相机加热器负
46	加热器电源	24V/DC	底箱相机加热器正
47	加热器电源	24V/DC	左侧箱相机加热器正
48	加热器电源	24V/DC	右侧箱相机加热器正
49	监控器电源	12V/DC	监控器电源正
50	监控器电源	12V/GND	监控器电源负

第三节　货车故障轨边图像检测系统(TFDS－3)常见故障及处理方法

一、探测站一般故障原因及处理

1. 故障:系统不工作,无 220 V 电压。

处理:双路切换电源工作是否正常;检查电源防雷箱进户电源是否有 220 V;检查 UPS 是否工作,蓄电池放电是否过限,UPS 内部故障;各接插件、接线端子是否松动、脱落。

2. 故障:采集系统全部显示黑屏。

原因:系统没有开机,220 V 交流电源插头未插牢,无 220 V 交流电源或是 UPS 没有运行。

处理:打开主机、显示屏电源开关,检查 UPS 运行是否正常。

3. 故障:拍摄图片暗。

原因及处理:对应的摄像机镜头光圈或相机曝光时间太小,适当增大光圈,或通过软件加大曝光时间。

4. 故障:拍摄图像不清晰。

原因及处理如下:

(1)相机镜头焦距不合适,处理时适当调节相机镜头焦距,近处清晰远处不清晰,适当增大焦距,反之适当减小焦距。

(2)相机盒盖玻璃不清洁,处理时擦拭相机盒玻璃。

(3)相机镜头表面不清洁,处理时打开相机盒盖,擦拭相机镜头。

(4)手动控制,检查风机工作是否正常。

5. 故障:采集软件找不到相机。

原因及处理:相机电源插头或网口接触不良,处理时打开相机盒,检查相机电源插头及网线口是否连接牢固,检查对应工控机网卡接口是否连接牢固。

6. 故障:检测分析中心窗口计算机上看不到图像。

原因及处理如下:

(1)局域网未联通,检查交换机电源是否打开、网线水晶头未插好或是网线未接上、电脑网络是否联上。

(2)检查控制机柜内的车辆信息采集计算机工作是否正常。

(3)检查光纤通信是否正常。

7. 故障:相机无图像。

原因及处理如下:

(1)检查相机控制线是否松动或损坏。检查相机后控制电缆 DB15 接头是否插紧、接触良好。

(2)检查该相机对应的工控机上采集软件是否运行。

8. 故障:保护门打不开。

原因及处理如下:

(1)检查开关门电机是否正常。

(2)检查保护门是否存在轴销脱落、转臂卡死现象,如存在,需重新安装紧固。

(3)减速电机损坏;需更换。

9. 故障:正常运行货车不接车。

原因及处理如下:

(1)检查磁钢(CG1、CG2)是否松动或脱落。

(2)检查智能磁钢板是否发生故障。

(3)检查车辆信息采集软件是否存在该种车型轴距信息,如没有,在模板中添加。

二、列检室系统软件的异常处理

1. 故障:来车以后,客户端主机没反应或没有图像。

原因及处理如下:

(1)检查服务器磁盘空间是否已满。

(2)检查网络连接是否正常,交换机工作是否正常。

(3)检查前方采集站主机是否工作正常,否则,重新启动运行采集站主机。

2. 故障:客户端登录不上去,提示异常。

原因及处理如下:

(1)有可能是系统网络资源被占用造成的,按键盘上的"Alt"和"F4"键一起按,关闭当前程序。再重新启动运行程序。

(2)检查主机后的网线是否插好,网卡灯是否亮,否则重新将网线插好,重新启动计算机。

3. 故障:来车后,该车次记录无车号信息。

原因及处理如下:

(1)检查采集站,车号系统主机是否正常运行,否则,重新启动运行车号系统工作主机。

(2)如车号系统主机提示网络通信失败,检查车号系统主机网线是否插好,列检室服务器主机中车号系统的登录账号是否过期,应将其设成"永不过期"。

4. 故障:打印报表时,打印机无反应。

原因及处理如下:

(1)检查打印机电源是否已正常通电,打印机是否处于开机状态。

(2)检查主机是否与打印机连接正确。

(3)检查打印机驱动程序是否安装正确。

(4)检查打印机是否为当前默认打印机。

5. 故障:来车后,显示图像时缺少部分图片(如底面中部)。

原因及处理如下：

(1)检查前方采集站图像采集计算机是否工作正常,否则,重新启动运行采集站主机。

(2)检查采集站相机与主机连接线是否连接正确,可能相机或主机的网线松动造成的,须重新查拔一下连接线插头,恢复相机与主机的正确连接。

第二篇　货 车 部 分

第五章　70 t 级铁路货车

第一节　C_{70}、C_{70H}型敞车

该车是供中国准轨铁路使用，主要用于装运煤炭、矿石、建材、机械设备、钢材及木材等货物的通用铁路车辆，除能满足人工装卸外，还能适应翻车机等机械化卸车作业，并能适应解冻库的要求。

一、车辆主要特点

C_{70}型敞车的主要特点有：

1. 采用屈服极限为 450 MPa 的高强度钢和新型中梁，载重大、自重轻；优化了底架结构，提高了纵向承载能力，适应万吨重载列车的运输要求。

2. 车体内长 13 m，满足较长货物的运输要求；对底架结构进行了优化，车辆中部集载能力达到 39 t，较 C_{64}型敞车提高了 70%，可运输的集载货物范围更广。

3. 采用新型中立门结构，提高了车门的可靠性，可解决现有 C_{64}型敞车最大的惯性质量问题。

4. 采用 E 级钢 17 号高强度车钩和大容量缓冲器，提高了车钩缓冲装置的使用可靠性。

5. 采用转 K6 型或转 K5 型转向架，确保车辆运营速度达 120 km/h，满足提速要求；改善了车辆运行品质，降低了轮轨间作用力，减轻了轮轨磨耗。

6. 侧柱采用新型双曲面冷弯型钢，提高了强度和刚度，更适应翻车机作业。

7. 满足现有敞车的互换性要求，主要零部件与现有敞车通用互换，方便维护和检修。

二、车辆主要性能参数及基本尺寸

C_{70}型敞车的主要性能参数及基本尺寸如下：

载重	70 t
自重	≤23.6 t
轴重	$23\left(1\ {}^{+2\%}_{-1\%}\right)$t
容积	77 m^3
比容	1.1 m^3/t
自重系数	0.33
每延米重	≤6.69 t/m
商业运营速度	120 km/h

通过最小曲线半径　145 m
全车制动倍率　11.2
全车制动率(常用制动位)
　空车　19.4%
　重车　17.4%
限界　符合 GB146.1—1983《标准轨距铁路机车车辆限界》的规定
车辆长度　13 976 mm
车辆定距　9 210 mm
车辆最大宽度　3 242 mm
车辆最大高度　3 143 mm
车体内长　13 000 mm
车体内宽　上侧板处　2 892 mm
　　连铁处　2 792 mm
车体内高　2 050 mm
地板面距轨面高(空车)　1 083 mm
车钩中心线高(空车)　880 mm
门孔尺寸(宽×高)
　侧开门孔　1 620 mm×1 900 mm
　下侧门孔　1 250 mm×951 mm
固定轴距
转 K6 型　1 830 mm
转 K5 型　1 800 mm
车轮直径　840 mm

三、车辆结构组成

C_{70}型敞车的结构主要由车体、转向架、车钩缓冲装置及制动装置等部分组成。结构组成如图 5－1 所示。

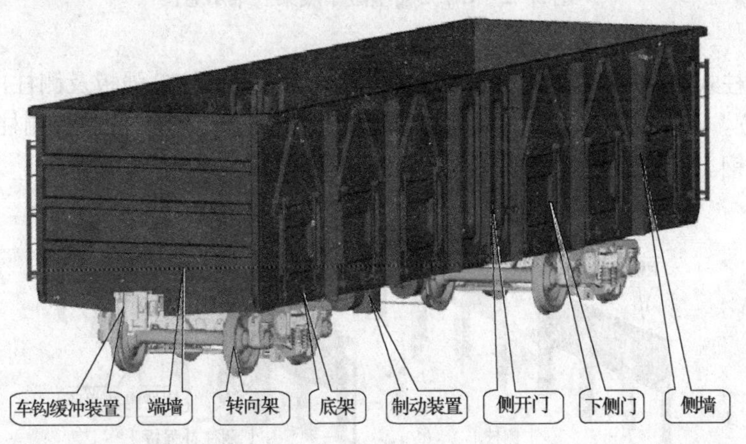

图 5－1　C_{70}、C_{70H}型敞车三维示意图

(一)车　　体

该车车体为全钢焊接结构，由底架、侧墙、端墙、车门等部件组成。车体主要材料采用屈服强度为450 MPa的耐大气腐蚀钢，其化学成分及机械性能如表5－1、表5－2所示。

表5－1　化学成分表

牌　号	化学成分(%)							
	w(C)	w(Si)	w(Mn)	w(P)	w(S)	w(Cu)	w(Ni)	w(Cr)
Q450NQR1	≤0.12	≤0.75	≤1.50	≤0.025	≤0.008	0.20～0.55	0.12～0.65	0.30～1.25

表5－2　机械性能表

牌　号	屈服强度(MPa)	抗拉强度(MPa)	延伸率(%)	－40 ℃冲击功(J)
Q450NQR1	≥450	≥550	≥20	≥60

1. 底架

底架由中梁、侧梁、枕梁、大横梁、端梁、纵向梁、小横梁及钢地板组焊而成(图5－2)。中梁采用310乙字型钢组焊而成，允许采用冷弯中梁，侧梁为240 mm×80 mm×8 mm的槽形冷弯型钢；枕梁、横梁为钢板组焊结构，底架上铺6 mm厚的耐候钢地板；采用锻造上心盘(直径为358 mm)及材质为C级铸钢的前、后从板座，前、后从板座与中梁间、脚蹬与侧梁间均采用专用拉铆钉连接。

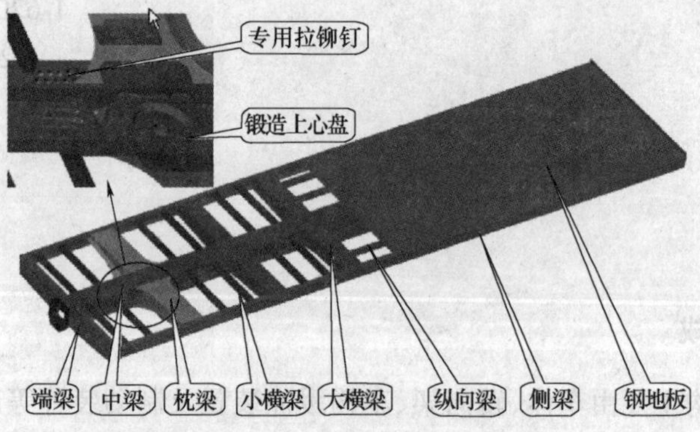

图5－2　C_{70}、C_{70H}型敞车底架三维示意图

2. 侧墙

侧墙为板柱式结构，由上侧梁、侧柱、侧板、连铁、斜撑、侧柱补强板及侧柱内补强座等组焊而成(图5－3)。上侧梁采用140 mm×100 mm×5 mm的冷弯矩形钢管，侧柱采用8 mm厚冷弯双曲面帽型钢。侧柱与侧梁采用专用拉铆钉连接。

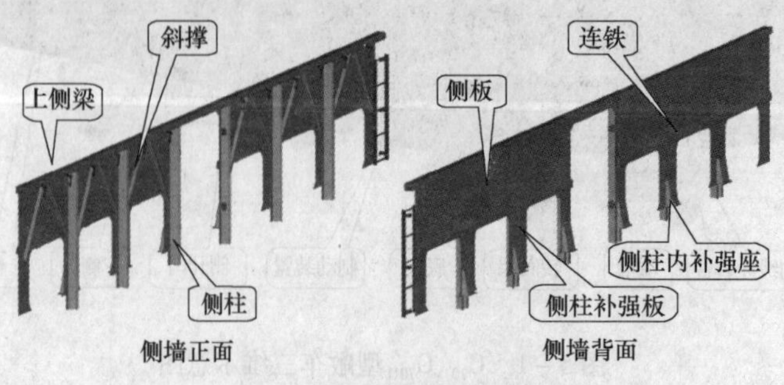

图5－3　C_{70}、C_{70H}型敞车侧墙三维示意图

3. 端墙

端墙由上端梁、角柱、横带及端板等组焊而成(图5－4)。上端梁、角柱采用160 mm×100 mm×5 mm的冷弯矩形钢管,横带采用断面高度为150 mm的帽型冷弯型钢。

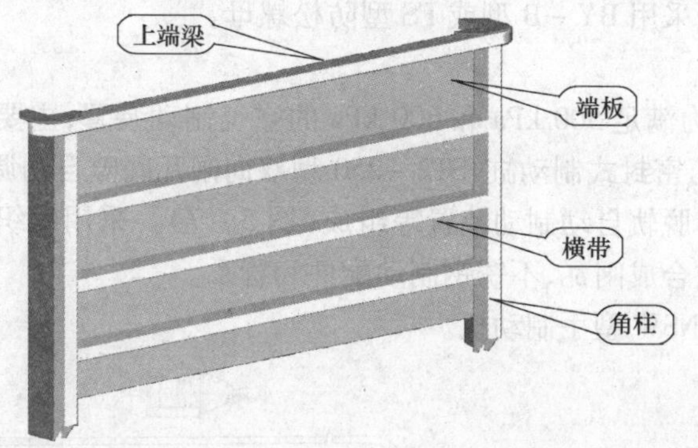

图5－4　C_{70}、C_{70H}型敞车端墙三维示意图

4. 侧开门及下侧门

在车体两侧的侧墙上各安装一对侧开式侧开门及6扇上翻式下侧门。

侧开门采用新型锁闭装置,门边处组焊槽型冷弯型钢,增强了刚度并将通长式上锁杆封闭其中,防止变形与磕碰。下门锁采用偏心压紧机构,当车门关闭后,通长式上锁杆可防止下门锁蹿出,操作简单,安全可靠(图5－5、图5－6)。

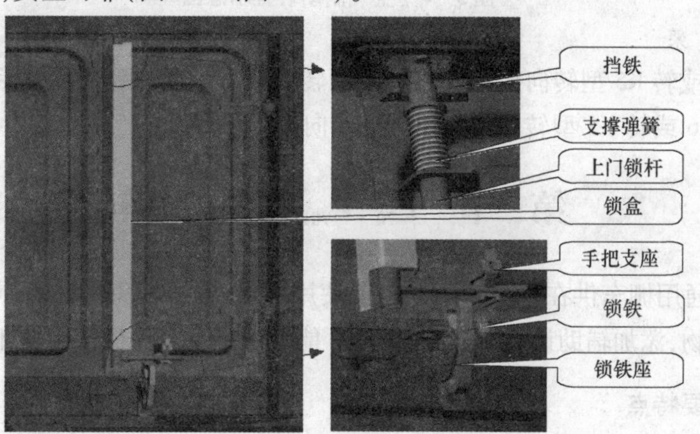

图5－5　C_{70}、C_{70H}型敞车侧开门三维示意图

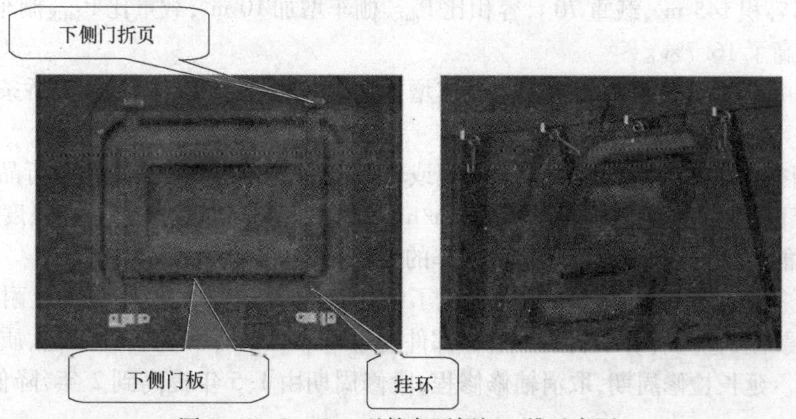

图5－6　C_{70}、C_{70H}型敞车下侧门三维示意图

（二）车钩缓冲装置

采用E级钢17号车钩或铁道部批准的新型车钩、配套采用17号铸造钩尾框或17号锻造钩尾框、合金钢钩尾销、MT－2型或新型缓冲器、含油尼龙钩尾框托板磨耗板。钩尾销托梁、钩尾框托板、安全托板采用BY－B型或FS型防松螺母。

（三）制动装置

采用制动主管压力满足500 kPa和600 kPa的空气制动装置，主要由120型控制阀、直径为254 mm的整体旋压密封式制动缸、ST2－250型双向闸瓦间隙自动调整器、KZW－A型空重车自动调整装置、货车脱轨自动制动装置等组成（图5－7）。采用编织制动软管总成、奥一贝球铁衬套、高摩擦系数合成闸瓦、不锈钢制动配件和管系。

手制动装置采用NSW型手制动机。

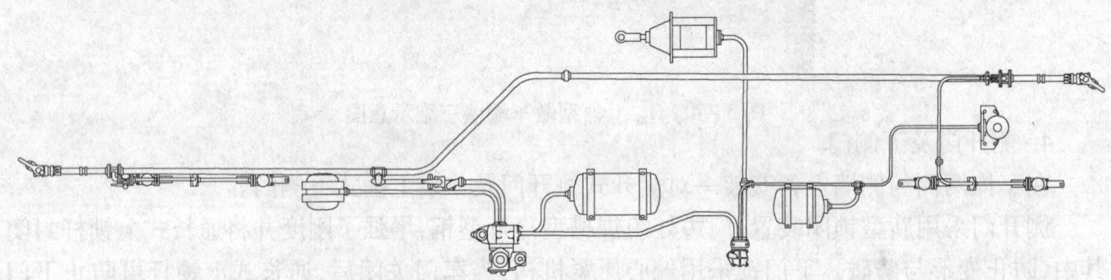

图5－7　空气制动装置示意图

（四）转 向 架

采用转K6或转K5型转向架，装用转K6型转向架时车型为C_{70}，装用转K5型转向架时车型为C_{70H}。转K6或转K5型转向架介绍详见转向架部分。

第二节　P_{70}、P_{70H}型通用棚车

P_{70}、P_{70H}型通用棚车供在标准轨距铁路上使用，可装运各种免受日晒、雨雪侵蚀的货物和箱装、袋装的货物，添加辅助设施，可运装人员。能够满足叉车等机械化装卸作业要求。

一、车辆主要特点

P_{70}、P_{70H}型通用棚车的主要特点有：

1. 该车容积145 m^3，载重70 t，容积比P_{64GK}棚车增加10 m^3，载重比P_{64GK}棚车增加10 t，单车载重量提高了16.7%。

2. 该车每延米重5.5 t/m，比P_{64GK}棚车增加0.4，在既有850 m站场及线桥条件，列车运能提高300 t。

3. 采用技术成熟、性能可靠的转K6型或转K5型转向架，改善了车辆运行品质，满足在即有线桥条件下车辆商业运营速度达120 km/h；采用17型车钩缓冲装置、高强度钢中梁，提高了纵向承载能力，可适应编组万吨重载列车的要求。

4. 在既有棚车运用经验的基础上优化了结构，提高了车体的疲劳强度及耐腐蚀性能；转向架、车钩缓冲装置及制动系统的主要零部件通过可靠性设计和完善的工艺、质量保证，实现了寿命管理。延长检修周期，取消辅修修程，段修周期由1.5年提高到2年，降低了检修维护成本。

5. 采用高强度耐候钢及冷弯型钢，并应用可靠性设计理念优化断面结构，对大应力部位进行细部设计，对整车进行疲劳寿命预测，以提高结构可靠性，有效减轻车辆自重，满足铁路货车提速、重载的要求。

6. 为改善车内装货环境、避免聚集车顶上部的潮浊空气对车顶板的腐蚀，在车顶部采用了 4 个通风器以加强车内空气流通。

7. 为确保重载编组、高速运行工况下从板座与中梁的连接强度及抗振、防松性能，提高车辆的运用可靠性，前后从板座与中梁之间采用专用拉铆钉铆接。

8. 为解决从棚车底门缝进行盗窃散粒货物的问题，对推拉式车门下部结构进行了改进，提高了车门的防盗性能。

9. 车窗、车门件及部分冷弯型钢等与现有棚车通用互换，方便维护和检修。

二、主要性能参数及尺寸

（一）主要性能参数

载重		70 t
自重	无内衬板	≤23.8 t
	有内衬板	≤24.6 t
轴重	无内衬板	$23\left(1\ {}^{+2\%}_{-1\%}\right)$t
	有内衬板	$23\left(1\ {}^{+2.8\%}_{-1\%}\right)$t
容积		145 m^3
比容		2.07 m^3/t
换长		1.6
自重系数	无内衬板	0.34
	有内衬板	0.35
每延米重		5.5 t/m
通过最小曲线半径		145 m
商业运营速度		120 km/h
制动距离（重车、紧急）		≤1 400 m
制动率		符合铁道部有关规定

（二）主要尺寸

车辆长度		17 066 mm
车辆定距		12 100 mm
车辆最大高度（空车）		4 770 mm
车辆最大宽度		3 300 mm
车体内长	无内衬板	16 094 mm
	有内衬板	16 087 mm
车体内宽	无内衬板	2 800 mm
	有内衬板	2 793 mm
车钩中心线距轨面高（空车）		880 mm
地板面距轨面高（空车）		1 136 mm

车门门孔尺寸(高×宽) 2 539 mm×3 012 mm
固定轴距 转K6型 1 830 mm
转K5型 1 800 mm
车轮直径 840 mm

三、车辆主要结构

该车主要由车体、转向架、车钩缓冲装置及制动装置等组成(图5-8)。

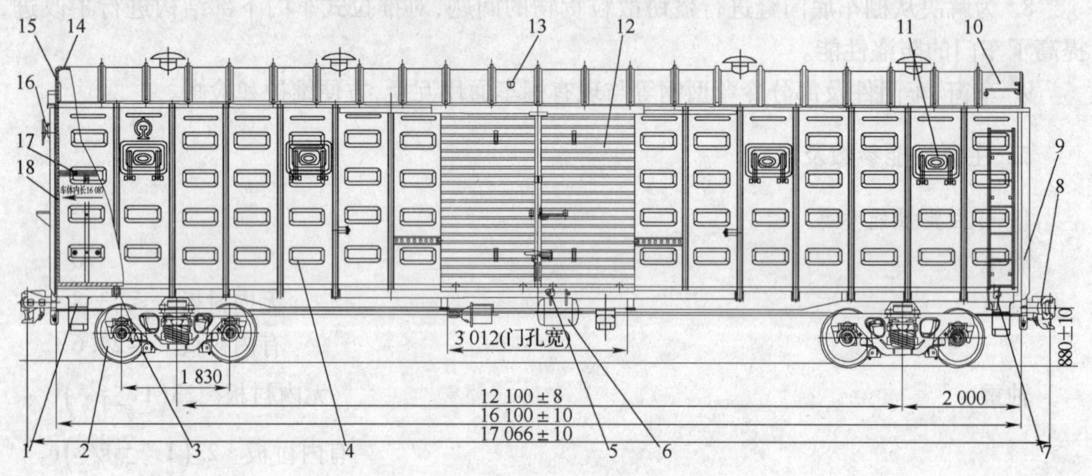

图5-8 P_{70}、P_{70H}型棚车二维示意图

1—底架组成;2—转K6转向架;3—底架木结构;4—侧墙组成;5—底架附属件;6—风制动装置;7—便器组成;8—车钩缓冲装置;9—端墙组成;10—车顶组成;11—车窗组成;12—车门组成;13—烟囱座组成;14—车顶木结构;15—电气安装;16—手制动装置;17—侧墙木结构;18—端墙木结构

(一)车 体

该车车体为全钢焊接整体承载结构,主要由底架、侧墙、端墙、车顶、车门、车窗等组成。底架主要型钢板材采用Q450NQR1高强度耐候钢,端、侧墙及车顶的主要型钢板材采用09CuPCrNi-A耐大气腐蚀钢。

1. 底架

底架由中梁、枕梁、下侧梁、大横梁、端梁、小横梁、纵向梁、地板等组成(图5-9)。中梁采用屈服强度为450 MPa的热轧310乙字形钢或冷弯中梁;采用直径为358 mm的锻钢上心盘和C级铸钢的前、后从板座;下侧梁为冷弯型钢组焊成的鱼腹形结构;枕梁为双腹板、单层上下盖板组焊而成的变截面箱形结构;大横梁为工字形组焊结构;底架铺设铁路货车用竹木复合层积材地板,门口处装3 mm厚扁豆形花纹钢地板,装用车号自动识别标签,预留便器安装座及火炉安装孔。前、后从板座与中梁间,脚蹬与侧梁间均采用专用拉铆钉连接。

2. 侧墙

侧墙为板柱式结构,由侧板、侧柱、门柱、上侧梁等组焊而成(图5-10)。侧板为2.3 mm厚钢板压型结构,侧柱采用4 mm厚的U形冷弯型钢,上侧梁为冷弯矩形管与冷弯角型钢组焊而成。

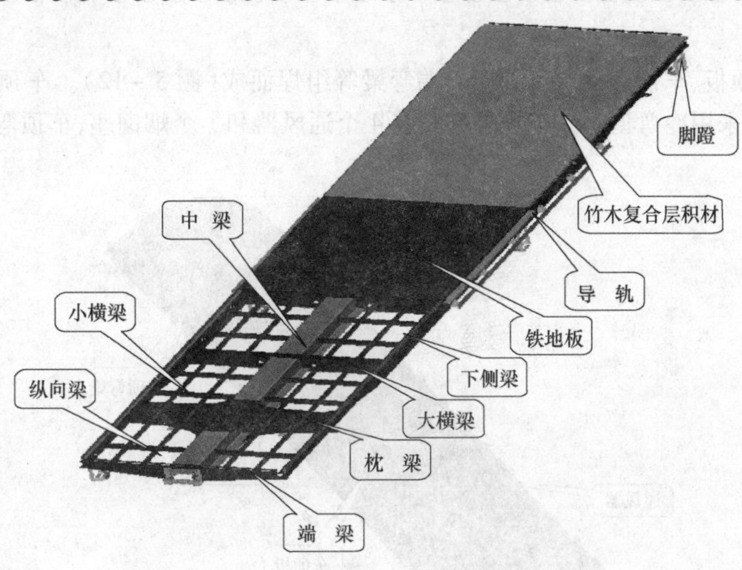

图5－9　P_{70}、P_{70H}型棚车底架组成三维示意图

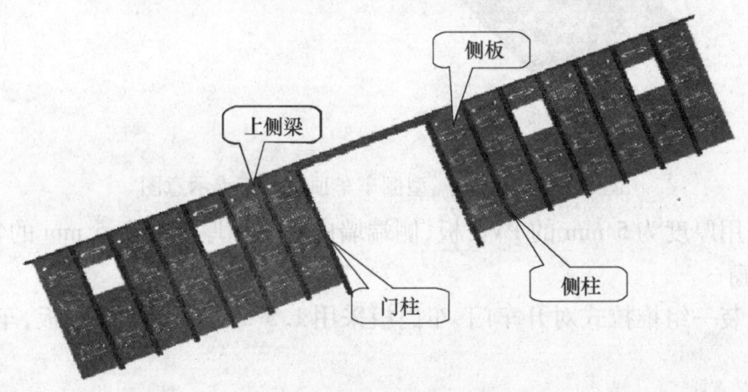

图5－10　P_{70}、P_{70H}型棚车侧墙组成三维示意图

3. 端墙

端墙为板柱式结构，由端板、端柱、角柱、上端梁等组焊而成（图5－11）。端板采用3 mm厚钢板，端柱采用热轧槽钢，角柱采用125 mm×125 mm×7 mm压型角钢，上端梁采用140 mm×60 mm×6 mm压型角钢，端板上预留电源线通过孔及照明设施安装座。

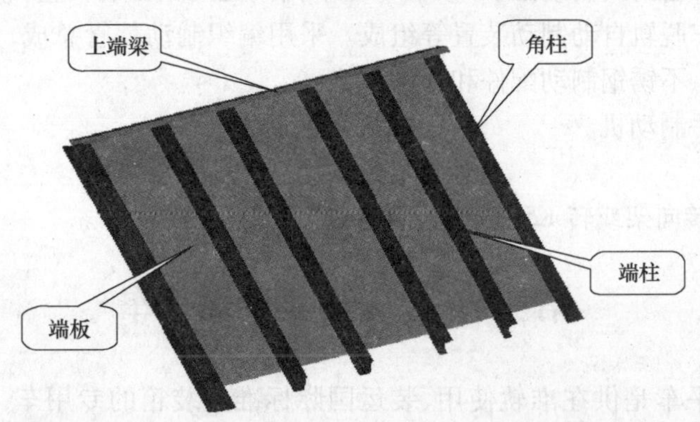

图5－11　P_{70}、P_{70H}型棚车端墙组成三维示意图

4. 车顶

车顶由车顶板、车顶弯梁、车顶侧梁、端弯梁等组焊而成(图 5 - 12)。车顶弯梁为圆弧形结构,车顶侧梁采用冷弯型钢。车顶外部安装 4 个通风器和 1 个烟囱座,车顶弯梁处设有照明设施安装板。

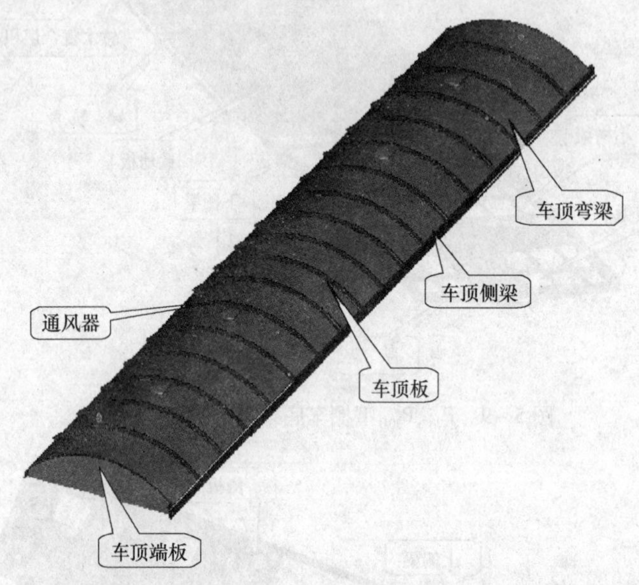

图 5 - 12　P_{70}、P_{70H}型棚车车顶组成三维示意图

车顶内衬采用厚度为 5 mm 的 PVC 板,侧端墙内衬采用厚度为 3. 5 mm 的竹材板。

5. 车门、车窗

车体每侧安装一组推拉式对开车门,车门板采用 1. 5 mm 厚冷弯波纹板,车体每侧设 4 扇下翻式车窗。

(二)车钩缓冲装置

采用 E 级钢 17 号车钩或新型车钩、17 号锻造或铸造钩尾框、合金钢钩尾销、MT - 2 型缓冲器、含油尼龙钩尾框托板磨耗板。

(三)制动装置

采用主管压力满足 500 kPa 和 600 kPa 的空气制动装置。主要由 120 型控制阀、直径为 254 mm 的整体旋压密封式制动缸、ST2 - 250 型双向闸瓦间隙自动调整器、KZW - A 型空重车自动调整装置、货车脱轨自动制动装置等组成。采用编织制动软管总成、奥—贝球铁衬套、高摩擦系数合成闸瓦、不锈钢制动配件和管系。

采用 NSW 型手制动机。

(四)转 向 架

采用转 K6 型转向架或转 K5 型转向架。

第三节　X_{4K}型集装箱平车

X_{4K}型集装箱平车是供在准轨使用、装运国际标准集装箱的专用车,可以同时装运 3 个 20 ft国际标准集装箱或 1 个 40 ft 和 1 个 20 ft 国际标准集装箱,也可单独装运 1 个 40 ft、45 ft、48 ft、50 ft、53 ft 集装箱。

一、车辆主要特点

1. 采用Q450NQR1高强度钢组焊中梁，并优化了断面结构和连接方式，取消了传统侧梁结构，有效减轻了自重，提高了载重，增加了装箱数量，在相同站场条件下，与既有集装箱车相比，较大幅度地提高了运能，满足铁路货车提速、重载的发展要求。

2. 应用等强度和可靠性设计理念，对中梁、枕梁、大横梁的连接节点等关键部位进行了细部设计，对整车进行疲劳寿命预测，提高了结构可靠性。

3. 采用技术成熟、性能可靠的转K6型转向架，改善了车辆运行品质，满足在即有线桥条件下车辆商业运营速度120 km/h的要求；采用17型车钩缓冲装置、高强度钢组焊中梁，提高了纵向承载能力，可适应编组万吨重载列车的要求。

4. 在国内既有平车及出口澳大利亚集装箱平车运用经验的基础上优化了结构，提高了车体的疲劳强度及耐腐蚀性能；转向架、车钩缓冲装置及制动系统的主要零部件通过可靠性设计和完善的工艺、质量保证，实现了寿命管理。延长检修周期，取消辅修修程，降低了检修维护成本。

5. 该车的集装箱锁闭装置具有防集装箱倾覆和防跳功能，装卸方便，同时提高了集装箱中部翻转锁的防丢失能力，使集装箱运输更加安全。

6. 为确保重载编组、高速运行工况下从板座与中梁的连接强度及抗振、防松性能，提高车辆的运用可靠性，后从板座与中梁之间采用专用拉铆钉铆接。

二、主要性能参数及尺寸

（一）主要性能参数

载重	72 t
装箱工况	
3个20 ft国际标准集装箱	3×24 t
1只40 ft和1只20ft国际标准集装箱	30.48 t+26.8 t
1只40 ft国际标准箱或1只45 ft、48 ft、50 ft、53 ft集装箱	30.48 t
自重	≤21.8 t
轴重	≤23(1+2%)t
换长	1.8
自重系数	0.3
每延米重	4.7 t/m
通过最小曲线半径	145 m
商业运营速度	120 km/h
空车重心高	685 mm
制动距离(重车、紧急)	≤1 400 m
制动率	符合铁道部有关规定

（二）主要尺寸

车辆长度	19 416 mm
车辆定距	14 200 mm
车辆最大宽度	2 890 mm

底架长	18 400 mm
底架宽	2 630 mm
车钩中心线距轨面高(空车)	880 mm
集装箱承载面距轨面高(空车)	1 140 mm
固定轴距	1 830 mm
车轮直径	840 mm

三、车辆主要结构组成

该车主要由底架、集装箱锁闭装置、转向架、车钩缓冲装置及制动装置等组成(图 5-13)。

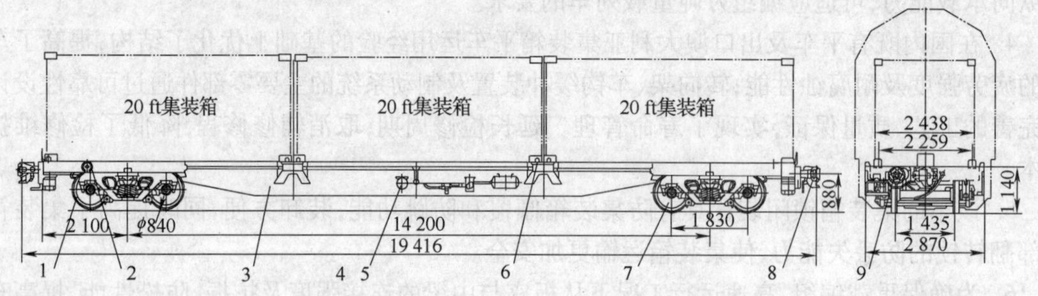

图 5-13　X_{4K} 型集装箱平车二维示意图

1—转 K6 型转向架;2—标记、3—底架组成;4—风制动装置;5—底架附属件;

6—集装箱锁闭装置;7—转 K6 型转向架;8—车钩缓冲装置;9—手制运装置

1. 底架

该车底架为高强度耐侯钢焊接结构,主要由中梁、端梁、枕梁、横梁、大横梁及端侧梁等组成(图 5-15)。底架的主要型钢、板材采用 Q450NQR1 高强度耐候钢;小横梁、侧梁等辅助梁件采用 09CuPCrNi-A 耐大气腐蚀钢。

中梁采用 Q450NQR1 高强度耐候钢组焊箱型变断面的鱼腹型结构,采用整体式冲击座,材质为 C 级铸钢,并与牵引梁组焊在一起(图 5-14)。采用直径为 358 mm 的锻造上心盘及材质为 C 级铸钢的后从板座。端侧梁采用 300 mm × 87 mm × 7 mm 冷弯槽钢,枕梁、大横梁、端梁为双腹板变截面箱形结构,中部侧梁采用 60 mm × 60 mm × 4 mm 的冷弯型钢,与横梁、大横梁间采用螺栓连接,枕梁处设置顶车垫板;后从板座与中梁间、脚蹬与端梁间均采用专用拉铆钉连接,装用车号自动识别标签。

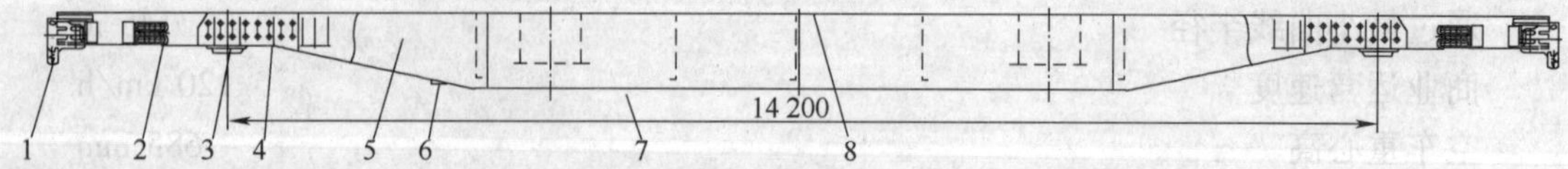

图 5-14　X_{4K} 型集装箱平车中梁组成示意图

1—冲击座;2—后从板座;3—上心盘;4—枕梁下盖板中;

5—腹板组成;6—标签座;7—下盖板组成;8—上盖板组成

2. 集装箱锁闭装置

底架上设有集装箱锁闭装置,两端为固定式锁头,中部为原位翻转式锁头,锁头结构对集

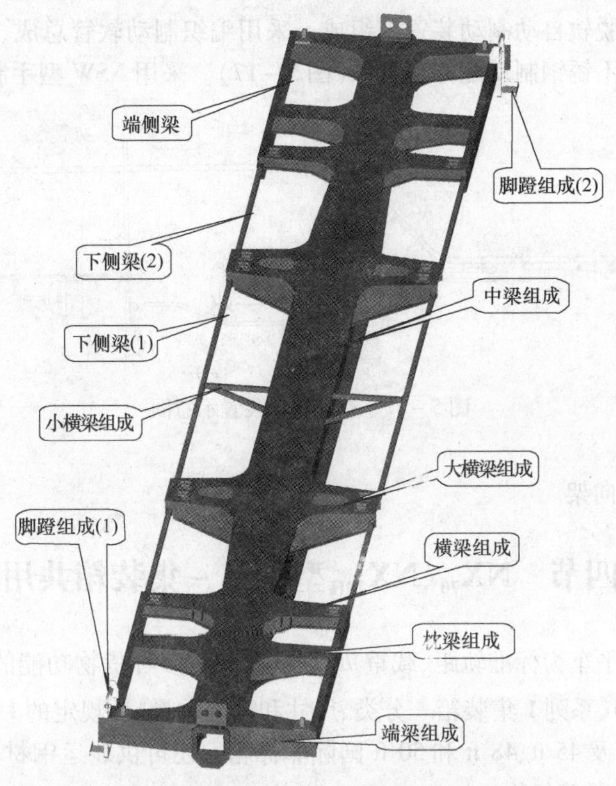

图 5－15　X_{4K}型集装箱平车底架组成三维示意图

装箱具有防倾覆和跳起功能（图 5－16）。

图 5－16　X_{4K}型集装箱平车锁头翻转三维示意图

3. 车钩缓冲装置

采用 E 级钢 17 号车钩或新型车钩，配套采用 17 号铸造钩尾框或 17 号锻造钩尾框、合金钢钩尾销、MT－2 型缓冲器、含油尼龙钩尾框托板磨耗板。

4. 制动装置

采用主管压力满足 500 kPa 和 600 kPa 的空气制动装置。主要由 120 型控制阀、直径为 254 mm 的整体旋压密封式制动缸、ST2－250 型双向闸瓦间隙自动调整器、KZW－A 型空重车自动调整装置、货车脱轨自动制动装置等组成。采用编织制动软管总成、奥—贝球铁衬套、高摩擦系数合成闸瓦、不锈钢制动配件和管系(图 5 - 17)。采用 NSW 型手制动机。

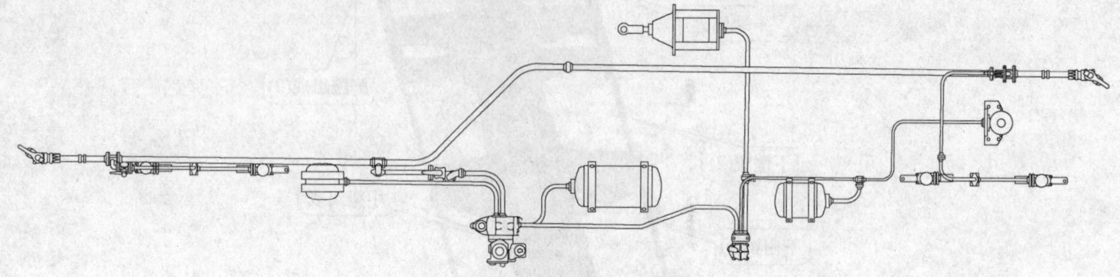

图 5 - 17　空气制动装置示意图

5. 转向架

采用转 K6 型转向架。

第四节　NX_{70}、NX_{70H}型平车 - 集装箱共用车

NX_{70}(NX_{70H})型平车为标准轨距、载重 70 t、具有装运多种货物功能的四轴平车。可供装载符合 ISO 668:1995《系列 1 集装箱—分类、尺寸和额定重量》所规定的 1AAA、1AA、1A、1AX、1CC、1C、1CX 集装箱及 45 ft、48 ft 和 50 ft 国际非标箱。还可供装运钢材、汽车、拖拉机、成箱货物及大型混凝土桥梁等货物。

一、车辆主要特点

NX_{70}(NX_{70H})型平车的主要特点如下:

1. 该车均载达 70 t,集载最大可达 55 t/5 m,与 NX_{17B}相比单车载重提高 14.7%,集重能力至少提高 10%。

2. 中梁采用 09CuPTiRE - B 耐候钢,全车大量采用屈服强度为 450 MPa 的高强度耐候钢 Q450NQR1,整车强度和抗腐蚀性能大大提高,可以有效提高车辆的寿命,降低维护费用。

3. 采用 17 号车钩及 MT - 2 型缓冲器,车辆结构优化,可以适应开行万吨列车的要求。

4. 转向架采用转 K6 型转向架或转 K5 型转向架,具有运行速度高、动力学性能稳定等特点。

5. 为确保重载编组、高速运行工况下从板座与中梁的连接强度及抗振、防松性能,提高车辆的运用可靠性,前后从板座与中梁之间采用专用拉铆钉铆接。

二、车辆主要性能参数

轴重		$23\left(1\begin{smallmatrix}+2\%\\-1\%\end{smallmatrix}\right)$t
轨距		1 435 mm
载重		70 t
集重	1 m	30 t
	2 m	35 t
	3 m	5 t

4 m 50 t

5 m 55 t

集装箱装箱数量及方式见表5－3。

表5－3 集装箱装箱数量及方式

箱 型	数 量	放置方式	总额定重量
1AAA、1AA、1A、1AX	1只	顺放	30.48 t
1CC、1C、1CX	2只	顺放	60.96 t
45 ft 国际非标箱	1只	顺放	30.48 t
48 ft 国际非标箱	1只	顺放	30.48 t
50 ft 集装箱	1只	顺放	30.48 t

自重 ≤23.8 t

自重系数 0.34

空车重心高 738 mm

每延米重 ≤5.73 t/m

商业运营速度 120 km/h

通过最小曲线半径 145 m

制动倍率 11.2

全车制动率(常用制动位) 重车 19.1%

空车 30.3%

紧急制动停车距离(120 km/h 初始速度) ≤1 400 m

限界符合 GB146.1—83《标准轨距铁路机车车辆限界》要求。

三、车辆主要尺寸

车辆长度 16 366 mm

底架长度 15 400 mm

车辆定距 10 920 mm

车辆最大宽度 3 157 mm

底架宽度 2 960 mm

地板面距轨面高(空车) 1 216 mm

国际集装箱装载面距轨面高(空车) 1 216 mm

车钩中心线距轨面高(空车) 880 mm

车轮直径 840 mm

四、车辆结构组成

该车由底架、地板、集装箱锁闭装置、端门、制动装置、车钩缓冲装置、转向架等部分组成，如图5－18所示。

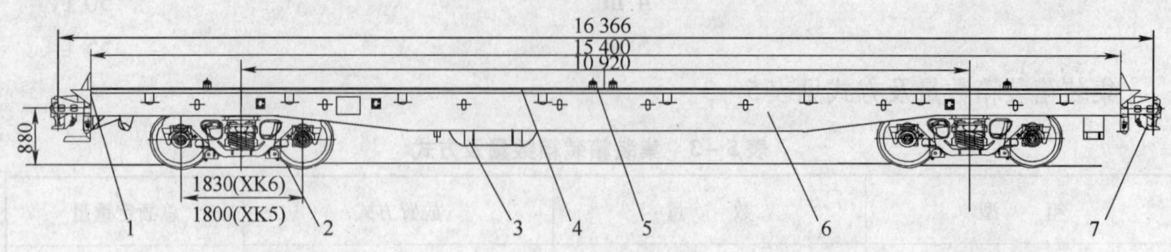

图 5－18　NX_{70}、NX_{70H}型共用车二维示意图

1—端门；2—转向架；3—制动装置；4—地板；5—集装箱锁闭装置；6—底架；7—车钩缓冲装置

1. 底架

底架为全钢焊接结构，由端梁，中梁，侧梁，枕梁，中央大横梁，大，小横梁和辅助梁等组焊而成（图 5－19）。

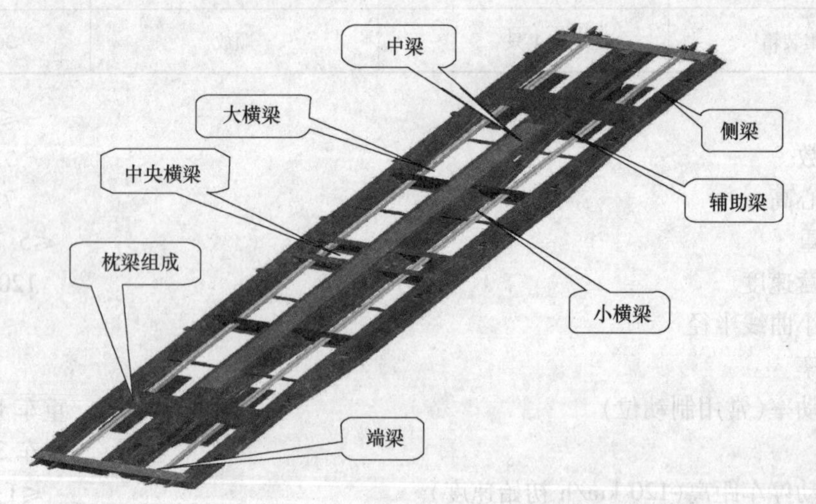

图 5－19　NX_{70}、NX_{70H}型共用车底架

中梁为两根 H630 mm×200 mm×13 mm×20 mm 型钢制成鱼腹形，与 10 mm 厚上、下盖板组焊成箱型结构，侧梁为单根 H600 mm×200 mm×11 mm×17 mm 型钢制成鱼腹形。底架设有中央大横梁以及工字形大横梁。中、侧梁间设有纵向辅助梁，端梁上设有绳栓，侧梁上设有柱插和绳栓。采用直径为 358 mm 锻钢上心盘及材质为 C 级铸钢的前、后从板座。前、后从板座与中梁间采用专用拉铆钉连接，装用车号自动识别标签。

2. 地板

底架上铺有 70 mm 厚木地板或 45 mm 厚竹木复合层积材地板。

3. 集装箱锁闭装置

底架上设有集装箱锁闭装置，锁头可原位翻转（图 5－20）。

4. 空气制动装置

采用主管压力满足 500 kPa 和 600 kPa 的空气制动装置。主要由 120 型控制阀、直径为 254 mm 的整体旋压密封式制动缸、ST2－250 型双向闸瓦间隙自动调整器、KZW－A 型空重车自动调整装置、货车脱轨自动制动装置等组成。采用编织制动软管总成、奥—贝球铁衬套、高摩擦系数合成闸瓦、不锈钢制动配件和管系。

图 5－20　NX_{70}、NX_{70H}型集装箱单锁及双锁组成三维示意图

采用 NSW 型手制动机。

5. 车钩缓冲装置

采用 E 级钢 17 号车钩或铁道部批准的新型车钩、配套采用 17 号铸造钩尾框或 17 号锻造钩尾框、合金钢钩尾销、MT－2 型或铁道部批准的新型缓冲器、含油尼龙钩尾框托板磨耗板。钩尾销托梁、钩尾框托板、安全托板采用 BY－B 型或 FS 型防松螺母。

6. 转向架

采用转 K6 型转向架或转 K5 型转向架。

第五节　GN_{70}、GN_{70H}型黏油罐车

该车是供标准轨距铁路使用，主要用于装运原油、重柴油、润滑油等一般性黏油类介质。采用内加热，装卸方式为上装下卸(图 5－21)。

图 5－21　GN_{70}型黏油罐车

一、车辆主要特点

GN_{70}型黏油罐车主要特点如下：

1. 容积大，载重大

GN_{70}型黏油罐车同现有主型黏油罐车 G_{17BK}相比，有效容积增大 7.3 m^3；载重增加 7 t，提高 11%。每延米载重由 7 t/m 提高到 7.68 t/m，提高 10%。

2. 能利用现有地面装卸设施成列装卸

我国主要的罐车使用单位一般均采用固定台位，成列装卸。

GN_{70}型黏油罐车的车辆长度比 G_{17BK}加长 228 mm。经调查、计算，可以使用现有的地面装

卸设施进行成列装卸作业。

3. 卸净率高

现有黏油罐车筒体多为圆柱状，筒体中部容易产生上挠，卸油作业时油品卸不干净，留有残液。

为方便用户使用，GN_{70}型黏油罐车采用了斜底结构，便于油品卸出，提高卸净率。

4. 进一步改善加热效果

现有黏油类罐车的加热系统中，G_{17K}黏油罐车采用外加温套式加热系统，蒸汽利用率低，能源浪费。G_{17BK}黏油罐车采用内置蛇管式加热系统，管程长，易积水。

GN_{70}型黏油罐车采用内置排管式加热系统。加热管线随罐体底部倾斜，管程短，不会积水。带有"Z"型补偿器结构，合理布置管路支撑，使加热排管可较好适应热胀冷缩，减小热应力。罐外底部设加热槽钢，减少加热盲区。采用带蒸汽套的下卸阀座，改善下卸阀附近黏油的加热效果，缩短加热时间。

5. 部件可靠性进一步提高

为提高运用可靠性，在总结我国无中梁罐车设计及运用经验基础上，参考欧、美同类罐车的成熟结构和先进产品标准，对关键结构进行了大量的计算、分析和对比，确定了牵枕结构。

采用助开式人孔，改进了呼吸式安全阀。

6. 采用E级钢17号高强度车钩和MT－2型缓冲器，提高了车钩缓冲装置的使用可靠性，可解决车钩分离、钩舌过快磨耗等惯性质量问题。

7. 采用转K6型或转K5型转向架，确保车辆运营速度达120 km/h，满足提速要求；改善了车辆运行品质，降低了轮轨间作用力，减轻了轮轨磨耗。

二、车辆主要性能参数

载重	70 t
自重	≤23.8 t
轴重	$23\left(1\ {}^{+2\%}_{-1\%}\right)$t
罐体总容积	78.1 m^3
罐体有效容积	73.7 m^3
换长	1.1
自重系数	0.34
每延米重	≤7.68 t/m
罐体工作压力	0.15 MPa
通过最小曲线半径	145 m
商业运营速度	120 km/h
制动距离（重车、紧急）	≤1 400 m
全车制动倍率	10.73
全车制动率（常用制动位）	
空车	24.2%
重车	16.59%

车辆使用的环境温度	−40 ~ +50 ℃

限界：符合 GB146.1—1983《标准轨距铁路机车车辆限界》的规定。

三、车辆主要尺寸

车辆长度	12 216 mm
车辆定距	8 050 mm
车辆最大宽度	3 320 mm
车辆最大高度	4 466 mm
车钩中心线高（空车）	880 mm
固定轴距	
转 K6 型	1 830 mm
转 K5 型	1 800 mm
车轮直径	840 mm

四、车辆主要结构

该车采用无中梁结构。主要由罐体装配、牵枕装配、加热及排油装置、车钩缓冲装置、制动装置、转向架、安全附件等部件组成，车端不设通过台（图 5－22）。

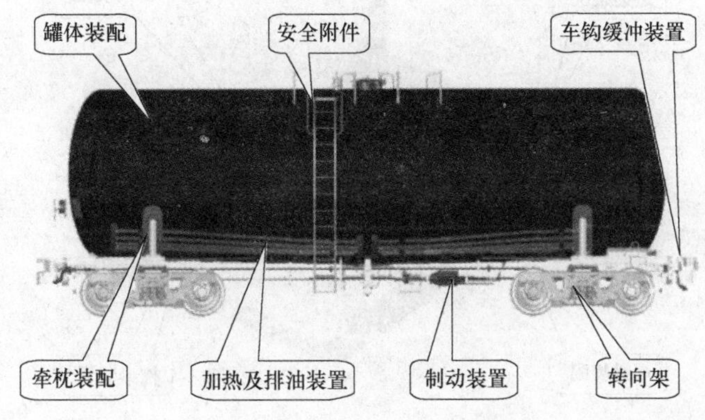

图 5－22　GN_{70}、GN_{70H}型黏油罐车三维示意图

1. 罐体装配

罐体装配主要由封头、筒体、人孔等组成。罐体采用直锥圆截面斜底结构，底部由筒体两端向中间截面下斜，斜度为 1.2°。封头采用 1∶2 标准椭圆封头，内径为 ϕ3 000 mm，壁厚 10 mm，材质为 Q295A 低合金高强度结构钢。筒体两端内径 ϕ3 000 mm，中部内径 ϕ3 100 mm；上板壁厚 8 mm，下板壁厚 10 mm，材质为 Q345A 低合金高强度结构钢，罐体顶部设助开式人孔（图 5－23）。

2. 牵枕装配

牵枕装配主要由牵引梁装配、枕梁装配、边梁装配、端梁装配等组成（图 5－24）。

牵引梁装配由牵引梁、前从板座、后从板座及心盘座和上心盘等组成。牵引梁采用屈服强度为 450 MPa 的热轧 310 乙字形钢，保证－40 ℃时的低温冲击功不小于 24J、前从板座、后从板座及心盘座材质采用 C 级铸钢，上心盘采用锻钢上心盘。前从板座与中梁间，脚蹬、扶手与

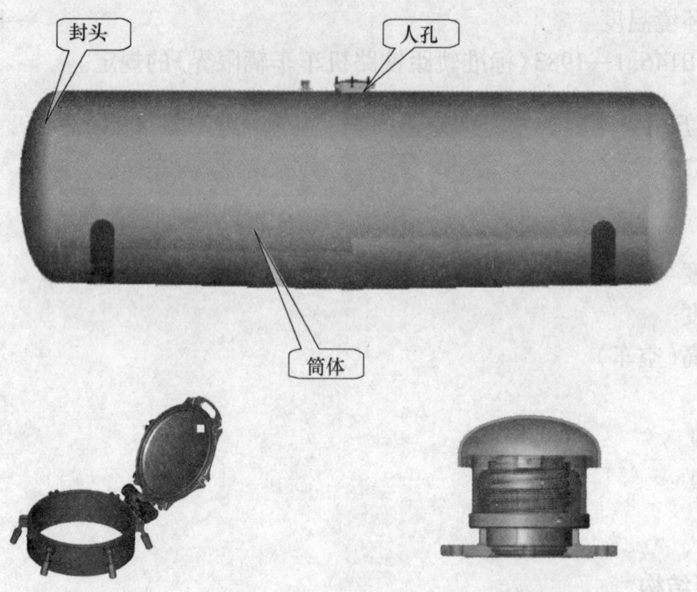

助开式人孔　　　改进的呼吸式安全阀

图 5－23　GN_{70}、GN_{70H} 型黏油罐车罐体三维示意图

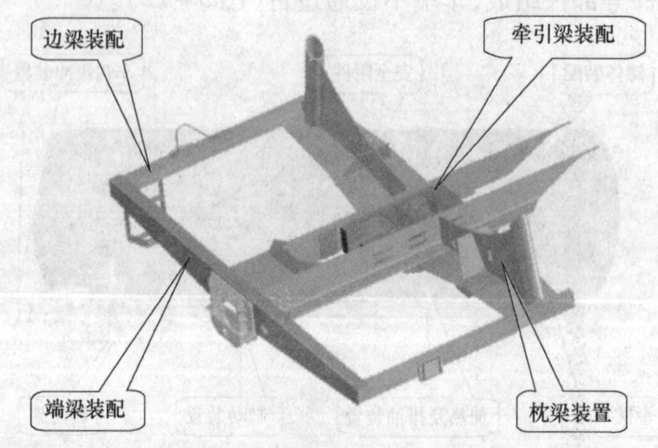

图 5－24　GN_{70}、GN_{70H} 型黏油罐车牵枕装配三维示意图

侧梁间均采用专用拉铆钉连接。

枕梁采用单腹板、侧管支撑结构，枕梁包角 120°。枕梁腹板、下盖板壁厚 16 mm，材质为 Q345A 低合金高强度结构钢（图5－25）。

3. 加热及排油装置

加热及排油装置由内置排管式加热系统和排油装置组成（图 5－26）。

内置排管式加热系统主要由两组排管式加热器组成，装设于罐内底部，沿罐体纵向中部截面对称布置，并沿罐壁向下倾斜。每组加热器主要由进汽管（$\phi57\times4.5$）、回水管（$\phi57\times4.5$）、8 线加热管（$\phi80\times5$）、进汽集管（$\phi127\times6$）、回水集管（$\phi127\times6$）组成，

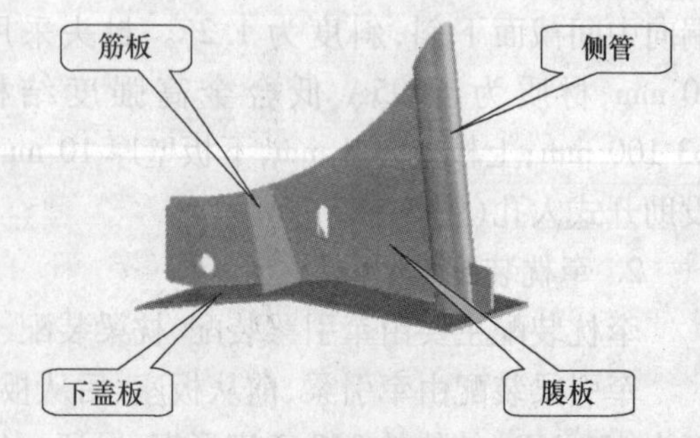

图 5－25　GN_{70}、GN_{70H} 型黏油罐车枕梁三维示意图

材质为 20 钢。

罐外底部设加热槽钢(图 5－27)。

排油装置中采用带蒸汽加热套的下卸阀座(图 5－28),改进型下卸阀,采用排油防盗装置,开闭轴和排油接头均满足防盗或防脱的使用要求。

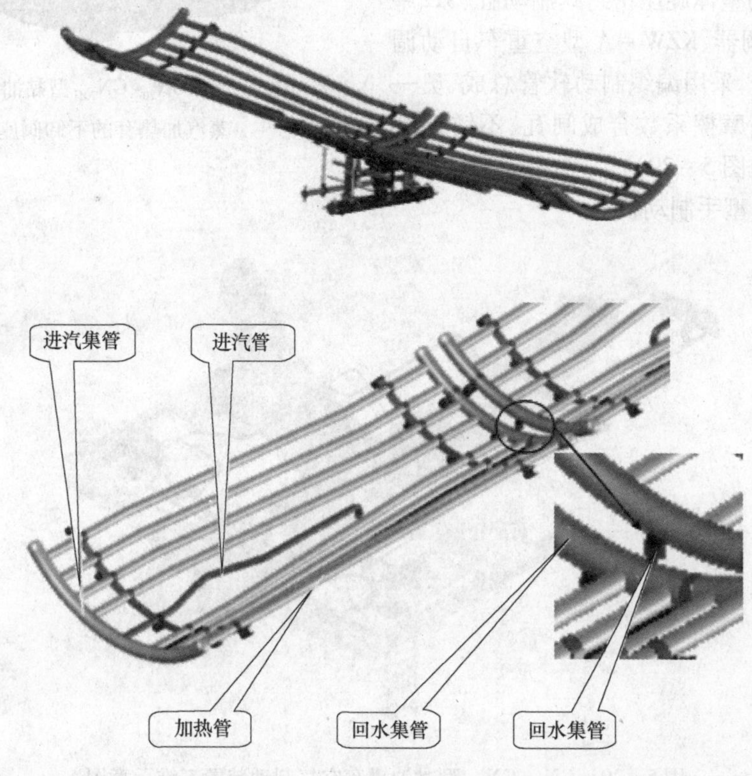

图 5－26　GN_{70}、GN_{70H}型黏油罐车加热及排油装置罐内部分三维示意图

图 5－27　GN_{70}、GN_{70H}型黏油罐车加热及排油装置罐外部分三维示意图

4. 车钩缓冲装置

采用 E 级钢 17 号车钩或新型车钩、17 号锻造钩尾框、合金钢钩尾销、MT－2 型缓冲器、含

油尼龙钩尾框托板磨耗板。

5. 制动装置

图 5－28　GN_{70}、GN_{70H}型黏油罐车带蒸汽加热套的下卸阀座

采用主管压力满足 500 kPa 和 600 kPa 的空气制动装置。主要由座式 120 型控制阀、直径为 254 mm 的整体旋压密封式制动缸、ST2－250 型双向闸调器、KZW－A 型空重车自动调整装置等组成。采用编织制动软管总成、奥—贝球铁衬套、高摩擦系数合成闸瓦、不锈钢制动配件和管系(图 5－29)。

采用 NSW 型手制动机。

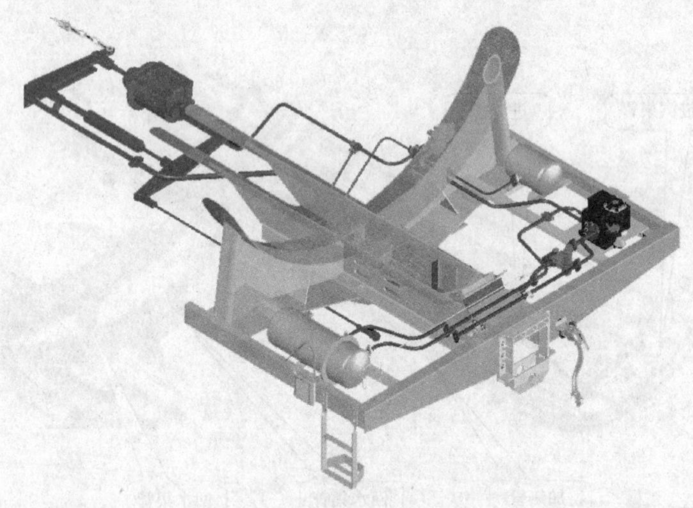

图 5－29　GN_{70}、GN_{70H}型黏油罐车空气制动装置三维示意图

6. 转向架

采用转 K6 型转向架或转 K5 型转向架。

五、与 G_{17BK}的对比

1. 外形对比(图 5－30、图 5－31)

图 5－30　G_{17BK}型黏油罐车

图 5－31　GN_{70}、GN_{70H} 型黏油罐车

2. 主要技术参数及配件对比(表 5－4)

表 5－4　主要技术参数及配件对比表

主要技术参数及配件		$GN_{70}(GN_{70H})$ 型黏油罐车	G_{17BK} 型黏油罐车	对比
载重(t)		70	63	增加 7
自重(t)		23.8	20.9	增加 2.9
罐体总容积(m^3)		78.1	70	增加 8.1
罐体有效容积(m^3)		73.7	66.4	增加 7.3
每延米重(t/m)		7.68	7	增加 0.68
轴重(t)		23.45	20.9	加 2.55
空车重心高(mm)		1 359	1386	降低 27
重车重心高(mm)		2 183	2193	降低 10
车辆长度(mm)		12 216	11 988	加长 228
车辆定距(mm)		8 050	7 500	加长 550
车辆最大高度(mm)		4 466	4 515	降低 49
车辆最大宽度(mm)		3 320	3 020	加宽 300
罐体装配	筒体形状	内径 ϕ3 000 ~ ϕ3 100 mm,中部下斜 100 mm	内径 ϕ3 000 mm 无下斜	
	筒体材质	Q345A	Q295A	
	人孔	带助开机构	无助开机构	
	安全阀	不锈钢阀芯	铸铁阀芯	
牵枕装配	牵引梁材质	YQ450NQR1	Q295A	
	前从板座材质	C 级铸钢	ZG230－450	
	一体式后从板座材质	C 级铸钢	ZG230－450	
	铆钉	铁路专用拉铆钉	热铆钉	
	枕梁结构形式	单腹板、侧管结构	单腹板、侧盖板结构	
	枕梁板材厚度	16 mm	10 mm	
	枕梁板材材质	Q345A	Q295A	
	端梁材质	Q345A	Q295A	
	冲击座	B 级铸钢,17 号车钩专用	ZG230－450,13 号车钩专用	

续上表

主要技术参数及配件		GN_{70}（GN_{70H}）型黏油罐车	G_{17BK}型黏油罐车	对比
加热装置	加热管结构	排管式	盘管式	
	罐外底部加热槽钢	有	无	
排油装置	下卸阀座	带蒸汽加热套	无蒸汽加热套	
梯子		侧梯	端梯	
车钩缓冲装置	车钩及尾框	17 号车钩及配套尾框	13A 号车钩及配套尾框	
	缓冲器	MT－2 型缓冲器	MT－3 型缓冲器	
制动装置	120 阀	座式	吊式	
转向架		转 K6 型	转 K2 型	

第六节　GQ_{70}、GQ_{70H}型轻油罐车

GQ_{70}型轻油罐车是供标准轨距铁路使用，主要用于装运汽油、煤油、柴油等化工介质。装卸方式为上装上卸。

一、车辆主要特点

GQ_{70}型轻油罐车的主要特点如下：

1. 容积大，载重大

GQ_{70}型轻油罐车同现有主型轻油罐车 G_{70K}相比，有效容积增大 9 m^3；载重增加 8 t，提高 13% 。每延米载重由 6. 87 t/m 提高到 7. 66 t/m，提高 11% 。

2. 能利用现有地面装卸设施成列装卸

我国主要的罐车使用单位一般均采用固定台位，成列装卸。GQ_{70}型轻油罐车的车辆长度比 GQ_{70K}加长 228 mm。经调查、计算，可以使用现有的地面装卸设施进行成列装卸作业。

3. 卸净率高

现有轻油罐车筒体多为圆柱状，筒体中部容易产生上挠，卸油作业时油品卸不干净，留有残液。

为方便用户使用，GQ_{70}型轻油罐车采用了斜底结构，便于油品卸出，提高卸净率。

4. 部件可靠性进一步提高

为提高运用可靠性，在总结我国无中梁罐车设计及运用经验基础上，参考欧、美同类罐车的成熟结构和先进产品标准，对关键结构进行了大量的计算、分析和对比，确定了牵枕结构。

采用助开式人孔，改进了呼吸式安全阀。

5. 采用 E 级钢 17 号高强度车钩和 MT－2 型缓冲器，提高了车钩缓冲装置的使用可靠性，可解决车钩分离、钩舌过快磨耗等惯性质量问题。

6. 采用转 K6 型或转 K5 型转向架，确保车辆运营速度达 120 km/h，满足提速要求；改善了车辆运行品质，降低了轮轨间作用力，减轻了轮轨磨耗。

二、车辆主要性能参数

载重	70 t
自重	≤23.6 t
轴重	$23\left(1\ ^{+2\%}_{-1\%}\right)$t
罐体总容积	80.3 m^3
罐体有效容积	78.7 m^3
换长	1.1
自重系数	0.33
每延米重	≤7.66 t/m
罐体工作压力	0.15 MPa
通过最小曲线半径	145 m
商业运营速度	120 km/h
制动距离(重车、紧急)	≤1 400 m
全车制动倍率	10.73
全车制动率(常用制动位)	
空车	24.4%
重车	16.67%
车辆使用的环境温度	-40 ~ +50 ℃

限界:符合 GB146.1—1983《标准轨距铁路机车车辆限界》的规定。

三、车辆主要尺寸

车辆长度	12 216 mm
车辆定距	8 050 mm
车辆最大宽度	3 320 mm
车辆最大高度	4 494 mm
车钩中心线高(空车)	880 mm
固定轴距	
转 K6 型	1 830 mm
转 K5 型	1 800 mm
车轮直径	840 mm

四、车辆结构组成

GQ_{70}型轻油罐车采用无中梁结构。主要由罐体装配、牵枕装配、车钩缓冲装置、制动装置、转向架及安全附件等组成,车端不设通过台(图 5-32)。

1. 罐体装配

罐体装配主要由封头、筒体、人孔、聚液窝等组成。罐体采用直锥圆截面斜底结构,底部由筒体两端向中间截面下斜,斜度为 1.2°。封头采用 1∶2.5 椭圆封头,内径为 ϕ3 050 mm,壁厚 10 mm,材质为 Q295A 低合金高强度结构钢。筒体两端内径 ϕ3 050 mm,中部内径

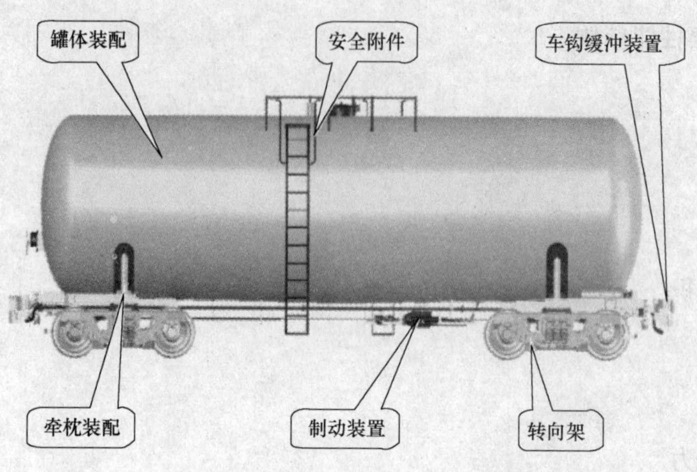

图 5 – 32　GQ_{70}型轻油罐车三维示意图

φ3 150 mm,壁厚 10 mm,材质为 Q345A 低合金高强度结构钢。罐体顶部设助开式人孔。罐体底部设聚液窝。

2. 牵枕装配

牵枕装配主要由牵引梁装配、枕梁装配、边梁装配、端梁装配等组成。

牵引梁装配由牵引梁、前从板座、后从板座及心盘座和上心盘等组成。牵引梁采用屈服强度为 450 MPa 的热轧 310 乙字形钢,保证 – 40 ℃时的低温冲击功 A_{kV}不小于 24J,前从板座、后从板座及心盘座材质采用 C 级铸钢,上心盘采用锻钢上心盘。前从板座与中梁间,脚蹬、扶手与侧梁间均采用专用拉铆钉连接。

枕梁采用单腹板、侧管支撑结构,枕梁包角 120°。枕梁腹板、下盖板壁厚 16 mm,材质为 Q345A 低合金高强度结构钢。

3. 车钩缓冲装置

采用 E 级钢 17 号车钩或新型车钩、17 号锻造钩尾框、合金钢钩尾销、MT – 2 型缓冲器,含油尼龙钩尾框托板磨耗板。

4. 制动装置

采用主管压力满足 500 kPa 和 600 kPa 的空气制动装置。主要由座式 120 控制阀、直径为 254 mm 的整体旋压密封式制动缸、ST2 – 250 型双向闸调器、KZW – A 型空重车自动调整装置等组成。采用编织制动软管总成、奥—贝球铁衬套、高摩擦系数合成闸瓦、不锈钢制动配件和管系。

采用 NSW 型手制动机。

5. 转向架

采用转 K6 型转向架或转 K5 型转向架。

五、与 G_{70K}的对比

1. 外形对比如图 5 – 33、图 5 – 34 所示。

2. 主要技术参数及配件对比见表 5 – 5。

图 5－33 G_{70K}型轻油罐车

图 5－34 GQ_{70}型轻油罐车

表 5－5 主要技术参数及配件对比表

主要技术参数及配件	GQ_{70}型轻油罐车	G_{17BK}型轻油罐车	对 比
载重(t)	70	62	增加 8
自重(t)	23.6	20.4	增加 3.2
罐体总容积(m^3)	80.3	72	增加 8.3
罐体有效容积(m^3)	78.7	69.7	增加 9
每延米重(t/m)	7.66	6.87	增加 0.79
轴重(t)	23.4	20.6	增加 2.8
空车重心高(mm)	1 399	1 401	降低 2
重车重心高(mm)	2 226	2 237	降低 11
车辆长度(mm)	12 216	11 988	加长 228
车辆定距(mm)	8 050	7 500	加长 550
车辆最大高度(mm)	4 494	4 515	降低 21
车辆最大宽度(mm)	3 320	3 020	加宽 300

续上表

主要技术参数及配件		GQ_{70} 型轻油罐车	G_{17BK} 型轻油罐车	对　比
罐体装配	封头	内径 φ3 050 mm 1∶2.5	内径 φ3 000 mm 1∶2	
	筒体形状	内径 φ3 050 ~ φ3 150 mm，中部下斜 100 mm	内径 φ3 000 mm 无下斜	
	筒体材质	Q345A	Q295A	
	筒体壁厚	全 10 mm	上 8 mm，下 10 mm	
	人孔	带助开机构	无助开机构	
	安全阀	不锈钢阀芯	铸铁阀芯	
牵枕装配	牵引梁材质	YQ450NQR1	Q295A	
	前从板座材质	C 级铸钢	ZG230 - 450	
	一体式后从板座材质	C 级铸钢	ZG230 - 450	
	铆钉	铁路专用拉铆钉	热铆钉	
	枕梁结构形式	单腹板、侧管结构	单腹板、侧盖板结构	
	枕梁板材厚度	16 mm	10 mm	
	枕梁板材材质	Q345A	Q295A	
	端梁材质	Q345A	Q295A	
	冲击座	B 级铸钢 17 号车钩专用	ZG230 - 450 13 号车钩专用	
梯子		侧梯	端梯	
车钩缓冲装置	车钩及尾框	17 号车钩及配套尾框	13A 号车钩及配套尾框	
	缓冲器	MT - 2 型缓冲器	MT - 3 型缓冲器	
制动装置	120 阀	座式	吊式	
转向架		转 K6 型	转 K2 型	

第七节　KZ_{70}、KZ_{70H} 型石砟漏斗车

KZ_{70}、KZ_{70H} 型石砟漏斗车适用在标准轨距线路上运行，是供新、旧线路铺设石砟或装运散粒货物（图 5 - 35）。

图 5 - 35　KZ_{70}（KZ_{70H}）型石砟漏斗车

一、车辆主要特点

KZ_{70}(KZ_{70H})型石砟漏斗车主要特点如下：

1. KZ_{70}(KZ_{70H})型石砟漏斗车车体钢结构主要承载件均采用屈服强度为450 MPa的高强度耐候钢及专用冷弯型钢,有效降低车辆自重,提高车辆的净载重(自重与21 t轴重车辆接近,载重净增加了10 t),提高了车辆的技术经济指标。

2. 该车车体长度仍保持与K_{13}型车一致;按5 000 t列车编组计算,车辆总长度为644 m,适合既有850 m站场及线桥条件,在提高运能的前提下,可以节省大量的站场和线桥改造资金。

3. 该车载重70 t,轴重23 t,单车载重量比K_{13}型车增加10 t,载重量提高了16.7%,按每天3 000辆车运输计算,可增加运能3万t。

4. 对车体钢结构进行了优化,加大了强度储备;侧柱采用双曲面U型冷弯型钢,提高了侧墙的刚度、强度和使用可靠性。

5. 采用E级钢17号高强度车钩和MT－2型缓冲器,提高了车钩缓冲装置的使用可靠性,可解决车钩分离、钩舌过快磨耗等惯性质量问题。

6. 采用转K6型或转K5型转向架,确保车辆运营速度达120 km/h,满足提速要求;改善了车辆运行品质,降低了轮轨间作用力,减轻了轮轨磨耗。

7. 满足互换性要求,主要零部件与现有K_{13NK}型车通用互换,方便维护和检修。

二、车辆主要性能参数

载重	70 t
自重	≤23.8 t
轴重	$23\left(1\ {}^{+2\%}_{-1\%}\right)$t
容积	42 m^3
比容	0.6 m^3/t
换长	1.1
自重系数	≤0.34
每延米重	≤7.77 t/m
通过最小曲线半径	145 m
商业运营速度	120 km/h
制动距离(重车、紧急)	≤1 400 m
全车制动倍率	10.9
全车制动率(常用制动位)	
空车	20%
重车	16%

限界:符合GB146.1—1983《标准轨距铁路机车车辆限界》的规定。

三、车辆主要尺寸

车辆长度	12 074 mm

车辆定距	8 000 mm
车辆最大宽度	3 168 mm
车辆最大高度(空车)	3 726 mm
车体上部内长	8 700 mm
车体上部内宽	2 920 mm
底门长度	2 235 mm
底门开度	≥190 mm
流砟板距轨面最小距离(空车)	
侧面	310 mm
中间	230 mm
漏斗距轨面最小距离(空车)	170 mm
车体端墙斜度	36.5°
车钩中心线距轨面高(空车)	880 mm
固定轴距	
转 K6 型	1 830 mm
转 K5 型	1 800 mm
车轮直径	840 mm

四、车辆结构组成

该车主要由车体、卸砟系统、除尘装置、车钩缓冲装置、制动装置及转向架等组成(图 5-36)。

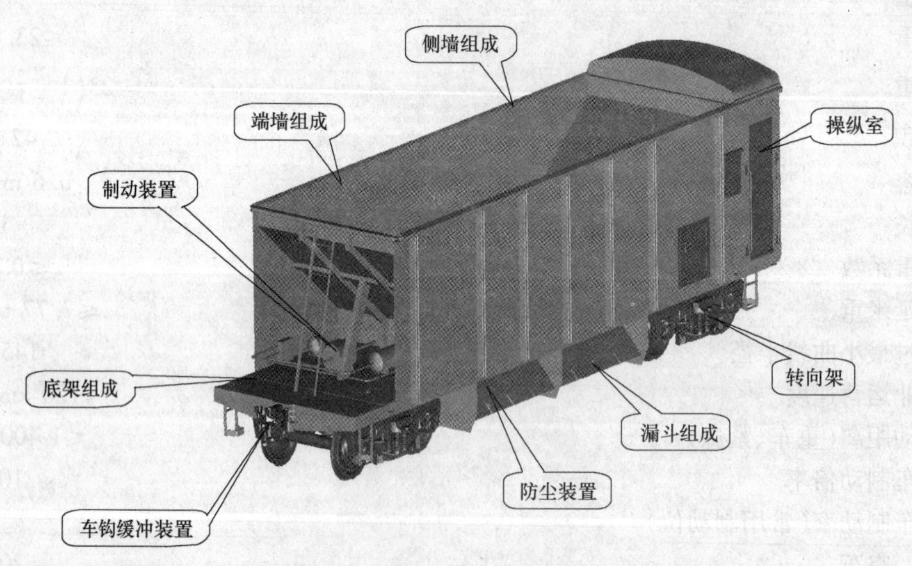

图 5-36　KZ_{70}型石砟漏斗车三维示意图

(一)车　　体

该车车体为无中梁全钢焊接结构,由底架、侧墙、端墙、漏斗、操纵室等部分组成。主要型钢和板材均采用 Q450NQR1 高强度耐候钢。

1. 底架

底架由牵引梁、侧梁、枕梁、端梁、小横梁及钢地板等组焊而成(图5－37)。牵引梁采用屈服强度为450 MPa的热轧310乙字型钢,保证－40 ℃时的低温冲击功A_{kV}不小于24J;枕梁为由上、下盖板及双腹板组焊而成的变截面箱形结构;侧梁为180 mm高矩形钢管;采用直径为358 mm的锻造上心盘及材质为C级钢的前从板座;心盘座与后从板座为一体的结构,材质为C级钢。前从板座与牵引梁间,脚蹬、牵引钩与侧梁间,扶手与地板及托梁间均采用专用拉铆钉连接。

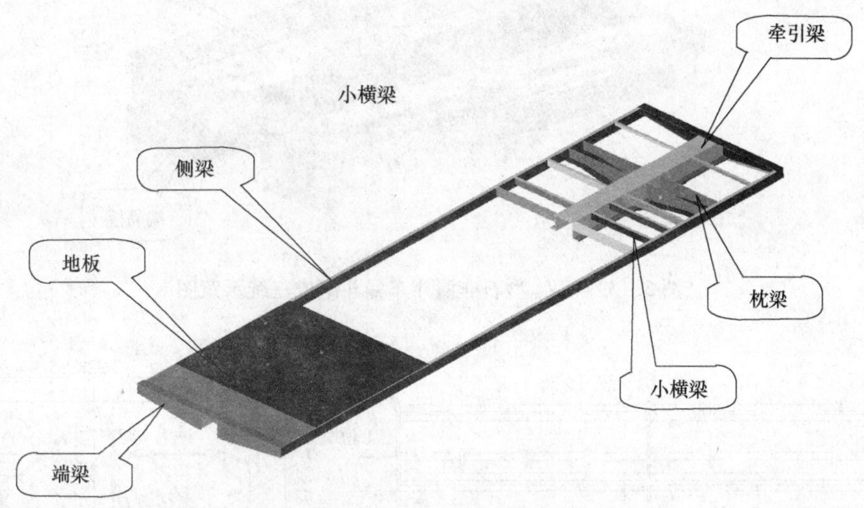

图5－37　KZ_{70}型石砟漏斗车底架组成三维示意

2. 侧墙

侧墙为板柱式结构,由上侧梁、侧板、侧柱等组焊而成。侧板厚度为4 mm;侧柱采用U形双曲面高强度冷弯型钢;上侧梁采用专用冷弯异形钢管,以防止石砟残存伤及作业人员。

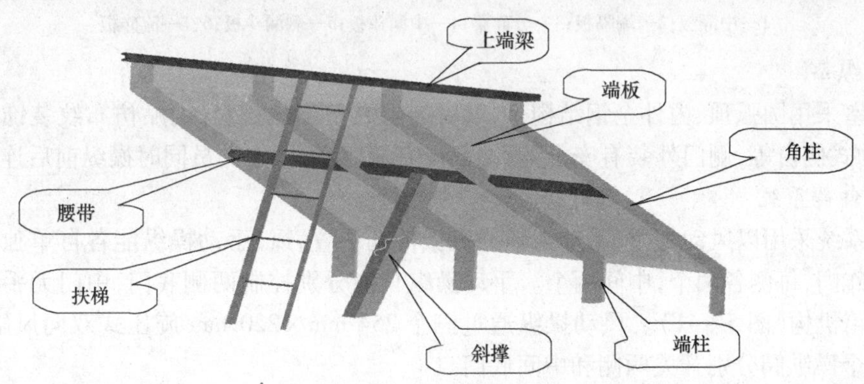

图5－38　KZ_{70}型石砟漏斗车端墙组成三维示意图

3. 端墙

端墙由上端梁、端板、腰带、端柱、斜撑等组焊而成(图5－38)。端板厚度为6 mm,上端梁、腰带、端柱、斜撑均采用高强度冷弯型钢。1位端墙上设有观察孔,推开观察孔盖可观察车内余砟情况。

4. 漏斗

漏斗由中、侧漏斗板,中、端隔板,分砟梁,导流板等组焊而成(图5－39、图5－40),其中调整板与流砟板是用螺栓连接的。在中隔板上安装铁路货车车号自动识别系统的车辆标签。

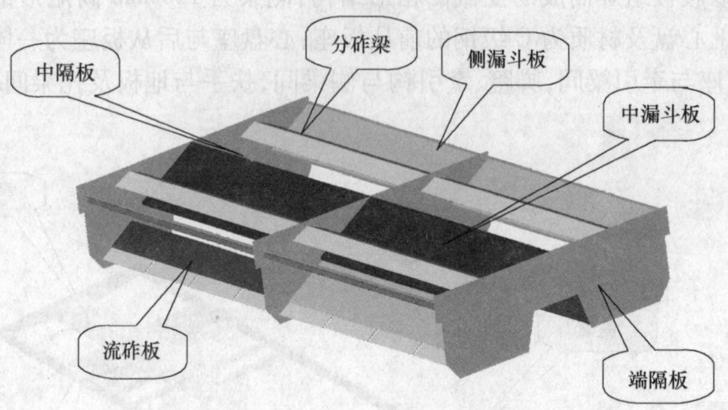

图 5－39　KZ_{70}型石砟漏斗车漏斗组成三维示意图

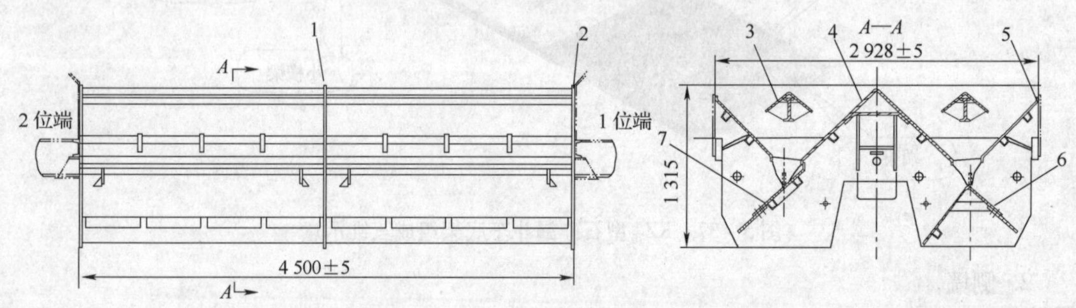

图 5－40　KZ_{70}型石砟漏斗车漏斗组成二维示意图

1—中隔板；2—端隔板；3—分砟梁；4—中漏斗板；5—侧漏斗板；6、7—流砟板

5. 操纵室

操纵室采用圆弧顶、内外全钢结构，内壁衬装阻燃型隔热材料，内贴仿布纹装饰板。设有侧门、活动式侧窗等，侧门外装有安全链；端部设有端门，供操作人员同时操纵前后连挂车辆。

（二）卸砟系统

卸砟系统采用以风动为主、手动为辅的机械传动装置，风、手动操纵能各自单独操纵。共有六个卸砟门，每侧各两个，中间两个。手动操纵只能分别控制两侧底门，中门无手动。手动采用减速箱机构（图 5－41）。风动操纵通过三个 254 mm × 220 mm 旋压式双向风缸（图 5－42），由三个操纵阀分别开关两侧和中间底门。

卸砟系统主要由以下部分组成：

1. 上部传动装置：由上部传动轴及固定在其上的摆块和上曲拐、牙嵌离合器、滚动轴承、离合器传动轴组成、减速器组成、254 mm × 254 mm 旋压式双向作用风缸、手轮、中（侧）拉杆等组成（图 5－43）。

2. 下部传动装置：由下部传动轴及固定在其上的下曲拐、联轴节、连杆组成、底门组成、传动轴支架、传动轴轴承等组成（图 5－44）。

3. 风控管路装置：由给风调整阀、操纵阀、截断塞门、储风缸、操纵台、风表等组成（如图 5－45 所示）。

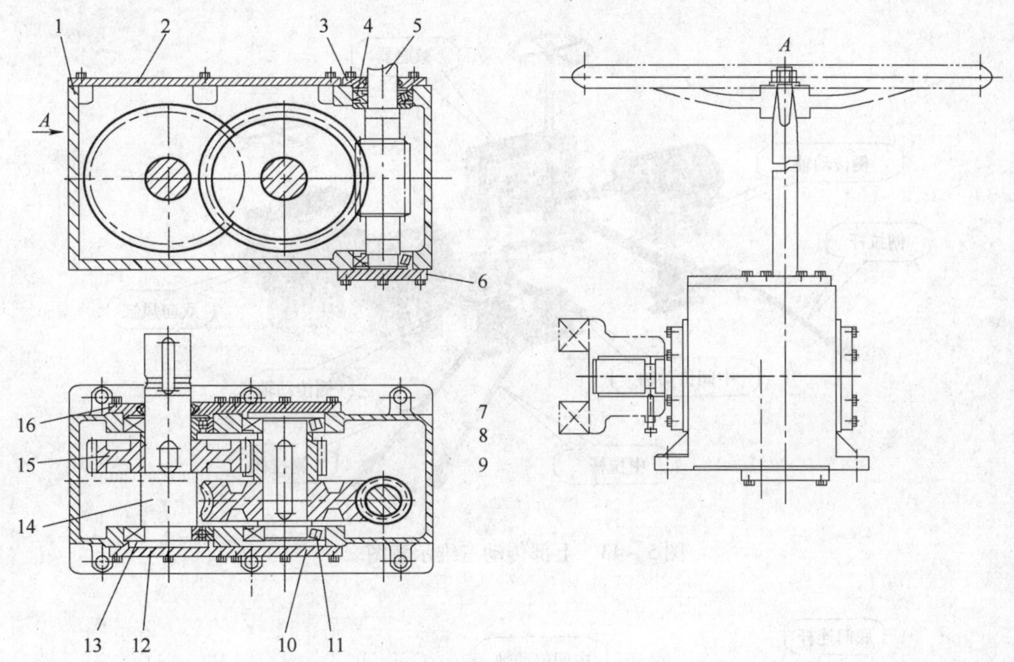

图 5－41　减速器组成二维图

1—减速箱体；2—减速箱盖；3—输入轴透盖；4—滚动轴承 30208；5—蜗杆；6—输入轴闷盖；7—减速器小齿轮；8—减速器轴；9—减速器蜗轮；10—减速器轴承盖；11—滚动轴承 30212；12—减速器轴承盖；13—滚动轴承 6213；14—输出轴；15—减速器大齿轮；16—减速器透盖

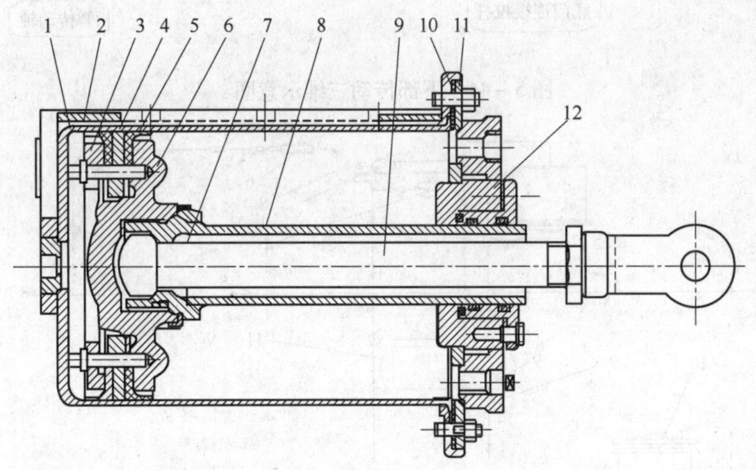

图 5－42　254×220 旋压式双向风缸二维图

1—缸体组成；2—缸座组成；3—压板；4—垫板；5—皮碗；6—活塞；7—活塞杆螺母；8—活塞杆；9—推杆；10—前衬垫；11—前盖组成；12—导向套

(三)车钩缓冲装置

采用 E 级钢 17 号车钩或新型车钩、17 号锻造钩尾框、合金钢钩尾销、MT－2 型缓冲器、含油尼龙钩尾框托板磨耗板。

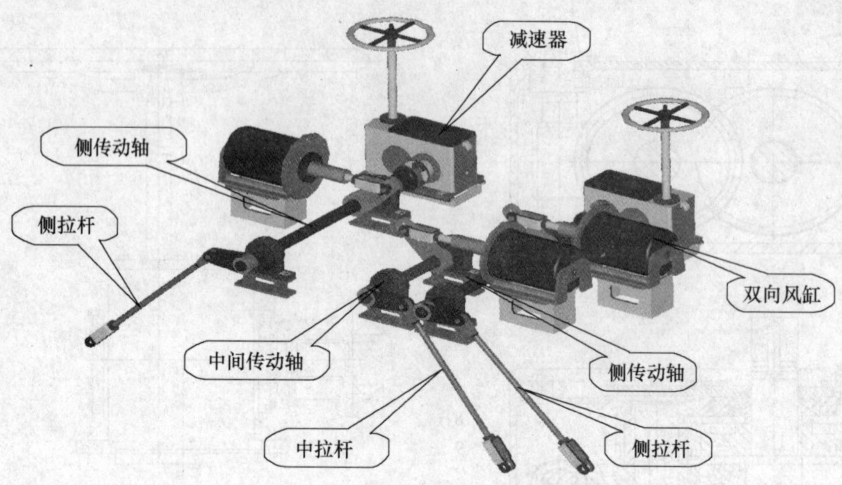

图 5 - 43　上部传动三维示意图

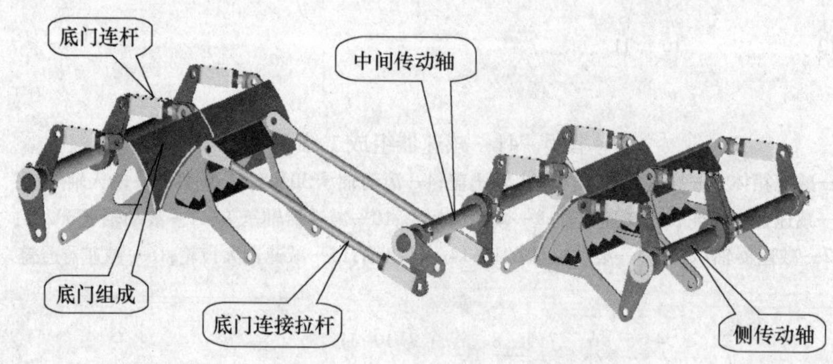

图 5 - 44　下部传动三维示意图

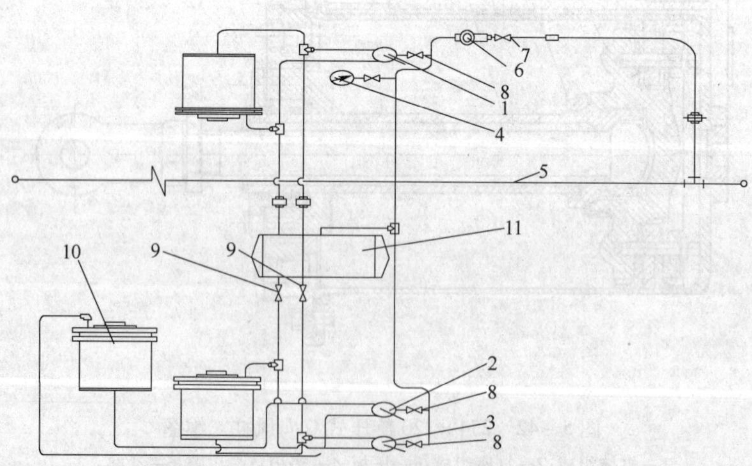

图 5 - 45　风动系统示意图

1—操纵阀(右侧门);2—操纵阀(中间门);3—操纵阀(左侧门);4—风表;
5—列车管;6—给风调整阀;7—截断塞门;8—截断塞门;9—两侧底门集中开关塞门;
10—254 × 220 双向风缸;11—196 L 储风缸

（四）制动装置

采用主管压力满足 500 kPa 和 600 kPa 的空气制动装置。主要由 120 型控制阀、直径为 254 mm 的整体旋压密封式制动缸、ST2－250 型双向闸瓦间隙自动调整器、KZW－A 型空重车自动调整装置等组成。采用编织制动软管总成、奥—贝球铁衬套、高摩擦系数合成闸瓦、不锈钢制动配件和管系。

采用 NSW 型手制动机。

（五）转 向 架

采用转 K6 型转向架或转 K5 型转向架。

第八节　KM_{70}、KM_{70H}型煤炭漏斗车

KM_{70}（KM_{70H}）型煤炭漏斗车适用于在标准轨距线路上运行，供装运煤炭、矿石等散装货物，可满足固定编组、循环使用、定点装卸、大量转运的电站、港口、选煤、钢铁等企业运用。

该车适用于地面设有受料坑传输装置的供两侧同时卸煤、容量足够的卸煤沟或高栈台，可自动、快速卸车，在无风源的情况下也可以手动卸车（图 5－46）。

图 5－46　KM_{70}（KM_{70H}）型石砟漏斗车

一、车辆主要特点

1. 车体主要承载部件均采用材质为 Q450NQR1 的高强度耐大气腐蚀热轧钢板和高强度冷弯型钢等。中梁采用直梁结构，提高了强度储备和结构可靠性。通过车体疲劳寿命分析和结构的优化，减轻了车体自重，使载重达 70 t，满足了铁路运输发展的要求。

2. 底门开闭装置在成熟顶锁机构的基础上进行了优化，提高了运用可靠性。

3. 对车体扶梯、檐板等附属设施进行了人性化设计，提高了操作安全性。

4. 采用 E 级钢 17 号高强度车钩和 MT－2 型缓冲器，提高了车钩缓冲装置的使用可靠性，可解决车钩分离、钩舌过快磨耗等惯性质量问题。

5. 采用转 K6 型或转 K5 型转向架，能有效降低轮轨间的作用力，减轻各部分的磨耗，使该车在预防性计划修基础上，可实现状态修、换件修和主要零部件的专业化集中修，建立按走行

千米和“当量千米”相结合的检修模式,显著减少车辆的检修费用,提高车辆的使用效率。商业运营速度达到 120 km/h,满足了铁路货车提速需要。

6. 侧柱采用新型双曲面冷弯型钢,提高了强度和刚度。

7. 在中央漏斗脊设有拉杆装置,提高了侧墙防外涨能力,并消除因抑制侧墙外涨变形而引起的应力集中现象。

8. 底门开闭机构主要零部件与现有 K_{18AK} 型煤炭漏斗车通用互换,方便了日常维护和检修。

二、车辆主要性能参数

载重		70 t
自重		≤23.8 t
自重系数		≤0.34
容积		75 m^3
比容		1.07 m^3/t
每延米重		≤6.5 t/m
轴重		$23\left(1\ {}^{+2\%}_{-1\%}\right)$t
传动形式		两级传动、顶锁机构
装卸方式		上装下卸、两侧卸货
商业运营速度		120 km/h
制动距离(重车、紧急)		≤1 400 m
通过最小曲线半径		145 m
全车制动倍率		11
全车制动率(常用制动位)	空车	20.5%
	重车	16%

限界:符合 GB146.1—1983《标准轨距铁路机车车辆限界》的规定。

三、车辆主要尺寸

车辆长度	14 400 mm
车辆定距	10 500 mm
车辆最大宽度	3 200 mm
车辆最大高度(空车)	3 780 mm
上侧梁上平面距轨面高(空车)	3 690 mm
底架长度	13 434 mm
底架宽度	3 180 mm
底门长度	2 800 mm
底门开度	460 mm
两漏斗板间距	2 200 mm
漏斗板下缘距轨面高(空车)	210 mm
端板与水平面夹角	50°

漏斗板与水平面夹角　50°

底门数量　4

开闭机构连杆自锁偏心距　15 mm

车钩中心线距轨面高(空车)　880 mm

固定轴距

　　转 K6 型　1 830 mm

　　转 K5 型　1 800 mm

车轮直径　840 mm

四、车辆主要结构组成

该车主要由车体、底门开闭机构、风动管路装置、车钩缓冲装置、制动装置及转向架等组成(图 5－47)。

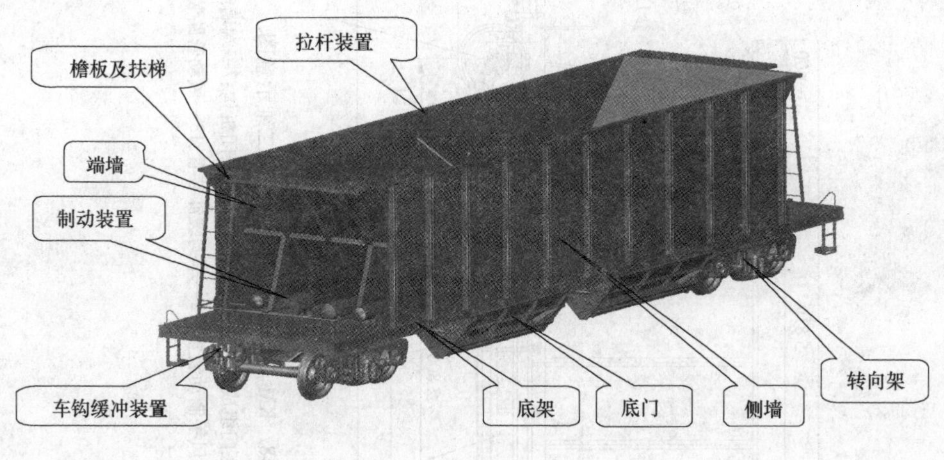

图 5－47　KM_{70}、KM_{70H} 型煤炭漏斗车三维示意图

(一)车　　体

该车车体为全钢焊接结构,由底架、侧墙、端墙、漏斗、檐板扶梯、底门及拉杆等组成。主要型钢和板材均采用 Q450NQR1 高强度耐候钢(图 5－48)。

1. 底架组成

底架由中梁、侧梁、枕梁、端梁等组成(如图 5－51 所示)。中梁采用屈服强度为 450 MPa的热轧 310 乙字型钢,保证－40 ℃时的低温冲击功不小于24J;侧梁采用200 mm×75 mm×7 mm的冷弯槽钢。采用直径为 358 mm 的锻造上心盘及材质为 C 级铸钢的前从板座;心盘座与后从板座为 C 级钢一体式结构(图 5－49、图 5－50);前从板座与中梁间,脚蹬、牵引钩与侧梁间,扶手与端梁、地板间均采用专用拉铆钉连接;底架中梁上安装车号自动识别标签。

2. 侧墙组成

侧墙为板柱式结构,由侧板、侧柱和上侧梁等组焊而成。侧柱采用 U 形双曲面冷弯型钢,上侧梁采用 120 mm×60 mm×4 mm 的冷弯矩型空心型钢,侧板厚度为 4 mm。

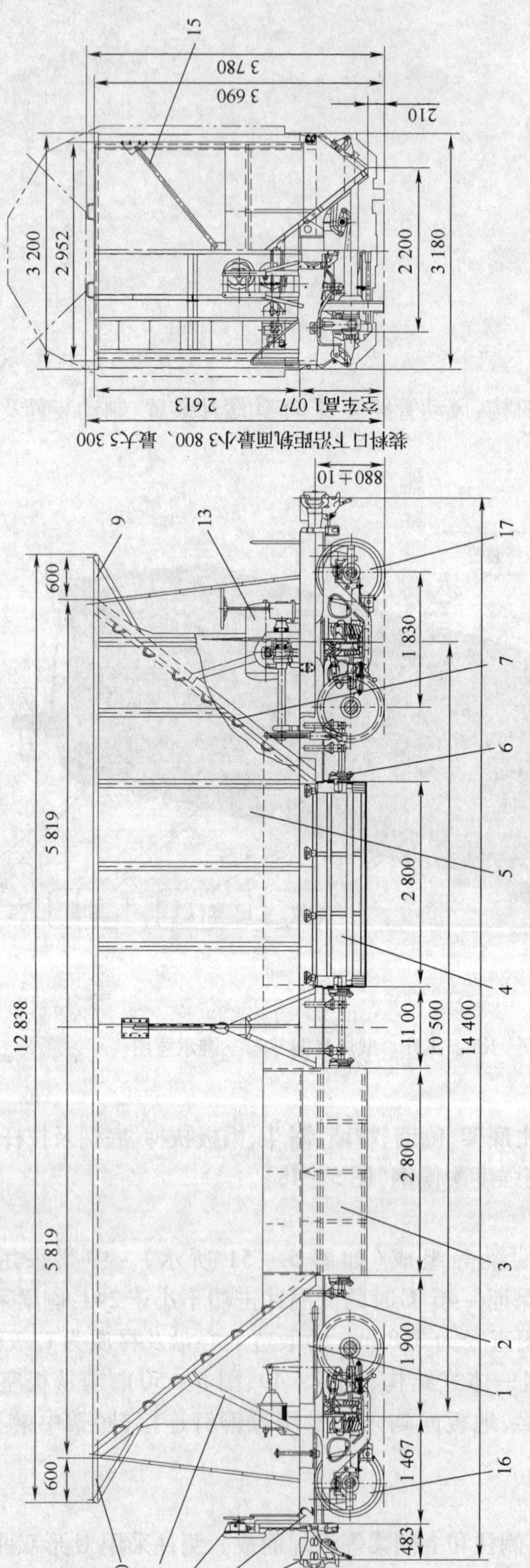

图5-48 KM_{70}、KM_{70H}型煤炭漏斗车二维示意图

1—底架；2—底架附属件；3—漏斗组成；4—底门组成；5—侧墙组成；6—底门开闭机构；7—端墙组成（1位）；8—端墙组成（2位）；9—檐板及扶梯组成（1位）；10—檐板及扶梯组成（2位）；11—风手制动装置；12—车钩缓冲装置；13—风动管路装置；14—标记；15—拉杆组成；16—转K6型转向架

3. 端墙组成

端墙由端板、上端梁、端柱、角柱、横带和斜撑等组焊而成(图 5－52)。上端梁采用专用异形冷弯型钢,端柱、横带和斜撑等采用 U 形冷弯型钢,角柱采用冷弯角钢,上端板厚度为4 mm,下端板厚度为 5 mm,端板与水平面的夹角为 50°。

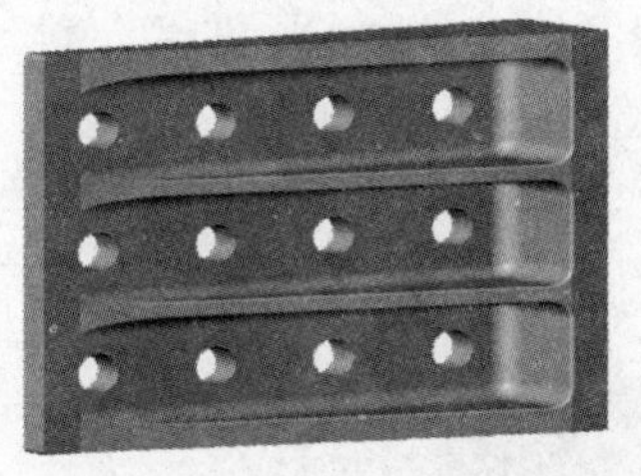

图 5－49　前从板座

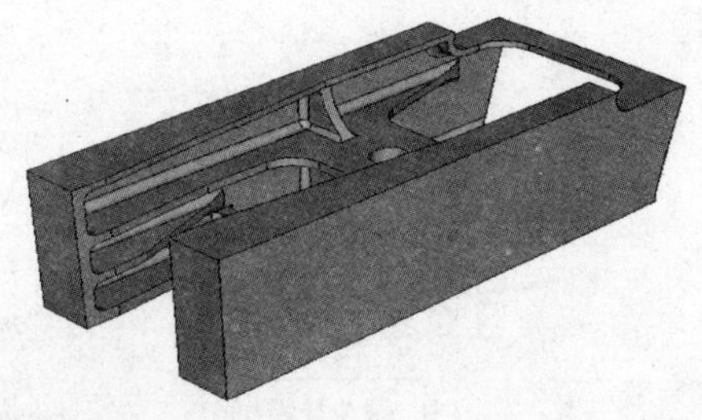

图 5－50　一体式后从板座

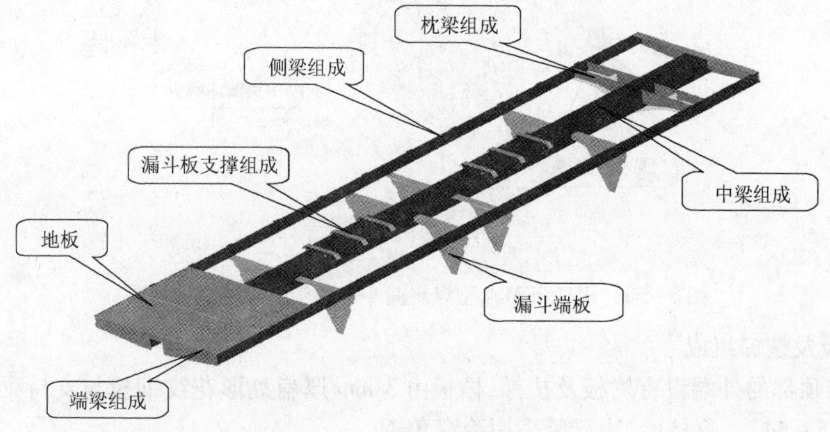

图 5－51　KM_{70}、KM_{70H}型煤炭漏斗车底架组成三维示意图

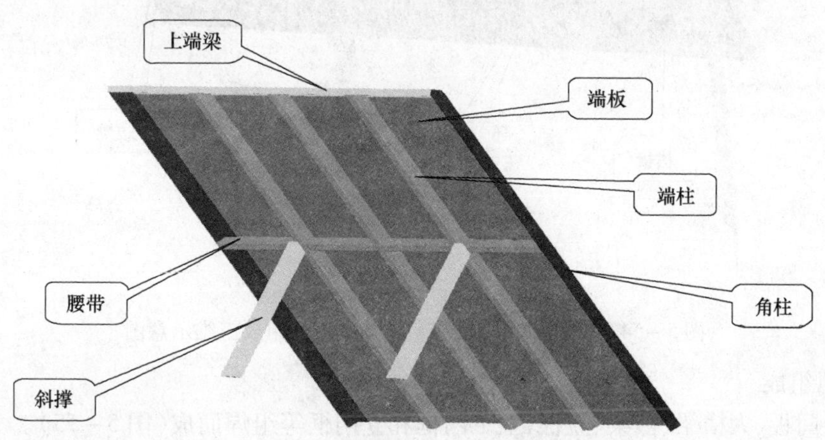

图 5－52　KM_{70}、KM_{70H}型煤炭漏斗车端墙组成三维示意图

4. 漏斗组成

在车体中心设一个横向的中央漏斗脊，与中梁上设置的纵向漏斗脊将全车划分成四个漏斗区。各漏斗脊由 4 mm 的 ∧ 形钢板和筋板组焊而成。漏斗板由 5 mm 的钢板和纵梁、横梁等组焊而成，与水平面的夹角为 50°。纵梁、横梁等采用 U 形冷弯型钢。漏斗组成的结构形式如图 5－53 所示。

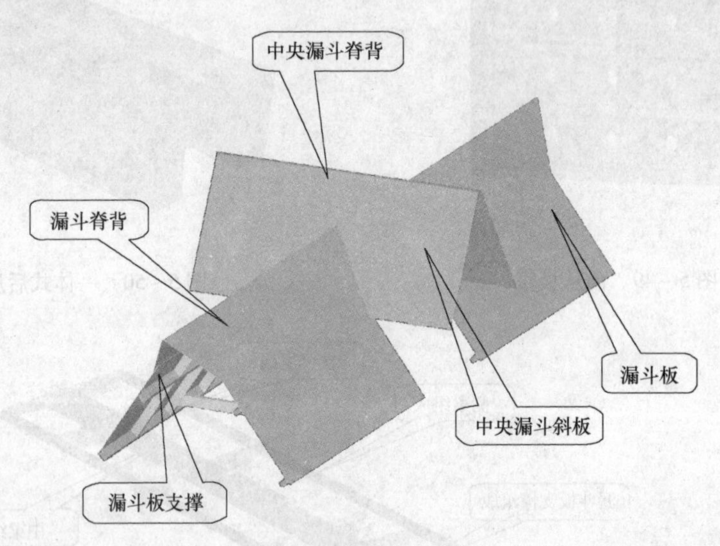

图 5－53　KM_{70}、KM_{70H} 型煤炭漏斗车漏斗组成三维示意图

5. 檐板及扶梯组成

在端墙顶部的外端设有檐板及扶梯，檐板由 3 mm 厚扁豆形花纹钢板与支持梁、边梁等组焊而成（图 5－54）。支持梁、边梁等采用冷弯角钢。

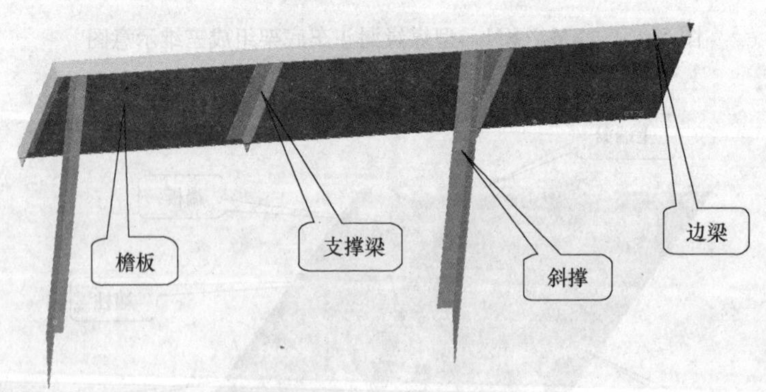

图 5－54　KM_{70}、KM_{70H} 型煤炭漏斗车檐板组成三维示意图

6. 底门组成

底门由门板、大横梁、横梁、立柱、上下门框和立门框等组焊而成（图 5－55）。大横梁采用 140 mm × 80 mm × 5 mm 的矩形冷弯空心型钢，立门框采用 140 mm × 60 mm × 5 mm 的冷弯槽钢，横梁和立柱采用 U 形冷弯型钢，门板厚度为 4 mm。

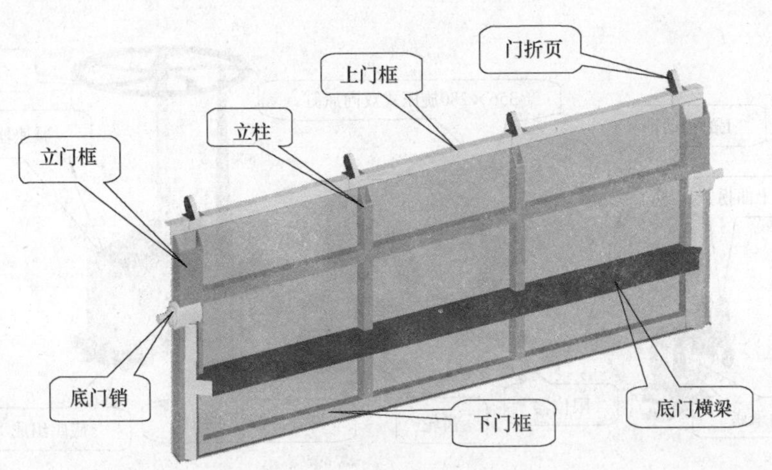

图 5－55　KM_{70}、KM_{70H}型煤炭漏斗车底门组成三维示意图

7. 拉杆组成

在中央漏斗脊设有拉杆装置,拉杆通过支座和螺栓与侧墙连接(图 5－56)。

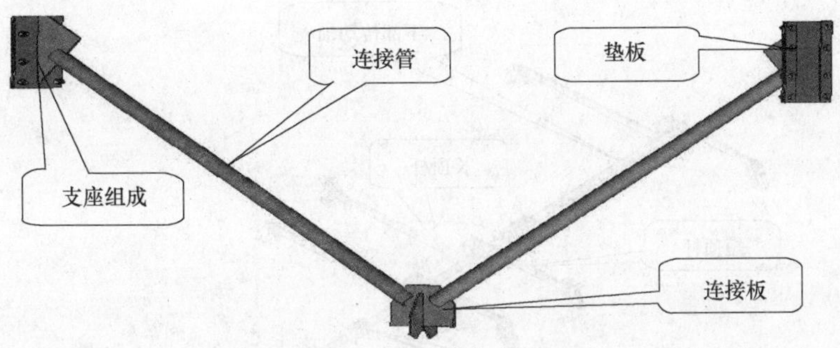

图 5－56　KM_{70}、KM_{70H}型煤炭漏斗车拉杆装置三维示意图

(二)底门开闭机构

采用两级传动顶锁式底门开闭装置,风动、手动两用,由上部传动装置、连杆、下曲拐、下部传动轴、双联杠杆、长短顶杆和左右锁体等组成。手动传动机构与风动控制管路系统均设在车体一位端的底架上,风、手动控制机构相互独立,其转换由拨叉拨动牙嵌离合器来控制。

底门开闭机构主要由以下部分组成:

1. 上部传动装置

由上部传动轴、牙嵌离合器、滚动轴承、齿轮、限位器、上曲拐、离合器传动轴组成、减速器组成、356 mm×280 mm 旋压式双向作用风缸、齿条、滚轮、压销座、手轮、齿轮罩等组成(图 5－57)。

减速器组成由减速箱体、减速箱盖、输入轴透盖、滚动轴承、蜗杆、输入轴闷盖、减速器小齿轮、减速器轴、减速器蜗轮、减速器轴承盖、输出轴、减速器大齿轮等组成。

356 mm×280 mm 旋压式双向作用风缸由缸体、缸座、压板、垫板、皮碗、活塞、活塞杆螺母、活塞杆、推杆、前衬垫、前盖组成、导向套等组成。

2. 下部传动装置

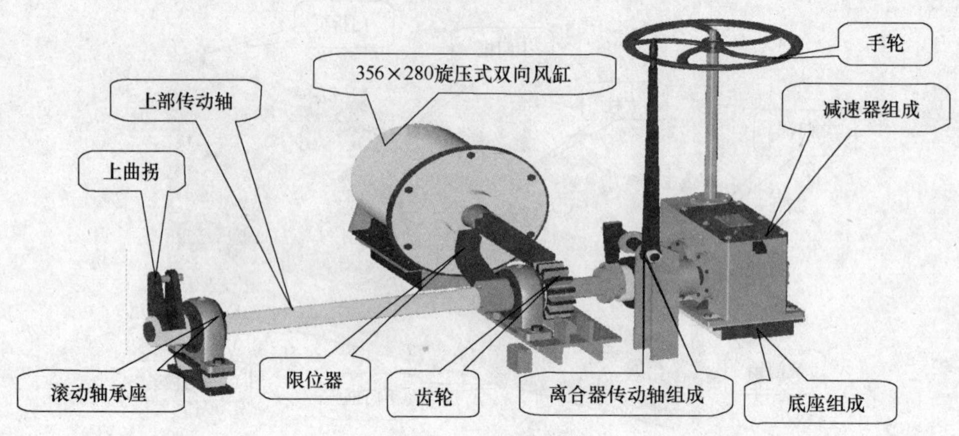

图 5－57　KM_{70}、KM_{70H} 型煤炭漏斗车上部传动装置三维示意图

由下部传动轴、下部轴承、双联杠杆、长顶杆组成、短顶杆组成、联轴节组成、连杆组成、左右锁体、下曲拐等组成(图 5－58、图 5－59)。

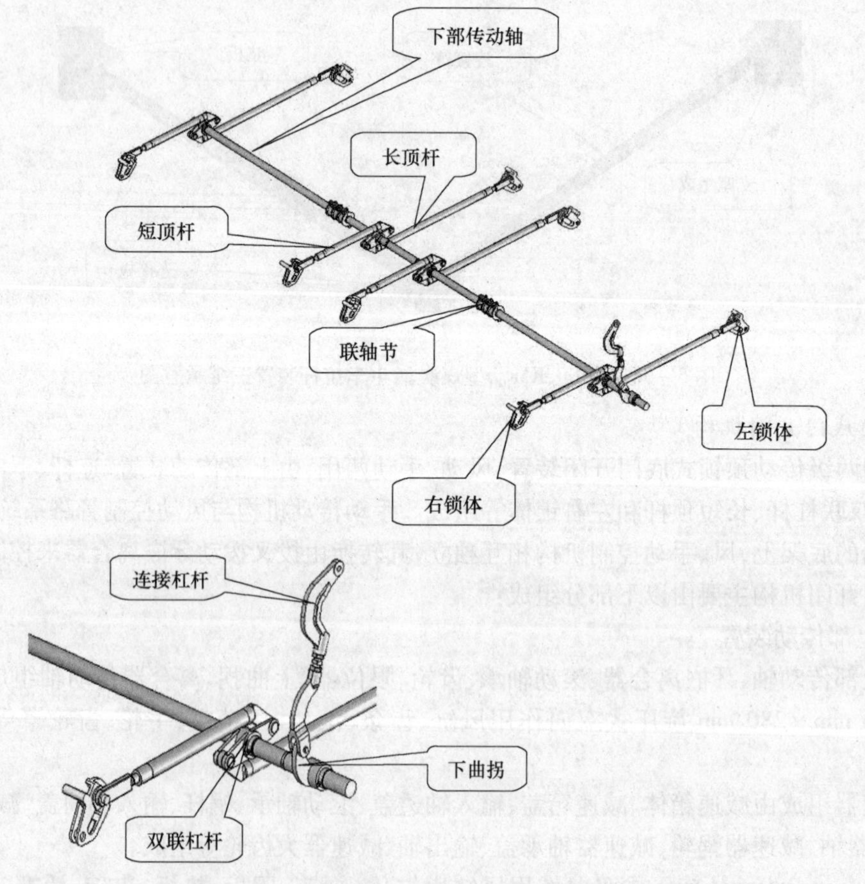

图 5－58　KM_{70}、KM_{70H} 型煤炭漏斗车上部传动装置二维示意图

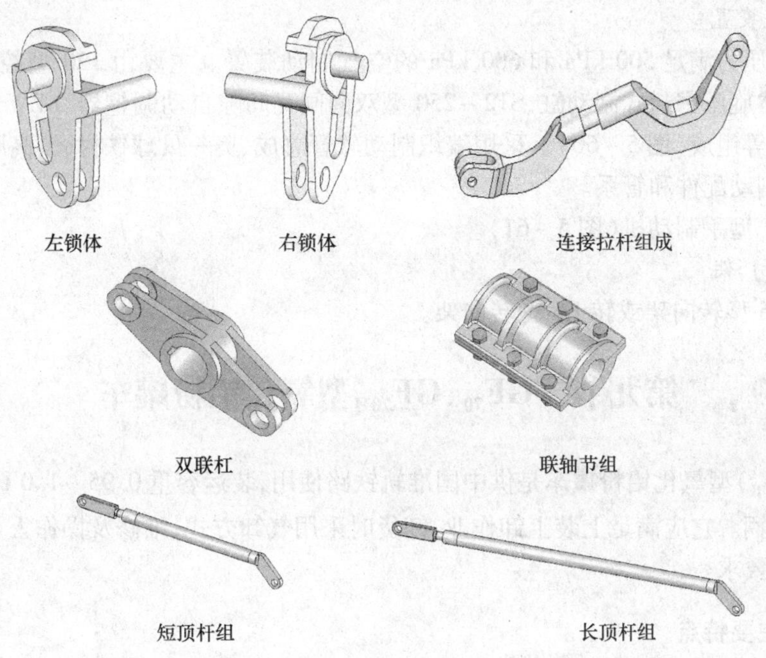

图 5－59　下部传动装置零部件三维示意图

（三）风动管路装置

风动管路装置由一个 ϕ356 mm×280 mm 的旋压式双向作用风缸控制两侧四个底门的开闭，风源来自列车主管，经截断塞门、给风调整阀充入储风缸内，作为风动开启底门时的动力源。

风动管路装置由给风调整阀、操纵阀、截断塞门、储风缸、操纵台、风表等组成。

给风调整阀的构造由螺帽、调整螺杆、紧固螺母、调整弹簧、调整弹簧座、弹簧盒、针阀、膜片、膜片压圈、膜片垫圈、膜片螺母、止回阀座、止回阀垫、止回阀、止回阀弹簧、止回阀盖等组成。

（四）车钩缓冲装置

采用 E 级钢 17 号车钩或新型车钩、17 号锻造钩尾框、合金钢钩尾销、MT－2 型缓冲器、含油尼龙钩尾框托板磨耗板。

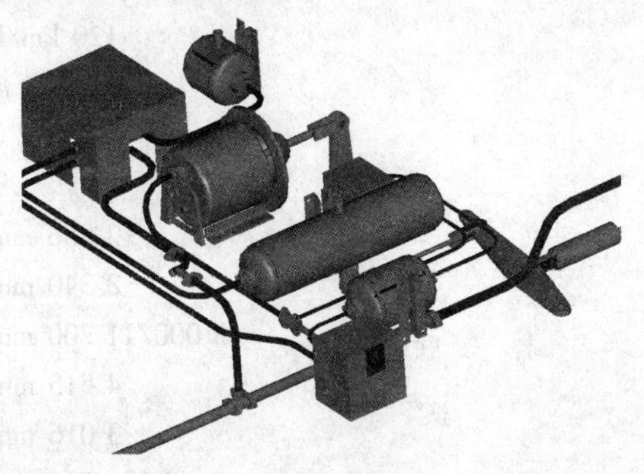

图 5－60　KM_{70}、KM_{70H}型煤炭漏斗车空气制动装置

图 5－61　NSW 型手制动机

（五）制动装置

采用主管压力满足 500 kPa 和 600 kPa 的空气制动装置。主要由 120 型控制阀、直径为 254 mm 的整体旋压密封式制动缸、ST2－250 型双向闸瓦间隙自动调整器、KZW－A 型空重车自动调整装置等组成（图 5－60）。采用编织制动软管总成、奥—贝球铁衬套、高摩擦系数合成闸瓦、不锈钢制动配件和管系。

采用 NSW 型手制动机（图 5－61）。

（六）转 向 架

采用转 K6 型转向架或转 K5 型转向架。

第九节 GF_{70}、GF_{70H}型氧化铝粉罐车

GF_{70}（GF_{70H}）型氧化铝粉罐车是供中国准轨铁路使用，装运容重 0.95～1.0 t/m^3 氧化铝粉的专用铁路车辆。它应满足上装上卸作业，卸货时采用气卸方式，维修及操作人员能进入罐内检修和清扫等要求。

一、车辆主要特点

该车采用了卧式小底架全钢焊接结构，采用了 Q450NQR1 高强度耐候钢，大大提高了车辆的承载能力，延长了修理周期；装用新型转 K6 型转向架，商业运营速度可达 120Km/h；车钩缓冲装置以及风手制动装置均采用我国铁路目前为止的最先进配置；罐体内铺设水平流化床，容积可达 76 m^3，载重为 70 t，较原车型每车可多装 10 t 物料，6 辆新型 70 t 级氧化铝粉罐车相当于 7 辆原老型车，为用户大大节约了营运成本。

二、车辆主要性能参数

载重	70 t
自重	≤23.8 t
容积	75.5 m^3
自重系数	0.34
每延米重	7.23 t/m
商业运营速度	120 km/h
通过最小曲线半径	145 m

三、车辆主要尺寸

车辆长度	12 856 mm
车辆定距	8 340 mm
罐体内径/长度	3 000/11 200 mm
车辆最大高度	4 515 mm
车辆最大宽度	3 016 mm
车钩中心线高（空车）	880 mm
罐体最大工作压力	0.4 MPa
转向架固定轴距	

转 K6 型	1 830 mm
转 K5 型	1 800 mm

四、车辆结构组成

该车主要由车体、制动装置、车钩缓冲装置及转向架等组成(图 5－62)。

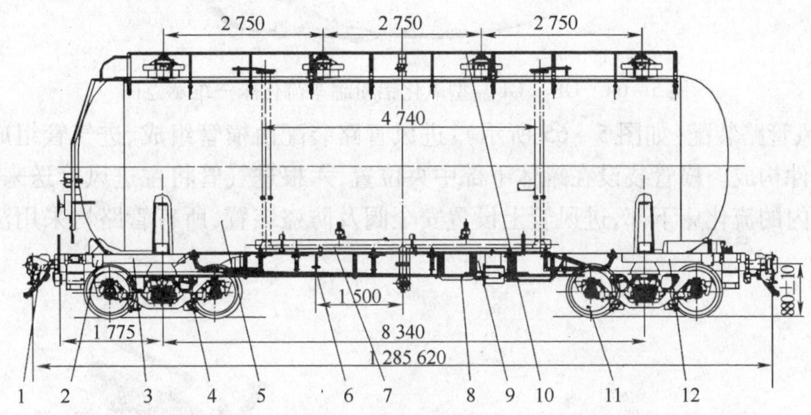

图 5－62　GF$_{70}$、GF$_{70H}$型氧化铝粉罐车二维示意图

1—车钩缓冲装;2—车辆标记;3—牵枕装配 1 位;4—转 K6 型转向架;5—罐体装配;6—电子标签安装组成;7—进风管路装配;8—风手制动装置;9—底架附属件;10—外梯装配;11—转 K6 型转向架;12—牵枕装配 2 位

(一)车　　体

车体为无通长中、侧梁小底架及卧罐全钢焊接结构,主要由牵枕装置、罐体、流化装置、风灰管路和外梯走板等组成。

1. 牵枕装置由牵引梁、枕梁、侧梁和端梁等组焊而成。牵引梁为屈服极限 450 MPa 的高强度耐大气腐蚀钢。前、后从板座采用材质为 C 级钢的新型结构,并用专用拉铆钉铆接。采用新结构的冲击座。采用直径 ϕ358 mm 的锻造上心盘。

2. 罐体装配

(1)罐体全部采用屈服极限 450 MPa 的高强度耐候钢(Q450NQR1)制造,罐体和封头壁厚 8 mm,封头为标准椭圆封头。罐体顶部对称均布 4 个 ϕ418 mm 装料孔,间距为 2 750 mm;顶部还安装两根间距 4 100 mm 的6 卸料管。本车罐体内部装设改进型水平流化装置,具有结构简单、自重轻,流化效果好,残存量少的特点(图 5－63、图 5－64)。

图 5－63　GF$_{70}$、GF$_{70H}$型氧化铝粉罐车罐体装配三维示意图

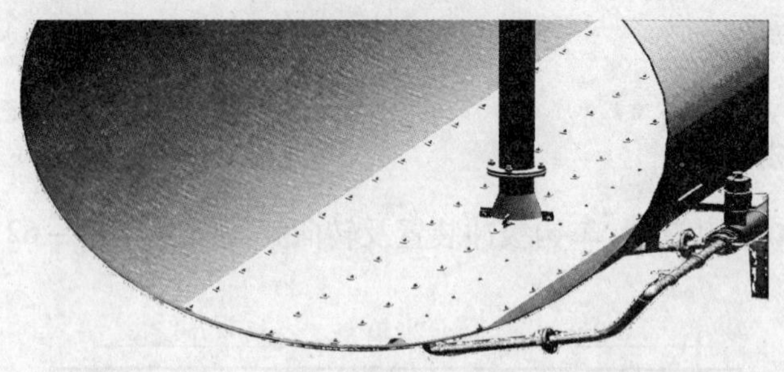

图 5-64 GF_{70}、GF_{70H}型氧化铝粉罐车流化床三维示意图

(2)进风管路装配(如图 5-65 所示):进风管路装配由横管组成、进气管组成、安全阀和蝶阀等零部件构成。横管装设在罐体下部中央位置,六根进气管将主进风管送来的压缩空气分流引入罐内的流化床下部,进风管上设置安全阀及防盗装置,所有管路均采用法兰连接,装配方便。

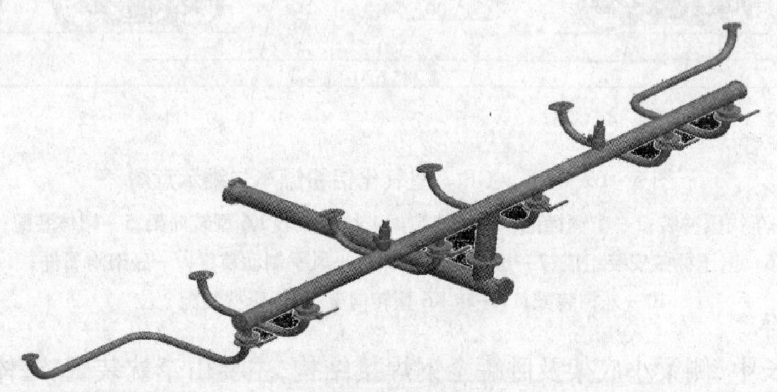

图 5-65 GF_{70}、GF_{70H}型氧化铝粉罐车进风管路装配三维示意图

(二)制动装置

空气制动装置采用 120 型控制阀 254 mm×254 mm 整体旋压密封式制动缸、嵌入式风缸、ST2-250 型闸瓦间隙调整器、球芯折角塞门、KZW-A 型空重车自动调整装置、新型高摩合成闸瓦、编织制动软管、不锈钢管系及配件等(图 5-66)。

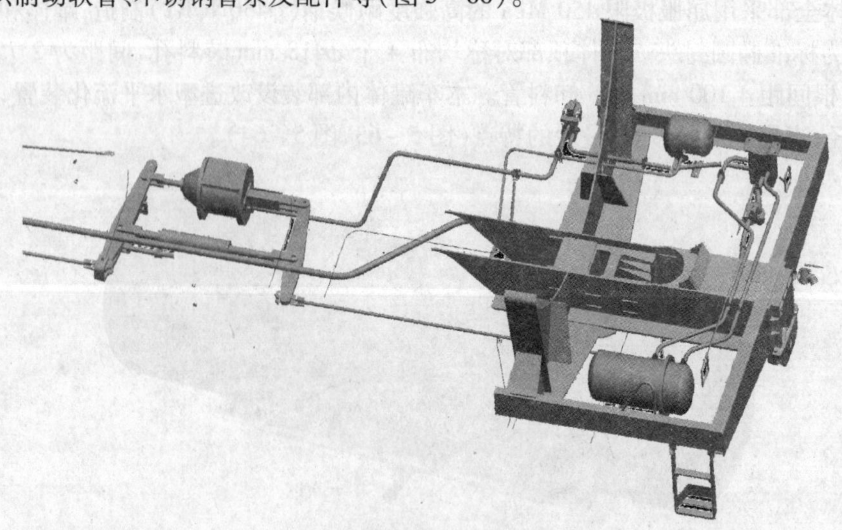

图 5-66 GF_{70}、GF_{70H}型氧化铝粉罐车空气制动装置三维示意图

手制动装置采用 NSW 型手制动机。

(三)车钩缓冲装置

采用 E 级钢 17 号车钩或新型车钩、17 号锻造钩尾框、合金钢钩尾销、MT－2 型缓冲器、含油尼龙钩尾框托板磨耗板。

(四)转 向 架

采用转 K6 型转向架或转 K5 型转向架。

第六章　70 t 级铁路货车新型零部件

第一节　转 K5 型转向架

2001 年株洲车辆厂以合资形式引进美国摆动式转向架技术，并和美国原 ABC－NACO 公司联合，成功开发了适用于中国铁路的 21 t 轴重的转 K4 型（摆动式）转向架。随后为将美国成熟、先进的 25 t 轴重摆动式转向架技术应用于中国的 25 t 轴重转向架上，株洲车辆厂又与美方联合设计了适应中国铁路的 2E 轴摆动式转向架。2003 年 9 月铁道部将该转向架定型为转 K5 型转向架。

转 K5 型转向架既保持了美国原摆动式转向架的优点，又适合中国铁路货车运用、检修、制造的国情，便于在中国推广，能满足我国铁路货车“提速、重载”的要求。本节主要介绍转 K5 型转向架的主要特点用途、性能参数与基本尺寸、结构组成、组装及分解程序。

一、主要用途

转 K5 型转向架适用于在标准轨距铁路上运用的载重为 70 t 级的各型铁路货车、载重为 76 t 和 80 t 的各型运煤专用敞车以及其他总重为 100 t 铁路专用货车。

二、主要特点

转 K5 型转向架的主要特点如下：

1. 结构上属于铸钢三大件式转向架，具有结构简单、车轮均载性好、检修维护方便等优点。

2. 该转向架采用了类似于客车转向架的摇动台摆式机构，使转向架横向具有两级刚度特性，大大增加了车辆的横向柔性，提高了车辆的横向动力学性能，降低了轮轨间的磨耗，提高了车辆的运行品质。

3. 提高了车辆脱轨安全性

由于摆动式转向架摇枕挡位置下移，使侧滚中心降低，对侧滚振动控制加强，有效地减小了爬轨和脱轨的可能性，尤其是对高重心的货车，大大提高了其脱轨安全性。

4. 该转向架具有高的耐久性和可靠性

经美国和加拿大运用实践表明，该转向架运用寿命长，维修工作量小，可运营 160 万 km 免检修。

三、主要性能参数与基本尺寸

转 K5 型转向架的主要性能参数与基本尺寸如下：

轴重	25 t
自重	≤4.7 t
商业运营速度	120 km/h

轨距	1 435 mm
轮型	HEZB 或 HESA
轮径	ϕ840 mm
车轮踏面形状	LM 磨耗型踏面
轴型	RE_{2A}型、RE_{2B}型
轴承	TBU150 或 353130B
基础制动杠杆倾角	50°
基础制动装置制动倍率	4
转向架中央悬挂弹簧垂向总刚度	
空车垂向刚度	3 682 N/mm
重车垂向刚度	10 727 N/mm
心盘允许载荷	443. 94 kN
通过最小曲线半径	145 m
工作环境温度	-40 ~ 50 ℃

限界:符合 GB146. 1—1983《标准轨距铁路机车车辆限界》车限 -2 的要求。

固定轴距	1 800 mm
轴颈中心距	1 981 mm
旁承中心距	1 520 mm
下心盘直径	ϕ375 mm
下心盘面(含心盘衬垫)距轨面自由高	703 mm
下心盘面至弹性旁承顶面距离(自由高)	83 mm
侧架上平面距轨面高	765 mm
侧架下平面距轨面高	160 mm

四、结构组成

转 K5 型转向架类似于转 K4 型转向架,主要由轮对和轴承装置、摇枕、侧架、弹性悬挂系统及减振装置、基础制动装置、常接触式弹性旁承及横跨梁等组成,结构组成如图 6-1、图 6-2、图 6-3 所示。

该型转向架采用了独特的弹簧托板、摇动座等结构,使之具有更好的横向性能及其他优点。

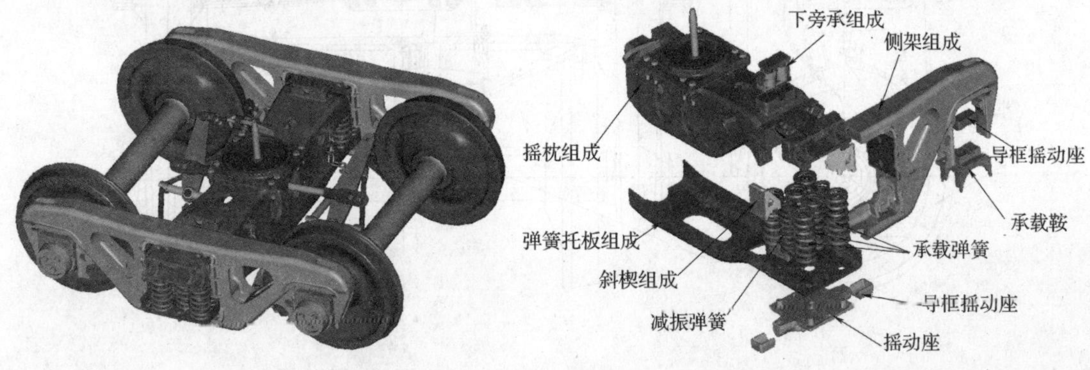

图 6-1　转 K5 型转向架三维示意图

图 6-2　转 K5 型转向架悬挂系统分解图

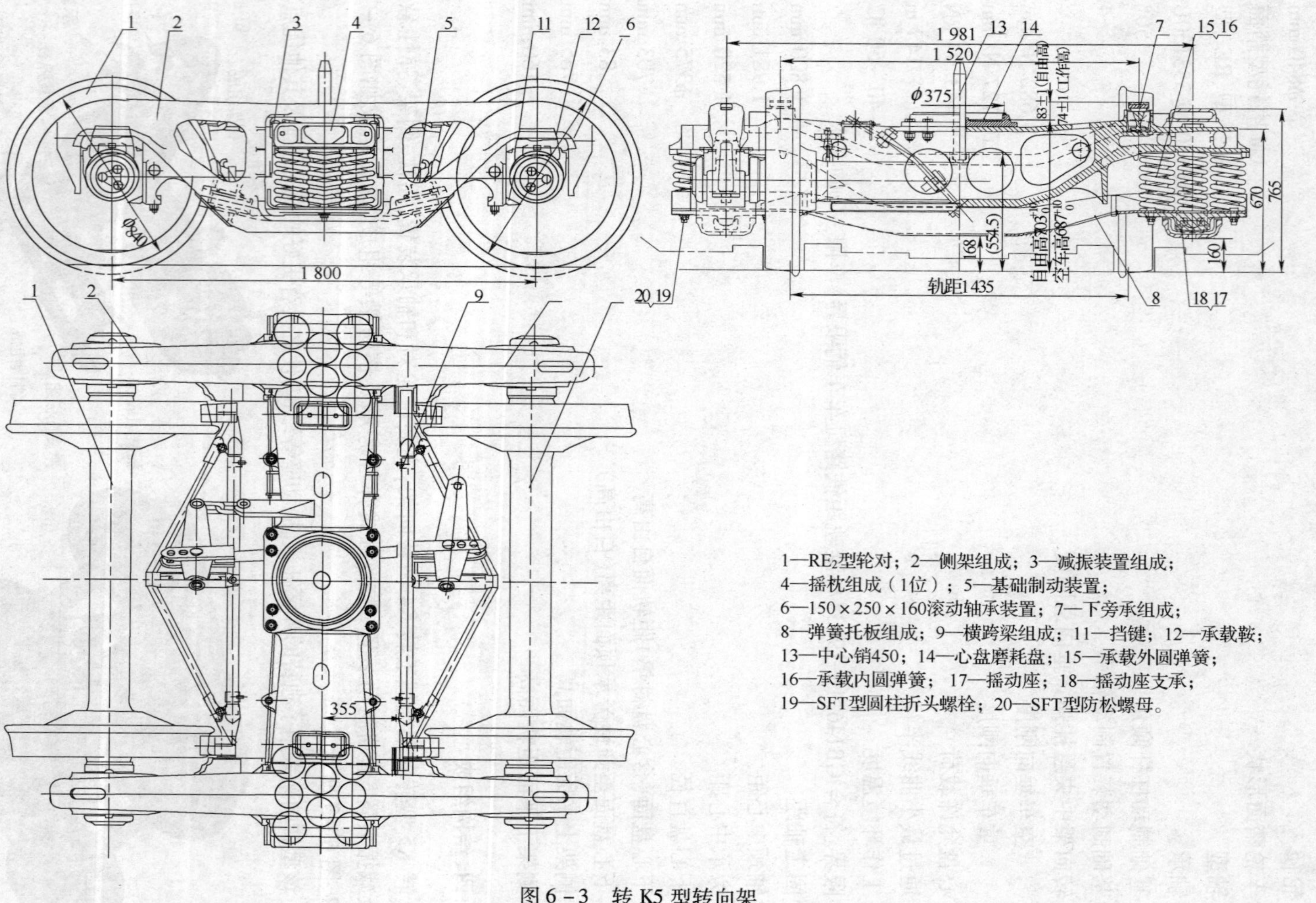

1—RE$_2$型轮对；2—侧架组成；3—减振装置组成；
4—摇枕组成（1位）；5—基础制动装置；
6—150×250×160滚动轴承装置；7—下旁承组成；
8—弹簧托板组成；9—横跨梁组成；11—挡键；12—承载鞍；
13—中心销450；14—心盘磨耗盘；15—承载外圆弹簧；
16—承载内圆弹簧；17—摇动座；18—摇动座支承；
19—SFT型圆柱折头螺栓；20—SFT型防松螺母。

图 6－3　转 K5 型转向架

（一）轮对与轴承

1. 轮对组成

采用 RE_{2A} 型轮对和 150 × 250 × 160（TBU150）型进口轴承装置，车轮为新结构轻型铸钢车轮（HEZB）或辗钢车轮（HESA），车轴为 RE_{2A} 车轴。

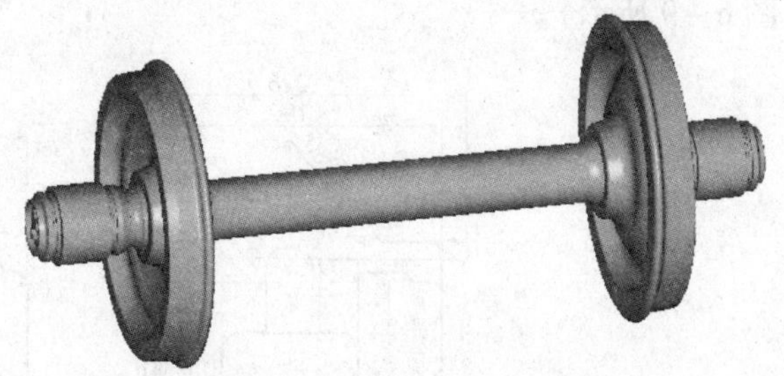

图 6－4　轮对组成三维图

采用 RE_{2B} 型轮对，353130A、353130B、353130C、C353130 或 SKF OR—7030A ITALY 紧凑型滚动轴承。车轮为新结构轻型铸钢车轮（HEZB）或辗钢车轮（HESA），车轴为 RE_{2B} 车轴（图 6－4、图 6－5）。

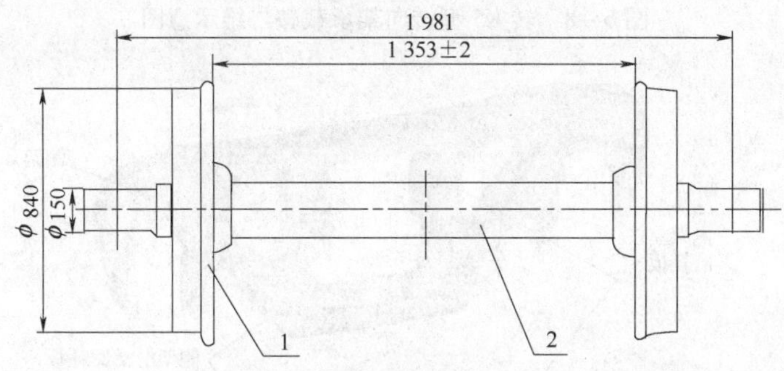

图 6－5　轮对组成图

1 —车轮；2 —车轴

2. 滚动轴承组成

滚动轴承由轴端螺栓、前盖、密封组成、外环、中隔圈、内环、后挡、滚动体、保持架、防松片、润滑油脂等组成（图 6－6）。

（二）承 载 鞍

承载鞍的鞍顶面为经过硬化处理的弧面，与导框摇动座的组合成为摆动机构的上摆点，使侧架象吊杆一样，具有摆动的功能，提高车辆的横向性能。鞍面尺寸与进口轴承相匹配，其余按 AAR 标准设计制造，材质为 C 级钢（图 6－7、图 6－8）。

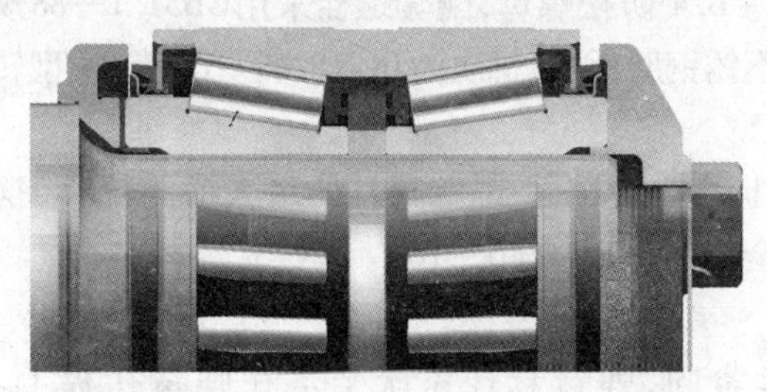

图 6－6　353130B 紧凑型轴承组成三维图

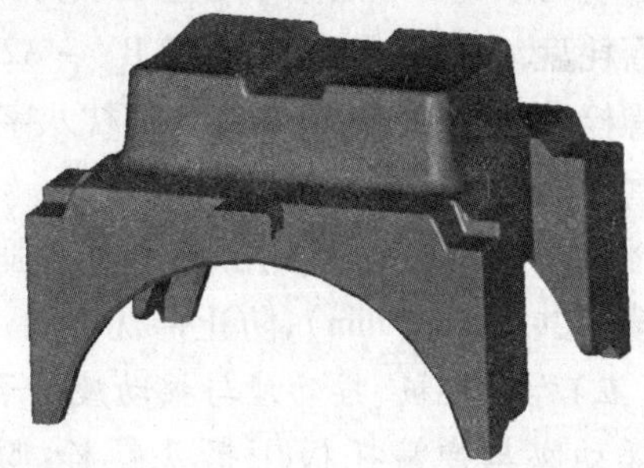

图 6－7　转 K5 型转向架承载鞍三维示意图

（三）侧架组成

侧架材质为 B^+ 级钢，侧架立柱磨耗板与侧架滑槽磨耗板材质均为 47Mn2SiTiB，侧架立柱磨耗板用两个 SFT 平头折头螺栓紧固在侧架立柱面上，导框摇动座为合金钢锻件，用固定块固定于侧架导框处；侧架立柱磨耗板、ZT 平头折头螺栓及防松螺母均与转 K4 转向架通用（如

图 6 – 9 所示）。

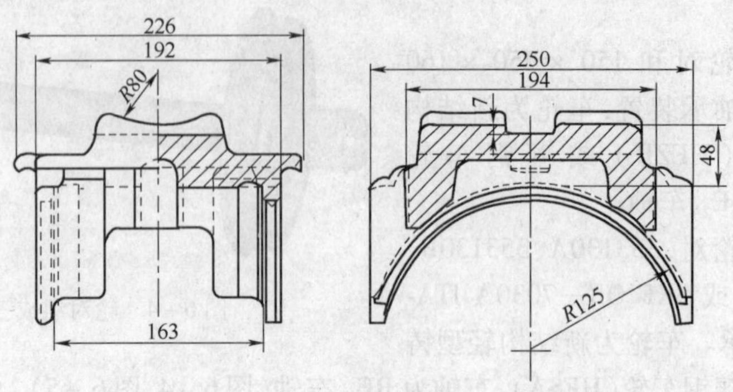

图 6 – 8 转 K5 型转向架承载鞍二维示意图

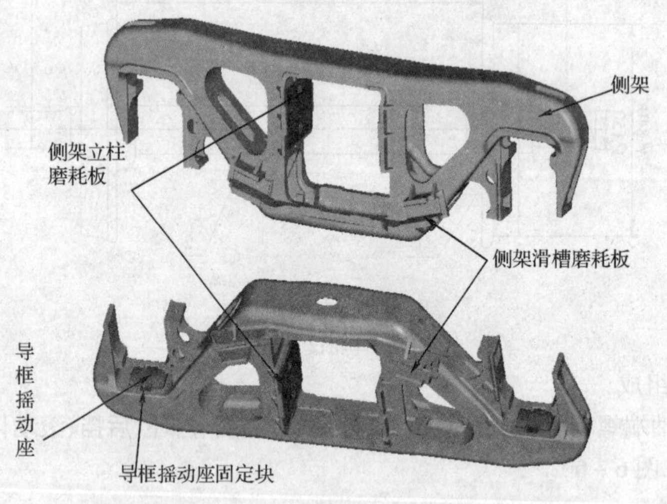

图 6 – 9 转 K5 型转向架侧架组成三维示意

（四）摇 枕

摇枕材质为 B^+ 级钢，下心盘材质为 B 级钢，下心盘直径为 375 mm，内有材质为含油尼龙的心盘磨耗盘，心盘螺母采用 10 级 BY – A24 或 BY – B24 防松螺母，配套螺栓采用GB31. 1—88规定的螺栓，螺栓强度为 10. 9 级。摇枕八字面采用不锈钢磨耗板，材质为 0Cr18Ni9。与转 K4 型转向架磨耗板通用。

摇枕下部铸出两块三角形挡，其与弹簧托板上的挡块配合，限定摇枕的最大横向位移（摆动加横移共为 ±32 mm），防止摇枕串出，起到安全挡的作用（图 6 – 10）。

（五）弹簧托板、摇动座与摇动座支承

摇动座与弹簧托板用折头螺栓、防松螺母紧固，弹簧悬挂系统坐落在弹簧托板上。摇动座支承坐落在侧架中央方框下弦杆的腔形结构中，摇动座与摇动座支承的接触面为圆弧形结构，两圆弧形成滚动副，使侧架具有摆动的功能。弹簧托板为高强度钢压型件，板厚为 10 mm。摇动座与摇动座支承均沿用 ABC – NACO 公司的标准件，摇动座为 E 级钢铸件，摇动座支承为合金钢锻件，且摇动座支承、折头螺栓及防松螺母与转 K4 转向架通用（图 6 – 11、图 6 – 12）。

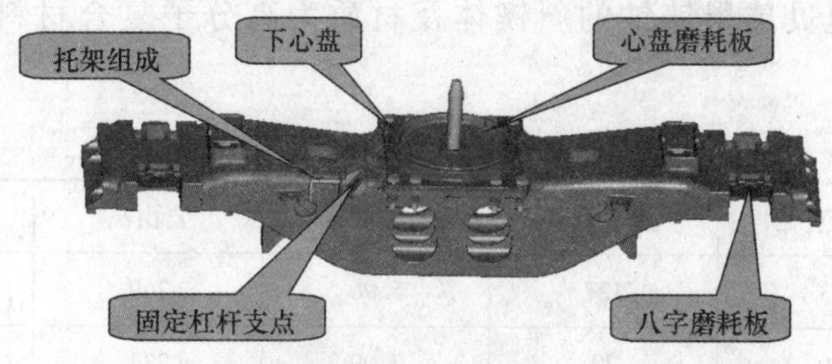

图 6－10　转 K5 型转向架摇枕组成三维示意图

图 6－11　转 K5 型转向架摇动座与摇动座支承三维示意图

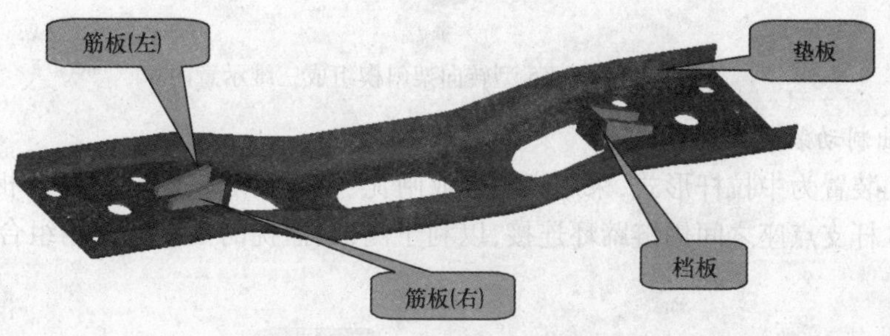

图 6－12　转 K5 型转向架弹簧托板组成三维示意图

(六)弹簧悬挂系统及减振装置

每侧弹性悬挂系统及减振装置由两个斜锲组成、两组减振弹簧、六组承载弹簧组成。减振弹簧与承载弹簧均为两级刚度,空车、重车分别对应不同的空、重两级刚度,使空车和重车都能具有良好的动力学性能(图 6－13 和表 6－1)。

图 6－13　转 K5 型转向架弹簧排列图

斜楔由材质为奥贝球墨铸铁的斜楔体及材质为高分子复合材料的摩擦板组成(图 6－14)。

表 6－1　弹簧几何参数表　　单位: mm

弹簧类型	簧条直径	弹簧中径	有效圈数	自由高	每转向架数量
承载外簧	23	127	5.96	269	12
承载内簧	20	78	7.09	234	12
减振外簧	21	105	6.45	275	4
减振内簧	17	64	8.32	232	4

减振内圆弹簧和斜楔组成均与转 K4 型转向架通用。

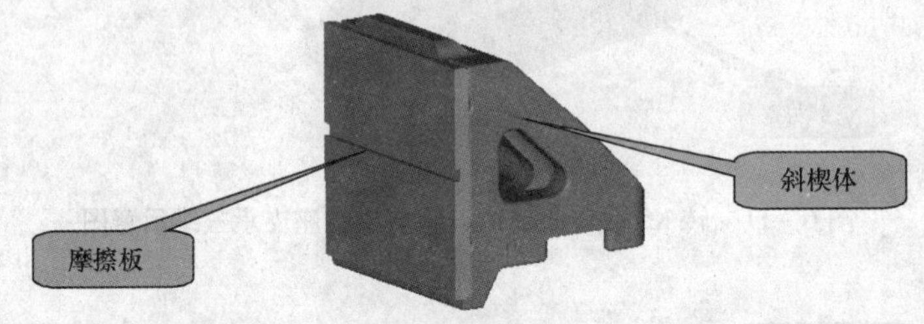

图 6－14　转 K5 型转向架斜楔组成三维示意图

(七)基础制动装置

基础制动装置为中拉杆形式,采用高摩合成闸瓦、奥－贝球铁耐磨销套及相应圆销,固定杠杆与固定杠杆支点座之间用链蹄环连接,以利于侧架、摇枕的摆动。采用组合式制动梁(图 6－15)。

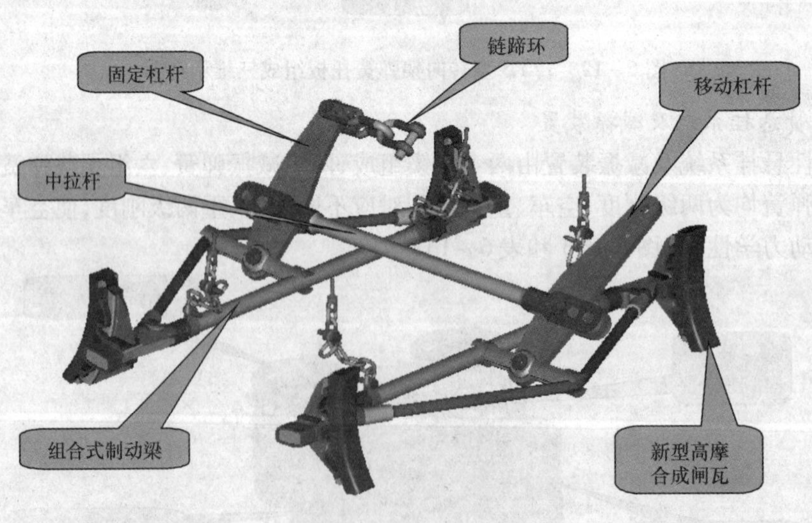

图 6－15　转 K5 型转向架基础制动装

(八)下旁承组成

下旁承组成采用与转 K4 型转向架通用的常接触橡胶弹性旁承,弹性旁承由旁承体组成、调整垫板、纵向锁紧斜铁组成,其中旁承体组成又由旁承体上部、旁承体下部、锥套形橡胶层、铆钉、旁承摩擦板等组成一个整体(图6-16)。

图6-16　转K5型转向架下旁承组成三维示意图

(九)横跨梁组成

横跨梁为50 mm×50 mm×3 mm方钢管压型件,中间焊有不锈钢磨耗板,两端分别落在横跨梁托上,横跨梁托焊在侧架上(图6-17)。

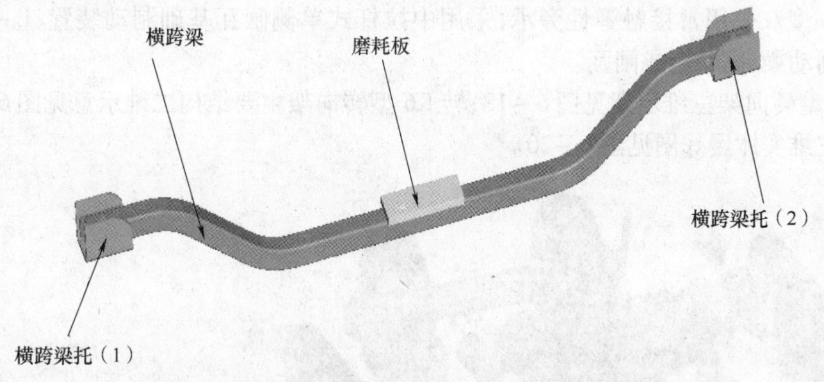

图6-17　转K5型转向架横跨梁组成

五、转K5型与转K4型转向架主要技术特征对照

转K5型与转K4型转向架主要技术特征对照如下:

主要技术特征	转K4型转向架	转K5型转向架
轴　型	RD_2	RE_{2A}、RE_{2B}
轴　重	21 t	25 t
车　轮	HDZC或HDSA	HEZB或HESA
轴承尺寸	130 mm×230 mm×150 mm	150 mm×250 mm×160 mm
固定轴距	1 750 mm	1 800 mm
下心盘直径	355 mm	375 mm
弹簧托板形状	直槽型	凹槽型
基础制动形式	下拉杆式	中拉杆式

第二节　转 K6 型转向架

一、用途与使用范围

转 K6 型转向架适用于标准轨距、轴重 25 t、商业运营速度 120 km/h 的各型铁路货车。转 K6 型转向架可用于 25 t 轴重新型运煤敞车,也可用以其他新造铁路货车。

二、主要结构特点

转 K6 型转向架是目前国内主型 25 t 轴重货车转向架,采用铸钢三大件式结构。是在借鉴转 K2 型转向架成功经验基础上研制的新型大轴重下交叉支撑转向架。采用 B^+ 级钢摇枕、侧架,两侧架之间加装弹性下交叉支撑装置;一系悬挂采用轴箱橡胶弹性剪切垫;二系悬挂采用带变摩擦减振装置的中央枕簧悬挂系统,摇枕弹簧为两级刚度;两侧架之间加装侧架弹性下交叉支撑装置;采用直径为 375 mm 的下心盘,下心盘内设有含油尼龙心盘磨耗盘;RE_{2B} 型轮对,装用 25 t 轴重双列圆锥滚子轴承,采用轻型新结构 HEZB 型铸钢车轮或 HESA 型辗钢车轮;采用 JC 型双作用常接触弹性旁承;采用中拉杆式单侧闸瓦基础制动装置、L－A 或 L－B 型组合式制动梁、高摩合成闸瓦。

转 K6 型转向架三维示意见图 6－18;转 K6 型转向架主要结构二维示意见图 6－19;转 K6 型转向架三维实体爆炸图见图 6－20。

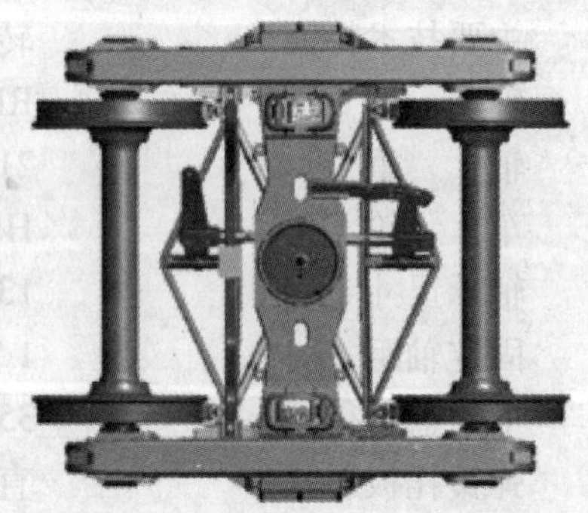

图 6－18　转 K6 型转向架三维示意图

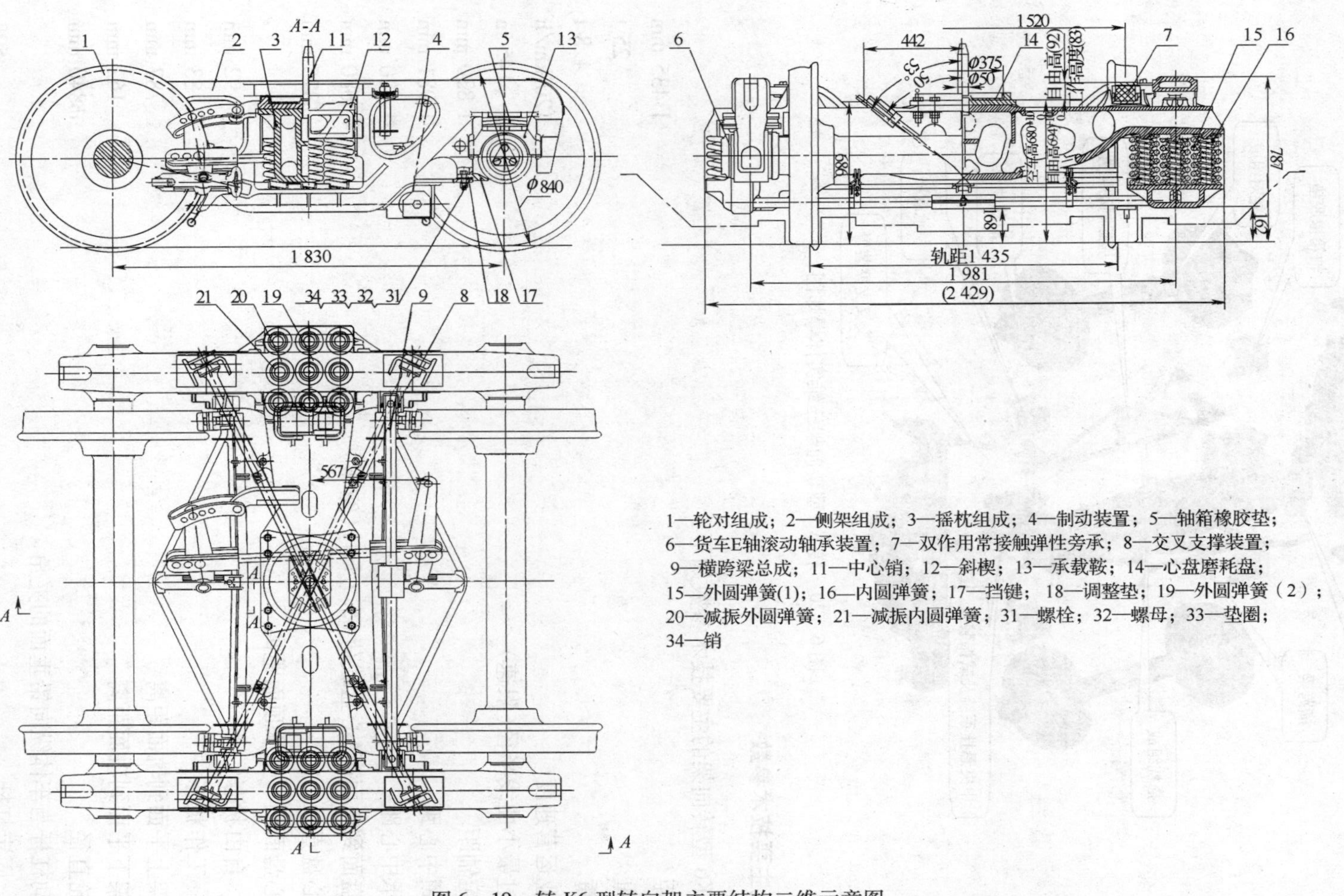

1—轮对组成；2—侧架组成；3—摇枕组成；4—制动装置；5—轴箱橡胶垫；
6—货车E轴滚动轴承装置；7—双作用常接触弹性旁承；8—交叉支撑装置；
9—横跨梁总成；11—中心销；12—斜楔；13—承载鞍；14—心盘磨耗盘；
15—外圆弹簧(1)；16—内圆弹簧；17—挡键；18—调整垫；19—外圆弹簧（2）；
20—减振外圆弹簧；21—减振内圆弹簧；31—螺栓；32—螺母；33—垫圈；
34—销

图 6－19　转 K6 型转向架主要结构二维示意图

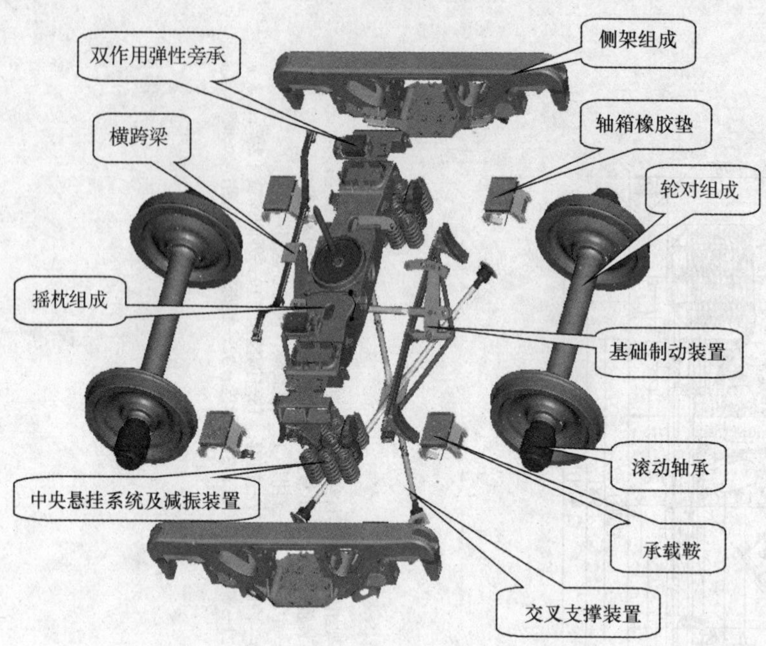

图 6－20　转 K6 型转向架三维实体爆炸图

三、主要技术参数

转 K6 型转向架的主要技术参数如下：

轨距	1 435 mm
轴重	25 t
自重	4.8 t
商业运营速度	120 km/h
通过最小曲线半径(限速)	145 m
固定轴距	1 830 mm
轴颈中心距	1 981 mm
旁承中心距	1 520 mm
心盘面到轨面高(心盘载荷 65.7 kN)(空车)	680 mm
下心盘直径	ϕ375 mm
下心盘面到下旁承顶面距离	
自由状态	92 mm
工作状态	83 mm
侧架上平面到轨面距离	787 mm
侧架下平面到轨面距离	162 mm
车轮直径	ϕ840 mm
制动杠杆与车体纵向铅垂面的夹角	
固定杠杆	50°
游动杠杆	53°
基础制动装置制动倍率	4

符合 GB 146.1 车限－2 的要求。

四、主要结构组成

转 K6 型转向架的结构由轮对轴承装置、轴箱橡胶垫、侧架组成、摇枕弹簧减振装置、双作用常接触弹性旁承、基础制动装置等部分组成。

(一)轮对轴承装置

1. 轮对组成符合 TB/T 1010《车辆用轮对类型及尺寸》的要求(图 6-21)。车轮为符合 TB/T 2817《铁道车辆用辗钢整体车轮技术条件》的 HESA 型辗钢全加工车轮或符合 TB/T 1013《碳素钢铸钢车轮技术条件》的 HEZB840 碳素钢铸钢车轮,车轮进行静平衡测试,最大残余不平衡值不大于 1.25 N·m,同一辆车必须装用同一型号的车轮。采用 RE_{2A} 型车轴或 RE_{2B} 型车轴,车轴材质为 LZW50 钢。

为保证转向架在吊运过程中轮对不与转向架分离,在侧架导框里侧安装挡键。

图 6-21　轮对组成三维图

2. 滚动轴承组成

滚动轴承采用 SKF TBU150 型、FAG TAROL150 型滚动轴承或 353130A、353130B、353130C、C353130 或 SKF OR-7030A ITALY 紧凑型滚动轴承。同一轮对必须装用同一型号的轴承。

滚动轴承由轴端螺栓、前盖、密封组成、外环、中隔圈、内环、后挡、滚动体、保持架、防松片、润滑油脂等组成(图 6-22)。

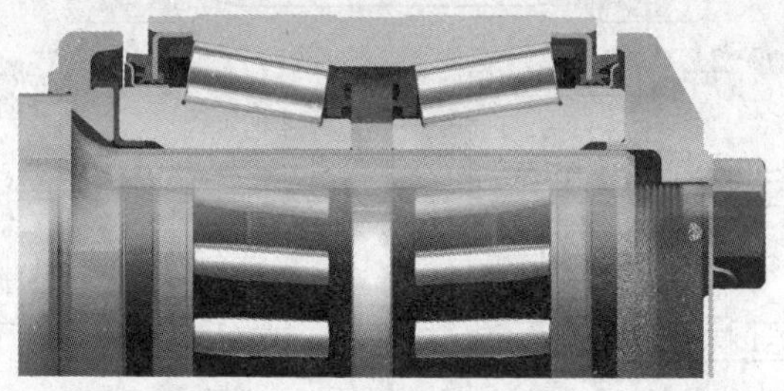

图 6-22　353130B 紧凑型轴承组成三维图

(二)轴箱橡胶垫

转 K6 型转向架轴箱一系加装了内八字橡胶弹性剪切垫,实现轮对的弹性定位,减小转向架簧下质量,隔离轮轨间高频振动。减小轮轨作用力,降低轮轨磨耗。同时缓和轮轨冲击,有利于提高侧架等零部件的疲劳寿命。

轴箱橡胶垫组装时,导电铜线在转向架内侧,轴箱橡胶垫如图 6-23 所示。

(三)侧架组成

侧架组成由侧架、支撑座、立柱磨耗板、滑槽磨耗板等零部件组成(如图 6-24 所示)。侧

图 6－23　转 K6 型转向架轴箱橡胶垫组成三维示意图

架采用 B^+ 级钢铸造。同一转向架两个侧架固定轴距之差不得大于 2 mm(选用同一铲豆的侧架)。在侧架立柱上装有与侧架用四个折头螺栓紧固在一起的磨耗板，磨耗板材质为 47Mn2Si2TiB，整体热处理后硬度为 43～58HRC。

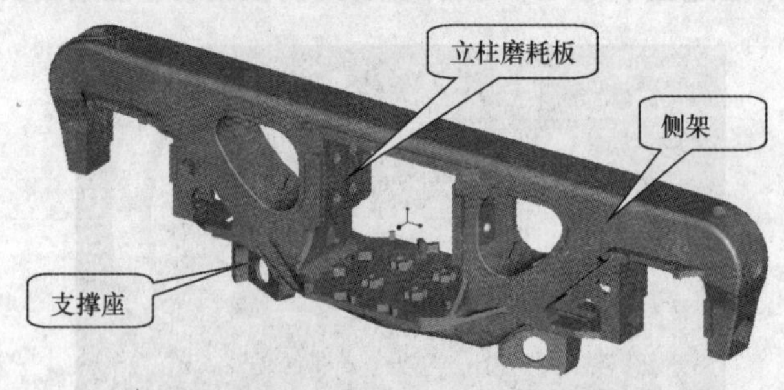

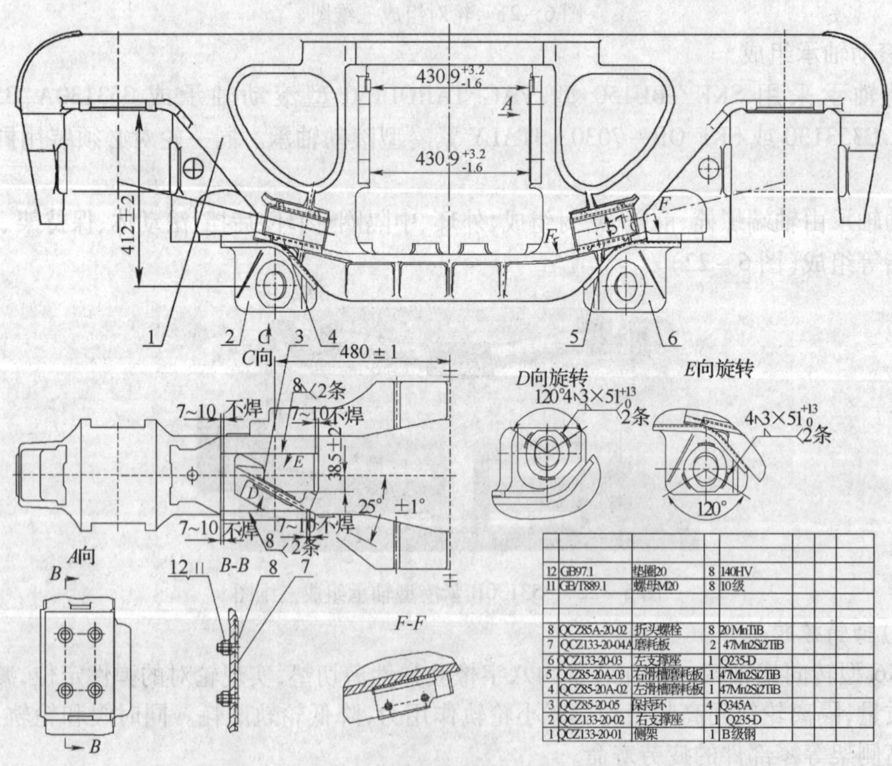

12	GB97.1	垫圈20	8	140HV			
11	GB/T889.1	螺母M20	8	10级			
8	QCZ85A-20-02	折头螺栓	8	20 MnTiB			
7	QCZ133-20-04A	磨耗板	2	47Mn2Si2TiB			
6	QCZ133-20-03	左支撑座	1	Q235-D			
5	QCZ85-20A-03	右滑槽磨耗板	1	47Mn2Si2TiB			
4	QCZ85-20A-02	左滑槽磨耗板	1	47Mn2Si2TiB			
3	QCZ85-20-05	保持环	4	Q345A			
2	QCZ133-20-02	右支撑座	1	Q235-D			
1	QCZ133-20-01	侧架	1	B级钢			

图 6－24　转 K6 型转向架侧架组成二维示意图

侧架滑槽装卡入式滑槽磨耗板，磨耗板材质为 47Mn2Si2TiB，整体热处理后硬度为 43～58HRC。

在侧架上焊装有侧架弹性下交叉支撑装置安装座,即左、右支撑座。左、右支撑座采用锻造工艺制造,材质为Q235－D,支撑座如图6－25所示。

(四)中央悬挂系统及减振装置

1. 中央悬挂系统

转向架摇枕弹簧由6个外圆弹簧(1)、1个外圆弹簧(2)和7个内圆弹簧组成,外圆弹簧(1)比内圆弹簧高23 mm,外圆弹簧(2)与内圆弹簧同高。为便于识别,外圆弹簧(2)涂黄色厚浆醇酸漆。空车时仅外圆弹簧(1)承载,重车时内圆弹簧和外圆弹簧(2)参与承载,实现空、重车两级刚度。弹簧材质为60Si2CrVAT。详见弹簧几何参数见表6－2。两级刚度弹簧如图6－26所示,图6－27为弹簧排列图,图6－28为弹簧外形图。

图6－25 转K6型转向架支撑座

图6－26 两级刚度弹簧

表6－2 弹簧几何参数 单位:mm

簧型	杆径	中径	有效圈数	自由高	数量
外圆弹簧(1)	24	115	5.75	252	6
内圆弹簧	16	66	9	229	7
减振外圆簧	20	106	6.5	262	2
减振内内簧	12	65	10.2	262	2
外圆弹簧(2)	24	115	5.75	229	1

2. 减振装置

转向架减振结构为斜楔式变摩擦减振装置,由侧架立柱磨耗板、组合式斜楔、斜面磨耗板、双卷减振弹簧组成。斜楔与侧架立柱磨耗板之间产生摩擦阻力,用以衰减振动能量。减振弹簧比枕外圆弹簧高10 mm。斜楔材质为贝氏体球墨铸铁(ADI),在立面上设有磨耗标记。详见图6－29减振装置和图6－30组合式斜楔。

(五)摇枕组成

转K6型转向架摇枕组成由固定杠杆支点座组成、摇枕、下心盘、心盘磨耗盘、斜面磨耗板组成(图6－31)。摇枕采用B^+级钢铸造。采用直径375 mm的下心盘,下心盘用强度等级10.9级的螺栓及强度等级10级的防松螺母紧固在摇枕下心盘安装面上。摇枕端部斜楔槽内斜面上焊装0Cr18Ni9奥氏体不锈钢斜面磨耗板。转向架心盘直径为375 mm,装用材质为含油尼龙的心盘磨耗盘,用以减轻上、下心盘之间的磨耗。

图 6－27　弹簧排列图

1—外圆弹簧;2—内圆弹簧;3—外圆弹簧;
4—减振外圆弹簧;5—减振内圆弹簧

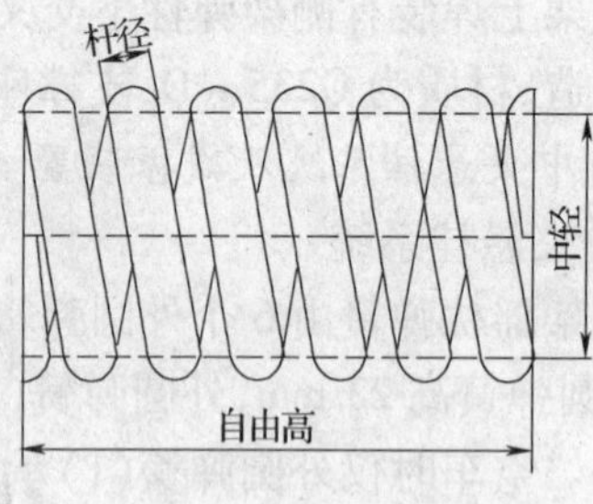

图 6－28　弹簧外形图

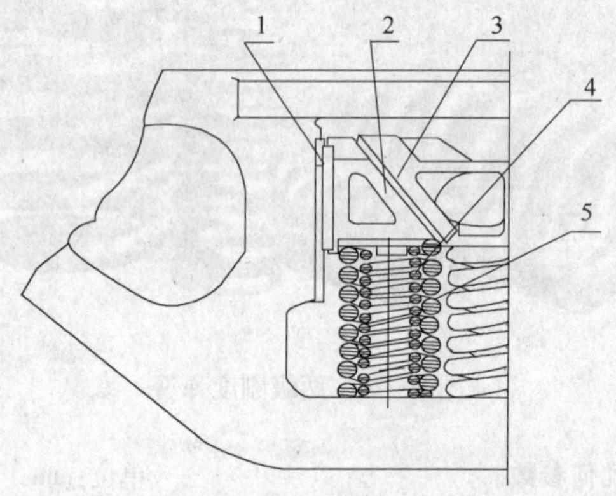

图 6－29　减振装置

1—侧架立柱磨耗板;2—组合式斜楔;3—摇枕斜面磨耗板;
4—减振外圆弹簧;5—减振内圆弹簧

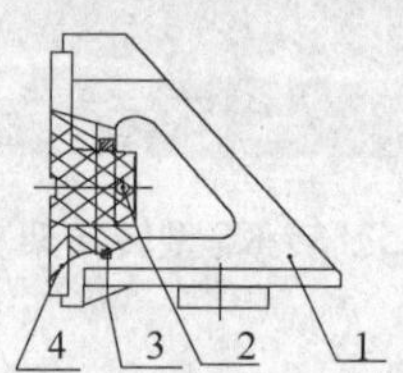

图 6－30　斜楔磨耗限度标记

1—斜楔体;2—销 6×70;
3—垫圈;4—主摩擦板

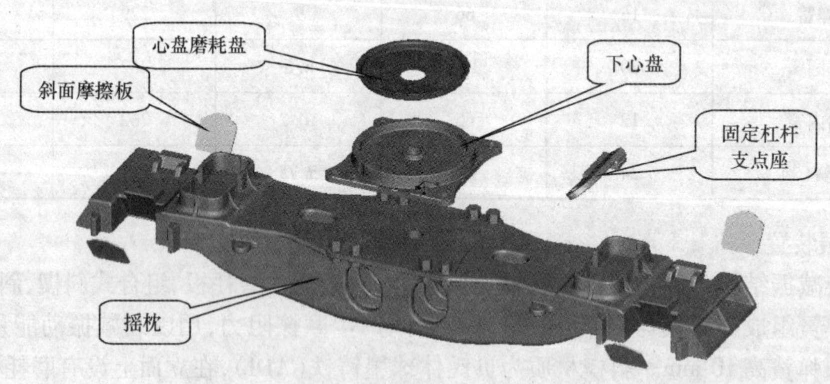

图 6－31　转 K6 型转向架摇枕组成三维爆炸图

(六)基础制动装置

转 K6 型转向架基础制动装置由左、右组合制动梁组成、中拉杆组成、固定杠杆、固定杠杆支点、游动杠杆、高摩合成闸瓦、各种规格的耐磨销套组成(图 6－32、图 6－33)。

中拉杆组成由中段和端部夹板组成,夹板每端设三孔,配合固定杠杆支点调整闸调器 L 值(图 6－34)。

衬套材质为奥－贝球铁耐磨衬套，圆销为45号钢淬火圆销。

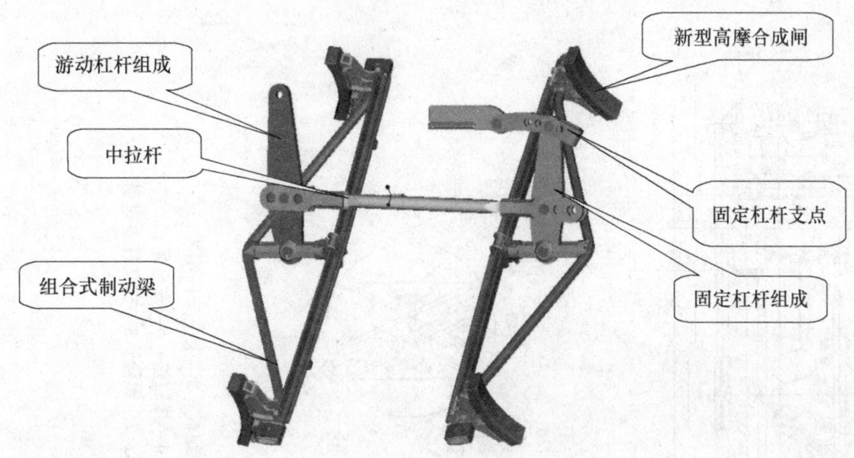

图6－32　转K6型转向架基础制动装置三维示意图

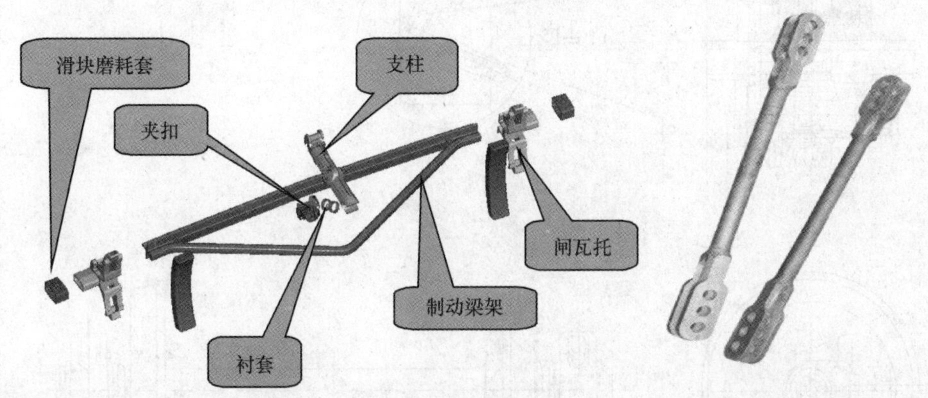

图6－33　组合式制动梁组成组成三维爆炸图　　图6－34　锻造中拉杆

(七)侧架弹性下交叉支撑装置

转K6型转向架下交叉支撑装置(图6－35、图6－36、图16－37)，由1个下交叉杆、1个上交叉杆、8个橡胶垫、4个双耳垫圈、4个锁紧板3、4个紧固螺栓组成。

在上、下交叉杆中部焊有上、下夹板，利用2组M12螺栓、螺母、垫圈将夹板紧固，同时把螺母用电焊点固，上、下夹板间有4处塞焊点和两条平焊缝，把上、下交叉杆点固成一个整体。

交叉杆组装顺序：先安装上、下交叉杆，在支撑座两侧安装橡胶垫，安装锁紧板、标志板、双耳垫圈，紧固端部螺栓，其紧固力矩为675～700 N·m，然后将交叉杆中部上、下夹板用螺栓、螺母、垫圈紧固，把螺母用电焊点固，焊接塞焊点和平焊缝，把双耳垫圈的两个对称止耳撬起，使其紧贴螺栓六方头的侧面上，最后安装安全索。

(八)双作用常接触弹性旁承

转K6型转向架采用JC型双作用常接触弹性旁承，增加转向架与车体之间的回转阻力矩，提高转向架高速运行稳定性。JC型双作用常接触弹性旁承由弹性旁承体组成、旁承磨耗板、旁承座、滚子、滚子轴、调整垫板、垫片等零部件组成(图6－38)。

旁承磨耗板顶面距滚子顶面距离14^{+1}_{-2} mm；

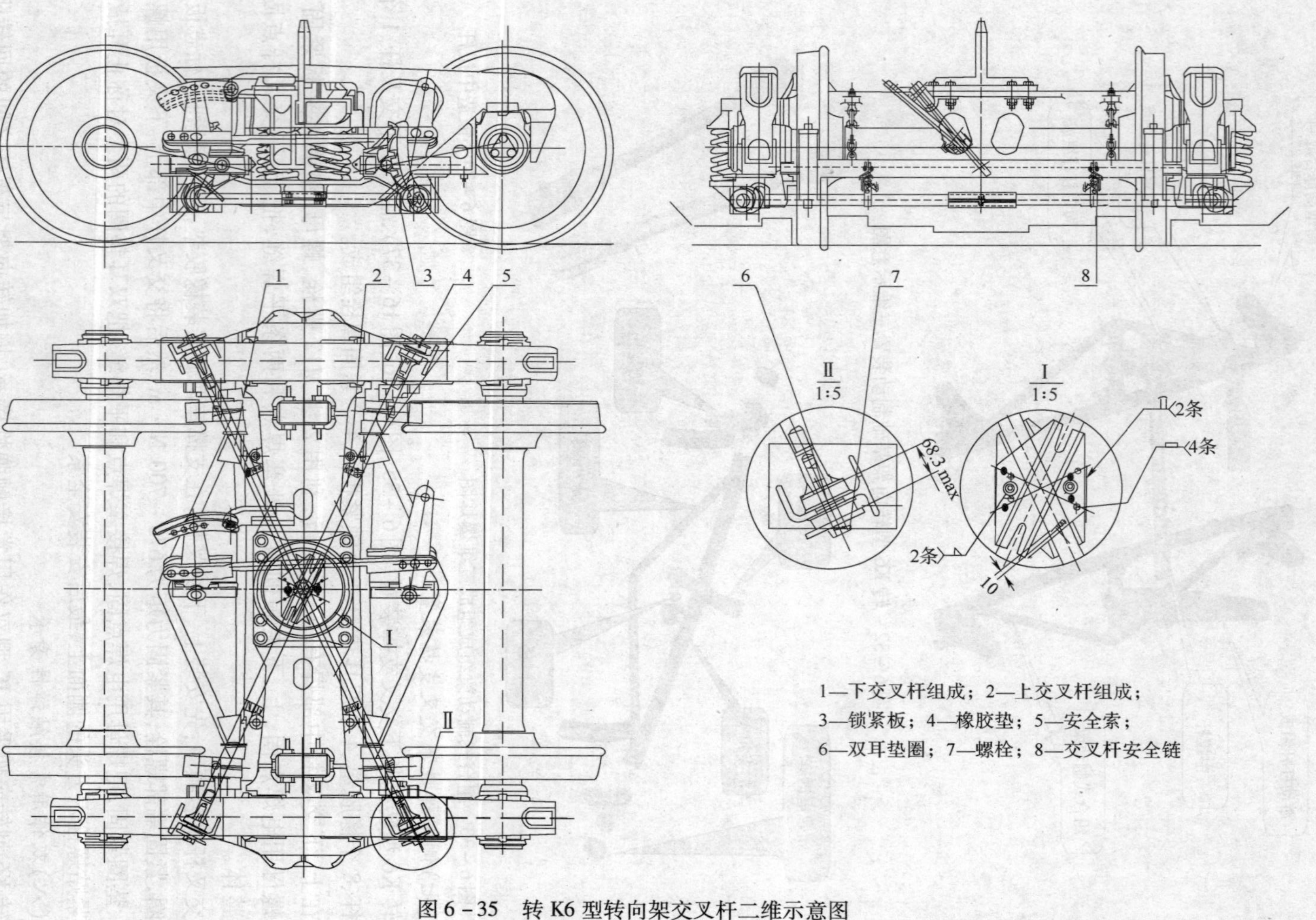

1—下交叉杆组成；2—上交叉杆组成；
3—锁紧板；4—橡胶垫；5—安全索；
6—双耳垫圈；7—螺栓；8—交叉杆安全链

图 6－35　转 K6 型转向架交叉杆二维示意图

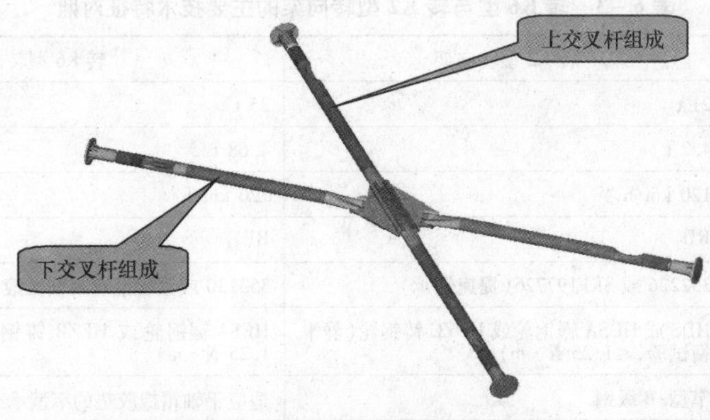

图 6－36　转 K6 型转向架交叉杆

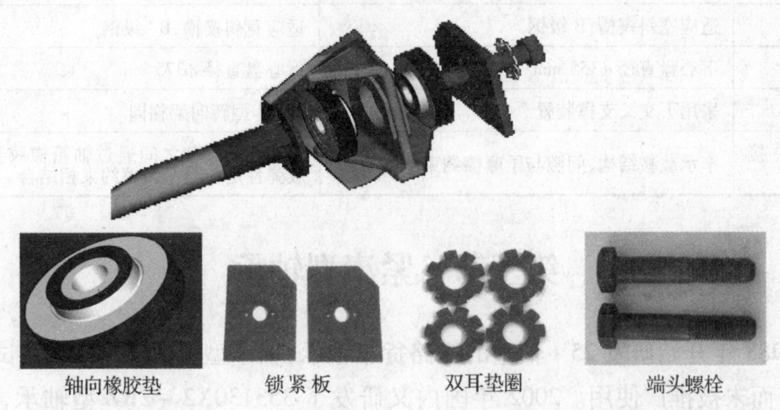

图 6－37　转 K6 型转向架交叉支撑装置弹性结点三维示意图

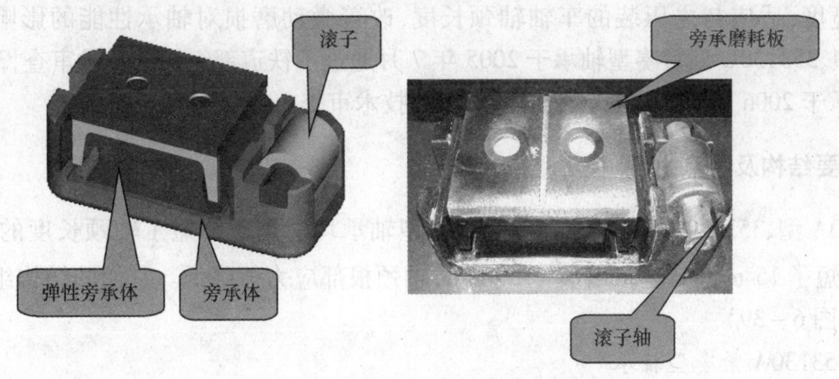

图 6－38　JC 型双后用常接触弹性旁承三维结构图

调整垫板调整间隙 2～10 mm；

调整垫片厚度，保证旁承座与旁承盒纵向间隙不大于 1 mm。

五、转 K6 型与转 K2 型转向架的主要技术特征对照

转 K6 型与转 K2 型转向架的主要技术特征对照见表 6－3。

表 6－3　转 K6 型与转 K2 型转向架的主要技术特征对照

主要技术特征	转 K2 型转向架	转 K6 型转向架
轴重	21 t	25 t
自重	4. 2 t	4. 68 t
最高运行速度	120 km/h	120 km/h
轴型	RD_2	RE_{2A}
轴承形式	352226 或 SKF197726(提速轴承)	353130 或紧凑型双列圆锥滚子轴承
轮型	HDS 或 HDSA 辗钢轮或 HDZC 铸钢轮(静平衡试验,≤1. 25 N · m)	HESA 辗钢轮或 HEZB 铸钢轮(静平衡试验,≤1. 25 N · m)
承载鞍	窄型;B 级钢	适应于轴箱橡胶垫的窄型承载鞍;B^+ 级钢
轴箱橡胶垫	无	水平轴箱橡胶垫
侧架	适应窄型承载鞍;B 级钢	适应窄型承载鞍及轴箱橡胶垫;B^+ 级钢
摇枕	适应宽斜楔槽;B 级钢	适应宽斜楔槽;B^+ 级钢
下心盘	下心盘直径 ϕ355 mm	下心盘直径 ϕ375 mm
交叉支撑装置	采用下交叉支撑装置	与 K2 型转向架相同
轮对与侧架联接方式	窄承载鞍结构,间隙与干摩擦约束	侧架与承载鞍之间通过轴箱橡胶垫连接,实现橡胶弹性定位与干摩擦约束相结合

第三节　紧凑型轴承

我国从 1988 年开始研发 25 t 轴重的铁路货车轴承,轴承型号为 197730,在试装及运用考验中故障较多而未被推广使用。2002 年国内又研发了 353130X2－2RZ 型轴承,满足 RE_{2A} 型车轴使用,在大秦线装车使用,运用情况正常。为进一步满足铁路货车提速、重载的需要,提高轴承使用可靠性,开发了紧凑型轴承。紧凑型轴承的主要特点是减少了轴承的零件,缩短了轴承的轴向宽度,适应与之压装的车轴轴颈长度,改善微动磨损对轴承性能的影响。设计的 353130A 型、353130C 型紧凑型轴承于 2005 年 7 月通过了铁道部组织的技术审查,353130B 型紧凑型轴承于 2006 年 1 月通过了铁道部组织的技术审查。

一、主要结构及特点

353130A 型、353130B 型、353130C 型紧凑型轴承均适用于缩短了轴颈长度的 RE_{2B} 型车轴,轴颈缩短了 15 mm(110 mm 代替 125 mm)轴颈根部应力值降低。它们的结构组成及特点分别如下(图 6－39)。

(一)353130A 紧凑型轴承

353130A 紧凑型轴承结构是由外圈、内圈、滚子、中隔圈、前盖、后挡、螺栓、防松片、施封锁、标志板等组成。353130A 紧凑型轴承结构组成(图 6－40、图 6－41)。

353130A 紧凑型轴承结构特点如下:

1. 353130A 紧凑型轴承与 353130X2－2RZ 型轴承相比,外圈、内圈、滚子及中隔圈完全相同,取消了密封座和内油封。

2. 采用工程塑料保持架代替钢板冲压保持架。

3. 通过改变前盖、后挡的结构使其与橡胶油封组成四道轴向和三道径向的混合迷宫式密

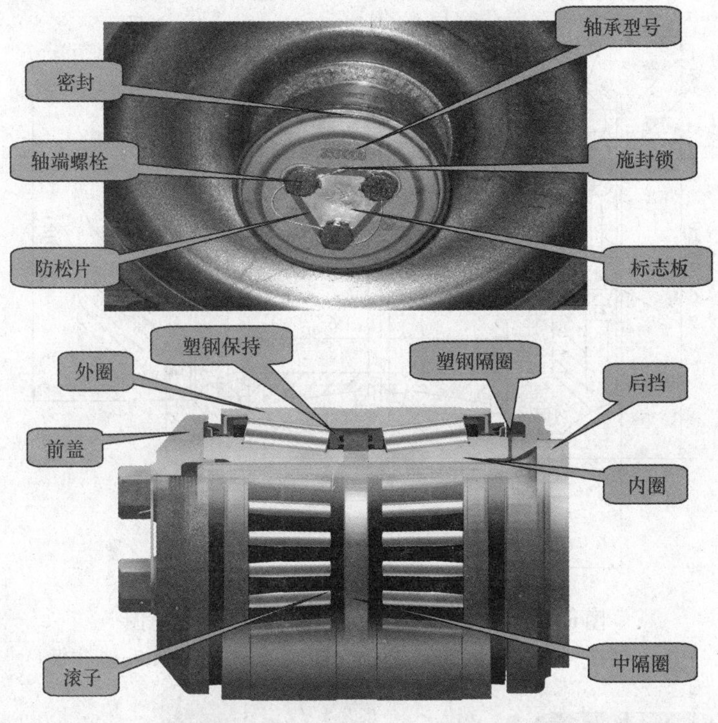

图 6－39　紧凑型轴承三维结构图

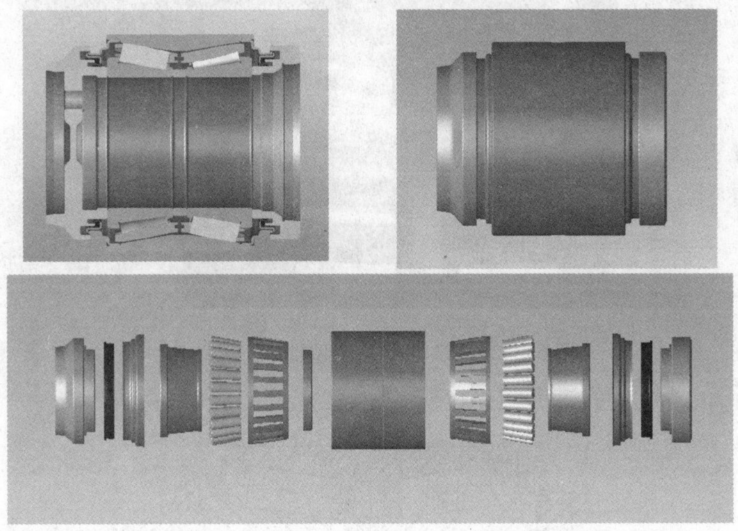

图 6－40　353130A 紧凑型轴承三维结构

封。缩短了轴承的轴向宽度，且前盖或后挡与橡胶油封组成的第一道轴向密封可以防止大部分外界物质侵入轴承内部。

4. 使用成熟、可靠的轴承零件及密封形式。

5. 能适应现有的检修体制和检修设备。

（二）353130B 紧凑型轴承

353130B 紧凑型轴承结构是由外圈、内圈、滚子、中隔圈、前盖、后挡、螺栓、防松片、施封锁、标志板等组成。353130B 紧凑型轴承结构组成（图 6－42、图 6－43）。

353130B 紧凑型轴承结构特点如下：

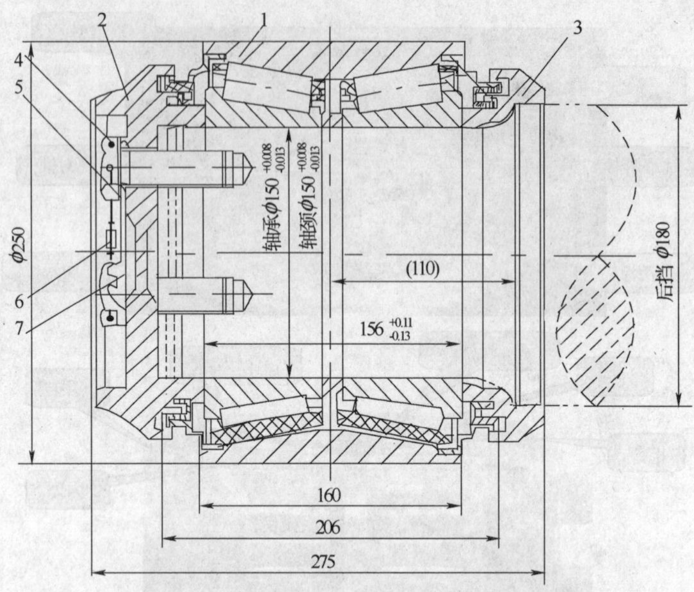

图 6-41　353130A 型轴承二维结构组成示意图

1—外圈;2—前盖;3—后挡;4—螺栓;5—防松片;6—施封锁;7—标志板

图 6-42　353130B 紧凑型轴承三维结构

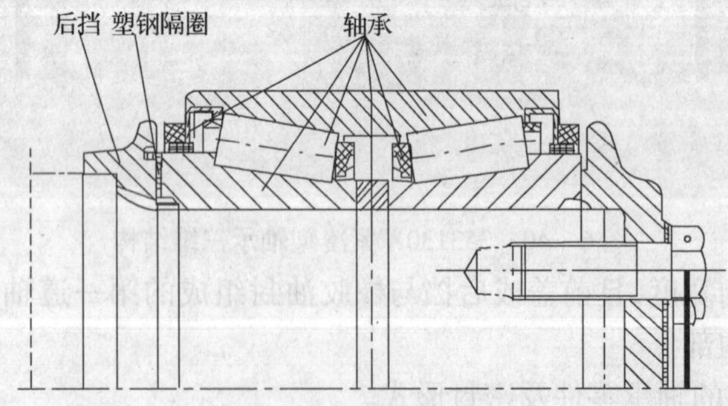

图 6-43　353130B 型轴承二维结构组成示意

1. 紧凑型设计

取消了密封座,紧凑型设计适合缩短的轴颈,减小轴的弯曲变形。

2. 塑钢保持架

提供了更低、更稳定的运行温度和安全的失效模式。

滚道及挡边外观检查兜孔设计,方便了轴承的一般检修。

3. LL 油封

保证了低摩擦扭矩,防止油脂的泄漏以及微振磨蚀颗粒和其他杂质进人轴承中。

4. 塑钢隔圈

减少内圈和后挡接触面摩擦产生的微振磨蚀。

(三)353130C 紧凑型轴承

353130C 紧凑型轴承结构是由外圈、内圈、滚子、中隔圈、前盖、后挡、螺栓、防松片、施封锁、标志板等组成。353130C 紧凑型轴承结构组成(图 6－44、图 6－45)。

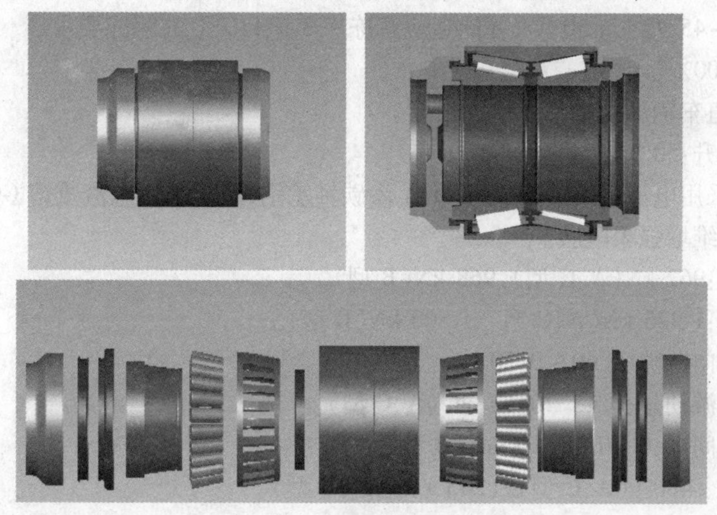

图 6－44 353130C 紧凑型轴承三维结构

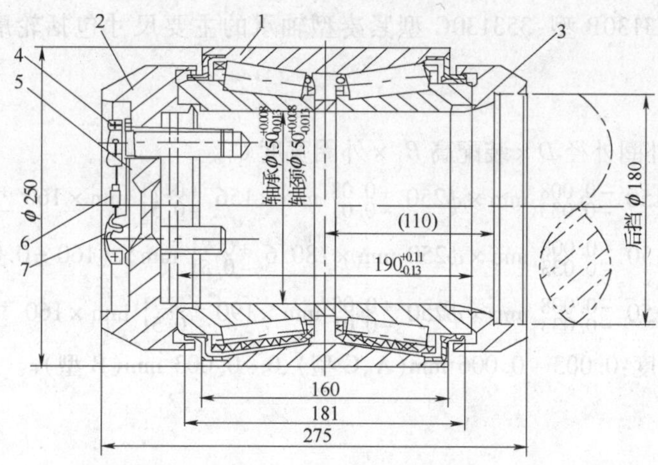

图 6－45 353130C 型轴承二维结构组成示意图

1—外圈;2—前盖;3—后挡;4—螺栓;5—防松片;6—施封锁;7—标志板

353130C 紧凑型轴承结构特点如下:

1. 353130C 紧凑型轴承与 353130X2 －2RZ 型轴承相比,外圈、内圈、滚子及中隔圈完全相同,取消了密封座和内油封。

2. 采用工程塑料保持架代替钢板冲压保持架。

3. 由轴承外圈、内圈大挡边外径与油封组成独立的轴承密封单元。

4. 消除了微动磨损产生的物质对轴承内部润滑脂的污染。

二、主要性能参数

353130A 型、353130B 型、353130C 型紧凑型轴承主要性能参数：

商业运营速度：120 km/h。

轴重：25 t。

设计寿命：200×10^4 km（轮径按 ϕ820 mm 计算）。

环境条件：

温度：－45 ℃ ~ ＋50 ℃，并能适应解冻库 3 h、110 ℃的解冻要求。

湿度：100%。

润滑脂：铁道车辆滚动轴承Ⅳ型润滑脂。

最高允许温升：50 ℃。

材质：套圈采用电渣重熔 G20CrNi2MoA 渗碳轴承钢；滚子采用电渣重熔 GCr15 轴承钢；保持架采用玻璃纤维增强聚酰胺。

额定动载荷：962 kN（A、C 型）、968 kN（B 型）。

额定静载荷：1 926 kN（A、C 型）、1 800 kN（B 型）。

轴承自由轴向游隙：0.60 ~ 0.70 mm。

保持架径向游动量：0.15 ~ 0.65 mm（A、C 型）。

保持架径向间隙：0.70 ~ 1.10 mm（B 型）。

注脂量：430 ~ 480 g（A、C 型）、(245 ± 20) g（B 型）。

三、主要尺寸

353130A 型、353130B 型、353130C 型紧凑型轴承的主要尺寸包括轮廓尺寸、内圈滚道凸度。

1. 轮廓尺寸

内圈内径 d × 外圈外径 D × 装配高 B_1 × 外圈宽度 C_1

353130A 型：$\phi150^{-0.008}_{-0.033}$ mm × $\phi250^{+0.08}_{-0.01}$ mm × $156^{+0.71}_{-0.51}$ mm × $160^{+0.05}_{-0.25}$ mm

353130B 型：$\phi150^{-0.008}_{-0.033}$ mm × $\phi250$ mm × $180.6^{+0.71}_{-0.51}$ mm × (160 ± 0.05) mm

353130C 型：$\phi150^{-0.008}_{-0.033}$ mm × $\phi250^{+0.08}_{-0.01}$ mm × $190^{+0.71}_{-0.51}$ mm × $160^{+0.05}_{-0.25}$ mm

2. 内圈滚道凸度：0.003 ~ 0.006 mm（A、C 型）、0 ~ 0.003 mm（B 型）。

四、标　　记

1. 外圈

353130A(C)型：在外径沟槽上间隔机械打印"353130A(C)、制造单位代号、制造年份后两位和月份、5 位生产顺序号（阿拉伯数字）"等字样。字高 3.5 mm，字迹清晰。

353130B 型：在外径沟槽上间隔机械打印"353130B、制造单位代号、制造年份后两位和月份（两位）、生产顺序号（6 位阿拉伯数字）"等字样。字高 3.5 mm，字迹清晰。

2. 内圈

353130A 型：在大端面上均布机械打印"353130X2－2RZ；制造单位代号、制造年份后两位和月份”等字样。字高3.5 mm,字迹清晰。

353130B型:在大端面上均布机械打印“353130B、制造单位代号、制造年份后两位和月份(两位)、材料批次号(3位阿拉伯数字)”等字样。字高3.5 mm,字迹清晰。

353130C型:在大端面上均布机械打印“353130C;制造单位代号、制造年份后两位和月份”等字样。字高3.5 mm,字迹清晰。

3. 工程塑料保持架

353130A(C)型:在小端面上均布标志“制造单位代号、模具号、353130,字高2.5 mm及制造年份后两位和月份标识”等字样。阳字,字迹清晰。

353130B型:在小端面上均布标志“制造单位代号、模具号、353130B,字高2.5 mm及制造年份后两位和月份标识”等。阳字,字迹清晰。

第四节 缩短型车轴

为满足货车提速、重载的需要,提高车轴使用可靠性,防止货车车轴冷切事故的发生,2005年设计了 RE_{2B} 型车轴,车轴载荷中心距为1 981 mm,车轴载荷中心到轴颈根部的距离110 mm,进一步降低了轴颈根部应力和弯曲变形。

一、主要结构及特点

RE_{2B}型车轴能够满足转K5型、转K6型转向架的组装要求。

RE_{2B}型车轴的结构及特点如下:总长度为2 181 mm,车轴载荷中心距为1 981 mm,车轴轴颈直径 ϕ150 mm,轴颈长度210 mm,车轴载荷中心到轴颈根部的距离110 mm,与现有的 RE_{2A}型车轴相比,车轴载荷中心到轴颈根部的距离缩短了15 mm,使轴颈根部应力降低了14.0%,弯曲变形量降低了9.2%。材质为LZW车轴钢。RE_{2B}型车轴轴颈和防尘板座仅采用了无卸荷槽一种形式,其与成型磨削的先进加工工艺结合保证了加工后的轴颈根部形状和粗糙度严格符合图样要求,消除了过去车轴在轴颈加工时因设备落后造成的卸荷槽深度、形状和粗糙度不符合图样而给货车运用安全带来的隐患。

二、主要性能参数及尺寸

RE_{2B}型车轴的主要性能参数及尺寸如下:

商业运营速度	120 km/h
轴重	25 t
材质	LZW车轴钢
制动方式	踏面闸瓦制动
总长	2 181 mm
载荷中心距	1 981 mm
轴肩距	1 761 mm
轴颈长度	210 mm
车轴载荷中心到轴颈根部的距离	110 mm
轴颈直径	150 mm
防尘板座直径	180 mm

轮座直径　210 mm

轴身直径　184 mm

三、标　　记

车轴除轴端面外，其他部位不得刻打钢印，轴端面刻钢印打标记如下：

车轴钢熔炼号：阿拉伯数字标记。

车轴钢种标记："w"符号标记。

车轴制造厂代号：3 位阿拉伯数字标记。

车轴锻造年月：年、月分别用 2 位阿拉伯数字标记。

车轴锻造顺序号（轴号）：5 位阿拉伯数字标记。

车轴方位标记："左"字标记。

车轴轴型标记："RE_{2B}"符号标记。

车轴制造超声波穿透探伤检查钢印标记："↑"符号标记。

超声波穿透探伤工作者的责任钢印标记："C"标记。

四、RE_{2B}型与 RE_{2A}型、RE_2 型车轴对比

RE_{2B}型 RE_{2A}型、RE_2 型车轴结构及尺寸参数对比如下：

三种车轴的二维结构简图如图 6－46、图 6－47、图 6－48 所示，尺寸参数对照如表 6－3 所示。

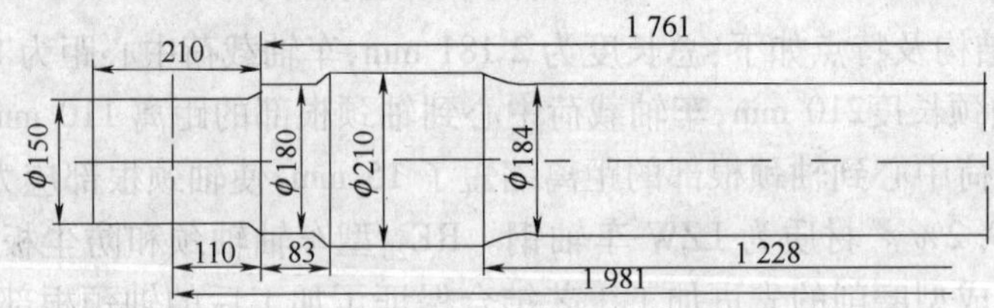

图 6－46　RE_{2B} 型车轴二维结构示意图

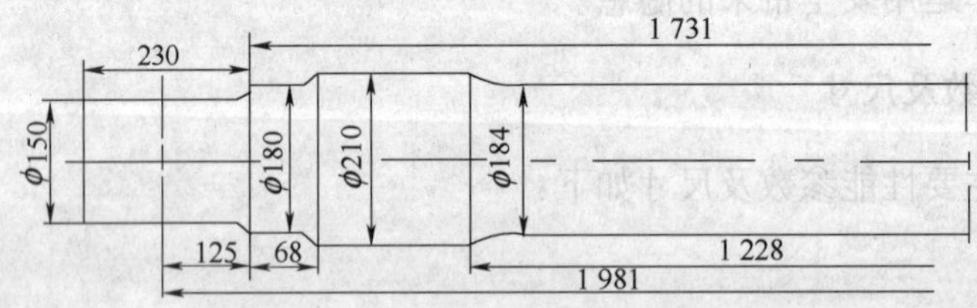

图 6－47　RE_{2A} 型车轴二维结构示意图

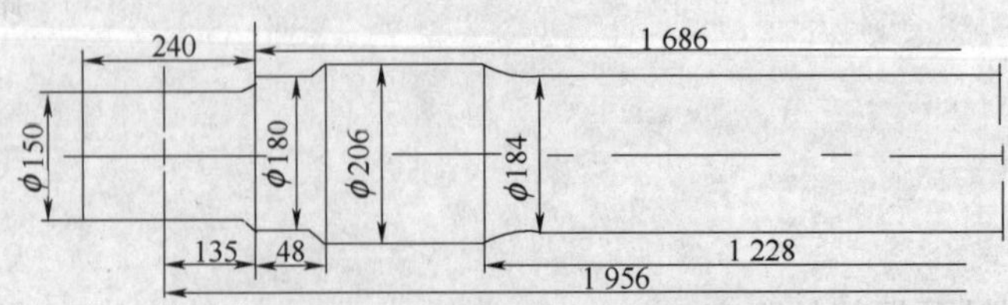

图 6－48　RE_2 型车轴二维结构示意图

表 6-3　三种车轴参数对照表　单位：mm

内　容	RE_{2B}型	RE_{2A}型	RE_2 型
全　长	2 181	2 191	2 166
载荷中心距	1 981	1 981	1 956
轴肩距	1 761	1 731	1 686
轴颈长度	210	230	240
车轴载荷中心到轴颈根部的距离	110	125	135
轴颈直径	150	150	150
防尘板座直径	180	180	180
轮座直径	210	210	206
轴身直径	184	184	184
车轴轴颈根部和防尘板座根部形式	1 种	3 种	3 种
轴颈根部圆弧	R40	R40(20)	R25(20)

五、RE_{2B}型轮对

RE_{2B}型车轴、353130A（或 353130B、或 353130C）紧凑型轴承及 HESA（或 HES）型车轮组成的 RE_{2B}型轮对与现有的 RE_{2A}型轮对可以互换使用，三者均可满足转 K5 型、转 K6 型转向架的组装要求（图 6-49）。

图 6-49　RE_{2B}型轮对图

RE_{2B}型轮对的应用，提高了轮对的可靠性，延长了轮轴的检修周期，降低了轮轴的检修成本，将成为我国货车的主型轮对。

第五节　17 号车钩

目前 17 号车钩、16 号车钩及配套钩尾框已经装用在 C_{63}型、C_{76}型及 C_{80}型等系列不摘钩进行翻车机卸货的货车上，在运用中保证了车辆的连续运转，提高卸货效率 25% 以上，创造了巨大的社会经济效益。鉴于 17 号车钩具有连挂间隙小、结构强度高、联锁性能好及垂向防脱性能高等优点，以及多年来运用表现出的优良性能，我国 70 t 级货车采用了 17 号车钩及 17 号钩尾框（含 17 号锻造钩尾框）如图 6-50 所示。

图 6-50　17 号车钩组成

一、主要性能参数

车钩连接轮廓	符合 AAR S117—67 或 TB/T 2950—1999 联锁车钩联接轮廓
车钩联接轮廓纵向移动间隙	9. 5 mm
车钩最大横向摆角	13°
车钩最大垂向摆角	向上 5. 5° 向下 7°
车钩连接线处最大横向位移	167 mm
在水平面内最大相对转角	3°45′
在垂直面内最大相对转角	2°0′
两车钩连接时允许的车钩中心线高度差	75 mm
钩体静拉破坏载荷	≥4 005 kN
钩舌静拉破坏载荷	≥3 430 kN
17 号钩尾框(含锻造)最小极限载荷	4 005 kN

二、17 号车钩主要特点

(一)车钩的连挂间隙小

车钩的连挂间隙为 9. 5 mm,比 13 号车钩减少了 52% ,从而可降低列车的纵向冲动,改善了列车的动力学性能,提高了铁路货运的安全可靠性。

(二)车钩具有联锁和防脱功能

17 号车钩的钩体头部均设有联锁装置,车钩连挂后可自动实现联锁,在车钩钩头下面设有防脱装置,列车发生事故时仍能保持车钩的连挂性能,防止列车颠覆。

(三)结构强度高

17 号车钩的结构合理,主要零部件均采用了 TB/T 2942 – E 级(与 AAR M201 – E 级相当)铸钢制造,钩舌的最小破坏载荷可达到 3 430 kN,钩体的最小破坏载荷可达到 4 005 kN,钩尾框的最小极限载荷为 4 005 kN。

(四)防跳性能好

三种防开锁措施如下:

1. 下锁销的防跳保护。
2. 下锁销杆的防跳保护。
3. 锁铁上部的防跳防跳止动块。该止动块可防止翻车作业时锁铁窜动,从而避免车钩自动解锁。

(五)耐磨性能好

17 号车钩采用高强度的材质,钩体、钩舌和钩尾框的硬度为 HBS241 – HBS311,16 号车钩的钩尾端面及钩尾销孔后圆弧面经特殊热处理,硬度可达 HBS375 ~476。钩身下平面与车钩支撑座接触部位焊装有磨耗板,提高了钩身的耐磨性能。

(六)钩舌销不受力

17 号车钩的结构设计合理,车钩的牵引和冲击载荷分别由牵引台和冲击台承受,新制车钩的钩舌销完全不受力,可较好的避免钩舌销弯曲变形或断裂。只有当牵引台、冲击台及护销凸缘磨耗后，钩舌销才能与上述部位共同受力。

（七）17 号车钩的自动对中功能

17 号车钩尾部设有自动对中凸肩，可以使车钩在运行中经常保持正位。

三、17 号车钩组成

17 号车钩组成由 17 号车钩钩体、钩舌、钩舌推铁、钩舌销、锁铁组装、下锁销转轴和 17 号车钩下锁销组装等零部件组成（图 6－51、图 6－52）。其中钩舌、钩舌推铁、钩舌销和锁铁组装与 16 号车钩组成完全通用。

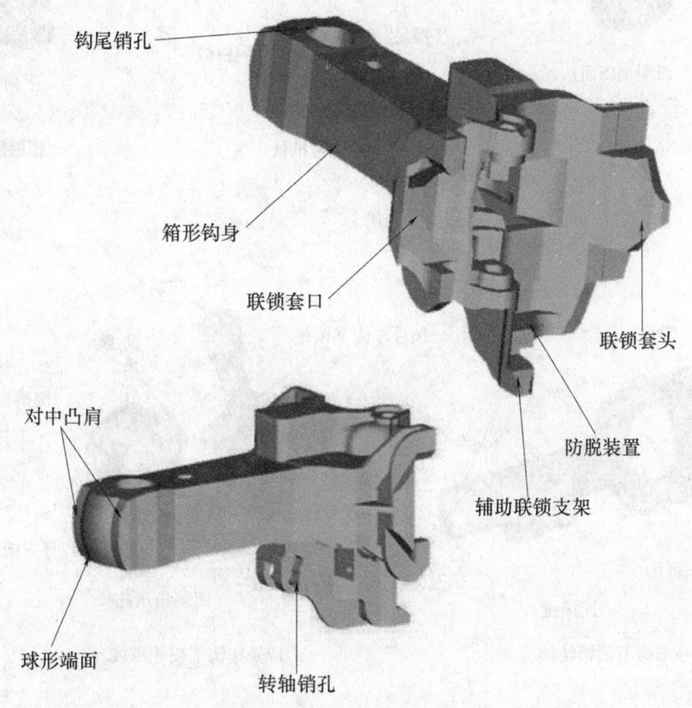

图 6－51　17 号车钩钩体

17 号车钩钩头部分设有联锁套口、套头及防脱装置，17 号车钩钩身的形状与其他车钩相似，为箱形截面。钩尾端面（与从板接触的部位）为半径 133.5 mm 的球面，并在球号形面两侧有自动对中的凸肩。

四、17 号车钩缓冲装置组成

17 号车钩缓冲装置包括 17 号车钩组成、17 号钩尾框（或结构相似能与之互换的 17 号锻造钩尾框）、17 号钩尾销、17 号车钩从板和缓冲器等零部件。车钩缓冲装置组装于车体牵引梁内，并由车钩托梁、尾销托梁、尾框托梁和安全托板托起，提杆装置和防跳插销等零部件。其中尾销托梁可防止钩尾销从钩尾框和车钩的尾销孔中脱出，如图 6－53 所示。17 号钩尾框、17 号车钩从板和钩尾销如图 6－54 所示。

为提高 17 号车钩的防分离可靠性，保证铁路运输安全，17 号车钩分别采用钥匙孔形车钩提杆座，设置车钩提杆拉簧，安装防跳插销（图 6－55）。

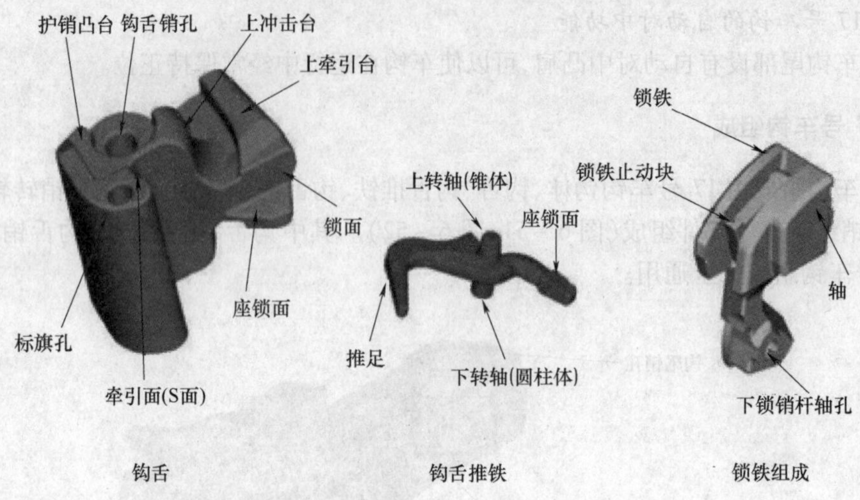

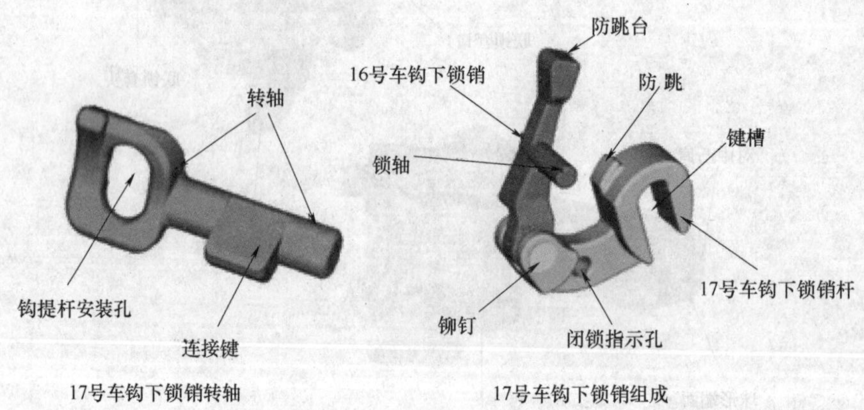

图 6－52　17 号车钩零部件

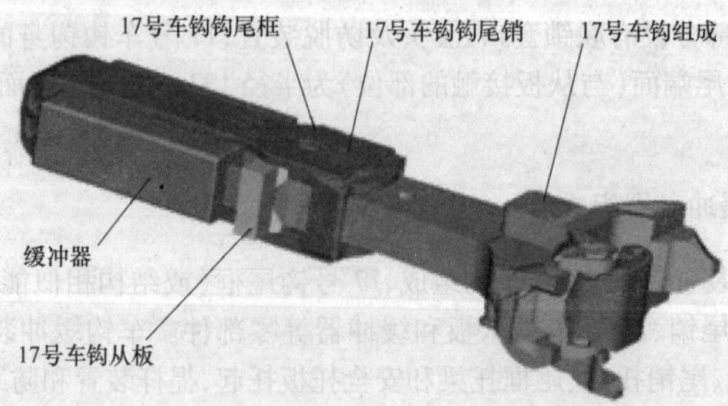

图 6－53　17 号车钩系统组成

17 号车钩采用钥匙孔形车钩提杆座，设置车钩提杆拉簧，安装防跳插销。安装位置如图 6－56所示。

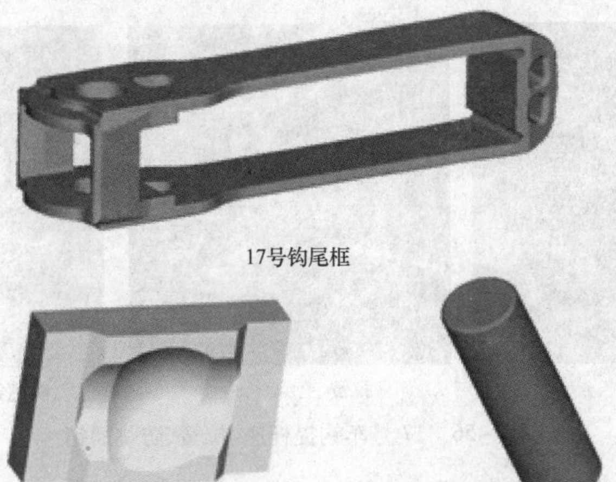

17号钩尾框

17号车钩从板　17号车钩钩尾销

图6－54　17号钩尾框、17号车钩从板和钩尾销

尾销托梁组成

非金属钩尾框托板磨耗板

钩尾框托板　安全托板

车钩支撑座

止挡铁　支撑弹簧

图6－55　17号车钩缓冲装置主要零部件

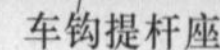

图6－56　17号车钩提杆座、拉簧、防跳插销

五、日常检查维护与处理

在对车钩、钩尾框及其零部件做日常检查和维护前，应尽可能的清除车钩上的所有污物，检查钩体、钩舌等零件。日常检查和维护的主要内容包括外观检查、三态作用性能检查及轮廓检查等。

（一）外观检查

有下列情形之一者，需更换相应的零件：

1. 钩身磨耗板磨耗深度大于板厚的一半（3 mm）或丢失者；
2. 锈蚀、磨耗影响车钩作用性能者；
3. 焊补修理不当者；
4. 目视可见的扭曲或弯曲者；
5. 破损或零件丢失者；
6. 钩头、钩舌有裂纹者；
7. 开口销丢失者。

（二）三态作用性能检查

1. 开锁：提起车钩提杆手柄至开锁位后放开车钩提杆，使锁铁落下，锁铁应能停留在钩舌推铁的座锁面上，此时钩舌不能自动打开，仍处在闭锁位置，用手扳动钩舌鼻部，钩舌应能转动到全开位置（图6－57）。

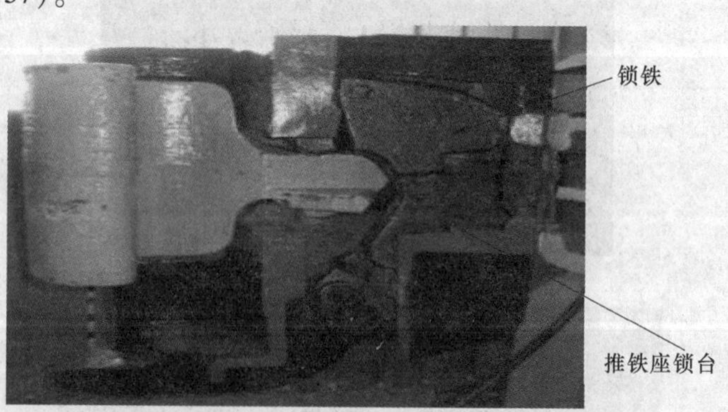

图6－57　17号车钩开锁状态

2. 全开：在开锁位的基础上，继续转动车钩提杆手柄，钩舌应能自动的转动到全开位。在此位置钩腕与钩舌鼻部之间的最小距离（车钩全开位）段修为219 mm。运用限度全开位222 mm（图6－58）。

3. 闭锁：当钩舌转动到闭锁位时，钩锁铁须能自由的落到钩舌尾部的座锁台上。观察位于钩头下方的下锁销杆上的显示孔，整个显示孔均可见时，表明车钩已经被锁闭（图6－59），显示孔不可见或不完全可见则表明车钩未锁住。

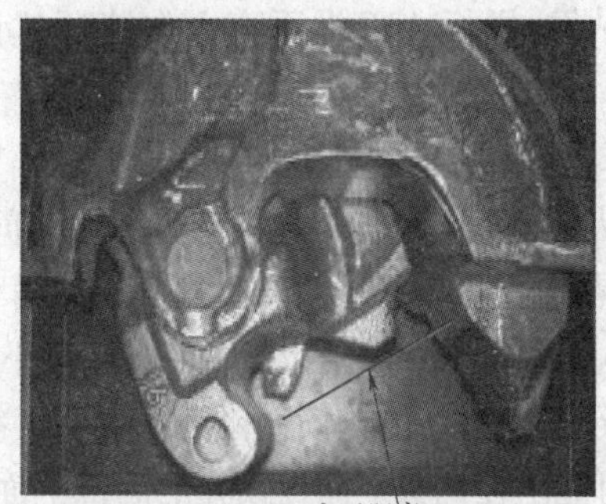

图6－58　17号车钩全开位状态

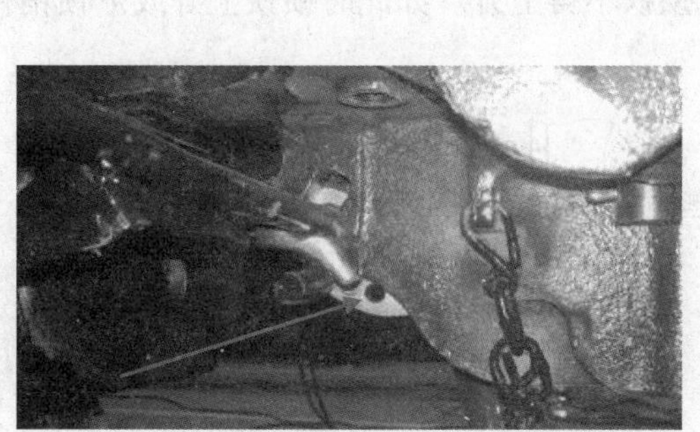

图6－59　闭锁显示孔示意图

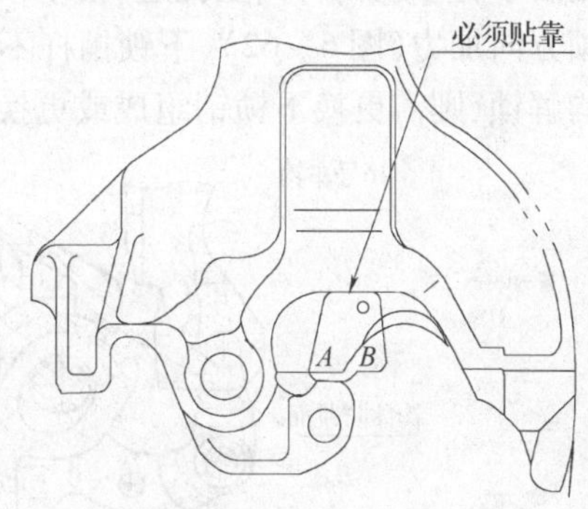

图6－60　钩头正面检查示意图

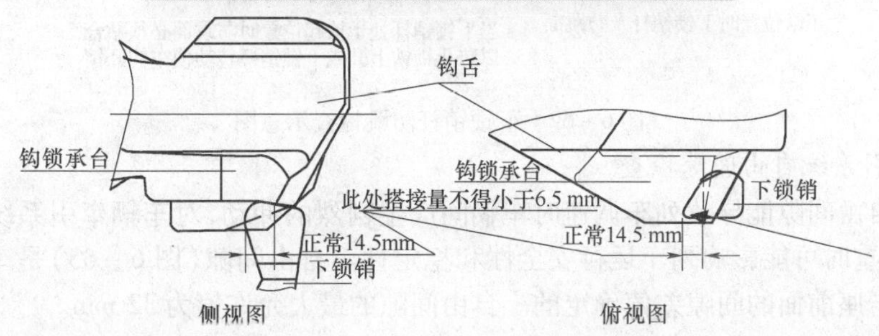

图6－61　下锁销防跳检查示意图

(三)车钩闭锁位置检查

车钩组成的零部件均未经过修理时,闭锁位置钩舌内侧面与钩体正面距离须不大于段修为97 mm。运用限度全开位100 mm。检测方法为:使钩舌处于牵引位置,用检查样板与钩头正面贴靠,样板 *A* 部沿垂直方向能通过该车钩轮廓时为超限(图6-60)。

(四)防跳性能检查

1. 下锁销防跳检查

从钩头下部在锁腿与锁铁孔前壁之间用扁棒或螺丝起子用力向后撬锁铁腿,同时从钩头正面用撬棍或凿子向上撬起锁铁,测量下锁销和钩舌落锁台的搭接量(防跳保护值)(如图6-61所示),其值6.5~14.5 mm范围内,如果搭接量小于6.5 mm时,需更换下锁销或下锁销组成。但在某些情况下,还需换上新的钩锁或钩舌或者两者都更换,如果将这些零件换上新的后,仍不能解决问题,则问题可能出在钩头下面提锁孔的后部上面已经磨耗过限,此时必须更换钩体。

2. 下锁销杆防跳性能检查

用右手将下锁销杆向上托起,使下锁销杆防跳台与钩体的防跳面贴靠,同时左手使其向车钩解锁方向加力(图6-62),下锁销杆不得转动,锁铁不得上升。如此时锁铁上升或下锁销杆使车钩解锁,则需更换下锁销组成或更换钩体。

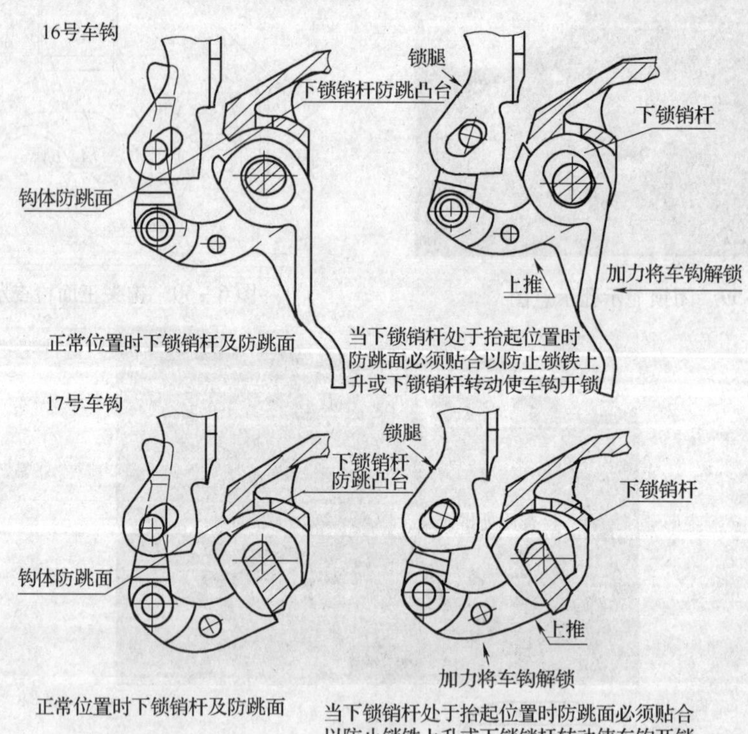

图6-62 下锁销杆防跳检查示意图

(五)牵引系统自由间隙检查

过大的自由间隙能导致列车调速时车辆间产生剧烈的冲动,对车辆牵引系统的零部件和车体有害,严重时可能影响列车运行安全性和稳定性。自由间隙(图6-63)是车钩两种位置时钩肩和冲击座前面的间隙差值确定的。自由间隙的最大允许值为32 mm。

检查方法如下:

1. 在车钩钩肩和冲击座前面之间嵌入一撬棍,尽可能将车钩向外撬出,使车钩处在牵引位置。测量车钩钩肩与冲击座前面之间的距离。

2. 再将车钩向后压实，使车钩处在压缩位置，再次测量上述位置的距离。

3. 如上述两位置测量的数值之差大于 32 mm，则需卸下包括缓冲器在内的整个车钩缓冲装置进行检修。

（六）车钩低头检查

在日常检查和维护时，要对车钩低头进行检查。按图6－64所示分别测量 A 点与 B 点至轨面的距离 h_1、h_2，车钩低头量（h_1-h_2）不得超过 14 mm。

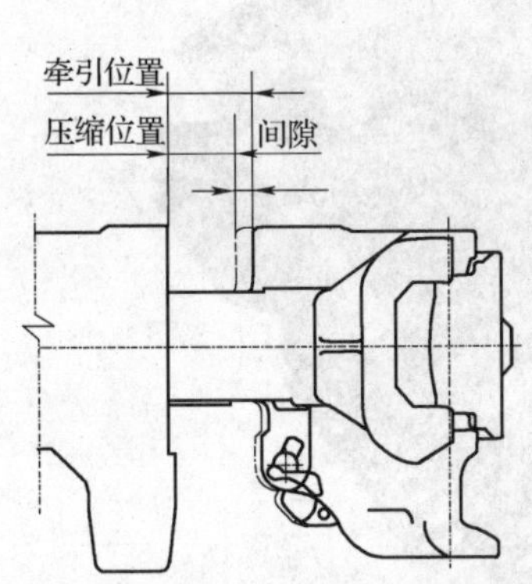

图 6－63　牵引系统自由间隙检查位置

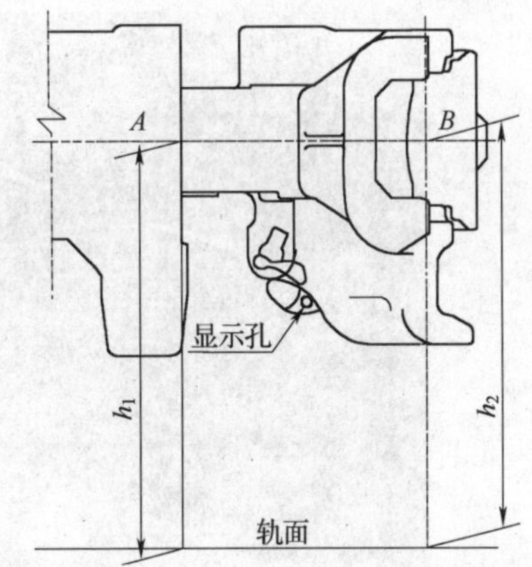

图 6－64　车钩低头检查位置

如车钩低头超过 14 mm，应对下述零件进行检修或更换：

1. 钩体磨耗板；

2. 冲击座弹性支承装置及其磨耗板；

3. 冲击座弹性支承装置支撑弹簧；

4. 与钩尾框前端上部相接触处中梁上的磨耗板。

（七）解钩装置

1. 检查解钩装置是否丢失或变形而影响车钩的三态作用。

2. 使车钩处于闭锁位置，提起车钩提杆以打开钩舌，检查车钩提杆的开启性能。

（八）润　　滑

由于黏性润滑脂通常会黏附磨损性物料，有加速零件磨耗的趋势，因此在润滑车钩系统时只能采用干性润滑剂。干性润滑剂须采用二硫化钼粉用酒精等易挥发的非石油类物质调制，下列部位需定期采用干性润滑剂润滑：

1. 头和钩头内部的每个零件。

2. 钩尾部的销孔表面及钩尾端部球面。

3. 从板凹入受冲击的表面、钩尾销表面。

（九）注意事项

1. 不得借助车钩抬起重车。

2. 为了保证车钩系统的性能及作用，车钩系统及零部件的检修和生产应经过铁道部的许可认证。

3. 车辆连挂时，车钩应正位或在车辆纵向中心线的同侧。

4. 车钩闭锁后，应检查闭锁指示孔，确认闭锁后车辆方可进行连挂。

第六节　MT－2 型缓冲器

缓冲器是用来减小列车在运行中由于机车牵引力的变化或在起动、制动及调车时车辆相互碰撞而引起的冲击和振动，从而减少对车体结构和货物的破损及提高列车运行的平稳性。目前我国重载铁路货车装用的缓冲器主要是 MT－2 型缓冲器，70 t 级货车也采用了 MT－2 型缓冲器（图 6－65）。

图 6－65　MT－2 型摩擦式缓冲器

一、用　　途

MT－2 型摩擦式缓冲器是根据我国铁路运输提速重载发展的需要，在总结国内外缓冲器研究、设计、制造、运用经验的基础上，研制的全钢摩擦式缓冲器。它具有性能稳定、阻抗低、容量大、使用寿命长、检修方便等特点，是新一代大容量通用货车缓冲器。适用于总重为 84 t 的主型通用货车车辆及其他货车车辆，可在 ±50 ℃的环境温度范围内正常工作。

二、性能参数

容量	≥50 kJ
行程	83 mm
阻抗力	≤2 270 kN

三、组成及原理

MT－2 型摩擦式缓冲器系摩擦式弹簧缓冲器，由摩擦机构、主系弹簧和箱体三部分组成，如图 6－66、图 6－67 所示。

摩擦机构又分为两组，一组摩擦机构由两个形状相同并带有三个倾斜角的楔块、中心楔块，固定斜板和弹簧座组成。中心楔块承受来自从板的冲击力，楔块沿着固定斜板、中心楔块和弹簧座的斜面滑动，固定斜板置于箱体口部两个凸肩之间，不动。另一组摩擦机构由动板、固定斜板、外固定板组成。外固定板也置于箱体口部两个凸肩之间，不动。动板沿着固定斜板、外固定板的平面滑动。

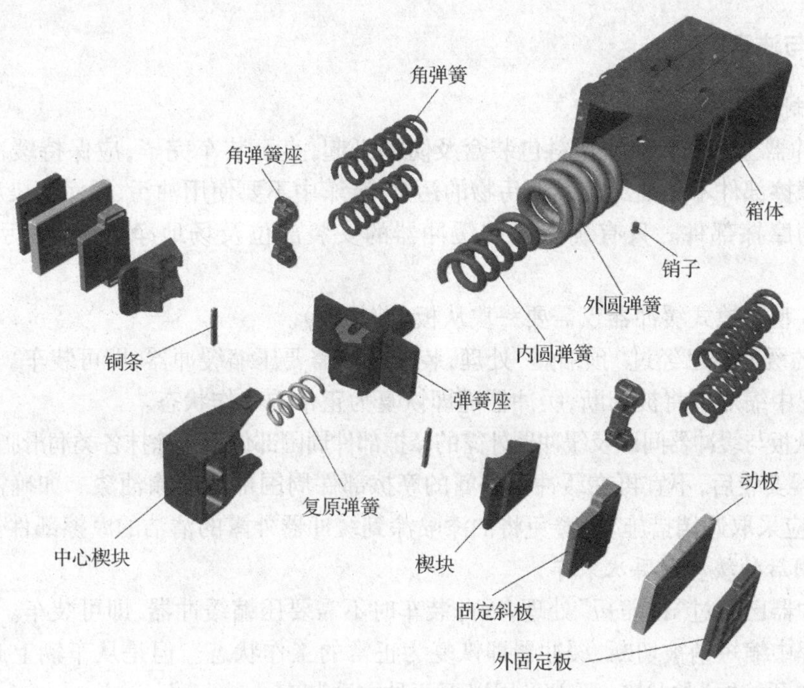

图6－66　MT－2型缓冲器组成

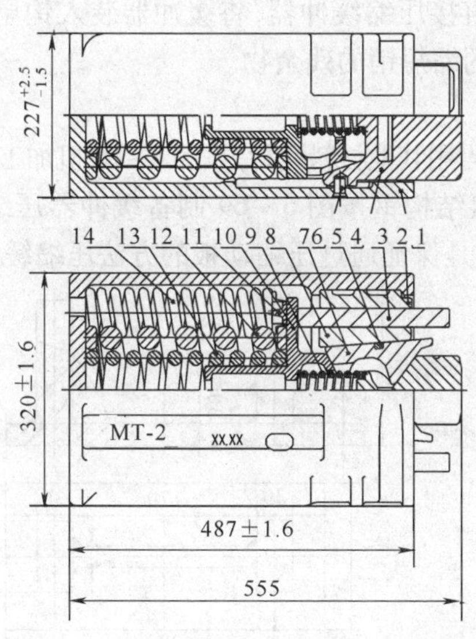

序号	名称	代号	数量
1	箱体	QCP835-00-01	1
2	外固定板	QCP835-00-02	2
3	动板	QCP835-00-03	2
4	中心楔块	QCP835-00-04	1
5	铜条	QCP835-00-05	2
6	缩短销	QCP835-00-06	2
7	楔块	QCP835-00-07	2
8	固定斜板	QCP835-00-08	2
9	复原弹簧	QCP835-00-09	1
10	弹簧座	QCP835-00-10	1
11	角弹簧座	QCP835-00-11	2
12	外圆弹簧	QCP835-00-12	1
13	内圆弹簧	QCP835-00-13	1
14	角弹簧	QCP835-00-14	4

图6－67　MT－2型摩擦式缓冲器

主系弹簧由一个外圆弹簧、一个内圆弹簧和四个角弹簧组成，主系弹簧有较大的刚度。复原弹簧置于中心楔块和弹簧座之间，用来冲击后辅助中心楔块恢复原位，防止摩擦机构产生卡滞。楔块上压有铜条，起固体润滑作用，对防止摩擦机构产生卡滞起积极作用。在冲击过程中，冲击力所作的功的一部分转化为缓冲器主系弹簧的弹簧能，另一部分转化为摩擦机构的摩擦功。冲击后，主系弹簧的弹簧能一部分消耗在摩擦机构复原过程中产生的摩擦功上，剩下的一部分能量传给从板，从而使缓冲器通过吸收冲击动能，起到降低作用在车辆上的冲击力的作用。

四、装车与注意事项

（一）新制缓冲器的装车

1. 从缓冲器上部去除泡沫塑料包装盒及防潮纸起，直至装车完毕，应保持缓冲器上部外露的清洁的摩擦部件不受油污及其他污物的污染；装车中不要使用油污、锈污污染和潮湿的手套触摸外露的摩擦部件。只有确认安装缓冲器的安装部位及场地净洁、无油污，方能装缓冲器。

2. MT－2 型摩擦式缓冲器仅需要一块从板（前从板）。

3. 出厂的缓冲器已经过“预缩短”处理，装车时不需要压缩缓冲器，即可装车。装车后，在车辆连挂过程中缩短销将被切断，缓冲器随即恢复为正常的工作状态。

4. 车辆从板与缓冲器间以及缓冲器外露的摩擦部件周围部位不应涂抹各类润滑脂和润滑油。

5. 缓冲器安装后，不宜再在缓冲器外露的摩擦部件周围部位喷涂油漆。如确需对钩缓部位喷涂油漆，应采取遮挡措施，以避免将油漆喷涂到缓冲器外露的清洁的摩擦部件上。

（二）使用后的缓冲器再次装车

新品缓冲器已经过“预缩短”处理，因此装车时不需要压缩缓冲器，即可装车。装车后，在车辆连挂过程中缩短销被切断，缓冲器即恢复为正常的工作状态。但是从车辆上卸下的旧缓冲器，已不是“预缩短”的状态，可以采用以下两种方法装车。

1. 对于使用后的缓冲器，可采用其他没有“预缩短”装置的缓冲器，例如 MX－1、ST 型等缓冲器装车方法一样，既使用钩缓组装压力机，直接压缩缓冲器，将缓冲器装入钩尾框中。采用该方法无须从缓冲器箱体中取出已被切断了的缩短销的残余物。

2. 重新组装缩短销，步骤如下：

（1）准备缩短销：用 10 号优质碳素结构钢（不得用其他材料代替）按图 6－68 机加工缩短销。

（2）准备缓冲器压缩工装：用 30 号优质碳素结构钢按图 6－69 制备缓冲器压缩工装（所示的压缩工装供参考）。使用该压缩工装的目的是保证通过压缩动板的方法压缩缓冲器。

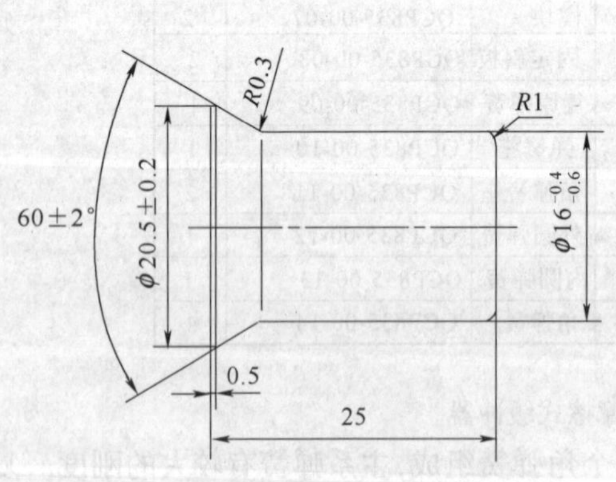

图 6－68　机加工缩短销

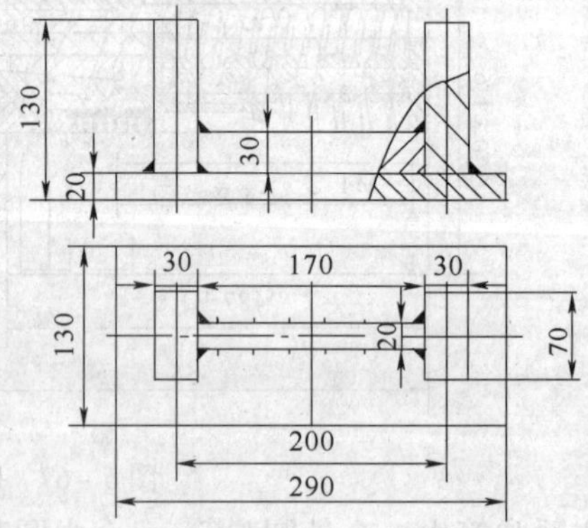

图 6－69　制备缓冲器压缩工装

（3）取出箱体销孔处的残销：如箱体销孔处还留有残销，在箱体销孔附近轻轻锤击箱体，销子（残销）松动后，用钳子钳出残销。

（4）取出中心楔块销孔处的残销：用缓冲器压缩工装在压力机上压缩缓冲器的动板，压缩到使中心楔块的销孔与箱体的销孔对齐为止，用直径 $\phi12$ mm 的磁棒或其他工具从中心楔块的销孔中取出残销。

(5)装新缩短销:从箱体两侧直接装入新缩短销。

(6)卸掉压力机的压力,重新组装缩短销的工作完成。

五、常见故障处理

(一)卡滞缓冲器的判断

正常安全状态的缓冲器的判断:缓冲器的摩擦部件在弹簧力推动下,使从板紧靠前从板座,缓冲器箱体底部紧靠后从板座时的缓冲器为处于正常安全状态的缓冲器。

卡滞的缓冲器的判断:当缓冲器处于卡滞状态时,从板与前从板座,缓冲器箱体底部与后从板座之间中的一处或两处存在间隙。当从板与缓冲器箱体开口端接触时,为最严重的卡滞状态。

从板与前从板座、箱体与后从板座产生间隙时,还要排除车辆前、后从板座距离变长的因素,才能判定是否缓冲器处于卡滞状态。前、后从板座距离变长应即时修复。

(二)卡滞缓冲器的处理

1. 不能正对车钩或缓冲器前面站立或工作。
2. 将缓冲器箱体和从板牢固地焊在钩尾框上。
3. 在缓冲器的弹簧区域处气割缓冲器箱体,暴露出缓冲器箱体内部的螺旋弹簧来,将弹簧每一圈气割开来,从而彻底消除弹簧的压缩力。

按用户的安全操作规程将缓冲器连同焊在一起的钩尾框和从板从车辆卸下并报废。

若缓冲器卸下后发现缓冲器卡滞应立即处理,处理后缓冲器报废。

第七节　KZW－A型货车空重车自动调整装置

KZW－A型货车空重车自动调整装置是在KZW－4G型和TWG－1型货车空重车自动调整装置基础上研制的替代产品。

KZW－A型货车空重车自动调整装置适用于目前我国轴重21 t、23 t、25 t采用转K2型、转K4型、转K5型、转K6型转向架的货车,并可适用于总重130 t以下的货车。

一、主要结构

KZW－A型空重车自动调整装置制动系统由列车管,集尘器与截断塞门组合体,制动缸,加速缓解风缸,副风缸,加速缓解阀,中间体,120阀,紧急阀,限压阀,阀管座,降压风缸,支架,传感阀,抑制盘组成,横跨梁基准板等组成。

KZW－A型空重车自动调整装置制动系统组成如图6－70所示。

KZW－A型货车空重车自动调整装置主要由测重机构(C－A型传感阀、支架、抑制盘、复位弹簧、触头)、限压阀组成(X－A型限压阀、阀管座)及相应连接管路等组成。

C－A型传感阀由阀体、阀盖、活塞、触杆、夹芯阀、压力弹簧、复原弹簧、夹芯阀弹簧、弹簧挡圈及密封胶圈等组成。传感阀安装在支架上,触杆向上,正对抑制盘的下盘面,车辆制动时,用来测量车辆的载重并通过进入降压风缸的压力空气去驱动X－A型限压阀。从而控制进入制动缸空气压力。

支架用精密铸钢件加工而成,安装在基准板(横跨梁)上方车体中梁内,用4只螺栓紧固,支架用以安放抑制盘、安装C－A型传感阀并与连接管路法兰连接。

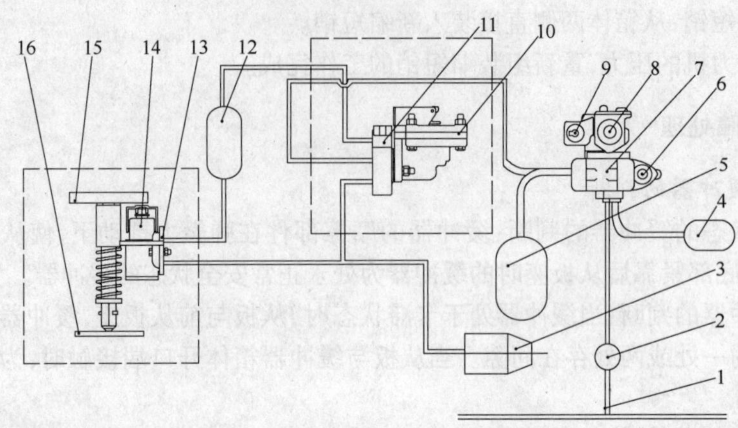

图 6 – 70　KZW – A 型空重车自动调整装置制动系统组成

1—列车管;2—集尘器与截断塞门组合体;3—制动缸;4—加速缓解风缸;5—副风缸;6—加速缓解阀;7—中间体;8 —120 阀;9—紧急阀;10—限压阀;11—阀管座;12—降压风缸;13—支架;14—传感阀;15—抑制盘组成;16—横跨梁基准板

抑制盘上部为圆盘,中部为圆柱,下部为螺杆、弹簧座和带螺纹的六方触头。抑制盘安放在支架的圆柱形导管上,并在其导管内可上下移动,复位弹簧套在圆柱上,将弹簧座套入螺杆上,再在螺杆上转动触头并调整其长度,采用开口销固定。车辆空车时．抑制圆盘坐落在支架的导管顶端,作为空车时 C – A 型传感阀称重的基准。当车辆载重抑制盘触头与基准板(横跨梁)接触后,其与基准板(横跨梁)的相对高度不变,又作为载重时 C – A 型传感阀称重的基准。

复位弹簧安放在抑制盘上,用于抑制盘在支架导管移动时减少或缓解车辆运行振动带来的影响。

X – A 型限压阀由阀体、阀盖、中间体、推杆组成、橡胶膜板、活塞、夹芯阀、夹芯阀弹簧、压力弹簧、显示牌、活塞杆、显示弹簧、后盖及密封胶圈等组成,安装在阀管座上,制动时它受来自 120 型空气制动机制动孔的压力空气和来自 C – A 型传感阀连通降压风缸的压力空气及进入制动缸的压力空气共同作用来控制制动缸的空气压力。最终由降压风缸的空气压力和制动缸的空气压力叠加共同与制动机制动孔的空气压力相平衡。因而在规定调整范内,当制动孔压力一定时,使制动缸的空气压力随车辆载重增加而增加。阀的顶盖上的翻转显示牌用以显示制动缸的压力是处于空车位、半重车位或重车位。

阀管座吊装在车体中部边上侧梁底架上,用来安装 X – A 型限压阀并与管路法兰连接。

连接管路用来对各部件之间进行连接,所有管路两端均采用法兰连接和橡胶圈密封。

二、作用原理

KZW – A 型空重车自动调整装置作用原理见图 6 – 71。

车辆空车时,调整抑制盘下端的触头,使抑制圆盘坐落在支架的圆柱形导管的顶端而触头与基准板(横跨梁)间保持州 h_0 间隙,并用开口销锁定。

基准板(横跨梁)支承在转向架侧架上与轨面的高度不变,与载重大小无关。车辆载重后,枕簧受压变形,支架和装在上面的 C – A 型传感阀将随车体下移,当抑制盘触头与基准板(横跨梁)接触之后,抑制盘的高度位置不再改变,C – A 型传感阀触杆与抑制盘的距离将随载重的增加而增加。

在与 120 型制动机配套使用时,当 120 型处于完全缓解状态时,KZW – A 型空重车自动

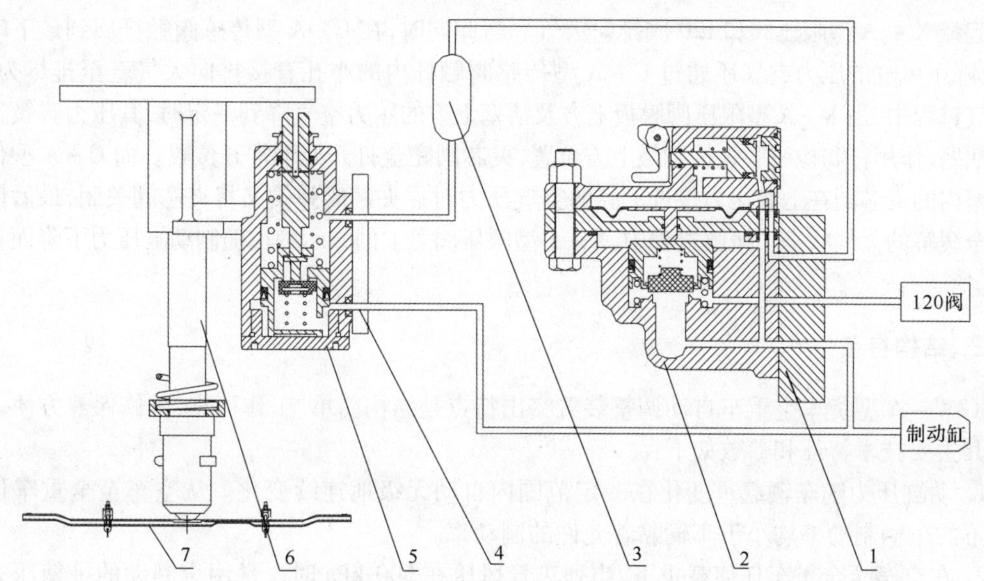

图 6－71　KZW－A 型空重车自动调整装置作用原理图
1—阀管座；2—限压阀；3—17 L 降压风缸；4—支架；5—传感阀；6—抑制盘组成；7—横跨梁

调整装置和制动缸处于无压力空气状态。这时 X－A 型限压阀的活塞、作用杆和橡胶膜板在压力弹簧的作用下处于最上方位置，活塞内的夹芯阀离开阀口，夹芯阀处于开启状态。制动缸及与之连通的空间经开启的 X－A 型限压阀和 120 型制动机的缓解排气通道与大气相通。X－A型限压阀阀盖上的空重位压力显示器的活塞杆在显示弹簧的压力作用下处于缩进位置，显示牌处于最下方位置。C－A 型传感阀的活塞和触杆在复原弹簧的作用下处于最下端位置，触杆与抑制圆盘保持一定距离，活塞内的夹芯阀在夹芯阀弹簧的作用下处于关闭状态，将 C－A 型传感阀体内分为上下腔，下腔通制动缸及 X－A 型限压阀活塞上方，上腔通降压风缸及 X－A 型限压阀的橡胶膜板上方，并通过 C－A 型传感阀触杆内的小孔通向大气。

当列车管减压制动时，120 型制动机动作，副风缸的压力空气经制动机和开启的 X－A 型限压阀向制动缸及 X－A 型限压阀活塞上方充气，随着制动缸空气压力的增加，C－A 型传感阀的活塞在下腔空气压力（即制动缸空气压力）的作用下向上移动，压缩复原弹簧和调压弹簧并推动触杆一起上升，当触杆上移碰到抑制圆盘时停止不动，而活塞随制动缸空气压力的增加继续上移，这时活塞内的夹芯阀被触杆顶开，活塞下腔的压力空气立即向上腔及降压风缸等充气。当降压风缸及 X－ A 型限压阀橡胶膜板上方的空气压力上升到一定时，与 X－ A 型限压阀活塞上方通制动缸空气压力共同作用，将 X－ A 型限压阀内的活塞下移夹芯阀关闭，副风缸停止向制动缸充气，C－A 型传感阀活塞上下作用力达到平衡后。活塞内的夹芯阀自动重新关闭，维持制动缸和降压风缸的空气压力不变。X－A 型限压阀盖上的显示器在制动缸、降压风缸的空气压力和显示弹簧的压力共同作用下推动活塞杆伸出去顶起显示牌翻转。制动缸压力达到全重车位时，显示牌翻转 90°，从空车至重车制动缸压力范同内显示牌翻转是连续变化。

当列车管充气缓解时，120 型制动机动作，其制动孔转换到通大气，X－A 型限压阀通制动机口的牵气压力迅速降低，其内的夹芯阀被通制动缸的压力空气顶开，制动缸的压力空气穿过 X－A型限压阀和 120 阀向外排气。C－A 型传感阀活塞下腔的空气压力随制动缸的空气压力下降而降低，其活塞和触杆在复原弹簧和调压弹簧作用下相应下移，当活塞下腔空气压力低于上腔空气压力时，靠上腔空气压力顶开夹芯阀，降压风缸的压力空气将通过夹芯阀与制动缸的压力空气一起经 X – A 型限压阀和 120 阀排向大气。与此同时，在 C – A 型传感阀触杆回到最下端位置时，降压风缸的压力空气还通过 C – A 型传感阀触杆内的小孔直接排向大气直至排尽为止。在排气过程中，当 X – A 型限压阀膜板上方及活塞上方的压力空气降到一定时，其压力弹簧又逐渐将活塞、作用杆和橡胶膜板推到最上方位置，夹芯阀完全打开处于常开位置。而 C – A 型传感阀活塞内的夹芯阀在上腔压力接近下腔的空气压力时靠夹芯阀弹簧又将夹芯阀关闭，最后恢复到完全缓解的无气状态。缓解过程中，X – A 型限压阀盖上的显示牌也随制动缸压力下降而自动落下。

三、结构特点

KZW – A 型货车空重车自动调整装置突出特点是结构简单、工作可靠、维修保养方便。

其主要技术特征和参数如下：

1. 动缸压力随车辆载重变化在一定范围内自动无级地连续变化。从空车至全重车任何载重下的车辆制动率均小于车辆黏着允许的制动率。

2. 在空车至全重车任何载重下，当列车管风压在 500 kPa 时。常用全制动的平衡压力均为 360 kPa，空车制动缸压力为(140 ± 20) kPa，完全能够与目前我国主型制动机配套使用。

3. 在空车制动时，具有制动缸压力初跃升功能。

4. C – A 型传感阀调整行程根据转向架枕簧刚度情况分 21、27 mm 两种，适用于目前各种转向架车辆。

5. 测重系统中的 C – A 型传感阀只在制动时才与抑制盘接触，阀的工作条件有利，受车辆运动影响小。另外加设了复位弹簧，减小车辆振动对测重系统的影响，作用稳定、可靠。

6. 管路连接全部采用法兰连接，橡胶密封。运用中不易产生漏泄故障。

7. 设有较为明显的空重位显示标志。

第八节　货车脱轨自动制动装置

列车脱轨是铁道车辆运行中的严重行车事故。车辆脱轨后，由于列车工作人员没能及时发现，车辆仍在机车牵引下继续行驶，引发更多车辆相继脱轨或倾覆，从而使脱轨事故扩大，造成车辆、货物、轨枕、路基及道旁设备严重损坏。

货车脱轨自动制动装置采用机械作用方式，在车辆脱轨时能及时将主风管连通大气，致使列车产生紧急制动，从而避免脱轨事故扩大，减少车辆脱轨的经济损失及中断线路运行的时间。

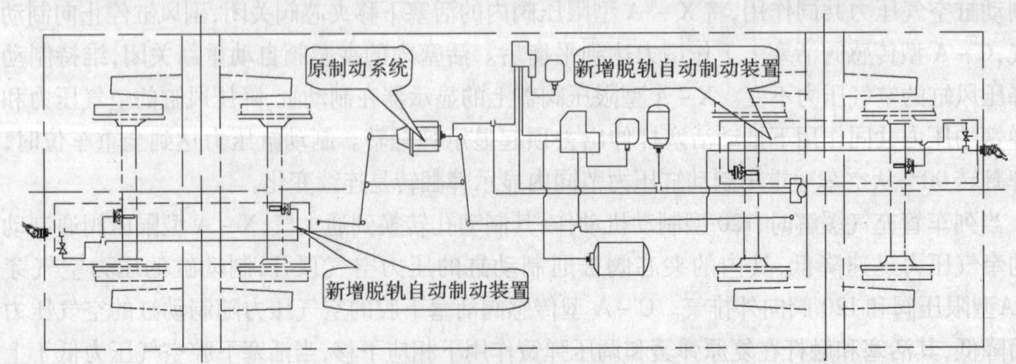

图 6 – 72　脱轨自动制动装置与原制动系统的关系

一、脱轨自动制动装置主要结构

货车脱轨自动制动装置是在车辆原有的空气制动系统主风管上增加一个支路，其与原空气制动系统的关系(图 6 – 72)。

脱轨制动装置由货车脱轨自动制动阀(简称脱轨制动阀)、球阀和管路等组成(如图6 – 73所示)。脱轨制动阀是脱轨制动装置的核心部件，每根车轴处安装一套，在车辆脱轨时通过制动阀杆被打断将制动主管与大气连通，致使列车发生紧急制动。在主风管与脱轨制动阀的连接管路中安装了一个不锈钢球阀，用于在车辆脱轨或脱轨制动阀发生故障时截断脱轨制动装置支路。

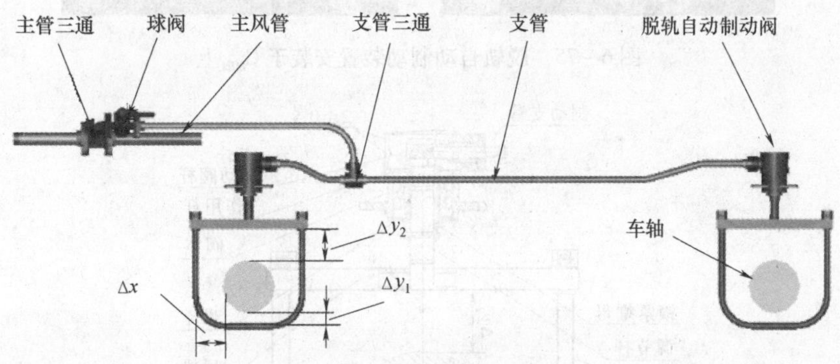

图 6 – 73　脱轨制动装置配置图

脱轨制动阀由拉环、顶梁、调节杆、作用杆、锁紧螺母、弹片、制动阀杆和阀体等组成，脱轨制动阀组成如图 6 – 76 所示。拉环与顶梁通过圆销连接，顶梁和调节杆采用焊接，调节杆和作用杆采用销接，制动阀杆端头穿入作用杆孔中，作用杆由上、下对称放置的两个弹片支承在阀体上并通过锁紧螺母预紧。

脱轨自动制动装置装车照片如图 6 – 74、图 6 – 75 所示。

图 6 – 74　脱轨自动制动装置安装于 C_{64H} 上照片

二、脱轨自动制动装置作用原理

每根车轴上方安装一个脱轨制动阀(其拉环环抱车轴)，每台转向架上方的两个脱轨制动阀通过支管、三通和球阀等与主风管连通。脱轨自动制动装置结构如图 6 – 77 所示。

图 6－75 脱轨自动制动装置安装于 C_{80H} 上

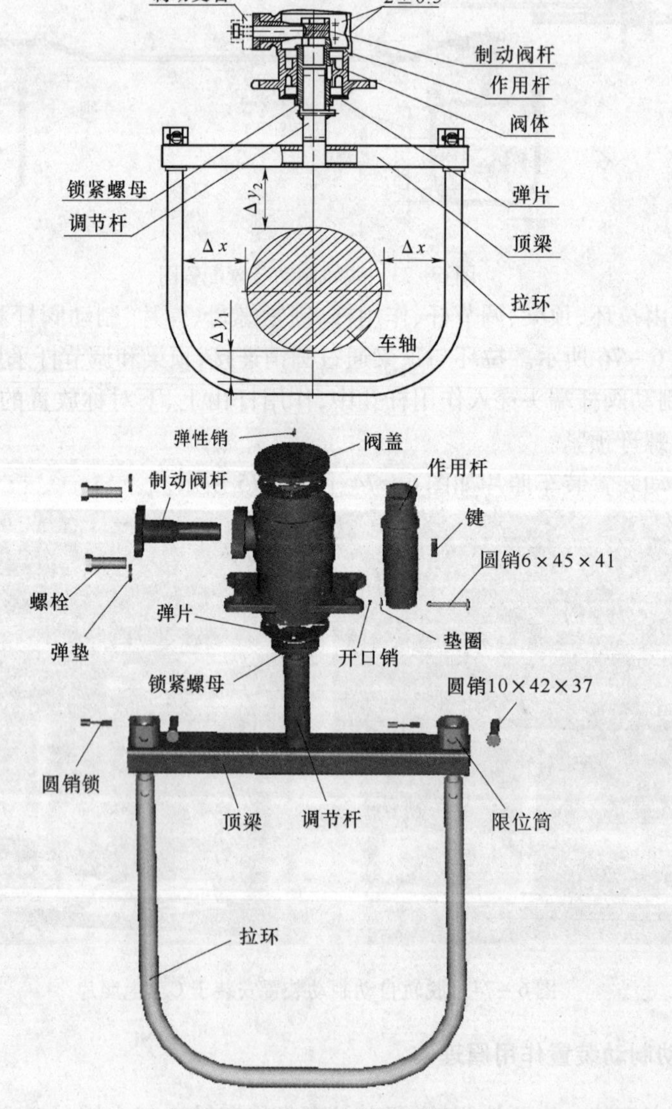

图 6－76 脱轨制动阀结构图

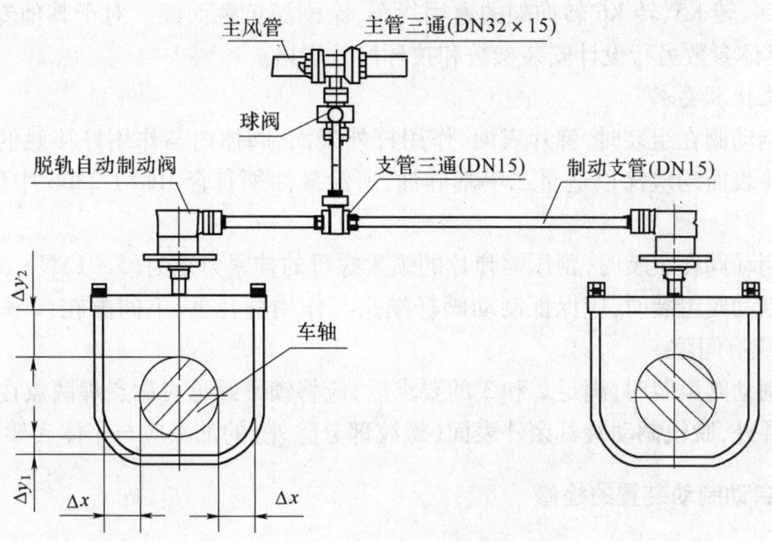

图 6－77　脱轨自动制动装置结构图

脱轨自动制动装置利用脱轨时车体与轮对的相对位移打断制动阀杆(空车脱轨时,脱轨轮对处的车轴通过拉环拉断制动阀杆,重车脱轨时,脱轨转向架中未脱轨轮对的车轴通过顶梁顶断制动阀杆),制动阀杆折断后,沟通主风管与大气的通路,引起列车发生紧急制动作用。

三、脱轨自动制动装置主要技术特点及主要参数

(一)技术特点

采用机械作用方式,反应快捷,可靠性高,能有效降低列车脱轨后造成的损失。

结构简单,安装维护方便,既适用于新造车辆的安装,又适用于既有车辆的加装。

(二)主要参数

适用车型:铁道货车。

适应钢轨:50 kg/m 及以上级。

脱轨后排气通路的通径:≥ϕ15.7 mm。

每车加装脱轨自动制动装置管路的容积:≤1.5 L。

车辆通过最小曲线半径:80 m。

四、脱轨自动制动装置主要技术要求

(一)零部件制造及检验技术要求

1. 制动阀杆金相组织的球化等级应为 GB 9441—88 中的 1 ~4 级。
2. 制动阀杆应进行化学镀锌处理,保证内外表面都有均匀的镀层。
3. 制动阀杆应逐个进行 600 kPa 风压气密性试验,保压 1 min,制动阀杆应无漏泄。
4. 弹片内、外周边及槽口周边须进行喷丸强化处理。
5. 弹片应进行化学镀锌处理。
6. 弹片应逐个进行探伤检查,不得有裂纹。
7. 调节杆和作用杆应进行中高温磷化处理。
8. 调节杆与顶梁焊接后需对焊缝打磨光滑。
9. 拉环(Ⅰ)适用于装转 8 系列、转 K2 转向架的通用货车,涂刷黑色醇酸磁漆;拉环(Ⅱ)

适用于装转 K4、转 K5、转 K6 转向架的通用货车，涂刷深黄色面漆。对于其他专用铁道货车，应根据车型具体参数另行设计安装参数和拉环尺寸规格。

(二)组装技术要求

1. 脱轨制动阀在组装时，弹片表面、作用杆外表面、阀体内与作用杆接触的表面(包括键槽)、调节杆外表面均应涂以适量二甲基硅油，所涂硅油须符合 HG/T 2366 中型号 201 - 315 的规定。

2. 脱轨制动阀在组装时，预压缩弹片的锁紧螺母的拧紧力矩为(5 ± 1) N · m。

3. 脱轨制动阀组装时，应保证制动阀杆端头与作用杆孔上、下间隙在(2 ± 0.5) mm 范围内，其他周边应有间隙。

4. 脱轨制动阀组装时，满足 2 和 3 的要求后，应将锁紧螺母对称点焊两点在作用杆上。

5. 除拉环外，脱轨制动阀其余外表面(螺纹部分除外)的油漆应与车体底架面漆一致。

五、脱轨自动制动装置的检修

(一)分　　解

1. 拆除拉环与限位筒连接处圆销上的抽芯铆钉，取下圆销和拉环。拆除脱轨制动阀与制动支管的连接螺栓，拆除脱轨制动阀与安装座的连接螺栓，取下脱轨制动阀。

2. 取出制动阀杆时应避免磕碰。拆除拉环与限位筒连接处圆销上的抽芯铆钉，取下圆销和拉环。拆除脱轨制动阀与制动支管的连接螺栓，拆除脱轨制动阀与安装座的连接螺栓，取下脱轨制动阀。

3. 拔出阀盖和阀体间的弹性圆柱销，取出阀盖和作用杆组成。取下作用杆键槽内的键，退出弹片。

(二)零件的检修

1. 清除拉环、顶梁及阀体内外锈垢。拉环、顶梁裂损或腐蚀深度大于 1.5 mm 时更换，变形时调修或更换。制动阀阀体裂纹时更换。

2. 制动阀杆锌铬涂层剥落或露底时更换为表面采用达克罗工艺处理的新品。制动阀杆锌铬涂层剥落、露底或湿法磁粉探伤有裂纹时更换。在试验台上进行试验，制动阀杆内部通以压力为 650 ~ 700 kPa 的压缩空气，保压 1 min，不得漏泄。

3. 弹片锌铬涂层剥落、露底或湿法磁粉探伤时有裂纹，或平面度超过 0.4 mm 时更换。

4. 调节杆与作用杆螺纹腐蚀深度大于 1 mm 时更换，损伤时修理或更换。

5. 作用杆上的键变形、磕碰伤影响组装时更换。

6. 弹性销更换新品。

7. 不锈钢球阀的检修须符合球芯塞门检修的规定，连接管系的检修须符合制动管系检修的规定。

(三)组　　装

1. 弹片表面、作用杆外表面、阀体内与作用杆接触的表面(包括键槽)、调节杆外表面均须涂适量 120 阀用改性甲基硅油。

2. 将一弹片套装于作用杆上，贴靠作用杆凸肩。将键嵌入作用杆上的键槽后，再将作用杆从阀体上方放入，使弹片贴靠阀体上承台。作用杆应能在阀体内垂向自由移动，无卡滞。

3. 将另一弹片套装于作用杆上，贴靠阀体下承台。将锁紧螺母拧到作用杆上，并轻轻拧紧。将制动阀杆放入阀体内，贴靠阀体凸台面，并用 2 个 M12 × 40 的连接螺栓和 2 个弹性垫圈紧固。

4. 将锁紧螺母套到作用杆上并拧紧，力矩应为(5 ±1) N · m，制动阀杆端头与作用杆孔上、下间隙应为(2 ±0.5) mm。

5. 将阀盖装入阀体并贴靠阀体止口，对准阀盖与阀体上的 2 个 ϕ3 mm 孔，装入弹性圆柱销。

(四)油漆与标记

1. Ⅰ型拉环(拉环销孔距底部钢管内侧高度 341 mm)表面涂黑色油漆，Ⅱ型拉环(拉环销孔距底部钢管内侧高度 366 mm)表面涂黄色油漆。

2. 除拉环外，脱轨自动制动装置表面须涂底、面漆，油漆干膜总厚度不小于 60μm，调节杆螺纹部分、制动阀杆与作用杆间隙处不得有油漆。球阀手把涂白色油漆。

3. 须用白油漆在脱轨自动制动阀阀体外侧面涂打检修单位简称和检修年月，字号为 15 号。

第九节　制动机主要附件

一、120 –1 阀

120 –1 型控制阀基本与原 120 型控制阀相同，仍由中间体、主阀、半自动缓解阀和紧急阀等四部分组成，如图 6 –78 所示。

图 6 –78　120 –1 型货车空气控制阀

中间体：有四个垂直面，其中两个相邻的垂直面作为主阀和紧急阀安装座；另外两个作为管子连接座。中间体内还铸有两个空腔，分别为 1.5 L 的紧急室和 0.6 L 的局减室。

主阀：控制着充气、缓解、制动、保压等作用，是控制阀中最主要的部分。由作用部、减速部、局减阀、加速缓解阀和紧急二段阀等部分组成。

半自动缓解阀：手动排出制动缸的压力空气，使制动机缓解。也可以使整个制动系统的压力全部排出。

紧急阀：在紧急制动时加快列车管的排气(紧急局减作用)，使紧急制动的作用可靠，提高紧急制动灵敏度，从而提高紧急制动波速。

1. 中间体

与 120 型控制阀相同。

2. 主阀

120 –1 型控制阀的常用加速制动作用是由滑阀、节制阀各孔在不同作用位时开、闭实现的。因此滑阀上的各孔位置及尺寸调整较多，并增加了两个小孔(如图 6 –79 所示)。

根据需要，活塞和滑阀工作行程也相应增加了 2 mm。

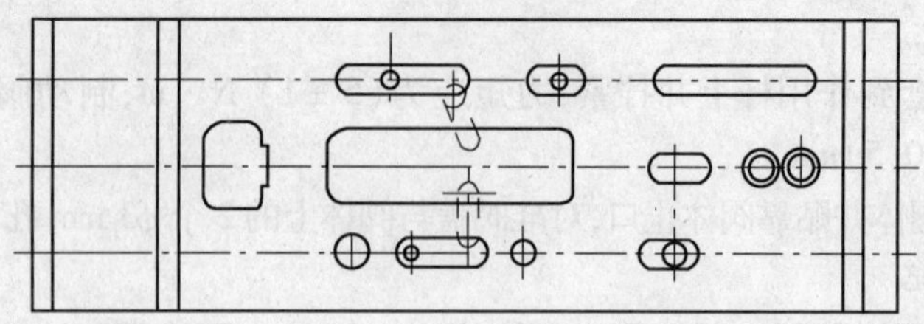

图 6－79　滑阀底面的各孔槽布置

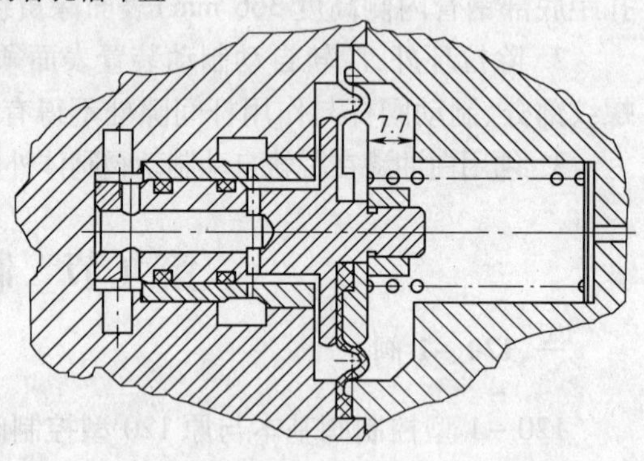

图 6－80　改进设计的局减阀结构图

在局减阀部分，为了减少漏泄，将局减下活塞和局减杆合为一体，并取消了 M8 弹性垫圈，改用防松螺母，局减盖按 2000 年改图要求增加 4 mm×4 mm 的倒角，改进后构造如图 6－80 所示。

主阀部上盖、前盖为了防止变形增强刚度，增加了一些加强筋，同时也可以作为120－1型控制阀的识别标记，具体外形如图 6－81、图6－82 所示。

除此以外，又增加“TK”的工厂徽记和“120－1”铸字以资识别。以免与 120 型控制阀各盖混装。特别是上盖活塞运动内孔深度已由22 mm改为 24 mm，应注意切勿误装。其余减速部、加速缓解阀部与原 120 型控制阀相同。

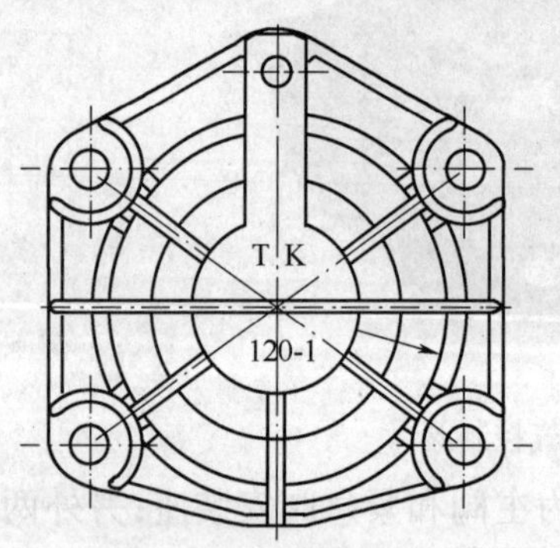

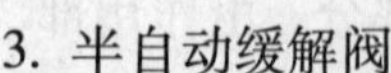

图 6－81　主阀上盖

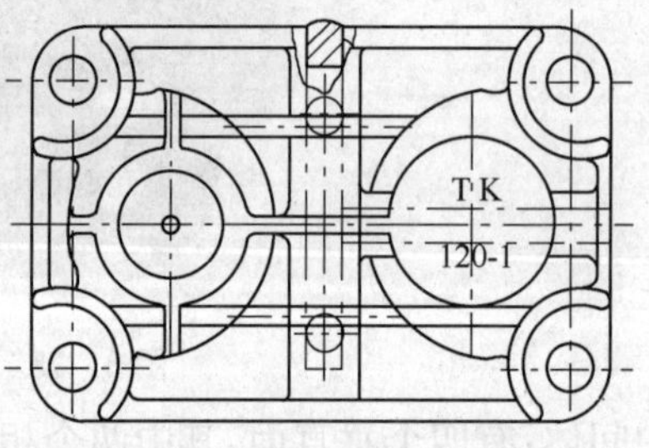

图 6－82　主阀前盖

3. 半自动缓解阀

与 120 型控制阀相同。

4. 紧急阀

在紧急阀上盖外侧同样亦增加一些加强筋以增加刚度，同时增加“TK”的工厂徽记和“120－1”铸字（图 6－83）。

为了防止试验台试验中紧急膜板吸在盖上影响试验结果的准确性，在紧急阀内侧增加小孔 1 个。其余与 120 型控制阀相同。

二、组合式集尘器

组合式集尘器安装于制动支管与制动阀之间，具有截断塞门和集尘器的双重作用。组合式集尘器主要由组合式集尘器体、密封座、球芯、垫圈、密封圈、拨芯轴、密封垫、盖、手把、垫、集尘盒和止尘伞等 12 个零部件组成图 6－84。

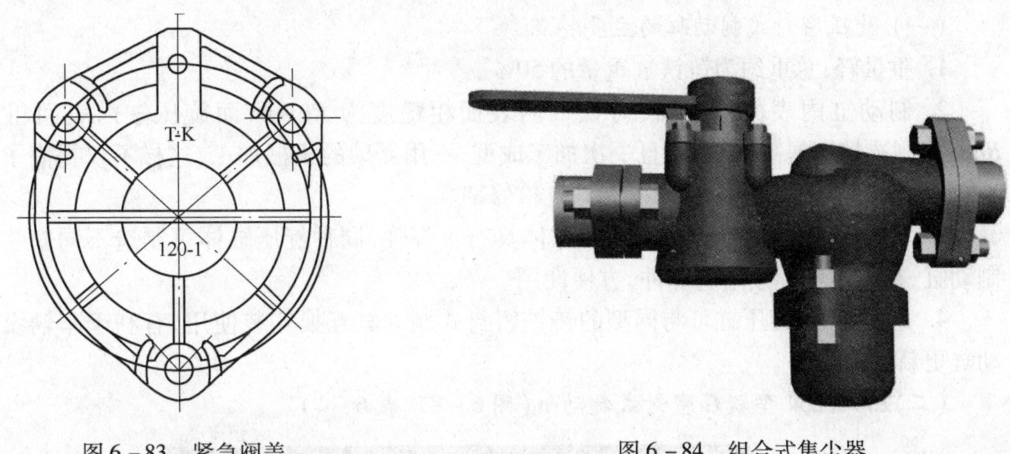

图 6－83　紧急阀盖　　　　图 6－84　组合式集尘器

三、直端球芯塞门

直端球芯塞门主要由塞门体、密封座、球芯、拨芯轴、垫圈、密封圈、密封垫、套口、手把、锁紧螺帽、压紧圈和压圈等 14 种零部件组成。安装于车辆制动主管两端，其主要作用是连接制动主管和编织制动软管总成，使车辆制动主管与列车管连接或关断（图 6－85）。

图 6－85　直端球芯塞门

四、旋压密封式制动缸

旋压密封式制动缸主要由缸体组成、活塞、缸座组成、缓解弹簧及前盖组成等构成（图 6－86）。

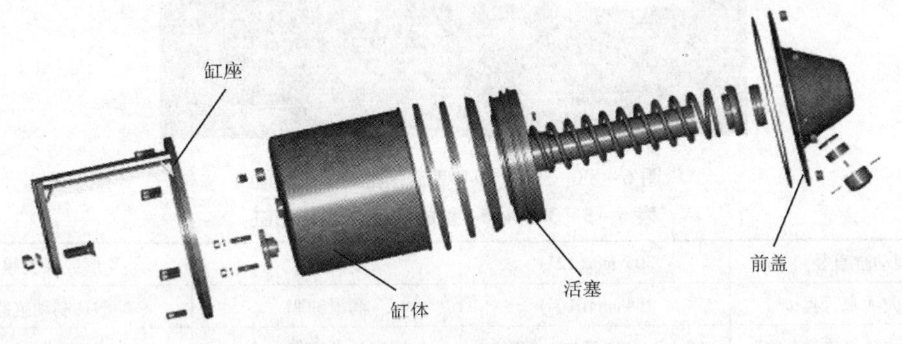

图 6－86　旋压密封式制动缸结构图

(一) 旋压密封式制动缸的主要特点

1. 重量轻,总重约为铸铁缸重量的 50%。

2. 制动缸内表面精度高,铸铁缸内表面粗糙度为 *Ra*1.6,而旋压缸内表面粗糙度为 *Ra*0.8,制造精度提高了一倍,且一次加工成型,不用繁琐的机械加工,这样不仅提高了生产效率,而且延长了皮碗寿命,延长了制动缸检修期。

3. 可保证制动缸整体结构,同时缸体具有可焊性,同种旋压缸体可制造不同安装要求的制动缸,在缸体上焊接附属部件,方便使用。

4. 互换性好,旋压缸可与同型的铸铁密封式制动缸互换安装使用,有利于车辆设计及制动缸更新改造。

(二)254×254 型旋压密封式制动缸(图 6-87、表 6-4)。

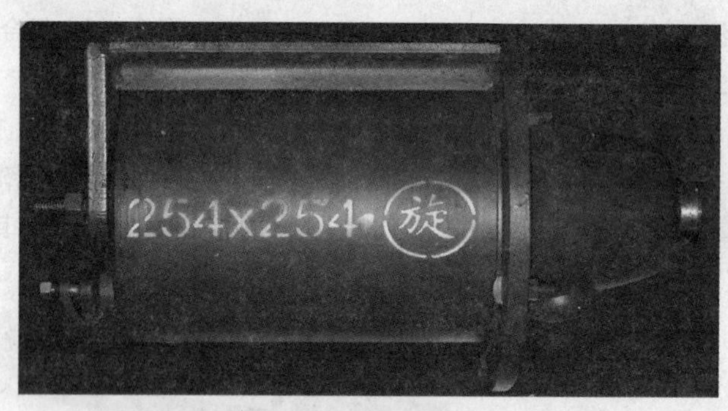

图 6-87　254×254 型旋压密封式制动缸

表 6-4　254×254 型旋压密封式制动缸

制动缸直径	305 mm(12″)	皮碗形式	Y 形或橡胶膜片
最大活塞行程	254 mm(10″)	润滑油脂	89D 制动缸脂
制动缸总质量	69 kg,60 kg,74 kg,68 kg	适应最大空气压力	600 kPa
运用环境温度	-50 ℃~70 ℃		

(三)305×254 型旋压密封式制动缸(图 6-88、表 6-5)

图 6-88　305×254 型旋压密封式制动缸

表 6-5　305×254 型旋压密封式制动缸

制动缸直径	305 mm(12″)	皮碗形式	Y 形或橡胶膜片
最大活塞行程	254 mm(10″)	润滑油脂	89D 制动缸脂
制动缸总质量	69 kg,60 kg,74 kg,68 kg	适应最大空气压力	600 kPa
运用环境温度	-50 ℃~70 ℃		

(四)356×254 型旋压密封式制动缸(图 6－89、表 6－6)

图 6－89　356×254 型旋压密封式制动缸

表 6－6　356×254 型旋压密封式制动缸

制动缸直径	305 mm(14″)	皮碗形式	Y 形
最大活塞行程	254 mm(10″)	润滑油脂	89D 制动缸脂
制动缸总质量	76 kg(图 6－76 脱轨制动阀结构图)	适应最大空气压力	600 kPa
运用环境温度	－50 ℃～70 ℃		

五、编织制动软管

编织制动软管总成主要由波纹接头、套箍、橡胶软管、波纹连接器体及垫圈组成。其橡胶软管由内胶、中间胶、三层尼龙编织线和外胶制成。胶管的一端装入波纹连接器,另一端装入接头,并用帽卡将胶管卡固在波纹接头和波纹连接器上,为了使两制动软管的波纹连接器互相连接后保持严密不漏风,在波纹连接器内部嵌有橡胶制的垫圈,如图 6－90 所示。

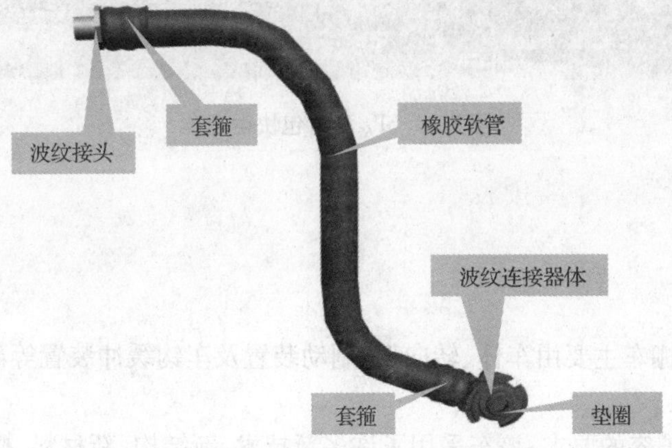

图 6－90　编织制动软管

第七章　行包快运棚车

第一节　P_{65}(P_{65A}、P_{65S})型行包快运棚车

P_{65}型行包快运棚车是为满足铁路开行行包快运专列的需要,由齐车公司研制开发的铁路货运棚车,1999 年通过了部级技术审查,分别配属广州北、杭州北等 11 个车辆段。2001 年齐车公司在 P_{65}型行包快运棚车的基础上,研制开发了 P_{65S}型行包快运棚车,以满足用户押运货物的需要,分别配属广州北等四个辆段(图 7－1)。

P_{65}(P_{65A}、P_{65S})型行包快运棚车可用于装运行包、各种轻浮货物和免受日晒、雨淋的箱装、袋装等货物,在必要时也可以用来替代客车运送旅客。

图 7－1　P_{65}型行包快运棚车

一、车辆概况

(一)P_{65}型棚车

1. 主要特点

P_{65}型行包快运棚车主要由车体、转向架、制动装置及车钩缓冲装置等部分组成(如图 7－2 所示)。

为满足提速和扩容的要求,该车采用了许多新技术、新结构、新材料,概括起来有以下几方面的特点:

(1)采用圆弧型车顶结构,充分利用了车辆上部限界,使该车容积达到 135 m^3,实现了扩容的目标。

(2)装用了转 K2 型转向架和转 K1 型转向架(转 K1 型转向架共装车 50 辆,现全部配属广州北车辆段,其余均为转 K2 型转向架),明显提高了车辆运行品质,使该车运行速度可达 120 km/h,实现了提速的目标。

(3)设计了新型结构车门,门板采用波纹板,门框采用冷弯型钢,增加了导向轮机构,从而提高了车门开闭灵活性和安全可靠性。

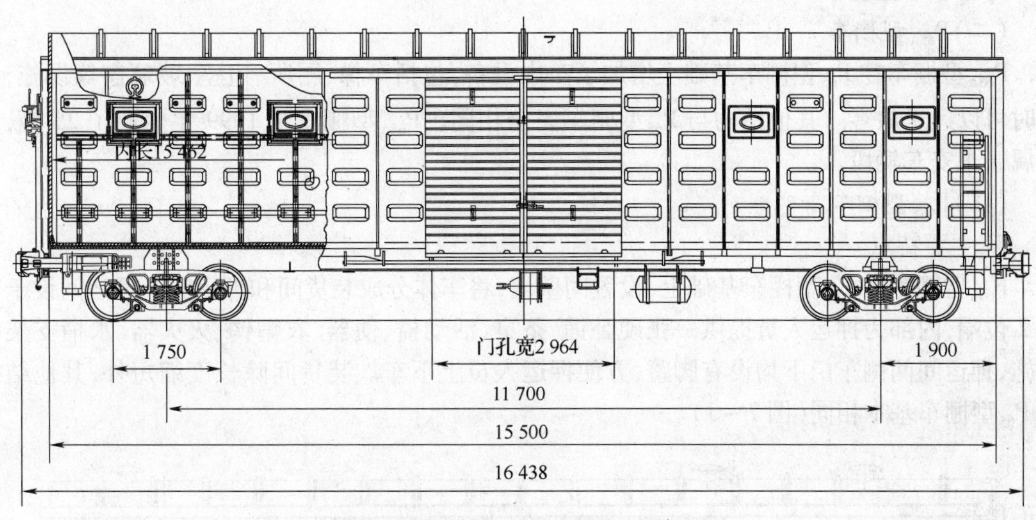

图7－2　P_{65}型行包快运棚车总图

(4)车内加装了PVC内衬板,采用经喷塑处理的耐候钢压条,改善了车内条件。

(5)加装了KZW-4G型无级空重车自动调整装置,提高了车辆制动性能。

2. 主要性能参数

载重(t)	45
自重(t)	26
容积(m^3)	135
轨距(mm)	1 435
通过最小曲线半径(m)	145
轴重(t)	21
全车制动倍率	10. 8
转向架制动倍率	
转K1　6. 5	
转K2　4	
转向架自重(t)	约4. 2

限界:符合GB 146. 1—83《标准轨距铁路机车车辆限界》。

3. 主要尺寸

车辆长度(mm)	16 438
车辆定距(mm)	11 700
车辆最大宽度(mm)	3 320
车辆最大高度(mm)	4 445
车门门孔(高×宽)(mm×mm)	2 357×2 964
固定轴距(mm)	1 750
下心盘面距弹性旁承上面距离	
(自由状态)(mm)	93
(工作状态)(mm)	83

下心盘直径(mm) 355

(二)P_{65A}型棚车

P_{65A}型棚车在P_{65}型棚车基础上增加了车内设备,包括车梯、厕所、边座、玻璃窗等设施,必要时可以运送旅客。其他结构与P_{65}型棚车完全相同。P_{65A}型棚车于1999年生产了25辆,现配属于永安车辆段。

(三)P_{65S}型棚车

1. 主要特点

P_{65S}型棚车在P_{65}型棚车基础上,设置间壁墙,将车体分成装货间和押运间。押运间设于车体2位端,内部为押运人员提供一张硬卧铺、茶桌、活动椅、便器、衣帽钩、灭火器、水桶支架等设施,押运间两侧车门下均设有脚蹬,方便押运人员上下车。装货间除长度缩短外,其他结构与P_{65}型棚车基本相同(图7-3)。

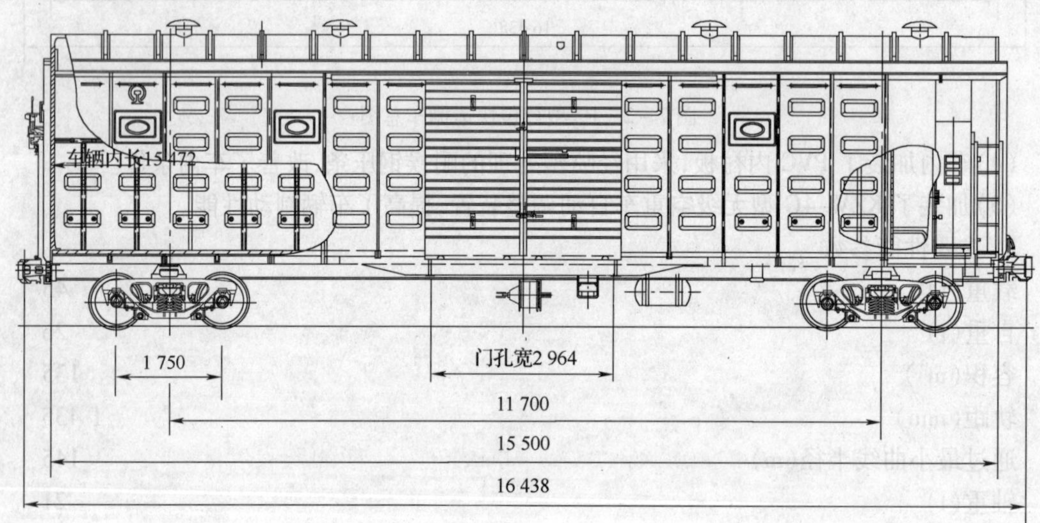

图7-3 P_{65S}型行包快运棚车总图

2. 主要性能参数

载重(t)	40
自重(t)	26.9
容积(装货间内)(m^3)	118
轨距(mm)	1 435
通过最小曲线半径(m)	145
轴重(t)	18
全车制动倍率	10.84
转向架制动倍率	4
转向架自重(t)	约4.2

限界:符合GB146.1—83《标准轨距铁路机车车辆限界》。

二、主要结构

(一)车　　体

P_{65}(P_{65A}、P_{65S})型棚车车体为全钢焊接整体承载结构,主要由底架、端墙、侧墙、车门、车顶等部件组成。车体每侧设4扇下翻式车窗,一对对开式车门。其端梁、枕梁、大横梁、下侧梁、角柱等主要梁件及侧板、端板、门板、车顶板等主要板材件均采用耐候钢。

1. 底架

底架分钢结构和木结构。底架钢结构由中梁、枕梁、大横梁、下侧梁、端梁等组成。底架木结构由30 mm厚竹材层压板和压条组成。门孔处设2 964 mm宽铁地板,以方便货物装卸设备进出车门。地板中部设有火炉安装孔,3位角部设置便器安装,以备代客之用。中梁上安装铁路货车车号自动识别系统的车辆标签。

(1)枕梁

P_{65}型棚车的枕梁是由双层上盖板、下盖板及腹板组焊成箱形结构。在运用中发现枕梁盖板部位出现焊缝裂纹,其裂纹主要存在4种情况(图7-4)。

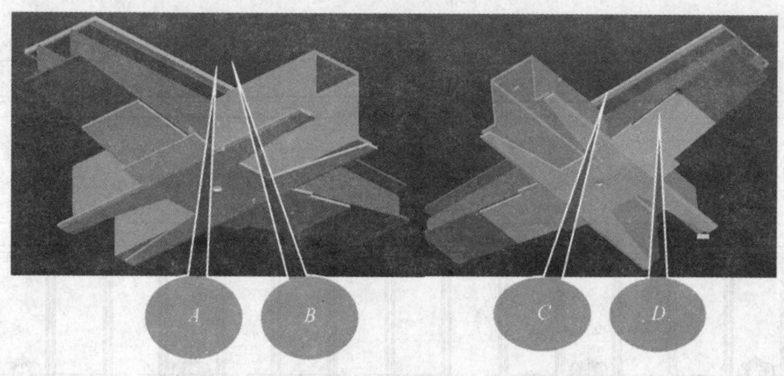

图7-4 枕梁盖板部位焊缝裂纹示意图

① 双层上盖板的下层盖板与中梁对接焊缝在牵引梁端出现裂纹(*A*处)。

② 枕梁中央下盖板与枕梁加强板的对接焊缝出现裂纹(*B*处)。

③ 枕梁双层上盖板的下层盖板与中梁对接焊缝出现裂纹,导致双层上盖板的上层盖板的母材从焊缝裂纹处开裂(*D*处)。

④ 枕梁双层上盖板的下层盖板与中梁对接焊缝出现裂纹,导致枕梁腹板与中梁的对接焊逢出现裂纹(*C*处)。第③、④种情况的裂纹较少。

为防止裂纹继续出现,铁道部运输局下发运装货车[2002]235号文件,详细规定了对P_{65}型棚车枕梁进行改造的相关内容。

(2)上心盘

货车上心盘原采用铸钢件,因上心盘承受复杂的动、静载荷,其根部经常出现裂纹,尤其是转K1、转K2型转向架为提速转向架,铸钢上心盘已很难满足使用要求。因此,除先期生产的655辆P_{65}型棚车装用铸钢上心盘,后续生产的P_{65}型棚车均装用锻钢上心盘。

与铸钢上心盘相比,锻钢上心盘的疲劳强度有了显著提高,同时由于采用含油尼龙心盘磨耗盘,可有效防止上、下心盘的磨耗,从而提高货车上、下心盘的使用寿命。锻钢心盘的材质为20Mn,允许用25Mn制造。

(3)上旁承

转K2型转向架采用常接触弹性旁承,增大了上、下旁承间的磨耗。为此,上旁承采用厚度为14 mm、材质为45钢的磨耗板,该磨耗板需进行热处理,工作面抛光处理,以增加其使用寿命,保证上旁承与下旁承作用的可靠性。

2. 端、侧墙

侧墙由侧板与侧柱、枕柱、门柱等组焊而成。侧板为 3 mm 厚钢板压形结构。端墙由端板与端柱、角柱、上端横梁等组焊而成。端板为 4 mm 厚钢板。端、侧墙内均加装 15 mm 厚 PVC 板内衬。

每侧侧墙设四扇下翻式车窗。当车窗处于打开状态运行时,需将外窗上的卡铁卡在卡簧内。关闭车窗时,需将同一窗上的两个锁铁都予以锁闭,以增强车窗的防盗性能和防雨性能。

3. 车顶

P_{65}型棚车车顶采用圆弧形结构,车顶钢结构由顶板与车顶弯梁、端弯梁、车顶端板等组焊而成。车顶弯梁在顶板外侧,车顶板采用 2 mm 厚平板。车顶内衬结构采用 5 mm 厚 PVC 板,内衬板用压条、螺栓及螺母紧固在车顶钢结构上,压条材质为耐候钢,表面进行喷塑处理。车顶内衬板及压条位置如图 7－5 所示。

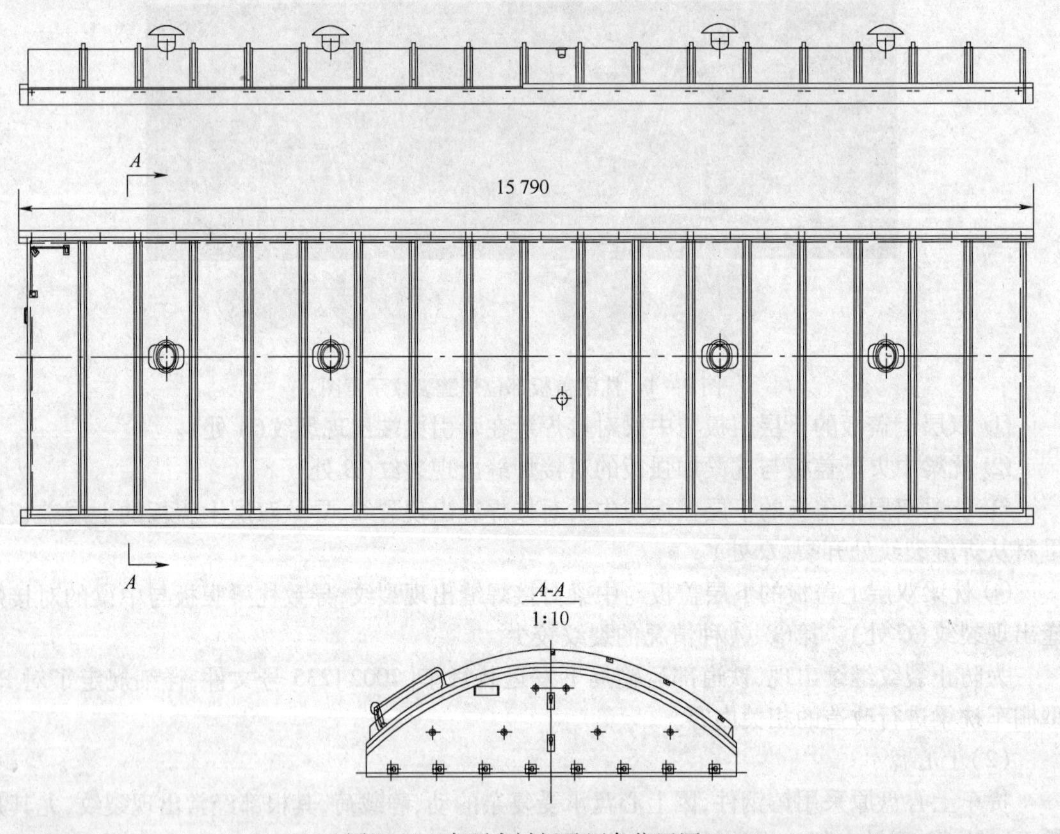

图 7－5　车顶内衬板及压条位置图

4. 车门

车门由门板、门框、导向轮机构组成,门板采用 2 mm 厚冷弯波纹板,车门立框在车内凸出门板量仅为 6 mm,基本上解决了货物刮挡车门的问题。上门框采用钢板压型,在上门框上设置导向轮机构,下门框内装滑轮机构,滑轮内压装滚动轴承,滑轮在扁钢导轨上滚动,使车门具有良好的开闭灵活性(图 7－6)。

车门使用时应注意以下事项:装货前将车门开度开足,使车门门框完全移到门孔以外位置,并用车门止铁挡住车门,以避免叉车进出时碰坏车门;装载货物时,不得将货物倚靠在车门上,以免造成开门困难;使用车门栏杆时,将栏杆从右门栏杆座取下,插入左门栏杆座内,再将栏座销穿过栏杆环形孔插好,销轴下端圆孔供使用栏杆时加施封用。使用栏杆时,车门止铁应

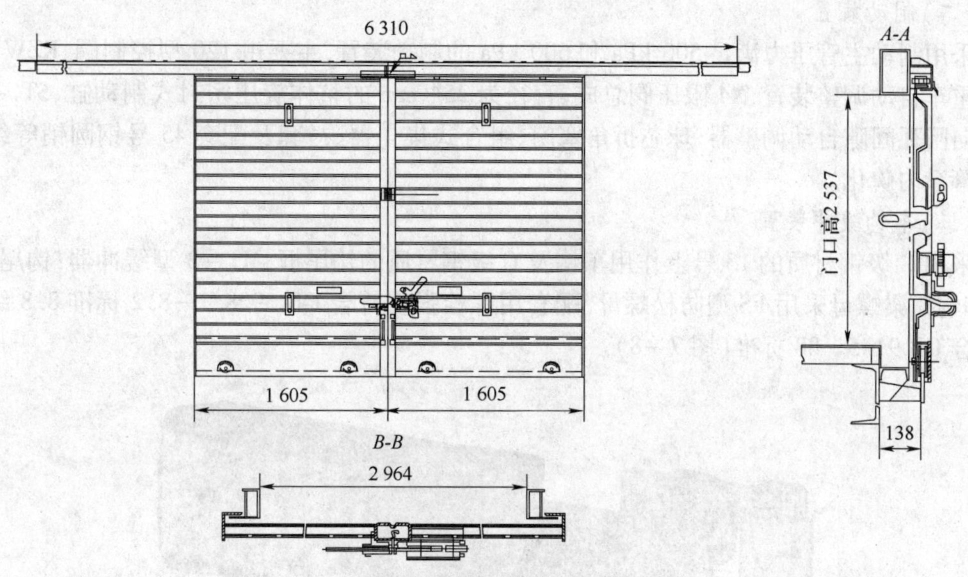

图 7－6 车门结构示意图

钩在车门止架上；当车门处于非关闭状态运行时，应用车门止铁将车门定位，以防止车辆运行中车门移动而发生事故；车门滑轮轴采用偏心轴结构，可通过旋转滑轮轴组装位置调整门缝间隙。

5. P_{65S}型棚车车内设备（图 7－7）。

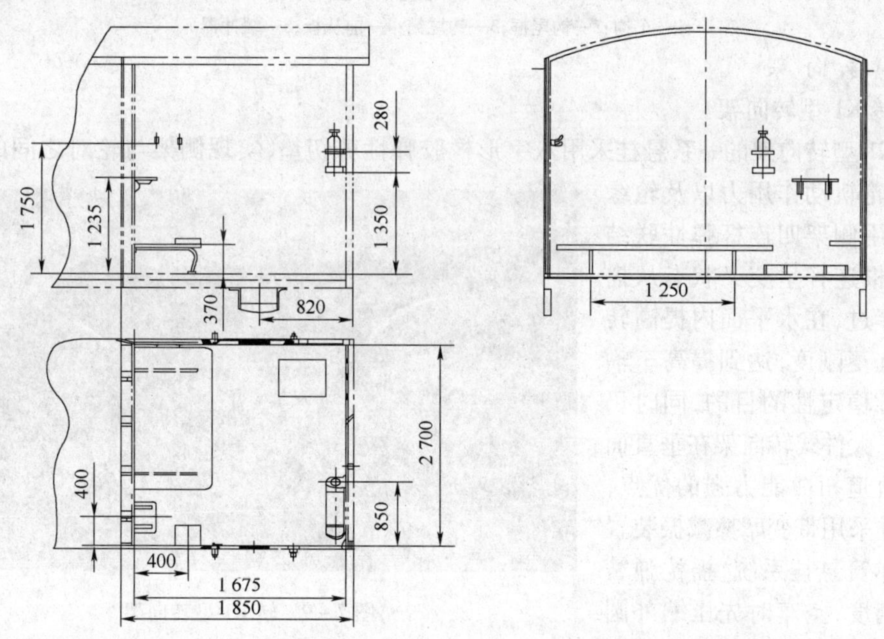

图 7－7 车内设备示意图

车内设备使用时应注意以下事项：使用该车厕所时，打开便器盖，用后将便器盖盖好；押运间内的茶桌不得坐人或放沉重物品；押运间车门锁鼻能内外移动，人在车内时应将锁鼻抽回，将挂锁挂在车内的锁鼻孔上，以防止车外误锁车门；车内灭火器应按有关规定进行检查和使用。

(二) 制动装置

采用制动主管压力满足 500 kPa 和 600 kPa 的制动装置，主要由 120 型控制阀、KZW－4G 型空重车自动调整装置、X4 限压阀总成、直径为 254 mm 的整体旋压密封式制动缸、ST_2－250 型双向闸瓦间隙自动调整器、球芯折角塞门、组合式集尘器、衬套及配套 45 号钢圆销等组成。制动管系内磷化。

(三) 车钩缓冲装置

采用 C 级钢材质的 13 号上作用车钩及 C 级钢材质的钩尾框，MT－3 型缓冲器；钩尾框托板、车钩托梁螺母采用 FS 型防松螺母，配套用螺栓强度符合 GB 3908. 1—8. 2 标准 8. 8 级，精度符合 GB 9145—88 标准(图 7－8)。

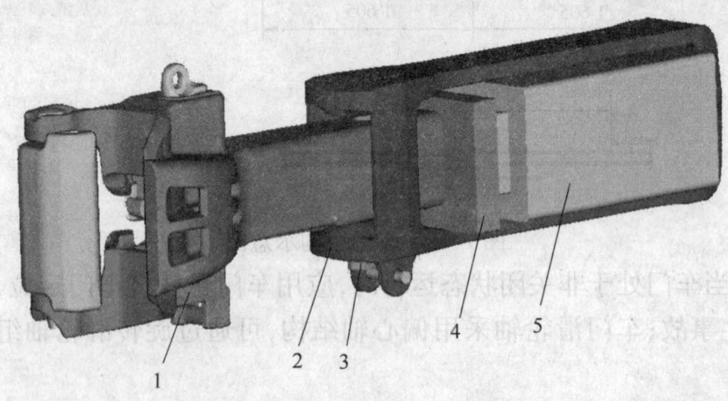

图 7－8　13 号车钩缓冲装置示意图

1—车钩；2—钩尾框；3—钩尾销；4—前从板；5—缓冲器

(四) 转 向 架

1. 转 K1 型转向架

转 K1 型转向架的一系悬挂采用八字形橡胶弹性剪切垫，实现侧架与轮对之间的弹性定位，减少轮轨动作用力以及轮缘磨耗；采用侧架四连杆弹性联结装置，两根连杆呈交叉状态从摇枕腹腔穿过，在水平面内提高转向架的抗菱刚度，达到提高车辆高速运行稳定性的目的，同时仍不丧失三大件式转向架在垂直面内适应轨道扭曲能力强的优点；二系悬挂采用带变摩擦减振装置的中央弹簧悬挂系统，摇枕弹簧为二级刚度，空车时先压缩外圆弹簧，重车时外、内弹簧共同承载；减振装置由耐磨斜楔、减振外圆弹簧及减振内圆弹簧组成；采用与摇枕铸成一体的下心盘；摇枕、侧架的材质为符合 AARM—201 的 B 级铸钢或 C 级铸钢；采用符合 AAR 标准的双列圆锥滚子轴承；基础制动装置为倾斜杠杆式单侧闸瓦制动装置，符合 AAR 标准的高摩擦系数合成闸瓦；采用常接触弹性旁承；各主要摩擦副采用耐磨件，提高转向架的使用寿命(图 7－9、图

图 7－9　转 K1 型转向架

7-10)。

图 7-10　转 K1 型转向架三维示意图

2. 转 K2 型转向架

转 K2 型转向架是装用弹性下交叉支撑装置的三大件货车提速转向架(图 7-11、图 7-12)。

图 7-11　转 K2 型转向架三维实体图

转 K2 型转向架属于带变摩擦减振装置的新型铸钢转向架,在两侧之间安装了弹性下交叉支撑机构,交叉杆从摇枕下面穿过,四个端点用轴向橡胶垫与侧架连接;侧架采用 B 级钢材质铸造;减振装置一种采用分离式斜楔、摇枕八字面上焊张楔形插板,另一种采用整体式斜楔、摇枕八字面上焊装平板型磨耗板;基础制动装置为中拉杆结构,车体上拉杆越过摇枕与游动杠杆连接;中央悬挂系统采用两级刚度弹簧;上、下心盘之间安装心盘磨耗盘;采用双作用弹性旁承;采用 T10 钢

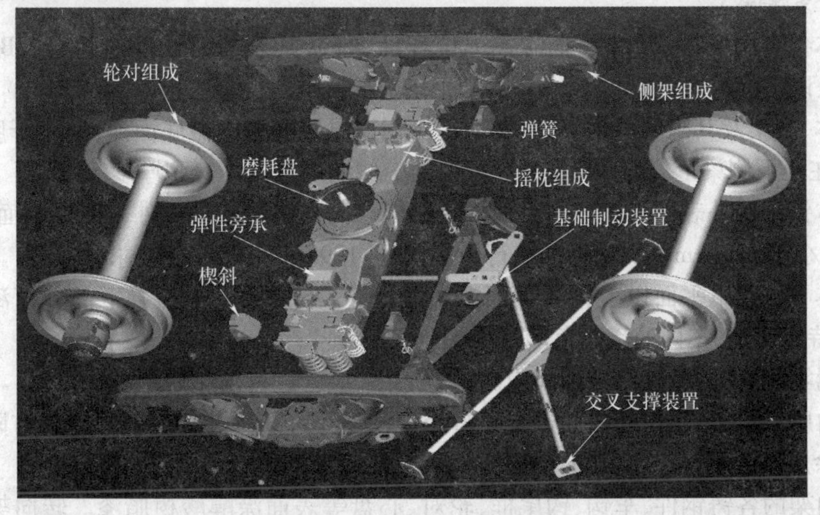

图 7-12　转 K2 型转向架图

材质的嵌入式滑槽磨耗板、侧架立柱磨耗板；装在时速120 km的P_{65}、P_{65A}、P_{65S}型行包快运棚车上时，采用高摩合成闸瓦。

三、制造要求

（一）材料要求

1. 该车所用的材料除应符合有关规定外，其主要承载件：中梁、侧梁应使用镇静钢材，冲击韧性值符合TB/T 1335—1996第9条的有关规定，中梁的材质为09V，且符合YB/T 5182—93标准，保证−40 ℃的低温冲击功A_k不小于23.2 J。

2. 该车采用耐候钢可用09CuPTiRE、08CuPVXt、08CuP、09CuP。

3. 车体上所用的前后从板座、冲击座、上旁承等铸钢件的材质为ZG230—450或B级铸钢。

4. 隔板组成（枕梁处）中14 mm厚的钢板可用Q295B或Q345B制造。

5. 该车采用的竹压板应符合TB/T 2412.1—93的有关规定。

6. 端、侧墙内衬板颜色为PVC板色卡6109号，内顶板颜色为PVC板色卡6180号。

（二）制造要求

1. 全部金属型材、板材进行抛丸除锈预处理，处理后钢材表面清洁度应达到GB8923中Sa21/2级及以上标准，表面粗糙度为30～80 μm，抛丸处理后喷涂可焊性金属防锈漆，其干膜厚度为10～20 μm。按辆货[1993]112号和辆技[1995]123号文件的要求对相应的零、部件采取防盗措施。即：脚制动滑轮组装圆销与垫圈焊固，手制动拉杆、拉杆链组装圆销与垫圈焊固，提钩杆和马蹄环组装圆销与垫圈焊固，大于或等于ϕ16 mm的圆销三点定位焊，小于ϕ16 mm的圆销两点定位焊。

2. 心盘座组装后，心盘座平面度（含该部位两中梁下翼面）为1 mm。

3. 风制动组装完成后，空重车调整装置中触杆下部触球与基准板间隙为(3±1)mm。

4. 不加装厕所时，厕所连接孔处用5 mm厚PVC板封堵。

5. 整车落成后，旁承间隙为(5±1)mm，该尺寸可以通过更换不同厚度的下旁承垫板来保证。下旁承厚度可在2～13 mm之间调整，最多可加两块下旁承垫板。

（三）涂装要求

1. 车体各金属型材、板材及车体各部位在涂漆前，其表面清洁度应符合GB 8923中的Sa21/2级及以上标准。

2. 车体、底架及其附属件内、外表面采用溶剂型厚浆醇酸漆做底面漆，底漆干膜厚度不小于60 μm，在距下侧梁上翼面300 mm高范围内的侧墙内表面需达到厚度80 μm。

3. 车体钢结构外表面和车门内表面、窗框外露部分、侧端墙护板外表面涂装面漆，油漆干膜总厚度不小于120 μm。质量标准执行中车机辆[1998]272号文件要求。

4. 车体下侧梁下平面以上部分面漆颜色为绿色，下侧梁下平面以下部分面漆颜色为黑色，并涂打特定标记，车内油漆颜色同衬板颜色。

5. 金属零、部件的相互结合面间应涂防锈底漆，风管进行磷化处理。

6. 车内所有压条、压铁外表面进行喷塑处理，表面颜色为乳白色（新辉涂料有限公司色卡104号）。涂层厚度不小于80 μm，涂层技术指标按E系列执行。

7. 转向架的各铸钢件、车钩、钩尾框、轮对、心盘等表面涂醇酸树脂漆。转向架弹簧涂沥青清漆。其余按转向架技术条件的有关规定执行。

8. 其余按 TB/T2879.4 和 Q/QC35—058《货车油漆涂装技术条件》的规定执行。各零部件的油漆按零部件技术条件的规定。

四、车辆检修周期

厂修:9 年;段修:1 年;辅修:0.5 年。

第二节　PB 型代用棚车

PB 型代用棚车是广州铁道车辆厂根据铁道部实施铁路货车全面提速战略和满足铁路行包专列运输市场的要求而研发的新车型。该车型是在 B_6 型、B_{6N}型、B_{6A}型冰冷车的基础上,进行提速改造以及进行扩大车门、车内结构及油漆标记改造的行包专列车辆,其车辆强度、刚度和动力学性能符合相关规范,2005 年 6 月通过部级技术审查。

一、主要用途及特点

PB 型代用棚车是在标准轨距线路上运行,用于各种免受日晒、风吹、雨雪侵袭的箱装、袋装货物及打包的零担货物,包括各种轻浮货物的铁路运输(图 7-13)。

图 7-13　PB 型代用棚车

其主要特点如下:

1. 采用转 K2 型转向架和提速轮对,运行速度达到 120 km/h。
2. 装载容积(141.2 m^3)大,采用对开式拉门(门孔宽度 3 m),装卸快捷。
3. 采用玻璃钢夹层内衬,强度高、耐腐性好、表面平整。
4. 采用 13 号车钩、MT-3 型大容量缓冲器。
5. 采用 120 型空气制动阀、空重车自动调整装置。

二、主要参数、性能及尺寸

(一)主要参数

自重(t)	28
载重(t)	45
轴重(t)	21

自重系数	0.63
每延米重(t)	4.06
换长	1.6
容积(m^3)	141.2(16.8×2.9×2.9)
比容(m^3/t)	3.1
装货面积(m^2)	48.7
转向架	转K2型
制动倍率	4.8
轨距(mm)	1 435
最小曲线半径(m)	145

限界符合 GB 146.1—1983《标准轨距铁路机车车辆限界》要求。

(二)基本尺寸

底架长宽(mm)	17 000×3 010
车辆定距(mm)	12 000
车钩中心线距轨面高度(mm)	880±10
空车地板面距轨面高(mm)	1 134
车门孔高宽(mm)	2 390×3 000
车内长度(mm)	16 770
车内宽度(mm)	2 854
车内高度(mm)	2 900
车辆长度(mm)	17 930
车辆宽度(mm)	3 356
车辆最大高度(mm)	4 664

三、主要结构

PB 型代用棚车是在 B_6、B_{6N}、B_{6A}型冰冷车钢结构基础上进行结构改造,由车体钢结构、车体内衬结构、对开式拉门、制动装置、车钩缓冲装置、转向架等部分组成。

(一)车　　体

1. 车体钢结构为全钢焊接整体结构,由底架、侧墙、端墙、车顶组成(图 7－14)。

图 7－14　车体钢结构

2. 车体内衬结构主要由竹胶地板、内侧墙、内端墙、内顶等组成。竹胶地板由竹胶板、铁地板等组成。门口铺设扁豆型花纹铁地板。通过螺栓、压条固定在底架钢结构上，连接螺母点焊固。内侧墙、内端墙由玻璃钢复合板、凹型压铁等组成。再通过螺栓固定在侧、端墙钢结构上。车内顶由内顶板、内端板、端压条、通风口木框等组成。内顶板为玻璃钢板，内端板为玻璃钢复合板，分别通过抽芯铆钉、螺栓固定在车顶钢结构上。端压条为玻璃钢角型材。整个内饰玻璃钢外表面均为米黄色（图 7－15）。

图 7－15　车体内衬结构

3. 整车采用对开式拉门，门体宽 1 649 mm、高 2 514 mm、车门内侧安装止挡，外侧安装安全栏杆。采用新型棚车门锁。车顶通风器 4 个，沿车体纵向中心线靠两端布置，由切式通风器、连接筒、盖板组成（对开式拉门如图 7－16 所示）。

图 7－16　对开式拉门

（二）制动装置

制动装置主要由 120 型控制阀、356 mm × 254 mm 密封式制动缸、高摩擦系数合成闸瓦、新型组合式制动梁、装用符合运装货车[2006]162 号文件要求的闸瓦间隙自动调整器、球芯折角塞门、组合集尘器、编织制动软管总成等组成。手制动装置由摇臂链式手制动、连接杠杆、制动拉杆、拉杆链等组成（120 型控制阀、密封式制动缸如图 7－17 所示）。

（三）车钩缓冲装置

车钩缓冲装置采用 13A 号上作用车钩，钩体、钩舌、钩尾框采用 C 级钢或 E 级钢；MT－3 型缓冲及配套冲击座（图 7－18）。

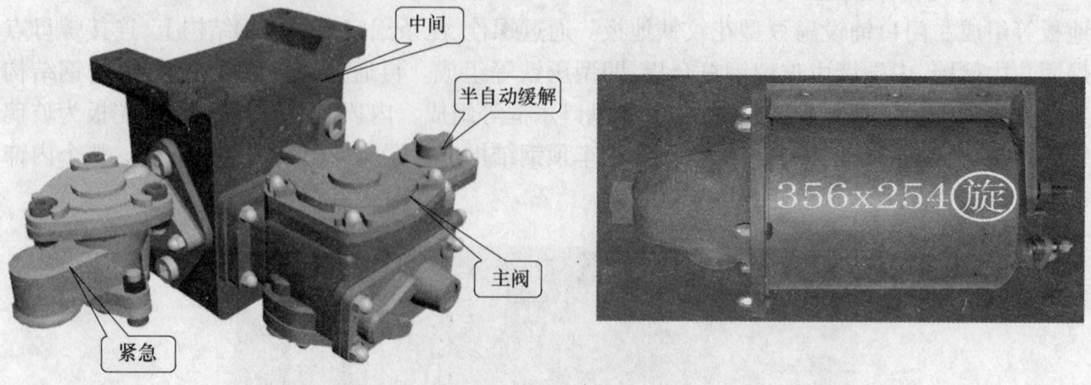

图 7－17　120 型控制阀、密封式制动缸

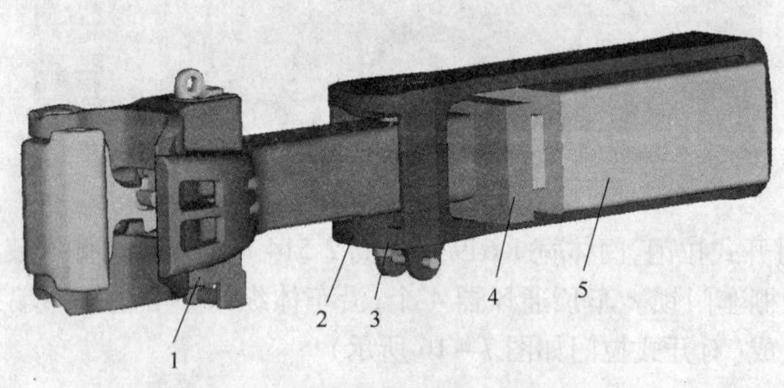

图 7－18　13A 号车钩缓冲装置示意图

1—车钩;2—钩尾框;3—钩尾销;4—前从板;5—缓冲器

(四)转 向 架

转向架采用转 K2 型转向架(图 7－19)。

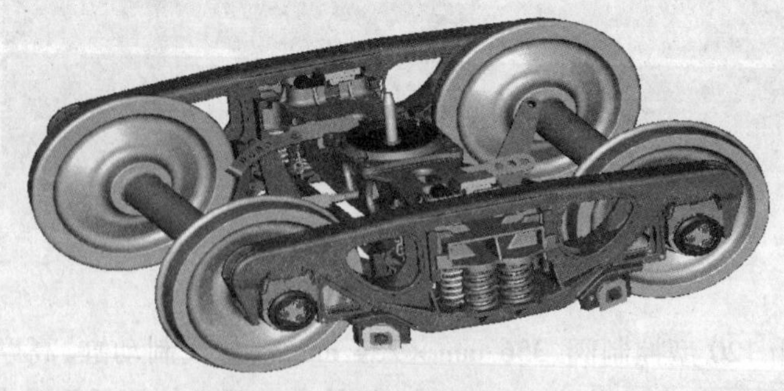

图 7－19　转 K2 型转向架示意图

四、标　　记

整车落成后按中铁快运股份有限公司的要求涂打企业标识和车辆装载要求标记(图 7－20)。

图 7－20　涂打企业标识和车辆装载标记 PB 型代用棚车示意图

五、车辆检修周期

PB 型代用棚车厂修周期:5 年,段修周期:1 年,取消辅修。

第三节　行邮、行包快运专列技术检查作业

行包快运专列的检查范围和质量标准如下:

《铁路货车运用维修规程》第 76 条规定,行包快运专列专用车辆应在规定的列检作业场,按以下检查范围和质量标准进行列车技术作业。

1. 消除热轴故障;车轮轮缘垂直磨耗、内侧缺损不超限,踏面擦伤、剥离、凹下、缺损、圆周磨耗不超限,轮缘厚度、轮辋厚度符合规定。

2. 摇枕、侧架、一体式构架及心盘无裂损;下心盘螺栓折断、丢失每侧不超过 1 根;侧架立柱磨耗板、斜楔及主摩擦板无破损、窜出、丢失,侧架立柱磨耗板折头螺栓、铆钉无折断、丢失;双作用弹性等旁承配件齐全、无破损,上下旁承无间隙,旁承滚子与上旁承磨耗板不得接触;交叉支撑装置盖板及交叉杆体无变形、裂损、折断,安全索或链无脱落、丢失,支撑座无破损,交叉杆端部螺栓无松动、丢失,防松垫止耳无折断;轴箱、摇枕及减振弹簧无折断、窜出、丢失;轴箱橡胶垫中间橡胶与上、下层板无错位;转 K4、转 K5 型转向架弹簧托板无裂损,折头螺栓无折断、丢失。

3. 钩舌销无折断、丢失,钩锁锁脚无折断;钩提杆座无裂损、螺母无丢失;互钩差不超限;车列首尾端部钩舌无裂损,车钩三态作用试验良好;安全托板、钩尾销托板、钩尾框托板及车钩托梁螺母无丢失;钩体支撑座止挡铁及螺母、铆钉无丢失;钩尾扁销及安全吊架螺母、开口销无丢失。

4. 制动软管无破损,制动缸、副风缸、降压风缸、加速缓解风缸、制动阀等缸体、阀体无脱落;制动梁及吊、安全链无折断、脱落,制动梁安装位置正确;制动梁吊圆销及开口销、闸瓦及闸瓦插销无折断、丢失,闸瓦磨耗不超限,闸瓦插销正位;基础制动装置各拉杆、杠杆、圆销、开口销无折断、丢失。

5. 车体倾斜或外胀不超限,车门及车窗无脱落。

6. 空气制动机作用良好,制动缸活塞行程符合规定(根据列检作业场等级和列车作业性质确定执行)。

第八章　铁路货车常见故障应急处置

第一节　铁路货车故障处理范围、标准及要求

一、铁路货车故障处理范围

(一)列检作业场发现的铁路货车故障处理种类及方式(《铁路货车运用维修规程》,以下简称《运规》,第 114 条)

列检作业场发现的铁路货车故障须在列车队、临时整修专用线路、站修作业场进行处理。铁路货车故障处理种类分为:摘车临修、列车队较大故障修理(以下简称:大件修)、列车队一般故障修理(以下简称:小件修)、临时整修等。列车队大件修、小件修按处理方式分为:更换、补装、调整、紧固、恢复、修复等。

(二)列检作业场发现铁路货车故障摘车临修范围(《运规》第 115 条)

列检作业场发现铁路货车故障,应积极组织在列车队中进行处理;对影响行车安全且在列车队中无法施修的铁路货车故障,或处理故障超过列车技检时间影响车站解体作业或正点发车时,应摘车送站修作业场临修。摘车临修的故障范围规定如下:

1. 车轮轮缘垂直磨耗、内侧缺损超限;踏面擦伤、剥离、凹下、缺损、圆周磨耗超限;轮缘厚度、轮辋厚度不符合规定;辐板孔边缘径向裂纹、周向裂纹超限等需更换轮轴的故障。

2. 滚动轴承轴温超过规定:滚动轴承甩油;外圈、前盖、轴箱裂损;密封罩、轴端螺栓脱出;承载鞍错位、裂损、异常磨耗;转 K2 型转向架承载鞍顶面金属碾出;侧架导框纵向与滚动轴承外圈接触;轴箱橡胶垫中间橡胶与上、下层板错位等需更换轮轴或分解修理的故障。

3. 摇枕、侧架、一体式构架、U 形副构架及心盘裂损;上、下心盘铆钉及螺栓折断及丢失;侧架立柱磨耗板、斜楔及主摩擦板破损、窜出或丢失,侧架立柱磨耗板折头螺栓、铆钉折断丢失,摇枕斜楔摩擦面磨耗板窜出;常接触式旁承配件丢失、破损,上下旁承有间隙,旁承滚子或 JC 系列旁承支承磨耗板与上旁承磨耗板接触;间隙旁承配件丢失、破损,间隙超限;交叉支撑装置盖板及交叉杆体变形、裂损或折断,交叉杆支撑座破损,端部螺栓松动、丢失,防松垫止耳折断;轴箱弹簧折断、窜出或丢失,重车摇枕弹簧及减振弹簧折断、窜出或丢失;转 K4、转 K5 型转向架弹簧托板裂损,折头螺栓折断、丢失等需架车修理的故障。

4. 钩体、钩尾框、钩尾销托及牵引杆裂损;钩提杆弯曲、丢失,钩提杆座裂损;从板、从板座、缓冲器、冲击座破损;钩体支撑座、钩尾框托板、钩尾销托板、从板、缓冲器箱体含油尼龙磨耗板丢失,钩体支撑弹簧折断等需分解修理及更换的故障。

5. 带防盗罩制动阀故障;制动缸、副风缸、加速缓解风缸、工作风缸、容积风缸、降压风缸等缸体及吊架裂损、脱落;制动主管、支管、连接管裂损;空重车自动调整装置限压阀、调整阀、传感阀等阀破损、横跨梁及座折断;缓解阀拉杆、空重车调整杆及吊架破损、脱落、丢失;闸调器破损或作用不良;脱轨自动制动装置配件破损、丢失等需分解修理、焊修及更换的故障。

6. 基础制动装置各拉杆、杠杆折断或丢失,吊架破损、脱落等需要更换、补装及焊修的故障。

7. 人力制动机配件破损、脱落、丢失等影响使用的故障。

8. 中梁、侧梁、端梁、枕梁、横梁及牵引梁裂损，弯曲超限；中梁及侧梁下垂超限；车体倾斜或外胀超限；铁路货车车号自动识别标签失效、破损或丢失。

9. 侧柱、端柱、角柱裂损，敞车上端梁、上侧梁折断；车门、车窗脱落或丢失，底开门关闭不良，棚车漏雨，车门、平车端板或渡板折页及座折断；空车墙板、门板、地板破损或腐蚀穿孔超限，车门锁闭装置配件破损或丢失；绳栓、柱插破损或丢失；集装箱锁闭装置、门挡破损或丢失；罐车卡带裂损，罐体及阀漏泄，鞍座压板裂损，鞍木与罐体局部间隙超限，罐车上部车顶走板、防护栏等配件脱落、窜出或丢失等需要焊修、补装及处理的故障。

10. 从板座及冲击座铆钉折断、丢失等其他需焊修、铆接的故障。

11. 发生铁路交通事故的铁路货车；有撞车、脱轨等痕迹并确认为事故车的铁路货车；轴承遭遇水浸或火灾的铁路货车。

12. 新型制动梁等因铁路货车结构在列车队中无法更换的故障；长大货物车、机冷车组、特种铁路货车等在列车队中无法修理的故障。

(三)列检作业场发现铁路货车故障大件修范围(《运规》第116条)

列检作业场发现大件修范围内的铁路货车故障，须由故障修理人员使用专用工具、机具，按照相应的质量标准进行全面修理。大件修范围规定如下：

1. 更换：钩舌、钩舌推铁、钩锁、下锁销组成、车钩托梁、空车摇枕弹簧、空车减振弹簧、制动梁、制动软管、折角塞门、截断塞门、空重车转换塞门、无防盗罩的制动阀、缓解阀、安全阀、组合式集尘器、远心集尘器、制动梁吊等。

2. 补装：钩舌推铁、下锁销组成、车钩托梁、空车摇枕弹簧、空车减振弹簧、制动软管、无防盗罩的制动阀、缓解阀、安全阀、组合式集尘器、远心集尘器、罐车卡带圆销等。

3. 调整：互钩差、脚蹬及车梯扶手弯曲等。

4. 修复：主管、支管、连通管漏泄、闸瓦托磨损、下拉杆下垂超限、关门车等故障。

(四)列检作业场发现铁路货车故障小件修范围(《运规》第117条)

列检作业场发现小件修范围内的铁路货车故障，须由现场检车员按照相应的质量标准进行修理。小件修范围规定如下：

1. 更换：钩舌销、车钩防跳插销、钩提杆复位弹簧、闸瓦、闸瓦插销、螺栓、螺母、圆销、开口销、止退开口销、制动软管胶圈等。

2. 补装：钩舌销、车钩防跳插销、车钩防跳插销吊链、钩体支撑座止挡铁、钩提杆复位弹簧、钩提杆链、闸瓦、闸瓦插销、闸瓦插销环、下拉杆安全吊、下拉杆安全索、交叉杆安全链、交叉杆安全索、各风缸丝堵、主管卡子、主管卡子螺母、支管卡子、支管卡子螺母、连接管卡子、连接管卡子螺母、人力制动机制动轴链、制动拉杆链、制动拉杆链环、螺栓、螺母、圆销、开口销、止退开口销、塞门手把、制动软管胶圈、轴承挡键等。

3. 紧固：螺栓、螺母等。

4. 调整：钩提杆链松余量、制动缸活塞行程等。

5. 恢复：闸瓦插销正位、下锁销组成正位等。

6. 修复：下拉杆安全吊、交叉杆安全链、制动梁安全链、人力制动机拉杆吊架脱落等故障。

(五)无站修作业场及车站通知和其他货车运用作业场发现铁路货车故障的处理(《运规》第118、第119、第120条)

1. 所在站区无站修作业场的列检作业场，发现符合摘车临修的故障后，经鉴定危及行车安全时，可送临时整修专用线路进行整修。对列车队中因处理故障超过列车技检时间，影响车站解体作业或正点发车的大件修范围的铁路货车故障，也可摘车送临时整修专用线路按大件修的要求进行修理。

2. 列检作业场对车站通知的因棚车漏雨、透光以及调车、装卸作业中发生铁路货车损坏丢失等故障，应及时派员确认，按照规定处理。

3. 其他货车运用作业场发现铁路货车故障后，比照列检作业场的铁路货车故障处理种类和范围进行处理、统计和分析。

二、铁路货车故障处理标准

(一)货车运用作业场发现铁路货车故障的修理标准(《运规》第 121 条)

货车运用作业场发现的铁路货车故障，须按以下标准进行修理：

1. 圆销或螺栓上的圆开口销双向劈开的角度为 60°～70°，钩尾销螺栓、钩尾销安全吊架螺栓、人力制动轴上、下端及制动轴链羊眼螺栓的圆开口销和下拉杆、中拉杆等扁开口销安装后须劈开卷起。

2. 斜向或竖向安装的圆销应由上向下装入，横向安装的圆销应以车体纵向中心线为准，由里(左)向外(右)装入(无安装空间者及有特殊要求的除外)；横向安装的圆销应在开口销与被连接件之间装平垫圈。

3. 各阀和风缸吊架安装螺栓应由上向下装入(无安装空间者除外)，在长圆孔侧加平垫圈。各螺栓组装紧固后，螺杆上的螺纹须露出螺母至少 1 扣以上，但不能超过 1 个螺母厚度(U 形管吊卡和风缸吊卡除外)。使用 4 个螺栓连接紧固的配件，须对角进行紧固；处理螺母丢失的故障时，填补基本母紧固后须加装备母(有弹簧垫圈者除外)。

4. 处理制动管故障时，制动管螺纹处须使用聚四氟乙烯薄膜缠绕，但不得超过螺纹端部，连接处紧固后须外露 1 扣以上的完整螺纹，旋入部分不得少于 4 扣；主管端接管(辅助管)长度为 250～400 mm。

5. 更换制动梁时，槽钢制动梁安全链松余量应为 20～50 mm，组合式制动梁安全链松余量应为 40～70 mm。

6. 橡胶密封圈、接头体、法兰体组装后，橡胶密封圈须高出法兰平面 1 mm 以上，但不大于 2 mm，螺栓应均匀紧固。原设计装用 120－1 型控制阀的铁路货车不得更换为 120 型控制阀；356 mm 制动缸须与配 356 mm 制动缸的 120 型控制阀配套使用，254 mm 和 305 mm 制动缸须与配 254 mm 制动缸的 120 或 120－1 型控制阀配套使用；103 型与 120 型紧急阀不得互换使用。

7. 更换折角塞门时，折角塞门体中心线与主管垂直中心夹角须为 30°；更换制动软管时，连接器连接平面与车体中心夹角须为 45°；C_{80}系列敞车及有特殊要求的除外。

8. 更换远心集尘器或组合式集尘器时，集尘器体的安装箭头方向须符合安装要求；更换的集尘器下体在组装时胶垫正位，密封线须向上，止尘伞位置正确，螺栓均匀紧固。更换的制动阀在组装时安装座胶垫须正位，密封线须朝向中间体安装座面方向，螺栓须均匀紧固。

9. 更换闸瓦时，须使用有生产资质厂家的原型闸瓦，禁止高、低摩合成闸瓦互换安装使用；闸瓦装车时，瓦背上的闸瓦型号及生产厂家代码标记端，安装在制动梁闸瓦托的上端。瓦背须与闸瓦托四爪接触，闸瓦插销穿入闸瓦托与闸瓦的插销孔内正位入底，闸瓦插销底部环眼孔露出闸瓦托底部，同时敞车须安装闸瓦插销环。无生产厂家和日期代码标记及标记不清的闸瓦禁止装车使用。

10. 钩舌裂损及钩腔内部配件破损，须更换符合要求的钩舌及钩腔内部配件。铁路货车制动软管吊链及车钩防跳插销链折断、丢失时，可使用安全锁穿入吊链或防跳插销链环与钩体吊链孔后锁固；更换钩舌、钩锁时，钩舌尾部及钩锁的工作面须涂抹二硫化钼耐磨剂；更换和补装空重车自动调整装置横跨梁螺栓时，其螺栓螺母安装后，保证螺栓垂向移动量为 3 ~ 5 mm，须使用标准专用螺母，并安装圆开口销。

11. 更换折角塞门、截断塞门、制动阀、安全阀、缓解阀、制动软管等空气制动配件时，装车前须取下各通路外套(盖)式包装及密封防护物，并确认无异物进入通道。

(二)止退开口销安装标准(《运规》第 122 条)

1. 将引导芯插入开口销内，确认引导芯与开口销同轴后，再将装有引导芯的止退开口销穿过圆销孔。

2. 引导芯止挡与圆销接触后，在开口销引导芯斜楔一端安装防护套，应使防护套方向与开口销头部方向一致，防护套紧贴圆销壁。防护套不得发生轴向移动或旋转。

3. 用检查锤敲击开口销头部(敲击时用手指捏住防护套)，开口销尾部靠引导芯斜楔的斜面自然形成，挡片在开口销头部内自然卷起。开口销尾部劈开部分须在引导芯斜面位置完全张开，且尾部超过引导芯斜楔端点。

(三)货车运用作业场发现铁路货车轴承故障转动检查相关处理要求(《运规》第 123 条)

装用交叉支撑装置的转向架需要进行滚动轴承转动检查时，侧架顶升高度单侧不得超过 70 mm，同轴两侧不得超过 100 mm。

三、铁路货车故障处理要求

(一)铁路货车故障摘车处理要求(《运规》第 124 条)

列检作业场对故障铁路货车进行临时整修时，应填写相应记录，整修后回送就近站修作业场，并承担回送安全质量责任。列车在区间因车辆发生故障或自然灾害无法继续运行的，铁路局应制定应急救援预案。

(二)沿途铁路货车故障抢修要求(《运规》第 125 条)

无列检作业场的车站发生因列车中铁路货车技术状态不良摘车时，铁路局车辆调度员接到列车调度员的通知后，应组织车辆段按沿途铁路货车故障应急处理预案派出铁路货车故障抢修小组前往抢修。铁路货车故障抢修小组到达指定车站后，应对故障铁路货车进行全面检查，确认故障后，按以下要求处理：

1. 符合摘车临修范围的，应对故障铁路货车进行抢修，确保安全回送到就近的站修作业场进行临修，并承担相应的回送安全质量责任。

2. 不符合摘车临修范围的，应对故障铁路货车进行抢修，全面恢复铁路货车运用技术状态，确保铁路货车运行安全。

对沿途车站因装卸作业及铁路货车停留过程中产生的技术状态不良铁路货车，车站应及时通知车辆段，由车辆段比照上述规定进行处理。

(三)大件修质量监督要求(《运规》第 126 条)

列检作业场对大件修、临时整修及沿途故障抢修的铁路货车故障，应首先对故障部位、状态进行图像采集，由值班干部或工长等进行故障处理指导及质量检查。使用无线传输系统的还应传送至铁路货车故障诊断指导组，由诊断指导组人员对故障进行分析判断，提出处理方案，按规定进行处理；处理后的铁路货车配件须安装齐全、位置正确、作用良好，同时还应对相关铁路货车配件、部位的技术状态进行检查或试验，并进行图像采集，使用无线传输系统传送至铁路货车故障诊断指导组确认故障处理及恢复状态，承担相应的责任。

（四）小件修质量监督要求（《运规》第127条）

小件修范围的铁路货车故障处理后，须由平行作业的现场检车员互控检查确认，工长进行质量抽查，并承担质量确认和抽查责任。

（五）故障信息传递要求（《运规》第128条）

对临时整修或沿途抢修后回送站修作业场的铁路货车，回送前须按规定将故障铁路货车的车种车型车号、故障处理及相关情况等内容按规定书面通知送往的站修作业场。铁路货车进入站修作业场后，站修作业场应与负责处理铁路货车故障的货车运用车间或列检作业场复核相关信息。

（六）回送整修要求（《运规》第129条）

列检作业场对车站通知回送的检修车编入列车前，应派检车员对各部进行检查和整修，必要时派员护送，确保运行安全。回送的检修车不能编挂于列车中部须挂于列车尾部（每列以1辆为限）时、整列回送时和须限速运行的检修车，须上报车辆段车辆调度，由车辆段车辆调度上报铁路局车辆调度向列车调度员申请挂运命令，批准后根据命令挂运运行；当回送的检修车为关门车时，须采取防止车钩分离的措施；主管损坏不能保证车辆主管畅通时，须修复后方可挂运；限速运行的，须在《检修车回送单》中注明限速规定。

（七）现场人员记录要求（《运规》第140条）

现场检车员、故障修理人员、列检工长在现场作业时发现、处理、确认铁路货车故障后，须将故障信息及时、准确、完整地记录到《检车员工作记录手册》中。铁路货车故障信息包括：

1. 基本信息：时间、车次、编组辆数、作业股道等。现场检车员还须记录作业工位及检查辆序等。

2. 发现信息：车种车型车号、编挂位置、前次定检单位及时间（小件修范围故障除外）；故障方位、部位、运行方向左右侧、名称及尺寸、新旧痕百分比等。有质量保证期要求的配件，还须记录故障配件的制造、检修标记。

3. 处理信息：处理地点、处理方式、处理人或修理人员姓名等。换装有质量保证期要求的配件时，还应记录换上配件的制造、检修标记。

来车方向报警（预警）和铁路货车安全防范系统预报的铁路货车故障也应填写故障的基本信息、现场确认的发现信息及处理信息等。

第二节　铁路货车常见故障案例及处理

一、制动梁部分

制动梁组成如图8－1所示。

发现制动梁故障小窍门

制动梁架及支柱，安链垂崩有疑问，
故障较多探身瞧；侧架滑槽上下观；
瓦托铆钉常折断，如有铁粉不放过，
仔细确认里外看；判断仔细寻故障；

梁体两端不平行，各部圆销开口销，
重点检查滑槽处，销帽销口目视敲；
夹扣螺栓是重点，上下左右都看到，
轴下俯身须判断；故障始终漏不掉。

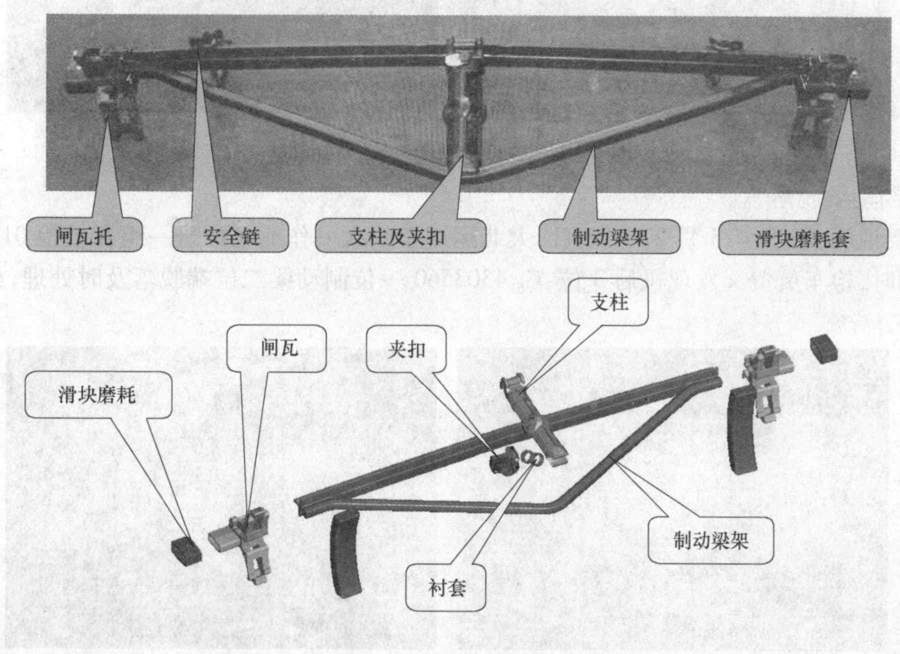

图 8－1　制动梁组成

1. L－B 制动梁折断

图 8－2　L－B 制动梁折断

简要说明：2008 年 5 月 22 日，太北运用车间太四作业场丁班一组技检 13537 次 3 道 58 辆时，检车员宋××发现机后 37 位，C_{70}1573657 一位 L－B 制动梁弓杆折断及时更换，如图 8－2 所示。

质量标准：制动梁梁体、支柱、端轴无裂损。各垂下品距轨面距离不小于 60 mm。

2. 制动梁闸瓦托裂、端轴磨耗

简要说明：2008 年 2 月 13 日介休运用车间上行作业场甲班一组技检 30032 次 8 道 58 辆时，检车员贺×发现机后 33 位 C_{62B} 4627404 四位制动梁 8 位闸瓦托裂通、8 位端轴磨耗三分之一及时更换处理，如图 8－3 所示。

质量标准：制动梁梁体、支柱、端轴无裂损，闸瓦托无开焊脱出。各垂下品距轨面距离不小于 60 mm。

图 8 – 3　制动梁闸瓦托裂、端轴磨耗

3. 制动梁脱落

简要说明：2009 年 5 月 27 ~ 28 日，太北运用车间太一作业场丙班一组在技检 01836 次 2 道 35 辆时，检车员贾×发现机后 3 位，C_{61}4303560 一位制动梁二位端脱落及时处理，如图 8 – 4 所示。

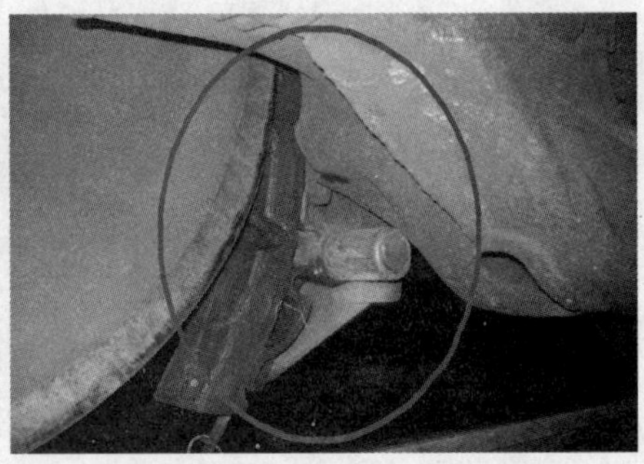

图 8 – 4　制动梁脱落

质量标准：制动梁梁体、支柱、端轴无裂损，闸瓦托无开焊脱出，各垂下品距轨面距离不小于 60 mm。闸瓦托无脱出，闸瓦插销无折断、丢失，闸瓦插销距轨面距离不小于 25 mm。

4. 制动梁闸瓦托铆钉折断

简要说明：2010 年 5 月 23 日，原平运用车间轩岗作业场丙班一组在技检 21007 次 4 道 51 辆时，检车员李××发现机后 47 位 C_{64T}4919948 一位 L – B 制动梁一位闸瓦托铆钉折断 1 条更换制动梁，如图 8 – 5 所示。

图 8 – 5　制动梁脱落

质量标准：L – B 制动梁组合螺栓无松动。制动梁梁体、支柱、端轴无裂损，闸瓦托无脱出。

5. 制动梁未入滑槽

简要说明：2010 年 8 月 13 日侯北运用车间下行作业场丁班三组在技检 25007 次 4 道 43 辆时，检车员高××发现机后 2 位 P_{62NK}3321414 四位 L – B 制动梁八位端未入滑槽扣修，如图

8－6 所示。

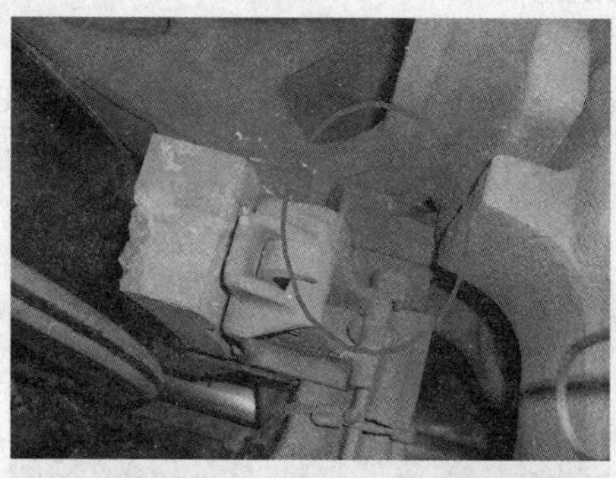
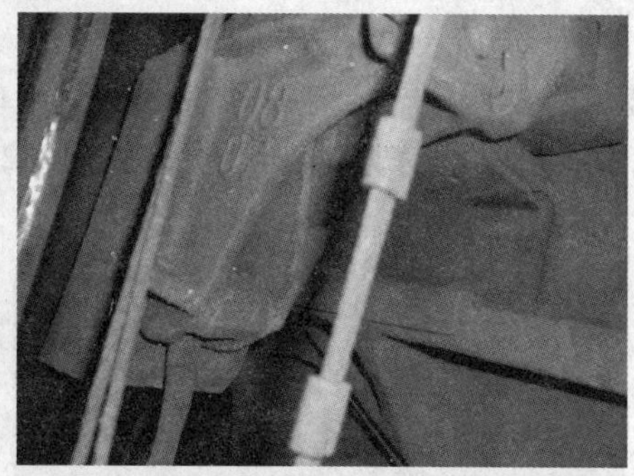

图 8－6　制动梁未入滑槽

质量标准:制动梁梁体、支柱、端轴无裂损,闸瓦托无开焊脱出,各垂下品距轨面距离不小于 60 mm。闸瓦托无脱出,闸瓦插销无折断、丢失,闸瓦插销距轨面距离不小于 25 mm。

二、车钩缓冲装置部分

1. 冲击座变形、后冲板座铆钉折断

简要说明:2008 年 2 月 20 日,太北运用车间太四作业场丙班二组在技检 47773 次 3 道 47 辆时,检车员王××发现机后 30 位 C_{64K}4973483 一位冲击座变形、后冲板座铆钉折断 16 条,扣修,如图 8－7 所示。

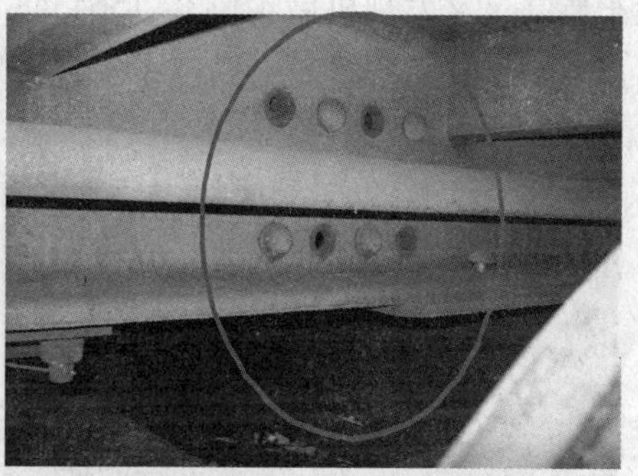

图 8－7　冲击座变形、后冲板座铆钉折断

质量标准:车钩从板座及缓冲器无破损。

2. 钩尾扁销折断

简要说明:2008 年 5 月 22 日太北运用车间太四作业场甲班一组在技检 13515 次 5 道 57 辆,检车员尹××发现机后 14 位,C_{64K}4818956 一位钩尾扁销折断,及时进行更换,如图 8－8 所示。

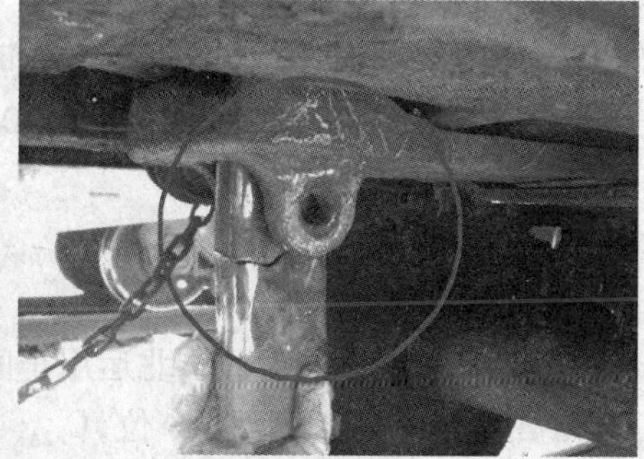

图 8－8　钩尾扁销折断

质量标准：车钩钩尾扁销螺栓无折断、扁销无丢失。

3. 17 号车钩下锁销杆折断

简要说明：2009 年 6 月 13/14 日侯北运用车间上行作业场乙班一组在技检 43050 次 4 道 54 辆时，检车员梁×发现机后 48 位 C_{70}1601882，二位 17 号车钩下锁销杆折断，扣修，如图 8－9 所示。

图 8－9 17 号车钩下锁销杆折断

质量标准：提钩杆及座、链，下锁销转轴、下锁销组成配件齐全作用良好。

4. 17 号车钩钩体裂

简要说明：2010 年 2 月 12 日介休运用车间上行作业场乙班一组在技检 49014 次 6 道 50 辆时，检车员高××发现机后 4 位 C_{70}1564348 一位 17 号车钩钩体裂 60 mm，扣修，如图 8－10 所示。

质量标准：车钩钩头、钩颈无裂损。

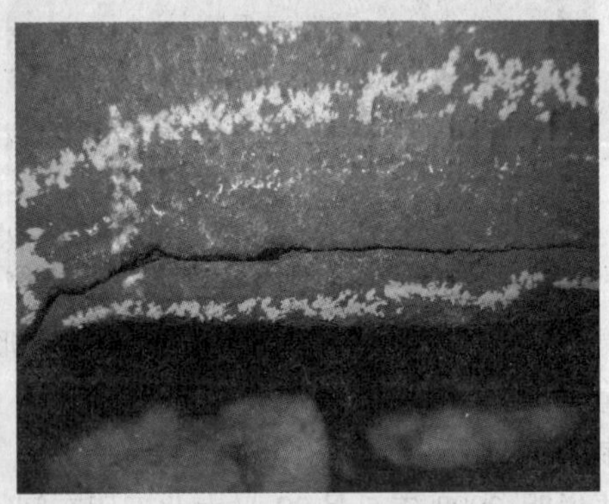

图 8－10 17 号车钩钩体裂

5. 钩尾框前部下弯角处纵裂纹

简要说明：2010 年 5 月 10 日介休运用车间东槽作业场丙班二组在技检 T48012Y 次 4 道 46 辆时，检车员尹×发现机后 23 位 C_{64K}4963701 二位钩尾框前部下弯角处纵裂纹 130 mm，扣修，如图 8－11 所示。

质量标准：车钩钩身、钩尾框无裂损。

6. 前从板折断

简要说明：2010 年 8 月 16 日侯北运用车间曲沃作业场乙班一组在技检 J20021 次 16 道 56 辆时，检车员程××发现机后 48 位，C_{62AK}4513887，一位前从板折断，扣修，如图 8－12 所示。

图 8－11　钩尾框前部下弯角处纵裂纹

质量标准：从板、从板座及缓冲器无破损。

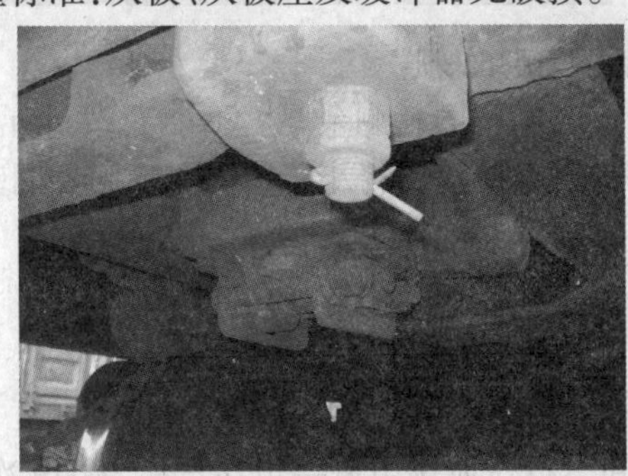

图 8－12　前从板折断

三、高摩合成闸瓦部分

1. 高摩合成闸瓦磨耗过限

简要说明：2010 年 12 月 19 日太北运用车间太四作业场乙班一组在技检 47721 次 4 道 48 辆时，检车员李 × × 发现机后 39 位，C_{70}1625834，5 位闸瓦磨耗过限，及时更换，如图 8－13 所示。

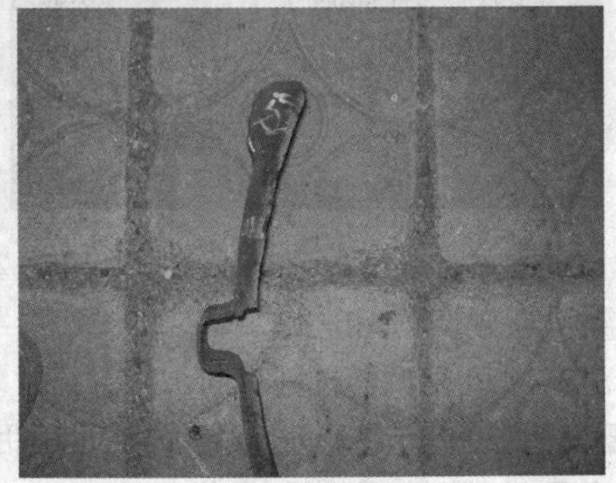

图 8－13　高摩合成闸瓦磨耗过限

质量标准：闸瓦插销距轨面距离不小于 25 mm，闸瓦磨耗剩余厚度不小于 25 mm。制动关门车闸瓦及闸瓦插销必须齐全、良好，且闸瓦磨耗剩余厚度不得小于 18 mm。同一制动梁两端闸瓦厚度差不得超过 20 mm，高、低摩合成闸瓦不得混装使用。

2. 高摩合成闸瓦缺损

简要说明:2010 年 8 月 4 日太北运用车间太五作业场丙班一组在技检交接到发 3 道 54 辆时,检车员赵××发现机后 26 位,C_{70}1564348,7 位闸瓦缺损,及时更换,如图 8-14 所示。

图 8-14 高摩合成闸瓦缺损

质量标准:闸瓦插销距轨面距离不小于 25 mm,闸瓦磨耗剩余厚度不小于 25 mm。制动关门车闸瓦及闸瓦插销必须齐全、良好,且闸瓦磨耗剩余厚度不得小于 18 mm。同一制动梁两端闸瓦厚度差不得超过 20 mm,高、低摩合成闸瓦不得混装使用。

四、ST 型双向闸瓦间隙自动调整器部分

1. ST2-250 型闸调器破损

简要说明:2008 年 5 月 21 日,侯北运用车间下行作业场甲班一组在技检 30049 次 9 道 57 辆时,检车员王××发现机后 30 位 C_{64K}4876980ST2-250 型闸调器破损,及时更换,如图 7-15 所示。

图 8-15 ST2-250 型闸调器破损

质量标准:闸调器无破损。

2. ST2-250 闸调器拉杆折断

简要说明:2008 年 10 月 12/13 日太北运用太四作业场甲班一检在技检 21034 次 3 道 50 辆时,检车员赵××发现机后 25 位 P_{64AK}3451029ST2-250 闸调器拉杆折断,及时更换,如图 8-16 所示。

质量标准:闸调器无破损。

3. ST2-250 闸调器端头拉杆头裂损

简要说明:2010 年 8 月 22 日,侯北运用车间下行作业场丁班一组作业 46013 次 2 道 50 辆,检车员荣××发现机后 27 位 C_{64K}4941227ST2-250 闸调器端头拉杆头裂损,及时进行处

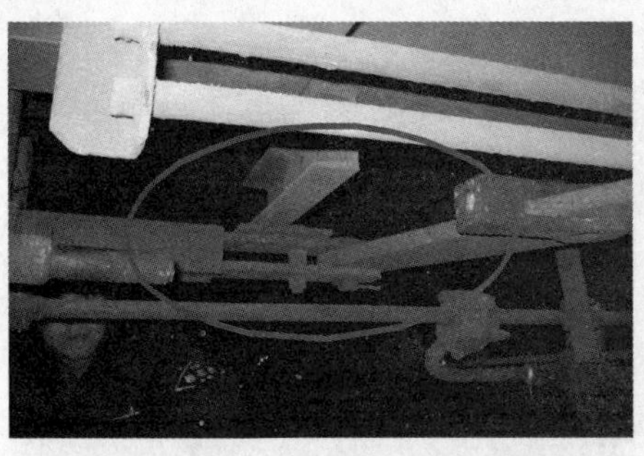

图 8－16　ST2－250 闸调器拉杆折断

理，如图 8－17 所示。

图 8－17　ST2－250 闸调器端头拉杆头裂损

质量标准：闸调器无破损。

五、滚动轴承部分

1. 滚动轴承密封罩松

简要说明：2009 年 5 月 13 日介休运用车间孝西作业场丙班三组在技检柳 119 次 3 道 57 辆时，检车员申 ×× 发现机后 8 位 C_{62BK}4642793 一位滚动轴承密封罩松、甩油扣修，如图 8－18 所示。

图 8－18　滚动轴承密封罩松

质量标准：滚动轴承密封罩无脱出（滚动轴承甩油应重点检查）。

2. 滚动轴承轴端螺栓折断、前盖丢失

简要说明：2010 年 3 月 10/11 日太北运用车间太二作业场甲班一组在技检 27017 次 5 道 35 辆时，检车员薛 × 发现机后 17 位 C_{64K}4964363，5 位滚动轴承螺栓折断 3 条（新痕），前盖丢失及时扣修，如图 8－19 所示。

图 8－19　滚动轴承轴端螺栓折断、前盖丢失

质量标准：滚动轴承轴端螺栓无松动、丢失。

3. 滚动轴承外圈缺损

简要说明：2010 年 3 月 17 日古交运用车间古交作业场丙班一组在技检 C_{T4}7928 次 8 道 50 辆时，检车员苏×发现机后 21 位 C_{62AT}1417972 八位滚动轴承外圈缺损，及时扣修，如图 8－20 所示。

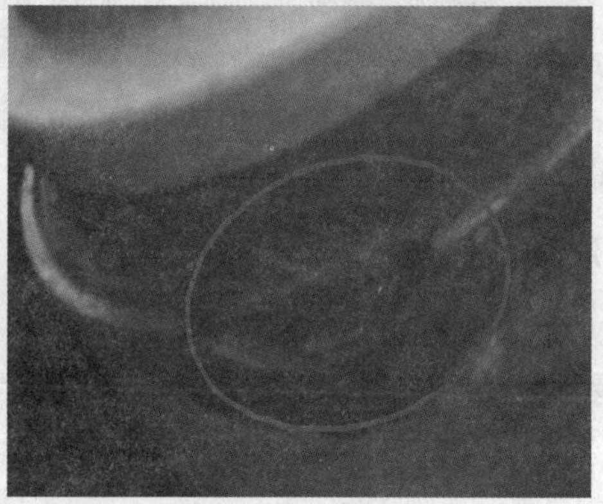

图 8－20　滚动轴承外圈缺损

质量标准：滚动轴承外圈无裂损。

4. 滚动轴承密封罩脱出、甩油

简要说明：2010 年 7 月 15 日榆次运用车间榆西作业场丁班一组在技检 J23082 次 5 道 50 辆时，检车员胡××发现机 26 位 C_{64K}4842611 一位滚动轴承密封罩脱出、甩油，扣修，如图 8－21 所示。

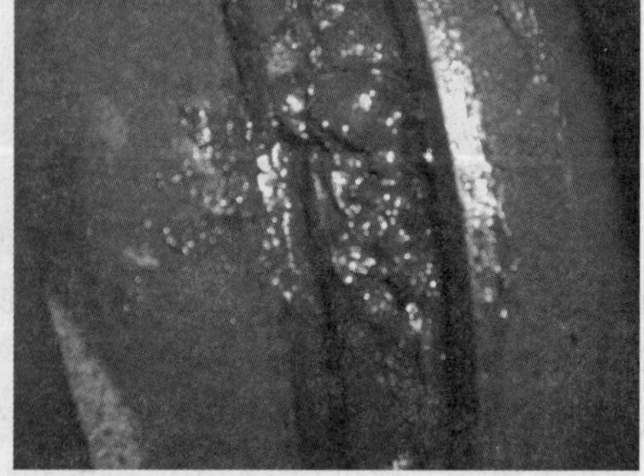

图 8－21　滚动轴承密封罩脱出、甩油

质量标准：滚动轴密封罩无脱出（滚动轴承甩油应重点检查）。

5. 承载鞍导框档边折断

简要说明：2009 年 2 月 9 日太北运用车间太一作业场乙班一组在技检 21001 次 6 道 41 辆时，检车员杜××发现机后 11 位 C_{64T}4914896，7 位承载鞍导框档边折断扣修处理，如图 8－22 所示。

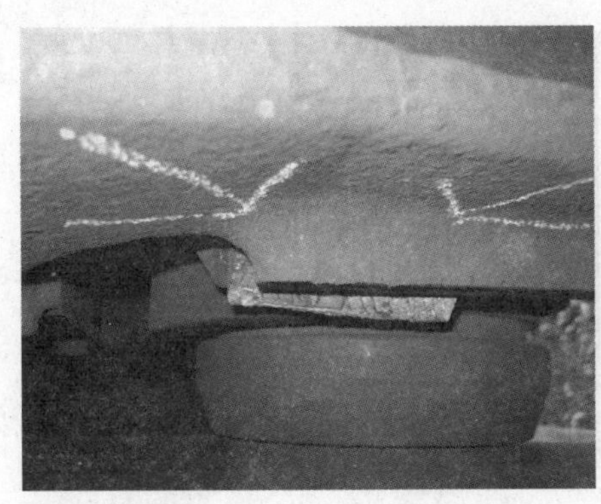

图 8－22　承载鞍导框档边折断

质量标准：滚动轴承后挡、外圈无裂损，密封罩无脱出，承载鞍无裂损。

六、轮轴故障部分

轮轴故障检查小方法

轮轴故障有特征，剥离故障无声响，
到位接车盯重点；二次启车看踏面；
振动力大当当响，轮毂轮座辐板孔，
证明擦伤已存在；红锈透出即是裂；
刺耳吱吱蹭轨声，细敲碾宽轮辋裂，
此轮轮缘薄过限；声音短闷判故障。

1. 车轮踏面擦伤

简要说明：2009 年 5 月 2～3 日古交运用车间古交作业场甲班一组在技检 C_{T4}7908 次 5 道 51 辆时，检车员宋××发现机后 32 位 C_{64K}4883455，7 位车轮踏面擦伤 2.2 mm，扣修，如图 8－23 所示。

图 8－23　车轮踏面擦伤

质量标准:滚动轴承车轮踏面擦伤及局部凹下深度不大于 1 mm。

2. 车轮轮缘磨耗剩余厚度过限

简要说明:2009 年 12 月 27 日古交运用车间古交作业场甲班一组在技检 T47924 次 6 道 49 辆时,检车员宋振光发现机后 29 位 C_{70}1561910,6 位车轮轮缘磨耗剩余厚度 21.5 mm 过限,扣修,如图 8-24 所示。

图 8-24 车轮轮缘磨耗剩余厚度过限

质量标准:轮缘厚度不小于 23 mm。

3. 车轮踏面剥离及局部凹下深度过限

简要说明:2009 年 10 月 29 日侯北运用车间上行作业场甲班三组在技检 43042 次 6 道 63 辆时,检车员刘××发现机后 48 位 C_{64K}4924790,三位车轮踏面局部凹入 4.4 mm 扣临修,如图 8-25 所示。

图 8-25 车轮踏面剥离及局部凹下深度过限

质量标准:滚动轴承车轮踏面擦伤及局部凹下深度不大于 1 mm。踏面剥离长度滚动轴承一处不大于 50 mm、两处每处均不大于 40 mm。

4. 车轮轮辐板裂

简要说明:2010 年 2 月 1~2 日侯北运用车间下行作业场丁班二组在技检 23037 次 4 道 64 辆时,检车员卫××发现机后 48 位 C_{64K}4961710,车轮标记:020611DI 马鞍山(熔炼炉罐号不清)2 位车轮辐板裂 258 mm,扣修,如图 8-26 所示。

质量标准:车轮无裂损。

5. 车轮轮辐板孔裂

简要说明:2010 年 2 月 14/15 日太北运用车间太一作业场甲班一组在技检 01862 次 4 道 35 辆时,检车员王××发现机后 14 位 C_{62AK}4554730 四位轮辐板孔裂纹 2 处 16 mm、20 mm,扣

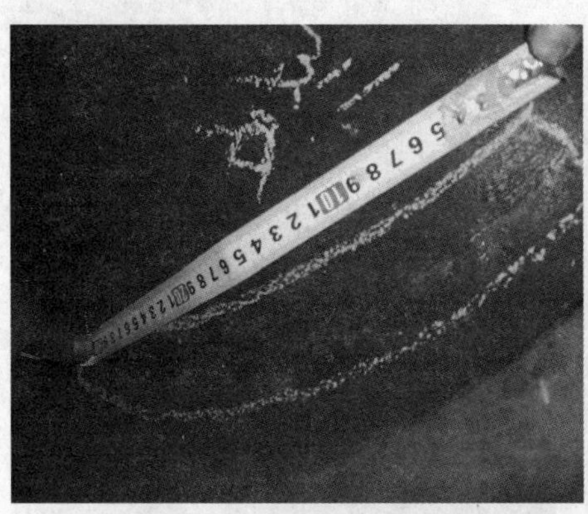

图 8 – 26　车轮车轮辐板裂

修,如图 8 – 27 所示。

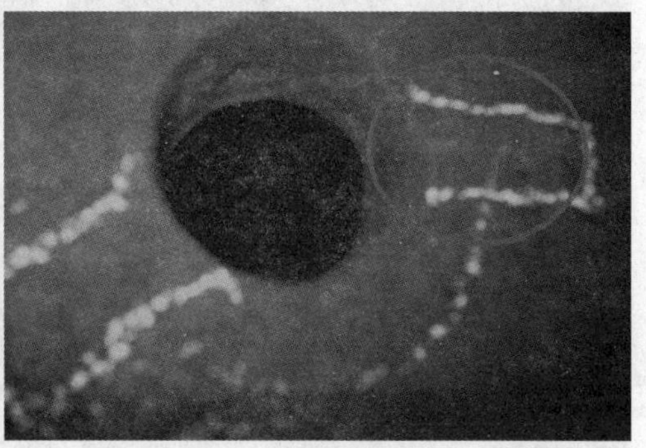

图 8 – 27　车轮轮辐板孔裂

质量标准:车轮无裂损。

6. 车轮踏面擦伤、辗堆

简要说明:2010 年 1 月 29 日太北运用车间太一作业场甲班一组在技检 47723 次 8 道 48 辆时,检车员段 × × 、王 × 发现机后 47 位 G_{11}0349181,3、4、5、6 位车轮踏面擦伤、辗堆,扣修,如图 8 – 28 所示。

质量标准:滚动轴承车轮踏面擦伤及局部凹下深度不大于 1 mm。

7. 车轮轮缘缺损

简要说明:2010 年 4 月 13 日介休运用车间上行作业场班丁一组在技检 45003 次 6 道 63 辆时,检车员李 × × 发现机后 3 位 C_{70H}1501118,四位车轮轮缘缺损 38 mm,扣修,如图 8 – 29 所示。

质量标准:轮缘内侧缺损长度不大于 30 mm。

8. 车轮踏面剥离长度过限

简要说明:2010 年 5 月 2 日太北运用车间太五作业场丙班一组在技检交接次 10 道 19 辆时,检车员荣 × × 发现机后 10 位 C_{62BK}4616041,8 位车轮踏面剥离 62 mm,扣修,如图 8 – 30 所示。

质量标准:踏面剥离长度滚动轴承一处不大于 50 mm、两处每处均不大于 40 mm。

图 8－28　车轮踏面擦伤、辗堆

图 8－29　车轮轮缘缺损

图 8－30　车轮踏面剥离长度过限

七、侧架弹性下交叉支撑装置部分

侧架弹性下交叉支撑装置结构如图 8－31 所示。

1. 支承座开焊脱落

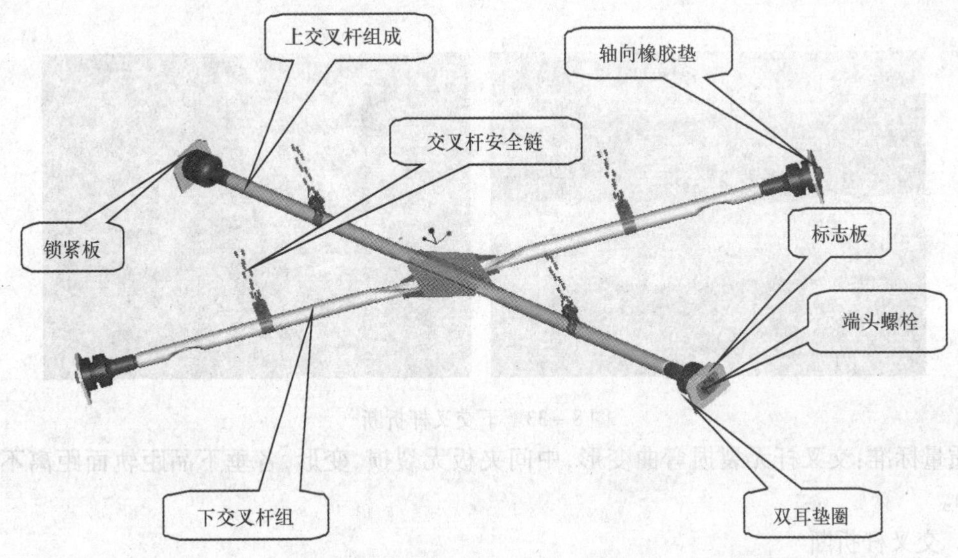

图 8－31　侧架弹性下交叉支撑装置结构图

简要说明:2007 年 4 月 21 日榆次运用车间榆西作业场丙班一组在技检 21023 次 8 道 56 辆时,检车员吴×发现机后 31 位 C_{64K}4803848,2 位交叉杆 8 位支承座开焊脱落扣修,如图 8－32 所示。

图 8－32　支承座开焊脱落

质量标准:交叉杆支撑座无裂损,端头螺栓无松动,防松垫止耳无折断,轴向橡胶垫无破损。

2. 下交叉杆折断

简要说明:2008 年 1 月 20 日太北运用车间太四作业场甲班一组组在技检 13513 次 4 道 48 辆时,检车霍××发现机后 23 位 C_{64K}4865789,1 位下交叉杆折断及时扣修,如图 8－33

所示。

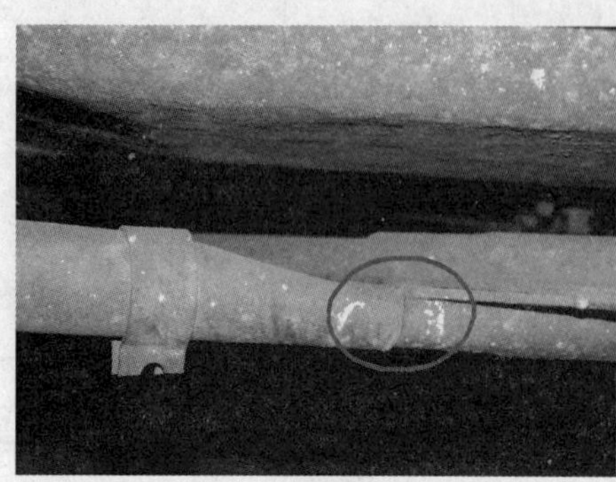
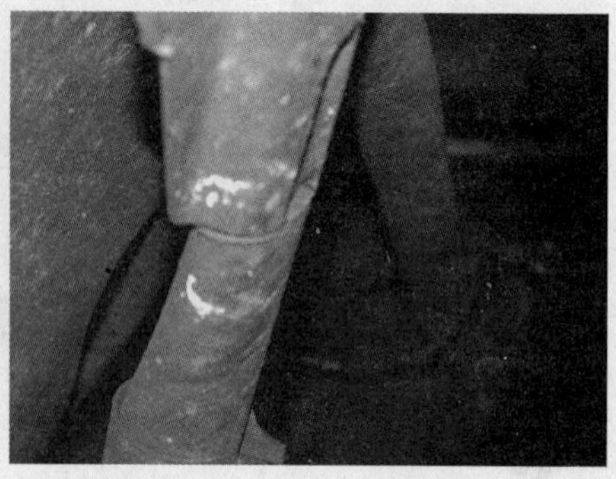

图 8 – 33　下交叉杆折断

质量标准:交叉杆无裂损弯曲变形,中间夹板无裂损、变形,各垂下品距轨面距离不小于 60 mm。

3. 交叉杆折断

简要说明:2008 年 2 月 23 日,侯北运用车间到达作业场甲班二组在技检 42009 次列车时,检车员李 × ×发现机后 33 位 C_{64K}4869758,2 位交叉杆折断,定检:厂 06. 3 沈厂、段 06. 3 沈厂修,扣修,如图 8 – 34 所示。

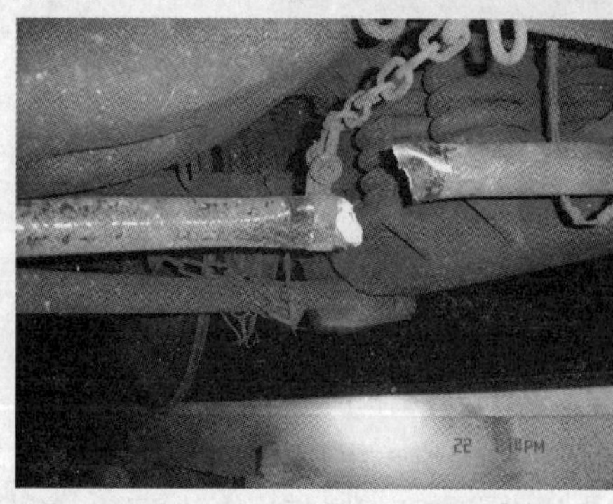

图 8 – 34　交叉杆折断

质量标准:交叉杆无裂损弯曲变形,中间夹板无裂损、变形,各垂下品距轨面距离不小于 60 mm。

4. 交叉杆弯曲严重裂损

简要说明:2008 年 7 月 30 日古交运用车间古交作业场丙班一组在技检 T47903 次 7 道 58 辆时,检车员李 × ×发现机后 57 位 C_{64T}4922351 一位交叉杆弯曲严重裂损,扣修,如图 8 – 35 所示。

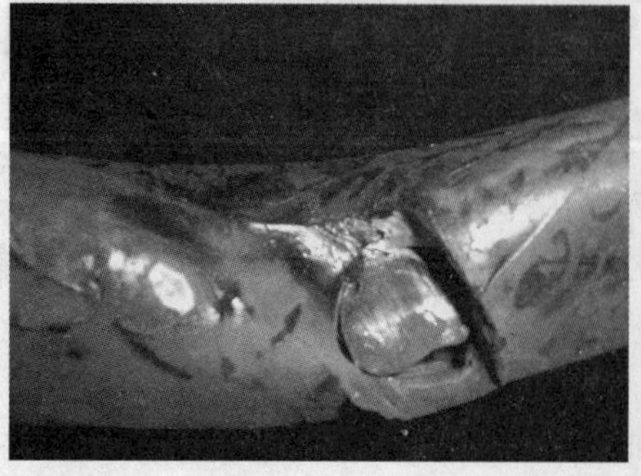
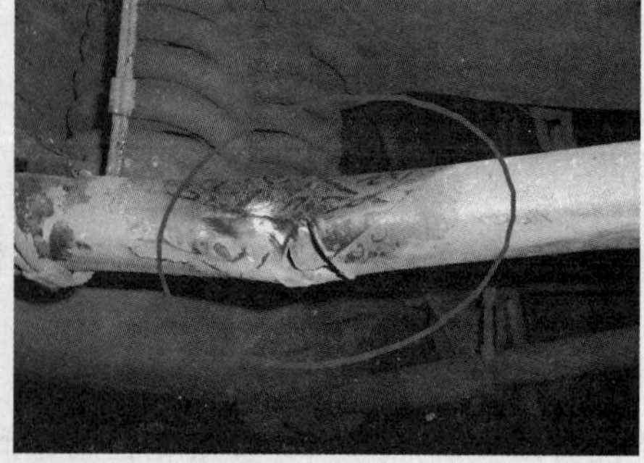

图 8 – 35　交叉杆弯曲严重裂损

质量标准：交叉杆无裂损弯曲变形，中间夹板无裂损、变形，各垂下品距轨面距离不小于60 mm。

5. 交叉支撑装置端头螺栓丢失，锁紧板、轴向橡胶垫丢失

简要说明：2009 年 9 月 22 日侯北运用车间到达作业场甲班二组在技检 12699 次 5 道 60 辆时，检车员李×发现机后 21 位 C_{64T}4922200，1 位交叉杆 3 位端头螺栓丢失，锁紧板、轴向橡胶垫丢失，扣修，如图 8－36 所示。

图 8－36　交叉支撑装置端头螺栓丢失，锁紧板、轴向橡胶垫丢失

质量标准：交叉杆支撑座无裂损，端头螺栓无松动，防松垫止耳无折断，轴向橡胶垫无破损。

6. 交叉杆下盖板裂

简要说明：2010 年 3 月 2 日古交运用车间玉门沟作业场丙班一组在技检 01831 次 7 道 55 辆时，检车员高××发现机后 19 位 C_{62BT}4669400 二位交叉杆下盖板裂 85 mm，扣修，如图 8－37 所示。

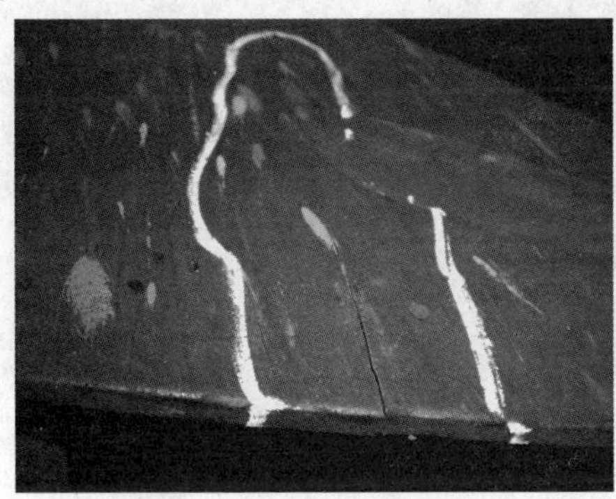

图 8－37　交叉杆下盖板裂

质量标准：交叉杆无裂损弯曲变形，中间夹板无裂损、变形，各垂下品距轨面距离不小于60 mm。

7. 交叉杆向上弯曲

简要说明：2010 年 4 月 29 日原平运用车间原平作业场甲班一组在技检 27081 次 9 道 40 辆时，检车员潘××发现机后 33 位 C_{70}1588141，2 位交叉杆向上弯曲 70 mm，扣修，如图 8－38 所示。

质量标准：交叉杆无裂损弯曲变形，中间夹板无裂损、变形，各垂下品距轨面距离不小于60 mm。

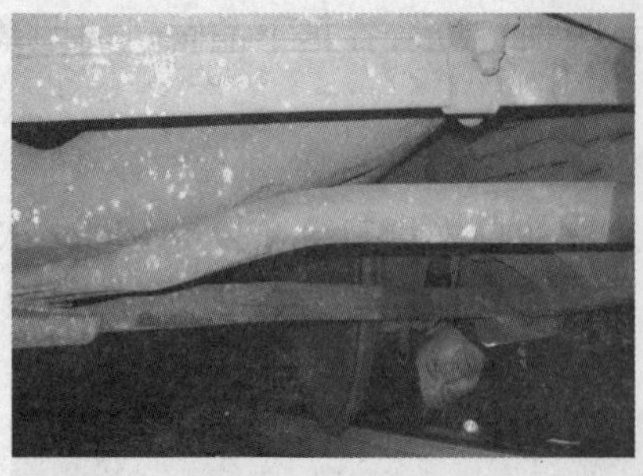
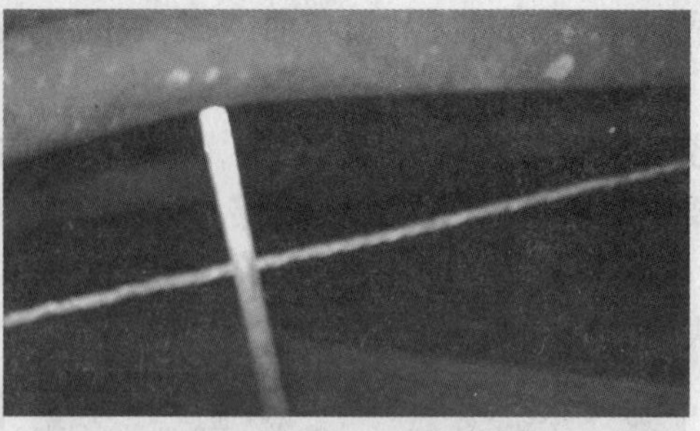

图 8－38 交叉杆向上弯曲

八、摇枕组成部分(图 8－39)

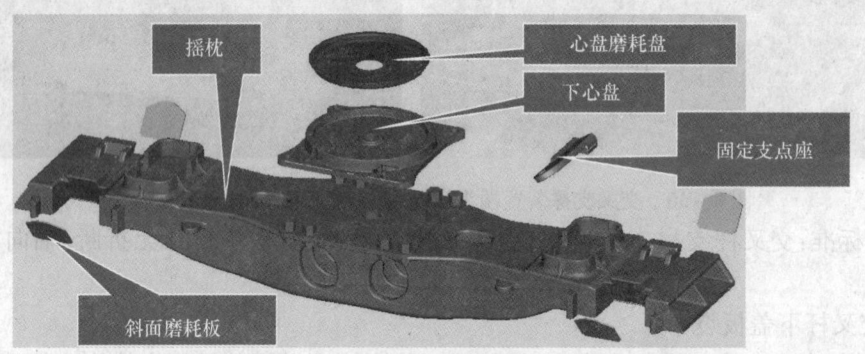

图 8－39 摇枕组成

发现摇枕故障小经验

钻车内,看两边;定心盘,是螺栓;
符规定,测游间;无松动,不折断;
旁承根,细心验;螺母失,要补全;
有裂纹,铁粉现;如折断,必更换;
枕中部,探身看;枕底部,不易检;
质粗糙,仔细辨;有疑问,不放宽;
疑铁水,是疑点;轴下钻,仰视看;
有裂纹,透锈斑;排水孔,四边缘。

1. 摇枕裂纹

简要说明:2009 年 10 月 21 日原平运用车间原平作业场甲班一组在技检 42091 次 12 道,编组 44 辆时,检车员刘××发现机后 23 位 GF_{70}0346671 一位摇枕裂纹 35 mm,及时扣车处理,如图 8－40 所示。

质量标准:摇枕无裂损。

2. 摇枕固定杠杆支点座破损

简要说明:2010 年 3 月 12 日古交运用车间古交作业场乙班一组在技检 T47936 次 8 道 49 辆时,检车员王××发现机后 22 位 C_{70}1636337,二位摇枕固定杠杆支点座破损,及时扣修,如图 8－41 所示。

质量标准:固定支点座、固定支点圆销及开口销无折损、丢失。

3. 摇枕斜锲摩擦面弯角处纵裂

图 8－40　摇枕裂纹

图 8－41　摇枕固定杠杆支点座破损

简要说明:2009 年 5 月 1 日太北运用车间太四作业场甲班夜班一组在技检 47763 次 8 道 50 辆时,检车员郑××发现机后 41 位 P_{62T}3113851,二摇枕斜锲摩擦面弯角处纵裂纹 56 mm,扣修,如图 8－42 所示。

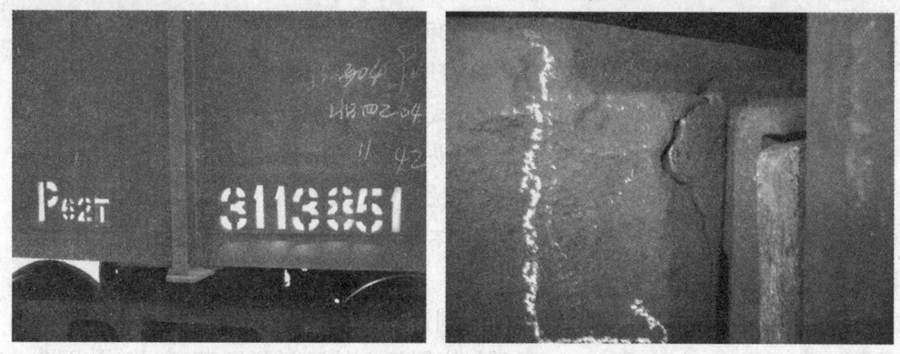

图 8－42　摇枕斜锲摩擦面弯角处纵裂

质量标准:摇枕无裂损。

4. 摇枕上端平面裂

简要说明:2010 年 8 月 7 日侯北运用车间下行作业场乙班三组在技检 J22623 次 4 道 61 辆时,检车员李××发现机后 28 位 C_{64K}4971351 二摇枕上端平面裂 30 mm,扣修,如图 8－43

所示。

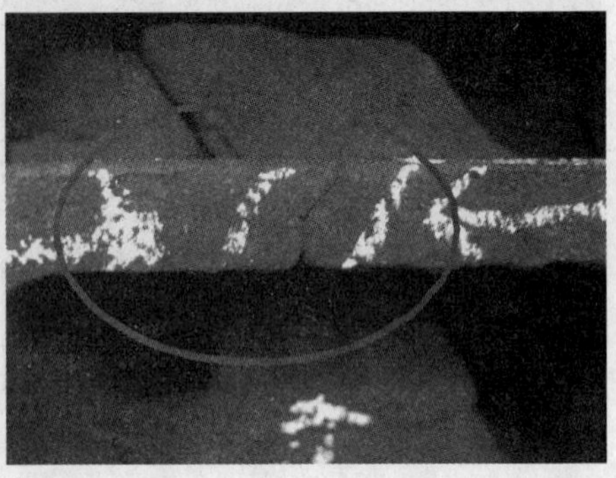

图 8-43 摇枕上端平面裂

质量标准:摇枕无裂损。

九、侧架组成部分(图 8-44)

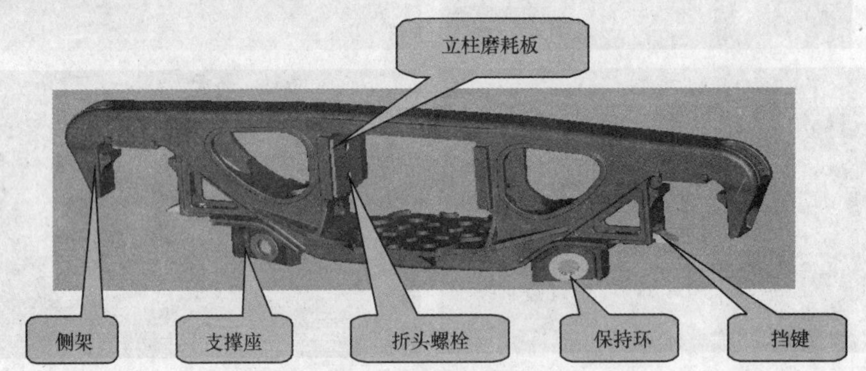

图 8-44 侧架组成

发现侧架故障小撬门

检侧架,分步看;AB 部,内外观;
按过程,抓重点;有补焊,是疑点;
内外移,看立面;有麻点,是缺陷;
导框裂,内角边;砂眼裂,常出现;
面对车,按部检;减振器,磨耗板;
三角孔,四边缘;易丢失,不漏检;
应力集,易折断;枕弹簧,位不偏;
内外柱,详细验;不窜出,无折断。

1. 侧架立柱磨耗板脱落

简要说明:2008 年 7 月 9 日侯北运用车间到达作业场甲班二组在技检 12103 次 6 道 49 辆时,检车员贾×发现机后 45 位 C_{62A}4512032 七位侧架立柱磨耗板脱落,扣修,如图 8-45 所示。

质量标准:侧架立柱磨耗板无丢失、窜出。

2. 侧架 A 部位裂

简要说明:2010 年 1 月 23 日榆次运用车间作业榆次二场丁班一组在技检 47770 次 5 道 50 辆时,检车员杨××发现机后 40 位一位台车 2 位侧架 A 部位裂 40 mm,扣修,如图 8-46 所示。

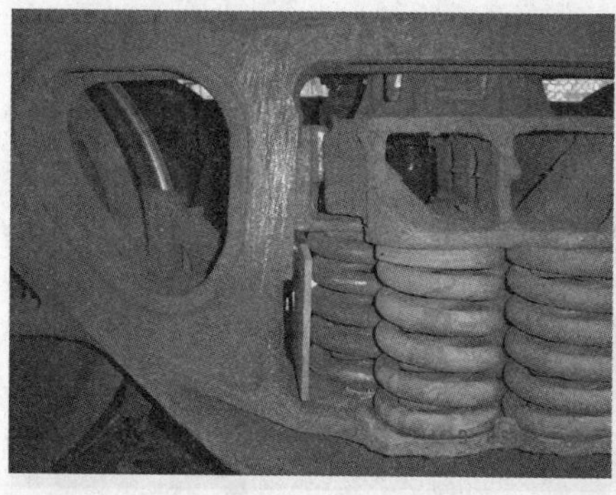

图 8-45　侧架立柱磨耗板脱落

图 8-46　侧架 A 部位裂

质量标准:侧架无裂损。

3. 侧架三角孔处裂

简要说明:2010 年 3 月 26 日太北运用车间太一作业场丙班一组在技检 47721 次 53 辆时,检车员张××发现机后 10 位 C_{64H}4201751 四位侧架三角孔处裂 29 mm 扣临修,如图 8-47 所示。

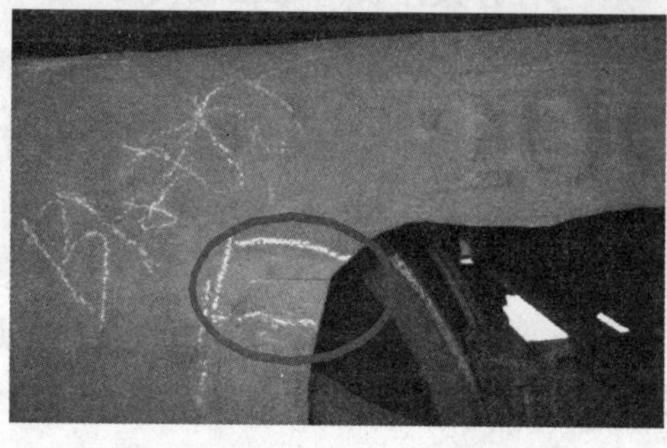
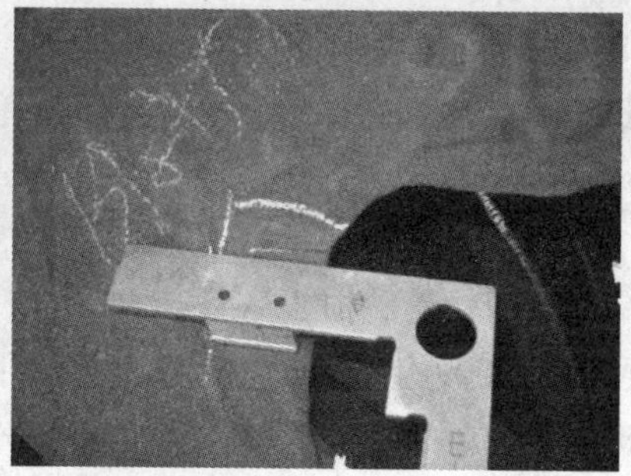

图 8-47　侧架三角孔处裂

质量标准:侧架无裂损

4. 侧架上弦梁裂

简要说明:2010 年 4 月 12/13 日 1 时 00 分,侯北运用车间曲沃作业场丙班技检 J30023 次 16 道 65 辆,检车员王××发现机后 54 位 C_{64K}4933876 四位侧架上弦梁裂 68 mm 扣修,如图 8-48所示。

质量标准:侧架无裂损。

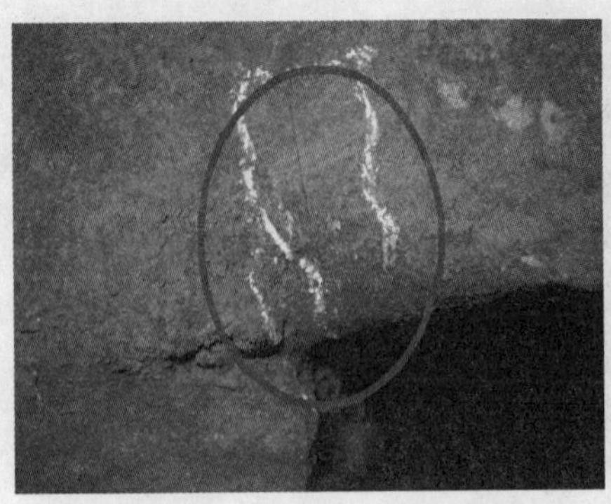

图 8 - 48　侧架上弦梁裂

十、弹簧托板组成部分

弹簧托板裂如图 8 - 49 所示。

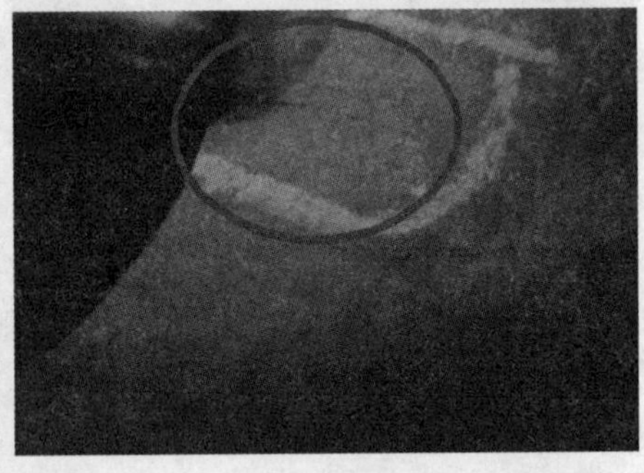

图 8 - 49　弹簧托板裂

简要说明:2010 年 1 月 6 日介休运用运用车间上行作业场乙班二组在技检 30002 次 5 道 56 辆时,检车员高 × × 发现机后 8 位 C_{64H}4200647 一位弹簧托板(2 位摇枕档处)裂 18 mm,扣修,如图 8 - 49 所示。

质量标准:转 K4、转 K5 型转向架弹簧托板无裂损。

十一、编织制动软管组成部分

1. 编织制动软管破损

简要说明:2009 年 5 月 6 - 7 日太北运用车间太四作业场丙班夜班一组在技检 42022 次 5 道 21 辆时,检车员魏 × × 发现机后 20 位一位编织制动软管破损及时更换处理,如图 8 - 50 所示。

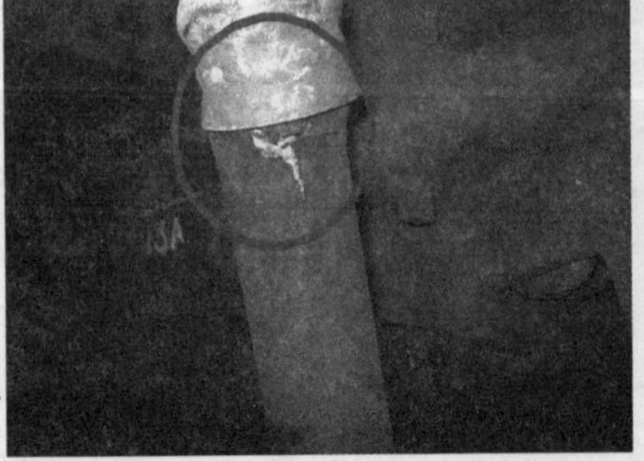
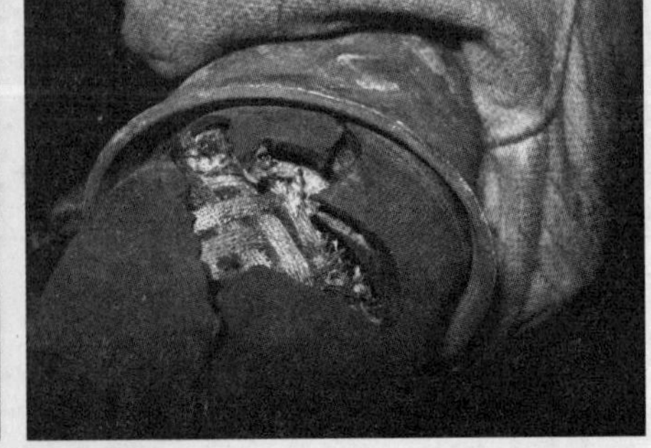

图 8 - 50　编织制动软管破损

质量标准:编织制动软管总成、折角塞门及把手无破损。

2. 编织制动软管总成虚接

简要说明:2010 年 6 月 27 日 15 时 06 分,侯北运用车间曲沃作业场丁班 TFDS 动态检车员梁 × ×作业 14621 次 3 道 66 辆,发现机后 5 位 C_{64K}4892149 现车 2 位(后钩)与机后 6 位 C_{64K}4835725 现车 1 位(前钩)编织制动软管总成虚接及时处理,如图 8 - 51 所示。

图 8 - 51　编织制动软管总成虚接

十二、枕簧组成部分

1. 枕簧窜出

简要说明:2010 年 7 月 11 日,侯北运用车间下行作业场丙班一组作业 12609 次 9 道 50 辆,雷 × ×发现机后 20 位 C_{64K}4850428 现车 1 位枕簧二组窜出,处理放行,如图 8 - 52 所示。

图 8 - 52　枕簧窜出

质量标准:车门无丢失、门轴销及开口销无丢失,摇枕无裂损,枕簧无折断、窜出、丢失,侧架无裂损,侧架立柱磨耗板无丢失、窜出,螺栓无松动,转 K4、转 K5 型转向架弹簧托板、摇动座无裂损。转8A型转向架重车枕簧折断每转向架不超过一个。

2. 枕簧折断两组

简要说明:2008年6月13日,侯北运用车间下行作业场丁班一组作业20025次6道65辆,贾××发现机后17位C_{64K}4824630现车四位枕簧折断两组,如图8-53所示。

图8-53 枕簧折断两组

质量标准:枕簧无折断、窜出、丢失,侧架无裂损,转8A型转向架重车枕簧折断每转向架不超过一个。

十三、底架各梁组成部分

1. 枕梁折断

简要说明:2008年2月18/19日侯北运用到达作业场丙班二组在技检23005次3道53辆时,检车员景××发现机后34位N_{17}5041071一位枕梁折断裂长度为225 mm及时扣修,如图8-54所示。

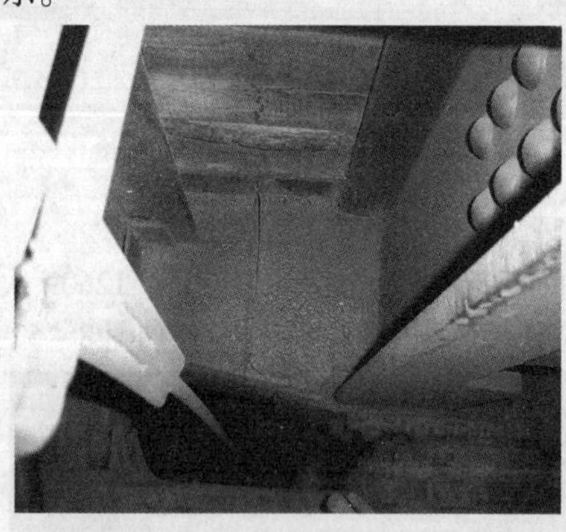

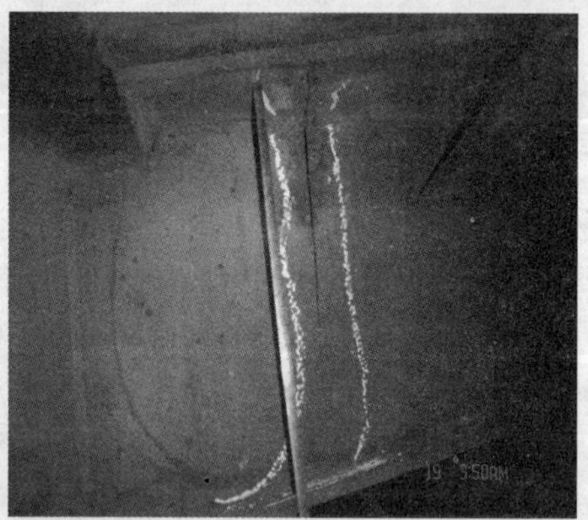

图8-54 枕梁折断

质量标准:枕梁、中梁、牵引部无裂纹。

2. 二位侧梁裂

简要说明:2009年4月8/9日太北运用车间太二作业场甲班二组在技检13512次3道54辆时,检车员王××发现机后54位C_{62BK}4654156二位侧梁裂50 mm扣修,如图8-55所示。

质量标准:中、侧梁下垂空车不超过40 mm、重车不超过80 mm,中部各梁无裂损。

3. 二位枕梁裂

简要说明:2009年9月13日古交运用车间古交作业场乙班一组在技检CTLF224次7道51辆时,检车员王××发现机后22位C_{62B}4659840,2位枕梁裂50 mm,扣修,如图8-56所示。

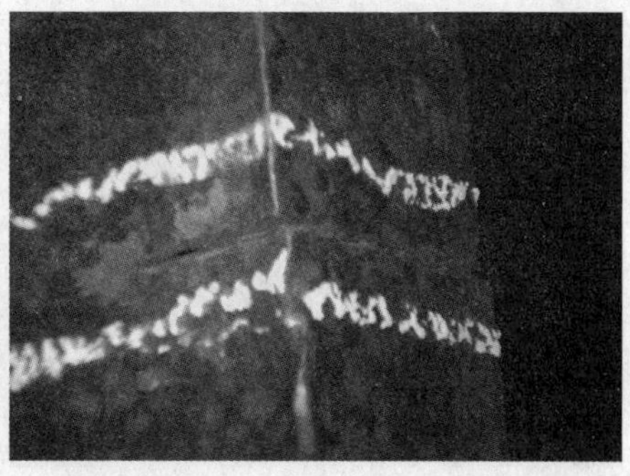

图 8－55　二位侧梁裂

图 8－56　二位枕梁裂

质量标准：枕梁、中梁、牵引部无裂纹。

十四、其他故障部分

列检安全“三字经”

检车员、安全经、头等事、铭记心；技规熟、行规清、运规明、业务精；
上班前、休息好、上班时、精神饱；值班员、勤提醒、安全员、莫忘记；
接车时、提前到、四同时、执行好；听广播、头脑清、报热轴、要记牢；
插号志、对股道、问值班、莫错了；钩缓部、上锁销、落锁位、最重要；
松余量、要充足、提钩杆、横移小；互钩差、七十五、钩耳处、要看到；
软管处、上下看、卡箍后、仔细瞧；钩尾框、后弯角、左右看、莫忘掉；
看摇枕、最重要、槽钢处、也要瞧；看支柱、三秒钟、三个面、过轴找；
轮踏面、要划圆、轮缘处、更重要；看侧架、各弯角、八秒钟、利用好；
看轴承、密封罩、螺栓端、要看好；制动机、配件全、关门车、早看到；
各缸处、螺栓牢、闸调器、性能好；试风时、看号志、臆测撂、麻烦到；
对号志、要确认、隔人对、决不饶；干完活、不要跑、送列车、也重要；
下班后、莫要慌、骑车时、要稳当；高兴来、安全归、全家人、心情好。

1. 制动缸吊架裂、制动缸固定支点杠杆吊架横裂

简要说明：2008 年 7 月 9 日侯北运用车间曲沃作业场甲班一组在技检 14556 次 9 道 62 辆时，检车员孔 × ×发现机后 45 位 C_{62BK}4643585 制动缸吊架裂 100 mm、制动缸固定支点杠杆吊架横裂 180 mm、纵裂 180 mm，进行了扣车处理，如图 8－57 所示。

质量标准：制动缸、副风缸、降压风缸、加速缓解风缸安装螺栓无松动、裂损、丢失。

图 8－57　制动缸吊架裂

2. 一位上杆折断

简要说明:2009 年 3 月 22 日侯北运用车间曲沃作业场甲班在技检 FT175 次 10 道 63 辆时,检车员崔××发现机后 30 位 C_{61}4303575,一位上杆折断(上杆与闸调器连接处,上杆搭在车轴上),及时进行处理,如图 8－58 所示。

图 8－58　一位上杆折断

质量标准:各拉杆、杠杆、固定支点座、固定支点圆销及开口销无折损、丢失。

3. 脱轨自动制动阀调节杆裂损

简要说明:2009 年 5 月 6 日介休运用车间孝西作业场乙班二组在技检柳 109 次 7 道 48 辆时,检车员韩××发现机后 9 位 C_{70}1587477 一位脱轨自动制动阀调节杆裂损扣修,如图 8－59 所示。

图 8－59　脱轨自动制动阀调节杆裂损

质量标准:脱轨自动制动装置无弯曲、裂损、丢失。

4. 脱轨自动制动阀装置顶梁裂损

简要说明:2009 年 5 月 21 日古交运用车间古交作业场甲班一组在技检 CT47930 次 6 道

52 辆时，检车员××发现机后 34 位 C_{70}1563630，2 位脱轨自动制动阀装置顶梁裂损及时处理，如图 8－60 所示。

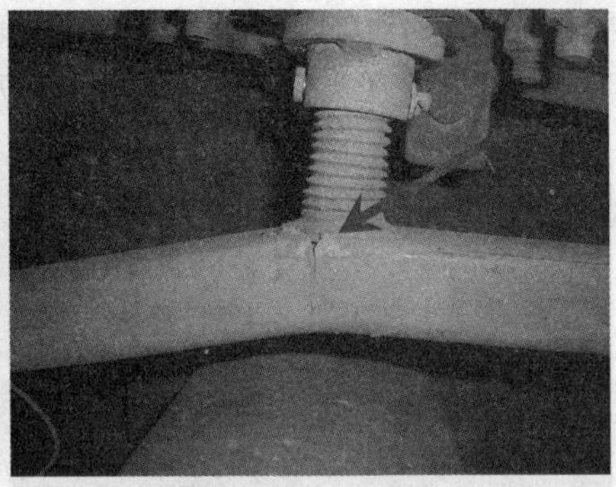

图 8－60　脱轨自动制动阀装置顶梁裂损

质量标准：脱轨自动制动装置无弯曲、裂损、丢失。

5. 一位上心盘裂

简要说明：2009 年 10 月 10 日介休运用车间孝西作业场乙班二组在技检柳 120 次 4 道 57 辆时，检车员郝××发现机后 13 位 C_{61}4308224，1 位上心盘裂 150 mm，扣修，如图 8－61 所示。

质量标准：上下心盘无窜出、裂损。

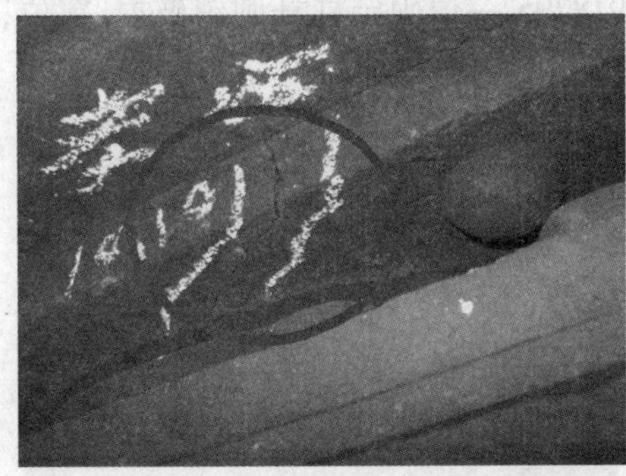

图 8－61　一位上心盘裂

6. 轴箱橡胶弹性剪切垫移位

简要说明：2009 年 10 月 14/15 日介休运用车间下行作业场甲班一组在技检 45003 次 9 道 43 辆时，检车员魏××发现机后 17 位 C_{61}4312363、C_{70}1553261 一位轴箱橡胶弹性剪切垫移位扣修处理，如图 8－62 所示。

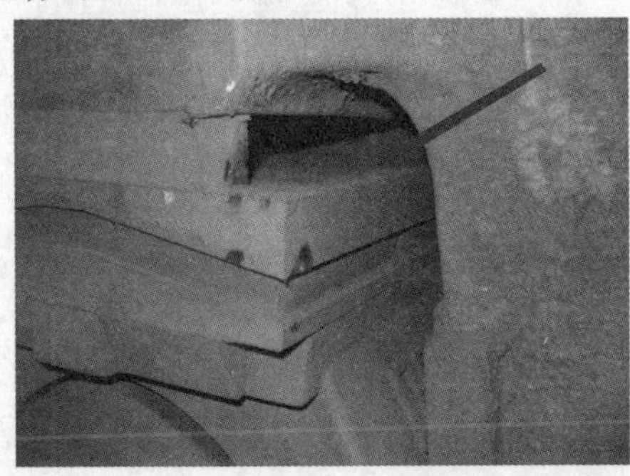
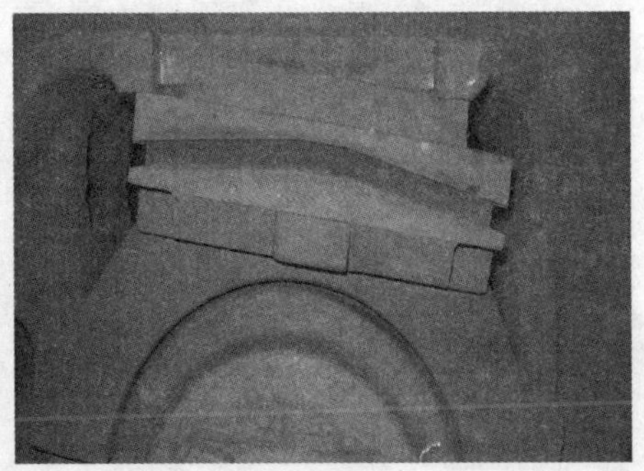

图 8－62　轴箱橡胶弹性剪切垫移位

质量标准:轴箱橡胶垫中间橡胶与上、下层板无错位,承载鞍正位无裂损。

7. 中立门折页破损

简要说明:2010 年 3 月 12 日古交运用车间古交作业场乙班一组在技检 T47936 次 8 道 49 辆时,检车员王 × ×发现机后 22 位 C_{70}1636337,二位中立门折页破损,及时扣修,如图 8 - 63 所示。

图 8 - 63 中立门折页破损

8. 固定杠杆园销破损、窜位

简要说明:2010 年 5 月 29/30 日古交运用车间古交作业场丙班一组在技检 CT47910 次 5 道 51 辆时,检车员周永平发现机后 20 位 C_{64T}4918795 一位固定杠杆圆销破损、窜位,及时处理,如图 8 - 64 所示。

图 8 - 64 固定杠杆圆销破损、窜位

第九章 铁路交通事故、行车设备故障调查与处理

第一节 铁路交通事故

一、货车运用部门参与铁路交通事故调查处理的基本概况及报告内容

事故发生地铁路局车辆处和车辆段，接到发生铁路交通事故的信息后，须立即了解和掌握事故的基本概况，并于事故发生后2 h内向铁道部主管部门报告事故基本概况，报告内容主要包括：

1. 事故发生的时间、地点、区间（线名、公里、米），列车种类、车次、机车型号、部位、牵引辆数、吨数，事故涉及的机车车辆数量、线路设备损坏程度，事故对铁路行车的影响等情况。

2. 列车始发车站，列车始发时的列检作业情况，本铁路局沿途5T系统探测和监测情况，以及其他需要报告的情况。

3. 到达事故现场后须立即对事故涉及的铁路货车进行检查，还须报告事故其他情况，包括损坏的铁路货车的车种车型车号、定检、编挂位置、货物装载，破损部件名称、部位及损坏程度，脱轨铁路货车在事故现场的位置描述。切轴事故还应报冷热别、滚动轴承标志板内容等情况。

二、货车运用部门参与铁路交通事故调查处理的基本要求

车辆处要组织车辆段积极参加本铁路局事故调查组活动，服从指挥，并应成立车辆事故调查分析小组，下设现场调查、铁路货车配件收集保管、后勤保障及与本铁路局安全监管办联系等若干小组，到达事故现场后立即开展事故调查，认真查找、分析和确认事故发生的原因。

1. 事故现场调查小组要在第一时间赶到事故发生地点，对事故现场、损坏铁路货车进行拍照、摄像、勘察、测量，对损坏铁路货车的技术状态进行全面调查，逐辆建档留存。收集与事故发生相关的证据材料和信息，包括检查脱轨点前方一定长度范围内的线路情况等。

2. 发生脱轨事故时，须调查脱轨的具体地点、第一脱轨车辆、轴位，并找到第一脱轨点，确认打击线路的痕迹或轨迹，对脱轨点前方（列车运行相反方向）一定长度的线路范围内有无机车车辆配件脱落、刮碰行车设备的痕迹等情况进行检查。对第一脱轨点车轮轮缘在钢轨上运行痕迹进行拍照和摄像，对脱轨铁路货车轮对等配件进行检查测量，并逐辆进行记录。

3. 发生配件脱落事故时，应确认线路上第一刮碰痕迹的地点，并前往配件脱落刮碰痕迹的地点前方线路进行勘察和寻找脱落丢失的配件。

4. 绘制事故现场线路、脱轨铁路货车位置、脱轨点、脱轨后运行轨迹和米数、配件散落地点等示意图。

5. 对货物列车事故所造成的铁路货车破损，须逐辆详细记录配件的损坏程度、弯曲及变形尺寸，并逐辆确定事故铁路货车的破损程度。

三、铁路货车行车设备故障的主要调查内容

车辆段调查人员到达故障发生或铁路货车停留地点后，须及时对铁路货车行车设备故障进行全面调查，主要内容包括：

1. 了解故障发生的时间、地点、车次、始发车站，列车运行正点时分、晚点时分及甩车时间，前方列检技术作业情况，本铁路局沿途5T探测和监测情况，以及运行情况。

2. 检查确认编组辆数、故障铁路货车的车种车型车号、定检、编挂位置、货物装载、破损部件名称、部位及破损程度，热轴故障还应记录滚动轴承标志板内容、轮轴技术状态等。

3. 查阅有关作业记录、台账资料、管理制度等。

四、因事故造成的故障铁路货车的处理要求

事故发生后，车辆段须及时组织事故发生地管辖货车运用车间的救援抢险队伍迅速赶往现场，按铁路局事故应急处理、救援起复等规定，服从指挥，配合实施救援抢险。铁路交通事故损坏的铁路货车、行车设备故障损坏的铁路货车及列车中的其他铁路货车，须由车辆部门检查处理或指导相关人员检查处理，其他部门不得进行处理。

第二节　行车事故（设备故障）调查处理办法

为积极应对铁路交通事故的调查和处置，对段管内发生的各类铁路交通事故（行车设备故障），调查处理中做到及时准确、程序化、规范化，根据部、局现行规章，结合路局要求和现场的实践经验，特制定车辆事故、设备故障调查处理办法，内容除基本调查内容外包括：各类铁路交通事故（行车设备故障）调查处置基本内容、处理办法、调查表格、相关尺寸限度标准等。

（1）车辆脱轨及车轮崩裂；

（2）车钩分离；

（3）车辆切轴、热轴；

（4）车辆抱闸、列车起非常；

（5）空气制动管系故障；

（6）车辆制动梁及下拉杆脱落；

（7）车辆大部件（车底架各梁、摇枕、侧架）折损；

（8）车辆火灾事故；

（9）车体、车门故障；

（10）制动不良造成列车冒进信号或列车放飏。

一、车辆脱轨及车轮崩裂

（一）调查、处置备品提示

1. 量具：轮径尺、内距尺、四种检查器、塞尺、卷尺、直尺、钩高尺、转向架检测样板（检修专职携带）。

2. 工具：救援包、救援工具箱（工具包）、起复工具、转向架拆解工具、切割工具、绘制现场草图用品等。

3. 车辆配件：按照现场需求配送。

（二）调查重点内容

1. 分析确定脱轨性质、状态：是列车脱轨还是调车脱轨；是全车脱轨还是一个转向架脱轨或一条轮对脱轨。观察并检查车轮脱轨点处轮缘与钢轨情况，区分车轮是爬上还是跳上钢轨，或是垫上钢轨，以及踏面掉下钢轨。

2. 脱轨车辆数及轴数，其中空重车别及空重车位置是否正确。

3. 查出车轮轮缘上轨、脱轨点，实测轮缘上轨处距脱轨处、脱轨处至车辆处的距离。

4. 向工务部门了解轮缘脱轨处线路的道床、枕木、钢轨、辙叉、岔尖及护轮轨的技术状态，含线路坡度、曲线半径或加宽、加高状态，以及限速要求等有关情况。如线路遭破坏，要实测脱轨处前后各 100 m 内的轨距尺寸做参考依据。

5. 检查脱轨轮对技术状态：轮缘外侧及顶部有无缺损，踏面有无缺损，如有缺损测量其长、宽尺寸及缺损部距相对轮缘外侧距离是否过限；测量轮对内侧距离，轮缘厚度，踏面圆周磨耗、擦伤、局部凹下深度及剥离长度是否过限。

6. 检查脱轨车辆其他各轮外观状态，测量各轮轮径尺寸是否符合配轮规定。

7. 检查脱轨车辆心盘和旁承间隙是否符合规定，车辆装载货物情况，车体倾斜、涨出有无过限。

8. 检查脱轨车辆及前部机车、车辆有无配件脱落；货物坠落及其他线路中间、两侧有无可疑障碍物，两旁有无侵入限界的建筑或堆放的物品。

9. 向司机了解：列车脱轨时其运行速度及操纵使用制动机情况，以及道岔、曲线限速要求等基本知识的掌握情况；调车脱轨时其调车速度，机调作业、车辆溜放速度，经过缓行器、减速顶速度及脱轨时其他情况。

10. 发生轮对崩裂时还应调查轴型及各部尺寸，轮饼制造钢印标记及各部尺寸，断轴部位尺寸及新旧痕比例，轴号，制造厂名，年月及组装钢印，探伤钢印，地点，日期等。

11. 事故现场拍照，必要时绘制草图。

（三）注意事项

1. 凡发生脱轨，轮对破损都必须绘制草图标明线路情况，脱轨点至脱轨处距离，新旧痕比例尺寸破损情况，脱轨车辆实际情况等。

2. 注意收藏车辆散落配件，并妥善保存。

3. 到达现场对脱轨轮对的各部尺寸要测量掌握，记载清以便速报。

4. 车辆损坏情况及如何造成的损坏要调查记载清楚。

5. “脱轨”系指机车车辆的车轮落下轨面（包括脱轨后又自行复轨），或车轮轮缘顶部高于轨面（因作业需要的除外）。每辆（台）只要脱轨 1 轮，即按 1 辆（台）计算。

6. 车辆轮对安全搭载量是指轮对内侧距离最小 1 350 mm，轮缘最薄 23 mm，轮辐宽为 135 mm当轮缘一侧紧靠钢轨时，搭载量为（1 350 + 23 + 135）m = 1 508 mm − 1 456 mm = 52 mm。现规定安全搭载量为 52 mm。正常情况下，内距小于 1 350 mm，轮缘厚小于 23 mm，轮辐宽小于 135 mm 均不能运行扣车。

7. 标准轮距，钢轨头部踏面向下 16 mm 范围内两轨间的最小距离，直线规定为 $\left(1\ 435\ {}^{+6}_{-2}\right)$ mm，曲线 1 435 mm，350 m > $R \geqslant$ 300 m、加宽 5 mm 为 1 440 mm，R300 加宽15 mm 为1 450 mm。

8. 机车车辆限界，最大高为 4 800 mm，钢轨水平上部 1 250 ~ 3 600 mm 范围内，其宽度为 3 400 mm，允许左右各加宽 100 mm，电力机车在距轨面高 350 ~ 1 250 mm 范围内为 1 675 mm

半径,其他半径 1 600 mm。

9. 对了解掌握的情况应及时向事故指挥部汇报所了解的情况,做到听现场事故指挥部命令。

10. 需换轮时,轮对尺寸必须测量标准,便于选配轮对。

11. 车轮刻打的标记在,轮辋的外侧面上,有制造年月、熔炼炉号、制造顺号。

12. 摇枕标记在,摇枕的内侧面,有铸造代号年月、制造顺号及长度。

13. 侧架标记在,摇枕上方,有铸造代号、侧架三角孔上方有年月及顺号。

14. 车辆脱轨后,严格按规定更换轮对退卸轴承,同时要将脱线全车的滚动轴承标板全部记载,脱轨轮对要做好标记,以便确认。

15. 对装载易燃、易爆、有毒、放射性、危险物品或隧道内救援时,应携带防尘、毒或防爆用品。

16. 对事故车辆前后关系车要重点检查。

17. 轮对有关规定限度、脱轨车辆技术状态调查表、车辆车轮崩裂调查表见表 9－1、表 9－2、表 9－3。

(四)应急处置

1. 发生车辆脱轨事故,段应急救援人员到达事故现场后,要迅速勘察事故现场,果断、快速、准确的拟订起复方案,由段现场指挥报段应急领导组组长和上级领导同意后,迅速开展救援起复。救援时应先将脱轨车辆与列车其他车辆分离,利用分部运行、后退、顶车推送、出动救援机车救援等多种方法,将脱轨车辆前、后的未脱轨车辆送入前、后方站内,清空其他车辆对起复的干扰。若脱轨事故影响邻线时,应首先对影响邻线的车辆进行起复或应急处置,尽快开通邻线,达到恢复邻线运行、降低事故影响或救援机车能够接近事故车辆、快速实施救援的目的。

2. 车辆脱轨,转向架未破损应采用人字型、组合式复轨器或逼轨器进行拉复,或采用液压起复机具顶复横移后使其复轨。

3. 脱轨车辆一组转向架破损不能起复,应卸空货物,采用液压起复机具将车辆顶起,车体两侧使用铁马或枕木支撑,清除破损转向架,安装简易台车,维持运行至隧道外方或前方站。

4. 如两组转向架破损或车辆翻斜时,在报请段应急领导组长与路局领导同意后,可直接利用拉翻法将脱轨车辆拉翻下路肩,尽快开通区间。

5. 列车在隧道内发生车辆脱轨且幅度较小时,以采取拉复法或顶复法起复为主;列车在桥梁上发生车辆脱轨时,因桥梁有护轨,不能进行拉复,幅度较小时,可采取顶复法起复。

6. 对装载易燃、易爆、有毒、放射性、危险物品的车辆进行起复作业前,必须研究制定保证人身安全和作业安全的措施后方准进行起复作业。在电网下起复车辆时,必须先申请接触网停电。利用顶复法起复车辆时,应首先将起复车辆与相邻车辆分离。

7. 遇有罐车脱轨,首先确认罐车的装载状态,区分空车、重车和半空半重车确定起复方案;半空半重车或重车起复时要采取防晃措施,起车时,动作不可过猛,防止液体晃动影响起复,横移时,动作缓慢平稳。

8. 因脱轨事故大多会对车辆钩缓装置产生破坏,导致钩缓装置破损、变形,在两车辆无法分开时,应采用切割法分离车辆。

9. 对起复后的车辆要进行全面的技术鉴定和整修,安装恢复钩缓连接,达到运行或限速运行的条件,填写有关票据、记录,回送站修所修复;必要时派员护送,监护运行。

表9－1　轮对有关规定限度

名称		原形(mm)	限度(mm)			备注
			段修	辅修	运用	
轮缘垂直磨耗不大于					15	以下使用车辆量具时必须测量3处以中间尺寸为标准
轮辋厚度 D、D_1,E型		65	28	24	23	测量时必须掌握四种检查器的三要素,轮辋内侧尺寸减去圆周磨耗,即为实际轮辋厚度
其他型		65	26	23	22	
轮缘厚度		32	26	24	23	三轴转向架及多轴转向架中间轮对轮缘厚度列检不掌握,原型23 mm,段修不小于17 mm。测量时要对70定位刻线
轮缘内侧缺损不大于	长度			30	30	
	宽度			10	10	
踏面圆周磨耗深度不大于			5	7	8	测量时,要对70定位刻线
踏面擦伤及局部凹下深度	滚动轴承		0.5	1	1	提速货物列车中的铁路货车≤0.5 mm。擦伤最深点尺寸减同一直线未擦伤尺寸即位实际擦伤尺寸
	滑动轴承		1	1	2	
踏面剥离长度	滑动一处时不大于		40	60	70	提速货物列车中的铁路货车,一处≤20 mm;二处(每一处均)≤10 mm。车轮踏面剥离测量方法按《运规》附件6
	二处时每处不大于		30	50	60	
	滚动一处时不大于		20	40	50	
	二处时每处不大于		10	30	40	
车轮直径差不大于	同轮对相对车轮的直径差、经旋修者不大于		1			测量前要效对轮径尺,不超过规定方可使用。车轮踏面旋销后留有黑皮时,按未经旋修限度执行
	未旋修者不大于		2			
	装用交叉杆及运行速度为120 km/h的同一转向架的轮径差不大于		15			
	其他型转向架		20		25	
	装用交叉杆及运行速度为120 km/h的同一车辆的轮径差不大于		30			
	其他型转向架		40			
踏面缺损,相对车轮轮缘外侧至缺损部之距离			1 508	1 508	1 508	从缺损部内侧边缘起测量,指缺损后之轮辐宽加内侧距离再加相对车轮轮缘厚度之和,现掌握《运规》1 508 mm相加的限度过限都不能运行
缺损部之长度			150	150	150	沿踏面圆周方向测量
轮对内侧距离3处差不大于		1	3	3	≤3	3点最大差
车轮外侧辗宽不大于			5			四种检查器配合直板尺测量
轮对内侧距离轮辋宽135 mm及以上者	最大	1 355	1 356	1 356		列检测量时掌握:(1 353±3)mm
	最小	1 351	1 350	1 350		
轮缘高度		27				测量高度尺寸为:原形加圆周磨耗或减负数圆周磨耗,即位轮缘高度实际尺寸
交叉杆弯曲	转8G、转8AG、转K2		20		20	上下左右不相加,指最大弯曲处,磨耗不大于3 mm
车轮辐板孔边缘周向裂纹					≤30	

表 9-2 脱轨车辆技术状态调查表(背面)

车间: 调查人员: 调查时间:

<table>
<tr><td rowspan="8">车辆基本情况</td><td>车次</td><td colspan="3"></td><td colspan="2">编组辆数</td><td></td><td colspan="2">编挂位置</td><td colspan="2"></td></tr>
<tr><td rowspan="2">车种车型车号</td><td colspan="2"></td><td>轴数</td><td></td><td>自重</td><td></td><td>载重</td><td></td><td>换长</td><td></td></tr>
<tr><td>配属</td><td></td><td>制造单位</td><td colspan="3"></td><td colspan="2">是否关门原因</td><td colspan="2"></td></tr>
<tr><td>定检标记</td><td>厂修</td><td>周期： 年</td><td>段修</td><td colspan="2">周期： 年</td><td>辅修</td><td>周期： 年</td><td>临修</td><td></td></tr>
<tr><td>临修施修部位</td><td colspan="10"></td></tr>
<tr><td>转向架型号</td><td colspan="3"></td><td>制动阀型式</td><td colspan="2"></td><td colspan="2">空重阀型</td><td colspan="2"></td></tr>
<tr><td>闸调器型号</td><td colspan="3"></td><td>车钩型号</td><td colspan="2"></td><td colspan="2">缓冲器型号</td><td colspan="2"></td></tr>
<tr><td>货物品名</td><td colspan="3"></td><td>发站</td><td colspan="2"></td><td colspan="2">到站</td><td colspan="2"></td></tr>
</table>

	项目	1位	2位	3位	4位	5位	6位	7位	8位
轮对情况	方位								
	车轮标记								
	轮径								
	内侧距离								
	轮缘厚度								
	垂直磨耗								
	轮缘内侧缺损								
	圆周磨耗								
	踏面擦伤								
	踏面剥离								
	踏面缺损								
	轮辋厚度								
	其他								

		项目	1位	2位	3位	4位	5位	6位	7位	8位
轴承	标志板	A								
		B								
		C								
		D								
	施封锁									

续上表(背面)

转向架情况		位置	制造厂及代号	编号	铸造年月	选配号码	良好否(裂、折、过期)
	侧架	1位					
		2位					
		3位					
		4位					
	摇枕	位置	制造厂及代号	编号	铸造年月	良好否(裂、折、过期)	
		1位					
		2位					
	交叉杆	位置					
		1位					
		2位					

旁承游间	1位转向架		2位转向架	
	左侧1位	右侧2位	左侧3位	右侧4位

制动梁	位置	型式	检修单位、日期	序号	技术状态
	后台1位				
	后台2位				
	前台3位				
	前台4位				

心盘	中心销		垫板		螺栓		上下心盘裂损磨耗	
台车定位	立柱磨耗板		摇枕挡		斜锲		枕簧	

承载鞍	项目	顶面磨耗	导框挡边内侧磨耗	导框底面磨耗	鞍面径向磨耗	推力挡肩距	垫板磨耗
	1位						
	2位						
	3位						
	4位						
	5位						
	6位						
	7位						
	8位						

其他情况	不在上述范围内,需说明的问题	鉴定意见	

表9－3 车辆车轮崩裂调查表

车间： 调查人员： 调查时间：

一、概况

发生时间： 年 月 日 时 分

发生地点： 线 站至 站间 公里 米处，是否过曲线、道岔 是否施工由列检所发出的距离

列车概况：车次 本务机车型号（所属段） 编组辆数 牵引吨数 计长
运行速度 车轮崩裂方位 颠覆辆数 脱轨辆数 崩裂后走行距离
车辆破损：报废 辆 车种车型车号： 大破 辆 车种车型车号：
中破 辆 车种车型车号： 小破 辆 车种车型车号：

关系人员及单位：司机 车站值班员

二、车辆鉴定情况

车种车型车号	编挂位置	厂修	段修	辅修	临修

转向架	轴数	轮对型号	阀型	自重	载重	限增 禁增	旁承游间	是否关门

装载物品：品名 发站 到站 装载吨数：货票 实际 装载状态及检斤

崩裂车轮技术状态：

制造年月	车轮型号	制造厂代号	熔炼炉罐号	车轮顺序号	检验人员标记	轮对组装单位及标记	轮对组装日期

轴号	轮径	内侧距离	擦伤剥璃	踏面缺损	轮缘厚度	轮缘内侧缺损	轮辋厚度

轴承标志板	A栏	B栏	C栏	D栏

确认车轮（轮辋、轮座、轮毂、辐板）崩裂部位及尺寸；

新旧痕百分比：疲劳源 扩展区 瞬断区

查阅有关检修轮对卡片、车统—50、轮对探伤记录、探伤设备灵敏度试验记录

绘制事故现场示意图和崩裂部位及散落配件位置示意图

其他需说明情况

三、前方列检作业情况

作业单位： 车辆段 列检所 班 组 对

技检情况：车次 股道 辆数 列车性质 编组位置 作业人员：左 右

技检时间： 月 日 时 分至 月 日 时 分 简便人员：前
简便时间： 月 日 时 分至 月 日 时 分 后
开车时间： 月 日 时 分 送车人员左 右

车辆配件检修、更换情况：

查阅有关车统—15、车统—14、车统—81等检修记录

四、鉴定意见：

二、车钩分离

(一)调查、处置备品提示

1. 量具:钩高尺、卷尺、直尺、车钩检查样板尺。

2. 工具:救援包、救援工具箱(工具包)、扁铲(大、小)、拔销器、铁线、绘图用品。

3. 车辆配件:制动软管、钩舌、锁销、锁铁、推铁、钩舌销、开口销等。

(二)车钩自动分离时调查

1. 车钩型号和作用别。

2. 分离时两连接车钩所处状态,一般开锁状态的车钩是造成分离的车钩。

3. 检查造成分离的车钩的钩提杆有无弯曲、变形或别劲,下作用的钩提杆是否脱槽,杆与坐槽间隙是否符合规定,钩提杆有无绳索捆绕,钩提杆链松余量是否符合限度要求,钩舌圆销有无丢失或折断,钩舌销孔磨耗是否过限。

4. 测量两连接车钩高度和互钩差是否符合规定。

5. 检查上作用钩锁销杆能否落实,下作用锁销杆有无卡死,锁铁下脚是否露出,托起钩锁移动量是否符合规定。

6. 车钩三态作用是否良好,测量开、闭锁位时钩舌与钩腕内侧距离是否过限。

7. 车钩分解检查:钩舌磨耗是否过限,钩锁脚是否弯曲,钩舌推铁有无变形,钩腔内防跳台磨耗是否过限。

8. 钩缓装置状态。

9. 分离时地段的线路(坡度、曲线半径)及路基情况。

10. 列车在分离前的运行途中有无被障碍物撞打痕迹,停留时有无人员钻车钩底下或从车钩上面跨过。

(三)车钩破损分离时调查

1. 车钩型号和作用别。

2. 破损部位:断面处磨耗是否过限,断裂处长、宽、深或半径等尺寸。

3. 断面状态:是铸造缺陷(砂眼、夹渣或气孔)还是裂纹断钩,其新旧痕的百分比。

4. 铸造缺陷车钩的铸造时间、编号及铸造厂代号。

5. 钩缓装置状态。

6. 司机牵引操纵及线路情况。

(四)应急处理

1. 处理分离故障,赶赴现场应急救援人员要根据事先得到的现场状况及车辆类型,准备一定数量的救援材料、配件。

2. 发生车钩自动分离时,应急救援人员首先要确定自动分离的原因,判断故障车钩,对于因车钩闭锁位超限造成的自动分离,一般可通过更换钩舌的方式加以解决;对于因防跳不良造成的分离,在车钩连挂后,将故障车钩的锁铁下脚用铁丝捆绑或插设好车钩防跳止销;对于因互钩差超限引起的分离,只要调整两连接车钩的钩身垫板数量即可;对于因缓冲器失效造成分离,可以通过拆卸提钩链并用铁丝捆绑锁铁脚的方法应急处置,开通区间。

3. 发生车钩破损分离时,可根据车钩破损情况分别采取不同方法进行处理。

(1)属于车钩钩腔内部配件(锁铁、钩舌)破损的,只要更换配件即可(备用配件不足可使用机车或车辆尾部的车钩配件);属于外部钩提杆、钩提座破损、脱落造成的分离,可以通过拆除或用铁丝牢固捆绑的方法进行应急处理。

(2)车钩、尾框、从板座、牵引梁破损造成分离时,一般应采取分部运行或顶车推送的方法送入站内再彻底处理,特殊情况也可通过更换相应配件或拆下基础制动杠杆连接的后限速运行的方式处理。

4. 车钩破损使用基础制动装置连接方法

(1)在列车后部连挂时可拆下两个固定支点及杠杆,将其用原销相互连接后分别固定在两个钩尾上,使其相互连接。

(2)在列车中部连挂时,除按上述方法处理后,还要加装一个下拉杆,用圆销将其固定在两钩尾框的立面上。

(3)在列车前部连挂时,将两个移动杠杆穿入两钩尾扁销孔内用手闸链捆绑在钩尾框上,同时将两个下拉杆分别用圆销连接在移动杠杆上。

(4)紧急处理时也可将两个钩尾扁销落下一部分,用手闸链或铁线吊挂于钩尾框上,然后把下拉杆固定支点以圆销连挂于钩尾扁销上即可。

5. 钩托梁(板)脱落时的处理方法

钩托梁脱落时,可在分离出将车钩用撬棍抬起,再用螺栓紧固或闸瓦插销插入螺栓孔内,再将闸瓦插销打弯,方可运行。上作用车钩要将马提环和锁销分离,下作用要将钩体杆与下钩锁销分开,以免再开车时造成列车分离。

6. 钩尾扁销及螺栓丢失时的处理方法

在中途卸下移动扁铁,将其插入钩尾扁销孔内,再用铁丝捆绑固定。也可卸下最后最后一辆车的钩尾扁销及螺栓,更换后运行至前方列检彻底处理。

7. 列车在途中某一辆车钩及缓冲器全部被拉出时的处理方法

(1)先与临近车站及司机、车长联系,采用分割运行的方法,将列车分作两次拉进两头或一头的车站,并将故障车辆甩下后继续运行,以不影响正线行车为目的。

(2)将甩下的故障车关闭截断塞门,停止该车的自动制动机作用,挂于列车尾部送就近列检所或车辆段修理。

(3)就地进行处理。

8. 装载跨装货物的平车未安装车钩缓冲停止器而引发列车发生自动分离时,如发生货物位移,必须想办法牵引运行到最近到站,并通知车站进行整装或倒装处理后,安装车钩缓冲停止器后再运行。

9. 注意事项

(1)处理前必须设防护信号或设专人瞭望,并要与司机车长及有关人员加强联系。处理时要判断准确,首先要搞清开钩前后位置,然后再行动,动作果断,精神集中,随时注意邻线来往车辆。处理完毕后,要加强联系,撤除防护,对所卸下的车钩要放置安全可靠地点,不得置放于道心、枕木头等不安全处所。

(2)对于分离后的车钩在连挂前,要认真确认车钩的锁闭位良好,在重新连挂后,必须要使用铁丝将两连接车钩的锁铁下脚进行牢固捆绑或插设状态良好的防跳止销,坚决防止出现二次分离。对其他卸下配件的车辆必须进行捆绑,防止其他配件脱落。

(3)破损车钩及配件要妥善保管全部带回,必要时要绘图。

(4)发生分离后的车辆,到达列检作业站,要进行全面的调查和彻底的处理,同时将两连接软管进行更换。

(五)车钩有关限度及尺寸、列车自然分离车钩缓冲装置状态调查表

车钩有关限度及尺寸、列车自然分离车钩缓冲装置状态调查表见表9－4、表9－5、表9－6。

表9－4　车钩有关限度及尺寸　　单位：mm

序号	名称		原型	段修	辅修	运用	备注
1	13号钩舌与钩腕内侧距离不大于	闭锁位置	112～122	130	133	135	13A、13B号运用限度≤132
		全开位置	220～235	245	248	250	13A、13B号运用限度≤247
2	钩提杆松余量			45～55	45～55	40～55	新出厂段修车30～50横移量不大于50
3	下作用钩提杆座凹槽间隙		2	2	3		
4	上作用车钩钩提杆左右横动量			30～50	30～50		当车钩纵向中心与车体纵向中心重合时，以上锁销孔纵向中心与钩提杆头部纵向中心重合为基准
5	钩提杆孔与上锁销孔垂直线的前后水平距离不大于				45		钩提杆头部位于上锁销孔后侧
6	冲击座裂纹				30		运用掌握30
7	钩舌与上钩耳最大间隙		2	8	10		可在下钩耳处加垫调整
8	钩舌销与钩耳孔或钩舌销孔的间隙	13号		6	7		13号车钩按短径计算
		其他		4	5		
9	钩尾扁销螺栓直径磨耗		20	2	2		运用发现弯曲时更换
10	钩身弯曲			10	13		
11	钩尾框磨耗	框身厚度		3	6		测量时比照未磨耗部分测量
		其他部分		4	6		
12	钩身上部与冲击座或与挡间隙不小于			10	8		
13	车钩高度	空车最高	890	890	890	890	C_{70}、C_{80}、X_{1K}、C_{63}、守车最高880；守车最低860，行邮、行包专列车钩最高不得大于890，互钩差不大于45
		空车最低	870	870	870	835	
		重车最低				815	
14	防跳间隙	13号和13A号上作用		3～11	3～12	3～12	其他型号：运用为3～15
		13号和13A号下作用		3～22	3～22	3～22	17号为6.5～14.5
15	两连接车钩中心水平线高度之差不大于					75	
16	防跳台距上锁销孔上缘磨耗		55	52	52		
17	上锁销孔纵向磨耗		66	69	69		
18	钩锁承台高度			45	45		
19	钩锁承台搭载量最小宽度		29	26	26		
20	钩舌尾部后侧至钩舌锁面的距离		170	167			
21	锁铁厚度磨耗	A部平面	99	74			
		B部突起面	101	76			
22	锁销杆	锁销杆头部长度	24	22			
		挂钩口弧面顶到销杆头部	105.5	105.5			
		全长	165	165			
		挂钩上圆	*R*14	*R*14			
23	钩锁铁挂轴磨耗			2			
24	钩舌连挂面及内侧S面磨耗			68			用样板、塞尺，如超过4过限
25	钩舌磨耗厚度		72	68			小于68时过限

表 9－5　16、17 号车钩缓冲装置检修有关限度表　单位：mm

序号	名　称	原 型	段 修	备　注
1	钩尾端部与钩尾销孔后边缘的距离不小于	89	83	钩尾端部与钩尾销孔边缘的距离小于 77 时更换
2	闭锁位置时钩舌内侧面与钩体正面距离不大于	82 ~ 89	97	运用限度：≤100
3	全开位置时钩舌内侧面与钩腕内侧面距离不小于		219	运用限度：≥222
4	钩舌销孔径向磨耗不大于	42	2	
5	17 号锻造钩尾框磨耗不大于 (1)框身厚度 (2)其他部位	 28	 3 4	
6	17 号车钩钩体尾端高度	171.5	≥166	
7	17 号钩尾销孔中部长轴磨耗	110	≤2	
8	17 号钩尾销孔中部短轴磨耗	94	≤2	
9	17 号钩耳孔长径磨耗	45.5	≤3	
10	17 号钩耳孔短径磨耗	44	≤3	
11	17 号车钩连锁套头磨耗深度	174	≤6	
12	17 号车钩连锁套口磨耗深度	186	≤6	
13	钩舌外胀	—	≤6	
14	16 号钩舌鼻部磨耗	—	≤5	
15	16 号钩舌锁面磨耗厚度	163	≤3	
16	16 号钩舌钩锁坐入量	58 ± 1.4	≥45	
17	16 号钩舌销孔直径磨耗	$\phi42$	≤2	
18	16 号钩锁厚度	$84^{+1}_{-0.5}$	原型	
19	16 号钩舌推铁弯曲变形	—	原型	
20	17 号下锁销杆防跳台磨耗	—	原型	

表 9－6　列车自然分离车钩缓冲装置状态调查表

调查车间：　　　　调查人：　　　　调查时间：　　年　　月　　日

<table>
<tr><td colspan="2">发生时间</td><td colspan="2">列车开行时间</td><td>车次</td><td colspan="9">发　生　地　点</td></tr>
<tr><td colspan="2">年　月　日　时　分</td><td colspan="2">年　月　日　时　分</td><td></td><td>线别</td><td></td><td>区间</td><td></td><td>坡度</td><td>‰</td><td>是否过曲线、道岔</td><td>曲线半径</td><td></td></tr>
<tr><td rowspan="2">故障车概况</td><td>车种、车型、车号</td><td>车钩位数</td><td>车钩型号</td><td>编挂位置</td><td colspan="3">厂修</td><td colspan="4">段修</td><td colspan="2">辅修</td></tr>
<tr><td></td><td></td><td></td><td></td><td colspan="3">单位　、　年　月</td><td colspan="4">单位　、　年　月</td><td colspan="2">单位　年　月　日</td></tr>
<tr><td rowspan="2">关系车概况</td><td>车种、车型、车号</td><td>车钩位数</td><td>车钩型号</td><td>编挂位置</td><td colspan="3">厂修</td><td colspan="4">段修</td><td colspan="2">辅修</td></tr>
<tr><td></td><td></td><td></td><td></td><td colspan="3">单位　、　年　月</td><td colspan="4">单位　、　年　月</td><td colspan="2">单位　年　月　日</td></tr>
<tr><td rowspan="2" colspan="2">故障车货物装载情况</td><td>重</td><td>空</td><td colspan="2">品名</td><td rowspan="2" colspan="3">关系车货物装载情况</td><td>重</td><td>空</td><td colspan="3">品名</td></tr>
<tr><td></td><td></td><td colspan="2"></td><td></td><td></td><td colspan="3"></td></tr>
<tr><td colspan="6">钩身</td><td colspan="3">钩舌销</td><td colspan="5">钩舌</td></tr>
<tr><td>制造单位日期</td><td colspan="2">裂纹、破损位置及长度</td><td>钩身弯曲</td><td>钩腔内侧壁磨耗</td><td>钩腔内防跳台磨耗</td><td>弯曲</td><td colspan="2">断裂后剩余长度</td><td colspan="2">制造单位日期</td><td>钩锁承台磨耗</td><td>钩舌S面磨耗</td><td>裂纹长度</td></tr>
<tr><td></td><td colspan="2"></td><td></td><td></td><td></td><td></td><td colspan="2"></td><td colspan="2"></td><td></td><td></td><td></td></tr>
<tr><td colspan="9">车钩组装后相关尺寸</td><td colspan="5">其他附属配件</td></tr>
<tr><td colspan="2">钩舌与钩腕内侧距离</td><td rowspan="2">防跳间隙</td><td rowspan="2">钩提杆链松余量</td><td rowspan="2">上作用钩提杆横向移动量</td><td rowspan="2">上作用钩提杆头与锁销杆顶部的纵向位移</td><td rowspan="2">车钩高度（互钩差不大于 75 mm）</td><td rowspan="2">钩舌销孔套与钩耳孔套状态</td><td rowspan="2">下作用钩提杆与座槽间隙</td><td rowspan="2">上锁销孔磨耗</td><td rowspan="2">锁铁立面磨耗</td><td rowspan="2">锁铁导向角磨耗</td><td rowspan="2">锁铁挂轴磨耗</td><td rowspan="2">锁销杆长度磨耗
上锁销杆挂钩磨耗</td></tr>
<tr><td>闭锁位</td><td>全开位</td></tr>
<tr><td rowspan="2"></td><td rowspan="2"></td><td rowspan="2"></td><td rowspan="2"></td><td>向左　｜　向右</td><td rowspan="2"></td><td>故障车　｜　关系车</td><td rowspan="2"></td><td rowspan="2"></td><td rowspan="2"></td><td rowspan="2"></td><td rowspan="2"></td><td rowspan="2"></td><td rowspan="2"></td></tr>
<tr><td></td><td></td></tr>
</table>

三、车辆切轴、热轴

(一)调查、处置备品提示

1. 量具:轮径尺、四种检查器、点温计、轴温诊断仪、塞尺、卷尺、直尺。

2. 工具:CD抬轮器、救援包、救援工具箱(工具包)、千斤顶、木板垫木、套筒扳手、轴颈探伤钩、甘油或肥皂、轴油、黄油、水桶。遇切轴事故时,还应携带起复工具、转向架拆解工具等。

3. 车辆配件:按照现场需求配送。

(二)调查的基本内容

1. 性质:冷切、热切、燃轴、热轴。

2. 轴型:滚动、滑动。

3. 停车地点距前方发车列检所及最近红外线探测站的距离,列车运行速度。

4. 事故(故障)发生后列车走行距离。

5. 装载货物吨数(货票记载、实践)及装载情况,有无偏重、超载及集重情况。

6. 切轴位轮对方位、轴号,车辆制造年、月、日及单位,轮对第一次、最后一次组装及检修的年、月、日及单位;车轴切断部位轴头断掉和剩余部位的形状、长度、断口状态、尺寸及裂纹分层情况,以及新旧痕尺寸及比例等情况;切轴轮对踏面擦伤、缺损、局部凹入及剥离等情况,早期甩油情况。

7. 轴箱导框、摇枕挡间隙及轴距、对角线是否超限,心盘垫是否破损、松动,以及旁承间隙情况。

8. 事故(故障)车辆其他轮对情况。

9. 红外线探测轴温及预报情况。

10. 滚动轴承发生切轴另需查明:切轴端轴承型号,新造、大修或一般检修的年、月、日及单位,轴承压装年、月、日及单位;切轴轮对两侧轴承标志及板标记;切轴轴承内外圈、滚子保持架、中隔圈、前盖、后挡、承载鞍损坏程度;轴承残骸数量及状态;以及颠覆、脱轨辆数。

(三)调查时注意事项

1. 热轴车检查鉴定,按照"听、看、摸、捻、转、诊、鉴"的鉴定要求,结合"5T"机检数据,遵循共同会诊、"人机结合"、综合判断、妥善处置的原则,坚决不放技术状态不良车。调查处理要果断迅速,开通时间放在第一位。

2. 调查处置轴承故障时,要注意掌握轴承外观和货物装载等其他情况。

3. 轴温处理人员使用点温计进行测量的方法是:将点温计探头置于轴承外圈外经下部(前进方向后部)待温度稳定后即为轴承的温升。

4. 正确区分轴承型号,滚动轴承的温升及环境温度要测量准确,换算要正确,区分轴承型号时,看轴承标志牌A栏图形标记。

5. 如遇滚动轴承外观配件有裂损时,要详细记载配件名称及裂损尺寸并甩车换轮处理。

6. 对甩车换轮的热轴车辆,必须详细记载轴承标志牌刻打的内容(特别注意第二栏左侧为轴号、右侧为单位代号)同时要在车轮、车轴上做好热轴指向标记,以便退卸轴承。

7. 注意调查是否是定检后第一次使用的车辆,是否由于货物超载、偏载、偏重,并注意摇枕、导框、心盘是否符合要求，车轮踏面状态，交叉杆是否弯曲，对角线是否超过规定等。

8. 轴承温度规定为：197726 当轴承温度超过外温 +40 ℃时，既为故障热应扣车处理，当达到 85 ℃以上时，必须立即停车甩车换轮，SKF197726 为环境温度减测量的温度≥55 ℃或测量的温升 + 环境温度≥100 ℃，353130A 型、353130B 型滚动轴承轴承温升≤55 ℃时，即为故障热。

9. 如遇带交叉支撑装置转向架起轴时，必须按规定起轴，能否放行，要进行轴温"三对比"。

10. 初步调查及处理结果逐级速报车间值班人员。

(四)应急处置

1. 5T 设备数据分析。车辆发生热轴预报或预报波形异常时，由动态检测车间主任(值班干部)对热轴预报数据和热轴信息进行分析，并将分析结果通知段应急指挥中心，便于现场调查处置人员判断故障。如对热轴预报数据进行对比分析，可以确定属于设备故障预报的"假信号"时，动态检测车间要立即向段应急指挥中心报告，同时向路局红外线监控中心汇报，列车维持运行，由动态检测车间主任(值班干部)对该车辆进行跟踪监控。同时立即启动段《行车设备故障应急预案》，赶赴现场抢修红外线设备。

2. 现场调查处置

(1)发生热轴故障，调查人员在赶赴现场时，要了解沿途红外线探测情况，掌握轴温变化情况。到达现场后，对故障轴承应进行轴温测试、外观检查、车轮踏面检查、轴承温度对比、起轴转动以及货物装载等情况重点检查。如列车停留不超过规定时间，轴温无异常，外观检查轴承配件良好、无异状，货物装载良好时，应立即简便开车，并通知红外线复示中心进行跟踪监控。经检查、判断、处理确实无法运行时，应立即使用 CT 抬轮器，限速维持列车运行至前方站或退回站内进行甩车处理。

(2)在热轴故障调查时，如发现因密封罩窜出造成的途中热轴故障，现场抢修人员要使用垫木敲击密封罩复位，采用派人监护和红外线复示中心进行跟踪监控运行的方法，运行至列检作业场扣车处理。

(3)燃轴故障调查或遇车辆轴承冒烟、冒火在区间停车时，要首先确认轴温及轴承外观各部配件有无异状，在确认故障为燃轴的情况下，必须开盖检查轴承内部配件状态，并用探伤钩检查轴颈状态，同时采取凉轴、添加甘油或肥皂、黄油、轴油等有效措施，限速护送，待故障车运行到前方站后扣修。限速护送时要对停留地点与前方或后方车站距离做出对比、判断，优先选择距离近的前方站。

四、铁路货车滚动轴承运行相关要求及调查表

铁路货车滚动轴承运行温升(℃)、沿途换轮选配轮对标准、相关要求和限度、热轴情况调查表见表 9－7、表 9－8、表 9－9、表 9－10。

表 9－7　铁路货车滚动轴承运行温升(℃)表

序号	轴承型号	轴承温升	文件、电报号	备　注
1	353130B(C353130)	55 ℃		
2	353130A 353130X2－2RZ	55 ℃		

续上表

序号	轴承型号	轴承温升	文件、电报号	备　注
3	SKF353130 - 2RS(SKFTBU150), CTBU150(SKF ITALYVOR - 7030A), TBU150(SKF ITALYVOR - 7032), SKF197726	55 ℃(绝对温度不超过 100 ℃)	运装货车(2003)153 号 运装货车(2003)186 号 运装货车(2001)22 号	接触式油封
		40 ℃	运装货车(2005)2403 号	2005 年 8 月 20 日后 SKF197726 结合一般检修装用迷宫式密封装置,2005 年 10 月 1 日后新造、检修的 SKF197726、SKF353130 - 2RS 装用 LL 密封装置
4	TAROL150/250TVP808997	55 ℃(绝对温度不超过 100 ℃)	运装货车(2003)153 号	
5	AP150 AP130	55 ℃(绝对温度不超过 100 ℃)	运装货车(2003)48 号	
6	352226X2 - 2RZ(TN) 197726(TN)	40 ℃		
7	197720 197730	55 ℃		
8	NJ3226X1 NJP3226X1 42726QT 152726QT	40 ℃		

表 9 - 8　沿途换轮选配轮对标准

序号	轮对型号	车轴型号	车轮型号	适用转向架型号	装用车种车型
1	RE_{2A} RE_{2B}	RE_{2A} RE_{2B}	HESA、HEZB、HEZD	转 K5、转 K6、转 K7	C_{80}、C_{80H}、C_{80B}、C_{80BH}、C_{80BF}、C_{70}、C_{70H}、C_{76}、C_{76H}
2	RE_2	RE_2	E	转 K5、转 K6	
3	RD_2	RD_2	D、HDS、HDSA、HDZ、HDZA、HDZB、HDZC、HDZD	转 8A、转 8G 转 8AG、转 K1、转 K2、转 K3、转 K4	
4	RD_{2Y}	RD_{2Y}		2TN	
5	RB_2	RB_2	HBS	转 9	

表 9 - 9　相关要求和限度

起轴的规定	交叉杆转向架顶升一端		同步顶升同一条轴两端	
	不大于 70 mm		不大于 100 mm	
交叉杆弯曲	转 8G 弯曲	磨耗	转 K2 弯曲	磨耗
	20 mm	2 mm	20 mm	2 mm
偏载、偏重	偏载重心偏离车辆中心线左右 100 mm		偏重纵向位移一个转向架所受压力超过标记载重 1/2	

表9-10　热轴情况调查表

车间:　　　　　　　　　　　　　　　　　　　　年　月　日

通知人	通知时间	通知情况						
调查人	出发时间	出发车次	到达时间	到达地点	预报车次	车　型　车　号		预报位数
车辆外观	偏载	超载	轮对外观	擦伤 mm	剥离 mm	轴承外观	密封罩窜出	渗漏甩油
厂修	段修	辅修	轴号	空重	是否关门	转向架型号	现车位数	机车型号
标志板内容	A栏	B栏		C栏	D栏		施封锁	司机姓名
左侧								
标志板内容	A栏	B栏		C栏	D栏		施封锁	热轴端
右侧								
TADS 预报			TPDS 预报			TFDS 预报		
需要配轮所测尺寸						是否提速减重轮对		
注:必须在热轴车故障轴及轮背内侧上涂打标记,标志板内容必须全部抄记并进行核对								

五、车辆抱闸、列车起非常

(一)调查、处置备品提示

1. 量具:四种检查器、卷尺、直尺、点温计、电子风表、秒表。

2. 工具:救援包、救援工具箱(工具包)、铁线、拆卸防盗罩工具、清洗制动缸工具。

3. 车辆配件:制动阀、紧急阀、密封垫、闸瓦、制动缸活塞皮碗、制动缸缓解弹簧。

(二)调查的基本内容

1. 车辆抱闸

(1)利用本务机车试验制动机作用,并了解司机的制动操纵情况,故障车辆及前后三辆车的自然漏泄情况,全列车的自然漏泄情况,并准确记录故障车辆全部试验的各项数据。

(2)检查制动缸活塞筒、各杠杆、拉杆、手制动机拉杆有无弯曲、抗扭、摩擦等情况;闸瓦及车轮有无异常磨损、变色的情况;手闸是否紧固,空重车调整装置、安全阀是否良好,以及转向架的形式、闸调器状态。

(3)制动阀及紧急阀的型式及检修日期、单位,制动阀及紧急阀性能有无异状,必要时应卸下制动阀、紧急阀带回检修车间上台试验,并进一步分解检查,以便分析、定性。

(4)了解列车沿途“5T”设备探测情况。

(5)妥善及时处理故障车辆,尽量减少处理时间,开通线路是第一位的。

2. 列车起非常

(1)利用本务机车进行全列车制动机全部试验,重点掌握全列车自然漏泄情况,安定保压试验情况,并准确记录全部试验的各项数据。

(2)检查机车空气制动机自动阀是否作用良好、是否过充、并对单机进行全部试验检查司机制动阀手把操纵是否正确,通过风表指针的颤动判断,了解车辆起非常的位置。

(3)检查确认否是由于列尾装置故障原因造成列车起非常。

(4)如判断确系车辆故障引起的列车起非常,则应采取分段查找的方法,找出故障车辆,处理后,进行列车全部试验、简略试验,开车。

(5)查找列车起非常故障,要在列车尾部安装校验风表,每次充风时间要给够,确保每辆车风压达到规定,列车不足定压不准试风,并认真确认减压量和漏泄量。

(三)车辆抱闸故障检查、判断与处理

1. 制动阀的方面进行查找:三通阀、分配阀或控制阀排气口不排风时,应先卸下排风管检查是否堵塞,如仍不发生缓解,为阀本身故障,同时注意安装座螺栓是否松动丢失,如有,应补装紧固。阀座垫有无严重漏泄,有及时处理,如主阀本身故障,应换阀。如遇不能及时更换主阀时,应进行关门,排净副风缸余风,违反关门车编挂位置规定的,可在列车中部调换,达到规定后,进行列车制动机全部试验,开车。

2. 制动缸方面查找:制动后充风缓解时,制动缸活塞不退回或退回慢,应检查制动阀排气口是否有缓解排气声,若制动阀排气正常则故障在制动缸,多为制动缸活塞皮碗阻力过大、缓解弹簧折损等故障或活塞推杆弯曲被卡住不能回到原位。处理方法:①清洗制动缸,更换损坏配件后进行全部试验,达到规定后,进行简略试验,开车。②卸下制动缸盖后堵,全部缓解后,关闭截断塞门,进行简略试验。必要时正确计算闸瓦压力交司机,一式两份,开车。

3. 基础制动方面查找:制动后充风缓解时,若制动缸活塞已退回而闸瓦仍紧抱车轮,其故障不是手制动机未松开,就是基础制动装置故障,多为杠杆、拉杆抗劲。如移动杠杆调整斜度过大卡在摇枕上。C_{5D}型车在导框部,调整螺杆弯曲使控制杠杆卡在闸调器外体上,以及闸调器失去作用等,造成缓解时不能恢复原位。卸下不符合尺寸以及弯曲、失去作用的配件,并采取捆绑措施,必要时需将故障配件卸下带回进行分析定性。简略试验后,开车。

4. 人力制动机方面查找:制动后充风缓解时,若制动缸活塞已退回,各杠杆、拉杆也无抗劲现象而闸瓦还是紧抱车轮。其故障在手制动机上,多为手制动机未松开。松开手制动机,确认缓解后开车。全列车手闸紧或制动试验良好时,应会同司机、车长、车站值班人员对手制动紧固车辆编号记录,手闸全部松开,对制动机试验良好的列车三方确认后,签字并取证。简略试验后,开车。

5. 制动机自然制动方面查找:机车自动制动阀虽未施行减压,但列车中个别或少数车辆的制动阀却发生了制动作用,使制动缸活塞推出,这种故障称之为自然制动。检查制动阀缓解作用、列车管泄漏量以及机车充风是否过量供给。

(四)列车起非常故障检查、判断与处理

1. 发生起非常故障,应首先检查判明是否是由于车辆管系及空气制动配件破损大量漏风引起的,属于该原因,按照车辆漏风措施进行应急处置。

2. 若不是管系漏风造成,首先要进行全列试风,此时如不发生起非常,则应通知车站(司机)尽快开车。

3. 全列试风仍有非常时,会同司机检查是否是由于机车故障的原因造成(关闭机后1位车辆折角塞门试风);或是否是由于列尾装置故障原因造成(摘开尾部列尾装置试风);判断确定是机车或列尾装置故障原因造成的起非常,应立即建议车务部门更换机车或无列尾装置运行列车。

4. 确系车辆故障引起的列车起非常，则应采取分段查找的方法，先关闭列车中部车辆折角塞门，判断故障车辆在列车前部或后部，然后依次按每 10 辆或 1/2 逐渐缩小检查范围，直到找出故障车辆，关闭该车辆截断塞门，拉风使该车辆缓解，再全列试风，无非常即可放行该列车（放行前要严格确认列车风管路贯通）。

5. 发现起非常车辆后，要确认机后位置，该车前后是否有关门，排净副风缸余风，违反关门车编挂位置规定的，可在列车中部调换，达到规定后，进行列车制动机全部试验、简略试验，开车。

（五）有关运用限度及试验要求

制动机试验要求、闸瓦运用要求、制动缸活塞行程运用限度、车辆抱闸故障调查表见表 9－11、表 9－12、表 9－13、表 9－14。

表 9－11　制动机试验要求

<table>
<tr><td>漏泄试验</td><td>到达列车不做，置保压位或关闭第一辆车的折角塞门，使列车管系保压 1 min，列车管压力下降不大于 20 kPa</td></tr>
<tr><td>感度试验</td><td>置常用制动位，减压 50 kPa（编组 60 辆以上时为 70 kPa），全列车须发生制动作用，并在 1 min 内不得发生自然缓解。然后置运转位充风缓解，全列车须在 1 min 内缓解完毕</td></tr>
<tr><td>安定试验</td><td>置常用制动位，减压 140 kPa（列车主管压力为 600 kPa 时减压 170 kPa），不得发生紧急制动，并确认制动缸活塞行程符合规定；同时保压，1 min 内列车管压力下降不大于 20 kPa</td></tr>
<tr><td>简略试验</td><td>列车主管压力达到规定压力时，将机车制动阀置常用制动位，减压 100 kPa，由列车后部检车员确认最后一辆车发生制动作用，然后向司机显示缓解信号并确认缓解作用</td></tr>
<tr><td>持续一定时间的保压试验</td><td>置常用制动位，减压 100 kPa 后保压，在 3 min 内不得发生自然缓解</td></tr>
</table>

表 9－12　闸瓦运用要求　　单位：mm

<table>
<tr><td>1</td><td>高、低摩合成闸瓦磨耗剩余厚度</td><td>≥14</td><td rowspan="7">1. 长大坡道地区列检限度各局自定。
2. 高磷闸瓦瓦体裂纹允许使用。
3. 三支点敞车三位转向架闸瓦磨耗剩余厚度不小于 25</td></tr>
<tr><td>2</td><td>转 K4、K5 型转向架闸瓦磨耗剩余厚度</td><td>≥20</td></tr>
<tr><td>3</td><td>同一制动梁两端闸瓦厚度差</td><td>≤20</td></tr>
<tr><td>4</td><td>长交路货车闸瓦磨耗剩余厚度</td><td>≥25</td></tr>
<tr><td>5</td><td>提速货车闸瓦磨耗剩余厚度</td><td>≥18</td></tr>
<tr><td>6</td><td>制动故障关门车闸瓦磨耗剩余厚度</td><td>≥18</td></tr>
<tr><td>7</td><td>进藏货车闸瓦磨耗剩余厚度</td><td>≥30</td></tr>
</table>

表 9－13　制动缸活塞行程运用限度　　单位：mm

<table>
<tr><th>序号</th><th colspan="4">名　称</th><th>限　度</th><th colspan="2">备　注</th></tr>
<tr><td rowspan="11">1</td><td rowspan="11">制动缸活塞行程</td><td rowspan="11">装有闸调器的单式闸瓦</td><td rowspan="2">356×254 制动缸</td><td>空车位</td><td>115～135</td><td rowspan="2">未装闸调器</td><td>85～135</td></tr>
<tr><td>重车位</td><td>125～160</td><td>110～160</td></tr>
<tr><td rowspan="2">305×254 制动缸</td><td>空车位</td><td>145～165</td><td colspan="2" rowspan="10"></td></tr>
<tr><td>重车位</td><td>145～195</td></tr>
<tr><td rowspan="2">254×254 制动缸</td><td>空车位</td><td>145～165</td></tr>
<tr><td>重车位</td><td>145～195</td></tr>
<tr><td rowspan="2">203×254 制动缸</td><td>空车位</td><td>115～145</td></tr>
<tr><td>重车位</td><td>125～160</td></tr>
<tr><td rowspan="2">B_{21}、B_{22-1}型车</td><td>空车位</td><td>120～130</td></tr>
<tr><td>重车位</td><td>150～160</td></tr>
<tr><td colspan="2">B_{19}、B_{22-2}、B_{23}型车</td><td>130～150</td></tr>
</table>

表 9 – 14　车辆抱闸故障调查表

值班领导：　车间：　调查人员：　调查时间：　年　月　日

<table>
<tr><td colspan="9">发生经过：
停车时间：　处理完毕时间：　开车时间：</td></tr>
<tr><td colspan="9">站方提供情况：</td></tr>
<tr><td rowspan="5">故障概况</td><td colspan="8">发生时间：　年　月　日　时　分</td></tr>
<tr><td colspan="8">发生地点：　线　站至　站间　公里　米处　线路坡度　‰是否施工
前方列检所名称　由列检所发出的距离</td></tr>
<tr><td colspan="8">列车概况：车次　本务机车型号（所属段）
编组辆数　牵引吨数　计长
全列关门车数　个　（%），机后　位；列车每百吨平均闸瓦压力　kN
列车中途运行情况（加挂、甩车、停车）：
机车中途换挂情况：
机车操纵情况：</td></tr>
<tr><td colspan="8">关系人员及单位：　司机　车站值班员</td></tr>
<tr><td colspan="8"></td></tr>
<tr><td rowspan="12">故障车辆鉴定情况</td><td>车种车型车号</td><td>货物装载</td><td>编挂位置</td><td>厂修</td><td>段修</td><td colspan="3">辅修</td></tr>
<tr><td></td><td></td><td></td><td></td><td></td><td colspan="3"></td></tr>
<tr><td>临修</td><td>转向架</td><td>阀型及标记</td><td>空重阀型</td><td>安全阀</td><td>手制动机</td><td colspan="2">空重位</td></tr>
<tr><td></td><td></td><td></td><td></td><td></td><td></td><td colspan="2"></td></tr>
<tr><td colspan="2">闸瓦厚度</td><td colspan="2">车轮状态</td><td colspan="2">闸调器型号及作用</td><td colspan="2">管系状态</td></tr>
<tr><td colspan="2"></td><td colspan="2"></td><td colspan="2"></td><td colspan="2"></td></tr>
<tr><td colspan="2">拉杆、杠杆状态</td><td colspan="2">手制动机状态</td><td colspan="2">是否关门车及原因</td><td colspan="2">关门车副风缸余风</td></tr>
<tr><td colspan="2">有无卡死、别劲</td><td colspan="2">有无紧固</td><td colspan="2"></td><td colspan="2">是/否</td></tr>
<tr><td colspan="8">列车试验情况：试验机车型号（是否本务机车）　所属段　司机姓名</td></tr>
<tr><td rowspan="2">制动缸活塞行程</td><td>感度</td><td rowspan="2">制动缓解时间</td><td colspan="2">制动　秒；缓解　秒</td><td colspan="3">漏泄试验　kPa\min</td></tr>
<tr><td>安定</td><td colspan="2">制动　秒；缓解　秒</td><td colspan="3">安定保压　kPa\min</td></tr>
<tr><td colspan="8">三通阀、分配阀性能试验：　附微机打印试验结果。　试验人姓名</td></tr>
<tr><td colspan="9">其他需说明情况：</td></tr>
</table>

续上表(背面)

<table>
<tr><td rowspan="5">五、前方列检作业情况</td><td>作业单位:　车辆段　列检所　班　组　对 作业人员:左　右</td></tr>
<tr><td>技检情况:车次　股道　辆数　列车性质　编组位置</td></tr>
<tr><td>技检时间:　月　日　时　分至　月　日　时　分;简便人员前　后
简便时间:　月　日　时　分至　月　日　时　分</td></tr>
<tr><td>开车时间:　月　日　时　分　送车人员左　右</td></tr>
<tr><td>车辆配件检修、更换情况:</td></tr>
<tr><td colspan="2">六、鉴定意见:</td></tr>
<tr><td colspan="2">粘贴微机打印试验结果</td></tr>
</table>

六、空气制动管系故障

(一)调查、处置备品提示

1. 量具:卷尺、直尺、电子风表。

2. 工具:救援包、救援工具箱(工具包)、铁线、扭矩扳手、胶带、绘图用品。

3. 车辆配件:制动软管、长大制动管、橡胶密封圈、快装接头、补助管、折角塞门、截断塞门、远心积尘器、E 型密封圈、连接螺栓。

(二)调查的基本内容

1. 发生管系漏泄故障时,应利用本务机车进行全列车制动机全部试验,重点掌握全列车自然漏泄情况,安定保压试验漏泄量情况,并准确记录全部试验的各项数据,查找管系漏泄车辆位置。

2. 发生管系破损故障时,应重点调查主、支管卡子是否齐全,有无松动、折损、别劲、弯曲现象;辅助管直径、辅助管长度、辅助管丝扣壁厚、丝扣是否裂纹、连接丝扣多少;是否有脱落配件或货物击打情况,漏泄痕迹,破损部分有无旧痕,所占比例,各管口丝扣部分有无松动或脱扣现象。

3. 发生软管爆破、连接器脱开或漏风故障时,应重点调查软管爆破部位及尺寸、软管长度、折角塞门及软管角度、连接器连接状态、连接接头状态、制造及水压试验日期、单位。

4. 发生塞门破损故障时,应调查折角塞门型别、塞门角度、防脱卡子状态、塞门丝扣状态、有无异物打击痕迹、破损尺寸、破损部位、球芯塞门锁紧螺帽状态、锁紧螺帽皮垫是否老化、辅助管丝扣;截断塞门破损故障比照上述内容调查。

5. 有条件时,必须将破损配件及相关配件,全部带回,以便事故分析定性。

6. 调查处理前应首先与司机联系做好防护,妥善及时处理故障车辆,尽量减少处理时间,开通线路放在第一位。

(三)故障判断与处理

1. 首先确认校对风表其状态良好,在列车尾部制动软管上安装校对风表,对列车进行漏泄试验,安定保压试验,如漏泄量超过规定,应分清是车辆还是机车的漏泄量超过规定。如确属车辆漏泄量超过规定时,查找方法:应立即采用分头查找的方法,主要检查列车制动缸、连通管、安全阀、空重车自动调整装置(测重机构、限压阀、相应连接管路),重点检查制动缸、安全阀,如有漏风应立即处理,再进行列车安定保压试验,直到列车达到规定为止;如车辆漏泄量不超过规定时,应让助理值班员、机车乘务员签字、证明。

2. 如检查车辆属轻微漏风,能继续维持运行的,要立即通知车站(司机)开车,维持运行到站内列检作业场再进行彻底检查处理。

3. 对于因车辆漏风引起列车区间被迫停车,若检查漏风部位在车辆截断塞门以内的,关闭该车辆的截断塞门,排尽副风缸的余风后即可。

4. 若漏风部位在车辆截断塞门外方,检查判断通过处理或更换配件方式可以很快复旧的,立即进行处理或更换;若发生主管体折裂破损等故障或检查判断在短时间内无法处理的,可利用配备的长大风管,将故障车辆两端的制动软管摘开后,直接使用长大风管将故障车前后两车辆的风管路贯通,并将长大风管与故障车辆使用铁线牢固绑吊(防止长大风管脱落或软管开放)后,即可带入站内再进行处理。

5. 若漏风部位在车辆截断塞门外方,又不具备长大风管快速处置的条件时,根据现车条件及现场实际情况，可采取以下措施进行应急处置。

6. 现场进行快速抢修。缺少配件且情况紧急时，可拆卸关门车或尾前车辆的配件以应急；对于拆卸了尾前车辆配件的，对尾前车辆按照上述关闭折角塞门放行列车的方式处理，必须保证全列车有足够的闸瓦压力。

7. 若因车辆脱轨自动制动装置漏风引起的列车被迫停车，属于脱轨制动阀动作、紧急放风的，应急人员要同时对轮轨状态及钢轨、线路设备进行相关检查；对于车辆应急处置，若漏风部位在球心塞门内方的，可采取关闭脱轨自动制动阀的球心塞门加以解决；若漏风部位在球心塞门外方时，按照车辆截断塞门外方漏风的方案解决；脱轨自动制动装置有脱落可能时，要进行牢固捆绑。

8. 漏风车辆带入站内或到达作业场后，检查人员要进行彻底的检查、处理、复旧；更换空气制动配件的车辆，要进行严格的试验、确认，方准放行。

（四）有关限度、尺寸及调查表（表9-15、表9-16、表9-17）

表9-15 制动软管的有关限度、尺寸 单位：mm

胶管长度	总成长度	装用车型	软管内径	软管外径
690±10	715±10	通用货车	34	56
835±10	795±10	70 t级货车	折角塞门与端梁角度	软管与钢轨角度
850	980带外护簧	不摘钩翻卸作业的敞车	30°	45°

注：1. 编织制动软管总成的使用寿命为6年。2. 厂家代号日期刻打在软管接头套箍上接头。

表9-16 车辆制动软管爆破故障调查表

调查车间： 调查人员： 调查时间： 年 月 日

<table>
<tr><td rowspan="9">一、事故（故障）概况</td><td colspan="9">发生时间： 年 月 日 时 分</td></tr>
<tr><td colspan="9">发生地点： 线 站至 站间 公里 米处 线路坡度 ‰是否施工</td></tr>
<tr><td colspan="9">前方列检所名称 由列检所发出的距离</td></tr>
<tr><td colspan="9">列车概况：车次 本务机车型号（所属段） 编组辆数 牵引吨数 计长</td></tr>
<tr><td colspan="9">列车速度及主管风压：</td></tr>
<tr><td colspan="9">中途停、甩、挂作业情况：</td></tr>
<tr><td colspan="9">制动软管爆破后处理情况：</td></tr>
<tr><td colspan="9">处理完毕时间： 年 月 日 时 分； 开车时间： 年 月 日 时 分</td></tr>
<tr><td colspan="9">关系人员及单位： 司机 车站值班员</td></tr>
<tr><td rowspan="10">二、故障车辆鉴定情况</td><td>故障车种车型车号</td><td>编挂位置</td><td>软管位数</td><td>厂修</td><td>段修</td><td>辅修</td><td>临修</td><td>转向架</td><td>阀型</td></tr>
<tr><td></td><td></td><td></td><td></td><td></td><td></td><td></td><td></td><td></td></tr>
<tr><td>关系车种车型车号</td><td>编挂位置</td><td>软管位数</td><td>厂修</td><td>段修</td><td>辅修</td><td>临修</td><td>转向架</td><td>阀型</td></tr>
<tr><td></td><td></td><td></td><td></td><td></td><td></td><td></td><td></td><td></td></tr>
<tr><td colspan="9">制动软管调查</td></tr>
<tr><td>风管类型</td><td>风水压试验标记及日期</td><td>生产家及日期</td><td>制动软管长度</td><td>爆破部位尺寸</td><td>有无旧痕</td><td>是否异物打伤</td><td>是否脱出</td><td>其他说明</td></tr>
<tr><td></td><td></td><td></td><td></td><td></td><td></td><td></td><td></td><td></td></tr>
<tr><td colspan="9">车轮踏面是否擦伤：</td></tr>
<tr><td colspan="9">其他需说明问题：</td></tr>
</table>

续上表

三、前方列检作业情况	技检情况：车次　　股道　　编组辆数　　列车性质　编挂位置 作业人员：左　　右 技检时间：　月　日　时　分至　月　日　时　分；简便人员前　　后 简便时间：　月　日　时　分至　月　日　时　分； 开车时间：　月　日　时　分　　送车人员左　　右 车辆配件检修、更换情况：
四、鉴定意见：	

表9-17　列车车辆制动管系漏泄或破损调查表

调查车间：　　调查人员：　　调查时间：　　年　月　日

发生地点	铁路局	车辆段	列检所	线路名称	区间(站)	公里+米	曲线半径	线路坡度	备注
时间	发生时间	调度通知	出动时间	到现场时间	图定时间	实际时分	晚点时分	开通时分	处理完时分
	日 时 分	时 分	时 分	时 分	时 分	时 分	时 分	时 分	时 分
列车概况	车次	始发站	终到站	途中是否有甩挂作业		编组辆数	牵引吨位	机车型号	所属局段
	司书姓名	车长姓名	检车员姓名	机车漏泄量		全列车漏泄量		其他	
车辆概况	车种车型车号	厂修单位年月	段修单位年月	辅修单位月日	故障车编挂位置	漏泄部位状态	配属局段		
处理及原因									
主、支管脱出破损	主支管漏泄部位	脱出部位	主支管丝扣是否裸扣裂纹损伤	主支管破损部位尺寸	是否外部异物打击				
远心集尘器破损	破损部位	新旧痕比例	检修单位日期	连接部位情况	异物名称				
截断塞门破损	破损部位	新旧痕比例	是否法兰联合体	连接部位状态	异物名称				
折角塞门破损	塞门型别	定检单位日期	塞门角度	防脱卡子状态	塞门丝扣状态				
	有无异物打击	破损部位及尺寸	锁紧螺帽皮垫是否老化	辅助管丝扣	球型塞门锁紧螺帽状态				
辅助管破损	辅助管直径	辅助管长度	辅助管丝扣壁厚	丝扣是否裂纹	连接丝扣多少				
	有无异物打击	弯曲	漏泄痕迹	其他					
其他原因									

七、车辆制动梁及下拉杆脱落

(一)调查、处置备品提示

1. 量具:塞尺、卷尺、直尺、吊线锤。

2. 工具:救援包、救援工具箱(工具包)、铁线、绘图用品。

3. 车辆配件:按照现场需求配送。

(二)调查内容

1. 丢失破损配件名称、型别及方位。

2. 脱落程度:是脱落在钢轨或地面上,还是挂在安全链或安全吊上。

3. 最初脱落地点、发现地点及发现者,如何停的车,检查线路钢轨、枕木被脱落物刮打痕迹,分析脱落点,确定脱落后走行距离。

4. 尽量找齐脱落件,分析其状态:测量各部尺寸是否符合标准;是否经焊、铆补强等加修,质量如何;磨耗、锈蚀程度是否过限;有无被碰撞或打击痕迹。

(1)滚轴式滑槽制动梁滚轴折断而造成制动梁脱落时:折断部位,断面形状,尺寸,新旧痕比例;折断处是否有经焊修而造成的咬肉、气孔、夹渣等缺陷;材质是否符合要求;滚轴直径尺寸是否符合;磨耗是否过限。

(2)滚轴未折断而发生制动梁脱落时:制动梁全长尺寸是否符合规定;侧架的制动梁滑槽上端有无防脱板,防脱板状态是否良好;装用防脱翼板的闸瓦托状态如何,其板与侧架滑槽上挡铸筋之间的间隙是否符合规定;是否因轮径尺寸过小及闸瓦过薄而引起的制动梁脱落;制动梁是否弯曲、变形及其他故障。

(3)吊挂式制动梁脱落时:闸瓦托吊是否折断,折断部位,断面形状、尺寸,新旧痕比例;闸瓦托吊圆销、开口销、U 形插销或螺栓是否折断、丢失。

(4)制动下拉杆脱落时:制动梁支柱或其圆销、开口销是否折断、丢失;下拉杆圆销、开口销是否折断、丢失或检修后漏装;发生事故故障地点附近线路上,是否有障碍物刮伤下拉杆或致使下拉杆圆销、开口销丢失。

5. 全面检查基础制动配件:各杠杆、拉杆及圆销和开口销有无丢失、折断或窜出;闸瓦插销有无串皮、折断或串出;制动梁槽钢、支柱、弓形杆有无裂纹或折损;垂下品有无超限。

6. 制动机作用状态,制动缸活塞行程、空重车位置是否合乎规定。

7. 故障车辆前部车辆的货物装载情况。

8. 机车牵引、制动操纵情况。

(三)注意事项

1. 处理时要用最简单方法处理,处理要果断迅速,开通正线放在第一位。

2. 将破损及相关配件全部带回,做到首先与车间值班人员速报调查处理结果。

3. 调查人员应注意脱落制动梁下面有无打击痕迹(可能因障碍物造成)。

4. 如确因圆销帽折断或丢失而造成脱落时,破损圆销必须设法找全。

(四)应急处理

1. 卸用两根手闸链将脱落的制动梁绕紧,并以螺栓及螺母紧固,在将手闸链另一端以螺栓穿于摇枕上,安全链孔内将螺栓用螺母紧固,使制动梁吊起。

2. 用铁丝将制动梁捆绑紧吊于安全链孔处即可,但距轨面不得小于 60 mm。同时关闭截断塞门,排尽副风缸的余风,违反关门车的规定时可在列车中调换。

3. 可直接将制动梁拆除,但必须装本车。请示调度后简略试验开车。列车中发生制动梁脱落时,可更据具体情况,分别处理。

(五)车辆制动梁及下拉条脱落事故(故障)调查表(表9-18)

表9-18 车辆制动梁及下拉条脱落事故(故障)调查表

调查车间: 调查人员: 调查时间: 年 月 日

一、事故(故障)概况	发生时间: 年 月 日 时 分						
	发生地点	线 站至 站间 公里 米处				是否施工	
	脱落程度	地面/轨面	脱落点线路情况			脱落后走行距离	
	刮坏线路情况		前方列检所名称			由列检所发出的距离	
	列车概况	车次	本务机车 型号(所属段)		编组辆数	牵引吨数	计长
	列车中途运行情况(加挂、甩车、停车):						
	关系人员姓名及单位: 司机			车站值班员			
二、事故(故障)车辆鉴定情况	车种车型车号	货物装载	编挂位置	厂修	段修	辅修	临修
	转向架型号	阀型及标记	关门车	轮对擦伤剥离	同一轮对直径差	制动梁两闸瓦厚度差	侧架立柱磨耗板状态
	制动梁型式	制造日期及单位	检修日期及单位	支柱标记	制动梁长度	滚子轴外露长度折断否	支柱折断否
	有无闸瓦、闸瓦插销丢失				有无下拉条安全吊丢失		
	有无制动梁外档圈、安全链螺母丢失、安全链环折断,防脱制动梁马蹄环、圆销及开口销丢失				有无下拉杆及各部圆销、开口销丢失、折损		
	有无制动梁梁体弯曲、断裂防脱翼板断裂				闸瓦托与梁体脱焊		
	折断部位及新旧痕百分比:						
	交叉杆技术状态:						
	调查是否经过翻车机作业,有无脱线痕迹:						
三、前方列检作业情况	技检情况:车次 股道 辆数 列车性质 编组位置 作业人员:左 右						
	技检时间: 月 日 时 分至 月 日 时 分 简便时间: 月 日 时 分至 月 日 时 分简便人员前 后 ;开车时间: 月 日 时 分 送车人员左 右						
	车辆配件检修、更换情况:						
四、其他需说明情况:							
五、鉴定意见:							

八、车辆大部件(车底架各梁、摇枕、侧架)折损

(一)调查、处置备品提示

1. 量具:卷尺、直尺、塞尺。

2. 工具:救援包、救援工具箱(工具包)、铁线、绘图用品。

(二)调查内容、注意事项及相关要求限度

1. 折损部件名称、类型、材质、铸造件的铸造时间、厂代号。

2. 折损部件方位、损坏位置。

3. 破损情况:折断、裂断或裂纹,断面或裂折开口的尺寸,新旧痕的比例,旧痕扩展区(应画图或照相)。

4. 折损部件技术状态:磨耗、锈蚀是否过限,电焊、铆钉、补强是否符合标准及要求。

5. 注意保护折断部件的断口,必要时应进行金相及物理性能检验。

(三)应急处理

根据现场车辆损坏情况处置。

车辆侧架折断事故(故障)调查表见表9－19,车辆摇枕折断事故(故障)调查表见表9－20。

表9－19 车辆侧架折断事故(故障)调查表

车间: 调查人员: 调查时间:

<table>
<tr><td rowspan="5">一、事故(故障)概况</td><td colspan="8">发生时间: 年 月 日 时 分</td></tr>
<tr><td colspan="8">发生地点: 线 站至 站间 公里 米处 是否过曲线、道岔 是否施工 由列检所发出的距离</td></tr>
<tr><td colspan="8">列车概况:车次 本务机车型号(所属段) 编组辆数 牵引吨数 计长
运行速度 侧架折断方位 颠覆辆数 脱轨辆数 折断后走行距离</td></tr>
<tr><td colspan="8">车辆破损:报废 辆 车种车型车号: 大破 辆 车种车型车号:
中破 辆 车种车型车号: 小破 辆 车种车型车号:</td></tr>
<tr><td colspan="8">关系人员及单位: 司机 车站值班员</td></tr>
<tr><td rowspan="11">二、事故(故障)车辆鉴定情况</td><td colspan="2">车种车型车号</td><td colspan="2">编挂位置</td><td>厂修</td><td>段修</td><td>辅修</td><td>临修</td></tr>
<tr><td colspan="2"></td><td colspan="2"></td><td></td><td></td><td></td><td></td></tr>
<tr><td>转向架</td><td>轴数</td><td>自重</td><td rowspan="2">载重</td><td>限增禁增</td><td>货物品名</td><td>发站</td><td>到站</td></tr>
<tr><td></td><td></td><td></td><td></td><td></td><td></td><td></td></tr>
<tr><td colspan="8">装载吨数:货票 实际 装载状态及检斤</td></tr>
<tr><td rowspan="2">折断侧架</td><td>制造厂及代号</td><td>铸造年月及编号</td><td>现车位数</td><td>选配好码</td><td>相对侧架选配好码</td><td>两立柱内侧距离</td><td>承载鞍与侧架导框左右间隙之和
承载鞍与侧架导框前后间隙之和</td></tr>
<tr><td></td><td></td><td></td><td></td><td></td><td></td><td></td></tr>
<tr><td colspan="8">断口部位及新旧痕比:
疲劳源(含夹渣、空洞、缩孔) 扩展区 瞬断区</td></tr>
<tr><td colspan="8">查阅有关段修货车检修记录单"车统－22B－1"、"车统－22B－2",侧架检查记录表,侧架探伤记录表(侧探－1),侧架探伤统计表(侧探－2),摇枕、侧架检修控制卡</td></tr>
<tr><td colspan="8">绘制事故现场示意图和侧架折断部位及散落配件位置示意图</td></tr>
<tr><td colspan="8">其他需说明情况</td></tr>
</table>

续上表

三、前方列检作情况	作业单位：　车辆段　列检所　班　组　对
	技检情况：车次　股道　辆数　列车性质　编组位置　作业人员：左　右
	技检时间：　月　日　时　分至　月　日　时　分　简便人员：前　后 简便时间：　月　日　时　分至　月　日　时　分
	开车时间：　月　日　时　分　送车人员：左　右
	车辆配件检修、更换情况：
	查阅有关车统－15、车统－14、车统－81 等检修记录
四、鉴定意见：	

表 9－20　车辆摇枕折断事故（故障）调查表

车间：　　　　　　　　　　调查人员：

<table>
<tr><td rowspan="6">一、事故（故障）概况</td><td colspan="12">发生时间：　年　月　日　时　分</td></tr>
<tr><td colspan="12">发生地点：　线　站至　站间　公里　米处　是否过曲线、道岔　是否施工　由列检所发出的距离</td></tr>
<tr><td colspan="12">列车概况：车次　本务机车型号（所属段）　运行速度　编组辆数　牵引吨数　计长
摇枕折断方位　颠覆辆数　脱轨辆数　折断后走行距离
车辆破损：报废：　辆　车种车型车号：　大破：　辆　车种车型车号：
中破：　辆　车种车型车号：　小破：　辆　车种车型车号：</td></tr>
<tr><td colspan="12">关系人员姓名及单位：司机　车站值班员</td></tr>
<tr><td colspan="2">车种车型车号</td><td colspan="2">编挂位置</td><td colspan="2">厂修</td><td colspan="2">段修</td><td colspan="2">辅修</td><td colspan="2">临修</td></tr>
<tr><td colspan="2"></td><td colspan="2"></td><td colspan="2"></td><td colspan="2"></td><td colspan="2"></td><td colspan="2"></td></tr>
<tr><td rowspan="9">二、事故（故障）车辆鉴定情况</td><td>转向架</td><td>轴数</td><td colspan="2">自重</td><td>载重</td><td colspan="3">货物品名</td><td colspan="2">发站</td><td colspan="2">到站</td></tr>
<tr><td></td><td></td><td colspan="2"></td><td></td><td colspan="3"></td><td colspan="2"></td><td colspan="2"></td></tr>
<tr><td colspan="12">装载货物吨数：货票　实际　装载状态及检斤</td></tr>
<tr><td rowspan="2">折断摇枕</td><td>制造厂</td><td>代号</td><td>铸造年月</td><td>编号</td><td>现车位数</td><td>折断部位</td><td>立壁厚</td><td>上部壁厚</td><td>下部壁厚</td><td colspan="2">两侧胀肚</td></tr>
<tr><td></td><td></td><td></td><td></td><td></td><td></td><td></td><td></td><td></td><td colspan="2"></td></tr>
<tr><td colspan="12">断口尺寸及新旧痕比：
疲劳源（含夹渣、空洞、缩孔）　扩展区　瞬断区</td></tr>
<tr><td colspan="12">查阅有关段修货车检修记录单“车统－22B－1”、“车统－22B－2”，摇枕检查记录表，摇枕探伤记录表（摇探－1），摇枕探伤统计表（摇探－2），摇枕、侧架检修控制卡</td></tr>
<tr><td colspan="12">绘制事故现场示意图和摇枕折断部位及散落配件位置示意图</td></tr>
<tr><td colspan="12">其他需说明情况</td></tr>
</table>

续上表

<table>
<tr><td rowspan="6">三、
前方
列检
作业
情况</td><td>作业单位：　　车辆段　　列检所　班　组　对</td></tr>
<tr><td>技检情况：车次　　股道　辆数　列车性质　　编组位置　　作业人员：左　　右</td></tr>
<tr><td>技检时间：　月　日　时　分至　月　日　时　分简便人员前　　后
简便时间：　月　日　时　分至　月　日　时　分</td></tr>
<tr><td>开车时间：　月　日　时　分送车人员左　　右</td></tr>
<tr><td>车辆配件检修、更换情况：</td></tr>
<tr><td>查阅有关车统－15、车统－14、车统－81 等检修记录</td></tr>
<tr><td colspan="2">四、鉴定意见：</td></tr>
</table>

九、车辆火灾事故

(一)调查、处置备品提示

1. 量具：卷尺、直尺、塞尺。

2. 工具：救援包、救援工具箱(工具包)、铁线、绘图用品。

(二)调查内容、注意事项及相关要求限度

1. 确认起火源：上部，下部，是否外来火源。

2. 车辆过火面积、烧损面积、破损程度。

3. 检查车辆的车体状态，车门、车窗是否关闭，车门施封状态。

4. 检查车辆地板有无腐蚀破损，防火板状态。

5. 货物装运是否符合规定：应使用棚车而使用敞车装运的情况，易燃易爆物品装车时，采取的防火措施情况。

6. 装运易燃易爆物品车辆的按规定标准编挂情况。

7. 火灾车辆在前方站是否发生补封的情况以及列检作业情况。

8. 检查罐车：罐体有无裂漏，中心阀、侧阀是否裂损，关闭状态有无漏泄，罐车阀盖是否关闭，阀垫、密封胶圈有无破损、丢失，罐上盖螺栓及母是否紧固，有无松动、丢失。

(三)应急处理

根据现场车辆损坏情况处置。

车辆火灾事故调查表见表 9－21。

表 9－21　车辆火灾事故调查表

车间：　　　　　　　　　　调查人员：　　　　　　调查时间：___年___月___日

<table>
<tr><td rowspan="4">一、
事故
概况</td><td>发生时间：　年　月　日　时　分</td></tr>
<tr><td>发生地点：　线　站至　站间　公里　米处　是否施工　由列检所发出的距离</td></tr>
<tr><td>列车概况：车次　本务机车型号(所属段)　编组辆数　牵引吨数　运行速度
列车中途运行情况(加挂、甩车、停车)：
列车是否有扒车人员和押运人员：</td></tr>
<tr><td>关系人员及单位：司机　　　　车站值班员</td></tr>
</table>

续上表

二、事故车辆鉴定情况	车种车型车号	编挂位置	厂修	段修	辅修	临修	转向架
	车钩型号	车门车窗	轴数	阀型	车轮擦伤	制动机试验	是否关门
	装载物品:品名　发站　到站　装载吨数:货票　实际　装载状态						
	确认起火源:(上部、下部、是否外来火源)						
	车辆过火面积、烧损面积、破损程度						
	检查车辆的车体状态,车门、车窗是否关闭,车门施封状态						
	检查车辆地板有无腐蚀破损,防火板状态						
	货物装运是否符合规定:(应使用棚车而使用敞车装运的情况,易燃易爆物品装车时,采取的防火措施情况)						
	装运易燃易爆物品车辆的按规定标准编挂情况:						
	火灾车辆在前方站是否发生补封的情况:						
	检查罐车:(罐体有无裂漏,中心阀、侧阀是否裂损、关闭状态有无漏泄、罐车阀盖是否关闭,阀垫、密封胶圈有无破损、丢失,罐上盖螺栓及母是否紧固,有无松动、丢失)						
	其他需说明情况						
三、前方列检作业情况	作业单位:　车辆段　列检所　班　组　对						
	技检情况:车次　股道　辆数　列车性质　编组位置　作业人员:左　右						
	技检时间:　月　日　时　分至　月　日　时　分　简便人员:前 简便时间:　月　日　时　分至　月　日　时　分　后						
	开车时间:　月　日　时　分　送车人员:左　右						
	车辆配件检修、更换情况:						
	查阅有关车统－15、车统－14、车统－81 等检修记录						
四、鉴定意见:							

十、车体、车门故障

(一)调查、处置备品提示

1. 量具:塞尺、卷尺、直尺、吊线锤。

2. 工具:救援包、救援工具箱(工具包)、铁线、绘图用品。

(二)造成临时停车如何处理

1. 车体外涨造成临时停车

测量方法:用直线在两角柱上端拉直,然后测量该线与外涨最突出点间的距离,即为外涨最大的尺寸。

检查外涨情况及时与车站、司机长和有关人员联系,经同意处理后,应通知司机严禁动车,然后迅速返回外涨车辆。根据外涨情况进行处理,但在有电下作业身体与接触网带电部分保持 2 米以上距离,可用两根或几根木棍插于外涨处的侧柱孔内或用铁丝将两侧柱进行捆绑加固,以防继续发展。经测量不超规定的迅速放行,对处理后的应通知车站开车。如测量超过规定限度,或实在无法处理的车辆,可甩车做整修或进行倒装处理。应将检查情况和处理结果逐级汇报,第一时间报车间。

2. 倾斜造成临时停车

测量方法：先将车辆推到平直线路上，可用两个吊重锤，一个放到倾斜侧墙板的上缘，一个放到倾斜侧侧梁的下缘，待两吊锤垂直时，测得两线间的距离即为该车倾斜的尺寸。测量结果符合规定的迅速放行。测量超过规定时，在区间列车，联系调度拉入前方车站处理。由于车辆本身结构变形或枕簧衰减的原因，甩车倒装。与车站办理倒装插车统－19。由于装载重心偏离车辆中心线 100 mm 以上时，造成车体倾斜，甩车进行货物调整，由车站负责处理。做好记录，甩车连挂后简略试验开车。

3. 车门、手制动机超出规定限界临时停车

车门：对车门配件丢失造成的超限，要用车辆本身配件代用，或加固捆绑，达到规定后，做好记录开车。

手制动机：对手制动机配件不全的要及时拆卸，如遇不能拆卸时，要捆绑牢固。破损配件全部带回，做好记录，简略试验，开车。车体限度表见表 9－22。

表 9－22　车体限度表　　单位：mm

序　号	名　称		限　度	备　注
1	中、侧梁下垂	空车	≤40	在两枕梁之间测量
		重车	≤80	
2	敞车车体外胀	空车	≤80	
		重车	≤150	
3	车体倾斜		≤75	
4	罐车鞍木与罐体局部间隙		≤15	
5	敞车端、侧、地、门板破损		≤50×50	

十一、制动不良造成列车冒进信号或列车放飏

（一）调查、处置备品提示

1. 量具：卷尺、直尺、电子风表、秒表。

2. 工具：救援包、救援工具箱（工具包）、铁线。

3. 车辆配件：闸瓦、制动阀、制动软管、折角塞门。

（二）事故查找主要是由于全列车的制动系统丧失了对列车的制动控制作用，调查时要从车辆和机车自动制动机两方面查找原因

1. 调查列车中“关门车”数量、编挂顺位等是否合乎要求，始发列检所是否填发制动机效能证明书，计算是否正确，重新计算后，本列车闸瓦压力情况。

2. 对列车制动机进行全面试验，查清三通阀（控制阀）不起制动作用和不保压的数量以及影响车辆制动作用部件有无丢失，并测量各车辆制动缸活塞行程长度，调查超过规定长度的辆数。

3. 检查车辆空重车调整装置状态情况，重车处于空车位的辆数，破损失效的辆数。

4. 查清车辆闸瓦丢失、磨耗过限的数量。

5. 调查前方发车列检所试风方式，开始、完了和开车时间，开车时送车情况。

6. 向司机了解：机车自动制动机性能，有无故障；列车运行区段规定和实际速度；沿途停车地点、停开时间、是否进行简略试验；列车运行中使用制动机次数，规定应松闸处所、坡前试

闸情况，是否都按规定办理；发现制动机失控地点（公里、米）；停车地点（公里、米）；失控后走行距离；发现失控后采取的措施；施行制动时、减压的时机、减压量是否合乎标准要求；有无列检所交给的"车统－45"等。

7. 向工务人员了解线路状态：坡道、曲线半径、限速。

8. 向其他目击者及有关人员了解情况。

（三）应急处理

根据现场车辆损坏情况处置。

第三篇 客车部分

第十章 200 km/h 铁路特点及运行要求

一、200 km/h 铁路特点简介

1. 各种设备、设施应满足旅客列车200 km/h(250 km/h区段应满足旅客列车250 km/h)、货物列车120 km/h运行安全、平稳性要求,根据需要满足双层集装箱货物列车运行要求。

2. 区间直线段线间距应不小于4.4 m,线间距的变更宜利用邻近曲线完成。

3. 站内正线与相邻到发线线间最小距离,有列检作业或上水作业的为6.5 m,改建特别困难时可为5.5 m。

4. 线路应全封闭、全立交,线路两侧按标准进行栅栏封闭,对铁路技术作业的专用通道和处所应设置"非铁路作业人员禁止进入"的警示标志。

穿越正线的站内平过道两端应设置栏杆等防护设备,以关闭状态为定位;办理客运的车站应设置天桥或地道;暂未取消的平过道,由铁路局制定安全保障措施。

5. 道路与铁路并行地段,凡机动车有可能冲入或坠入铁路的且等于或高于铁路的道路,应在靠近铁路一侧设置防护设施;下穿铁路桥梁、涵洞通行机动车辆的道路,且桥梁、涵洞净高小于5.0 m时,应当设置限高防护架;上跨铁路线的立交桥应安装防护网,以防抛、坠物危及行车安全。

6. 旅客站台不应邻靠正线。既有邻靠正线的旅客站台,列车通过速度160 km/h以上至200 km/h时,站台安全标线与站台边缘距离为2 m,也可在距站台边缘1 m处设栅栏防护。

7. 区间线路最小曲线半径3 500 m,困难条件下不小于2 800 m。既有线保留地段半径2 500 m的曲线通过速度可为200 km/h。最大曲线半径不大于12 000 m。

曲线半径小于2 500 m、大于等于2 200 m的地段允许速度需要超过180 km/h时,须经铁道部批准。

车站应设在线路平道、直线的宽阔处;困难条件下,可设在曲线上,但不得设在反向曲线上。

8. 车站必须设在曲线上时,其曲线半径不得小于该区段内的最小曲线半径,且不得小于如下规定:编组站、区段站最小曲线半径2 000 m;中间站最小曲线半径3 500 m,困难条件下不小于2 800 m。

最小坡段长度一般不小于600 m,困难条件下不小于400 m,且连续使用时不得超过2个。

二、200 km/h 线路相关运行要求

(一)动车组技术设备要求

1. 动车组应有识别的标记:路徽、配属局段简称、车型、车号、定员、自重、载重、全长、最高运行速度、制造厂名及日期、定期修理的日期及处所,应有"高压危险禁止攀登"的标识。

2. 动车组应具有列车运行安全监控功能,对重要的运行部件和功能系统进行实时监测、报警和记录，并能提前向检修基地传输。

3. 动车组应装备 CTCS－2 级列控车载设备（以下简称列控车载设备）和列车运行监控记录装置（以下简称 LKJ）。

4. 制动初速度为 200 km/h 时，列车紧急制动距离限值为 2 000 m。200～250 km/hCRH 型动车组，制动初速度为 250 km/h 时，紧急制动距离限值为 3 200 m。

5. 动车组采用计算机控制直通式电空制动系统。制动系统具备动力制动和空气制动的功能，当动力制动能力不足或丧失时，使用空气制动补充，仍须保证规定的紧急制动距离。

装备停放制动装置的动车组，应具有在 20‰坡道上停放制动时不溜逸的能力。

6. 动车组应装备车载自动过电分相装置。

7. 动车组须按规定随车配备行车备品和过渡车钩、电气连接线、专用风管及止轮器，并存放在固定地点。

8. 新造动车组以及检修后按检修规程规定需要试运行的动车组，应安排上线运营前的试运行工作。

（二）动车组运行

1. 动车组设司机、随车机械师、客运乘务组，不设运转车长。

2. 单列动车组为固定编组，运用状态下不得解编；两列同型动车组可重联运行。两列动车组重联时各升 1 架受电弓运行，但不得采用前车升后弓、后车升前弓的模式，采用前后车均升前弓或前后车均升后弓的模式时，工作受电弓间距为 200～215 m。

动车组禁止加挂各型机车车辆；动车组禁止与其他列车混编。

超过检修周期的动车组严禁上线运行。

3. 动车组上线运营前，必须达到运用状态，符合动车组运用技术标准要求，运行途中不进行客列检作业。动车组设备故障不能继续运行时，不得拆解、甩车。

4. 两列动车组重联或摘解时，由动车组随车机械师负责引导，司机确认。

重联或摘解后的动车组由随车机械师配合司机做相关试验。摘解操作时，主动车组必须一次移动 5 m 以上方可停车。

5. 动车组在车站无动力停留时，由车站进行防溜；无停放制动装置的动车组在区间无动力停留时，由动车组司机通知随车机械师进行防溜。防溜时应使用止轮器牢靠固定。

在车站站线停留时，应将线路两端的道岔扳向不能进入该线路的位置。

6. 动车组不得通过半径小于 180 m 的曲线，不得侧向通过小于 9 号单开道岔和 6 号对称双开道岔。

7. 动车组通过高度为 1 100 mm 及以上高站台时，速度不得超过 70 km/h。

8. 动车组应能由救援机车联挂运行并实施制动，列车管压力采用 600 kPa。

9. 动车组发车前，列车长确认旅客上下完毕后，通知司机关闭车门；动车组到站停稳后，司机开启车门。按钮不在司机操作台上的，由列车长确认旅客上下完毕后，通知随车机械师关闭车门；动车组到站停稳后，由随车机械师开启车门。

如自动开关门装置故障时，由司机通知列车工作人员手动开关车门。

10. 动车组在区间被迫停车后须返回后方站时，列车调度员必须确认动车组至后方站间已空闲，方可发布调度命令。司机将列控车载设备转入隔离模式，按调度命令以不超过 20 km/h的速度人工控制动车组返回。

在不得已情况下，列车必须退行时，列车调度员须确认后方区间已空闲，随车机械师或指派的胜任人员应站在列车尾部司机室注视运行前方，发现危及行车或人身安全时，应立即使用列车无线调度通信设备通知司机，使列车停车。列车退行速度，不得超过 15 km/h。

11. 动车组在救援、无动力回送联挂机车或回送过渡车时，应进行制动试验。

12. 动车组回送要求：

(1)动车组回送按旅客列车办理，原则上采用自走行方式。无动力回送时可根据《回送技术条件》加挂回送过渡车，使用客运机车牵引。动车组可两列重联回送。

(2)动车组回送运行时，须安排动车组司机及随车机械师值乘。自走行回送时，非担当区段应指派带道司机。

(3)动车组回送不进行客列检作业。动车组(回送过渡车)与本务机车车钩摘解、软管摘结按《技规》有关规定办理。过渡车钩、专用风管和电气连接线的连接和分解由随车机械师负责，动车组司机配合。

(4)动车组安装过渡车钩回送时，限速 120 km/h 运行，尽可能避免实施紧急制动。发生紧急制动后，本务司机必须通知随车机械师，经随车机械师检查过渡车钩状态良好后方可继续运行。

(5)动车组回送时，列车调度员应根据相关动车段(动车运用所)提出的限速、回送方式(有、无动力)、可否折角运行等注意事项，发布有关调度命令。

13. 动车组遇大风行车限速的规定如下：

动车组在环境风风速不大于 20 m/s 时，可以正常速度运行；风速不大于 25 m/s 时，限速 200 km/h；风速不大于 30 m/s 时，限速 120 km/h；风速大于 30 m/s 时，严禁动车组进入风区。

(三)既有客车相关要求

1. 遇有列车通过时，本线或邻线作业人员必须在列车距作业地点不小于 2 000 m 以前下道完毕，并站在距钢轨头部外侧 3 m 以外的安全处所避车，岔群作业来车径路不明时，必须下道站在安全地点避车。在任何情况下，人员、机具不得侵入限界，两线间不得停留人员和放置机具、材料。严禁横穿线路和穿越邻线避车。

2. 车号校对、列车编组等作业人员必须在没有列车通过的一侧作业。列车通过车站前 10 min，相邻线路一侧的列车上水、机车车辆检修、货物装卸、货运检查等作业人员必须停止作业，并按规定在安全地点避车。

3. 列车通过车站前 10 min，车站平过道监护人员必须站在距钢轨头部外侧不少于 3 m 处的规定位置上岗监护。机动车辆、装货拖车及有关人员等必须停在安全线 3 m 以外。

4. 在站内停留的所有列车、轨道车、施工作业车(宿营车)、风动卸碴车等，严禁作业人员在相邻列车通过一侧开车门及上下车或进行任何作业。

5. 停留超过 20 min 的旅客列车，列车自动制动机的简略试验，有运转车长的列车由运转车长负责，无运转车长的列车由车辆乘务员负责；货物列车简略试验按现行规定办理。

(四)GSM－R 网络简介

在太中(银)线 CTC 系统区段内运行的机车及自轮运转特种设备应安装机车综合无线通信设备(以下简称 CIR)，列车司机、车辆乘务员、列车长、运转车长、乘警等均应配备 GSM－R 手持终端。临时进入太中(银)线的自轮运转特种设备须配备 GSM－R 手持终端，进入太中(银)线前由主管业务处向太中(银)线调度台提供 GSM－R 手持终端号码。列车进出调度集中区段时，须按照“车载通信设备通信模式转换地面提示标志”及时转换通信模式。

各单位和部门人员使用的手持终端号码须报告车站值班员和列车调度员。

运转车长出乘后接收列车时，须将携带的 GSM－R 手持终端号码通知本务司机，并进行通话试验，保证通话良好。遇列车调度员向运转车长传达调度命令等有关行车事项时，可由列车调度员（车站值班员）向本务司机传达，指派本务机车司机通过 CIR 进行转达。

GSM－R 网络终端包括手持终端、FAS 终端、机车综合无线通信设备（CIR）等。

1. GSM－R 手持终端呼叫方法

（1）呼叫铁路固定电话：手持终端拨打路电时拨"901＋路电区号＋路电号码"。例：拨打太原地区路电"92356"时，可拨"901 027 92356"。

（2）呼叫 GSM－R 手持终端：手持终端拨打手持终端时，可拨 11 位完整号码"149827XXXXX"或直拨后 8 位号码。

（3）呼叫车站 FAS 值班台：手持终端拨打车站 FAS 值班台时，可拨 FAS 台 8 位号码"727XXXXX"。

（4）功能号呼叫

机车司机、列车长、乘警长、随车机械师、运转车长（含担当运转车长职能的车辆乘务人员）等列车乘务人员可利用 GSM－R 手持终端按车次号或机车号注册功能号，并利用车次功能号或机车功能号进行呼叫：

① 车次功能号格式为"2 CCCC XXXXXFF"，其中 CCCC 为车次号 0～2 位字母转换的 4 位数字，字母 A～Z 分别对应数字 65～90，详见表 10－1，无字母时 CCCC＝0000，1 位字母时 CCCC＝00CC；XXXXX 为车次号中的数字位，1～5 位可变长；FF 为 2 位数字功能码 FC，如本务机司机＝01，本务机司机手持台＝81，列车长＝10，详见表 10－2。例：呼叫车次"D2002"本务司机 CIR 设备时，可拨"2 0068 2002 01"；呼叫车次"D2002"本务司机手持终端时，可拨"2 0068 2002 81"。

② 机车功能号格式为"3 TTT XXXXXFF"，其中 TTT 为 3 位数字机车类型代码，如 CRH5＝305，8G＝201，主要机车类型代码见表 10－3；XXXXX 为机车编号，个别机车需区分 A、B 端（动车组为 0、1 端）时，可用末位数字 X 表示，X＝0：A 端，X＝1：B 端；FF 为 2 位数字功能码 FC，详见表 10－2。例：呼叫动车组 CRH5 055A 的 0 端本务司机 CIR 设备时，可拨"3 305 0055001"；呼叫动车组 CRH5 055A 的 0 端本务司机手持终端时，可拨"3 305 00550 81"

（5）短号码呼叫：手持终端可使用标准短号码发起呼叫。短号码由 4 位数字组成，在全国范围内统一定义，"1200"为连接最适当的列车调度员，"1300"为连接最适当的车站值班员。

（6）组呼及紧急呼叫

① 用户可通过组呼呼叫的方法呼叫一定范围内的相关人员，可发起组呼的用户主要有车站助理值班员、机车司机（含机车综合无线通信设备 CIR 和手持终端）、运转车长、随车机械师、工务巡道人员。

② GSM－R 网络主要无线组呼定义见表 10－4。

③ "299"组呼是铁路紧急呼叫，优先级最高，除可通过拨号发起外，还可通过按压 GSM－R 作业手持终端上的"紧急呼叫"按键发起。

表 10－1 字母与数字对照表

字母	十进制数字	字母	十进制数字	字母	十进制数字	字母	十进制数字
A	65	C	67	E	69	G	71
B	66	D	68	F	70	H	72

续上表

字母	十进制数字	字母	十进制数字	字母	十进制数字	字母	十进制数字
I	73	N	78	S	83	X	88
J	74	O	79	T	84	Y	89
K	75	P	80	U	85	Z	90
L	76	Q	81	V	86		
M	77	R	82	W	87		

表 10－2　主要功能码(FC)对照表

功能码(FC)	功能描述	功能码(FC)	功能描述
01	本务机司机	81	本务机司机手持终端
02～05	补机司机	82～85	补机司机手持终端
10	列车长	86	运转车长(随车机械师)
31	乘警长		

表 10－3　主要机车类型代码对照表

车型代号	车型符号	车型代号	车型符号	车型代号	车型符号
104	DF4B	205	SS1	232	HXD2
141	DF4D	206	SS3	233	HXD3
142	DF8B	207	SS4	236	HXD3B
143	DF12	216	SS9	238	HXD2C
201	8G	224	SS7E	302	CRH2
202	8K	231	HXD1	305	CRH5

表 10－4　GSM－R 网络主要无线组呼定义表

序号	组 ID	组呼区域	组呼发起方	组呼成员
1	210	车站 G 网基站覆盖区	助理值班员、机车司机、运转车长/随车机械师	助理值班员、机车司机、运转车长/随车机械师
2	299	相邻 3 个 G 网基站覆盖区	助理值班员、机车司机、运转车长/随车机械师、工务巡道人员	助理值班员、机车司机、运转车长/随车机械师、工务巡道人员

2. FAS 终端呼叫方法

(1)呼叫机车 CIR

① 通过 CIR 的 11 位号码呼叫

点击拨号盘,输入 CIR 的 11 位号码,点击呼叫键。

② 机车功能号呼叫

点击拨号盘,选择机车类型,输入机车号,点击本务司机,点击呼叫键。机车需区分 A、B 端(动车组为 0、1 端)时,应在机车号后增加 1 位数字表示,A 端为 0,B 端为 1。例:呼叫动车组 CRH5 055A 的 0 端本务司机 CIR 设备时,选择机车类型后在输入机车号时应输入 550。

③ 车次功能号呼叫

点击拨号盘,输入车次号,点击本务司机,点击呼叫键。

(2)呼叫 FAS 终端

利用 FAS 终端显示屏上各车站快捷按键或直拨 FAS 终端号码进行呼叫。

3. 机车 CIR 呼叫方法

(1)机车呼叫 FAS 终端

① 利用 CIR 的“调度”“前站”“后站”按键功能,可直接呼叫相应 FAS 终端。

② 除使用快捷方式呼叫外,可通过拨打 FAS 终端号码方式呼叫。

(2)CIR 呼叫其他与运输生产相关用户时,呼叫方法同 GSM－R 手持终端。

4. 要求

(1)各 GSM－R 终端使用人员应严格按照使用说明进行操作。

(2)在进入 GSM－R 区段时,机车司机、列车长、乘警长、随车机械师、运转车长(含担当运转车长职能的车辆乘务人员)等列车乘务人员手持终端应按照功能码规则及时注册功能号(一般应注册车次功能号),值乘任务结束后或离开 GSM－R 区段时,必须及时注销。如不及时注册、注销功能号,可能造成无法正常联系或影响其他用户注册使用,将对运输秩序造成影响。

各 GSM－R 手持终端使用单位要及时掌握各相关线路 GSM－R 系统与 450M 无线列调系统间模式转换点,在转换点处及时进行功能号的注册或注销操作。

(3)“组呼”功能是为铁路运输有关人员在特定场合提供的特定服务功能,其他人员严禁随意使用。随意使用“组呼”功能可能影响该组呼区域范围内用户的正常通信,可能造成网络拥塞、通信不畅。各相关单位应严格管理,避免随意使用组呼而影响运输安全生产。

(4)“紧急呼叫”仅供铁路运输有关人员在紧急情况下使用,按压“紧急呼叫”按键后,将中断当前正在进行的其他用户如车站助理值班员、机车司机、工务巡道人员等的通话,使所有相关用户处于紧急呼叫状态下无法挂断,且只有紧急呼叫的发起者才能主动释放紧急呼叫。各相关单位应严格管理,严禁擅自使用紧急呼叫,由于擅自使用造成网络拥塞影响运输安全生产者,一经查出将追究使用人员和单位负责人的责任。

第十一章　新型客车及转向架

第一节　25K型客车简介

25K型客车是为中国铁路第一次大提速开行的特快列车研制的铁路客车车体。“K”是“快速型”的汉语拼音首字母。25K型客车在25Z型客车（“Z”是“准高速”的汉语拼音首字母）的基础上发展而成，构造速度为160 km/h（2008年9月起全部改为140 km/h），并推广应用空气弹簧悬挂技术和盘式制动技术。具有速度快，运行平稳的特点。在中国铁路上普遍用作特快列车和少数快速列车、普快列车的车底。

图11－1　25K型客车（四方厂制造）

中国铁路25K型客车标准涂装主色调为蓝色和白色中间配一道红线，25K型客车主要作为中国铁路上的特快列车的车体使用，如图11－1所示。

一、概　况

25K型客车设有硬座车（YZ）、软座车（RZ）、硬卧车（YW）、软卧车（RW）、餐车（CA）、空调发电车（KD）、行李车（XL）等种类和各种双层客车，以及具有特别用途的试验车、轨道检查车等，还有最早在京广铁路特快列车增加了19K型高级软卧车厢。中国铁路25K型客车于1997年开始生产，生产单位包括长春轨道客车、唐山轨道客车、青岛四方机车车辆厂和南京浦镇车辆厂。25K型客车使用206KP型（K代表空气弹簧，P代表盘形制动）、206WP型（用于空调发电车，W代表无摇动台）、CW－2B型、CW－1B型、209HS型（铺镇厂在209PK型基础上研制的改进型）转向架，在实际运用中发现转向架设计存在缺陷，自2008年9月起限定最高速度为140 km/h。25K型客车在历年生产中对转向架和车体作出过多次改进，例如后来开始陆续改用密闭式塞拉门、内翻式车窗、密封式风挡等。至2003年，新的25T型客车（最早由BSP生产）开始投产，25K型客车则在同年年底停产，但仍广泛用于中国铁路特快列车车底出现于中国各地。

二、25K型客车分类

（一）25K型客车

YZ_{25K}硬座车为3＋2座位布局，共118个座位；RZ_{25K}软座车为2＋2座位布局，共72/80个座位；YW_{25K}硬卧车共有11/10（带播音间的硬卧车）个开敞式间隔，每间隔左右两边有上中下三个铺位，定员66/60人；RW_{25K}软卧车有9间包厢，每间左右两边各设上下两个铺位，定员36人。以上四个车种都配有配电室、乘务员室、储藏室、电开水炉间，设洗脸间及两个厕所。

CA_{25K}餐车有12张餐台，可供48人同时就餐。内部结构如图11－2、图11－3、图11－4所示。

图11－2 YW_{25K}型硬卧车内部

图11－3 RW_{25K}型软卧车内部

（二）双层25K型客车

为了满足中短途城际特快列车的需求，南京浦镇车辆厂和长春轨道客车先后研制了25K型双层硬座车（SYZ_{25K}）、双层软座车（SRZ_{25K}）（图11－5）和双层餐车（SCA_{25K}），浦镇车辆厂制造的双层25K型客车占大多数，长春轨道客车产量并不多。长春轨道客车的双层25K型的特点是车门位于两个转向架之间，位置较低以适应低站台的环境，只有硬座车和软座车两种，而浦镇车辆厂的设计则是标准的两端车门，并且还生产了中长途用的空调双层25K型卧铺客车。双层25K型卧铺客车车种包括双层硬卧车（SYW_{25K}）和双层软卧车（SRW_{25K}），但产量不多。另外，第二和第三列的健康快车双层车厢也是在25K型双层客车基础上研制。

图11－4 CA_{25K}型餐车内部

图11－5 长春客车厂生产的25K型双层软座车

双层硬座车和双层软座车的座位布局与单层车一样，分别为3＋2和2＋2方式。

双层硬卧车定员80/76（带播音间）人，两端部各一中间层包间，三层铺，每间6人；上下层均为9个包间，均为双层铺，端部包间2人，其他8个包间均为4人。双层软卧车定员50人，与硬卧车结构基本相同，两端部各一中间层包间，为双层铺，每间4人；下层7个包间，为双层铺,每间 4 人;上层包间 7 间,为单层铺,每间 2 人。双层餐车的上下层共有 14 张餐台,可同时容纳 72 人就餐。

三、25K 型客车技术参数

定员	118 人
硬座车	118/148(双层车)人
软座车	72/108(双层车)人
硬卧车	66/80(双层车)人
软卧车	36/50(双层车)人
车辆长度	25 500 mm;空调发电车长 23 580 mm
车体高度	4 433 mm/4 750 mm(双层车)
车辆宽度	3 105 mm
通过最小曲线半径	145 m
车辆自重	26. 5 t
硬座车	48. 8 t/52 t(双层车)
软座车	41. 6 t/51. 4 t(双层车)
硬卧车	47 t
软卧车	47 t
空调发电车	60. 5 t
转向架	206KP/CW－2B/W－160/209HS/SW－220K/CW－200
构造速度	160 km/h
标称速度	140 km/h
最高牵引速度	138 km/h
供电制式	发电车集中供电 AC380V 交流电(部分 DC600V 直供)
制动	盘式制动(104 型或 F8 型电控制动机)
采暖	空调＋电热

第二节　25T 型客车简介

一、车型发展历史、分类简介

(一)25T 型客车发展历史

25T 型客车为中国铁路第五次大提速开始开行直达特快列车而设计的客车车体。“T”是“提速型”的汉语拼音首字母。25T 型客车是 25K 型客车的后继型号,满足可持续长达 20 h 的不停站运行,运行速度达 160 km/h,一次检修满足 5 000 km 无须检修的要求。

1999 年,青岛四方－庞巴迪－鲍尔铁路运输设备有限公司(简称 BSP)开始研发工作,2002 年进行量产。到 2004 年定型为 25T 型,此前仍然称是 25K 型。车辆制造方面由 BSP、长春轨道客车、唐山轨道客车及南京浦镇车辆厂等负责。2002 年年底第一批 25T 型量产车配属上海铁路局投入运营。

(二)25T 型客车分类

1. 25T 型客车分类

25T 型客车一类是由加拿大庞巴迪公司提供技术及授权 BSP 制造，2002 年起生产（图 11－6）。以庞巴迪为比利时铁路生产的 I11 型 200 km/h 级别高速客车为原型，只有软座车，软卧车和餐车三种车型，采用由法国 ANF 公司设计生产、稳定程度较高的 AM96 型转向架（但由 2007 年起大部分原厂车的转向架已被换成 SW－220K）。使用小间隙车钩，并没有真空集便器。供电模式为 AC380 V，使用兼容 AC380 V 模式的部分东风 11G 内燃机车供电，或者和 25K 型客车一样，可以用 KD_{25K}（25K 型空调发电车）供电。

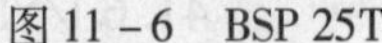

图 11－6　BSP 25T

图 11－7　国产化 25T

25T 型客车另一类为完全国产化 25T 型，由长春轨道客车、唐山轨道客车及南京浦镇车辆厂按照 BSP 提供的图纸制造，2004 年起生产，如图 11－7 所示。

BSP 制造与国产化 25T 外观上主要区别为：

国产化 25T 空调机外露，BSP 制造车空调不外露包覆在整流罩中。

国产化 25T 车窗形状较方正与其他 25 型系列客车类似，BSP 制造车车窗较宽扁。有软座车、硬座车、软卧车、硬卧车、餐车、行李车、邮政车等，还有供特别用途的试验车、公务车、特种车。

国产化 25T 最初采用 AM96 型转向架，后来采用 CW－200K 型转向架或 SW－220K 型转向架，使用半永久密接车钩，并有真空集便器。构造速度为 180 km/h，最高运行时速为 160 km。

25T 型客车后来进行了改进。改用密闭式塞拉门、折棚风挡，真空集便装置。改为机车向客车供电，供电模式为 DC600V，取消了空调发电车。

2. 25T 型客车主要车型

25T 型客车主要车型包括：YW_{25T} 型硬卧车、RW_{25T} 型软卧车、RZ_{25T} 软座车、YZ_{25T} 硬座车、CA_{25T} 型餐车及 RW_{19T} 型高级包厢车，以及行李车、邮政车、快运行包专用车等。25T 型车内部环境如图 11－8 所示。

25T 型客车分为普通型及青藏高原型。青藏高原型 25T 型客车主要为青藏铁路运行而设计，用于来往西藏拉萨的列车。车辆采用航空气密技术及供氧装置，设有集便式厕所等。BSP 制造的青藏 25T 型客车均使用 AM96 型转向架。而国产化青藏 25T 型客车使用 SW－220K 型转向架。特别设计的高原用发电车带有大功率发电机组，以满足高原地区全列车供电负荷达到 1 400 kW 的需求。与普通 25T 型的蓝白两色车身标准涂装不同，青藏高原型 25T 为墨绿色车身配两道黄线的涂装，其涂装类似 25B 型客车，如图 11－9 所示。

图 11－8　25T 型车内部环境

二、25T 型客车概况

25T 型客车在功能性、安全性、质量可靠性、环保性、舒适性等方面集成了中国当时铁路装备的最新技术，代表了当时中国主干线铁路装备的最高水平，如图 11－10 所示。

1. 25T 型客车运营检修模式

25T 型客车以其更高的安全性、可靠性、免维护性及自监控系统稳定性满足了第五次大提速所采用的全新的运营及管理模式，即可持续长达 20 h 的城际间点对点式运行，持续运行速度达到 160 km/h，一次库检作业满足 5 000 km（一个往返）无须检修的运营检修模式。

图 11－9　青藏高原型 25T

2. 25T 型客车编组模式

25T 型客车最大编组 19 辆，每编组的首尾车辆端部装用 15 号小间隙车钩与牵引机车连挂，中间各车装用密接式车钩相互连挂。大大减少了车辆间的纵向冲击。

3. 25T 型客车运用条件

25T 型客车运用的环境温度为 －40 ℃ ～ ＋40 ℃、最大相对湿度为≤95%，适于 300 mm、500 mm 和 1 200 mm 的站台高度（站台边缘距线路中心距为 1 750 mm），线路最大坡度≤30‰。

4. 车体钢结构

采用整体承载无中梁筒形结构。枕内车底两侧设裙板以减少运行时的空气阻力提高动力学性能。风挡上方设车端阻尼装置,增加车辆之间的阻尼力,减轻车辆运行中的横向摆动,提高车辆运行品质。

图 11－10　25T 型客车

5. 车内装饰结构

内装骨架采用无木结构;广泛采用隔音减振措施;地板采用铝型材骨架浮筑结构。装饰用材具有绿色环保可二次回收的特点。

6. 卫生装置

厕所内设有 MONOGRAM 集便装置,此次为我国主干线铁路首次全列车装用集便装置。首次在我国铁路客车上设置符合 UIC 标准具有残疾人使用功能的厕所,在体现尊重残疾人群,开辟无障碍绿色通道,提供特殊服务设施等方面进行了有益的探索。

7. 空调系统

采用环保型铝箔复合风道。采用静压、静音、柔和的隐形风口的送风方式。其中软卧及高包车包间送风量可由旅客根据自己的需求随意调节。

8. 电气系统

采用 AC380 V 兼容 DC600 V 供电的供电系统。电气设备满足 3C 认证要求。

9. 旅客信息系统

设有集中控制的旅客信息系统,主机设在播音室并有便携式微机和外挂式显示屏,可以显示运行速度、时间、车内、外温度、前方到站等旅客关心的信息,信息内容可以修改。

10. 电气监控及行车安全监测系统

乘务员室内的电气系统监控主机通过列车网收集全列的电气、防滑、轴报、烟火、塞拉门等信息并可对全列的供电及空调的运行情况进行监控;车底设车体传感器、转向架传感器,列车管及制动缸传感器,构成行车安全监测系统。上述两套系统通过采用两套 Lonworks 网络电缆实现网络传输及信息传递,各车包间及电气设备室内的感烟探头与乘务员室的报警主机形成本车的烟火报警系统。为保证车底设备防松、防脱及防剪切,吊装的安全措施冗余。

11. 人性化服务设施

柔和高雅的车内装饰风格及舒适的卧铺、餐椅等车内设备为乘客的休息、就餐及娱乐等营造了良好的旅行环境。餐车厨房设备电气化,既解决了对沿线环境及乘客就餐环境的污染,同时又为厨房工作人员提供了整洁的工作环境。手动对开外端双拉门、电动触摸式自动内端门、摆门,所有门扇都设有透明玻璃,不仅保证了通道的通透性,特别是在紧急状态下便于乘客的快速疏散及集中。软卧车、高包车的侧门、折棚门及包间内设置呼唤终端按钮,与乘务员室内的呼唤主机构成本车的呼唤系统以实现紧急救助及特殊服务的快速反应。软卧车、高包车的每铺位设置一套影视系统,餐车餐厅及酒吧区共设置 35 英寸的高清晰度电视,以上电视可实现 8 套影视节目的播放选择。

三、25T 型客车技术参数

车体长度	25 500 mm
车体宽度	3 105 mm
车顶距轨面高度(空车时)	4 433 mm
车辆定距	18 000 mm
车钩中心线距轨面高度	880 mm(密接钩)、880 mm(15 号钩)
通过台渡板面距轨面高度	1 333 mm
地板面高度	1 283 mm
转向架型式	SW－220K 型、CW－200K 型转向架
制动型式	盘形制动、电子防滑器,104 集成式电空制动装置
空调型式	车顶单元式空调机组
采暖型式	部统型板式电加热器
供电型式	AC380 V 集中供电并预留 DC600 V 兼容供电
车窗形式	25K 统型组合铝窗,活动窗为内翻式
风挡型式	折棚式密封风挡
轴重	≤15.5 t
轨距	1 435 mm
构造速度	200 km/h
标称速度	160 km/h,最大牵引速度:156 km/h
在平直道上重车紧急制动距离,初速度 160 km/h 时	≤1 400 m
通过最小曲线半径	单车 100 m、连挂 145 m
平稳性指标	W≤2.5
噪音(140 km/h 时)	硬卧车、餐车餐厅≤68 dB(A);软卧车、高包车≤65 dB(A)
静止状态下车体传热系数	硬卧车、餐车≤1.16W/(m^2·K);软卧车、高包车≤1.1 W/(m^2·K)
照度	符合 GB/T12815《铁道客车照明设计基本参数》的要求

第三节　CW－200K 型转向架

CW－200K 型转向架是在 CW－200 型转向架的基础上专门为适用于 160 km/h 速度等级发展起来的。按速度级 CW－200 型转向架分为 300 km/h、200 km/h、160 km/h 和 120 km/h 四种。

CW－200K 型转向架为无摇枕结构,取消了传统结构的悬吊件,由大变位空气弹簧直接支撑车体。其中制动盘为两盘,动力学参数按 160 km/h 要求重新进行了优化。设计中尽可能采用无磨耗结构,因此使转向架结构简单易维修。CW－200K 型转向架如图 11－11 所示。

一、主要技术参数

轨距	1 435 mm
限界	符合 GB146.1－83 车限 1B

图 11－11　CW－200K 型转向架

运行速度	170 km/h
试验速度	200 km/h
轴距	2 500 mm
轴重	15.5 t
通过最小曲线半径	车辆连挂时:145 m
	单车调车时:100 m
轮对	KKD 车轮 ϕ915
轴承	SKF 公司滚动轴承 BCIB322880AB
	BCIB322881AB
轴箱弹簧横向跨距	2 000 mm
空气簧中心跨距	2 000 mm
空气簧上平面自重高	937 mm
转臂节点纵向刚度	(12 ±0.5)MN/m
转臂节点横向刚度	(6 ±0.5)MN/m
二系每空簧垂向刚度	0.32MN/m
二系每空簧横向刚度	0.20MN/m
二系每空簧纵向刚度	0.20MN/m
一系每垂向减振器阻尼	15kN · s/m
二系每空簧垂向阻尼(节流孔)	80kN · s/m
二系横向阻尼/每减振器	25kN · s/m
二系抗蛇行阻尼/每减振器	250kN · s/m
(卸荷速度 0.04 m/s 时最大 10 kN)	
抗蛇行减振器横向跨距	2 824 mm
抗侧滚扭转刚度	2.9 kN · m/rad
一系簧下质量/每转向架	3.6t
转向架自重	6.3 t
车辆定距	18 m

二、转向架基本结构

本型转向架采用无摇枕、无摇动台、无旁承三无结构,车体与转向架间通过牵引拉杆传递拉、压力，并装有抗蛇行减振器，中央悬挂采用空气弹簧，轴箱悬挂采用转臂式定位，并安装垂向减振器。基础制动采用每轴二个制动盘和防滑器。转向架主要由构架组成、轴箱定位装置、中央悬挂装置、基础制动装置及轴温报警装置组成，如图 11－12 所示。

图 11－12　CW－200K 转向架

(一)构架组成

构架为 H 形焊接结构，由两侧梁和两横梁组成，两横梁间有纵向梁，如图 11－13 所示。侧梁中间为下凹的鱼腹形，由 4 块钢板组焊成箱形封闭断面，内有密封隔板，使侧梁内腔成为空气弹簧的附加空气室。横梁采用日本进口无缝钢管外径为 ϕ165.2 mm。壁厚为 14.3 mm。各种吊座均焊在构架上，通过优化设计，在保证足够强度和刚度的基础上，尽量减轻重量。

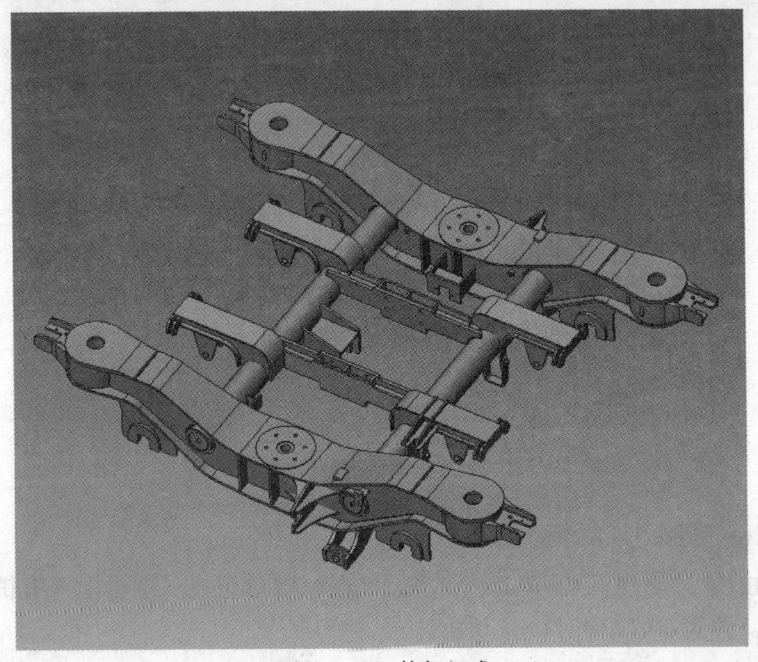

图 11－13　构架组成

(二)轴箱定位装置

轴箱定位采用转臂式定位装置,纵、横向定位靠橡胶节点保证,节点组装时从转臂端部压入。轴箱定位装置采用分体式结构,转臂和箍整体加工,分解时只需将箍和转臂间螺栓拧开即可将轮对推出。轴箱定位装置包括:轮对组成、弹簧装置、轴端安装、轴箱减振器、节点装置、转臂,如图 11 - 14 所示。

图 11 - 14　轴箱定位装置

1. 轮对组成

车轴轴重为 15.5 t,车轴轴径中心距为 2 000 m,轴型为 RD_{3A1}。车轮采用 KKD 车轮。每轴二个制动盘,车轴轴承采用 SKF 生产的短园柱滚子轴承,如图 11 - 15 所示。

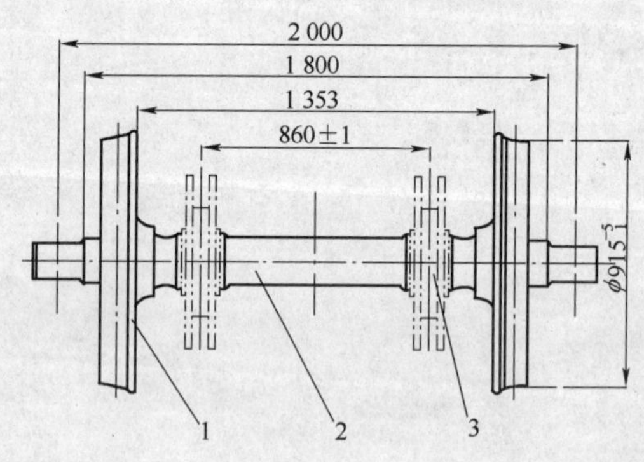

图 11 - 15　轮对组成

1—车轮;2—车轴;3—制动盘

2. 弹簧装置

弹簧装置由内、外圈弹簧、弹簧上、下夹板及螺栓、螺母组成。螺母上开有销孔,弹簧组装后需穿开口销。弹簧参数如表 11 - 1 所示。

表 11－1　新型 25T 各车型弹簧参数表

<table>
<tr><th colspan="2" rowspan="2">车型代号</th><th rowspan="2">旋向</th><th rowspan="2">直径
d
(mm)</th><th rowspan="2">中径
D
(mm)</th><th rowspan="2">有效圈数</th><th rowspan="2">总圈数</th><th rowspan="2">自由高
H
±3
(mm)</th><th rowspan="2">刚度
(kN/mm)</th><th colspan="2">自重载荷下</th><th colspan="2">试验载荷下</th><th rowspan="2">合成刚度
(kN/mm)</th><th colspan="2">自重载荷下</th><th rowspan="2">备注</th></tr>
<tr><th>载荷
(kN)</th><th>高度
±3
(mm)</th><th>载荷
(kN)</th><th>高度
±3
(mm)</th><th>载荷
(kN)</th><th>高度
±3
(mm)</th></tr>
<tr><td rowspan="2">CCK207X
硬卧
CCK208X
软卧
CCK228
高包</td><td>CCKZ53
－21－001</td><td>右</td><td>25</td><td>135</td><td>6.8</td><td>8.3</td><td>324</td><td>0.229</td><td>15.3</td><td>257</td><td>27</td><td>206</td><td rowspan="2">0.812</td><td rowspan="2">54.88</td><td rowspan="2">257</td><td rowspan="2"></td></tr>
<tr><td>CCKZ53
－21－002</td><td>左</td><td>40</td><td>219</td><td>4.1</td><td>5.6</td><td>324</td><td>0.583</td><td>39.6</td><td>257</td><td>69</td><td>206</td></tr>
<tr><td rowspan="2">CCK209X
餐车
一位
转向架</td><td>CCKZ53
－21－001</td><td>右</td><td>28</td><td>135</td><td>6.2</td><td>7.7</td><td>300</td><td>0.395</td><td>17</td><td>257</td><td>34</td><td>213</td><td rowspan="2">1.112</td><td rowspan="2">47.87</td><td rowspan="2">257</td><td rowspan="4">二位端比一位端重3.8 t</td></tr>
<tr><td>CCKZ53
－21－002</td><td>左</td><td>42</td><td>220</td><td>4</td><td>5.5</td><td>300</td><td>0.717</td><td>30.9</td><td>257</td><td>62</td><td>213</td></tr>
<tr><td rowspan="2">CCK209X
餐车
二位
转向架</td><td>CCKZ53
－21－001</td><td>右</td><td>28</td><td>135</td><td>6.2</td><td>7.7</td><td>308</td><td>0.395</td><td>20.2</td><td>257</td><td>38</td><td>213</td><td rowspan="2">1.112</td><td rowspan="2">57.18</td><td rowspan="2">257</td></tr>
<tr><td>CCKZ53
－21－002</td><td>左</td><td>42</td><td>220</td><td>4</td><td>5.5</td><td>308</td><td>0.717</td><td>37</td><td>257</td><td>68</td><td>213</td></tr>
</table>

3. 轴端安装

轴承为进口短圆柱滚子轴承。轮廓尺寸为 130×250×(2×80)。其中的一端安装有速度传感器。每个转向架有一个轴端安装有轴端接地装置防止轴承发生电蚀。如图 11－16、图 11－17、图 11－18 所示。

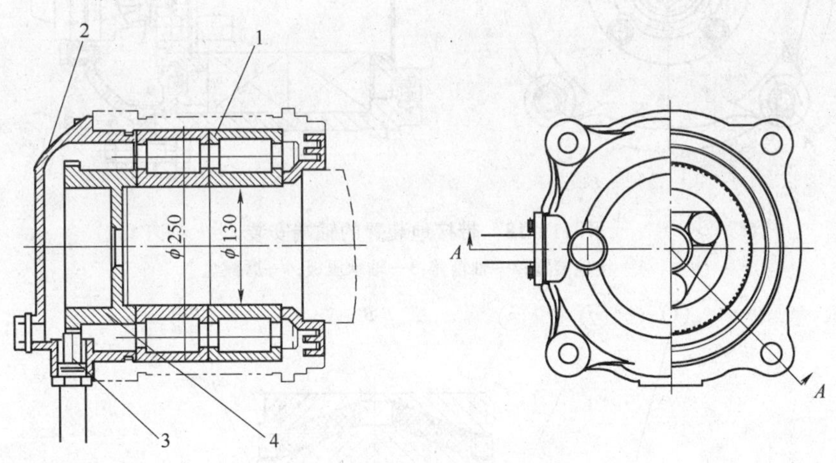

图 11－16　带速度传感器的轴端安装

1—轴承；2—轴箱盖；3—传感器组成；4—测速齿轮

4. 节点装置

节点装置包括两个橡胶节点、转轴、转轴套和盖形螺母(图 11－19)。一系定位的纵、横向刚度均由橡胶节点决定，同一转向架各位置节点刚度值应作原始记录，相差值应≤0.2 MN/m。

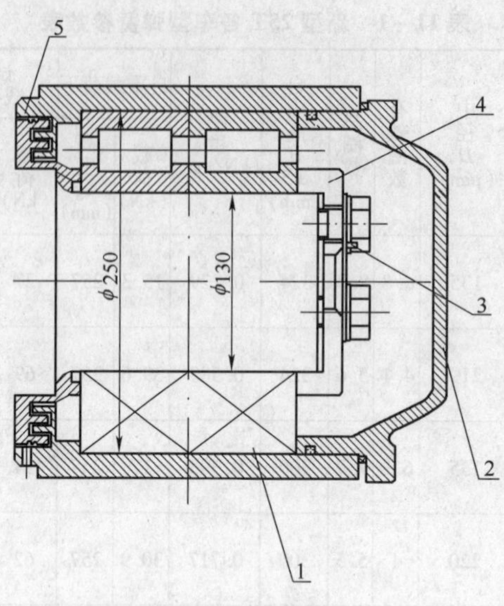

图 11－17 轴端安装

1—轴承;2—轴箱盖;3—防松片;4—压板;5—防尘挡圈

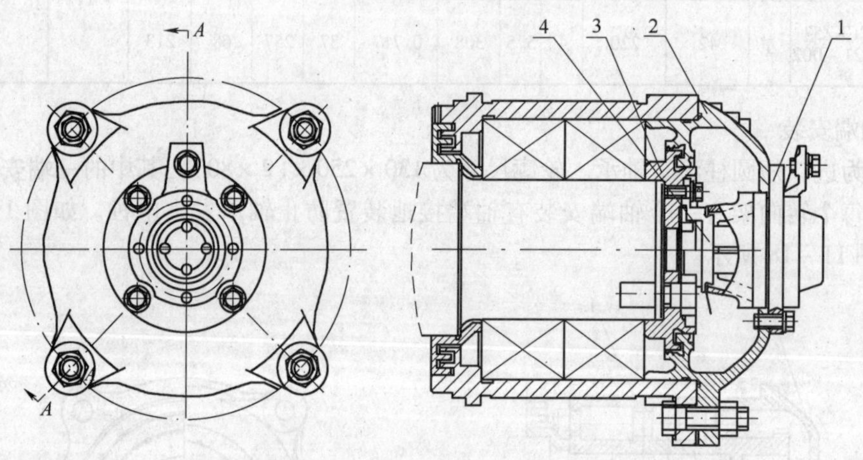

图 11－18 带接地装置的轴端安装

1—接地装置;2—轴箱盖;3—轴承压板;4—磨擦盘

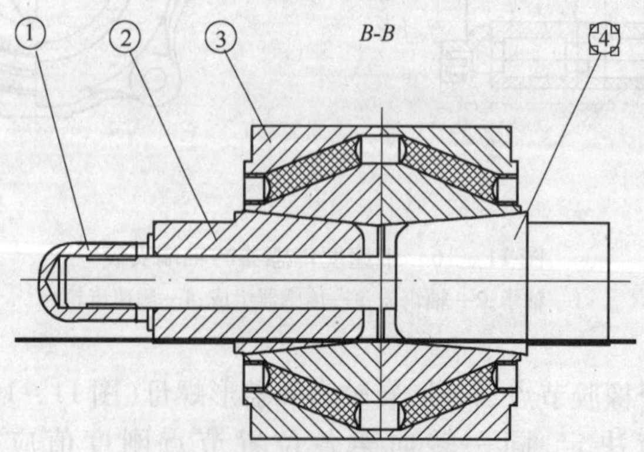

图 11－19 节点装置

1—盖形螺母;2—转轴套;3—橡胶节点;4—转轴

(三)中央悬挂装置

中央悬挂为无摇枕结构,采用高柔性空气簧。两侧设两个横向减振器,两个横向挡,横向档与小纵向梁的间隙为(40 ±2)mm。车体与转向架间装有两个对称的抗蛇行减振器,使车辆在高速运行时减小轮缘磨耗和悬挂系统的作用力,提高车辆运行稳定性和运行平稳性。中央悬挂装置包括空气弹簧、高度阀、差压阀、牵引装置、抗侧滚扭杆、安全钢丝绳等,如图 11 –20 所示。

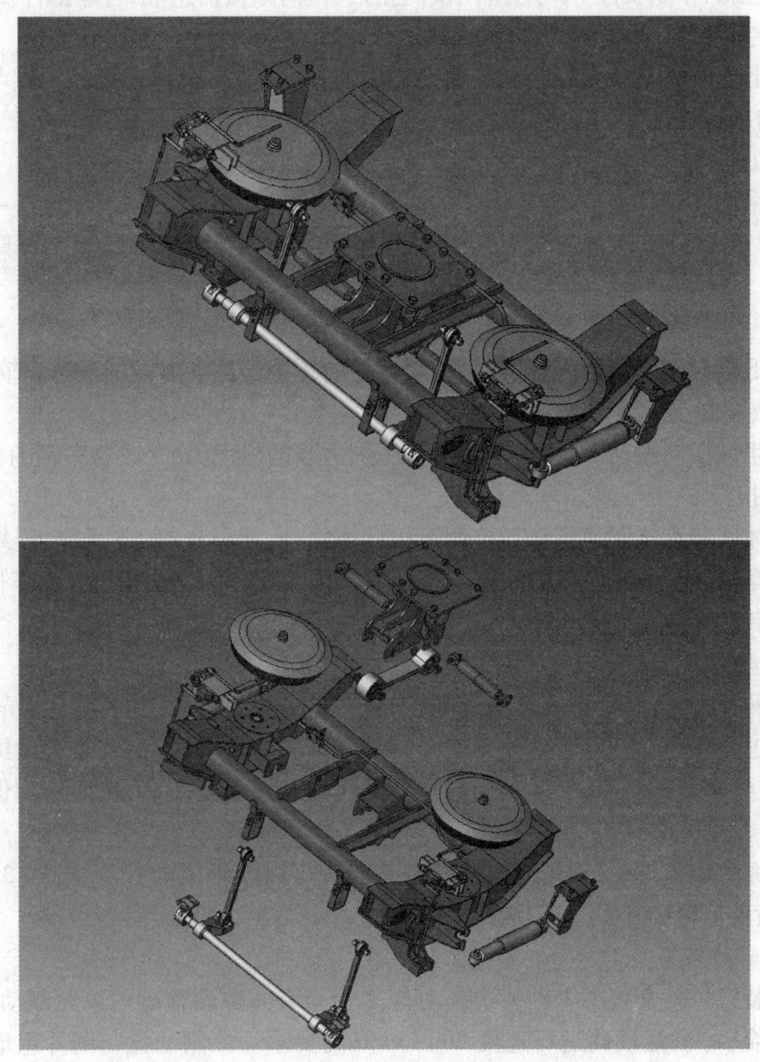

图 11 –20　中央悬挂装置

1. 空气弹簧

空气弹簧横向变位可达 110 mm 以上,车辆通过曲线时依靠空气弹簧的水平变位实现转向功能同时又不会形成过大的回转阻力使车辆产生较大的侧向力增大轮轨磨耗。

转向架构架侧梁内部做空气弹簧的附加空气室,空气弹簧的下部通风口与附加空气室连接,上部进风口与车体的管路连接。空气弹簧的胶囊气室与附加空气室间的节流孔,对车体的垂向振动起到一定的衰减作用,因此不需要加装垂直油压减振器。

安装空气弹簧时,上部进风口和下部通风口的外部表面,需涂润滑脂防锈,“O”形圈需涂润滑脂进行保护。

2. 差压阀、高度阀

在两附加空气室管路之间设有压差阀。一旦其中一个空气弹簧失压压差值达到 120 kPa 时压差阀即打开以维持两空气簧之间压力保持均衡,确保行车安全。每个空气簧有一个高度控制阀,用于维持车体在不同静载荷下均与轨面保持一定高度。

3. 牵引装置

牵引主要包括:牵引支座、牵引拉杆、横向止挡、横向减振器组成,各零部件及其功能如下:

(1)牵引支座

牵引支座起着车体与转向架之间的衔接作用,它的一端与车体连接另一端与转向架上的牵引拉杆、横向减振器连接。

(2)牵引拉杆

牵引装置采用单拉杆结构,杆身为整体锻件,两端装有相同球形橡胶节点,一端与构架相连,另一端与车辆牵引座连接。牵引装置对悬挂系统的附加横向刚度很小,具有良好的随动性。

(3)横向止挡

为适应于低横向刚度的空气弹簧,采用柔性横向缓冲器。能有效的缓解车辆的横向振动。

(4)横向减振器

在车辆发生的横向振动时,横向减振器会施加适当的阻尼力,来改善车辆的横向特性。

4. 抗侧滚扭杆

构架与车体间装有抗侧滚扭杆。抗侧滚扭杆由扭杆、扭臂连杆、支承座、纤维轴承及球关节轴承组成。车辆通过曲线时依靠扭杆的扭转变形限制车体的侧滚角度。而车体上下振动时扭杆不发生扭转对车体不产生作用。

5. 安全钢丝绳

在构架的两外侧,各有一根安全钢丝绳,安全钢丝绳的功能是:当车辆出现异常状态时,即空气弹簧处于过充状态、高度调整阀、压差阀同时处于故障状态时,由安全钢丝绳将车体和构架拉住,限制空气弹簧的高度,保证车辆与限界之间的有效安全距离,从而达到保证车辆的行车安全。

安全钢丝绳由调整端头、钢丝绳组成。调整端头可以使钢索的长度在 0 ~ 35 mm 范围内进行调整,以满足车轮镟修后,对车钩高度的调整。

(四)基础制动装置

基础制动装置每轴安装 2 个轴装式制动盘,2 个带有间隙调整器的单元制动缸,闸片的材质采用粉末冶金,可满足最高运行速度 200 km/h 的要求。该制动盘与闸片组成的一对摩擦付,具有摩擦系数稳定,导热率高等特点。

(五)轴温报警装置

在构架侧梁外侧安装有轴温报警装置的接线盒和连接线,温度传感头安装在轴箱体上,用来检测车辆运行过程中轴箱内部温度的变化,一旦轴箱内部的温度高于外界温度 40 ℃,车上报警器立即发出警报,此时必须立即停车进行检查,排除故障并进行彻底修复后方可继续运行。

三、转向架组装和落车调整

(一)转向架组装要求

1. 轴箱弹簧根据自重试验高度选配,同一转向架上其高度差不得大于 4 mm,同一轮对及转向架同一侧上其高度差不得大于2 mm。

2. 同一轮对上车轮滚动圆直径之差不大于0.3 mm,同一转向架上及同一辆车上,车轮滚动圆直径之差不大于1 mm。

3. 转向架两侧固定轴距之差不大于1 mm,其对角线差不大于1.5 mm。

4. 调整同一轮对上两车轮外侧面分别与构架上定位块的间隙差不大于2 mm。然后紧固橡胶节点的螺母,紧固力矩为450~500 N·m,并上紧压板。

5. 轮对及其组装除图纸规定外,其余应符合TB/T 1718-91"车辆轮对组装技术条件"的规定。

(二)落车调整

1. 四角高调整

调整轴箱弹簧下调整垫板(CCKZ36-20-06)的厚度,保证构架定位块下表面距轨面高度437.5^{+4}_{-4} mm,但同一转向架高度差不大于4 mm,同一辆车不大于8 mm。

2. 高度阀杆调整

高度阀体安装在车体上,高度阀水平杆应与地面平行(空气簧充气状态),可通过高度阀竖杆联接螺栓调整。

3. 空气簧高度调整

落车调整后空气簧高度为(210±2)mm(充气状态),同一转向架两空气簧的高度差不得大于2。检验后用胶管及铁丝将高度阀调整杆包扎好,以后不得随意拧动调整杆。空气弹簧(210±2)mm的测量可量基准块与空气弹簧上板(150±2)mm尺寸(如果空气弹簧下加调整垫时测量高度应再加上调整垫的厚度)。

4. 车钩高调整

旋轮后保证不了车钩高时,可优先考虑在轴簧下加调整垫,簧下最多可加20 mm簧上可加5 mm,如果仍满足不了钩高时可在空气簧下加垫(CCKZ36-30-04)但厚度不允许超过20 mm。

5. 横向挡间隙调整

横向止挡与纵向梁间隙为(40±2)mm,可通过横向止挡调整垫(CCKZ36-30-05)进行调整。

6. 吊与转臂间隙调整

吊与转臂弹簧盘下表面间隙应大于30 mm,可通过轴箱减振器座下表面加垫(CCKZ36-20-02)调整。

7. 防过冲钢丝绳调整

当空气簧下加垫后使车体和转向架防过冲座之间距离增大,为了保证原有距离不变可调节防过冲钢丝绳,调节长度为空气簧下所加调整垫厚度。

(三)性能要求

1. 高度阀(每个高度阀均需测试其性能)

高度阀:不感带:±(3~5) mm。

延时:(3±1) s。

从500 kPa降低到200 kPa的时间为40 s(容积为40 L)。

2. 压差阀[动作压差(120±10)kPa]

流量在10 s以下,从500 kPa降到400 kPa时间不大于14 s。

3. 所有有性能要求的橡胶件每批量抽检其性能。

(四)其他要求

1. 落车前将牵引支座组成与车体相联,再将车体落于转向架上。

2. 由于转臂和箍为整体组装后加工,因此更换时须整体更换,不允许只更换其中一件。

3. 单车调车时空气弹簧必需按规定要求充风。

4. 作修程时构架除垢、除锈不允许采用水煮以防构架内腔防腐层被破坏。

四、转向架的分解

(一)转向架与车体的分解

该型转向架由于结构原因,车体与构架间接口较多,当分离车体与转向架时,以下部件均需拆开:

(1)抗侧滚扭杆
(2)牵引拉杆
(3)横向减振器
}侧梁里侧。

(4)防过充装置
(5)高度阀调整杆
}侧梁外侧。

(6)抗蛇行减振器。

(7)相关的电器连线和制动管路。

(二)转向架的分解

1. 构架组成与轴箱定位装置的分解

(1)将构架定位座节点下方锁紧板处螺栓分解。

(2)将轴箱减振器下端螺栓分解。

(3)将吊勾处螺栓分解。

上述项目完成后即可起吊构架组成。

2. 轴箱定位装置的分解

将转臂和箍连接处的4个螺栓分解即可将转臂、箍和轮对组成分离。

注:①分解时转臂、箍和弹簧应作标记恢复时按原位恢复。②分解时对各处所加调整垫数量应作好记录以便按原样恢复。

3. 转向架更换轮对

转向架运行中难免出现轮对擦伤的故障,转向架更换轮对有两种方案。

(1)在有落轮坑的场地。

可将轴箱转臂与箍之间的螺栓拆开,将箍拆下,再将轮对直接落在落轮坑内。

(2)在没有落轮坑的场地。

可采用如图11-21所示的起吊装置,该装置包括钢绳、吊、销轴、开口销。在转向架及车体上已预留吊装孔。

更换轮对前先用钢丝绳和销轴将车体与构架联接好在销轴端部插上开口销并劈开,并完成以下工作:

① 将需更换轮对的转臂与箍之间连接螺栓全部拆掉;

② 将轴温传感器探头拆掉;

③ 将高度阀杆其中的一端拆开;

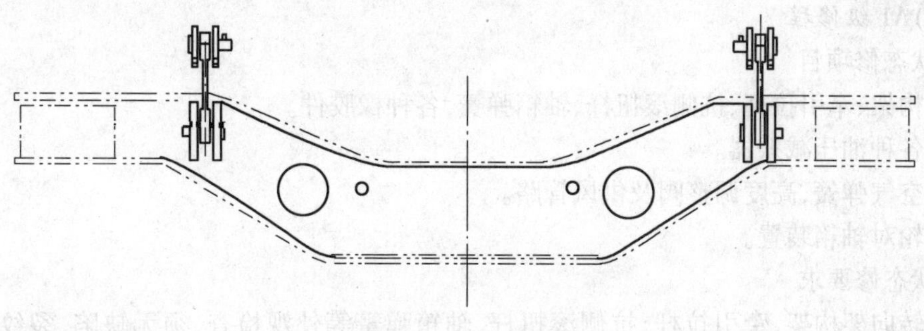

图 11－21　起吊装置

④ 将轴报线拆下。

完成上述工作后可以缓起车体，在车轮将要离开轨面时，仔细察看轴箱和转臂是否分离，同时确认减振器处吊钩是否已钩住转臂此时可继续升起车体（构架也同时升起），再推出需更换的轮对。

注：①车体起吊后转向架下不允许站人。②安装起吊钢丝绳前应仔细检查钢丝绳不应有断股现象。

换装新轮对时，先将轮对推到转向架下面，将车体连带构架组成缓缓落下，当构架落在轮对上时（此时，车体重量还未压到构架上），调整构架位置使转臂挡边落在轴箱顶部槽内，待转臂与轴箱落实后再将车体落下，再完成其他组装工作。

五、转向架检修要求

（一）日常检修

1. 检查转向架上各部位所有螺栓、螺母是否有松动，特别是牵引拉杆底部锁紧板处，抗蛇行减振器座、抗侧滚扭杆与车体连接处。

2. 轮轴各部分不得有肉眼可见裂纹，踏面不得有明显擦伤。

3. 轴箱无裂纹、无漏油、螺栓无松动。

4. 检查各种减振器是否有漏油。

5. 空气弹簧充气状态下高度（210 ±2） mm，高度阀调整杆是否灵活。

6. 该转向架上采用的均为防松螺母，为保证其防松作用，应按规定的扭矩拧紧（见表 11－2）。在防松螺母与螺栓之间涂有防松标记，当检查中发现螺母与螺栓之间的标记发生错位表明螺栓已松动应按要求拧紧。

表 11－2　各种不同规格防松螺母扭矩安装表

规格	安装扭矩（N · m）（润滑状态）	规格	安装扭矩（N · m）（润滑状态）
M10	45 ±5	M22	680 ~770
M12	100 ~115	M24	850 ~1 000
M16	260 ~290	M27	1 200 ~1 400
M20	500 ~560　230 ±10	M30	1 500 ~1 900

注：1. M20 扭矩有两组，其中（230 ±10）N · m 用于轴箱盖处，其余部位扭矩为 500 ~560 N · m。

2. 段修或厂修时安装扭矩应取大值。

3. 上表所列数值为螺母强度等级为 10 级。

(二)A1 级修程

1. 状态修项目

(1)构架、牵引拉杆、抗侧滚扭杆、轴箱弹簧,各种橡胶件。

(2)各种油压减振器。

(3)空气弹簧,高度调整阀及供风管路。

(4)轮对轴箱装置。

2. 状态修要求

(1)转向架构架、牵引拉杆、抗侧滚扭杆、轴箱弹簧等外观检查,须无缺陷、裂纹、状态良好。转向架上各橡胶件须无裂纹、破损、脱胶现象。如有上述情况之一的须换件。

(2)各油压减振器配件齐全、无漏油、安装牢固,作用良好。发现有漏油时更换。

(3)空气弹簧、高度调整阀,差压阀及供风管路:

① 清除空气弹簧外部污垢,胶囊无裂损、漏风、充气后高度符合(210±2)mm。

② 高度调整阀、差压阀须作用良好、不漏风,高度调整阀调整杆须动作可靠,空气弹簧高度合格后用革布或胶管包扎调整杆。

③ 空气弹簧系统各截门、塞门作用良好,不漏风。

(4)轮对轴箱装置

① 检查测量轮对各部,包括:轮径、轮缘高度、轮缘厚度、踏面状态等。各部限度应符合《铁路客车盘形制动轮对组装及检修技术条件(试行)要求》。

② 轴箱需无裂纹,甩油、螺栓无松动,轴箱有甩油时开盖检查,发现油变质或含金属粉末时换轮,无异常情况时可不开盖。

(三)A2、A3 级修程

A2、A3 级修程按照相关检修标准执行。

第四节　SW－220K 型转向架

SW－220K 型转向架是在 SW－220 型转向架的基础上,根据 160 km/h 速度等级客车的要求,经局部改造而成的。

SW－220 型转向架是南车四方股份公司与日本川崎重工业株式会社合作、由南车四方股份公司制造的一种新型高速客车转向架。它采用无摇动台、无摇枕、单转臂无磨耗弹性轴箱定位、空气弹簧、盘形制动等技术。"SW"代表南车四方股份公司,"220"代表转向架速度系列。SW－220K 型转向架可适应各种 160 km/h 速度等级的客车(除制动装置外,该转向架可满足 220 km/h 速度等级的运用要求)。SW－220K 型转向架如图 11－22所示。

图 11－22　SW－220K 型转向架

一、主要技术参数(表 11－3)

表 11－3　主要技术参数

顺号	项　　目	技　术　参　数
1	连续运行速度(km/h)	160
2	最高试验速度(km/h)	250
3	轴距(mm)	2 500
4	适用轨距(mm)	1 435
5	车轮直径(mm)	915(新轮)/845(旧轮)
6	最大轴重(t)	15.5(行包车 16.5)
7	通过最小曲线半径(m)	联挂 145,单车调车 100
8	弹簧形式	一系钢弹簧,二系为空气弹簧
9	车轮车轴形式	KKD 车轮、RD_{3A1} 轴
10	轴箱轴承	进口 SKF BC1B322880(AB)/BC1B322881(AB)或 FAG804468A/804469A
11	制动形式	轴装盘形制动
12	制动盘形式	轴装铸铁盘 ϕ640
13	制动缸形式	203 mm 单元制动缸(每车 1 位制动缸带手制动)
14	轮对定位方式	单转臂无磨耗弹性轴箱定位
15	转向架质量(kg)	约 5 800
16	限界	GB 146.1 95J01－N

二、转向架结构及性能参数

SW－220K 型转向架是由构架组成、轮对轴箱定位装置、中央悬挂装置、转向架制动装置等组成,如图 11－23 所示。

图 11－23　SW－220K 型转向架

(一)构架组成

1. 构架为钢板焊接结构,平面呈"H"形。主要由侧梁组成、横梁组成、纵向辅助梁、空气弹簧支撑梁和定位臂等组成(图11－24)。侧梁的中部为凹形,横梁的内腔与空气弹簧支撑梁的内腔组成空气弹簧的附加空气室。

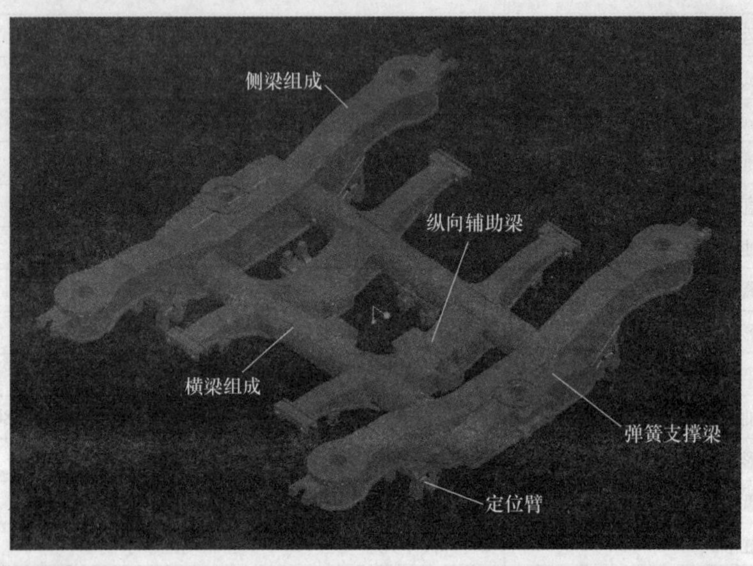

图11－24　构架组成

2. 侧梁

侧梁采用由四块钢板组成箱形断面的焊接结构,上、下盖板厚分别为12、16 mm,腹板厚12 mm,侧梁中部为U形。采用Q345E焊接结构用轧制钢板。

与弹性节点连接的定位臂为铸钢件(ZG25MnNi),其与侧梁连接部为圆滑过渡,力求应力缓和。

3. 横梁

横梁采用ϕ203 mm×12 mm无缝钢管(材质为Q345E),表面经酸洗磷化处理。其内腔作为空气弹簧的附加空气室。在横梁上焊有制动吊座、牵引座及空气弹簧的防过冲座等。

4. 辅助梁组成

为提高构架刚度,在两横梁之间由纵向辅助梁连接,其上安装有横向振器座和横向缓冲器座等。辅助梁采用箱形断面的焊接结构。

5. 空气弹簧支撑梁

位于侧梁外侧的两横梁之间,由三块板组焊而成的槽形结构,它与侧梁外侧腹板组成的密闭腔,与横梁内腔相通,共同组成空气弹簧的附加空气室。

(二)轮对轴箱定位装置

1. 轮对轴箱

轮对轴箱采用KKD车轮、RD_{3A1}车轴、轴装制动盘、804468/804469(进口FAG),或BC1B322880/BC1B322881(进口SKF)轴承,如图11－25所示。

另外,轮对轴箱的轴端有两种:带防滑速度传感器轴端和接地轴端,转向架的2、4、6、8轴端接有接地电阻。各车轴端布置见表11－4。

表 11-4　各车轴端布置

位数＼轴端	防滑器轴端	接地装置轴端
位数	2、4、6、8	1、3、5、7

轮对轴箱与定位转臂采用跨接的形式，定位转臂通过 4 个 M20 的螺栓与压盖连接，定位转臂跨落入轴箱外部的槽内。若需要更换轮对，只需松开 4 个 M20 螺栓和接地线等，便可以使轮对轴箱与转向架分离。

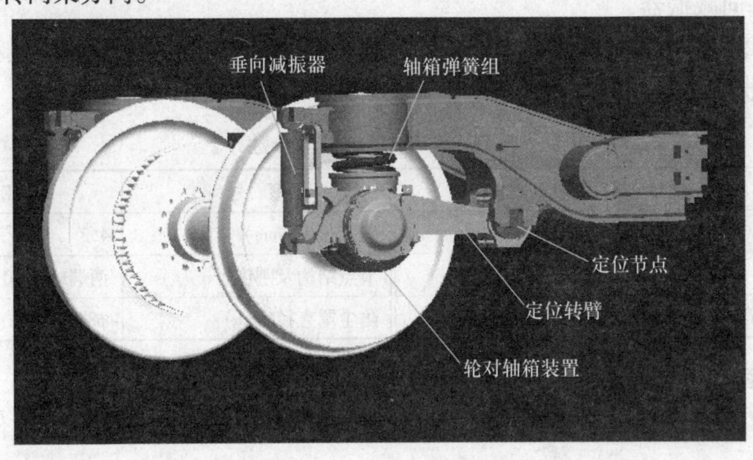

图 11-25　轴箱定位装置

2. 轴箱定位装置

轴箱定位装置为单转臂无磨耗弹性定位，定位转臂是该装置中的骨架，是轮对轴箱与构架的联系纽带，为减小定位节点刚度对一系垂向刚度的附加影响，定位转臂选择尽可能长，为 550 mm，采用铸钢件（ZG25MnNi）。本定位装置有如下特点：

① 可利用弹性节点自由地选择纵向和横向的刚度。

② 垂向采用轴箱顶置钢弹簧，弹簧刚度选择范围大，并且与纵向、横向刚度几乎无关，可以单独设计。

③ 没有滑动和磨擦部分，橡胶件几乎不外露，延缓老化，可以长期运用免维修。

④ 与其他定位方式相比，零部件少，不必进行轴距控制，因此组装、分解中均不需特殊工装。

（1）轴箱定位刚度

轴箱定位刚度是保证转向架运行稳定性的关键参数，根据运用实践和计算分析，采用的定位刚度参数见表 11-5。

表 11-5　定位刚度参数　单位：MN/m

垂向刚度	纵向刚度	横向刚度
0.90	11.5	4.5

（2）弹性节点

弹性节点是由橡胶与金属硫化成一体的梯形结构，只有将其安装于定位转臂中后才能体现弹性节点的特性。

（3）钢弹簧组成

钢弹簧组成包括内、外圈钢簧、缓冲垫和上、下夹板。钢弹簧采用60Si2CrVA材质。

缓冲胶垫主要作用为消除和衰减部分来自轮轨的高频振动，其外形尺寸：外径×内径×厚度为220 mm×64 mm×16 mm。

上弹簧夹板为锻钢件（Q235－A），上部加工有安装防尘罩用的凹槽。

下弹簧夹板由锻钢件和圆钢焊接制成，上部有Tr32螺纹孔。利用该螺纹通过工艺螺栓和上、下弹簧夹板将钢簧预压在一起，便于轴箱定位装置的组装、拆卸。

（4）一系垂向减振器

在定位转臂和构架弹簧座之间设置了油压减振器，以防止高频振动的传递和减小转向架点头振动。参数见表11－6。

表11－6　轴箱减振器参数

型　号	DISPEN或KONI	型　号	DISPEN或KONI
阻尼力系数	20kN·s/m	安装长度（mm）	453
位移（mm）	190	节点结构及刚度	两端球铰10 MN/m
最大最小长度（mm）	570/380	防尘罩直径（mm）	ϕ84

3. 轴端形式

转向架的1、3、5、7位轴端装有炭刷式接地装置，2、4、6、8位轴端装有速度传感器的测速齿轮。

4. 轴端接地装置

接地装置为铁道客车轴承提供简单、有效、经济的保护和防护，防止工作电流或系统故障电流以及雷电电流通过轴承造成的轴承损伤，如图11－26所示。其主要性能如下：

图11－26　轴端接地装置

额定电流：300 A。

瞬态电流不小于10 kA（RMS），持续时间100 ms。

峰值电流不小于25 kA。

正常工作条件下电刷的更换寿命不小于80万km。

装置对轴承的温升增加不超过3 ℃。

（三）中央空气弹簧悬挂系统（图 11－27）

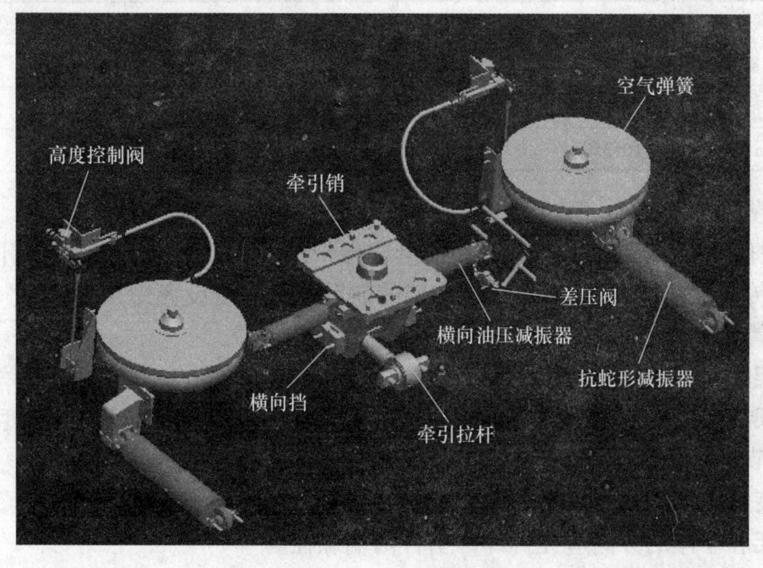

图 11－27　中央悬挂系统

1. 空气弹簧

空气弹簧由气囊和附加的橡胶弹簧组合而成的自由膜型式，适用于水平位移大的无摇枕转向架，如图 11－28 所示。空气弹簧的特性参数见表 11－7。

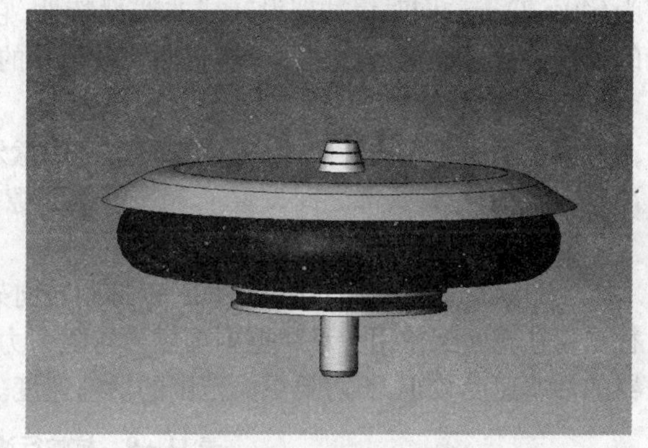

图 11－28　空气弹簧

气囊的上下支口为自密封结构。上盖板上设有定位柱，与车体相连，下部通气口与构架相连，为圆柱面并用 O 形圈密封结。为使空气弹簧无气状态时转向架能够运行，在下支座上面设有特殊的滑板，以提高转向架的曲线通过性能。当空气弹簧破损无气时，附加的橡胶弹簧提供二系垂向刚度，确保车辆运行安全。本空气弹簧在附加弹簧内设置了固定阻尼孔，以提供二系垂向阻尼。

表 11－7　空气弹簧特性参数

顺号	项　目	参数值	顺号	项　目		参数值
1	有效直径（F_z＝100 kN）	580 mm	5	节流孔当量阻尼（kN·s/m）		60
2	空载（内压 400 kPa）F_z 满载（内压 500 kPa）F_z	106 kN 130kN	6	垂向刚度	空载时 c_z	320N/mm
3	最大垂向位移 最大水平偏移	±40 mm ±120 mm	7	横向刚度	空载时 c_y 满载时 c_y	180 N/mm 260N/mm
4	附加容积室 V_a	80 L				

二系横向油压减振器参数见表 11－8。

表 11-8　二系横向减振器参数

型　　号	DISPEN 或 KONI	型　　号	DISPEN 或 KONI
阻尼力系数(kN · s/m)	40	安装长度(mm)	420
行程(mm)	160	节点结构及刚度(MN/m)	球铰 10
最大最小长度(mm)	510/350	防尘罩直径(mm)	ϕ84

2. 牵引装置

采用单拉杆结构,安装在车体的中心销组成与带缓冲的拉杆连接传递牵引力和制动力。为降低转向架传递给车体的振动,每台转向架的前后牵引刚度设置为 5 MN/m。

本牵引装置具有如下特点:

(1)转向架相对于车体的回转依靠牵引拉杆端部节点中橡胶的弹性变形。

(2)转向架横向(垂向)移动时的回复力,除依靠空气弹簧横向(垂向)刚度外,还依靠两拉杆两端橡胶节点的刚度,但这部分的作用很小。

(3)牵引装置内无相对滑动部分,为无磨耗结构。

(4)转向架和车体的分离应先拆卸牵引杆两端螺栓。

3. 横向缓冲器

横向缓冲器作为限制车体运行中(特别是曲线上)过大的横向位移而设置的。为了避免运行中车体频繁碰撞缓冲器或者接触后出现硬性冲击,本系统中将缓冲器与止挡的间隙设置为(40 ±2)mm,同时缓冲器设计成非线性特性,它与空气弹簧的横向刚度共同完成限制车体的横向位移,且位移较大时,可提供非线性增长的复原力。

4. 防过冲座

由于采用无摇枕转向架,应设置防止车体意外过大的上升。本转向架在横梁上设有防过冲座,与牵引拉杆头部之间设置了 70 mm 的间隙,具有限制车体过高上升的功能。

5. 抗蛇行减振器

为了获得稳定的回转阻力力矩,以抑制转向架的蛇行运动,采用了抗蛇行油压减振器,代替了以往转向架使用旁承摩擦副提供回转阻力力矩的方式。从运行稳定性方面考虑,该减振器的活塞速度较小,不需要更大范围的活塞速度。主要参数见表 11-9。

表 11-9　抗蛇行油压减振器参数

型　　号	DISPEN 或 KONI	型　　号	DISPEN 或 KONI
阻尼力系数(kN · s/m)	600	安装长度(mm)	720
行程(mm)	320	节点结构及刚度(MN/m)	球铰 25
最大最小长度(mm)	880/560	防尘罩直径(mm)	ϕ125

6. 高度控制阀和差压阀

高度控制阀是根据载荷的变化自动调整空气弹簧内压使车体保持一定高度的装置。本系统采用的高度控制阀有机械式的纯空气阀(SAB)或液压式日本的 LV-3 型,该两种高度控制阀均分左右。高度控制阀安装在车体上。

差压阀是在左右空气弹簧出现超过规定的压力差时,使压力高的一端空气流向较低的一端,以防止车体异常倾斜的装置。本阀设定的压力差为 150 kPa。

(四)盘形制动装置

盘形制动装置与 25K 型客车相同,可与 SW-160 转向架的所有配件互换,如图 11-29

所示。

图 11－29　盘形制动装置

1. 单元制动缸

制动缸为 203 mm 活塞式单元制动缸，其内部带有间隙调整器，可自动调整闸片间隙。主要特性见表 11－10。

表 11－10　制动缸主要特性

制动缸直径	203 mm	活塞杆最大行程	(28 ±2)mm
制动缸最大压力	480 kPa(F8 阀)或 420 kPa(104 阀)	丝杆有效伸出量	(4 ~6)mm
初始制动压力	20 ~30 kPa	丝杆每次伸出量	(14 ±2)mm
安装尺寸	(240 ±2)mm	丝杆最大伸出量	120 mm

每辆车的一位转向架设有一个带手制动装置的杠杆。

2. 制动盘和闸片

(1)制动盘

SW－220K 型转向架采用轴装制动盘，制动盘的结构和材质同提速客车，为整体式铸铁结构的制动盘环和盘毂组成。制动盘与盘毂通过螺栓、垫块和弹性套等联接。制动盘毂与车轴为过盈配合，过盈量 0. 14 ~0. 22 mm，压装力 200 ~400 kN。制动盘同提速客车制动盘主要结构参数见表 11－11。

表 11－11　制动盘结构参数

制动盘直径	640 mm	制动盘允许磨耗量(单面)	7 mm
制动盘摩擦半径	247 mm		

(2)闸片

转向架采用与现有提速客车相同的闸片，可完全互换。

三、转向架分解及组装要求

(一)分解要求

1. 转向架与车体之间未分离之前，先将轴箱弹簧座上的防尘盖揭开，然后将工艺螺栓拧入弹簧下夹板的座上，如图 11－30 所示。在抬车推出转向架时应注意首先将空气弹簧内的压力空气排尽，然后拆除抗蛇行减振器、横向减振器、高度控制阀调节杆和牵引拉杆与车体的连接，卸下各种配管及配线（2、4、6、8位的防滑器速度传感器接线，轴温报警器传感器接线，1、3、5、7位接地装置的接地电缆，4、6位加速度传感器接线，空气弹簧和制动缸供风管路），注意对空气弹簧进气口和减振器等采取适当保护和固定。

图11－30　轮对轴箱定位装置分解

如果转向架事先已与车体分离，在分解转向架之前，同样应先按图11－30方式拧入工艺螺栓，并将弹簧高度拧至自重下的高度范围（保持轮对提吊与定位转臂的间隙不变约25 mm左右），以方便转向架下一步的分解。

2. 卸下压盖与定位转臂间的紧固螺栓，然后吊起构架及其以上部分，置于支承台上，推出轮对轴箱部分。

3. 中央悬挂装置相对独立，可在分解构架与轮对轴箱之前拆卸。空气弹簧取出后应适当保护构架上的进气口。从构架上可分解基础制动装置。

4. 定位转臂与构架的分解。拆除垂向减振器、轮对提吊、卸下弹性节点定位轴的固定螺栓，使定位节点轴从构架定位臂梯形槽中脱出，然后吊开构架，依次取出轴箱弹簧组、胶垫。构架倒置状态更有利于分解。定位转臂从构架上分解时，应编号检修，组装时原位安装。

5. 从定位转臂中拆卸定位节点，定位节点编号，与定位转臂一一对应，组装时原位安装。

（二）组装要求

组装的顺序是分解的逆过程，下面分步简单介绍。

1. 定位节点通过螺栓和压盖压装在定位转臂上，其安装接触面（包括夹紧箍等）应涂清油。

2. 轴箱弹簧组通过弹簧夹板用工艺螺栓压缩至（270±2）mm（不包括夹板厚度）。

3. 构架置于支承座上，依次组装转向架制动装置（杠杆、连杆、制动缸及闸片托等各件提前组成在一起）、空气弹簧、横向缓冲器、差压阀及管路等。

4. 组装完的定位转臂与轮对组装在一起，在定位转臂上部放置缓冲胶垫、轴箱弹簧组（定位转臂的定位节点一端用支承座承起），将3. 完成的部分吊起，构架轴箱弹簧座落在轴箱弹簧上，轴箱弹簧上夹板的定位凸台进入定位孔，定位转臂一端与构架定位臂梯形槽相连，梯形槽及定位轴安装面均应涂清油。然后安装轮对提吊、垂向减振器等，并紧固各连接螺栓。

5. 组装完工的轮对轴箱置于滚动试验台上进行空载跑合试验。以车轴转速为准，在速度不小于25 km/h下滚动15 min，检查记录各轴承的运转温度、检查记录轴承、润滑油、轴箱体温度、密封的情况。

6. 跑合试验完工的轮对轴箱装置置于组装台上，将组装完毕的定位转臂组装在轴箱上，将构架落装于轮对轴箱上，定位转臂上的定位节点装入构架定位臂的梯形槽内，然后紧固有关螺栓螺母等。

7. 落装后的转向架置于压磅试验台上，在每个空气弹簧上，分别施加100 kN的载荷后，冲入500 kPa压力空气，进行保压试验，保压10 min，压力下降不得超过20 kPa。

8. 客车落成时，先在空气弹簧无气状态下测量构架上的测量基准与空簧上盖上平面之高

度差 A 应为(290 ±5)mm。空气弹簧充气之后,调节高度阀调节杆长度至 590 mm 左右(高度阀调节杆下端安装:新造车安装在调节杆座下孔处,车轮磨耗后,再将调节杆安装在调节杆座上孔处)。使上述高度差 A 满足〔(320 ± t) ±3〕mm(t 指空气弹簧上调整垫厚度,车轮磨耗后,该厚度允许到 30 mm)。然后测量车钩高度应满足(880 +10 -5)mm〔密接式车钩为(880 ±30)mm〕的要求,并检查车体倾斜须符合要求。上述要求完成后应关闭空簧进风管路,检查空簧及管路的泄漏。最后连接牵引装置、抗蛇行油压减振器等。中心销组成应事先安装在车体上,组装时先装螺母(GB 6170 -2000),后组装防松螺母。

四、转向架运用与检修要求

(一)运用维护的基本要求

1. 转向架应在技术状态正常情况下投入运用。投入运用后应做好日常维修工作,并按规定期限进行检修,检修时应尽可能恢复原设计,以保证转向架的性能并延长其使用寿命。

2. 有关站段应配备必要的转向架零部件,以方便检修和零部件的更换。

3. 在制动盘表面不允许有深度大于 1 mm 的凹槽,磨擦面如出现偏磨,最高点和最低点差值不应超过 2 mm,如超限应车削平整,超过最大磨耗限度应更换制动盘。

4. 制动盘在磨擦制动区出现热裂纹,只要不是从内径到外径的通长裂纹均可使用后,裂纹数量不限,热裂纹距磨擦面的内外边缘的距离不小于 10 mm,由内外边缘开始的热裂纹长度不得超过 60 mm,超过者允许镟削消除。制动盘座连接部不允许有裂纹。

5. 弹性定位套正常运行状态的使用寿命为一个 A4 修程,牵引节点在正常运行状态下的使用寿命为一个 A3 修程。

6. 轮对经镟轮或更换制动盘需重新进行动平衡试验,满足动不平衡量小于 0.5 N · m 之要求。

7. 检修抬车时,应注意各连接管、线的长度,以免发生零部件损坏。

8. 车轮磨耗后,车钩高度不符合要求时,在空气弹簧上盖和车体枕梁间加相应厚度的调整垫。

(二)列检转向架作业范围及要求

1. 检测轴温,轴温超过外温 +40 ℃时应甩车检修,严禁带病运行。

2. 检查车轮状态,车轮缺损,踏面剥离、擦伤(擦伤深度在 0.5 mm 以内准许以普通客车的速度运行到终点站换轮)时,甩车检修。

3. 检查各受力件表面状态,转向架构架、牵引销、轴箱、定位转臂、牵引拉杆、轴箱弹簧等发生裂损及折断时,甩车检修。

4. 检查空气弹簧及高度控制阀状态,如发生空气弹簧胶囊破裂或高度控制阀失灵(现车无法修复者),应将本车空气弹簧供气通路切断(关闭车体下空气弹簧进风通路),允许在空气弹簧无气状态下以限速 120 km/h 的速度一次运行到终点更换。

5. 检查制动装置各件,如发生配件脱落、损坏,各部圆销、开口销丢失等可进行现车更换。

6. 检查软管的连接状态,如发生连接不良,可现车处理。

7. 检查各连接紧固螺栓状态,松动者现车处理。

(三)库列检转向架作业范围及要求

库列检应对使用中的转向架进行全面检查,排除故障。

1. 轮轴各部不得有裂纹,轮毂、制动盘座不得有松动现象,踏面不得有明显擦伤、剥离,并符合规定限度。

2. 制动盘磨耗及摩擦面状态不得超过限度要求，制动盘及座、各螺栓、销套不得松动，配件齐全。

3. 转向架构架、牵引销、轴箱、定位转臂、轴箱弹簧、牵引拉杆等零件不得有裂纹。

4. 空气弹簧在充气状态下高度符合要求，不得有橡胶囊严重磨损、表面异状等缺陷。高度控制阀调节杆应处正常状态，配件齐全；差压阀无裂纹、泄露，配件齐全，作用正常。

5. 各油压减振器配件齐全，不得有漏油、安装螺栓松动等问题存在。

6. 牵引拉杆螺栓紧固状态良好。

7. 牵引销、轴箱及定位臂与定位转臂之联接螺栓不得松动，各开口销无丢失折损。

8. 盘形制动单元的杠杆和悬吊装置无裂纹，各杠杆转动灵活，不抗劲，各圆销、开口销无丢失折损。

9. 检查制动缸，无泄漏，其状态应正常。

10. 检查闸片厚度不得小于 10 mm，超限时成对更换。

11. 各软管的连接状态良好，管卡齐全，无松动、泄露。

12. 各种配线（轴温报警、防滑器速度传感器、接地线、接地保护电阻、加速度传感器）齐全，安装牢固，位置准确。

第五节 AM96 型转向架

国产 25T 型客车中的 AM96 型转向架是由加拿大“庞巴迪”公司在法国的 ANF（法）子公司提供的，装用于 BSP 25T 客车，其中，青藏车构架由南车浦镇制造，如图 11 - 31 所示。

AM96 型转向架采用 U 形构架无摇枕结构。目前我国 25T 型客车所用的 AM96 型转向架撤出车轴上的中间制动盘，完全适应 200 km/h 运行要求。

图 11 - 31　AM96 型转向架

一、主要技术参数

AM96 转向架，可以安装磁轨制动机，但用于中国铁路客车均没有安装。

主要参数如下：

最高速度	200 km/h
轨距	1 435 mm

转向架固定轴距　2 560 mm

轴重　不大于16.5 t

轮径(新/到限)　915/835 mm

侧梁中心线横向距离　2 000 mm

轴箱弹簧中心横向跨距　2 000 mm

空气弹簧中心线向跨距　2 000 mm

轴承型号　进口 SKF 双列圆锥字密封型

减振器

一系垂向、垂向压缩及拉伸阻力(N)　1 120 ± 168

二系垂向、垂向压缩及拉伸阻力(N)　1 100 ± 165

二系横向、横向压缩及拉伸阻力(N)　245 ×(1 ± 15%)

抗蛇形运动、压缩机拉伸阻力(N)　1 310 ×(1 ± 20%)

制动形式　皮碗活塞式单元制动

二、转向架组成

25T 型客车 AM96 转向架由构架、轮对轴箱装置、中央悬挂装置、盘形制动单元装置等组成。

(一)构　　架

AM96 型转向架采用 U 形焊接构架,由侧梁、横梁组成;侧梁为矩形断面,左右两侧侧梁与圆形断面钢管焊接为一体,形成 H 形框架结构,两侧侧梁外侧斜对称装有抗蛇形运动减振器座,两侧侧梁内测有抗侧滚扭杆座,构架下部对称地焊接轴箱定位转臂弹性节点座。构架两侧纵横轴线相交处为二系空气弹簧安装,中部每根横梁对称地焊接三套盘形制动单元吊座(国产化后安装两个制动单元吊座),两根横梁之间通过螺栓安装有中部构架,在此构架上装有中心销,横向止挡和纵向止挡。

(二)轮对轴承装置

AM96 型转向架轮对轴承装置结构如图 11－32 所示。

AM96 型转向架采用的轴承为双列圆锥自密封式轴承,型号为 SKF432795－104。轴承为冷压装配,安装时不需要加注润滑脂。润滑脂型号 SHELL ALVANIA 2760B。

图 11－32　轮对轴承装置

轮对组成包括车轴、车轮、制动盘。车轴为锻钢制造,车轮为 R9T 辗钢整体轮,车轮踏面符合 UIC 标准,车轮与车轴为冷压装配。新旧车轮滚动圆直径分别为 915 mm 和 835 mm,轮缘可车削厚度 40 mm。

车轴轴身对称安装有两套制动盘,制动盘由制动盘箍和摩擦盘两部分组成。制动盘材质为铸铁,盘箍用冷压方式安装在车轴制动盘上,制动盘安装箍上设有注油孔及注油孔螺堵。制动盘箍与摩擦盘之间采用螺栓连接。车辆日常运用中若需要更换时,需将原整体盘切割后取下,更换为两个半盘组成的分体盘。盘形制动装置型号为 DAKO KBZ8。

轮对组成的安装与拆卸，只需将4只紧固螺栓拧下，并将轴承托板拆下，轮对即可与转向架分离。

(三)中央悬挂

AM96型转向架中央悬挂装置有一系悬挂系统和二系悬挂系统组成。

一系悬挂系统有垂向减振器、轴箱弹簧组、轴箱定位转臂、轴箱定位弹性节点等。两个轴箱弹簧组，外簧为右旋，内簧为左旋，弹簧内设有一个弹性止挡弹簧和止挡组成的挠性弹簧装置。轴箱定位转臂将轴箱和构架连接起来，通过弹性定位套和构架上定位臂形成轴箱纵、横向的弹性定位，传递侧向力和纵向力到车轴上。

在轴箱弹簧上导向套和构架之间有一个绝缘座，用来隔离轴箱。

安全止挡(在弹簧开裂时落下)由构架挡块和轴箱挡块组成，分别位于构架和轴箱导框上。在一般情况下，两个挡块之间的距离为40 mm。

轮对提吊(上升或弹起)由提吊销和轴箱挡块组成，它们分别位于构架侧梁端部和轴箱导框上部。轴承安装下座用于固定轴箱体。

二系悬挂系统位于车体至转向架构架之间。它既提供垂向悬挂，也提供侧向收缩，并使得转向架可以转动。

二系悬挂系统基本组成如下：对称分布于构架两侧中心线上的两个空气弹簧，抗侧滚扭杆和固定于构架上的横向止挡，垂向和横向减振器，用于调节空气弹簧的高度控制阀和差压阀。

垂向减振器、横向减振器和抗侧滚扭杆与空气弹簧构成二系悬挂系统为车体提供良好的稳定性。位于转向架上的两个横向止挡限制车体的侧向振动。

1. 空气弹簧

空气弹簧上盖板通过5个螺栓与底架枕梁连接。气囊充气座与底架内的辅助风缸相连。胶囊、与支承座、橡胶缓冲块、底座组成一体，安装于构架侧梁上。当空气弹簧正常作业时，二系悬挂的垂下缓冲作用是由胶囊中的压缩空气提供的(紧急弹簧没起作用)，在空气弹簧出现故障(因气动系统故障或胶囊破裂而造成的气囊瘪下)的情况下，上盖板落到橡胶板上。这时，垂向缓冲由橡胶缓冲块提供，保证乘坐舒适度以及维修或更换气囊提供时间。

二系悬挂最大下降量：从上盖板到橡胶板之间的最大距离为 $E=(31\pm0.8)$ mm；橡胶板压缩量为 $C=(6\pm0.8)$ mm；在支承座和轴销上端面之间的间隙为 $B=(28\pm1)$ mm；当空气弹簧失去压缩空气时，最大下降量：$31+6+28=(65\pm1)$ mm。

2. 垂向减振器

二系垂下减振器上端安装在空气弹簧上盖板，下端安装在转向架构架侧梁外侧。减振器与座的连接采用球形关节，可适应减振器在空间的复杂运动。

3. 抗侧滚扭杆

抗侧滚扭杆有扭杆、转臂、连杆、衬套、扭杆座球形关节等组成，抗侧滚扭杆连杆上端通过球关节安装在空气弹簧上盖板，扭杆座转向架构架侧梁上。车辆运用每50万 km 时定期对注油孔向扭杆的衬套注润滑脂。

4. 横向减振器

二系横向减振器外部安装在空气弹簧上盖板上，内侧安装在中部构架顶面。

5. 抗蛇形减振器

二系抗蛇形减振器一端安装在构架测量的外侧，另一端安装在车体底架上的抗蛇形减振器安装座上。

(四)牵引装置

牵引装置包括车体中心销,均衡杠杆、纵向拉杆等组成,牵引力机制动力依次通过中心销传递至均衡杠杆机纵向拉杆。由于均衡杠杆,纵向拉杆衔头均采用橡胶衬套,因此,在载荷的传递过程可以很好地吸收并衰减冲击。中心销通过螺栓安装于车体底架枕梁中心,中心销与转向架构架上的中部左右各保持 20 mm 间隙,当车体与转向架间的横向自由运动超过 20 mm 时,中心销与中部构架上的左右弹性橡胶止挡接触,并压缩橡胶止挡。

(五)转向架基础制动装置

AM96 型转向架基础制动装置包括轴装式制动盘、203 mm 单元制动缸、制动杠杆、闸片托、无石棉塑料合成闸片、闸片托吊等部件。闸片托吊通过圆销悬挂在盘形制动装置悬吊座上。制动闸片为国产无石棉塑料合成闸片。闸片可磨耗厚度为 23 mm。盘形制动装置型号为 DAKO KBZ8,单元制动缸型号为 DAKO BZ8,DAKO BZ8 型制动缸为 203 mm 皮碗式双向间隙自动调整制动缸。

缓解状态下,制动闸片与制动盘间隙为(3.5 ±0.5) mm。为了适应手动调整闸片间隙的要求,制动缸端部设有手动调整轮,只需将锁环拉出,便可顺时针或逆时针调整手轮,使闸片间隙增大或缩小。

(六)转向架辅助装置

转向架辅助装置包括轴端接地装置,防滑器测速传感器,转向架转动限位止挡,轴温报警仪传感器,车体与转向架接地电缆,轴箱与构架建安跨接电缆。

1. 1、3、5、7 位轴端设置,防滑器测速传感器。

2. 3、4、5、6 位轴端设置,转向架转动限位止挡。

3. 1~8 轴端设置,轴温报警仪传感器。

4. 1、3、4、5、7、8 轴端设置,轴箱与构架跨接电缆。

5. 2、8 轴端设置,轴端接地装置。

6. 2、8 轴端设置,车体与转向架接地电缆。

轴端接地装置可以保护轴承避免电蚀,同时,在电气化区段线路,可以保护人员,防止出现电击伤人甚至死亡事故。

三、AM96 转向架的创新点

1. 不设置纵向辅助梁,而采用螺栓安装的中央小构架。

2. 牵引机构采用 Z 拉杆,对中性好,比国内现有产品结构紧凑。

3. 采用 UIC 踏面。

4. 二系垂、横向减振器车体端安装在空簧上盖板上,与转向架成为整体。落车时只需要连接牵引中心销并用螺栓连接空簧上板与车体,不需要安装减振器,减小落车工作量。

第十二章　高速动车组

第一节　CRH3 型动车组

CRH3 型是由中国北车集团唐山轨道客车股份有限公司和德国西门子公司合作，通过技术引进、消化、再吸收的国产的 350 km/h 动车组，其原型车是 Velaro E 动车组。CRH3 型动车组如图 12－1 所示。

图 12－1　CRH3 型动车组

一、CRH3 型动车组概况

CRH3 型动车组采用 8 辆编组，编组形式为 M－T－M－T－T－M－T－M（其中，T：拖车，M：动车），由 2 个动力单元组成，动车组前后两端均设驾驶室，列车运行时在前端驾驶室操作。在 2、7 号车设置受电弓，动车组运行时，采用单弓受流，其中 1、2、3、6、7、8 为二等座车，4 号车为二等餐座合造车，5 号车为一等座车（设残障设施）。该动车组可在运营需要时由 2 列 8 辆断编组联挂成 1 列 16 辆长编组进行运营。CRH3 动车组编组型式如图 12－2 所示。

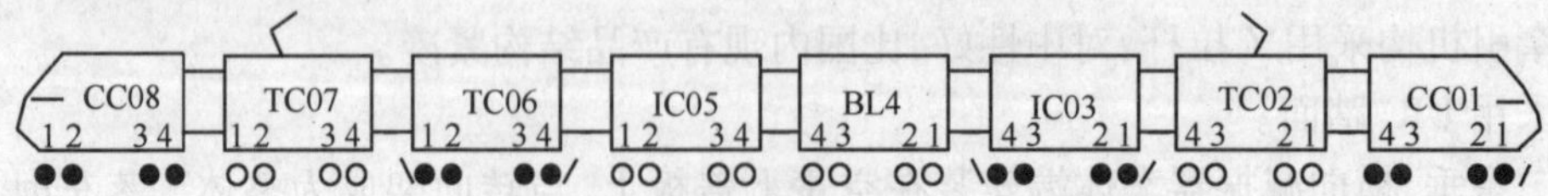

图 12－2　CRH3 型动车组编组形式

（一）动车组各车厢内主要设备

动车组各车厢内主要设备见表 12－1。

（二）车下设备布置

动车组的大型设备均安装在车下设备舱内，如牵引变压器、牵引变流器、辅助电源装置、控制回路分线箱、蓄电池箱、车下电器设备箱、污物箱等。

表 12－1　动车组各车厢内主要设备

车号	代号	定员	主 要 设 备	其他
1	EC01	68	一、二等车，驾驶室，观光区，电热开水炉	
2	TC02	80	二等车，卫生间，电热开水炉	受电弓
3	IC03	80	二等车，卫生间，电热开水炉	
4	BC04	50	二等车，餐饮区，电热开水炉、服务及乘务室、储藏间、逃生梯	
5	FC05	51	一等车，卫生间（包括残障卫生间）、轮椅存放区、电热开水炉	
6	IC06	80	二等车，卫生间、电热开水炉	
7	TC07	80	二等车，卫生间、电热开水炉	受电弓
8	EC08	60	二等车，驾驶室、观光区、电热开水炉	

（三）车顶设备布置

车顶设备主要包括：受电弓及附属装置、主断路器、电压限制器、接地保护开关、高压电缆、高压电缆连接器、单元式空调机组、各种无线天线等。

二、车体结构

车体承载结构采用车体全长的大断面闭口中空铝合金型材组焊而成，为筒型整体承载结构，使得车体具有良好的防振、隔音效果；并充分利用铝合金材料比强度大、比刚度高的优势，降低车体重量并保证车体的刚度；使用的材料为可焊接铝合金，确保车辆良好的防腐性能，提高车体的使用寿命。

（一）车　　体

主要承载结构由底架、侧墙、车顶、端墙、司机室以及设备舱等组成为一个整体，具有良好的承载性能。

（二）强度及刚度

1. 底架及车体具有较高的强度，满足垂向载荷、纵向载荷及气密载荷作用的要求，可以承受 1 000 kN 的纵向拉伸载荷和 1 500 kN 的纵向压缩载荷。

2. 车体的强度及刚度符合有关规定，定员载重按 80 kg/人、气密载荷按 ±5 000 Pa 执行。

3. 整备状态车体一阶垂向弯曲固有频率：12 Hz 以上。

（三）气 密 性

防止旅客出现耳鸣现象，提高乘坐舒适度，车体结构采用连续焊接的方式以确保车体气密性，车厢内压力从 4 000 Pa 降低至 1 000 Pa 的时间为 50 s 以上。

三、车内装饰

保证车辆的轻量化及旅客乘坐的舒适性，车内装饰采用轻量化、模块化设计，采取隔音降噪措施，充分体现人性化设计理念。材料的燃烧性、发烟性和毒性满足相关标准的规定。

1. 隔音减振设计

全车采用隔热、隔音材料，由于车下噪音较大，地板下部依次采用湿保温材料（喷涂在铝型材表面）、合成填充垫、玻璃棉等结构，在地板木梁与车体结构之间采用 2.5 mm 厚的减振垫，与木地板之间采用 12 mm 厚的减振垫。同时座椅防拔机构在正常运行状况下与车体型材滑槽不接触，可以防止车下振动直接传递到座椅。

内装选择刚度和隔音性能良好的复合材料，顶板、墙板均采用减振结构，安装接触面设置减振材料。

2. 模块化设计

全列车内功能区的设置采用模块化设计，主要由客室模块、通过台模块、卫生功能区模块等几大模块组成。

车内装饰结构部件采用模块化设计，侧墙由侧墙板、行李架等几大模块组成；顶板由侧顶、中顶、通过台及走廊平顶板等几大模块组成。

3. 防火性能

动车组采用的车内装饰材料的燃烧性、发烟性、燃烧气体毒性采用国际先进标准。

四、车内设备

车内设备采用人性化设计，在考虑舒适性的基础上，尽量增加定员。客室内设置一、二等旅客座椅、行李架、车窗、照明设施、信息显示装置、影视设备。通过台处设置侧拉门、大件行李室、垃圾箱等设备。4 号车设置小卖部及餐饮区，为全列旅客提供饮食服务。车内设备如图12－3所示。

图 12－3　车内设备

(一) 车　　门

1. 侧拉门

侧拉门采用电驱动型式，压紧锁采用气动形式，主要由侧门机构、门板组件、压紧锁装置、主锁装置、内外解锁装置组成。门板采用蜂窝结构。关门时压紧装置将门板向车外方向压紧，保持气密性。车门具备 5 km/h 自动关闭、10 km/h 自动锁闭的功能。遵循故障导向安全的原则，车门在失电有气状态下，保持关闭。门具有防挤压功能，防止车门夹伤乘客。紧急情况时，乘客可以通过击碎罩板上的紧急按钮保护玻璃，按下按钮，并通过紧急手柄手动打开车门。车内设开闭警示音响装置。侧拉门通过司机室进行集中控制。

2. 客室内端门

客室两端设置自动感应电动式滑动门，设障碍返回功能。内端门分为单扇滑动门和双扇滑动门，门全开时，门体滑入隔墙内。自动开闭车门发生故障时（停电时），可以通过手动打开。内端拉门门板采用透明玻璃，具有良好的通透性。

内端门由门机构、门板、下导轨、光电开关装置等组成。门机构主要由直流电机单元、控制器、手动/电动切换开关、携门吊架单元、皮带张紧单元、同步带及滚轮、上滑轨组成。

（二）车　窗

车窗为气密构造的固定窗，采用弹性安装。车窗粘接后要与车体外壳齐平，有利于减少运行时产生的噪音，并具有一定的美观性。固定窗由内外两层玻璃组成，中间为中空结构。外层玻璃一般由单片具有防闪光功能的安全玻璃构成，能够提高玻璃的抗击裂和抗穿透性，内层玻璃由合成安全玻璃构成。车窗能承受 ±6 kPa 的气动载荷。在每车客室区域，每相邻 3 个侧窗中设一个逃生窗。在使用应急锤敲击逃生窗玻璃上的敲击点后，逃生窗内部的切断装置会将玻璃与框脱离，然后整体将玻璃抛出车外。

（三）座　椅

动车组客室设置一、二等车座椅和观光区座椅。为保证旅客始终面朝列车行驶方向，除餐车（4 号车）外其他各车座椅设有机械的转向机构，提高旅客乘坐的舒适性。座椅布置充分考虑人机工程学的相关参数，保证旅客乘坐的舒适度。

一等车设置 2 +2 模式的一等座椅，二等车设置 2 +3 模式的二等座椅，头车观光区设 2 +1 模式的一等座椅。一、二等座椅靠背倾斜角度均可在 0° ~25°之间连续可调。一等座椅扶手是固定的，二等座椅两端扶手是固定的，中间是活动的。所有旋转座椅靠背后面都设有杂志网兜，且一等座椅设有扶手折叠桌和头靠枕。另外，一等车上的一等座椅还布置了可调节的脚蹬（脚蹬有两个调节位）和音频设备。一等车座椅如图 12 -4 所示。

图 12 -4　一等车座椅

（四）餐饮设施

动车组在列车的中部（4 号车）设置服务区、用餐区及酒吧区，为全列乘客提供饮食服务。服务区设食品储藏、冷藏、加热等设备，在用餐区，食品和饮料通过柜台供给乘客，乘客可将食品带回座位食用，酒吧区设吧桌，乘客可站立在此处用餐。

五、转 向 架

满足动车组运营速度 300 ~350 km/h 和最高试验速度 385 km/h 的要求。动车转向架（图 12 -5）和拖车转向架的主要结构完全一致，采用双 H 形焊接构架，动、拖车转向架构架不能互换，但具有完全相同的侧梁组成和横梁主体结构；采用与转向架集成化的铸造铝合金过渡枕梁、空心车轴和铝合金齿轮箱结构，实现轻量化设计，提高动力学性能，降低对线路的冲击；牵引电机为弹性架悬结构，提高转向架的高速运行性能；采用高柔性大曲囊空气弹簧、长度可调式抗侧滚扭杆装置和两点式空气弹簧控制系统，改善高速运行的综合动力学性能；设有轮对、空气弹簧和牵引电机紧急系统，提高转向架的安全可靠性。动力学性能符合《200 km/h 及以上速度级动车组动力学性能试验鉴定方法及评估标准》中有关运行稳定性、舒适度和对线路的作用的有关规定。

图 12－5　动车转向架

转向架主要参数如下：

转向架中心距	17 375 mm
轨　距	1 435 mm
轮对内侧距	1 353 mm
轴　距	2 500 mm
轴颈中心距	2 000 mm
动车轮径	ϕ920 mm(新)/ϕ830(全磨耗)
拖车轮径	ϕ920 mm(新)/ϕ860(全磨耗)
踏面形式	改进的 LMA
轴承形号	$\phi130\times\phi240\times160$　TBU(非接触式密封)
承载高度	1 009 mm
一系悬挂	螺旋弹簧＋高性能橡胶垫
二系悬挂	空气弹簧＋抗侧滚扭杆
电机悬挂方式	弹性架悬式
齿轮传动比	约 2. 788
基础制动形式	动车采用轮盘；拖车采用轴盘

1. 构架组成

构架由两个侧梁组成、两个横梁和两个纵向梁组成，呈双 H 形结构，动车转向架构架两个纵向梁的端部设有电机和齿轮箱装置的悬挂支座，拖车转向架构架两纵向梁的端部焊有盘形制动单元吊梁。侧梁与横梁通过锻造的节点连接，提高构架主体结构的可靠性，转臂定位座为双片锻造结构。

转向架构架重要焊缝实施无损检查；转向架构架保证 30 年使用寿命。转向架构架制造时采用最适宜的焊接工艺，焊后不进行热处理。

转向架和车体之间的连接强度设计按纵向 $5g$ 冲击加速度执行，强度基于材料的屈服极限进行评定。

2. 轮对轴箱装置

轮对采用空心车轴，铸钢制动盘。枕梁、齿轮箱采用铝合金材料，减轻簧间和簧下质量。轮对动不平衡量小于 0.5 N·m。轮对内侧距为 1 353 mm，轨距为 1 435 mm，固定轴距为 2 500 mm。车轮采用经过优化改进的 LMA 踏面，与我国铁路所用的钢轨形状匹配。

采用整体车轮，新轮时，车轮滚动圆直径 920 mm（磨耗到限的车轮，动车转向架车轮直径 830 mm，拖车转向架车轮直径 860 mm）。通过设计的沟槽标记出车轮直径的磨耗限度。动车转向架的车轮为可安装轮式制动盘的结构。

轴箱轴承采用非接触式自密封双列圆锥滚子轴承单元式，轴承尺寸：内径 ϕ130 mm × 外径 ϕ240 mm × 宽度 160 mm，润滑脂润滑。采用转臂式轮对定位方式，转臂轴箱为分体式结构，便于轮对的快速更换；轴箱体上设温度传感器，监测轴承过热。

轴箱弹簧和转向架构架之间设有高柔性绝缘橡胶垫，减振器橡胶节点和轮对定位节点材料为绝缘橡胶。在动车组适当的转向架轴端设有回流接地装置和保护性接地装置。

3. 驱动装置

驱动装置采用弹性架悬交流牵引电机，电机型号为 1TB2019，功率为 562 kW；采用鼓形齿大变位联轴器，铝合金齿轮箱。齿轮传动比约为 2.788，电机和齿轮箱结构紧凑，为轻量化设计。牵引电机的扭矩通过一个部分悬挂（轴装式）装置、螺旋齿圆柱齿轮组成的系统传递到轮对上。传动箱的大齿轮端通过两套轴承支承在车轴上，传动箱的小齿轮端通过安装在小齿轮侧的一根扭矩均衡装置支承在构架上。每个转向架的两台牵引电机通过一个电机托架和带有弹性节点的板弹簧弹性地安装在转向架构架上。从齿轮到牵引电机的扭矩传递是通过联轴器实现的，联轴器用于补偿轮对与构架之间的全部可能的相对运动。

在列车运行中，如果牵引电机的安装或扭矩平衡装置出现问题，牵引电机和传动装置的应急悬挂系统可确保没有任何零部件落到轨道上。电机悬挂装置的设计可保证在不分解转向架的情况下，能够拆卸牵引电机。

4. 悬挂系统

转向架采用二级悬挂装置。

一系悬挂采用转臂式轴箱定位装置和柔性钢制螺旋弹簧，并通过适当厚度的橡胶垫与转向架构架隔离，以保证隔音和电气绝缘。油压减振器并联安装到一系悬挂，用以衰减振动。

二系悬挂采用有过渡枕梁的高柔性空气弹簧承载方式；牵引装置为对中性能良好 Z 形牵拉引杆。每个转向架设 1 个高度调整阀和 1 个防过冲安全阀；2 个横向减振器，4 个抗蛇行减振器，不采用垂向减振器；不同的车辆根据其重量配以适当刚度的抗侧滚扭杆装置。

空气弹簧横向跨距为 1 900 mm，带有节流孔装置，提供适宜的垂向阻尼。空气弹簧载荷特性试验、共振特性试验按照铁路车辆用空气弹簧装置有关规定执行。

横向缓冲橡胶止挡具有非线性特性，自由间隙为 20 mm。

中心销、中心销座和牵引拉杆为高强度低合金钢铸造结构。

六、司 机 室

司机室设计符合人机工程学原理，具有充分的视野。司机室设操纵台，实现对牵引、制动、受电弓、主断路器、辅助供电及列车广播等系统的控制。司机室如图 12－6 所示。

司机座椅设于面向行使方向司机室的中央。通过对座椅在不同方向的调整，可以使司机

图 12－6 司机室

减轻疲劳,集中精力驾驶列车。

乘客在旅行途中可以通过司机室后部的透明玻璃隔断看到司机室及列车运行前方的景色。客室的内装设计风格延续到司机室。

操纵台造型及设备布置充分考虑司机视野、操作方便性、安全性及舒适性。

1. 仪表盘

仪表盘采用一体化设计理念,外形简洁,线条流畅。司机前方仪表盘设置,可以使司机对列车进行实时监控;在台面上集中布置了监控系统显示器、ATP 显示器、操纵开关及按钮。为了司机观察及操作方便,所有仪表安装面板与台面均呈一定角度。

2. 司机室侧面布置

司机室两侧面布置了司机室柜。右侧柜包括第二和第三操纵区,左侧柜包括灭火器等。

七、车端连接

车端连接包括车钩缓冲装置、电气连接、空气管路、风挡。

1. 车钩缓冲装置

车钩缓冲装置采用了密接式车钩,并设有弹簧缓冲器及球形橡胶轴承,以减少车辆运行中产生的纵向冲击力。中间车采用半永久车钩连接,半永久车钩包含不一样的两半。在车钩的一半内装有完整的可恢复的能量吸收元件,环形弹簧在一定的限定值内吸收拉力和压力,可有效降低列车间的纵向冲动力,提高乘坐舒适度。

前头车钩采用自动车钩,可实现自动和手动解钩,中间车钩采用半永久车钩,采用手动解钩方式。在车钩钩体上设有电气和空气连接座。

2. 风挡

风挡采用双层折棚风挡,由风挡橡胶和内饰板组成。通道两侧及顶部设内饰板,确保通过的舒适性;底部的渡板结构采用搭板附着在踏板上的形式。有效通过空间:1 100 mm(宽)×2 050 mm(高),气密性能:从 4 000 Pa 降至 1 000 Pa,时间为 50 s 以上。

八、制动系统

1. 采用空电联合复合制动模式,电制动优先。

2. 制动系统由制动控制系统、动力制动系统(如再生制动等)、空气制动系统(包括风源)、电子防滑器和基础制动装置等组成。

3. 具有良好的故障导向安全功能。

4. 具有常用制动、紧急制动、停放制动等功能。

5. 制动冲动限制的极限值为0.75 m/s^3。该数值不适用于列车最后停止时的冲动。

6. 制动系统能按模式曲线控制列车减速或停车。

7. 采用复合制动模式,能充分发挥动力制动作用。

8. 制动系统设有与列车运行控制系统的车载设备控制系统连接的接口,并受其控制。

9. 在动车组每节车的明显位置处设有手动紧急制动设施。

10. 不会因列车制动造成旅客损伤或设备损坏。

11. 常用制动

制动响应时间大约为1.5 s。

12. 紧急制动

紧急制动按空电联合紧急制动和空气紧急制动分别考虑。

动车组设紧急制动列车回路指令线,该线失电时产生空气紧急制动。

空气紧急制动可在下列任一情况下自动实施:

(1)司机室按钮;

(2)司机控制手柄置紧急位;

(3)ATP发出紧急制动指令;

(4)列车运行时停放制动作用;

(5)转向架监视回路发出紧急制动指令;

(6)列车分离。

13. 动力制动

动力制动采用再生制动。

动力制动能尽最大能力发挥再生制动作用,将能量反馈回电网。

14. 压缩空气供给系统

压缩空气供给系统与牵引、列车运行控制、空气悬挂等系统和风笛、雨刷、风动门、集便器等风动装置配套的空气制动接口,满足各项性能指标的要求。

列车总风管风压为1 000 kPa,当救援或回送时总风管风压为600 kPa,动车组制动系统能正常工作。

装设受电弓的车辆设置辅助空气压缩机系统,以供总风缸欠压或无风时升弓。

15. 基础制动

采用盘形制动装置,其性能能满足动车组制动能力的要求。

16. 停放制动

停放制动满足动车组在20‰坡道上不溜坡的安全停放要求(留有1.2倍的冗余)。

17. 防滑器

保证在各种轨面状态下的防滑要求。

九、牵引系统

牵引系统由高压系统和电气传动系统组成,为动车组提供牵引动力和电制动力,如图12－7所示。

(一)高压系统

高压系统包括受电弓、高压隔离开关、保护接地开关、高压互感器、电流互感器、真空断路

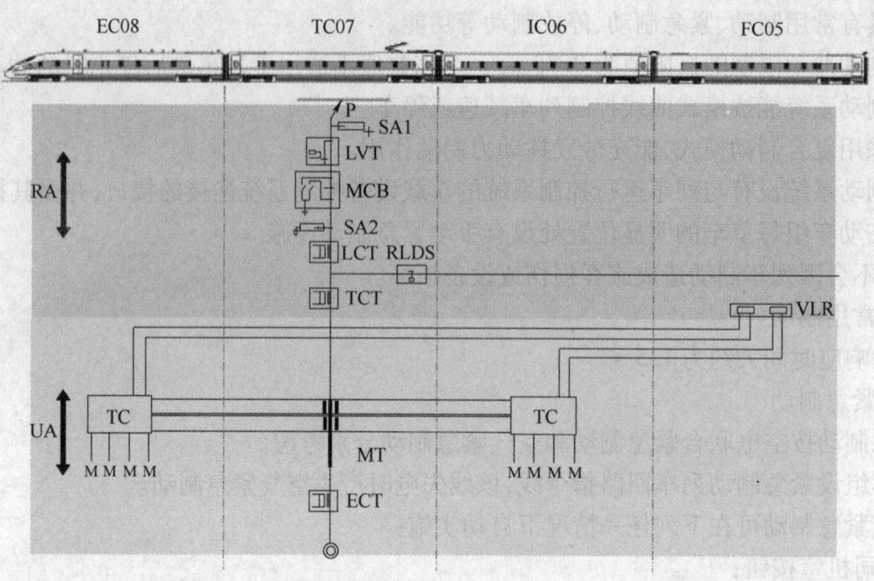

图 12－7　牵引系统

器、避雷器以及高压电缆接头等设备。

在 2 号、7 号车各设置一台受电弓，正常运行时升单弓，另一台受电弓备用，处于折叠状态。

1. 受电弓

受电弓从接触网获得电能，如图 12－8 所示。

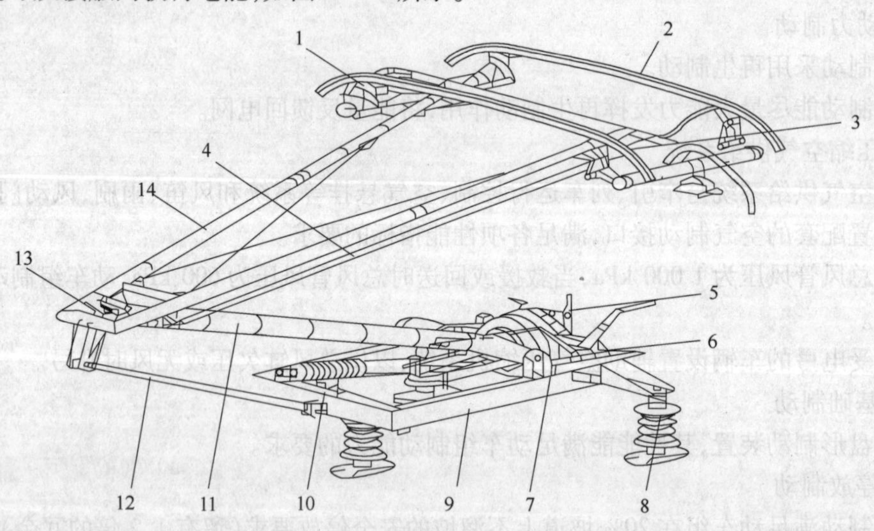

图 12－8　受电弓

1—集电器头；2—碳条；3—电流连接器装置，集电器；4—导杆；5—气源；6—提升装置；7—电流连接器装置，基底；8—支持绝缘子；9—底座；10—系统阻尼器；11—下拉臂；12—联接杆；13—电流连接器装置，拐点；14—上拉臂

2. 主断路器

每个受电弓配备一个主断路器，可有选择地进行操作，如图 12－9 所示。

3. 保护接地开关

保护接地开关采用电磁控制空气操作，设置安全连锁，如图 12－9 所示。

4. 避雷器

避雷器和主断路器一起对通过接触网导入的过压进行保护（如：闪电）。一个避雷器直接

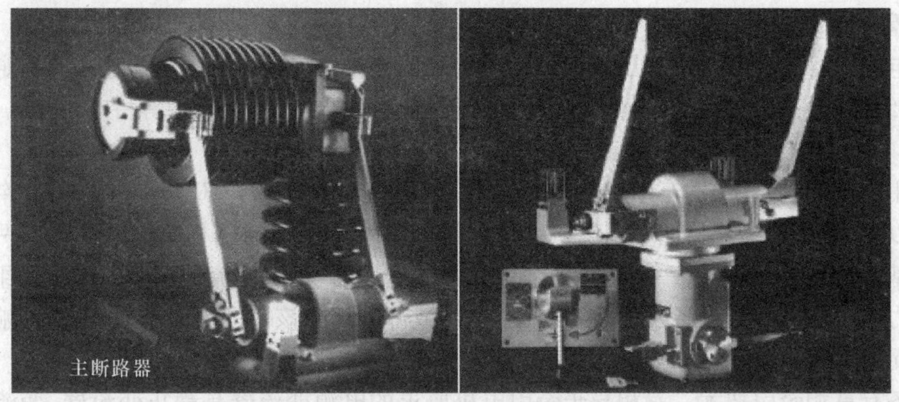

图 12－9 主断路器和保护接地开关

位于每个受电弓后部，另一个避雷器位于每个主变压器的初级侧，如图 12－10 所示。

5. 主变压器初级避雷器用来保护主变压器，防止操作开关时产生的高电涌进入主变压器。

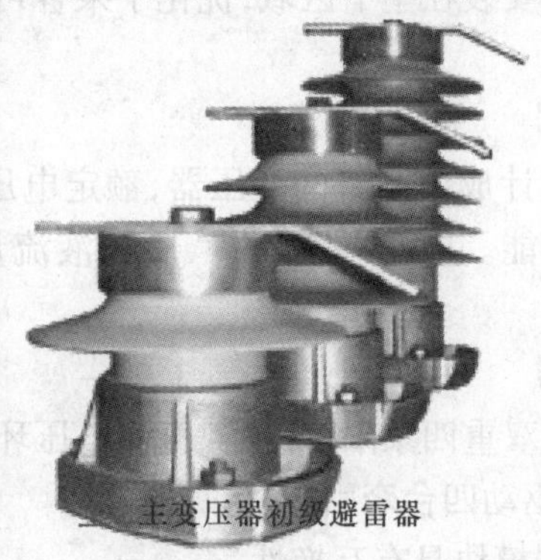

图 12－10 避雷器

6. 隔离开关

车顶线路隔离开关被安置在牵引系统之间的高压线路上，可以使两个牵引系统在故障的情况下隔离高压线路，如图 12－11 所示。

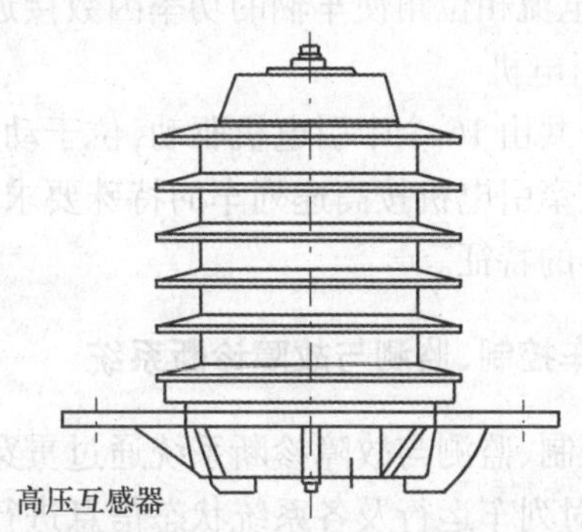

图 12－11 隔离开关和高压互感器

7. 高压互感器

在主断路器的网侧是一个线路电压互感器，它被作为 AC25 kV 线路电压的测量传感器，如图 12－11 所示。

8. 高压电缆

主电路在各车辆间采用高压电缆及相应的高压连接器连接。车顶高压连接具有通流能力强、高绝缘性能、高柔韧性、安全性能以及低辐射、低电磁干扰、高可靠性等特点。

(二)电气传动系统

采用交流传动系统,动车组由受电弓从接触网获得 AC25 kV/50 Hz 电源,通过牵引变压器变压以后,经牵引变流器向牵引电机提供电压频率均可调节的三相交流电源。由两个相对独立的基本动力单元组成,一个基本动力单元由主变压器、牵引变流器和牵引电机等组成。在基本动力单元中的电气设备发生故障时,可全部或部分切除该基本动力单元,不应影响到其他动力单元的运行。

配备有三相牵引技术。三相异步牵引电机要求的电源变流器是静止变流器,变流器由四象限整流器(4QC)、DC 中间连接和一个脉宽调制(PWM)逆变器组成。四象限整流器(4QC)确保稳定的供电系统并且允许再生制动能量反馈到接触网供电系统。

电气元件多数安装在车下区域,优化了乘客可利用空间。采取适当的措施确保在维护时能接近这些元件。

1. 牵引变压器

牵引变压器设计成单制式的变压器,额定电压为单相 AC25 kV/50 Hz。它的次级绕组为牵引变流器提供电能。电气差动保护、冷却液流量计和电子温度计对主变压器进行监控和保护。

2. 牵引变流器

牵引变流器由双重四象限整流器、直流电压环节、电机变流器、控制模块和冷却系统组成,安装在动车车下,驱动四台牵引电机。

3. 牵引变流器模块具有互换性。

整流器 4QC 并联为一个共同的 DC 连接供电,并且产生脉冲 DC 电压。DC 连接中有连接电容,连接电容储存能量,并且平滑 4QC 的脉冲输出电压。在 DC 连接输出端有一个 PWM 逆变器,把 DC 连接电压转换成牵引系统所要求的变频和变压的三相电源,给异步牵引电机供电。每个 PWM 逆变器输出驱动四个并联的异步牵引电机。作为输入整流器的 4QC,通过改变功率半导体设备的调制率来控制牵引和电(再生)制动模式下的电流和电压之间的相位角,控制电压/电流相位角使车辆的功率因数接近 1。

4. 牵引电机

列车总共由 16 个牵引电机驱动,位于动力转向架上。该牵引系统通过三相异步牵引电机来实现。该牵引电机按高速列车的特殊要求来设计。具有结构坚固、重量轻、噪音低、效率高和设计紧凑的特征。

十、列车控制、监测与故障诊断系统

列车控制、监测与故障诊断系统通过贯穿列车的总线传输控制指令、设备状态信息和故障诊断信息,对列车运行及各系统状态信息进行集中管理,为司机和乘务员提供设备状态信息和故障诊断信息,指导乘务人员对动车组设备维护与保养,实现牵引系统、辅助系统、制动系统、空调系统等子系统的协调工作。

1. 系统组成

列车控制、监测与故障诊断系统由中央控制单元、输入/输出单元、中继器、动车组信息显示器以及各种传输线组成。

2. 基本功能

列车控制、监测与故障诊断系统具有以下基本功能：

(1)牵引/制动控制；

(2)辅助控制；

(3)空调控制；

(4)门控制；

(5)充电机控制；

(6)设备切除/复位；

(7)指示灯控制；

(8)设备工作状态显示；

(9)设备故障信息显示；

(10)设备故障记录与传输；

(11)车上试验。

3. 基本参数

主要通信方式及波特率如下：

(1)网关间传输

WTB 总线，波特率：1 Mbit/s。

(2)同一单元设备间传输

MVB 总线，波特率：1.5 Mbit/s。

十一、辅助供电系统

1. 系统组成

辅助供电系统采用列车线供电方式，由分散布置在 2、4、5、7 号车的各电源设备向干线并联供电。辅助供电系统由牵引变流器中间直流回路取电，由辅助变流器以及蓄电池等设备组成。用电设备包括空气压缩机、冷却通风机、油泵/水泵电机、空调系统、采暖设备、照明设备、旅客服务设备、应急通风装置、诊断监控设备和维修用电等。4、5 号车设置容量充足的充电机和蓄电池组，充电机向蓄电池充电和低压负载供电。紧急时由蓄电池供电。

2. 冗余设计

动车组上设 6 台辅助变流器，当发生故障时，能够自动切除。根据故障情况，一些提供舒适度的负载（例如空调和加热设备）将被切除。

设在 4、5 号车上的蓄电池、充电机互为冗余，确保一台充电机故障时，系统不受任何影响。

十二、广播联络系统和影视系统

1. 旅客信息显示系统

车内设旅客信息显示屏，显示内容包括列车车次、到达站、时刻表、车厢顺序号、运行速度及旅客关心的信息。

设厕所有无人显示装置。

各车侧墙外靠近乘客进出门附近的窗上设置外部显示器，显示终点站、列车车次等乘客引导信息。

2. 广播联络系统

广播联络系统向乘客提供完善的广播信息服务,司机和乘务人员通过广播联络系统实现车内联络、列车广播等功能。

每辆车设车辆控制器、UIC 总线和扬声器;头车设联络装置和广播控制器;4 号车设系统控制器。系统具有以下功能:

(1)监视和控制所有连接该系统的外围设备,与 MVB 接口交换信息。

(2)通过以太网控制车辆控制器,交换数字音频数据。

(3)接收 GPS、GSM、GPRS 信息。

(4)接收 FM 收音机信号和 RDS 数据。

(5)用不同线路自动播报预先准备的 MP3 文本文件。

(6)控制信息显示器。

(7)数字音频信号转换为模拟音频信号传输。

(8)列车话机实现对全列车广播、点对点通话、列车电话通过网络拨号的方式呼叫。

(9)两个司机室间专线联络通信。

(10)列车电话可强行插入或监听正在进行的通话(需要权限设置,司机室间通话除外)。

3. 影视系统

为提高列车娱乐性,丰富旅行生活,在一等车及餐车上设置影视系统。影视系统具有视频播放、音频播放以及影视集控功能。

(1)视频播放

系统控制器通过 MP3、DVD 播放器播放影视节目,乘客通过液晶视频终端收看影视节目,人工或自动广播时,视频画面暂停,广播结束后,恢复视频播放。

(2)音频播放

二等车、餐车的音频由扬声器播放,一等座车的每个座椅扶手设置耳机系统。当人工和自动广播时,所有音频自动转为静音状态,扬声器及耳机系统播放广播内容,广播结束后,音响系统自动恢复。

(3)显示屏

一等座车顶部设 15 英寸彩色液晶显示屏,由 PIS 系统操作终端控制显示屏开启、关闭。

十三、空调系统

动车组的车内空气清洁度、车内平均温度、车内湿度、车内空气流速、应急通风量等按相关标准执行。动车组的空调系统性能符合相关要求,每辆车均配有一套独立的空调系统。空调系统由空调机组、废气排放单元、连接风道、压力保护系统和调节控制装置组成(头车设司机室空调装置)。在所有车辆系统预加热之前,或车辆停放期间,在有库用电源时,车内温度达到 0 ℃以上,车内设备能够保持不冻。

空调系统的主要功能如下:供应新风,排放废气、采暖和制冷制热能力、气流的导向和分配、新风的初步过滤、混合气体的过滤、新风和排气系统的压力保护、紧急通风。

在制冷故障时,进入客室的总空气流量保持不变。新风量将增加至最大,回风量相应减少。

当紧急通风的供电故障时,蓄电池确保供电。风扇的速度和客室的总的空气流量将减少。当回风关闭时,新风量将增加至最大。

空调装置确保了在所有正常旅行条件下,所有乘客和司乘人员区域空气的更新、调节以及压力保护。

空调系统由以下几部分组成:单元式空调机组、司机室空调装置、废气排放单元、压力保护系统、调节和控制装置。

单元式空调机组安装在车顶。机组用螺栓紧固在车顶开口上,用密封框进行防压及防水密封。

在不同温度下,新鲜空气流量在额定值为 10 ~ 15 m^3/(h · 乘客)。机组内的电动调整阀门可以控制气流量。

紧急通风功能由 110 VDC 的车载蓄电池和装在电源箱的逆变器来供电。

厕所和通过台加热器集成于空调控制系统中。来自客室内的排气气流通过在厕所和通过台处的废排风道,直接与主排风道相连,将厕所内的空气排出,以满足厕所和通过台的通风。

各车的空调系统自成一个完整系统,端车司机室设有单独的新鲜空气供风口和空气循环系统,在故障或紧急状态下,司机室空调系统可以与客室空调系统连通,实现通风功能。

十四、给水系统

给水系统为全列提供饮用水及盥洗用水。盥洗用水的水温在正常情况下不低于 10 ℃。

给水系统由冷水箱及供排水管路系统组成,列车静止或运行时,给水系统不会发生虹吸现象。

给水系统设集中排空功能,以保证动车组故障、进库检修、停运时彻底排空系统存水(污)和对系统进行有效清洗,管路系统的设置应利于排空存水(污)。

水箱采用轻量化设计,箱体采用不锈钢板焊接结构,有防冻措施,防冻装置有超温保护装置,设有水位显示器。注水口分设车体两侧,配备密封式上水阀和管接头,设有防污染措施,并带有过量保护装置。

冷水箱容积可以满足旅客的饮用和盥洗需要,其中 2、3、5、6、7 号车设 300 L 车上水箱,为卫生间和电开水炉供水;4 号车设 700 L 车下水箱,为餐车厨房和电开水炉供水;1、8 号车设 160 L 车上水箱,为电开水炉供水。

车上卫生间水龙头和用于清洗便池的喷嘴具有节水功能。

每车设有电开水炉可提供热水。开水炉采用重力出水方式,不设出水压力泵(餐车除外)。开水炉适合中国水质,供水质量符合饮用水标准。

供水管路采用不锈钢管,水管路采取防寒措施,保证列车在 -25℃环境的正常使用。

排水装置采用水封结构,保证动车组气密性要求。

十五、卫生系统

2、3、5、6、7 号车设卫生系统,包括便器、污物箱、电气控制单元及排污管路等,均采用座式便器。

卫生系统采用真空集便系统,利用中转箱产生的间歇真空,降低系统抽取真空时的压缩空气的消耗。污物从中转箱到污物箱的转移通过向中转箱注入压缩空气实现。

污物箱由内外箱、防寒材、防冻加热装置、电气箱、80% 液位开关、100% 液位开关、温度传感器、排空快速接头、污物箱冲洗装置等组成。

污物箱采用轻量化设计,内箱采用不锈钢板焊接结构,利用骨架增强污物箱刚度,保证污物箱抗振动冲击要求,外箱板采用不锈钢薄板,增强污物箱的抗石击能力。

单个污物箱容积为450 L,每列车总容积2 250 L。

污物箱及排污管路设置电加热装置,保证动车组在 -25 ℃环境下的正常使用。

便器采用压缩空气增压冲洗用水,降低系统冲洗耗水量,每次冲洗不大于0.5 L。便器冲洗喷嘴设置合理,保证便器良好的冲洗效果,确保冲洗无盲区。

卫生间设有状态显示器,包括:电源显示、加热工作显示、污物箱80%液位显示、95%液位显示和故障显示等。

卫生系统各部件布置合理,便于检修维护。

卫生间设置洗手器、扶手、婴儿台(仅残疾人卫生间)、座式便器、感应式水阀、便纸架、镜子、垃圾桶、座便垫盒等设备,各设备件整体布置合理,符合人机工程学原理。

第二节 CRH5 型动车组

CRH5 动车组的原型车是 ALSTOM 公司为芬兰铁路开发的 SM3 电动车组,CRH5 型电动车组是 ALSTOM 公司在 SM3 动车组基础上全新开发设计的一个新产品。该动车组如图12-12所示,由8辆编组构成。其中,一等座车1辆,带酒吧的二等座车1辆、带残疾人卫生间的二等座车1辆、二等座车5辆。一等车座椅采用2+2布置方式,二等车座椅采用2+3布置方式。带酒吧的二等座车设配餐区和吧区。在一等车和吧区设有娱乐系统。带残疾人卫生间的二等座车内设有一个残疾人座位,8辆编组定员为622人(包括一个残疾人座席)。该动车组可在运营需要时由2列8辆短编组连挂成1列16辆长编组进行运营。

图12-12 动车组编组图

该动车组由车体、车内设备及装饰、转向架、牵引传动系统、制动系统、空调通风系统、给排水系统、辅助供电系统,列车运行及网络控制系统、旅客信息服务系统等组成。

车体采用轻质铝合金型材和板材制成。为最大限度的减少辅助构件的焊接,底架型材的下部设有“T形槽”,便于固定底架设备并能增加底架的刚度。同样,侧墙和车顶型材也设置“T形槽”,以便安装绝缘材料、内装饰板和设备等。

转向架源于 TAVS104 转向架。全列车共有 10 台动力转向架,6 台非动力转向架,其中动轴 10 根,拖轴 22 根。动力转向架为单动力轴形式,采用空心车轴,整体车轮,磨耗型踏面,SKF－TBU 锥形滚珠轴承,构架采用焊接结构。电动机向车轴的传动是通过齿轮箱和万向轴实现的。

牵引系统采用交流传动方式,动力配置为 5 动 3 拖的动力分散式,分成两个牵引单元,第一动力单元为(M＋M＋T＋M),第二动力单元为(T＋T＋M＋M),其中 M 代表动车,T 代表拖车。在 3、6 号车上设有受电弓,动车组运行时采用单弓受流方式,另一个备用,在车顶设贯通的高压母线,分别向两个牵引单元供电。牵引单元由主变压器、牵引变流器、异步牵引电机组成。主变压器使用油冷方式,牵引变流器使用成熟的 IGBT 技术。异步牵引电机的功率为 550 kW,采用体悬方式,由万向轴传递牵引力。因转向架上只有齿轮箱,大大地降低了转向架的簧下重量,改善了动力学性能。牵引总功率为 5 500 kW,轮周牵引力为 302 kN,最高运营速度为200 km/h,最高试验速度为 250 km/h。

客室空调系统采用车顶单元式空调机组,由两套独立的冷却电路构成(除冷却扇以外),以确保设备发生第一次故障时还可保持 50% 正常运转。空调系统配有一个压力保护系统,可保护乘客在列车进入隧道或两列车交汇时免于压力波动的影响。系统通过关闭空调系统的新风口和排风口,保证动车组外部压力波不在车内传播。

采暖系统由空调机组中安装的热阻器和分隔间、通过台及卫生间内的电热器构成。电热器的布置可以保证在车内形成空气对流状态,以充分利用加热功率。

CRH5 动车组九大关键技术、十项重要配套技术如图 12－13 所示。

一、车体结构

CRH5 动车组采用铝合金车体,由 12 种与车体等长的铝合金挤压型材纵向焊接而成一个整体承载筒形结构。所用的铝合金型材为 6 000 系列轻型铝合金,符合 EN755—2 国际标准。车体结构的设计使用寿命为 30 年。

铝合金因强度高、耐腐蚀、加工性、表面处理性能好和易于回收等特点,在国内外各行业得到广泛应用。从 20 世纪 80 年代开始应用于高速动车组和铁路客车车体的批量制造,至今在国外铝合金车体的铁路客车已是成熟技术,广泛应用在200 km/h以上速度的客车,如德国的 ICE 系列高速动车组车体、法国 ALSTOM 公司生产的双层 TGV 高速客车车体、意大利 Pendolino(ETR)系列摆式高速动车组车体、日本绝大部分新干线高速客车车体等。由于 CRH5 动车组的原型即是 ETR 系列的 SM3 动车组,因而其铝合金车体保持了 ETR 系列动车组铝合金车体的基本结构。CRH5 动车组车体的横断面如图 12－14 所示。

二、车内布置

CRH5 动车组采用 5 动 3 拖的 8 辆编组方式。其中一等车 1 辆,各种不同类型二等车 7 辆。列车端部设有司机室。整列定员为 622 人。CRH5 动车组的车内布置情况如图 12－15 所示。

动车组每辆车在端部的两侧均设有侧门,供司机及乘客上下车使用。每辆车共计 4 个侧门。其中头车端部为司机室侧门,酒吧车客室端两侧为登车门,其余所有其他车辆在每端每侧各设有一个登车门,为移动式电驱动气密封式塞拉门。所有登车门都配有活动脚蹬以方便乘客上下车。车辆的车窗主要包括普通车窗及应急车窗,按不同车辆的要求布置。

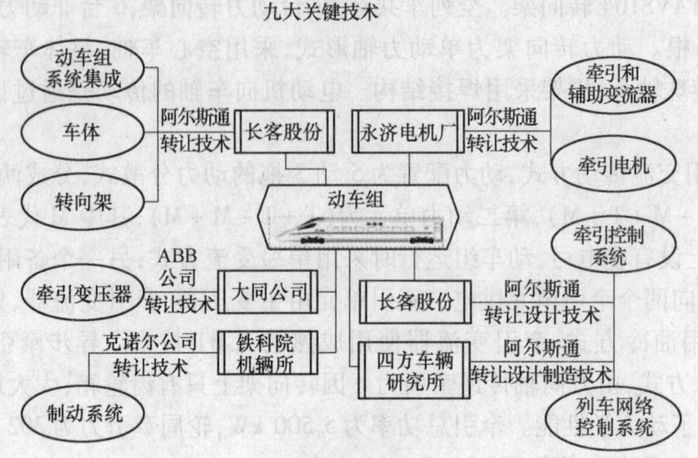

十项重要配套技术

序号	引进技术		转让方	受让方
1	空调系统		MERAK	常州新誉
2	车钩及缓冲装置		DELLNER	四方所
3	车门	塞拉门	IFE	青岛维奥
		内外端门	OCLAP	长客门窗厂
4	卫生间		BFG	长客玻璃钢
	集便装置		EVAC	无锡万里
5	受电弓		STEMMANN	同车公司
6	风挡装置		HUBNER	今创集团
7	座椅		ANTOLIN	上海坦达
8	车内电器	PIS	REVIND	四方所
		电气柜	SIECAB	四方所
		灯具	ELAMP	长客电器厂
9	车内装饰		RAIL	长客股份
10	车　窗		SESSAKLEIN	长客门窗厂

图 12－13　CRH5 动车组九大关键技术、十项重要配套技术

不同车型的车内布置不尽相同。整列车通过设置客室走廊、过道、内外端门及相邻车辆的通过风挡形成完整的通道，使全列车所有客室连通。全列车除酒吧车（TPB）外，各种车型均设有两个卫生间。此外，在列车上还设置大件行李架、饮水机及电器柜等车内设备。

CRH5 动车组车辆的内装设计及内装材料的选择具有模块化及轻量化的特点，能够满足高速列车的总体设计及车内布置的要求。CRH5 动车组内部布置情况如图 12－15 所示。

三、转 向 架

CRH5 动车组每列 8 辆编组，如图 12－16 所示，采取“5 动 3 拖”的编组构成，所用转向架包括动力转向架和非动力转向架两种形式，其中动力转向架有三种类型（简称 M，其代号分别为 AX30499、AX109567 与 AX30500），非动力转向架有两种类型种（简称 T，代号分别为

AX30513 与 AX30514)。

图 12－14　中间车铝合金车体结构

CRH5 转向架一系悬挂装置采用拉杆轴箱定位方式,二系悬挂系统由上枕梁、空气弹簧系统、抗侧滚扭杆、二系横向减振器、二系垂向减振器、抗蛇行减振器、防过充装置、横向档和牵引装置等组成;传动装置由齿轮箱、万向轴、安全装置和体悬式电机组成,转向架与车体间采用"Z"字形双牵引装置,传递牵引力和制动力;基础制动采用轴盘制动。

动力转向架与非动力转向架的主要区别如下:

图 12－15　CRH5 动车组内部布置情况

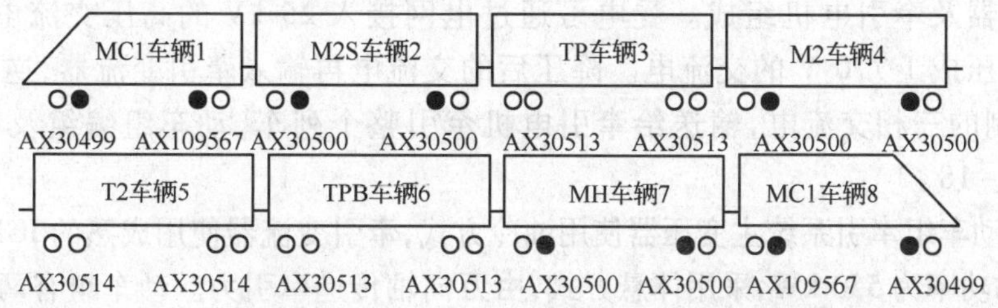

图 12－16　动车组转向架编组示意图

1. 动力转向架有 1 根动力轴和 1 根非动力轴,而非动力转向架有 2 根非动力轴,动力轴上装有两个制动轴盘和一组齿轮箱。

2. 非动力轴上装有三个制动轴盘。

3. 动力转向架构架比非动力转向架构架在横梁上多了一个齿轮箱拉杆座。

四、司 机 室

动车组司机室是整个列车的控制中心和信息中心，所有的控制指令都可以从司机室发起，如整列车的车门控制。车辆的乘客信息系统、广播系统、列车控制系统等等均在司机室集成，在司机室可以监控、发布、控制各个系统的运转。动车组的各个分部件都是一个智能单元，他们自我诊断、自我分析，并且通过列车网络系统联结为一个整体，动车组司机室是这个网络的控制中心，它收集并发布所有的这些信息，提供了一个检测试验与故障诊断的平台。同时司机室还成为为检修人员的工作场所。

图 12 – 17　司机室内部效果图

CHR5 动车组两端设供司机操作的司机室，如图 12 – 17 所示。满足中国左侧行车的要求。司机室为单司机操作模式，司机台为居中布置。司机室根据人机工程设计，司机室符合 UIC651 标准的规定。司机室的密封与环境控制要求符合 UIC651 标准及关于噪声的要求。

CHR5 动车司机室框架上安装有一个空气动力学头部，用合成材料制成。这种空气动力学头部，除了保证列车司机不受飞来之物的侵害（符合 UIC651 标准的要求），而且可安装风挡玻璃、侧窗、前照灯和前端车钩开闭机构等部件。车头前端的开闭机构可以在司机室中操纵，车头部结构有一个安装在司机室的吸能装置，可以吸收的最大能量为 4 MJ。能量吸收装置由钢板焊接而成，通过产生塑性变形吸收能量，使用螺栓固定在司机室。

五、牵引传动

CRH5 型动车组牵引系统使用交直交传动方式，主要由受电弓、主断路器、牵引变压器、牵引变流器及牵引电机组成。受电弓通过电网接入 25 kV 的高压交流电，输送给牵引变压器，降压成 1 770 V 的交流电。降压后的交流电再输入牵引变流器，逆变成电压和频率均可控制的三相交流电，输送给牵引电机牵引整个列车，动车组编组及动力设备的配置见图 12 – 18。

CRH5 型动车组牵引系统主变压器使用油冷方式，牵引变流器使用成熟的 IGBT 技术。异步牵引电机的功率为 550 kW，采用体悬方式，由万向轴传递牵引力。动车组有两个相对独立的主牵引系统，每个牵引单元配备一个完整的集电、牵引及辅助系统，以实现所需的牵引和辅助电路冗余，其中一个单元由 3 辆动车加 1 辆拖车构成（M – M – T – M），另一个单元由 2 辆动车加 2 辆拖车构成（T – T – M – M）。动车组两个牵引动力单元电路如图 12 – 19、图 12 – 20 所示。

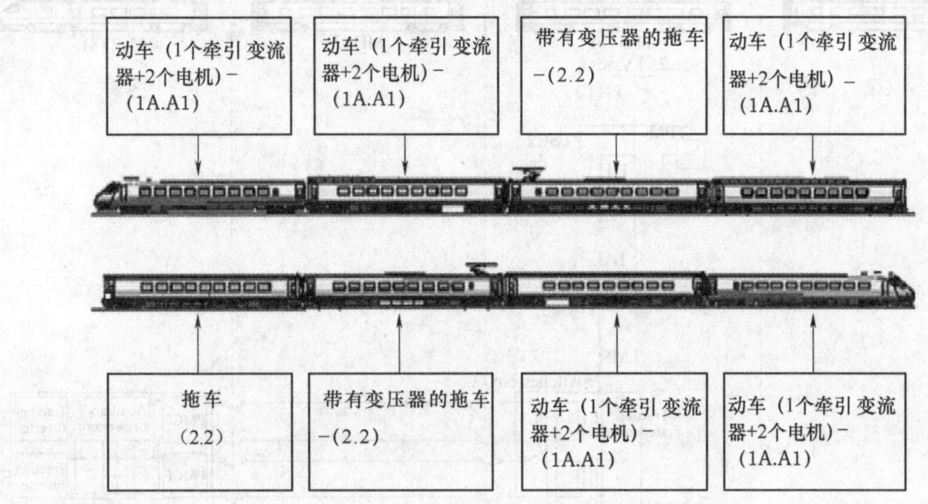

图 12－18　动车组编组及动力设备的配置

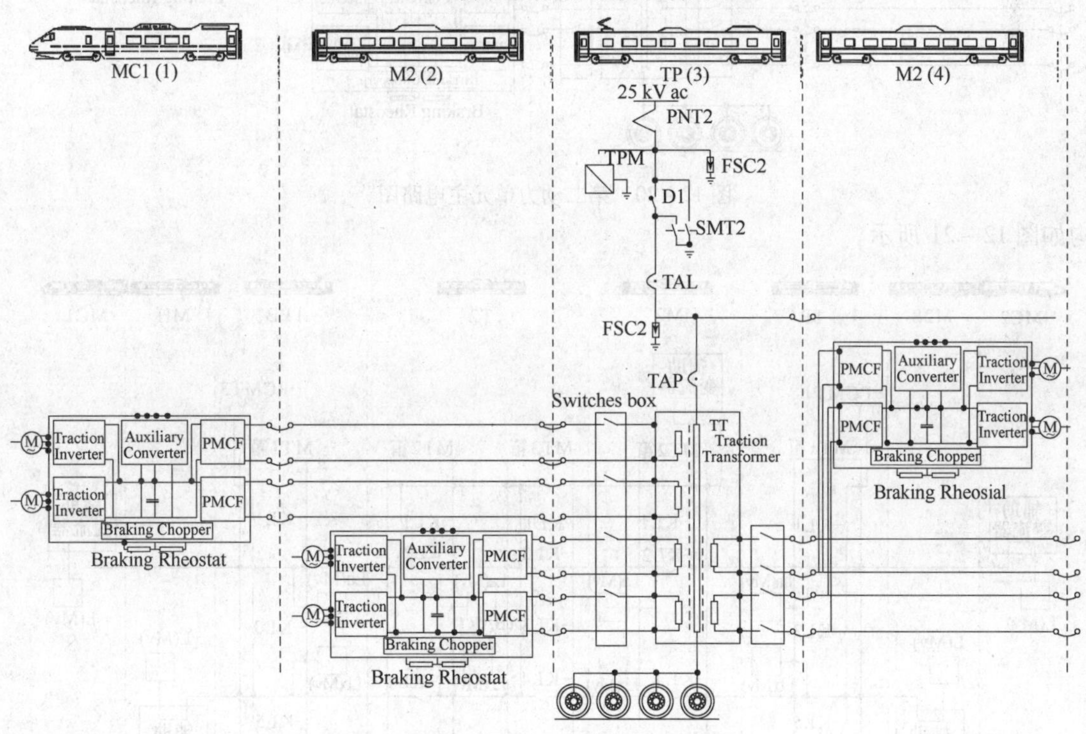

图 12－19　第一动力单元主电路图

六、辅助系统

辅助供电系统由辅助变流器、蓄电池、充电机等部件组成，每列车装配有五台辅助变流器，每辆动车一台，辅助变流器与牵引变流器集成在同一个设备箱中。AC25 kV 高压电由设置在拖车上的牵引变压器降压为 1 770 V 后，作为每辆动车中牵引变流器的输入，辅助变流器将牵引变流器的中间直流 3 600 V 电压变换成 DC600 V，再逆变为三相 AC380 V/50 Hz 作为输出辅助交流供电，称为中压供电。辅助直流供电 DC24 V 称为低压供电，它是由与蓄电池相关联的蓄电池充电器提供的，并且安装在每个车辆上，每列车设八组蓄电池和充电机。辅助系统结

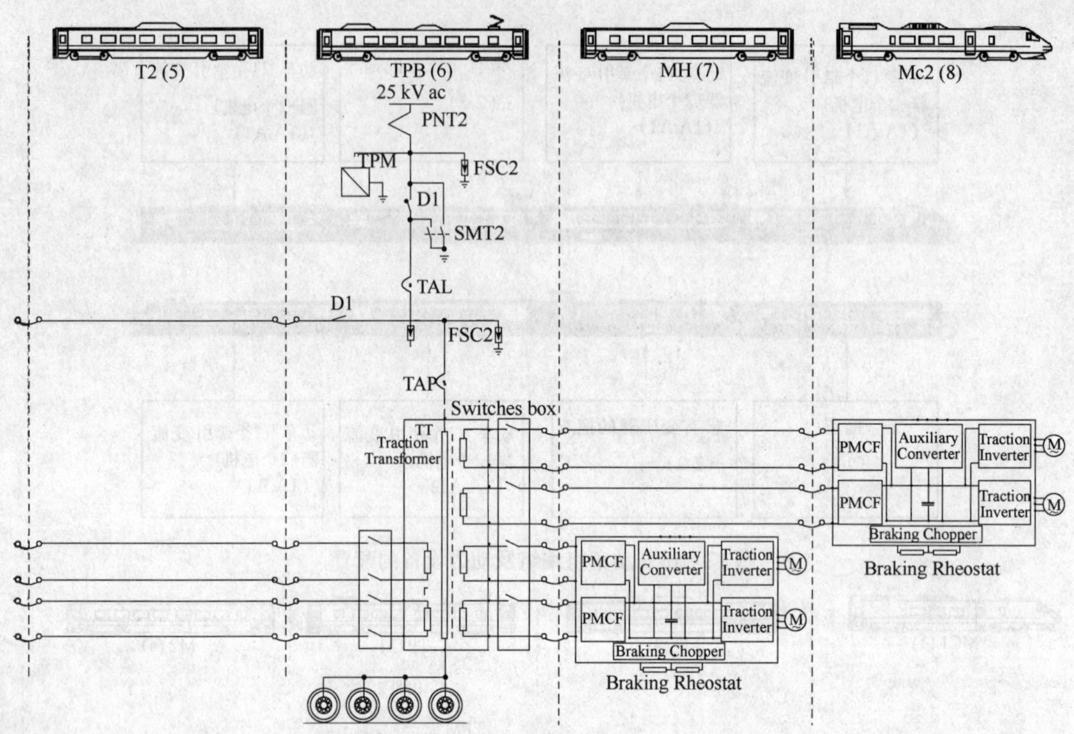

图 12－20　第二动力单元主电路图

构如图 12－21 所示。

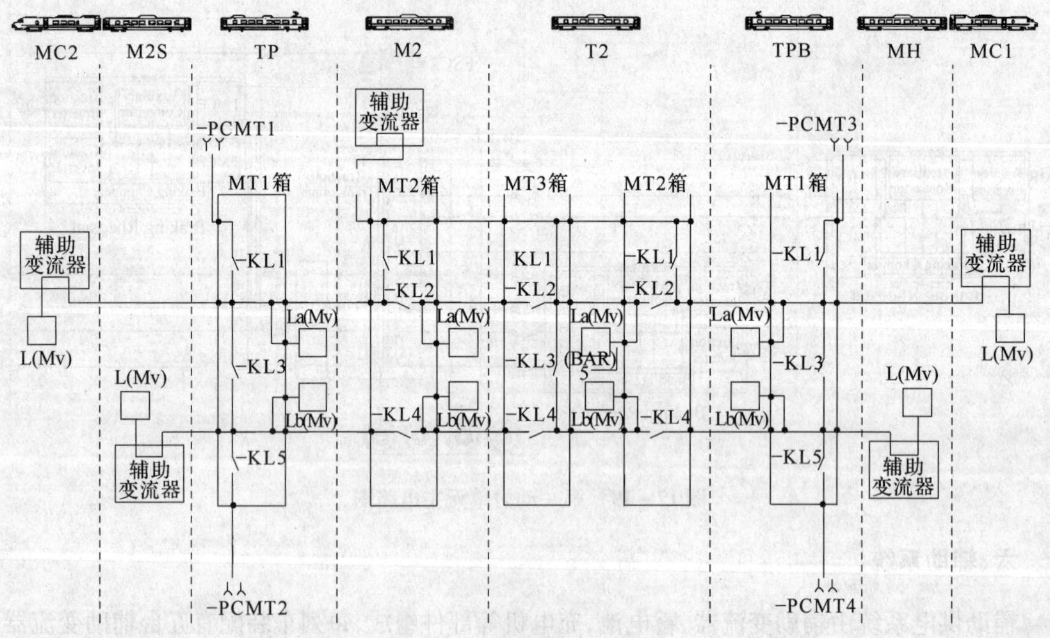

图 12－21　辅助子系统结构

七、压缩空气供给及制动

CRH5 动车组的主压力空气供给系统包含 2 套供气设备，每套设备主要包括以下组件：电动空气压缩机单元 SL22、空气干燥装置 LTZ015 以及微孔滤油器 OEF1－4。还有两根风管连通全车：一根是制动风管，用于空气制动的控制，压力保持在0.5 MPa；另一根是主风管，用于向所有连接到空气系统的设备供气，压力保持在0.8～1.0 MPa。

CRH5动车组空气制动的相关部分包括压力空气供给系统、辅助空气压缩机、直通式空气制动系统、自动空气制动系统和基础制动装置等部分，如图12－22所示。

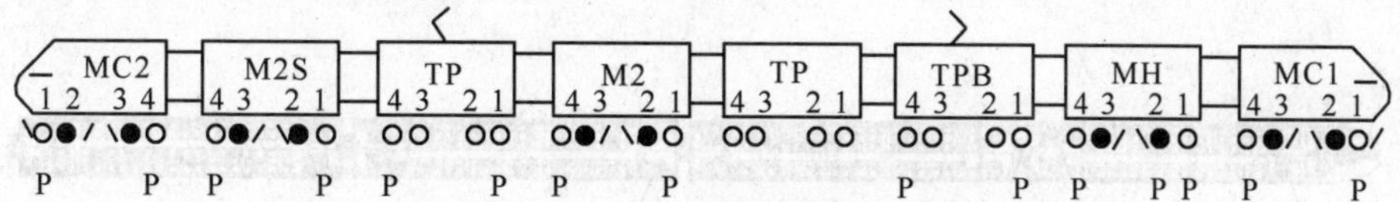

图12－22 空气制动装置总体配置图

○ 非动力轴，3个制动盘；\● 有撒沙装置的轴，左侧；

● 动力轴，2个制动盘；●/ 有撒沙装置的轴，右侧；P 弹簧停放制动

CRH5动车组的主压力空气供给系统配备2套压力空气供给装置，分别装在TP和TPB车上。还配备2台辅助空气压缩机，在风缸无气和受电弓降弓的情况下为受电弓供风；辅助空气压缩机也装在TP和TPB车上。

为适应恶劣的铁路运用条件，CRH5动车组的压缩空气供给和空气制动系统的设计具有如下特点：

(1)安全性高；

(2)可靠性高；

(3)可用性好；

(4)低LCC(寿命周期成本)；

(5)便于维护和修理故障；

(6)机车配线和列车管连接最小化。

八、旅客信息系统

旅客信息系统(PIS)是分布于动车组上的分布式信息服务系统，主要有四个子系统构成，分别是旅客信息显示系统，公共广播系统，列车内部对讲通信系统以及音频/视频娱乐节目播放系统，系统采用集中控制方式。该系统为乘客提供列车的行车信息，车内外温度，由车长编辑的信息，实现列车内部的广播、对讲、通信功能以及为一等车和吧车的乘客提供娱乐节目(音频、视频娱乐节目播放等)。

旅客信息系统是建立在UIC568总线的基础之上，通过RS485列车总线建立各车厢音频控制器(ACU/APU)之间的通信，并通过整列车唯一的PIS管理单元(PMU)集中控制。PIS管理单元(PMU)还可通过CAN获取旅客信息系统(PIS)需要的信息。车厢内部的通信采用RS485。

九、空调系统

CRH5动车组空调系统由以下部分组成：客室和司机室单元式机组，废排风箱、客室控制单元、司机室控制单元、温度传感器、压力保护系统、紧急逆变器、风道分配系统等。

动车组车上的司机室和客室内均装有暖通空调系统(HVAC)。

HVAC系统在列车上的位置如下：2套司机室HVAC系统，MC1和MC2车的司机室内各1套。8套客室HVAC系统，每车1套。客室HVAC单元和控制面板位置如图

12－23所示。

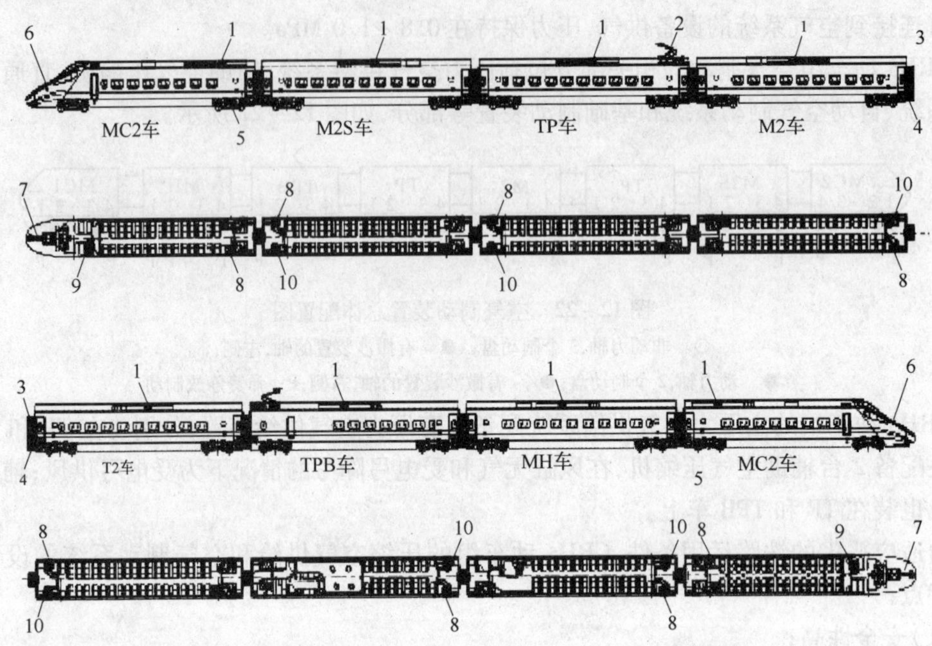

图 12－23 客室 HVAC 单元和控制面板位置

1—客室 HVAC 单元；2—受电弓；3—风挡；4—半永久车钩；5—转向架；6—空气动力学车头鼻部 7—自动车钩；8—空调系统排风单元；9—司机室和客室 HVAC 控制面板的位置；10—客室 HVAC 控制面板的位置

HVAC 单元安装在车顶上。它可通过使用制冷剂 R－407C 实现良好的通风、供热和制冷功能。客室 HVAC 单元包括以下基本组件：套车顶安装的组件单元（RMPU），如图 12－24 所示。安装在控制面板内部的开关装置、控制器和电源接触器用于控制客室 HVAC 系统的运行。每车地板下面安装有一个单独的排风单元（8）。该单元在排风出口处设有一个排风扇和一个用于压力波保护的关闭风门。客室 HVAC 单元安装在车组的所有车辆上（MC2、M2S、M2、TPT2、TPB、MH 和 MC1）。它包括两个独立的制冷电路。与 HVAC 单元供风口连接的风管组把处理过的空气输送给整节车。制冷剂 R－407C 是一种零臭氧损耗潜势（ODP）值的无氯碳氟化合物，完全符合《蒙特利尔协议》的要求。它的性能和特性类似于通常使用的制冷剂（氯氟碳化合物制冷剂－CFC），可降低对环境的影响。司机室和客室 HVAC 系统的运行功能相似，但在容量和保护级方面有所区别。控制面板上设有若干开关以控制相关参数，如供热、制冷和通风。

十、车端连接

车端连接装置为车辆组成部件中一个必不可少的重要装置，从某种意义上来说，正是车端连接装置的存在才将列车中各个车厢（车辆）连接组成了真正意义上的列车。车端连接装置的性能将直接影响动车组（列车）的运行品质及运行安全。每列 CRH5 动车组共有 2 套前端车钩缓冲装置（前端车钩采用自动车钩缓冲装置）、7 套中间车钩缓冲装置（中间车钩采用半永久车钩缓冲装置）、2 套过渡车钩、7 组电气连接装置、7 套压缩空气连接装置、7 套风挡装置。车端连接系统通常包括车钩缓冲装置、电气与风管连接器、风挡等部件。车钩缓冲装置安装于车辆底架上，该装置传递列车运行过程中的牵引力及制动力，缓和列车纵向冲动。电气与风管

图 12－24　客室空调机组

连接器通常与车钩组合成一复合部件,构成了整个动车组中低压电气系统的通路及全车空气系统的通路。风挡装置设置于车辆外端墙外侧,由柔性材料及渡板组成密闭通道供乘客及乘务人员通行。系统分部组成见图 12－25。

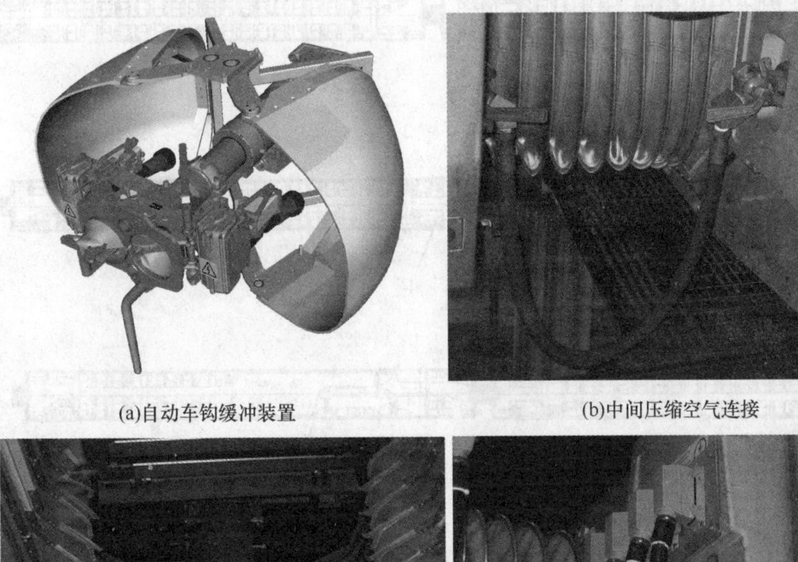

(a)自动车钩缓冲装置　(b)中间压缩空气连接

(c)半永久车钩缓冲装置、风挡、电气连接

图 12－25　车端连接装置系统组成

十一、车辆给排水及卫生系统

列车的给排水及卫生系统主要包括供水系统、饮水机及卫生系统三部分。供水系统主要任务是向列车提供各种用水，如卫生间用水、洗漱用水、饮水机供水和吧车用水；饮水机用于为乘客提供饮用水；卫生系统包括盥洗设备和卫生间模块。卫生间模块为列车乘客提供舒适的厕所环境，并负责收集污物及清理。

供水系统与饮水机及卫生系统配合设置。

不同车型配有不同种类和数量的卫生间。卫生间种类包括残疾人卫生间、蹲式卫生间和座式卫生间。按照在列车上的安装部位可分为左侧卫生间和右侧卫生间。全列车中，配置有6个右侧蹲式卫生间、6个左侧蹲式卫生间、1个右侧座式卫生间、1个左侧残疾人卫生间。其中TPB车未设置卫生间。

在每辆车上（除TPB车）靠近“右侧”卫生间安装有一个冷热饮水机，TPB车吧台处安装有一台热饮水机。饮水机通过一个单独的管路使用供水系统的清水箱供台处安装有一台热饮水机。饮水机通过一个单独的管路使用供水系统的清水箱供水。全列车卫生间及饮水机布局见图12－26。

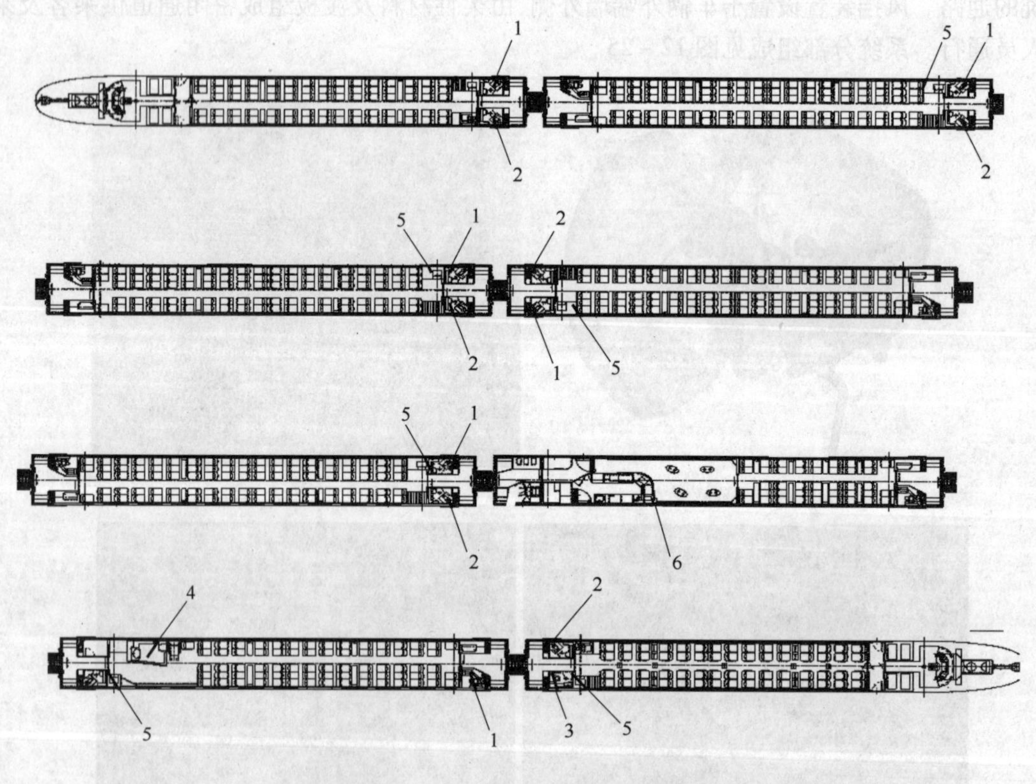

图12－26　全列车饮水机及卫生间系统布局

1、2—蹲式卫生间；3—座式卫生间；4—残疾人卫生间；5—冷热饮水机；6—吧台热饮水机

十二、列车运行控制系统车载设备

CRH5动车组上设有列车运行控制系统车载设备。这些车载设备包括列车自动防护系统（ATP）车载设备、列车运行监控记录装置（LKJ2000）、机车综合无线通信设备（CIR）及查询应

答器(CXY)等。

200 km/h 速度等级线路上设置 CTCS－2 级列车运行控制系统(简称列控系统),其由地面设备和车载设备构成。地面设备包括列控中心、轨道电路、应答器等;动车组上安装有车载设备。

ATP 车载设备采用 CTCS2－200C 型。根据地面设备提供的信号动态信息、线路静态参数、临时限速信息及有关动车组数据,生成控制速度和目标距离模式曲线,控制列车运行。同时,记录单元对列控系统有关数据及操作状态信息进行实时动态记录。人机界面对速度信息、制动信息、距离信息等进行实时显示,并对故障信息进行报警提示。

LKJ2000 实时监测运行速度,对速度进行监控,防止超速;记录列车实时运行情况和乘务员操作情况;显示机车实际速度、时间、公里标等信息。

为了满足目前国内既有铁路线路状态,200 km/h 动车组同时装备 ATP 车载设备与列车运行监控记录装置(简称 LKJ)。在 CTCS2 级区段,通过 ATP 车载设备控车;在 CTCS0 级、1 级区段或在 2 级区段,ATP 车载设备特定故障下,LKJ 结合 ATP 车载设备提供的机车信号或主体机车信号功能,控制列车运行,最高速度不超过 160 km/h。正常情况下,两种控车模式通过特殊应答器自动转换(无需停车转换);故障情况下,停车手动转换。两种控车模式的转换通过 ATP 车载设备实现。上述两种控车模式下,LKJ 通过 ATP 车载设备接收或记录有关列控状态数据(含进路参数、列车位置等)及其对应的操作状态信息。

CIR 由主机、操作显示终端(简称 MMI)、送(受)话器、扬声器、打印终端、连接电缆、天线、馈线等构成。根据实际运用需求,机车综合无线通信设备的功能包括 450 MHz 调度通信系统、800 MHz 列尾和列车安全预警系统、GSM－R 数字移动通信系统、高速数据传输等。

ATP 车载设备主要包括中国安全计算机、连续信息接收单元、点式信息接收单元、测速单元、列车接口单元、记录单元、人机界面、速度传感器、轨道信息传感器、应答器信息接收天线等。其中中国安全计算机(CVC)和与列车接口所必需的部件,安装在 CTCS 机箱内。

CTCS2 ATP 系统结构如图 12－27 所示。

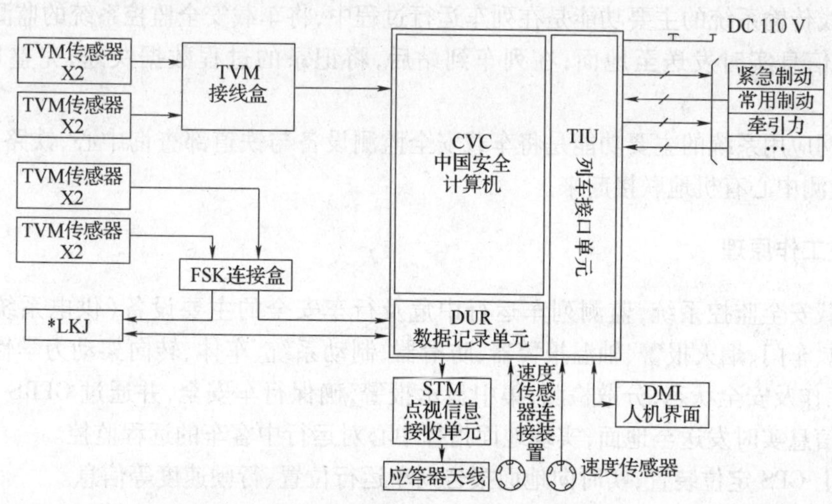

图 12－27　CTCS2 ATP 系统结构示意

第十三章　客车运行安全监控系统(TCDS)

第一节　客车运行安全监控系统(TCDS)系统简介

客车运行安全监控系统(Train Coach Running Diagnosis System,简称 TCDS)重点对 25T、25G、25K 等客车运行中供电、车下电源、空调、轴温报警器、防滑器、制动系统、转向架动力学性能等影响安全的因素进行实时监控,通过无线通信技术的运用和地面监控设施的建立,使地面相关业务人员可以实时掌握客车的运行安全状况。

结合太中银线的开通,TCDS 进一步实现地面对动车组、青藏车、提速客车的全程监控,切实保障客车运行安全。

一、系统构成

TCDS 由车载安全监控系统、车地无线传输系统和地面联网应用系统 3 部分组成。其中,车地无线传输系统主要包括车载无线传输装置、客列检 WLAN 联网设备、地面 GPRS 实时数据接收;地面联网应用系统,由车辆段监控管理中心、路局监控中心、铁道部监控中心组成,主要包括电子地图实时监控软件、TCDS－WEB 信息管理系统、地面专家系统软件。

二、系统功能

车载安全监控系统的主要功能是对列车运行中危及行车安全的主要设备的工作及安全状态分散进行检测,集中显示,安全报警。

车地无线传输系统的主要功能是在列车运行过程中,将车载安全监控系统的监测信息、车辆 GPS 定位信息实时发送至地面;在列车到站后,将记录的过程数据快速、完整地传输到地面。

地面联网应用系统的主要功能是将车载安全监测设备与铁道部查询中心、铁路局监控中心、车辆段监测中心有机地联接起来。

三、系统工作原理

通过车载安全监控系统,监测列车运行中危及行车安全的主要设备(供电系统、空调系统、车下电源、车门、烟火报警、轴温报警器、防滑器、制动系统、车体、转向架动力学性能、轮对状态等)的工作及安全状态,分散检测,集中显示报警,确保行车安全,并通过 GPRS 无线通信设备将监测信息实时发送至地面,实现地面指挥中心对运行中客车的远程监控。

通过车上 GPS 定位装置,实时向地面报告列车运行位置、行驶速度等信息。

列车到站后通过 WLAN 与地面联网,自动下载数据,并通过地面专家系统进行数据统计,分析车辆各类设备的性能,定位故障,指导维修,消除安全隐患。

通过 WEB 终端查询系统形成车辆段、路局、铁道部三级监控中心,实现车辆的安全运用、维修、管理和监督。

第二节　车载无线传输装置

一、工作原理

列车安装车载安全监控系统,进行安全状态实时监测和数据采集。列车上需要传输/转储的数据分为两大类:一类是实时报警数据,另一类是过程数据。两种数据对于客车运行的意义不同,前者反映了客车在运行中正在发生的影响安全的故障,以及客车运行的基本情况;后者主要通过数据的纵向对比,分析得到影响客车运行的安全隐患及已经存在的问题,使车辆的检修有据可依,提高车辆的检修效率。

车载信息无线传输装置就是完成对上述两类数据信息的传输。实时报警数据通过 GPRS 传输,过程数据是列车到达所属段的车站后通过 WLAN 传输到地面。

列车运行中,通过车载信息无线传输装置的 GPRS 将车载"客车行车安全监测诊断系统"(对于 25T 型车)或全列车轴温报警器(对于 25K/25G 型车)的信息实时传送到车辆段/客技站。正常运行时,GPRS 每隔 10 min 发送本次列车运行基本信息(如速度、GPS 定位信息等)。当客车到站进入车站的无线覆盖区域时,通过车载信息无线传输装置的 WLAN 模块与车站的无线覆盖设备连接,将客车运行中记录的过程数据经由客列检批量自动下载到车辆段/客技站服务器。

二、系统硬件

(一) TCDS－CZ1 型

TCDS－CZ1 型车载信息无线传输装置适用于 25T 型列车,包括功能板卡部分和天线部分。功能板卡包括 GPRS 功能板卡、WLAN 功能板卡和 CPU 板卡。天线部分包括 GPRS 天线、GPS 天线和 WLAN 天线,其中 GPRS 天线安装在车辆内部,GPS 天线和 WLAN 天线安装在车辆顶部。功能板卡的安装与铁道科学研究院研制的客车行车安全监测和诊断系统(简称 KAX－1)的车载部分紧密相关。TCDS－CZ1 型的 GPRS 和 WLAN 功能板卡,安装在工程师车辆中的 KAX－1 系统的车厢级主机中。TCDS－CZ1 型的 CPU 功能板卡安装在工程师车辆中的 KAX－1 系统的列车级主机中,与 KAX－1 系统享用共同的 CPU 板卡。GPRS 功能板卡、WLAN 功能板卡与 CPU 板卡之间有相应的数据线连接。25T 型列车的车载信息无线传输装置的总体结构图如图 13－1 ~ 图 13－4 所示。

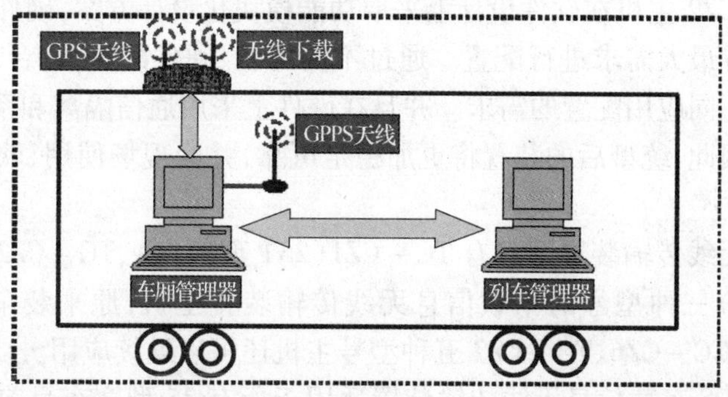

图 13－1　25T 型车上设备总体结构图

图 13－2　25T 型车 WLAN 功能板卡

图 13－3　25T 型车 GPRS 功能板卡

图 13－4　25T 型车工程师车的 KAX－1 列车级主机

（二）TCDS－CZ2 型

1. 统型 TC－CZ2 车载信息无线传输装置的适用范围及功能

统型后的 TC－CZ2 主机在软件设计上采取功能模块化设计方案，硬件构成上按照满足车载信息无线传输装置最大需求进行配置。通过不同的软、硬件配置，一台 TC－CZ2 主机就能满足以上四种主机不同应用配置的需求。并且在硬件上采用通信隔离和系统二级供电技术以及风扇散热单元。因此，统型后的装置将更加稳定可靠，并为现场使用、软硬件维护和装置检修带来更大方便。

统型后，TCDS 无线传输装置就只有 TC－CZ1（25T 型客车）、TC－CZ2（25 型其他客车）、TC－CZ4（青藏客车）三种型号的车载信息无线传输装置主机，原来装车应用的 TC－CZ3、TC－CZ4、TC－CZ5、TC－CZ6、TC－CZ7 五种型号主机还可以继续应用。

TC－CZ2 型 TCDS 车载信息无线传输装置适用于所有 25 型客车目前应用需求。主要功能包括：监测车总风管压力、列车管压力；通过 FSK 通信协议接受全列轴温报警器信息并实现在 TC－CZ2 主机 CPU 二次轴温诊断报告；通过 RS232 与车电监测系统的车电安全网关通信，接受全列车电监测信息;接受 GPS 信息;将实时监测报告通过 GPRS 实时发送到路局传输平台,实现客车铁道部—铁路局—车辆段三级实时安全监控;列车到站时,TC－CZ2 主机通过车站 WLAN 无线局域网将实时传输并记录保存的数据成批自动下载到地面列车所属的客列检双机服务器中。

2. TC－CZ2 最大功能配置安装连接(图 13－5)

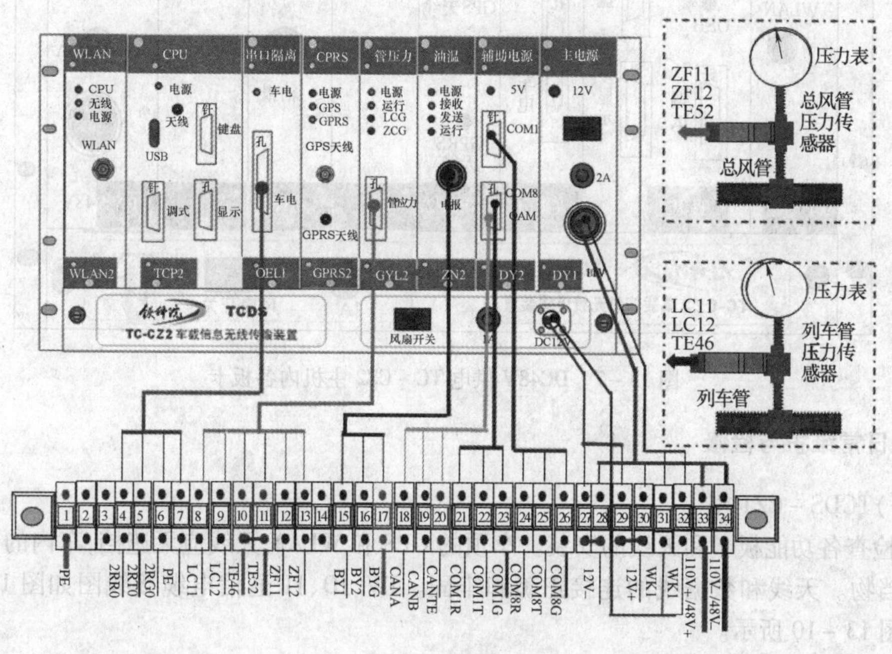

图 13－5　TC－CZ2 车载信息无线传输装置安装连接示意图

3. TC－CZ2 主机功能板卡

TC－CZ2 主机由八块板卡和风扇散热单元组成,如图 13－6、图 13－7 所示。

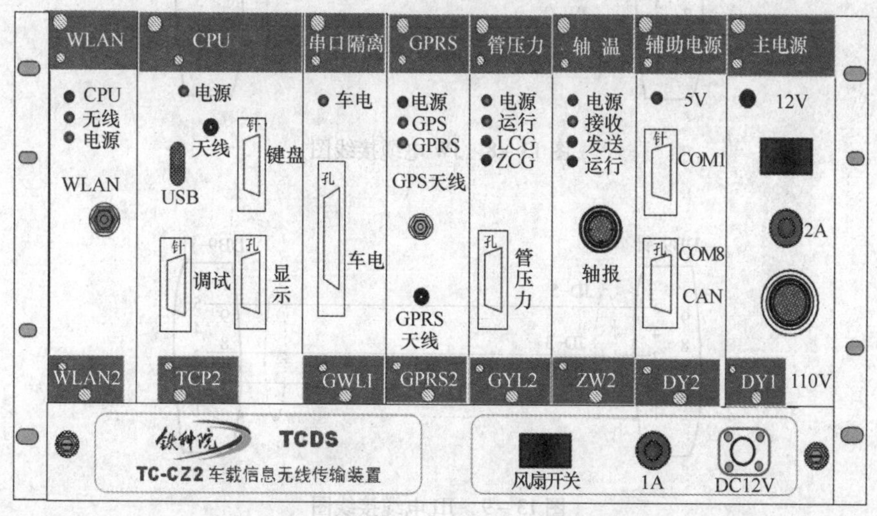

图 13－6　DC110V 供电 TC－CZ2 主机内各板卡

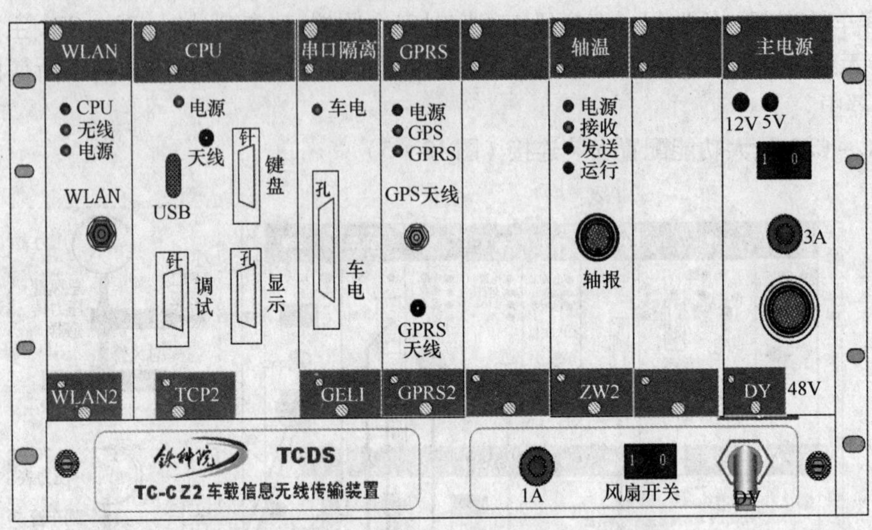

图 13－7 DC48V 供电 TC－CZ2 主机内各板卡

三、日常维护与检修

（一）TCDS－CZ1 型

1. 检查各功能板卡和天线的安装。车顶的 GPS 和 WLAN 天线应无遮挡，车内的 GPRS 天线无遮挡物。天线和数据线的连接正确和牢固。JW、JD、JT 通信电缆接线图如图 13－8、图 13－9、图 13－10 所示。

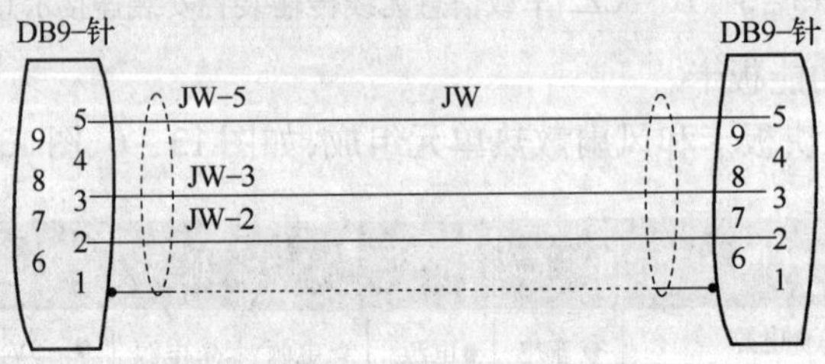

图 13－8 JW 电缆接线图

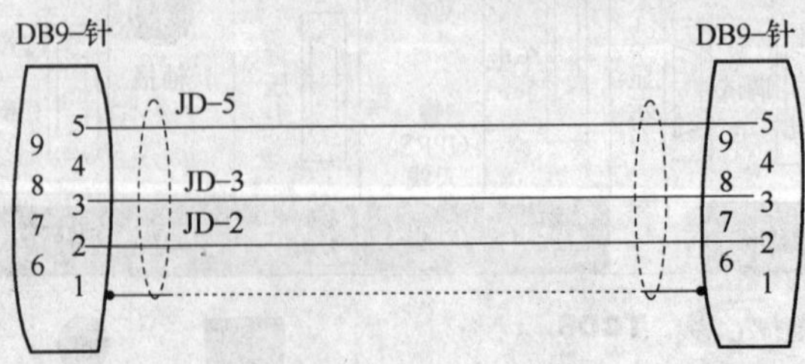

图 13－9 JD 电缆接线图

2. 电源 DC110V 供电正常。

3. GPRS 功能板卡和 WLAN 功能板卡的指示灯显示正常。板卡的指示灯定义见表13－1。

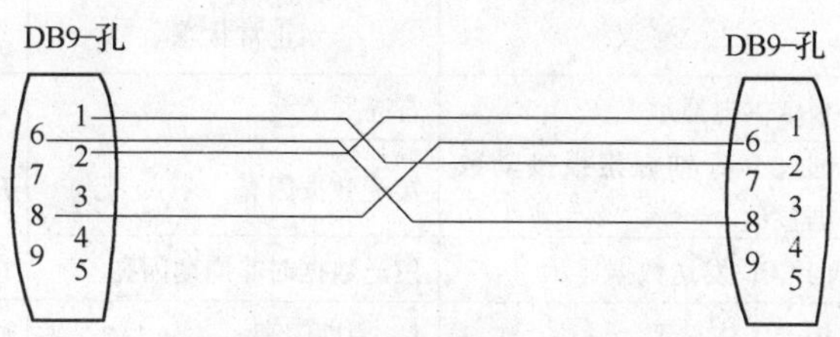

图 13－10　JT 电缆接线图

表 13－1　板卡的指示灯定义

板卡	D1	D2	D3	D4
GPRS 板卡	GPRS 指示灯,有信号每秒闪一次	常灭	GPS 指示灯,每秒闪一次	电源灯,常亮
WLAN 板卡	电源,常亮	亮:有连接 闪烁:有数据交换	亮:有连接	WLAN 卡无此灯

4. 注意检查 GPRS 功能板中的 SIM,是否在有效的使用日期。

5. 定期在车上人为制造故障,检验地面的 GPRS 接收装置能否收到报警信息。

(二)TCDS－CZ2 型

1. 检查设备箱和天线的安装。车顶的 GPS 和 WLAN 天线应无遮挡,车内的 GPRS 天线无遮挡物。天线和轴温数据线的连接正确和牢固。

2. 电源 DC48V 或 DC110V 供电正常。

3. 注意检查 TCDS－CZ2 型设备中的 SIM,是否在有效的使用日期。

4. 定期在车上人为制造故障,检验地面的 GPRS 接收装置能否收到报警信息。

5. 检查板卡的指示灯亮灭是否正常。表 13－2 定义了 TC－CZ2 指示灯。

表 13－2　TC－CZ2 指示灯显示定义

板卡代号	指示灯代号	意 义	正常状态	故障状态
DYI	12V	输入电源变换后 输出 DC12V 显示	常亮	熄灭
DY2	5V	DC12V 电源变换后 输出 DC5V 显示	常亮	熄灭
DY	12V 5V	输入电源变换后 输出 DC12V、DC5V 显示	常亮	熄灭
GYL2	电源	板卡供电显示	常亮	熄灭
	运行	板卡工作显示	约 1 s 周期闪亮	熄灭或常亮
	LCG	列车管传感器 是否故障显示	熄灭	约 1 s 周期闪亮
	ZCG	总风管传感器 是否故障显示	熄火	约 1 s 周期闪亮

续上表

板卡代号	指示灯代号	意 义	正常状态	故障状态
ZW2	电源	板卡供电显示	常亮	熄灭
	接收	通过 FSK 轴温集报接受数据显示	接受数据闪亮	应用中熄灭
	发送	向 CPU 发送数据显示	发送数据时非周期闪亮	应用中熄灭
	运行	板卡工作显示	1 s 周期闪亮	熄灭或常亮
GPRS2	电源	板卡供电显示	常亮	熄灭
	GPS	接受数据情况显示	接受数据时周期性闪亮； 收不到数据时熄灭	应用中长期熄灭
	GPRS	发送数据情况显示	非周期性闪亮	应用中长期熄灭
GELI	车电	车电网关 通信指示	通信时闪烁； 无通信熄灭	应用中长期熄灭或常亮
TCPY2/TCPS2	电源	CPU 供电显示	常亮	熄灭
WLAN2	CPU	与 CPU 通信连接显示	常亮	熄灭
	无线	与 WLAN 连接状态显示	间隔不定期闪亮或连续闪亮	工作时不闪亮
	电源	板卡供电显示	常亮	熄灭

第十四章　客车电气化区段作业安全及故障应急处置

第一节　客车电气化区段作业安全

一、通用部分

1. 必须树立“所有接触网设备，自第一次受电开始，即认定为带电设备”的意识，在电气化区段所有已架设接触网的场所，进行相关作业前，必须按有电对待。电气化区段及客技库内电气化线路上作业时，均需按带电要求办理各项手续。本单位接到新建电气化铁路接触网送电后，要对职工进行多种形式的宣传和安全培训教育，做到超前防范。

2. 每年必须认真组织本单位职工进行电气化安全措施的专门学习培训和考试，考试合格后方准在电气化区段作业(考试成绩80分以上为合格)。特别对于新人路、新定职、新转岗等“三新”人员，要必须人人合格，方可上岗。

3. 在本单位客技库内电气化线路施工维修作业的劳务工必须由具有带班资格的正式职工带领，劳务工不得单独上线作业；施工维修作业必须由经过专门培训考试合格的职工担任防护员，劳务工不得担任防护工作；施工维修作业要严格按照规定设置现场施工安全防护，防护人员要切实履行防护职责，认真做好安全防护工作。

4. 铁路营业线施工、维修单位要加强对劳务工的施工安全培训，按照三级安全培训教育要求，根据施工维修作业内容进行应知应会和安全专业技术培训；做好特殊作业岗位的安全技能培训，特种作业人员必须持证上岗。要加强对劳务工正确规范使用安全防护用品的培训和使用情况的检查，确保施工维修作业过程的安全控制和安全防护措施的落实到位。

5. 在带电接触网下进行事故应急救援、抢险处理时，在供电部门未采取安全可靠的防护措施前，任何单位或个人不得擅自组织处理。对非电气化区段的有关人员进入电气化区段进行抢险、救灾或处理应急突发事件时，有关单位、部门的负责人应向作业人员传达电气化区段安全注意事项，并设专人防护监护。

6. 在电气化铁路上，天桥及跨线桥等靠近跨越接触网的地方，必须设置安全栅网。

7. 在电气化区段，除专业人员按规定作业外，所有人员和所携带的物件(如长杆、导线等)与接触网设备、牵引变电设备和电力机车的高压带电部分，必须保持2米以上的距离；禁止通过任何物体，如棒条、导线、水流等与上述设备相接触(接触网间接带电作业除外)。

8. 乘坐轨道作业车时，严禁将长大料具高举挥动。作业人员拿有长大物体通过电气化铁路时，必须使其保持水平状态通过。

9. 电气化区段接触网未办理好停电接地手续时，任何人员严禁登上各种机车车辆顶部进行任何作业，严禁翻越车顶通过线路。

10. 在电气化区段，通过铁路平交道口的机动车辆装载的货物高度(从地面算起，下同)不得超过4.5 m和触动道口限界门的活动横板或吊链。装载高度超过2 m以上的货物上严禁坐人。供电部门要在道口限界门右侧杆上，安设有上述内容的安全提示牌。

11. 电气化铁路上，架设索道或其他网线时，需经主管部门批准，与有关部门签订施工安全协议，有关部门必须做好监护，保证其绳索（包括晃动量）与接触网带电部分最小距离应大于5 m，并设有接地线。

12. 在电气化铁路上使用铺路机、铺轨机、铺碴机、架桥机及吊车等设备时，如其作业范围不越出机车车辆上部限界，而工作人员（包括其动作范围）与接触网带电部分的距离保持在2 m以上时，接触网可不停电，但要有供电部门人员的监护；达不到上述条件时，应停电作业，按相关规定办理手续。

13. 所有进入电气化区段作业的人员必须按规定佩戴劳动防护用品。

14. 间接带电作业使用的各种绝缘工具，必须有产品合格证，且其材质的电气强度不得小于3 kV/cm。有关单位要制定绝缘工具的专门保管制度和防潮措施，并按要求定期进行试验。绝缘工具在每次使用前，必须仔细检查有无损坏，用清洁干燥的抹布擦拭有效绝缘部分，并用2 500 V兆欧表分段测量有效绝缘部分的绝缘电阻符合要求。

15. 工务、电务等部门使用的钢轨连接线须用截面积不小于70 mm^2 的铜线做成，不得出现断股、散股，一经发现立即停用或报废。

16. 各单位在电气化区段作业前，必须进行安全预想；使用绝缘护品和绝缘工具前，必须进行双人互检，确认状态良好；施工作业时，必须制定三级安全卡控措施；需接触网停电时，必须由供电部门按程序办理停电手续，装设可靠的临时接地线，并设专人防护监护，必须明确防护监护的对象、范围和安全注意事项。

17. 在距接触网带电部分不足2 m的建筑物作业时，接触网必须停电，由供电部门验电和装设可靠的临时接地线，并设专人监护。作业结束，供电部门要确认所有工作人员都已进入安全地点，方可通知正式完工，办理送电手续。

18. 禁止在接触网支柱上搭挂衣物、攀登支柱或在支柱旁休息。禁止在吸流变压器下、支柱、铁塔下避雨。在雷雨天气巡视设备时，不准靠近避雷针、避雷器。雨天作业时，必须远离接触网支柱、接地线、回流线等设备。

19. 用水或一般灭火器扑灭距接触网带电部分不足4 m的燃着物体时，接触网必须停电；扑灭距接触网超过4 m的燃着物体时，可不停电，但必须使水流不向接触网方向喷射。若用沙土灭火时，距接触网在2 m以上时，可不停电。

20. 在距离接触网支柱及带电部分5 m以内的钢管、脚手架、钢梁杆等金属结构上，均需装设接地装置。在距接触网5 m范围内使用发电机、空压机、搅拌机等机电设备时，应有良好的接地装置。

21. 严禁向接触网上抛挂绳索等物体，发现接触网断线或在接触网上挂有线头、绳索、树枝等异物时，不得与其接触，必须保持10 m以上的距离，并在对该处进行监护的同时，立即通知供电部门进行处理。

22. 电气化铁路各单位要根据《技规》、《行规》和《电气化铁路有关人员电气安全规则》、《接触网安全工作规程》、《牵引变电所安全工作规程》等安全规章的要求，结合本单位的具体情况，制定保证人身安全和作业安全的细则、措施，以及事故应急处理预案等。

二、隔离开关操作安全措施

1. 隔离开关设备所属单位应在隔离开关传动杆适当位置安装明显的“断开”、“闭合”标志。在装卸线、电力机车整备线、给水线等线路两端分段绝缘器内侧2 m处，装设“安全作业标”。

2. 隔离开关定位时，应处于合闸状态，无论在开、合位均应加锁，钥匙放在固定地点由专人保管，使用时应办理相关手续。

3. 从事隔离开关倒闸作业的人员，必须经供电部门专门培训并通过安全操作考试合格，发给隔离开关操作证后，方能担任工作。隔离开关操作人员、监护人员必须持证上岗。

4. 各单位使用隔离开关必须遵守以下规定：

(1)操作隔离开关人员，必须按要求进行登记，办理倒闸作业手续，严禁简化手续。

(2)操作隔离开关必须有两人在场，一人操作，一人监护，两人呼唤应答。

(3)操作人员必须按规定穿戴绝缘靴、绝缘手套、安全帽等防护用品，使用规定的绝缘棒、绝缘垫等工具；在确认隔离开关及其传动装置正常、接地线良好、线路上确无电力机车取流的情况下，方可按规定程序操作，操作完毕两人确定开关状态。如发现有不良状态时，既不准操作，也不能自行处理，应立即报告供电调度员或通知供电部门进行处理。

(4)操作隔离开关要准确、迅速，一次开闭到位，中途不得停留和发生冲击。操作过程中，人体各部不得与支柱及其构件接触。禁止带负荷操作隔离开关。雷电天气时，禁止操作隔离开关。

(5)各单位要建立健全隔离开关操作的安全作业标准，及绝缘防护用品、工具的安全检查检测管理制度。

(6)操作隔离开关使用的绝缘靴、绝缘手套和绝缘工具，要存放在阴凉干燥的处所妥善保管，定期(每6个月一次)送供电部门进行绝缘性能的检查试验。每次使用前按规定进行必要的检查试验。

5. 当发现隔离开关及其传动装置状态不良时，值班员应立即要求电力调度派人检修，如危及人身、行车安全时，在修好之前，不得进行操作，并严禁擅自攀登支柱自行修理。

6. 隔离开关操作平台要硬化，并建立清扫制度，操作平台周围不得存放和堆码妨碍操作的料具及物品。

7. 有关单位必须将隔离开关的使用情况纳入交接班的内容。

三、供电作业安全

1. 电气化区段在站内和行人较多的地方的接触网每根支柱上，在离轨面2.5 m高的处所，以及安全挡板或细孔网栅上，均要有涂以白底黑字的“高压危险”字样和用红色画出的闪电符号的警告标志。

2. 对从事牵引供电运行和检修工作的有关人员，要每年定期进行安全考试。对新参加、变更职务或工作单位及中断工作连续6个月以上担任接触网运行和检修工作人员，要事先进行安全考试，凡考试不合格者，不准作业。

3. 在进行接触网作业前，所用工具及安全用具，必须经过检查，符合要求方准使用。

4. 在接触网上进行作业时，必须严格执行工作票制度和供电调度员作业命令制度。

5. 实行上下行分停作业，必须分别办理“上行”和“下行”停电作业工作票。当一线作业完毕必须清点人数、地线数，无误后方可销令，然后方可办理另一线路停电作业命令。

6. 作业组在停电作业前要严格执行停电作业命令程序，接到停电作业命令后，必须先验电接地后，方准进行作业。禁止使用抛线验电法。

7. 在验明确已停电后，要立即在作业地点两端和与作业地点相连可能来电的停电设备上装设接地线(包括作业区段附近其他带电设备停电时)。必须保证接地线有足够的截面和良好的导电性。

8. 在停电的接触网上作业时,作业人员(包括所持工具材料)与带电体必须要保持足够的安全距离,并设专人进行监护。

9. 在进行接触网及与接触网有关的事故抢修时,作业前要按有关规定办理停电手续,经过验电接地后,方准接触故障设备或进行抢修。

10. 在铁路营业线电气化施工维修作业中,要认真落实部、局《铁路营业线施工及安全管理办法》的规定,严格执行电气化施工维修作业制度和安全防护标准,按照行车不施工,施工不行车的原则,在列车通过时,列车径路上方的接触网(含腕臂)上严禁有人。

11. 供电人员进行步行巡视设备时,严禁攀登支柱等接触网设备。当发现接触网上有异物时,必须使用绝缘工具处理,并穿戴绝缘鞋、绝缘手套。

四、车辆作业安全

1. 在可以攀登通往客车、机械保温车车顶的梯子、支架处,均应涂有明显的"有电危险、禁止攀登"等警告标志。

2. 禁止在接触网未停电未接地时开闭罐车和保温车的注口(盖)或在注口处进行工作。

3. 在接触网未停电未接地时,禁止使用软管冲刷车辆上部,冲洗车辆下部时软管方向不得朝上。

4. 距接触网不足 2 m 处理车辆故障时,必须按规定办理接触网停电手续或在无接触网线路上方准进行作业。

5. 进行机车直接供电操作时,必须穿戴绝缘防护用品,并使用安全合格的绝缘工具;摘挂 380 ~ 600 V 车底大线人员,必须经过特种作业专门培训取证后,方准上岗作业。

6. 在接触网带电情况下,严禁用棒条等物处理车辆顶部的扒车人员或物体。

7. 客车餐车顶部烟囱发生故障,餐车人员严禁在接触网有电情况下登顶处理。

8. 客车上水完毕,拔掉水管时,严禁水管朝上喷射接触网带电部分。

9. 对临客人员及加挂车乘务人员要加强安全教育,并落实专人进行安全监控。

五、机车向列车供电作业安全

(一)普通客车

1. 担当机车向客车供电的机、客车出段(库)前必须按有关规定对供电系统进行检查,确保列车始发前供电系统供、用电设备正常,符合出段(库)质量技术标准。

2. 机车需在始发站开车前 40 min 与列车连挂并供电。

3. 车列两端车辆应配备与机车联接的电控制动线、集控连接线、电力连接线。列车机车与机后第一辆客车间的电控制动线、集控连接线、电力联接线的联接、摘解由客列检负责。无客列检作业时由列车检车乘务员负责。摘解后的上述联接线由列车检车乘务员负责保管。

4. 关于电力联接线的联接、摘解及列车供电

有客列检作业,进行电力联接线的联接、摘解时,电力机车乘务员须断开主断路器,将供电钥匙交付客列检作业人员,并签认;内燃机车乘务员须将供电柴油机启动钥匙交付客列检作业人员,并双方签认。客列检作业人员接到供电钥匙并确认机车主断路器断开后或供电柴油机停机后方准进行电力连接线的联接、摘解作业。作业完毕,应及时将供电钥匙

交还列车检车乘务员，并签认，列车检车乘务员再将供电钥匙交还机车乘务员，请求供电，机车乘务员拿到供电钥匙并签认后，方可向客车供电。电力联接线摘解后，客列检作业人员须将电力联接线放置于机后1位客车通过台处或挂在假线盒上。无客列检作业时，电力机车须由机车乘务员断开主断路器拔出供电钥匙、内燃机车须将供电柴油机启动钥匙交给列车检车乘务员并签认，由列车检车乘务员进行电力联接线的联接、摘解作业及保管，连接完毕时，列车检车乘务员应将供电钥匙交还机车乘务员，请求供电，机车乘务员拿到供电钥匙并签认后，方可向客车供电。

供电钥匙交接地点在机车与客车连接处。

当列车到站摘解机车前，列车检车乘务员应逐辆卸去客车用电负载。

5. 机车向客车供电须配备司机与列车检车乘务员通话的有线或无线通信装备。

6. 机车向客车供电试运行期间，正常情况下，实行一个机车交路惯通，中途不得更换机车。

（二）青藏客车

1. 作业分工

（1）用机车供电方式时，机车与机后第一辆客车的连挂及车钩、风管、各连接线的连接、摘解、保管均按照《关于印发〈机车向列车供电管理暂行办法〉》（运装客车［2004］12号）、《关于机车供电列车连挂等有关事项的通知》（运装客车电［2004］546号）、《关于机车供电列车作业的补充规定》（运装客车电［2005］1491号）等有关规定执行。

（2）采用发电车供电方式时，发电车与相邻客车的连挂及车钩、风管的连接、摘解均按《技规》第191、192条执行。各连接线、供氧连接管的连接、摘解由客列检人员（无客列检时为车辆乘务员）负责。密接风档的连接、摘解由车辆乘务员负责。

（3）采用机车供电方式，但发电车不摘解时，发电车必须在尾部，发电车与客车间的各连接线必须摘解；发电车与客车间各连接线的摘解由车辆乘务员负责，恢复为发电车供电时，各连接线由车辆乘务员负责连接。

（4）列车出库时两端各配备2条青藏客车专用电气连接线及1条与机车连接的39芯通信连接线；发电车出库时与客车连接端配备2条青藏客车专用电气连接线，配备2条与客车连接的青藏客车专用39芯通信连接线、配备2条防雷接地连接线及备用2条制氧供风连接软管。

2. 发电车与客车间各电气连接线的连接、摘解要求

（1）摘解发电车与客车间各电气连接线前须设置安全防护信号。

（2）有客列检作业，进行发电车与客车间各电气连接线的连接、摘解时，列检作业人员、车辆乘务员、发电车乘务员在客车与发电车连接位置进行交接。发电车乘务员将发电机组停机，并将“供电牌”（如图14－1所示）交给列检作业人员，列检作业人员接到“供电牌”并确认发电车发电机组已停机后，双方在《旅客列车供电作业签认簿（发电车）》上签认。列检作业人员签收“供电牌”后实施各电气连接线的连接、摘解。作业后及时将“供电牌”交给车辆乘务员并签认。

发电车各连接线连接作业完毕，车辆乘务员确认全列客车处于可以供电状态后，与发电车乘务员办理供电手续，将“供电牌”交还发电车乘务员，双方在《旅客列车供电作业签认簿（发电车）》（附表）上签认，然后发电车乘务员方可进行供电操作。

发电车各连接线摘解作业完毕，列检作业人员将电气连接线放置于车辆通过台处，车辆乘务员需进行确认。车辆乘务员及时将“供电牌”交还发电车乘务员。

(3)无客列检作业时,车辆乘务员与发电车乘务员在发电车与客车连接位置进行交接。发电车乘务员将发电机组停机,并将“供电牌”交给车辆乘务员并签认。车辆乘务员签收“供电牌”并确认发电机组已停机后实施各电气连接线的连接、摘解、保管。

发电车各连接线连接作业完毕,车辆乘务员确认全列客车处于可以供电状态后,与发电车乘务员办理供电手续,将“供电牌”交还发电车乘务员,双方在《旅客列车供电作业签认簿(发电车)》(附表)上签认,然后发电车乘务员方可进行供电操作。

发电车各连接线摘解作业完毕,车辆乘务员及时将“供电牌”交还发电车乘务员并签认。

3. 其他要求

(1)为确保作业安全,列检作业人员、车辆乘务员、发电车乘务员必须严格执行“供电牌”交接签认手续,并承担相应责任。“供电牌”由发电车担当局负责配备并妥善保管,一车一牌。

(2)为缩短停站时间,发电车摘解或改为机车供电时,列车到站前 10 min,车辆乘务员对全列客车用电设备进行卸载作业,使客车用电设备处于减载状态,并与发电车乘务员联系,确认供电干线每路载荷≤100 kW。发电车乘务员在列车进站时,切断列车供电,断开Ⅰ、Ⅱ路电源的时间间隔必须小于 10 s。

(3)严格按照各连接线、风管、车钩顺序进行摘解作业;严格按照车钩、风管、各连接线的顺序进行连挂作业。连接各连接线时,应先接客车端、后接机车(或发电车)端;摘解连接线时,先摘机车(或发电车)端、后摘客车端。

(4)车辆乘务员应配备与机车联通的无线列调手持台,确保与机车乘务员能及时联系,车辆乘务员、发电车乘务员还应配备相互联系用对讲机。

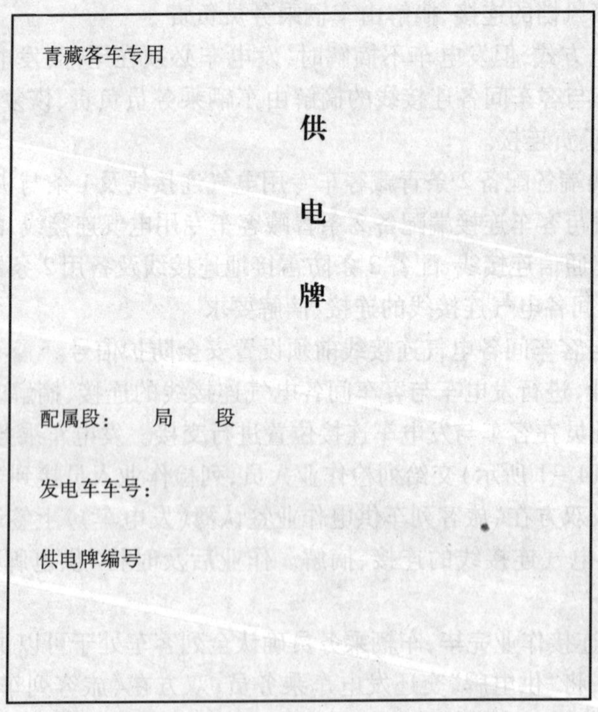

注:供电牌规格 150 mm×100 mm

图 14-1　供电牌

第二节　电气化区段客车故障应急处置

一、旅客列车在电气化区段发生人员触电时应做到的事项

1. 电气化区段严禁任何人攀登车顶。如遇车顶上爬人或有人死亡时,车辆乘务员发现后立即采取措施停车。

2. 车辆乘务员发现车顶上有爬车人要立即告诉车上人员不要在车顶站立,以免触电身亡。

3. 迅速与司机和车站取得联系,请求区段停电。

4. 确认电气化区段无电后,协助客运人员立即令爬车人下来或将尸体抬下,客运编制记录交车站处理,尽快开车。

二、旅客列车在电气化区段运行时突发电网停电时应做到的事项

1. 旅客列车在电气化区段运行或停留,突发电网停电时,车辆乘务员必须坚守岗位,严禁攀登车顶处理各种问题。

2. 立即向值班室汇报停车时间、原因和具体地点,等待救援。

3. 协助客运人员锁闭好车辆门窗,防止旅客跳车。

三、旅客列车在电气化区段运行时突发车顶异常时应做到的事项

1. 旅客列车在电气化区段运行时,突发车顶部设施有异常时,乘务员应正确判断,在前方停车站确认,但严禁登车顶。危及行车安全的应立即联系机车司机采取前方站停车或立即停车,在电气化区段未办理停电时乘务员严禁上车顶处理故障。

2. 对危及行车安全的故障,要立即上报段调度科,并逐级请示,允许后列车拉到无电区段后,乘务员方可上车顶处理故障。

四、旅客列车发生火警时应做到的事项

1. 立即采取断电措施

(1)立即切断本车主回路和连接器电源(或拨断电源箱空气开关)。

(2)拨断母车控制箱工作开关,如无法切断火警部位的主干线电路时,应立即拉车长阀停车,解开火警车两端电力连接器。

(3)为防止电气设备烧结构成回路,必要时解开蓄电池箱引线。

(4)集中供电列车,必须通知发电车乘务员停止供电。

2. 接到火警通知的车辆乘务员必须立即赶赴现场,参与断电及火情探查工作,同时派员拿取消防应急工具(消防斧、钩、撬棍、口罩及手套等)。

3. 在未发现明火前,不得随意喷洒消火器;在探明起火点后,由车辆乘务员进行破拆,将火源暴露,进行扑救。

4. 在探查、破拆、扑救过程中,由列车长、乘警负责指挥人员协助、保护,维持现场秩序,严防人员伤亡。

5. 车辆乘务员在火警处置过程中,还应在列车长的组织指挥下,协助有关人员做好着火车辆的分离及其他灭火、救援工作。

五、当列车长决定列车分离时，车辆乘务员应做到的事项

当列车长决定列车分离时，车辆乘务员应按顺序剪断折角塞门、钩提杆捆绑铁丝、分解连接电源线。

六、旅客列车发生火灾、爆炸时，车辆乘务员应做到的事项

旅客列车发生火灾、爆炸事故时，车辆全体乘务员必须按照各自分工坚守岗位，不得擅离职守。要在列车长、乘警长的统一指挥下，按防火、防爆预案，根据当时实际情况，灵活果断地采取措施，紧急处置。最大限度地减少人员伤亡和财产损失。

1. 切断电源，立即用灭火器进行灭火。如火势继续蔓延，应立即使用紧急制动阀迫使列车停在安全地带，停车时应避开桥梁、隧道等。

2. 立即与司机、运转车长联系，采取分离措施。关闭折角塞门，摘开制动软管、连接线，提开车钩。由机车牵引前部车辆（包括着火车）运行一段后停在安全地带，再将着火车摘下。同时在后部车辆上设置防护信号和防溜装置并拧紧所有车辆的手制动机，按规定设置止轮器等。对摘下的火灾车辆采取防溜措施，避免其溜逸。

3. 由机车牵引前部车辆继续运行到前方站，与车站调度人员联系，请求灭火。

4. 在列车长和乘警长的指挥下积极灭火，对发生火灾的车辆必须彻底扑灭，特别是对棉花、麻、毛、化纤等物品，要彻底检查，消灭潜伏火种。

5. 做好火灾事故现场的保护和对着火原因的调查工作，如有人员留在事故现场时，应立即通知前方客列检所，要求派检车员或车电员上车值乘，顶替留在现场人员的工作，以保证行车安全。

七、车厢闷顶、车壁板内的电线发生短路起火情况时，初期的明显迹象

有烧胶皮的气味，有冒烟现象，使用的照明灯亮度可能会出现异常。

八、控制箱冒烟起火时应做到的事项

1. 控制箱中因堆放杂物造成外部接线短路引起冒烟起火。首先关断 K_1 开关，停止发电。清除杂物，灭火，检查烧损情况。如不严重，开 K_1 观察发电正常时，可继续发电运行。

2. 控制箱因后部短路冒烟起火。可关断 K_1，取下激磁保险，关断主回路开关，取下控制箱进一步检查原因。

九、空调发电车作业相关要求

（一）基本要求

1. 发电车值乘人员必须坚守工作岗位，认真履行岗位职责，按图巡视、准时交接，不得擅离值乘岗位。

2. 熟知发电车消防器材的配置数量、位置、种类、性能及使用要求；熟知柴油发电机组、燃油炉各油路、电源的总控阀位置，并保证其作用良好。

3. 发电车乘务员应严格执行《客车空调三机检修及运用管理规程》等文件制度中规定的“发电车燃油炉运用检修、出库质量标准”，落实日常维修及保养制度，确保柴油发电机组和燃油炉出库质量达标。

4. 坚持按时进机房巡视机组运行状态,并进行相应记录。

5. 发电车值乘乘务员应严格执行发电车的各项管理规定,严禁在发电车内吸烟,严禁在发电车内容留闲杂人员,严禁在乘务室、油炉间、冷凝室、配电室等场所堆放杂物和各类易燃物,经常保持发电车各部卫生。

(二)火情应急处置

1. 当巡视机房发现火情时,值乘人员可据火情发生位置,采取以下扑救措施,见表14－1。

表14－1　采取的扑救措施

火情发生点	扑救措施
机组体(底壳)	①对该机组断电停机; ②关闭油路; ③使用就近灭火器或灭火毯进行扑救
上油箱或附属装置	①关闭油泵、电源及油阀; ②开启上油箱排油阀; ③使用就近灭火器或灭火毯,进行扑救灭火
燃油炉	①切断燃油室电源; ②关闭燃油炉外油阀; ③使用就近灭火器,进行扑救
操作间控制屏	①断电停机; ②使用就近灭火器或灭火毯扑救
车体顶部或车下油箱	①拉阀停车、断电停机; ②关闭上下左右油箱连通阀门; ③使用就近灭火器或灭火毯,进行扑救灭火; ④车顶起火时必须确认为非电化区段方可上车顶进行灭火,同时,快速通知检车乘务长组织人员共同扑救; ⑤如列车停在电化区段,应立即通知列车长和运转车长,采取切断网电措施后,方可上车顶使用灭火器扑救
墙板及其他部位	①确认是表面火情时,速用灭火器或灭火毯扑救; ②确认在墙板内部且影响机组正常工作时,停机断电(本车),切断油路; ③立即通知检车乘务长,组织人员携带消防应急工具(消防斧、钩、撬棍及手套)赶赴现场; ④对火情部位进行破、拆,使用灭火器进行扑救

2. 当烟火报警器报警时:

(1)值乘人员应立即判断清楚是烟雾还是火情报警,并判明报警器的编号;

(2)依据报警器编号迅速查找报警源点;

(3)确认为烟雾报警时,应正确判断烟雾原因,采取果断处置,将隐患彻底消除后,并随时监控,防止烟雾的再次发生,引起火灾;

(4)确认为火情报警时,按表14－1处置。

3. 当巡视闻到车内有异味时:

(1)正确判断何种异味(机组正常燃油味除外);

(2)如为胶皮或呕燃异味,应迅速查找并确定异味源;

(3)重点检查机房内、操作间、燃油炉室、墙板及其他部位,同时,观察柴油机、燃油炉烟囱排烟状况是否异常;

(4)确定为电器或机械非正常高温引发的异味时,立即对异味源采取断电、停机、破拆扑救等措施进行消除。

(三)当出现火情自行扑救无效,有扩大趋势时

1. 立即启动相关应急预案。迅速采取断电、停机、关闭油阀措施。

(1)切断本车供电电路;

(2)实行紧急停机(如无法停机时,应切断油阀和24V总电源);

(3)关闭进入机体的所有油阀,并打开上油箱排油阀,排除上油箱存油。

2. 值乘人员以最快的联系方式通知乘务长和列车长,所有车辆乘务员必须立即赶赴火情现场。

3. 在列车长的统一组织指挥下,集结灭火器材,集中对火源点和蔓延方向全力扑救。

4. 如火情有蔓延趋势难于控制时,立即使用紧急制动阀停车,(将列车停于安全易于救援扑救及便于疏散旅客的路段,但不得停在桥梁、遂道、道岔长大坡道地段),并积极配合列车长及运转车长做好列车分离准备工作。

5. 在检查、破拆、扑救过程中,由列车长、乘警负责指挥人员,协助保护、维持现场秩序,严防人员伤亡。

6. 在电气化区段发生火灾时,列车长应及时与车站联系,通知铁路局调度采取断电措施,保证扑救人员的安全。

7. 扑灭明火后,应继续检查,仔细查找,发现有异常情况时,按要求破拆,彻底扑灭火源。

8. 车辆乘务长应迅速将火灾发生、扑救、损失、时间、地点、区间、车次、车号及安全应急措施等情况向段调度汇报。

十、机车向列车供电运行途中发生问题时应急处置

运行途中,机车供电系统发生保护动作,机车乘务员应操作供电钥匙重复供电一次,如果供电系统仍出现保护动作,须查明原因,排除故障,方可重复供电;如果机车供电系统一路装置故障无法排除,另一路装置正常时,机车乘务员须通知列车检车乘务员,列车检车乘务员须确认客车用电设备无故障后,调整负载,维持运行至终点站;如果机车供电系统两路装置全部故障,不能向客车供电时,机车乘务员应及时通知列车检车乘务员,由列车检车乘务员会同列车长与行车部门联系,请求采取相应措施。

机车运行方向右侧输供电缆为Ⅰ路供电系统,机车运行方向左侧输供电缆为Ⅱ路供电系统。

参 考 文 献

[1] 陈雷. 70 t级铁路货车及新型零部件. 北京:中国铁道出版社,2006.

[2] 铁运[2008]15号. 铁路货车制动装置检修规则. 北京:中国铁道出版社,2008.

[3] 铁运[2010]141号. 铁路货车运用维修规程. 北京:中国铁道出版社,2010.

[4] 闻清良. 重载铁路车辆技术. 北京:中国铁道出版社,2009.

[5] 赵长波,陈雷. 铁路货车轴温探测与应用概论. 北京:中国铁道出版社,2010.

[6] 赵长波,陈雷. 铁路货车安全监测与应用概论. 北京:中国铁道出版社,2010.

[7] 刘瑞扬,王毓民. 铁路车号自动识别系统原理及应用. 北京:中国铁道出版社,2003.

[8] 铁运[2008]257号. 车辆轴温智能探测系统(THDS)设备检修维护管理规程. 北京:中国铁道出版社,2009.